DICTIONNAIRE

HISTORIQUE.

T. X.

DE L'IMPRIMERIE DE CELLOT.

SUPPLÉMENT

AU

DICTIONNAIRE

HISTORIQUE

DE L'ABBÉ F. X. DE FELLER ;

FORMANT LA SUITE
DE LA NOUVELLE ÉDITION,
REVUE ET CORRIGÉE SUR LA TROISIÈME, ET AUGMENTÉE DE QUATRE VOLUMES.

Convenientia cuique. Hor. *Art poét.*

TOME DIXIÈME.

A PARIS,

A LA LIBRAIRIE DE LA SOCIÉTÉ TYPOGRAPHIQUE,
Chez MÉQUIGNON FILS AÎNÉ, rue Saint-Severin ;

A LYON,
Chez MM. GUYOT FRÈRES, Libraires, rue Mercière.

1819.

DICTIONNAIRE
HISTORIQUE.

C.

CABANIS (Pierre - Jean - George), médecin et philosophe, naquit à Conac, en 1757. Il dut sa première éducation à deux prêtres de son voisinage ; mais il oublia dans la suite les bons principes qu'il en avait reçus. Il fut, à seize ans, secrétaire d'un seigneur polonais, passa 2 ans en Pologne, fut témoin des troubles qui agitèrent ce pays, et y contracta, dit-il lui-même, *un mépris précoce pour les hommes.* De retour à Paris, il étudia la médecine, et dans un séjour qu'il fit à Auteuil, il y connut la veuve d'Helvétius, chez laquelle il se lia avec Turgot, d'Holbach, Franklin, Jefferson, Condillac et Thomas. Admis ensuite chez Turgot et d'Holbach, il y fit encore la connaissance de Diderot, et autres littérateurs de cette école. Il se maria avec la belle-sœur de Condorcet, ce qui acheva de le fixer dans la société des philosophes. Avec de tels amis Cabanis devait nécessairement être partisan de la révolution, et il l'embrassa avec ardeur. S'étant associé avec Mirabeau, il lui fournit plusieurs écrits, et entre autres celui intitulé : *Travail sur l'éducation publique.* En 1795 (an 3) il fut nommé professeur d'hygiène aux écoles de Paris, l'année suivante membre de l'Institut national, et en 1797 il était professeur de clinique à l'École de médecine de la même ville. Sa carrière révolutionnaire ne fut pas moins rapide. Après la journée du 18 fructidor, il entra au corps législatif. En 1798 il fut représentant du peuple, et peu de temps après le 18 brumaire on le créa membre du sénat conservateur. Voici la liste de ses principaux ouvrages : I *Travail sur l'éducation publique*, Paris, 1791. II *Mélanges de littérature allemande, ou Choix de traductions de l'allemand*, etc. Paris, 1797, grand in-8. III *Coup d'œil sur les révolutions et la réforme de la médecine*, Paris, 1804, in-8. IV *Observations sur les affections catharrales, en général*, etc., Paris, 1807, in-8. V Plusieurs morceaux de sciences dans différens journaux littéraires, et entre autres, dans le *Magasin encyclopédique*, une *Dissertation sur le supplice de la guillotine*, où il combat l'opinion de Sœmmerring et de M. Sue, qui pensent que dans ce supplice la douleur se fait sentir même après la décapitation. VI Plusieurs *discours* prononcés à la tribune du conseil des cinq-cents, et insérés dans le *Moniteur* et autres journaux politiques : le plus remarquable de ces discours est celui où l'auteur fait l'apologie de la journée du 18 fructidor. VII *Rapport du physique et du moral de l'homme*, Paris, 1802, 2 volumes in-8. C'est le plus considérable de ses ouvrages. Il ne se borne pas à y expliquer l'origine de nos idées, comme l'avaient déjà fait Locke et Condillac, qui les dérivent des sensations; mais il prétend montrer comment les sensations deviennent des idées. Selon lui, c'est dans le cerveau que se fait cette transformation, ainsi la pensée n'est plus que le dernier degré de la sensation. L'explication de ce travail n'est cependant pas la plus convaincante; mais il lui suffit de ne voir jamais que le matériel dans l'homme, en donnant toujours au physique une influence prépondérante; et lors même qu'il traite de l'influence du moral sur le physique, cette influence n'est, d'après son avis, qu'un travail du système cérébral considéré comme organe de la pensée et de la volonté; c'est-à-dire, ainsi que l'action du physique sur le moral est l'action des nerfs sur le cerveau, l'action du moral sur le physique n'est autre que l'action du cerveau sur les nerfs. D'après ce système, on n'a pas eu tort de dire que Cabanis nous conduisait droit au matérialisme; et c'est en vain qu'il a cherché à se laver de cette accusation. On trouve beaucoup d'analogie entre le système de Cabanis et celui d'Helvétius. M. Barante, qui cependant ne les a pas jugés avec sévérité, dit, dans son ouvrage de la *Littérature française* pendant le 18ᵉ siècle, page 130, *Le premier a approfondi ce que son prédécesseur avait à peine soupçonné. Il était trop savant pour voir, dans tous les rouages de l'organisation physique, les facultés morales qui distinguent l'homme. Il a poussé les recherches plus avant, et a voulu reconnaître ces facultés dans les ressorts les plus fins, et pour ainsi dire les plus mystérieux de la nature physique. Son habileté n'a servi qu'à faire voir encore mieux qu'il est impos-*

sible d'atteindre la nature morale par cette route. Quelque vif que fût son désir de rattacher le moral au physique, il n'a pu approcher du but auquel il tendait, et il a eu assez peu de philosophie pour se montrer amoureux de cette opinion, qu'il ne pouvait pas parvenir à démontrer. Un métaphysicien célèbre s'est occupé d'une réfutation du système de Cabanis. Lorsqu'il quitta Auteuil, où il avait demeuré plusieurs années, Cabanis alla s'établir au château de M. de Grouchy, son beau-père, à douze lieues de Paris, près de Meulan. Il s'en rapprocha encore davantage et se fixa aux environs du petit hameau de Rueil. Frappé d'un coup d'apoplexie, il y mourut le 5 mai 1808. Comme on lui avait reproché de professer le matérialisme, il adressa une *lettre à M. F.*, son ami, qui est restée manuscrite, et où il semble revenir de son erreur. Il y parle d'un Être suprême, mais il se déclare ennemi de toute religion, et ne reconnaît qu'une religion naturelle: *l'amour de l'ordre.* Ce morceau, un peu singulier, est cependant écrit avec pureté et élégance. Parmi les ouvrages de Cabanis, on cite encore les suivans: *Mélanges de littérature allemande*, etc., Paris, 1797, in-8; *Stella*, traduit de l'allemand, de Goethe; l'*Élégie* sur un cimetière de campagne, par Gray, trad. de l'anglais; *la Mort d'Adonis*, idylle de Bion, trad. du grec.

CABARRUS (François, comte de) naquit à Bayonne en 1752; il était fils d'un riche négociant de cette ville, et fut envoyé à Toulouse pour y faire ses études; il les quitta brusquement, et passa à Saragosse, où il apprit le commerce et la langue espagnole chez M. Galabert, correspondant de son père. Le mariage qu'il contracta secrètement avec mademoiselle. Galabert déplut également aux deux familles ; cependant son beau-père l'établit comme directeur d'une fabrique de savon placée à Caramanchel, petit village à une lieue de Madrid. Cette proximité lui permit de faire de fréquens voyages à la capitale, où il se lia avec quelques gens de lettres, et notamment avec l'abbé de Guevara, auteur de la gazette de Madrid, qui l'introduisit dans les principales maisons. Cabarrus y fit des connaissances utiles, comme celles de Campomanès et d'Olavidès. Lors de la guerre de l'Amérique septentrionale, l'Espagne s'était unie avec la France; mais, privée des ressources du Mexique, elle ne savait comment fournir aux dépenses de la guerre. Le ministre des finances, Musquiz, qui avait remarqué Cabarrus, le consulta sur le moyen de rétablir le crédit. Cabarrus conçut alors le projet d'une espèce de papier-monnaie portant intérêts, appelé *vales-reales*, billets royaux. Son plan fut adopté, et on créa pour dix millions de piastres de ces billets, divisés en coupures, pour rendre plus facile le calcul des intérêts que chaque billet produisait par jour. Le succès qu'ils eurent donna une grande influence à Cabarrus, qui, encouragé par cet essai, imagina le plan de l'établissement de la banque de San-Carlos, qui fut créée le 2 juin 1782, et dont il fut nommé directeur. Le fonds capital de cette banque fut porté à 15 millions de piastres fortes, et divisé en cent cinquante mille actions de 2,000 réaux chacune (500 fr.). Pendant la guerre, la compagnie de Caraques avait essuyé des pertes considérables, et avait été privée du commerce exclusif du cacao, dont elle avait le privilége. Cabarrus proposa alors d'unir le commerce de l'Amérique avec celui

de l'Asie par les îles Philippines, et cette compagnie fut créée le 10 mai 1785. Il avait aussi proposé le projet d'un canal de navigation, dont la source devait être prise dans les montagnes de Guadarrama, en Castille, passer à Madrid, et s'unir au Guadalquivir. Les travaux étaient commencés, lorsque le ministre Llerena en fit ordonner la suspension en 1784. Cabarrus était assez généralement aimé, et ne commença à s'attirer des critiques sévères qu'à l'occasion où il s'agissait d'un plan utile à l'humanité, mais qui avait été conçu par un autre que par lui. On pensa d'établir à Madrid une espèce de mont de piété en faveur des veuves et des enfans des gentilshommes. Ce plan allait être adopté, mais Cabarrus s'y opposa avec force, en disant que les pauvres se multipliaient en raison des établissemens destinés à les secourir : raison spécieuse, ou pour mieux dire fausse : les pauvres qu'on voulait secourir n'appartenaient d'abord pas à la classe commune; outre cela, tout établissement le mieux dirigé, tôt ou tard entraîne avec lui des abus; c'est à la sagesse du gouvernement de les prévenir; mais la crainte qu'ils n'arrivent, ne doit jamais empêcher de faire le bien. L'avis de Cabarrus fut adopté, et il eut la cruelle satisfaction de laisser plus de vingt mille familles languir dans la misère. Pendant ce temps, les actions de la banque de Saint-Charles éprouvaient une baisse considérable [1]; elles furent sur le point de tomber dans un

---

1 On prétend, dans une *Biographie modérne*, que les actions de la banque baissaient par la *tactique des joueurs*. Cela est faux, et c'est encore une erreur de dire que ces joueurs eurent recours à la plume de Mirabeau. Ces joueurs n'étaient certainement pas Espagnols; et les spéculateurs français n'auraient pas trouvé leur compte d'engager un écrivain habile à faire la critique d'un établissement sur lequel ils faisaient d'utiles opérations.

discrédit total, et on fit même soupçonner qu'on fermerait la banque pour empêcher une faillite ruineuse. Les causes de son discrédit n'étaient que trop connues. Les actions et les autres effets de cette banque étaient transplantés dans les marchés de France, et surtout dans les bourses de Paris et de Bordeaux. On murmurait contre le directeur, et on arrivait jusqu'à dire qu'il faisait le négociant avec l'argent de la nation et du roi, et que la banque de Saint-Charles n'était que le bureau des spéculations de Cabarrus. Ce ne fut point par une complaisance officieuse, mais de sa propre volonté, que Mirabeau publia un *Mémoire sur la banque de Saint - Charles*. Il y attaque les bases de cet établissement, et critique également celles de la compagnie des Philippines. Nous sommes obligés de dire que la critique de Mirabeau était fondée, puisque Cabarrus en fut tellement alarmé, qu'au lieu d'y répondre, comme il aurait dû le faire pour se laver de toute inculpation, il trouva le moyen auprès de ceux qui pouvaient y être compris, d'en faire défendre l'introduction en Espagne [1]. Peu de temps après il fut nommé conseiller des finances. Cabarrus jouissait d'une grande fortune, et avait du crédit à la cour. Lorsque Charles III mourut en 1788, le ministère subit alors plusieurs changemens ; et Floridablanca fut bientôt congédié et relégué à Murcie [2]. Les clameurs du public déterminèrent enfin le ministre Llerena à demander une reddition de comptes à Cabarrus, et finit par l'accuser lui-même. Il fut arrêté le

24 juin 1790, et conduit en prison. Nous aimons à le croire innocent ; mais il n'aurait pas obtenu de sitôt sa liberté sans la médiation de Godoy, prince de la Paix. On avait élevé ce favori au poste de premier ministre. Cabarrus ne cessa, pendant dix-huit mois, de lui écrire des lettres où il protestait de son innocence. Il avait su intéresser en sa faveur auprès de Godoy, un ambassadeur étranger, qui obtint son élargissement en 1792. Assidu à faire la cour au favori, il parvint à en captiver la bienveillance. Le nouveau ministre exigea qu'on revît son procès, et le déclara innocent. Il fit plus ; contre tous les statuts de Castille, il lui fit conférer le titre de comte. A cette époque, il suffisait d'être créature ou protégé de Godoy pour obtenir des emplois le plus en opposition avec les talens que ces emplois exigeaient. C'est d'après ce principe que, de simple financier, Cabarrus se vit lancé dans la carrière diplomatique. Godoy le fit nommer ministre plénipotentiaire au congrès de Rastadt, en 1797, lui donnant néanmoins, et assez minutieusement, par écrit, toutes les instructions nécessaires. Il ne parla donc, dans ce congrès, que d'après ces instructions et les lettres du ministre espagnol. Cabarrus était naturellement orgueilleux ; devenu diplomate, il crut pouvoir marcher à l'égal du prince de la Paix ; celui-ci s'en fâcha et l'éloigna de la cour. Il trouva cependant moyen de se réconcilier avec son protecteur, qui, ayant besoin de personnes aveuglément soumises à ses ordres secrets, nomma Cabarrus ambassadeur de sa

---

1 Ce ne fut pas le roi qui en défendit l'introduction, comme il est dit dans la *Biographie* déjà citée. Le roi n'a jamais su qu'il ait existé aucun *mémoire* contre la banque. Ce fut un de ses ministres qui agit en son nom.

2 On se trompe encore dans la même *Biographie*, lorsqu'on avance qu'à la mort de Char-

les III Floridablanca fut créé ministre. On prend ainsi le moment de sa disgrâce pour celui de son élévation. En 1788 il y avait déjà vingt ans que ce ministre avait obtenu le portefeuille des affaires étrangères. A cette époque il le résigna au comte d'Aranda..(*Voy.* FLORIDABLANCA et ARANDA ; *Supplém.*)

majesté catholique, auprès de la république française ; mais Cabarrus étant né Français, ce gouvernement refusa de le reconnaître. De retour à Madrid, Godoy lui fit donner une mission pour la Hollande [1]. Ayant appris la révolution arrivée à Madrid le 18 mars 1808, il s'empressa de revenir dans cette capitale, et d'aller offrir ses services aux Français. Oubliant tous les bienfaits des Bourbons d'Espagne, il fut un des premiers qui allèrent faire leur cour au nouveau roi, Joseph Buonaparte. Son ambition fut enfin entièrement satisfaite. Après avoir été quelques mois surintendant de la caisse de consolidation, il fut nommé ministre des finances. Dans un voyage qu'il fit à Séville, pour y réorganiser des bureaux dépendans de son ministère, il eut une attaque de goutte à la tête, dont il mourut le 27 avril 1810. Son corps ne fut pas déposé au *Panthéon de Séville* [2] ; où n'existent que les sarcophages de quelques anciens rois, mais dans l'église de Sainte - Marie. Cabarrus, dans le cours de sa vie, a présenté en lui quatre hommes différens : aimable, doux, insinuant, excessivement modeste, lorsqu'il était employé à Caramanchel dans la fabrique de savon ; avide, intrigant, mais encore aimable, quand il avait la direction de la banque de Saint-Charles ; avec le titre de comte, il devint fier, hautain, parlant à tort et à travers des sciences, qu'il n'avait

---

1 Nous sommes encore obligés de relever une autre erreur de la *Biographie* ci-dessus indiquée. Godoy n'envoya pas Cabarrus en Hollande pour l'éloigner de la cour. Tout-puissant comme était le favori, il n'avait certainement rien à redouter de Cabarrus. S'il eût voulu s'en défaire, il ne manquait pas de moyens plus efficaces, qu'il savait mettre en usage quand cela était utile à ses desseins. Godoy se servait de Cabarrus, et il le disait lui-même, comme de son *premier courrier de cabinet.*

2 C'est ainsi qu'on l'assure dans la *Biographie*, que nous sommes fâchés de citer si souvent.

jamais apprises, et des lettres, qu'il ne connaissait pas ; nommé ambassadeur, son orgueil ne connut plus de bornes, et le rendait insupportable, même à ses amis. Loin de s'étonner d'être devenu diplomate, il se crut alors le plus habile homme d'état de l'Europe ; et tandis qu'il déraisonnait en politique, il ne pouvait souffrir la moindre contradiction. Aranda, Floridablanca, Pitt, etc., n'étaient pour lui que des hommes très - médiocres ; et c'est lui seul qui, d'après son assertion, connaissait la marche et les secrets de tous les cabinets. Quand les Bourbons régnaient, ils étaient l'objet de ses plus grands éloges ; à peine Joseph eut-il monté sur le trône d'Espagne, que celui-ci devint pour lui le plus juste, le plus grand des rois. Lors de son séjour à Caramanchel, il fit paraître à Madrid une feuille périodique, qu'il appela *le Diseur de riens*. Quoique le titre ne fût pas trompeur, les *riens* de Cabarrus éveillèrent la jalousie de l'auteur de la *Gazette*, qui, ayant des priviléges exclusifs, fit supprimer le journal de Cabarrus. On connaît aussi de lui les écrits suivans : *Lettres écrites de sa prison au prince de la Paix; Système de contributions le plus convenable à l'Espagne.* Ce système n'a jamais pu être mis à exécution. Cabarrus connaissait parfaitement le calcul, mais il n'était pas en état d'être mis à la tête d'aucune branche d'administration. Les gens impartiaux s'en aperçurent lorsqu'il était directeur de la banque de Saint-Charles. *Eloge de Charles III, roi d'Espagne ; Eloge de D. M. de Musquiz, ministre des finances.* Tous ces petits ouvrages furent écrits en français, et le secrétaire de Cabarrus, qui connaissait cette langue, les traduisait en espagnol. On aurait fort peu perdu s'ils fussent toujours restés ignorés.

CABEZA DE VACA (Alvar-Nunez) naquit en Estramadure en 1507, et fut d'une des expéditions en Amérique. Son courage et son intelligence l'élevèrent à l'emploi de gouverneur du Paraguay. Il fut nommé ensuite adelantado, ou *chef suprême*, et chargé par la cour d'Espagne de continuer la découverte de cette contrée et de la rivière de la Plata. Il mit à la voile de San-Lucar, le 9 novembre 1540, avec quatre vaisseaux et 450 soldats, et dans sa route il prit possession de *Cananca*, et visita l'île *Santa-Catalina*. Ayant perdu deux vaisseaux, il se rendit par terre au Paraguay en traversant des chaînes de montagnes désertes, et parvint, au bout de dix-neuf jours de marche, à d'immenses plaines habitées par les Indiens Guaranis. Il en prit possession, et les appela *Provinces de Vera*. C'était le nom de son père, et de son grand-père, qui avaient découvert de nouveau les Canaries. Il continua sa route par terre, et, le 11 mars 1542, il fit son entrée publique à l'Assomption, dont il prit le commandement. Il y commit plusieurs vexations; aussi, au retour d'un voyage inutile qu'il avait fait pour pénétrer dans le Pérou, il trouva que ses troupes unies aux colons s'étaient révoltées contre lui; et le 20 avril 1544 ils élurent un autre gouverneur. Mis aux fers et conduit en Espagne avec son greffier Pedro Fernandez, ils furent condamnés à une prison perpétuelle. C'est de là qu'ils publièrent pour leur justification le premier ouvrage qui ait paru sur le Paraguay. Il est divisé en deux parties; la première, intitulée *Naufragios de Alvar Nunez Cabeza de Vaca*, qui a été rédigée par Alvar-Nunez; la seconde

est de son secrétaire, et a pour titre : *Comentarios de Alvar-Nunez, adelantado y governador de la provincia del Rio de la Plata*, Valladolid, 1555, in-4. Cet ouvrage se trouve aussi dans le tome Ier du recueil de la Barca, intitulé *Historiadores primitivos de las Indias occidentales*, Madrid, 1749, 3 vol. in-fol. Alvar-Nunez mourut dans sa prison en avril 1558.

CABOT ou plutôt GABOTTO (Jean), navigateur, né à Venise vers 1450, fut un des premiers qui entreprirent la découverte de nouvelles terres, après celle de l'Amérique septentrionale. Il vint en faire la proposition à Henri VII, roi d'Angleterre, lui offrant en même temps de chercher un passage par le nord-ouest, pour aller au Cattay oriental. Il fut bien accueilli par le monarque anglais, qui, par un acte authentique du 5 mars 1495, permit à Cabot et à ses enfans de naviguer dans toutes les mers sous le pavillon anglais, lui accordant la liberté de former des établissemens, et lui cédant le commerce exclusif de toutes les contrées qu'il pourrait découvrir. On ignore le vrai résultat des voyages de Jean Cabot, et le plus connu de ses trois fils est le suivant.

CABOT ou GABOTTO (Sébastien) naquit à Bristol en 1467. Tout ce qu'on a pu savoir de ce navigateur, est tiré de la collection de Hackluit, qui l'a puisé, dit-il, dans celle de Ramusio. Mais le récit de cet écrivain est en contradiction évidente avec ce que rapporte Pierre Martyr, contemporain de Cabot, dans son *Histoire des Indes orientales*; et d'après l'opinion la plus générale, il paraît certain que Jean Cabot et Sébastien son fils ont pénétré dans le golfe et dans le fleuve Saint-Laurent, et qu'ils ont en effet découvert une terre le 24 juin 1497, qu'ils appelèrent *Newfounland*, terre neuve ou terre nouvellement trouvée ; et à une île qui l'avoisinait ils donnèrent le nom de *Saint-Jean*, du jour où elle fut découverte. Sébastien étant passé en Espagne en 1526, il obtint de Charles-Quint le commandement de plusieurs vaisseaux, avec lesquels il remonta la rivière de la Plata ; mais ses voyages n'ayant pas eu tout l'heureux résultat qu'on en attendait, il se retira en Angleterre, où Édouard VI le nomma grand pilote du royaume et gouverneur de la compagnie des négocians, chargée de découvrir de nouvelles terres. En 1553, Sébastien Cabot eut l'inspection de l'armement pour l'expédition sous les ordres de Willoughby, et le roi lui accorda, en 1549, une pension de 166 liv. 13 s. 6 den. sterling (4,000 francs). Après le plus mûr examen il semble indubitable que les terres découvertes par Jean et Sébastien Cabot sont celles situées à l'extrémité septentrionale de l'Amérique. Sébastien mourut en Angleterre vers 1560.

CABRAL (Pierre-Alvarez), navigateur portugais et à qui l'on doit la découverte du Brésil, naquit à Viseo en 1462. Nommé commandant de la seconde flotte que le roi Emmanuel envoyait aux Indes, il sortit du Tage en mars 1500, avec treize vaisseaux et douze cents hommes d'équipage. Pour éviter les calmes de la côte d'Afrique, Cabral s'éloigna de la route ordinaire, et prit tellement à l'ouest, qu'il se trouva à la vue d'une terre inconnue, le 24 avril de la même année. Cette terre était le Brésil, qu'il nomma alors *Terre de Sainte-Croix*. Le premier havre où la flotte portugaise put débarquer, reçut le nom de *Porto-Seguro*. Quelques jours après, Cabral prit la route des Indes. Dans une tempête qu'il essuya il perdit la moitié de ses vaisseaux, et parmi les victimes de cet événement, il faut citer Barthélemy Diaz, cet illustre marin qui avait atteint le premier le cap de Bonne-Espérance. Ayant rallié six vaisseaux, il alla à Mozambique, à Quilya, à Melinde et puis à Calicut, qu'il canonna pour se venger d'une trahison qu'avait commise contre lui le roi de cette contrée. Il parcourut en conquérant les rivages de l'Inde, et mouilla dans le Tage le 23 juin 1501. Le Portugal lui doit l'établissement de ses premiers comptoirs dans l'Inde. Il mourut à Lisbonne en mai 1520.

CABRERA (don Bernard de), général et ministre aragonais, né à Calatayud en 1298, d'une illustre famille. Il embrassa de bonne heure la carrière des armes, où il se distingua, fit la conquête de l'île de Majorque, et soumit ensuite les rebelles de Valence. Appelé par Pierre le cérémonieux, roi d'Aragon, à la tête du ministère, il y déploya ses talens en politique et devint le favori de son maître. Une forte discussion s'étant élevée entre le roi et la république de Gênes, alors formidable sur mer, sur la possession de la Sardaigne, Cabrera reçut le commandement de la flotte aragonaise, qu'il joignit à celle des Vénitiens, et défit complètement les Génois, le 27 août 1353, à la hauteur de cette île. Il se couvrit de gloire dans tout le cours de cette guerre, mais se voyant exposé aux traits des envieux, et craignant surtout l'ingratitude du roi, il renonça aux grandeurs et se retira dans un couvent. Pierre s'aperçut bientôt de l'absence d'un sujet si utile à ses états et dans les armes et dans les affaires, et il alla lui-même le retirer du cloître et le ramena à la cour. Pendant ce temps, la Castille était déchirée par les guerres civiles que Henri de Transtamare avait suscitées contre son frère le roi Pierre, surnommé *le Cruel*. Henri voulant le détrôner, protégé d'ailleurs par la France, avait su former une ligue avec les souverains d'Aragon et de Navarre. La probité de Cabrera lui fit regarder cette guerre comme injuste et impolitique, en ce qu'elle était attentatoire à la succession légitime des rois. Il s'y opposa donc par tous les moyens qui étaient en son pouvoir; mais la reine, qui était à la tête d'un parti puissant, se déclara contre lui. En même temps le roi de Navarre, et surtout le prince de Transtamare, piqués de l'opposition de Cabrera à une guerre qui favorisait leurs intérêts, le rendirent suspect au monarque aragonais, l'accusant d'avoir des intelligences secrètes avec Pierre le Cruel. Au moment où il allait se réfugier en France, il fut arrêté. Sa fermeté à souffrir la question ne put convaincre de son innocence ceux qui voulaient son supplice : la reine et Transtamare le demandaient instamment, et le roi eut la faiblesse de leur sacrifier un de ses plus fidèles sujets, vieilli à son service, et dans le cabinet et au milieu des armées. Cabrera fut décapité à Saragosse le 26 juin 1364, à l'âge de soixante-six ans. Après sa mort, la guerre fut déclarée au roi Pierre le Cruel, et Transtamare monta sur le trône de Castille [1]. L'indignation qu'excita dans le peuple la mort in-

juste de Cabrera, força la cour à réhabiliter sa mémoire, et à restituer ses biens à son petit-fils Bernard Cabrera, qui devint le favori de Martin d'Aragon, roi de Sicile. (*Voyez* FELLER, tome II.)

CABRERA (don Juan-Thomas-Henriquez de), duc de Medina del Rio Seco, ministre d'état et amiral de Castille, naquit à Badajoz en décembre 1652. Il descendait d'Alphonse XI, roi de Castille, et dès sa jeunesse il occupa les postes les plus éminents. Il était connu sous le nom de comte de Melgar lorsqu'il fut nommé au gouvernement de Milan, où il résida plusieurs années. En 1693, Charles II le choisit pour son premier ministre, et en 1695, il fut créé *almirante* de Castille, et c'est par ce titre qu'on le désigna depuis cette époque. L'*almirante* jouit d'un grand crédit à la cour et encore davantage auprès de la reine, seconde femme de Charles II. Il se déclara chef du parti qui favorisait les intérêts de la maison d'Autriche, en opposition du cardinal Porto-Carrero, qui était partisan de la maison de France. Cette lutte lui suscita un grand nombre d'ennemis, et malgré la protection de la reine, il fut condamné à l'exil. Après la mort de Charles II (1700), Philippe d'Anjou ayant été proclamé roi d'Espagne, ce prince essaya de gagner l'*almirante*, qui, par sa naissance et ses richesses, avait une grande prépondérance sur les affaires, et le nomma son ambassadeur en France. Celui-ci regardant cet emploi comme un exil politique, se réfugia à Lisbonne, au moment où l'empereur, l'Angleterre et la Hollande venaient de former une coalition pour placer l'archiduc Charles d'Autriche sur le trône des Espagnes. L'*almirante* eut assez d'habileté pour faire entrer le

---

[1] Quand ce même prince, qui avait détrôné et tué son frère, fut au lit de la mort, parmi plusieurs conseils qu'il donna à son fils et à son héritier, il faut remarquer le suivant : « Mon » fils, lui dit-il, attirez auprès de vous les fi- » dèles amis de mon frère, le feu roi, comblez- » les de présens et suivez leurs conseils ; ce sont » ceux qui ont suivi la meilleure cause ; défiez- » vous des autres, ils pourraient vous trahir. »

Portugal dans la ligue contre la France. Bientôt après il essaya de rendre suspect le droit du duc d'Anjou, en écrivant au pape que « le » testament de Charles II était une » pièce supposée, et qu'il y en avait » un véritable en faveur de l'archi- » duc. » C'est alors que la cour de Madrid ordonna la confiscation de ses biens, et le condamna à perdre la tête en effigie. Sur ces entrefaites, l'archiduc arriva à Lisbonne avec une armée anglaise, et fit un parfait accueil à l'*almirante*; mais ce prince perdit peut-être la couronne d'Espagne pour n'avoir pas suivi les avis de Cabrera. Tandis que celui-ci entretenait des intelligences avec Grenade et Valence, il conseillait aux généraux alliés de pénétrer dans l'Andalousie, dont la conquête entraînerait celle des deux Castilles; les avertissant en même temps que s'ils persistaient à vouloir s'emparer de l'Aragon et de la Catalogne, les Castillans ne recevraient jamais un roi choisi par deux peuples qu'ils haïssaient [1]. Les généraux s'obstinèrent à porter leurs armes dans l'Aragon, et l'événement justifia la prédiction de l'*almirante*. La conduite des généraux fit éventer les projets de faire révolter Grenade et Valence. Tous ces contre-temps navrèrent de chagrin don Juan de Cabrera, et abrégèrent ses jours : il mourut à Lisbonne le 23 juin 1705.

CABROL (Barthélemy), célèbre chirurgien du 16e siècle, né à Gaillac vers 1540. Il étudia son art à Montpellier, le pratiqua ensuite dans l'hôpital de Saint-André, sa ville natale. Rappelé à Montpellier, il fut chargé en 1570, par les professeurs

[1] Cette animosité existait depuis que la Castille et l'Aragon faisaient, avant le mariage d'Isabelle et de Ferdinand, deux royaumes séparés. On appelait celui d'Aragon *la Coronilla*, ou la Petite-Couronne; il comprenait l'Aragon, la Catalogne, Valence, les îles Baléares, la Sardaigne, etc.

de la faculté, de donner un cours d'anatomie; il en reçut l'ordre spécial de Henri IV, en 1595, et ses leçons et ses ouvrages avancèrent les progrès de cette science. On cite parmi les premiers son *Alphabet anatomique*, Tournon, 1594, in-4; Genève, 1602-1624; Montpellier, 1603; Lyon, 1614-1624. Cet ouvrage est composé de tables *synoptiques*, contenant à la fin d'excellentes observations sur la physiologie, la chirurgie et la médecine pratique. Ces observations ont été insérées dans le *Collegium anatomicum clariss. trium virorum Jacobini, Severini, Cabrolii*. Hanovre, 1654, in-4, Francfort, 1668, in-4. L'*Alphabet anatomique* a été traduit en latin, avec ce titre : *Alphabeton anatomicum, id est, Anatomes elenchus accuratissimus, omnes humani corporis partes, eaque secari solent methodo, delineans : accessere osteologia, observationesque medicis ac chirurgis perutiles*, Genève, 1604, in-4; Montpellier, 1606, in-4; et en Hollande, 1648, in-fol., par Plempius, avec des figures. Cabrol est mort au commencement du 17e siècle.

CACAULT (François), commandant de la Légion-d'Honneur, etc., fut baptisé sous le nom de *Françoise Cacault*, fille de...., à Nantes, en avril 1742. On ne s'aperçut de cette erreur que neuf ans après, et il fallut une longue enquête pour que son état civil fût rectifié. Cacault vint à Paris en 1762, fit des progrès rapides dans les études, et il avait à peine atteint sa 22e année qu'il fut choisi pour occuper la chaire de mathématiques à l'Ecole militaire. Cinq ans après, en 1759, une querelle où il avait blessé son adversaire l'obligea de quitter cette place. Pour rétablir sa santé, que l'excès du travail avait dérangée, il fit un voyage à pied en Italie. De retour en France, il obtint, en 1775, la place de secrétaire de M. Daubeterre, commandant des états de Bretagne, et suivit ce seigneur dans ses missions en Italie. En 1785 il fut nommé secrétaire d'ambassade à Naples sous M. de Talleyrand; et à la retraite de ce dernier, en 1791, il resta dans cette résidence en qualité de chargé d'affaires. Il allait remplir une mission auprès du saint-siége, lorsqu'il apprit la mort de Basseville. Il se rendit alors à Florence et rallia autour de lui tous les Français qui s'y étaient réfugiés. Cacault avait embrassé les principes de la révolution; mais il n'y figura que parmi les hommes les plus modérés. En habile politique il sut détacher le grand duc de Toscane, actuellement régnant, de la coalition contre la France, dont le gouvernement le nomma, en récompense, agent général d'Italie, ministre à Gênes, et le désigna pour signer le traité de Tolentino, de concert avec Napoléon Buonaparte. Il fut, en 1797, envoyé ministre à Rome, et de là à Florence. Accusé d'être l'*ami des Bourbons*, il fut rappelé à Paris, où il vécut dans l'oubli pendant un an. Alors le département de la Loire-Inférieure le nomma député au conseil des cinq-cents. Après le 18 brumaire, il entra dans le nouveau corps législatif, et en 1801, il alla à Rome en qualité de ministre plénipotentiaire pour y négocier le concordat. Le cardinal Fesch le remplaça en juillet 1803. A son retour à Paris, il fut envoyé par le premier consul présider le collége électoral de Nantes, qui le proclama candidat au sénat conservateur, où il fut admis en 1804. Dans ses différens voyages en Italie et particulièrement à Rome,

Cacault avait fait une collection d'objets précieux pour les arts. Pie VI, à la conclusion d'un traité, lui avait fait présent d'une belle mosaïque, représentant le Colisée, et qui est estimé 2,000 piastres. Après sa mort, arrivée à Clisson le 10 octobre 1805, la ville de Nantes a acheté sa galerie.

CACCIA (Jean-Augustin), militaire et littérateur, naquit à Novarre vers 1540, suivit la carrière des armes et se distingua, dans les guerres d'Italie, au service de l'empereur Charles-Quint. Il cultivait en même temps la poésie, pour laquelle il avait un talent particulier, et on remarque dans ses compositions une grande correction de style, de l'élégance et de la sublimité. Il avait voyagé en France, où il avait été fort bien accueilli à la cour de Henri IV; et dans ses dernières années il dédia un volume de ses poésies à la reine Marie de Médicis, et un autre au cardinal de Granvelle. Ses *Capitoli piacevoli* (Chapitres plaisans) sont des satires burlesques pleines de sel, où cependant on ne trouve aucune expression indécente, ni d'odieuses personnalités. Il a aussi écrit plusieurs poésies sur des sujets sacrés, comme sur la *mort du Christ*, la *Rédemption*, etc. Quoiqu'on ignore l'époque précise de sa mort, on conjecture néanmoins qu'elle doit être arrivée en 1602 ou en 1608. A l'âge de cinquante-cinq ans il s'était retiré du service, avec le grade de chef de lanciers.

CACCIA (Ferdinand) naquit le 31 décembre 1689 à Bergame, où il fit ses études avec succès. Il s'appliqua surtout à la langue latine et en corrigea la méthode d'enseignement, de sorte qu'en trois années on pouvait apprendre cette langue, au lieu de quatre qu'on employait auparavant. Caccia eut une forte discussion de biographie avec le célèbre Muratori. Ce savant avait rapporté, dans l'un de ses nombreux ouvrages, que le juif Moïse del Brolo, de Bergame, florissait de 1125 à 1137, sous le règne de Lothaire II, et il fixe à cette même époque son voyage à Constantinople. Caccia fit paraître un opuscule, où il chercha à prouver que Muratori s'était trompé sur tout ce qui concernait Moïse; mais une savante réplique de Muratori tira Caccia de l'erreur où lui-même était tombé; il eut la bonne foi d'en convenir dans un autre opuscule qu'il publia en 1764. Caccia n'était pas seulement un bon littérateur, mais aussi un excellent architecte, et on voit encore dans sa patrie plusieurs édifices élevés sous sa direction. Il a laissé: I *De Cognitionibus*, Bergame, 1719, in-4. II *Methodo di grammatica assai breve e facile per imparare con prestezza e fondamento la lingua latina*, ibid., 1726. III *Totius regulæ latinæ sciendi summa*, ibid., 1728. IV *Lo Stato presente della lingua latina*, ibid., 1762. V *Ortografia et prosodia*, ibid., 1764. VI *Antica regola delle sillabe lunghe e brevi*, ibid., 1764. VII *Vocabolario senza sinonimi*, ibid., 1776. VIII *Elementi e regole fondamentali della lingua latina*, ibid., 1777. IX *Cittadinanza di Bergamo*, ibid., 1766. X *Vita* ou *Vie de saint Jérôme Miani*, Rome, 1768. XI *Trattato legale*, Bergame, 1772; et plusieurs ouvrages inédits. Caccia mourut le 8 janvier 1778.

CACCIANIGA (François), peintre, né à Milan en 1700, étudia son art sous Franciosini, élève de Cignani, et alla se perfectionner à Rome. Ayant acquis de la réputation, plusieurs souverains employèrent ses talens, et notamment le roi de Sardaigne, qui lui commanda plusieurs ouvrages, et deux sujets, entre autres, que Caccianiga grava à l'eau-forte, art pour lequel il avait beaucoup d'habileté. On voit dans une église d'Ancône quatre tableaux de cet artiste, dont deux surtout méritent l'attention des connaisseurs : ce sont ceux qui représentent l'*Institution de l'Eucharistie* et le *Mariage de la Vierge*. Il peignit à Rome, dans le palais Gavotti, une fresque très-belle; on en trouve aussi dans le palais de la Villa - Borghèse, où il travailla plusieurs années. Le prince de ce nom, père de celui qui existe maintenant, lui assigna une forte pension au moment où, vieux et infirme, il allait tomber dans la plus affreuse misère. Les ouvrages de Caccianiga se font remarquer par un beau coloris ; mais on y aperçoit souvent un pinceau un tant soit peu timide. Il est mort en 1781.

CACHET (Christophe), médecin, naquit à Neufchâteau en Lorraine le 26 novembre 1572. Il fit ses études à Pont-à-Mousson, voyagea ensuite en Italie, et s'arrêta à Padoue, où il demeura plusieurs années, afin de profiter des leçons des habiles professeurs de cette université. De là il passa en Suisse, étudia le droit à Fribourg; mais ayant plus d'inclination pour la médecine, il s'y livra entièrement. Après l'avoir exercée à Toul, il se fixa à Nancy, et le duc le nomma son premier médecin, avec le titre de conseiller. On se rappellera toujours avec reconnaissance que Cachet fut le premier qui fit tous ses efforts pour ramener les écoles à l'étude d'Hippocrate et de Galien. Il commenta Hippocrate, et se déclara contre les charlatans et contre ceux qui prétendaient guérir toutes sortes de maux par le moyen de l'alchimie et à l'aide de recettes qu'ils appelaient universelles. On a de lui : I *Contro-versiæ theoricæ praticæ in primam Aphorismorum Hippocratis sectionem*, Toul, 1612, in-12. II *Pandora bacchica furens medicis armis oppugnata*, ibid., 1614, in-12, traduit du français de Jean Mousin ; dont l'ouvrage a pour titre, *Discours contre l'ivresse et l'ivrognerie*, Toul, 1612, in-8. III *Apologia in hermetici cujusdam anonymi scriptum de curatione calculi*, ibid., 1617, in-12. IV *Vrai et assuré préservatif de petite-vérole et rougeole*, divisé en 3 liv., Nancy, 1623, in-8. V *Exercitationes equestres epigrammatum libros sex districtæ*, Nancy, 1622, in-8. Cachet composa la plupart de ces épigrammes à cheval et tandis qu'il voyageait, c'est pourquoi il leur donne le nom d'*équestres*. On lui a reproché, en général, d'avoir mis dans ses ouvrages plus d'érudition que d'observations utiles. Il mourut à Nancy le 30 septembre 1624.

CACHET(dom Paul), bénédictin de la congrégation de Saint-Vannes, et frère du précédent, était né à Neufchâteau en Lorraine; il embrassa la vie monastique à l'abbaye Moyen-Moutier, où il fit profession le 10 juillet 1605. Aussi recommandable par sa piété et par ses vertus que par son savoir, il fut appelé à remplir les premières places de sa congrégation, et exerça avec applaudissement les fonctions de visiteur et de définiteur. L'abbaye de Saint-Mihel, dont il était prieur, ayant vaqué en 1634 par la mort du prince Nicolas-François de Lorraine, évêque de Toul, les religieux élurent dom Cathet pour leur abbé ; mais le cardinal de Bichi s'étant fait donner cette abbaye en cour de Rome, sa nomination fut maintenue, quoi-que de puissans motifs appuyassent la régularité et la canonicité de l'élection de dom Cachet. Il mourut à Saint-Mansui-lès-Toul, le 17 septembre 1652. — CACHET (Jean-Nicolas), jésuite, originaire de Neufchâteau et vraisemblablement parent du précédent, était entré dans la Société en 1613, âgé de seize ans. Il est auteur des ouvrages suivans : I *Histoire de la vie de saint Isidore*, Pont-à-Mousson, in-12. II *Vie de Jean Bercham de la compagnie de Jésus*, traduite de l'italien du R. P. *Virgilio Capari*, Paris, 1630, in-8. III *Conférences spirituelles*, traduites de l'espagnol du R. P. *Nicolas Arnaya*, Paris, 1630, in-4. IV *Abrégé de la vie de saint François Borgia*, Pont-à-Mousson, in-12. V *Vie de saint Joseph*, chanoine régulier de l'ordre de Prémontré, ibid., 1632, in-12. VI *L'Horreur du péché*, ibid., 1634, in-4, et Rouen, 1681, in-12. Le P. Cachet mourut le 22 ou le 29 décembre 1634, n'ayant que 37 ans. Le P. Abram, son confrère, en fait un grand éloge dans son *Histoire de l'université de Pont-à-Mousson*.

CADAHALSO (don Joseph), colonel espagnol, naquit à Ségovie en 1742 ; il entra jeune dans le service, et cultiva les lettres avec succès. Il débuta, en 1771, par une tragédie, *Irène*, qui fut assez bien reçue ; mais le premier ouvrage qui établit sa réputation fut celui intitulé *los Eruditos a la violeta*, c'est-à-dire, les Erudits superficiels; ouvrage en prose, où il tourne en ridicule cette espèce de faux littérateurs, en même temps qu'il combat les inculpations dont quelques étrangers ont chargé les écrivains espagnols. Ses *Cartas marruecas*, ou *Lettres d'un Maure de Maroc*, sont une critique ingénieuse des abus et des préjugés qu'il voyait régner en Espagne. Cadahalso prit une vive passion pour une comédienne dont les mœurs semblaient être en contradiction avec l'état qu'elle exerçait. Certain de sa bonne conduite, il l'épousa secrètement. Il célébra depuis ses vertus, et déplora sa mort dans l'ouvrage qu'il publia en 1780, intitulé *Noches tristes*, ou Nuits de douleur ; elles sont à l'imitation de celles d'Young, mais écrites en prose. Il les composa en grande partie sur le tombeau de son épouse, où il allait pleurer sa perte toutes les nuits, à l'aide d'une clef qu'il avait pu obtenir de celui qui avait en garde l'église où elle avait été inhumée. Cadahalso mourut au siége de Gibraltar, de l'éclat d'une bombe, en 1782. Il était un excellent critique, et écrivait avec pureté et élégance.

CADENET, troubadour du 13e siècle, naquit dans le château de Cadenet sur la Durance, qu'on détruisit pendant les guerres civiles. Resté sans asile, Cadenet erra longtemps, jusqu'à ce qu'arrivé à Aix, il eut le mauvais dessein de séduire une religieuse ; mais celle-ci lui représenta si vivement sa coupable intention, que le remords ayant pénétré dans son cœur, il entra dans l'ordre des Templiers de Saint-Gilles. Il passa, avec plusieurs de ses confrères, à la Terre sainte, où il mourut vers 1280, dans un combat livré aux Sarrasins. Il a laissé un traité contre les *Galiadours*, ou Médisans, et vingt-quatre chansons bachiques, où il reproche aux barons leurs brigandages et leur orgueil. On trouve dans la Bibliothèque royale neuf compositions de Cadenet. —Une dame de Lambesc, Antoinette Cadenet, obtint beaucoup de réputation dans ce même siècle, et par ses poésies, et par ses correspondances avec les troubadours les plus célèbres.

CADET-DE-GASSICOURT (Louis-Claude), célèbre pharmacien, naquit à Paris le 24 juillet 1731. Il était fils d'un habile chirurgien (mort en 1745), auteur de deux écrits sur le scorbut, et neveu de Villot, un des médecins de Louis XIV. Cadet apprit la pharmacie chez Geoffroi, dirigea ensuite le laboratoire de Chamousset, qui le fit nommer apothicaire major des Invalides. Quelques années après il suivit, en cette même qualité, les armées d'Allemagne et de Portugal. A la paix, il revint à Paris, où il fut chargé, par Louis XV, d'enseigner la chimie à deux jeunes Chinois, fils de mandarins, qui étaient venus en France pour donner des éclaircissemens sur les malheureux événemens de l'Inde. Il s'occupa ensuite de vérifier les falsifications faites sur les vins et les tabacs ; et son zèle fut récompensé par la place de commissaire du roi pour la chimie dans la manufacture de Sèvres. Il céda les appointemens de son emploi à un métallurgiste pauvre et instruit, auquel il fit accorder en même temps une troisième place de chimiste. L'académie le chargea d'examiner le métal des cloches, afin de viser au moyen d'en séparer l'étain du cuivre. Tous ces travaux ne l'empêchaient pas de surveiller sa pharmacie, qui était considérée comme la première de la France. Cadet était membre de l'académie des sciences, de celles de Lyon, de Toulouse, de Bruxelles, etc., et mourut le 17 octobre 1799. Outre deux articles, *Bile et Borax*, rédigés pour l'*Encyclopédie*, il a laissé, I *Analyse des eaux minérales de Passy*, 1755, in-8. II *Réponse à plusieurs observations de M. Beaume, sur l'éther vitriolique*,

1775, in-4. III *Mémoire sur la terre foliée de tartre*, 1764, in-12. IV *Expériences sur le diamant.*

CADHOGAN (le comte Guillaume), général anglais, naquit vers 1680, et fit avec honneur ses premières armes en Flandre. Constamment attaché à la fortune du duc de Marlborough son protecteur, il lui donna dans toutes les occasions des preuves d'attachement et de reconnaissance. Au siége de Menin en 1706, le duc, attaqué par la cavalerie française, et ayant son cheval blessé, allait tomber au pouvoir de l'ennemi, lorsque Cadhogan mit pied à terre, donna son cheval à Marlborough, et fut fait prisonnier à la place du duc. Celui-ci le demanda le lendemain au duc de Vendôme, en échange avec tout autre prisonnier que le général français choisirait ; et, au moment même, Cadhogan fut renvoyé sur parole. Il était en commission auprès des états généraux de Hollande, quand Marlborough commença à perdre son crédit à la cour. Cadhogan se ressentit de cette disgrâce : sa commission fut révoquée en 1711, et on lui ôta bientôt après sa place de sous-inspecteur de la Tour et de la ville de Londres. Il accompagna le duc dans les Pays-Bas ; et ayant été nommé député par le bourg de Woodstock, il vint pour être installé au parlement, afin de favoriser le parti des *whigs* ; mais sa nomination fut annulée, sous prétexte d'un défaut de formes. La mort de la reine Anne, en 1714, mit un terme à la disgrâce de Marlborough ; et le nouveau souverain, George Ier de Brunswick, lui rendit toutes ses places et ses honneurs. Cadhogan fut alors nommé colonel d'un des régimens des gardes, et envoyé comme plénipotentiaire en Hollande et aux conférences d'Anvers. Il présenta, en 1715, un mémoire aux états généraux, afin de les porter à s'opposer au passage de Jacques III, qui menaçait de faire une descente en Écosse. L'année suivante il passa en Angleterre, ayant sous ses ordres six mille Hollandais, que les Etats avaient accordés en secours au roi George. Le parlement avait une si bonne idée de la probité de Cadhogan, qu'il rejeta une accusation portée contre lui, et qui l'inculpait d'avoir soustrait 10,000 liv. sterl. De retour en Hollande, en 1717, il négocia une alliance entre cet état, l'Angleterre et la France. Après avoir été créé pair, il revint auprès de la première de ces puissances en qualité d'ambassadeur extraordinaire. Le duc de Marlborough étant mort en 1722, il lui succéda dans la charge de grand maître de l'artillerie et dans celle de colonel du premier régiment des gardes. Cadhogan mourut à Londres le 26 juillet 1726.

CADONICI (Jean), théologien italien, chanoine de Crémone, né à Venise en 1705, s'est fait connaître en 1747 par divers écrits qui ne sont pas de la plus pure orthodoxie. Dans l'un des principaux, intitulé *Défense de saint Augustin* sur l'imputation de *millénarisme*, il soutient que les saints de l'ancien Testament, morts avant Jésus-Christ, ont, aussitôt leur trépas, joui de la vision intuitive, opinion contraire à la tradition et à la croyance commune de l'église. Cadonici paraît faire peu de cas de l'autorité des Pères, à l'exception de celle de saint Augustin, et il en fait moins encore de celle des docteurs. Il ne montre pas non plus beaucoup de respect pour les décisions du saint-siége, avec lesquelles il affecte d'être toujours en opposition. Outre cet ouvrage, on a de Cadonici, I trois *Dialogues* en italien, pour justifier sa défense de saint Augustin contre le P. Libérat Fassoni des écoles pies, qui l'avait attaquée dans un *Traité du bonheur des saints de l'ancien Testament avant Jésus - Christ.* II *Sentiment de saint Augustin*, etc., 1763. Cadonici y présenta de nouvelles raisons pour étayer son premier ouvrage, et donna lieu aussi à une nouvelle réfutation de son système par le P. Mamachi, dominicain, sous ce titre : *de Animabus justorum in sinu Abrahæ, ante Christi mortem, expertibus beatæ visionis Dei, libri duo*, Rome, 1766, 2 vol. in-4. III Une *Explication de ce passage de saint Augustin :* L'Eglise de Jésus-Christ sera en servitude sous les princes séculiers, Pavie, 1784, in-8. Il y fait le partage de l'autorité entre l'église, à qui les souverains qui en sont membres sont soumis dans les choses spirituelles, et les souverains auxquels l'église est soumise quant aux choses temporelles ; mais il ne tient pas toujours la balance égale. Souvent il la fait pencher en faveur des princes, semble tendre à leur tout accorder et vouloir leur asservir l'église. Cet ouvrage a été imprimé en 1784, par les soins de Zola, professeur d'histoire ecclésiastique à Pavie, qui sans doute approuvait et enseignait la même doctrine. Cadonici mourut le 27 février 1786.

CÆSAR (Aquilinius-Julius), né à Gratz en Styrie en 1720, a laissé plusieurs ouvrages, dont les plus remarquables sont : I *Annales ducatús Styries*, 3 vol. in-fol., Vienne, 1768-69-79. Le 4ᵉ volume de cet ouvrage n'a pas encore été imprimé. II *Description de la Styrie*, en allemand, 2 vol. in-8. III *Histoire* ecclésiastique et politique de la Styrie, 7 vol., 1785-88. IV *Droit canonique national de l'Autriche*, 6 vol. in-8, 1788 - 90. Cet auteur mourut le 2 juin 1792.

CÆSARIUS (Jean), philosophe et médecin, naquit à Juliers en 1460, vint à Paris faire ses études, et se consacra particulièrement à la philosophie, qu'il professa à Cologne pendant plusieurs années. Il fut soupçonné de luthéranisme, ce qui lui attira des désagrémens et nuisit à sa fortune. Chassé de Cologne en 1745, vieux et pauvre, il dût son existence aux secours de quelques amis. Ceux-ci ayant agi en sa faveur, on lui permit de rentrer à Cologne, où il mourut catholique en 1551, à l'âge de quatre-vingt-onze ans. Il enrichit d'excellentes notes l'ouvrage de Celse, et le publia sous le titre de *Castigationes in Cornelium Celsum de re medicâ*, Haguenau, 1528, in-8 ; il écrivit, en outre, un *Traité de rhétorique et de dialectique*, corrigea le *Traité de médecine pratique* de Nicolas Bertrutius, et donna de bonnes éditions de l'*Histoire naturelle de Pline*, et du *Traité de la consolation* de Boëce.

CÆSIUS BASSUS, poëte et grammairien latin, fort loué par Quintilien, Pline et Perse. Quintilien lui accorde le premier rang après Horace, dans la poésie lyrique, et Perse lui adressa sa sixième satire. Par malheur il ne nous reste de Cæsius que des fragmens conservés dans le recueil des anciens grammairiens compilé par Pitiscus, et dans le *Corpus poetarum* et *Collectio pisaurensis.* Cæsius Bassus périt misérablement dans une éruption du Vésuve, l'an 79 de J.-C. ; il fut englouti avec sa maison de campagne où il était en ce moment. —

CÆSIUS, (Bernard), jésuite, né à Mantoue en 1581, et mort en 1630, est connu par un ouvrage qui, dans le temps, lui fit beaucoup d'honneur, et qui est intitulé *Minéralogie*, Lyon, 1636, in-fol.

CAFFARELLI-DU-FALGA (Louis - Marie), général de division, naquit à Falga, dans le Haut-Languedoc, le 13 février 1756. Il embrassa la carrière militaire à l'âge de 16 ans. Lors de la révolution il en adopta les principes, et se trouvait en 1792 à l'armée du Rhin, lorsqu'on y proclama la déchéance du malheureux Louis XVI, à laquelle il refusa de donner son adhésion. Destitué et échappé aux proscriptions de 1793, on le vit, après plusieurs mois de prison, travailler dans les bureaux du comité militaire, entrer au service de la république, et passer en 1795 à l'armée du Rhin, sous le général Kléber. Il fut, en 1798, de l'expédition d'Egypte, et accompagna Buonaparte en qualité de général de division et de chef de l'arme du génie. Il contribua à la prise d'Alexandrie, et mourut au siége de Saint-Jean-d'Acre, des suites d'une blessure, le 27 avril 1799.

CAFFARO, noble génois, né vers l'an 1080, est considéré comme le plus ancien historien de Gênes. Dans sa jeunesse, il se croisa et partit pour la Terre sainte le 1er août 1100, sur la flotte que sa république envoyait au secours de Godefroi de Bouillon. Il arriva peu de temps après la mort de ce premier roi de Jérusalem et avant l'élection de son successeur Baudouin Ier. Caffaro se distingua au siége et à la prise de Césarée, et de retour dans sa patrie il en écrivit les annales, en commençant par son expédition en Palestine. Ces annales, qui s'étendaient déjà jusqu'à un demi-siècle, furent lues en 1151, en plein conseil, par ordre des consuls, qui, après les avoir approuvées d'un accord unanime, les firent déposer à la chancellerie, et ordonnèrent qu'elles fussent continuées année par année. Caffaro remplit cette tâche jusqu'à l'an 1163; mais ayant été réélu à la magistrature suprême de consul, à laquelle on l'avait déjà élevé dès l'an 1122, et les graves affaires de l'état l'empêchant de s'occuper de son histoire, elle fut continuée par d'autres magistrats jusqu'à l'an 1294. Cette histoire, contenant les événemens d'un siècle de ténèbres et d'ignorance, devient d'autant plus intéressante en ce qu'elle a été écrite par des contemporains, et qu'elle a été ainsi revêtue de la sanction publique. L'ouvrage de Caffaro n'est certainement pas remarquable par le style, mais on est bien aise d'y trouver cette vérité, cette simplicité et cette franchise qu'on aime tant dans l'histoire de Villehardouin. Celle de Caffaro ne fut imprimée qu'en 1725, époque où Muratori en enrichit sa collection des *Scriptores rerum italicarum*, tom. 6. Caffaro mourut vers l'an 1166, âgé de quatre-vingt-six ans.

CAFFIERI (Jean-Jacques), professeur de l'académie de peinture et sculpteur du roi, naquit à Paris en 1713. Il était fils de Philippe Caffieri, sculpteur romain au service du pape Alexandre VII, et ensuite de la cour de France, où l'appela le cardinal Mazarin; et petit-fils d'Antoine Caffieri, ingénieur du pape Urbain VIII. Jean-Jacques appartenait en outre à une famille illustre de Naples, qui avait donné des militaires distingués aux armées de Charles-Quint et de Philippe II. Il étudia son art sous Lemoine;

il fut reçu professeur à l'académie en 1763, et était membre de celles de Rouen et de Dijon. Ses principaux ouvrages sont une statue de *sainte Sylvie*, qu'on voit aux Invalides; le groupe de *Melpomène* et de *Thalie*, détruit dans le premier incendie de l'Odéon; la statue de *Molière*, exécutée par ordre du roi; les bustes de *Corneille* et de *Piron* (au foyer du Théâtre-Français); ceux de *Quinault*, de *Lulli* et de *Rameau* (au foyer de l'Opéra); le buste d'*Helvétius*, etc. Les connaisseurs préfèrent ses bustes à ses statues. Caffieri mourut le 21 juin 1792.

CAGLIOSTRO (le comte Alexandre de), fameux aventurier, né à Palerme le 8 juin 1743, d'une extraction fort médiocre. Son véritable nom était Joseph Balsamo. Il étudia pendant quelque temps la médecine, et entra ensuite chez un apothicaire, où il apprit plus particulièrement la chimie. Livré à toutes sortes de vices, il ne les nourrissait que par des escroqueries. On cite entre autres celle qu'il fit à un orfévre de Palerme, nommé Marano, duquel il sut tirer 60 onces d'or (4,720 francs à peu près), par la promesse de le rendre possesseur d'un trésor caché dans une grotte, sous la garde des esprits infernaux. L'orfévre s'y étant rendu avec le faux magicien, qui agissait de concert avec d'autres gens de son calibre, on lui fit une telle frayeur, qu'il en tomba dangereusement malade. Cagliostro se sauva alors de Palerme, et tout ce qu'on a pu savoir sur cet imposteur célèbre, est tiré, en grande partie, de l'instruction de son procès faite à Rome en 1790. Après avoir quitté Palerme, il parcourut la Grèce, l'Egypte, l'Arabie, la Perse, Rhodes, Malte, etc., et se lia, dans ses voyages, avec le savant Althotas, qu'il a peint lui-même comme le plus sage des hommes. Il le perdit à Malte. Althotas, qui jouissait d'une grande réputation, recommanda son élève au grand-maître, et celui-ci lui donna des lettres pour les personnages les plus distingués de la ville de Naples. C'est dans cette capitale que Cagliostro commença à faire ses premiers essais sur la crédulité des hommes, par le charlatanisme de la *science occulte*. Doué d'une certaine éloquence, d'une effronterie sans pareille, rusé, pénétrant, il lui fut facile de faire passer pour des prodiges ce qui n'était que le résultat de plusieurs combinaisons adroitement ménagées. De Naples il passa à Rome, où, pour lors, il n'osa faire rien paraître de son prétendu savoir. Il connut dans cette ville Lorenza Feliciani, qu'il épousa, et visita ensuite avec elle presque toutes les villes de l'Europe, sous les différens noms de *Reschio*, de *Melissa*, de *Belmonte*, de *Pellegrini*, d'*Anna*, de *Fenix*, etc., vivant tantôt du produit de ses compositions chimiques, tantôt d'escroqueries, ou se faisant passer pour médecin, et le plus souvent du honteux trafic qu'il faisait de la beauté de sa femme. Mais son apparition la plus brillante fut à Strasbourg, le 19 novembre 1780; c'est là qu'il prit le titre de comte Cagliostro. A cette époque il était initié dans tous les mystères de la franc-maçonnerie, en avait parcouru tous les grades, en connaissait les différens rites, et était en correspondance avec presque toutes les loges connues. S'étant présenté à Strasbourg avec un luxe asiatique, il s'attira d'abord les regards par des actes de bienfaisance, et finit par se

X.

faire considérer comme un être extraordinaire, dont on n'approchait qu'avec un sentiment mêlé de respect et d'admiration. Voici ce que dit de lui la Borde, qui ne manquait cependant pas d'esprit, dans ses *Lettres sur la Suisse* : « Sa figure » exprime *le génie* ; ses yeux de feu » lisent au fond des âmes. Il sait pres- » que toutes les langues de l'Europe » et de l'Asie ; son éloquence étonne » et entraîne, même dans celles qu'il » parle le moins bien. J'ai vu, dit-il, » *ce digne mortel*, au milieu d'une » salle immense, courir de pauvre » en pauvre, panser leurs blessures » dégoûtantes, adoucir leurs maux, » les combler de bienfaits.....etc. Ce » spectacle enchanteur se renouvelle » trois fois chaque semaine.... etc. » D'après ce portrait, on s'étonnera qu'on vante les progrès de notre esprit dans nos siècles de lumières, puisqu'un adroit charlatan peut en imposer aux gens les plus éclairés. Le prestige que Cagliostro exerçait à Strasbourg était tel, que de Paris même, MM. de Miromesnil, de Vergennes, le marquis de Ségur, dans leurs lettres écrites en 1783 au préteur de Strasbourg, réclament l'appui des magistrats en faveur de l'illustre étranger. Cagliostro, lors de ses premières courses dans l'Europe, avait déjà fait un voyage à Paris ; il y revint le 3 janvier 1783, et se logea rue de Saint-Claude, près du boulevart. Son arrivée fit beaucoup de bruit : on se pressait pour voir un homme aussi étonnant. Il ne tarda pas à devenir le sujet de toutes les conversations, et son prétendu savoir fut bientôt l'objet de l'admiration presque générale. La mode même lui rendit son hommage, et on vit paraître, parmi les dames, des fichus, des coiffures, des éventails à la Cagliostro. Cette grande vogue ne pouvait manquer de le mettre en relation avec d'illustres personnages ; et lors de la scandaleuse affaire du collier, il était lié avec le prince de Rohan. La comtesse de la Motte l'accusa « d'avoir » reçu le collier des mains du cardi- » nal, de l'avoir dépecé pour en gros- » sir le trésor occulte d'une fortune » immense. » Cagliostro fut donc arrêté le 22 août, et conduit à la Bastille, d'où il fit paraître un *mémoire*, dont on attribua la rédaction à un magistrat célèbre. Dans ce mémoire, Cagliostro, au lieu de satisfaire la curiosité du lecteur sur l'événement où il jouait un des principaux rôles, se donne une naissance illustre, et prend pour témoignage les personnages les plus éminens de l'Europe ; il nomme les banquiers qui dans toutes les villes lui fournissent des fonds ; mais il ne fait pas connaître la source de ses richesses. L'arrêt du parlement du 31 mai 1786 déchargea le prince Louis et Cagliostro des inculpations contre eux intentées ; mais tous deux furent exilés. Cagliostro se rendit à Londres, où il séjourna deux ans, passa ensuite en Allemagne, en Suisse, en Savoie, à Milan, etc., et finit par échouer à Rome. Dans son séjour en Allemagne et en Angleterre, il avait établi dans les villes principales une *loge* qu'il appelait *Egyptienne*, et qui était une véritable jonglerie qui aurait dû le rendre ridicule aux yeux même des francmaçons les moins experts. Parmi les prodiges qu'il promettait de montrer dans la nouvelle loge, il prétendait qu'une *pupille* ou *colombe*, c'est-à-dire, un enfant dans l'innocence, placée devant une carafe, mais abritée d'un paravent), « obtenait, par » l'imposition des mains du *grand* » *Cophte*, la faculté de communiquer

»avec les anges, et voyait dans cette »carafe tout ce qu'on voulait qu'elle »y vît. » C'est aussi dans cette loge qu'il opérait les fameuses évocations, qu'il prononçait ses prophéties, et faisait ses exorcismes. Non content de vouloir renouveler ce jeu dans la capitale de la chrétienté, il consentait en même temps que sa femme menât la vie la plus scandaleuse. Tout cela ensemble éveilla la surveillance du gouvernement, et il fut arrêté le 27 décembre 1789, non comme franc-maçon, mais comme un homme dangereux et éminemment immoral. On instruisit son procès, et il fut condamné, le 7 avril 1791, à une prison perpétuelle, tandis qu'on mit sa femme dans le couvent de Sainte-Apolline. Cagliostro fut transféré du château Saint-Ange au château Saint-Léon, où il mourut en 1795, âgé de 52 ans. On a débité sur Cagliostro beaucoup de fables, soit contre lui, soit en sa faveur. Les uns l'ont regardé comme un véritable thaumaturge, d'autres (voy. FIARD (l'abbé), *Supplément*) comme un des esprits de l'empire ténébreux ; d'autres, et ce furent les plus sages, ne virent en lui, qu'un adroit charlatan. On a beaucoup vanté son élixir vital, qui n'avait d'autre vertu que celle des élixirs les plus communs. On a publié à Rome une *Vie de Cagliostro*, extraite de son procès, sous le titre de *Compendio della vita e delle gesta di Giuseppe Balsamo, denominato il conte Cagliostro*. Rome, 1791, traduite en français, et imprimée à Paris, par Onfroy, 1791, in-8.

CAILLEAU (André-Charles), libraire, né à Paris le 17 juin 1731, a laissé des pièces de théâtre, des étrennes et autres ouvrages, parmi lesquels nous citerons : I *Le*

Spectacle historique, 1764, 2 vol. in-12. II *Etrennes historiques*, 1774-75, in-12. III *Vie privée et criminelle de Desrues*, 1777, in-12. IV *Principes philosophiques de consolation*, traduits de l'allemand, de M. Weitemkampt, suivis d'un extrait de la *Consolation* de Boëce, 1778, 2 vol. in-12. V Le *Dictionnaire bibliographique*, 1790, 3 vol. in-8, connu sous le nom de Cailleau, mais qui est de l'abbé Duclos. M. Brunet fils a publié en 1802 un supplément à ces 3 v., et en 1809, un *Manuel de librairie*. Cailleau est mort à Paris le 12 juin 1798.

CAILLET (Guillaume), paysan, né au village de Mello dans le Beauvoisis, et chef de la faction dite la *Jacquerie*. Elle se forma en 1358, et lorsque le roi Jean se trouvait prisonnier en Angleterre. Les factieux donnèrent à leur chef le nom de Jacques le Bon, d'où dérive le nom de *Jacquerie*. Ce soulèvement arriva presque le même jour dans toutes les provinces septentrionales de la France. Les Jacques, armés de bâtons ferrés, assommaient les gentilshommes, brûlaient leurs châteaux, et portaient la désolation partout. Les nobles épouvantés cherchèrent un asile dans les villes fortifiées. Enfin des chevaliers de Flandre, de Brabant et de Bohême vinrent au secours des gentilshommes français, qui se réunirent et s'armèrent. Le dauphin se mit à leur tête, et les Jacques furent partout vaincus. Charles le Mauvais s'empara de Caillet, lui fit trancher la tête, et le reste des factieux fut aussitôt dissipé.

CAILLEU (Norbert), docteur de Sorbonne et prieur de l'abbaye de Prémontré, honora son ordre par son érudition et son zèle à en défendre les privilèges. Ils avaient été attaqués par le docteur Launoy à la sollicitation du cardinal d'Etrées, évêque de Laon. Cailléu lui répondit par un ouvrage intitulé : *Responsio ad inquisitionem Launoii Parisiensis theologi in privilegia præmontratensis ordinis*, Paris, Léonard, 1661. On doit à Cailléu la découverte des *Lettres de Gervais XIV*, abbé de Prémontré, qu'il fit imprimer à Valenciennes en 1663, au nombre de 70, et que le P. Hugo, abbé d'Estival, inséra dans son recueil intitulé : *Sacræ antiquitatis monumenta*, 1725, 2 vol in-fol., au nombre de 135, sur un exemplaire manuscrit de l'abbaye de Steinfeld, diocèse de Cologne, qu'il s'était procuré.

CAJOT (dom Charles), frère de dom Jean-Joseph (*voyez* CAJOT, *Dict.*), aussi bénédictin de la congrégation de Saint-Vannes, né à Verdun le 17 août 1731, avait fait ses vœux à l'abbaye de Beaulieu en Argonne. Il professa la philosophie et la théologie dans les abbayes de Saint-Vannes et de Saint-Arnould de Metz. Il est auteur d'un ouvrage important intitulé : *Recherches historiques sur l'esprit primitif et les anciens collèges de l'ordre de Saint-Benoît, d'où résultent les droits de la société sur les biens qu'il possède*, Paris, 2 vol. in-8. Le but de l'auteur est de montrer que les sociétés religieuses, et l'ordre de Saint-Benoît en particulier, n'ont pas été institués pour s'y livrer uniquement à la contemplation, et y travailler à sa sanctification, sans rendre à l'état et à la société aucun service. Il prouve que dès l'origine, les monastères de Saint-Benoît étaient ou des écoles dans lesquelles on admettait tous les élèves qui se présentaient, pauvres ou riches, et où on les instruisait gratui-

tement, ou des séminaires d'où l'on tirait les évêques, ou des hospices destinés à recevoir les étrangers, les voyageurs et les malades. Il fait voir que ce n'est que dans les temps modernes que les bénédictins ont été séparés de la hiérarchie ; que de leurs monastères sont sortis des religieux qui ont porté dans le nord la foi et la civilisation ; qu'ils desservaient les cures des endroits dont ils recueillaient les dîmes, et pouvaient être appelés à d'autres cures ; que la culture des lettres divines et humaines leur était imposée, puisque lors de la fondation ou de la réforme d'un monastère, l'un des premiers soins était d'y amasser des livres et d'y établir de bonnes études. D'où il conclut que les religieux jouissant d'un grand nombre d'avantages que la société leur a procurés et leur maintient, elle a aussi droit d'attendre d'eux des services ; principes assurément qui seront avoués par tous les hommes judicieux. Dom Cajot n'invitait donc pas à s'emparer des biens ecclésiastiques ; seulement il engageait ceux qui les possédaient à ne pas les détourner de leur véritable destination par une vie oisive et inutile, mais à les faire servir à l'avantage de l'église et de l'état. Dom Charles Cajot survécut à la suppression des ordres religieux en France, et mourut le 6 décembre 1807, laissant quelques autres ouvrages.

CALAGES (mademoiselle Marie de Pech de), née à Toulouse vers 1620. Elle était contemporaine de Corneille, et a laissé un poëme, *Judith*, bien supérieur, par l'élégance, la pureté de style, le coloris poétique et la vigueur des images, à ceux de *Saint-Louis*, d'*Alaric*, de *Clovis*, etc. ; qui, jusqu'alors, avaient eu tant de vogue. Le poëme de *Judith* ne fut cependant publié qu'après la mort de l'auteur. Mademoiselle l'Héritier de Villaudon en fut l'éditeur, et le dédia à la reine Anne d'Autriche, alors régente. Mademoiselle de Calages mourut, jeune encore, vers l'an 1661.

CALANNA (Pierre), religieux sicilien, né à Termini dans le 16° siècle et versé dans les lettres, fit de la philosophie de Platon une étude particulière. Il porta l'enthousiasme pour la doctrine de ce philosophe à un tel point, qu'il ne pouvait souffrir la préférence que, dans les écoles, l'on donnait à Aristote. Ce fut pour lui l'occasion de faire un savant ouvrage qu'il intitula : *Philosophia Platonica à junioribus et laïcis neglecta philosophis*, Palerme, 1599. David Clément fait mention de ce livre dans sa *Bibliothèque curieuse* à cause de sa rareté. On sait que Ramus avait déjà attaqué Aristote, en le déprimant beaucoup trop. Prendre comme il le fit pour le sujet d'une thèse « que tout ce qu'Aristote avait » enseigné n'était que faussetés et » chimères, » est assurément une extravagance ; et quel que soit le mérite de Ramus, il y a une grande distance entre lui et le philosophe grec. *Voyez* RAMUS, *Dict.*

CALDERWOOD ou CALDWOOD (David), Ecossais et ministre presbytérien, naquit vers la fin du seizième siècle, et se livra avec ardeur à l'étude de la théologie. En 1604 il fut nommé pasteur de la paroisse de Crelling près de Jadbury, au midi de l'Ecosse. Jacques VI d'Ecosse et 1er d'Angleterre, ayant formé le projet de ramener à l'uniformité, les différentes communions des trois royaumes, trouva dans Calderwood une opposition qu'il ne put parvenir à vaincre. Ce théologien, au contraire, signa

avec quelques autres ecclésiastiques presbytériens, une protestation contre tout changement qu'on voudrait introduire dans le culte qu'ils professaient. On le cita par-devant une haute commission que le roi présidait en personne ; on lui fit subir un interrogatoire, et on l'envoya en prison : rien ne put le fléchir. Ayant été condamné au bannissement, il se retira en Hollande. Il y publia en 1623 un ouvrage estimé dans son parti, et intitulé : *Altare damascenum*, etc., sous le nom d'*Edwardus Didoctavius*, 1603, et réimprimé en 1708 avec ce titre : *Altare damascenum seu ecclesiæ anglicanæ politia, ecclesiæ scoticanæ obtrusa, à formalista quodam delineata, illustrata et examinata, sub nomine olim Edwardi Didoctavii, studio et operâ Davidis Calderwood*, etc. Il y discute avec soin les différens points qui divisent l'église anglicane et celle d'Ecosse. Tandis que Calderwood était en Hollande, on répandit le bruit qu'il était mort, et on fit courir sous son nom un acte de rétractation ; mais la supposition de cette pièce fut bientôt reconnue. Il repassa secrètement en Ecosse et s'y tint caché. Outre l'ouvrage cité ci-dessus, il a laissé l'*Histoire de l'église d'Ecosse depuis la réformation*. A la tête se trouve une épître au lecteur dans laquelle sont rapportés les principaux événemens de la vie de Calderwood. L'ouvrage en 6 vol. in-fol., resté inédit, est conservé dans la bibliothèque de l'université de Glascow ; mais il en a été imprimé un extrait en 3 vol., sous le titre de *Véritable histoire d'Ecosse*. Calderwood est mort vers 1638.

CALIDASA, poëte dramatique indien. Suivant l'opinion de MM.

Wilkens et Jones, il vivait dans le premier siècle avant Jésus-Christ. Il était un des neufs poëtes connus sous le nom des *neuf Perles*, que le radjah Vicramaditya, nommé vulgairement Bicker-Madjit, entretenait à sa cour. Calidasa occupe la première place après Vyasa et Valinsiky. Il a revu les ouvrages et corrigé les textes de ces deux anciens poëtes, il a laissé un poëme épique, ou une suite de poëmes en un livre, sur les enfans du soleil; un autre, et où l'on trouve une parfaite unité d'action, sur la naissance du dieu de la guerre. On connaît de ce même auteur différentes pièces, entre autres une en six actes, intitulée *Ourvasi*, et un drame, *Sacontadla*, ou l'*Anneau fatal*, traduit en anglais par M. Jones, Londres, 1792, in-4° et in-8°. On a aussi de lui un *Traité* de la prosodie sanskrite dans le genre du *Treentianus*.

CALLENBERG (Jean-Henri), théologien protestant et savant orientaliste, naquit le 12 janvier 1694, dans le pays de Saxe-Gotha. Il fit ses études à l'université de Halle, et y enseigna successivement la philosophie et la théologie. Le succès des missions catholiques, si utiles aux progrès de la religion, et dont les sciences et le commerce ont aussi ressenti l'heureuse influence, avait fait concevoir aux gouvernemens protestans le projet d'en établir de leurs communions. Callenberg n'épargna ni soins ni dépenses pour les encourager et les faire fleurir. Il pensa que des livres élémentaires pouvaient y contribuer beaucoup. Il en composa un grand nombre, et les fit imprimer à ses frais. Il avait, pour cela, établi une imprimerie arabe et hébraïque, comprenant, dans son zèle pour les conversions, les juifs et les musulmans. Les princi-

paux de ces ouvrages sont : I *Prima rudimenta linguæ arabicæ*, 1729, in-8. II *Kurze anleitung zur jüdisch teutschen sprache*, 1733, in-8. C'est une grammaire élémentaire de l'hébreu corrompu que parlent les juifs allemands. Il y joignit par la suite un *petit dictionnaire*. III *Scriptores de religione muhammedicá*, 1734, in-8. IV *Specimen indicis rerum ad litteraturam arabicam pertinentium*, 1734, in-8. V *Specimen bibliothecæ arabicæ*, 1736, in-8. VI *Repertorium litterarium topicum*, ibid., 1740, in-8. VII *Grammatica linguæ græcæ vulgaris; paradigmata ejusdem*, 1747, in-8. VIII *Petit catéchisme de Luther*, etc. On trouvera dans la *Description du cercle de la Saale*, deuxième partie, par Jean-Christophe Dreyhaupt, une liste exacte et détaillée de tous ces ouvrages, auxquels il faut ajouter des *Traductions* de la Bible, du nouveau Testament, de différens livres ecclésiastiques, etc. Malheureusement le zèle des missionnaires ne répondit qu'imparfaitement à ces efforts, et dès 1792 on put s'apercevoir que l'entreprise était manquée. Callenberg a donné l'histoire de tout ce qui avait été fait pour amener ce projet à une heureuse issue, dans deux *écrits* en allemand, intitulés, l'un, *Relation d'une tentative pour ramener le peuple juif aux vérités du christianisme*, Halle, 1728-1739; l'autre, *Relation d'une tentative pour ramener à Jésus-Christ les mahométans abandonnés*, Halle, 1739, in-8. Callenberg mourut le 16 juillet 1760. — CALLENBERG (Gaspard), jésuite, né dans le comté de la Marck, en 1678, professa la philosophie à Munster, et la théologie à Paderborn, à Trèves et à Aix-la-Chapelle. Il publia en latin quelques ouvrages sur ces sciences et sur le droit canon. Il est mort à Gœsfeld le 11 octobre 1742.

CALLY (Pierre), philosophe célèbre et curé de Saint-Martin dans la ville de Caen, naquit au Mesnil-Saint-Hubert, près d'Argentan. En 1655 il était en philosophie à Caen, et en 1660 il l'enseignait au collège du Bois, dans la même ville. Dans l'intervalle il était allé faire sa théologie à Paris. Il fut le premier qui professa en France la philosophie de Descartes ; ce qui lui donna pour ennemis tous ceux qui soutenaient celle d'Aristote, depuis si long-temps en possession d'être seule enseignée dans l'école. Il fut attaqué par le P. le Valois, jésuite, sous le nom de Louis-de-la-Ville (*voyez* VALOIS, *Dict.*). Cally, qui trouva l'ouvrage superficiel, ne lui répondit point, ou plutôt ne publia point alors une réfutation qu'il avait faite en latin de l'ouvrage du P. le Valois. En 1675 il fut nommé principal du collège des Arts dans la ville de Caen, et en 1684 curé de Saint-Martin. Des prônes qu'il fit ayant attiré, pour l'entendre plusieurs protestans, dont il y avait à Caen un grand nombre, il imagina de faire des conférences sur les points qui divisent les deux communions, et il eut le bonheur de ramener à l'unité catholique plusieurs de ceux qui en étaient séparés. Ce succès, auquel on avait dû applaudir, excita la jalousie, et les détracteurs de Cally parvinrent à le faire exiler à Moulins en 1686. Cependant, deux ans après, il obtint la permission de rentrer dans sa paroisse. Il y mourut le 31 décembre 1709. Il est auteur des ouvrages suivans : I *Institutio philosophiæ*, Caen, 1674, in-4. C'est une introduction à la philosophie. II *Universæ philosophiæ institutio*, Caen,

1695, 4 vol. in-4, dédiée à Bossuet. C'est le développement de l'ouvrage précédent. III Une édition du livre de Boëce, *De consolatione philosophiæ*, 1620, in-4, avec des notes. Cette édition fait partie de la collection dite des *ad usum*, ordonnée par M. le duc de Montausier, pour l'éducation du dauphin, fils de Louis XIV. IV *Durand commenté, ou Accord de la philosophie avec la théologie*; Cologne (Caen), 1700, in-12. C'est en partie la traduction de la réfutation latine du P. le Valois, citée ci-dessus. Il y adoptait le sentiment de Durand au sujet de la transsubstantiation ; mais le concile de Trente ayant depuis fait sur ce mystère un canon précis, avec lequel ne s'accordait pas ce sentiment, M. de Nemours, évêque de Bayeux, condamna le livre par un mandement du 30 mars 1701, qui fut rendu public. Non-seulement Cally se retracta, et publia au prône le mandement qui le condamnait, en même temps que sa propre rétractation, quoique l'évêque l'en eût dispensé, mais encore il retira, autant qu'il fut en son pouvoir, les exemplaires de son ouvrage, et les supprima ; ce qui fait qu'il est devenu fort rare. IV *Discours en forme d'homélies, sur les miracles de Notre Seigneur Jésus-Christ, qui sont dans l'Evangile*, Caen, 1703, 2 v. in-8. Ce sont les prônes qu'il prêchait. V *Doctrine hérétique et schismatique sur la primauté du pape, enseignée par les jésuites dans leur collège de Caen*, 1644. Il n'est guère probable que cet ouvrage, imprimé en 1644, soit de l'abbé Cally, qui n'était qu'en philosophie en 1655, à moins qu'on ne suppose qu'il n'ait achevé ses études que dans un âge fort avancé ; ce qui n'est pas vraisemblable.

CALOGERA (le P. Ange), camaldule, naquit à Padoue le 7 septembre 1699. Il était d'origine grecque (de Corfou), et sa famille était noble et ancienne. Il fit ses études chez les jésuites, et y montra du goût pour les lettres. Il n'avait que dix-sept ans lorsqu'il entra chez les camaldules. Il y trouva des maîtres qui mirent à profit ses heureuses dispositions, et l'initièrent aux recherches littéraires. Un des premiers fruits de ses travaux dans ce genre fut un recueil qu'il intitula *Raccólta d'opuscoli scientifici et filologici*. Ce recueil est composé de 51 volumes qui parurent successivement depuis 1725 jusqu'en 1766. Dès 1755, le P. Calogera avait commencé une nouvelle collection sous le titre de *Nuova raccolta*, etc. Ce savant religieux étant mort en 1768, le P. Fortuné Mandelli, son confrère, la continua. On a encore de Calogera, *Memorie per servire alla storia litteraria*. Ce sont des notices littéraires en forme de lettres. Il en donna d'abord 12 volumes jusqu'en 1758. Ayant eu quelque raison d'interrompre ce travail, il le reprit l'année suivante, sous le titre de *Nuove memorie*, et l'abandonna entièrement en 1761. Ses autres travaux sont : I un grand nombre d'articles dans le journal *la Minerva*, depuis 1762 jusqu'en 1765, in-4. II Une *Traduction italienne du Télémaque*, Venise, 1744, in-4. III *Il Nuovo Gulliver*, Venise, 1751, in-8. IV Des *Opuscules biographiques*. V Une *Correspondance* avec un grand nombre de gens de lettres, la plupart ses amis, laquelle ne forme pas moins de 60 gros volumes, d'où l'on pourrait tirer quantité de bons matériaux pour l'histoire littéraire. Il avait aussi travaillé à la nouvelle édition de *la Biblioteca volante* du médecin Cinelli Calvoli, donnée par Albrizi.

CALONNE (Charles-Alexandre de) naquit à Douay le 20 février 1734. Son père était premier président au parlement de cette ville. Le jeune Calonne fit ses études à Paris, fut d'abord avocat général au conseil provincial d'Artois, d'où il passa au parlement de Douay pour y occuper la place de procureur général. Il fut nommé, en 1763, maître des requêtes, se fit connaître dans cet emploi d'une manière avantageuse, et fut ensuite choisi comme procureur général de la commission créée pour examiner la conduite de la Chalotais. On l'accusa, dans cette procédure, d'avoir abusé de la confiance de l'accusé, en communiquant au vice-chancelier une lettre secrète dont il était dépositaire ; mais il se lava de cette accusation, et Calonne, ainsi que Lenoir, ne furent pas bien sévères dans le jugement porté contre la Chalotais. (*V.* CHALOTAIS, FELL., t. III) Nommé à l'intendance de Metz et ensuite à celle de Lille, il se fit remarquer par ses talens pour l'administration. A la mort de Louis XV, l'ancien ministre Maurepas étant revenu de son exil, avait appelé successivement au ministère des finances Turgot et Necker, qui furent bientôt remplacés par Fleury et Dormesson. Calonne succéda à ce dernier le 3 novembre 1783, peu de jours après la mort de Maurepas. La paix de Versailles venait d'être conclue ; et indépendamment des emprunts et des arriérés accumulés sous les ministères précédens, il y avait 176 millions d'anticipation dont il fallait remplir le vide. Calonne suivit d'abord le même système d'emprunts adopté par ses prédécesseurs ; et le résultat de ses calculs était que les revenus de l'état, qui étaient de 475 millions, devaient se porter à 590 millions pour atteindre le niveau dans l'année 1797. On tâcha de démontrer la fausseté de ces calculs dans un grand nombre de pamphlets, auxquels Calonne répondit dans la suite par des écrits où l'on trouve de la clarté et de la dialectique. Il s'était persuadé que les deux principes sur lesquels devait poser le nouveau système d'emprunts, étaient l'établissement de la subvention territoriale, payable en nature, et l'extension de l'impôt du timbre. On sait les vifs débats que ce plan occasiona dans les parlemens, et les plaintes qu'il excita dans différentes classes. Depuis cent soixante ans, la convocation des états généraux était regardée, et avec raison, comme funeste à la royauté. Pour éviter les extrêmes, Calonne proposa une assemblée de notables choisis parmi les membres les plus distingués des deux premiers ordres de l'état, de la magistrature, et dans les chefs des principales municipalités. Après plusieurs hésitations, le roi, par un désir sincère du bien, approuva le plan dont Calonne lui-même ne se dissimulait pas les dangers, comme on le voit par la lettre qu'il écrivit à un de ses amis le 16 août 1786, et où il disait : « Je » viens de lire mon plan au roi; il » m'a bien entendu, bien écouté, » m'a tout promis; mais je me fais » pitié à moi-même, lorsque je pense » aux résultats qu'il peut avoir pour » moi. N'importe, je crois que c'est » le bien, le bonheur du roi et du » peuple; j'ai bon courage, je l'en- » treprendrai. » Vergennes venait de mourir, et Calonne perdait en lui un appui et un protecteur. La première séance des notables s'ouvrit à Versailles le 22 février 1787. Le ministre exposa son compte avec

toute la dextérité possible; mais les révélations qu'il fut forcé de faire, et le déficit de cent quinze millions annuels, augmentèrent les craintes qu'on avait conçues, et firent les plus sinistres impressions. Calonne fit remonter l'origine du déficit jusqu'au ministère de Terray, prétendant qu'il était dès lors de 40 millions, augmenté depuis 1776 jusqu'en 1783 d'une somme égale, et avoua de l'avoir accru lui-même de 35 millions jusqu'à la fin de 1786. Ces calculs, en contradiction directe avec ceux de Necker, attirèrent une réponse assez énergique de la part de cet ex-ministre, et ses nombreux amis se liguèrent en sa faveur. On accabla Calonne d'accusations très-graves; on l'attaqua d'abord par la dénonciation de l'échange du comté de Sancerre, qui appartenait au comte d'Espagnac, et on disait hautement que Calonne avait sacrifié les intérêts du roi à ceux d'un particulier dont il avait partagé les bénéfices. Parmi ces accusations, la plus juste est celle qui l'inculpait d'avoir attendu trois ans entiers pour dresser l'état d'une situation aussi alarmante. Le marquis de la Fayette fut un de ses premiers accusateurs. Le roi sembla d'abord soutenir son ministre, qui fut enfin destitué et exilé en Lorraine. L'archevêque de Toulouse le remplaça. Calonne fut dépouillé ensuite du cordon bleu, qu'il portait comme trésorier de l'ordre du Saint-Esprit. Il se rendit en Angleterre, où il reçut une lettre de Catherine II, dans laquelle cette impératrice l'engageait de venir dans ses états. Pendant ce temps, les parlemens de Grenoble, de Toulon, de Besançon, de Paris, s'étaient prononcés contre lui. Calonne entreprit sa défense dans un *mémoire* publié vers la fin de 1787, et dans une lettre en date du 3 février 1789, adressés l'un et l'autre au roi; mais ses plaintes ne furent pas écoutées. Ce fut en vain qu'il passa en France et se présenta à l'assemblée électorale de Bailleul pour se faire élire candidat aux états généraux. Il dut renoncer à cet espoir et retourner à Londres. L'émigration des princes lui fournit l'occasion de leur rendre des services qui firent oublier les torts qu'on lui attribuait. Ses négociations, ses voyages multipliés en Allemagne, en Italie, en Russie, son zèle et son dévouement, lui captivèrent l'estime de tous les royalistes. Dans cette occasion importante, il déploya des talens nouveaux, sacrifia toute la fortune que son second mariage lui avait apportée, et se vit plusieurs fois en péril de perdre la vie. Lorsque tous ses moyens politiques en faveur d'une juste et malheureuse cause furent épuisés, il la servit encore par le seul moyen qui lui restait, et publia son *Tableau de l'Europe* en novembre 1795; ouvrage remarquable par l'éloquence du style et le récit fidèle des événemens. Ce fut à cette même époque que Calonne se brouilla avec les princes, et dès lors il disparut de la scène politique. Il quitta l'Angleterre au mois de septembre 1802, et vint à Paris, où il mourut le 23 octobre suivant, âgé de 58 ans. Outre les ouvrages déjà cités, on a de lui: I *Correspondance de Necker avec Calonne*, 1787, in-4°. II *Réponse de Calonne à l'écrit de Necker*. III *Note sur le mémoire remis par Necker au comité des subsistances*, Londres, 1789, in-8°. IV *De l'état de la France présent et à venir*, 1790, in-8°. V *De l'état de la France tel qu'il peut et doit être*, Londres, 1790. VI *Observations sur les finances*, Lon-

dres, 1790, in-4°. VII *Lettres d'un publiciste de France à un publiciste d'Allemagne*, 1791. VIII *Esquisse de l'état de la France*, 1791, in-8°. Ses ouvrages, écrits avec force et élégance, quoique souvent d'un style peu correct, doivent être considérés comme monumens historiques, soit pour l'administration des finances, soit pour la progression de l'événement de ces temps difficiles. Calonne avait des talens, mais on l'a accusé avec justice d'imprudence et de précipitation. En songeant aux malheurs qu'il prépara à la France par la convocation de l'assemblée des notables, on ne peut pas non plus oublier le refus obstiné qu'il eut à essuyer des subsides nécessaires à la réussite de ses plans qui fut une des principales causes de ces malheurs.

CALZOLAI (Pierre), bénédictin du Mont-Cassin, nommé aussi *Pietro Bugiano*, à cause de sa ville natale, *Pietro Fiorentino*, parce qu'elle se trouve dans le territoire de Florence, et *Pietro Ricordato*, surnom que lui donnaient ses confrères, était né, vers 1501, à Bugiano, petite ville de Toscane. Il se fit connaître par une histoire des ordres monastiques écrite en italien, et fruit d'un long travail et de pénibles recherches. Elle est intitulée: *Historia monastica, in cinque libri divisa, trattati per modo di dialogo*, Florence, 1561, in-4, 2ᵉ édit., Rome, 1575. Il en préparait une 3ᵉ qu'il se proposait d'augmenter beaucoup; mais il n'eut pas le temps de l'achever, étant mort le 11 mai 1581, âgé de quatre-vingts ans. On a de lui deux autres *dialogues*, aussi en italien, sur la ville de Padoue. Ils sont inédits et conservés dans la Bibliothèque ambroisienne.

CAMARA Y MURGA (Christophe de là), savant prélat espagnol, né à Arciniega, près de Burgos, fut professeur d'Ecriture sainte à Tolède, et s'y rendit célèbre par son érudition. Il fut nommé évêque des îles Canaries, et rappelé en Espagne pour occuper le siége de Salamanque. On a de lui des *Constitutions synodales*. Ce recueil a le mérite de faire connaître les établissemens de l'Espagne aux Canaries, et de donner sur l'origine de cette partie des colonies espagnoles, et sur la manière dont elles ont été établies et gouvernées, des renseignemens précieux. L'ouvrage est intitulé : *Constituciones sinodales del obispado de Canaria, su primera fundacion, y traslacion, vida de sus obispos, y breve relacion de las islas*, Madrid, 1634. Quoique des ouvrages plus récens aient beaucoup étendu nos connaissances sur ces contrées, l'ouvrage de l'évêque Camara y Murga n'en a pas moins son prix. Il mourut à Salamanque en 1641.

CAMBACÉRÈS (Jean-Jacques), chanoine et archidiacre de Montpellier, naquit dans cette ville en 1721. Après ses études ecclésiastiques, faites dans un séminaire sous la direction des prêtres de Saint-Sulpice, il se voua à la prédication. Il s'y était préparé par une sérieuse application à la lecture des bons modèles, et surtout par celle des Pères. On dit que le supérieur du séminaire où il était, ayant voulu le surprendre dans un travail qu'il semblait faire en cachette, le trouva lisant saint Chrysostôme pour la septième fois. Il prêcha devant le roi en 1757, et osa dire en chaire des vérités que quelques courtisans trouvèrent fort hardies, mais que le monarque ne jugea que convenables dans la bouche d'un orateur chré-tien. Un panégyrique de saint Louis, prononcé en 1768 devant l'académie française, et qui fut accueilli par des applaudissemens universels, acheva d'établir sa réputation, et lui valut un rang distingué parmi les prédicateurs. « Beaucoup d'ordre, dit un »critique, des idées justes, solides »et profondes, une grande force de »raisonnement, une dialectique sûre »et qui porte la conviction dans les »esprits, une marche vive et rapide, »des ornemens placés à propos, et »tirés du fonds du sujet ; » voilà ce qui caractérise les discours de l'abbé Cambacérès. A son talent il joignait une vie régulière et une conduite véritablement ecclésiastique. Il mourut le 6 novembre 1802. On a de lui : I le *Panégyrique de saint Louis*, cité ci-dessus, 1768, in-4. II Un *Recueil de sermons*, 1781, 3 vol. in-12. Une nouvelle édition donnée en 1788, même format, est précédée d'un discours préliminaire, où se trouvent réunies toutes les preuves de la religion. — CAMBACÉRÈS (N.), docteur de Sorbonne, a composé un *Eloge de Pierre Gayet*, conservé dans les registres de l'académie de Béziers. Pierre Gayet était mort en 1752, et Cambacérès, auteur de son éloge, mourut en 1758.

CAMBRIDGE (Richard-Owen) naquit à Londres le 14 février 1714, étudia successivement au collége d'Eton à Oxford, et au collége de Lincoln à Londres. Ses principaux ouvrages sont : I la *Scribleriade*, poëme, 1774, in-8. II *History of war*, etc. ou *Histoire de la guerre de l'Inde, de 1755 à 1761, entre les Anglais et les Français, sur la côte de Coromandel*, Londres, 1762, in-8, qui sert de continuation aux *Mémoires du colonel Lawrence*, publiés par Cambridge, avec différens documens historiques relatifs à la même guerre ; le tout traduit par M. Eidous en 1766, 2 vol. in-12, sous le dernier titre. III Vingt-un numéros du journal périodique, intitulé *the World*, le Monde. Toutes les œuvres de Cambridge ont été publiées en 1803, 2 vol. in-4, et un an après sa mort. Il était très-instruit dans l'hydraulique, et on lui doit l'invention d'un bateau double, formé de deux bateaux unis parallèlement par un pont à une distance de douze pieds, offrant ainsi l'avantage de ne jamais sombrer par un coup de vent ; outre cela, ce bateau est bon voilier et capable de porter un fort chargement.

CAMBRY (Jacques), naquit à Lorient en 1749, et prit d'abord l'habit ecclésiastique, mais il n'entra jamais dans les ordres. Il fut instituteur des enfans de Dodun, receveur général des états de Bretagne ; il en épousa la veuve, qui lui apporta une riche dot, et en 1787, il fit un voyage en Angleterre. A son retour en France, Cambry embrassa les principes de la révolution, mais il ne paraît pas qu'il ait eu aucune part dans les crimes qu'on y commit. Il fut nommé successivement administrateur du prytanée ; en 1795, président du département de Quimperlay, département du Finistère ; en 1799 administrateur du département de l'Oise, place qu'il occupa jusqu'en 1805. S'étant retiré des affaires, il fut un des fondateurs de l'académie celtique, dont on le créa président. Il mourut à Cachant, près de Paris, le 31 décembre 1807. Cambry a laissé un grand nombre d'ouvrages ; nous citerons les plus remarquables, tels que : I *Essai sur la vie et les tableaux de Poussin*, 1783-99, in-8. II *Traces du magnétisme*, 1784, in-8. III *Observations sur la compagnie*

des Indes. IV *Réponse au mémoire de M. de Calonne*, 1790. Il s'agit ici du mémoire que ce ministre écrivit à Londres en 1789. V *Catalogue des objets échappés au vandalisme dans le Finistère*, Quimper, 1795, in-4. Il rédigea ce catalogue à la suite d'un voyage qu'il avait fait dans le Finistère par ordre du gouvernement. VI *Voyage pittoresque en Suisse et en Italie*, 1800, 2 vol. in-8. VII *Rapport sur les sépultures*, 1799, in-4. VIII *Monumens celtiques*, ou *Recherches sur le culte des pierres*, précédées d'une notice sur les Celtes et sur les druides, et suivies d'étymologies celtiques, 1805, in-8, fig. M. Eloi Johanneau a eu part à cet ouvrage. IX *Manuel*, etc., ou *Vocabulaires polyglottes, alphabétiques et numériques en tableaux, pour le français, l'italien, l'espagnol, l'allemand, l'anglais, le hollandais et le celto-breton*, 1805, en six tableaux, in-4 oblong. X *Notice sur l'agriculture des Celtes et des Gaulois*, Paris, 1806, in-8. Les ouvrages de Cambry ne manquent certainement pas de mérite, et il aurait mieux établi sa réputation s'il n'avait pas fait paraître son roman, parfois trop libre, du *Curé Jeannot et sa servante*, et sa brochure intitulée *la Mesure des rois*, écrit hardi, insignifiant, où, en prescrivant des mesures aux souverains, il ne garda pas lui-même assez de mesure envers eux.

CAMBRY (Jeanne), nommée en religion *Jeanne-Marie de la Présentation*, fille de Michel Cambry, docteur en droit, naquit à Tournay. Elle était douée de tous les avantages qui rendent une jeune personne recommandable. Elle avait de la fortune, de la beauté, de l'esprit, des connaissances, tout ce qui peut donner l'espoir de faire un bon établissement. Elle préféra de se consacrer à Dieu, et entra dans l'ordre de Saint-Augustin. Elle passa quelques années parmi les religieuses de l'hôpital de Menin, se dévouant au service des malades. En 1625, elle se fit recluse à Lille, et y vécut occupée de lectures spirituelles, de méditations, et de la composition de quelques ouvrages pieux. Elle est auteur d'un *Traité de la ruine de l'amour-propre* et du *Bâtiment de l'amour divin*. Elle mourut le 19 juillet 1639.

CAMPBELL (George), célèbre théologien de l'église d'Ecosse, né dans le comté d'Argyle en 1696, fut élevé à l'université de Saint-André, où il fut reçu docteur et professa l'histoire ecclésiastique. On a de lui : I un *Discours sur les miracles*, qui fut traduit en français par Jean de Castillon, Utrecht, 1745, in-12. II *Traité de la vertu morale*. III Une *Défense de la religion chrétienne*, 1736. Ce dernier ouvrage n'étant point conforme en tout aux principes du calvinisme, mécontenta le clergé écossais. Campbell éprouva les effets de ce ressentiment, en ne recevant, malgré son mérite, aucun avancement. Sa fortune ecclésiastique se réduisit à une petite cure de campagne dans les montagnes d'Ecosse. Il mourut en 1757, âgé de 61 ans. — CAMPBELL (George), autre théologien écossais, né à Aberdeen en 1719, fit ses études au collége Maréchal, et fut reçu docteur en 1750. Après avoir possédé et desservi pendant plusieurs années un bénéfice considérable près d'Aberdeen, il fut rappelé en 1759 pour être principal du collége Maréchal, où il occupa en outre une chaire de théologie. Il finit par se démettre de ces deux places pour mener une vie tranquille. Il mourut en 1796. Il est auteur d'une *Traduction de la Bible*, et de quelques autres ouvrages estimés.

CAMPEGGE (Thomas), évêque de Feltri et neveu du cardinal Laurent Campegge (*voy.* CAMPEGGE, *Dict.*), accompagna son oncle dans ses légations, et lui fut adjoint dans le gouvernement de Parme et de Plaisance. En 1541, il assista, en qualité de nonce du pape, avec Nicolas Granvelle, commissaire de l'empereur, au colloque qui eut lieu à Worms entre Eckius et Philippe Melanchton, au sujet des nouvelles opinions religieuses. On sait que ce colloque fut rompu dès le troisième jour. Campegge se trouva aussi à l'ouverture du concile de Trente, et y fit décider qu'on traiterait en même temps du dogme et de la réformation. On a de lui plusieurs ouvrages, dont l'un des principaux a pour titre : *De auctoritate sanctorum conciliorum*, Venise, 1561 : il y professe une doctrine où les principes de la théologie romaine ne laissent pas que d'être adoucis. Il suppose que le pape peut tomber dans l'hérésie, et convient que dans ce cas il peut être déposé. En attribuant au pape le droit de convoquer les conciles, il pense qu'il est possible qu'il y ait des cas où cette convocation appartienne aux cardinaux et même aux évêques. Il ne reconnaît point l'infaillibilité du pape pour les faits, pas même celle des conciles, mais seulement pour les décisions de foi. Dans ses autres traités, il raisonne d'après les mêmes principes. Il soutient que la résidence des pasteurs est de droit divin, il blâme la pluralité des bénéfices, s'efforce de justifier les réserves et les annates, que toutefois il ne fait remonter que jusqu'au concile de Vienne en 1311, quoiqu'il paraisse y en avoir des exemples antérieurs. Il admet l'indissolubilité du mariage des catholiques avec les hérétiques, et croit qu'il ne faut point abolir la loi qui oblige au célibat ceux qui sont dans les ordres sacrés. Il mourut à Rome, le 11 janvier 1564, à soixante-quatre ans.

CAMPEN ou KAMPEN (Jacob), fut l'un des disciples que Jean de Leyden, leur chef, envoya pour prêcher son Evangile. (*Voy.* JEAN DE LEYDEN, *Dictionn.*) Jean de Leyden, en 1534, le créa évêque d'Amsterdam, et le fit partir avec Jean de Geléen, un autre de ses disciples, leur ordonnant de soumettre cette ville et la Hollande au royaume de Sion. Le zèle de ces nouveaux apôtres ne fut point heureux. Ils trouvèrent dans ceux qu'ils voulurent évangéliser, plus de résistance qu'ils ne s'y attendaient. Geléen fut tué d'un coup de pistolet, et le prétendu évêque se vit obligé de se cacher. Ayant été découvert dans un monceau de tourbe, on lui fit son procès. L'arrêt le condamnait à avoir la langue et la main droite coupées ; l'une pour avoir proféré des blasphèmes, l'autre pour avoir rebaptisé ; à être ensuite décapité, après quoi son corps serait livré aux flammes. Tout cela fut exécuté en 1536.

CAMPER (Pierre), médecin et naturaliste, naquit à Leyde le 11 mai 1722 ; il fut contemporain du célèbre Boerhaave, et étudia la médecine sous Gaubius, van Roonhuysen et Albinus. Il parcourut la Flandre, l'Allemagne et la Prusse, où il fut fort bien accueilli par Frédéric II ; visita la France, et se lia avec les hommes les plus savans de l'Europe. Il a écrit un grand nombre de *mémoires* très-intéressans, dont la plupart obtinrent des prix dans les académies de Dijon, de Lyon, de Tou-

louse, d'Edimbourg, etc. ; et il fut membre de celles de Berlin, de Pétersbourg, etc. ; des sociétés royales de Gottingue et de Londres, et de l'académie des sciences de Paris. Plusieurs de ses ouvrages ont été traduits en français, comme celui intitulé : I *Dissertation sur les variétés qui caractérisent la physionomie des hommes de divers climats et de divers âges, etc.* II *Dissertation physique sur les différences réelles que présentent les traits du visage chez les hommes, etc., sur le beau qui caractérise les statues antiques, etc.* III *OEuvres de P. Camper, qui ont pour objet l'histoire naturelle, la physiologie et l'anatomie comparée, traduites par Jansen,* 1803, 3 vol. in-4. Ce médecin est mort le 7 avril 1789.

CAMPIGLIA (Alexandre), historien italien, né en Toscane vers l'an 1560, a laissé un ouvrage intitulé : *Delle trubolenze della Francia, etc.,* ou *Histoire des troubles de la France, pendant la vie de Henri le Grand,* qui comprend depuis 1553 jusqu'en 1594, Venise, 1614-1717, in-4 ; Ausbourg, 1616, in-4. Cette histoire, dédiée à Louis XIII, est bien incomplète, et très-inférieure à celle du célèbre Davila, sur le même sujet. Campiglia mourut vers l'an 1642.

CAMPOMANÈS (don Pedro Rodriguez, comte de), ministre espagnol, directeur de l'académie royale, fondée en 1728 par Philippe V, et grand-croix de l'ordre de Charles III, naquit à Oviédo en janvier 1722. Après avoir fait ses études dans l'université de sa patrie et à Salamanque, il suivit la carrière du barreau ; et à l'âge de 26 ans, il s'était déjà acquis la réputation d'un des plus habiles jurisconsultes de l'Espagne. Jeune encore, il vint dans la capitale et se distingua dans plusieurs causes importantes. Il remplit ensuite plusieurs emplois honorables dans les chancelleries de Valladolid, de Grenade et de Séville. De retour à Madrid, il publia différens ouvrages, intéressans comme, I *Dissertation historique sur l'ordre et la chevalerie des Templiers*, 1747. Après avoir parlé de l'origine, des règles, des progrès et de l'extinction de cet ordre, l'auteur donne des détails très-intéressans sur ceux de Saint-Jean-de-Jérusalem, de Calatrava, d'Alcantara, de Saint-Jacques, de Montesa, de Christ (excepté le premier, les autres appartiennent à l'Espagne, et le dernier au Portugal). II *Mémoire sur les abus existans dans la répartition des impôts*, 1757, in-4. III *Mémoire sur la police relative aux Bohémiens*, 1763, in-4. IV *Mémoire sur les moyens d'employer les vagabonds et les pauvres en état de travailler*, 1764, in-4. V *Mémoire sur la liberté du commerce des grains*, 1764, in-4, qui servit en effet à établir la liberté de ce commerce, et lui mérita d'être nommé l'année suivante, par le roi Charles III, fiscal du conseil suprême de Castille. Il fit paraître alors son VI *Traité sur l'amortissement ecclésiastique*, 1765, 1 vol. in-fol., qui l'indisposa avec plusieurs membres illustres du clergé. Campomanès, par un sentiment peu digne d'un homme éclairé, témoigna, en différentes occasions, une injuste prévention contre les jésuites. Après l'émeute de 1766, dirigée contre le ministre Esquilache, on vit paraître des pamphlets qui attaquaient directement la cour. Les malveillans les attribuèrent aux jésuites, qui jouissaient encore d'un grand crédit; et on accusa un indi-

vidu nommé Navarro, d'être d'intelligence avec eux. Dans le rapport que Campomanès fit au conseil de Castille, sur le procès de ce Navarro, il y parle avec peu de ménagement des Pères de la compagnie, et arrive jusqu'à les peindre comme dangereux à l'état et à la société. Aussi Campomanès, d'après les ordres du ministre, et en sa qualité de fiscal du conseil, seconda de tout son pouvoir les mesures prises par le comte d'Aranda pour l'expulsion des jésuites (*voyez* ARANDA, tome I *du Supplément*), et il était un des membres du conseil secret qui s'occupait de cette affaire. L'archevêque de Cuenca [1] écrivit, en 1768, à l'archevêque de Thébés plusieurs lettres, où il se plaignait que l'église d'Espagne était attaquée dans ses biens, dans ses immunités et dans ses ministres. Campomanès publia alors, par ordre du conseil, VII un *Mémoire aux lettres écrites par Isidore de Carvajal, évêque de Cuenca*, in-fol. Le duc de Parme avait publié en 1764-1765-1767 des lois qui assujettissaient les biens ecclésiastiques aux mêmes contributions que les autres, et qui refusaient de reconnaître les rescrits de Rome non munis de l'approbation du souverain. Pour s'opposer à ces innovations, Clément XIII expédia un bref le 30 janvier 1768, dans lequel il annulait les édits du duc de Parme. Ce bref parut choquer tous les princes de la maison de Bourbon; le parlement de Paris supprima le bref le 26 janvier; les cours de Parme, de Lisbonne et de Naples le firent traiter de même par leurs tribunaux, tandis que celle de Madrid lançait un édit, le 16 mars 1768, contre ce même bref. Campomanès, pour

---

[1] C'est Cuenca et non *Cuença*, comme on l'écrit dans toutes les *Biographies*.

justifier l'édit, fit paraître la même année son *Jugement impartial*, dans lequel il relève les droits de la puissance civile contre ceux de la puissance ecclésiastique. Cinq évêques, assemblés alors à Madrid pour des affaires ecclésiastiques, s'en plaignirent dans un mémoire, adressé au roi le 4 novembre, d'après lequel on fit quelques changemens au *jugement*. Le conseil de Castille n'oubliait jamais d'exercer la plume de son fiscal dans les affaires les plus importantes; aussi il publia par son ordre plusieurs écrits très-estimés, parmi lesquels nous citerons les suivans : VIII *Mémoire sur les approvisionnemens de Madrid*, 1768, 2 vol. in-8. IX *Mémoire relatif aux abus de la mesta*[1], 1791, in-8. Campomanès, quoique généralement aimé, ne manqua pas d'ennemis ni de critiques. Sa conduite fut soumise à une censure sévère dans un écrit intitulé *la Vérité dévoilée*, 1772; mais cet écrit fut condamné au feu, et l'évêque de Terruel, qui y avait, dit-on, eu part, fut mis en jugement, et il ne fut acquitté que par la médiation de Floridablanca. A la mort de Charles III, arrivée en 1788, Campomanès était président du conseil de Castille. Il conserva cet emploi sous Charles IV, et en 1791, il fut fait ministre de

1 *Mesta* est le nom qu'on donne en Espagne à une réunion d'environ 40,000 bêtes à laine mises sous la conduite d'un *mayoral* (chef) qui a sous lui 50 bergers et 50 chiens. Chaque *mesta* se divise en 10 compagnies, et les mérinos qui les composent appartiennent à différens propriétaires. Par un usage établi depuis 1,200 ans, on fait voyager les mérinos deux fois par an, d'après la persuasion où sont les bergers que cet exercice sert à améliorer leur laine et à l'épaissir; ils font de 130 à 160 lieues, causent des dévastations sur les propriétés par où ils passent, et enlèvent 60,000 hommes à l'agriculture; car, d'après le calcul le plus exact, on évalue à 5,000,000 le nombre des moutons voyageurs. Les cortès, et ensuite des députations des provinces, ont en vain demandé la suppression de ces voyages ruineux.

gracia y justicia (ministre de la justice)[1]; mais ses principes ne pouvant s'accorder avec ceux du nouveau ministre Godoy, depuis prince de la Paix, il résigna sa place, et se retira dans un village près de Madrid. Dans les dernières années de sa vie, il était devenu aveugle; le roi ayant voulu l'employer en 1798, il s'excusa sur son grand âge et ses infirmités. Il assistait cependant au conseil de Castille, et quand l'état de sa santé ne lui permettait pas de quitter sa maison, les conseillers et les ministres se rendaient chez lui pour le consulter dans les affaires les plus épineuses. Les autres ouvrages de Campomanès sont : X *Antiquité maritime de la république de Carthage, avec le Périple d'Hannon*, traduit du grec avec des notes, 1756. Campomanès a traduit le *Périple d'Hannon* sur l'édition de Hudson, 1698, et il réfute, dans ses notes, Henri Dodwell, qui a nié l'authenticité de cet ouvrage du capitaine carthaginois, et donne une notice de plusieurs éditions qui ont été faites en Espagne et ailleurs. XI *Notice géographique du royaume et des routes de poste tant d'Espagne que des pays étrangers*, 1762, in-8. XII *Itinéraire de toutes les postes, tant d'Espagne que des pays étrangers*, 1762, in 8, composé par ordre de Charles III. XIII *Discours sur l'encouragement de l'industrie populaire*, 1774. XIV *Discours sur l'éducation des artisans, et sur les moyens de l'établir*, 1775, in-8. Robertson

1 Campomanès ne perdit pas sa place par l'influence de Floridablanca, comme on le dit dans une *Biographie moderne*, mais par les intrigues de Godoy. Nous répéterons encore ce que nous avons avancé dans l'article CABARRUS: Floridablanca n'avait plus d'influence à la mort de Charles III; et à l'avénement au trône du successeur de ce roi, il fut bientôt obligé de céder le ministère au comte d'Aranda, qui le résigna ensuite à Godoy.

dit, en parlant de ces deux ouvrages: « Presque tous les points de quelque importance touchant la police intérieure, les impôts, l'agriculture, les manufactures, le commerce, tant domestique qu'étranger, s'y trouvent discutés. » (*Histoire de l'Amérique.*) XV *Appendice à l'éducation des artisans*, 1775-77, 4 vol. in-8. Campomanès démontre dans cet ouvrage les motifs qui ont causé la décadence des arts et des métiers en Espagne. Le gouvernement envoya un grand nombre d'exemplaires de ces écrits sur l'industrie et l'éducation des artisans, aux évêques et aux gouvernemens des provinces, en leur enjoignant de les propager. XVI *Avis sur la formation des lettres*, 1778. L'auteur réduit toutes les lettres à quatre signes, savoir, I, C, J, S. — Il a publié encore d'autres ouvrages, comme une *Dissertation* (en latin) *sur l'établissement des lois et sur l'obligation de s'y conformer*; les *deux chapitres d'Ebn-el-Anam sur l'art de cultiver la terre*, 1775, traduits de l'arabe de concert avec D. Michel Casiri; un *Traité des dieux et des hommes*, attribué à Salluste, préfet des Gaules dans le 4ᵉ siècle; et il donna une édition des ouvrages du célèbre bénédictin Feijoo, et une autre, avec des notes, des *Projets économiques de Warel.* Il a laissé manuscrite une *Histoire générale de la marine espagnole.* Nous ne rapporterons pas les éloges que font de Campomanès Cabarrus et le naturaliste Cavanillas, et nous nous bornerons à transcrire ce qu'en dit Robertson, déjà cité, le considérant sous le rapport d'économiste politique. « Il y a peu » d'auteurs, même parmi les nations » les plus versées dans le commerce, » qui aient poussé si loin leurs re-

» cherches, avec une connaissance » aussi approfondie de ces différens » objets, ou qui aient uni plus heu- » reusement le calme de recherches, » avec le zèle ardent d'un homme » animé par l'amour du bien public. » On a accusé Campomanès d'être infecté du philosophisme. Nous ne prononcerons pas sur cette opinion qui était devenue assez générale ; et il a eu certes un grand tort en se déclarant contre les jésuites, de se montrer l'ennemi d'un ordre utile et respectable ; cependant, dans les circonstances qui l'entouraient, et dans l'emploi qu'il occupait au conseil, peut-être il ne suivit que l'impulsion du moment. Il aurait été, il est vrai, plus juste et plus généreux pour lui de se déclarer le défenseur des innocens qu'on opprimait : son influence et ses talens auraient été d'un grand poids dans une mesure aussi rigoureuse. Nous l'avons connu personnellement ; et quant à son caractère et à ses principes, nous croyons pouvoir assurer qu'il était humain, bienfaisant, d'une probité rare ; que, pendant plus de trente ans, il fut lié avec les personnes les plus estimables du clergé de Madrid, et qu'il mourut avec les sentimens d'un vrai chrétien le 14 décembre 1802.

CAMUS (Armand-Gaston), né à Paris le 2 avril 1740. Après avoir étudié les lois ecclésiastiques, il devint avocat du clergé de France, et conseiller de l'électeur de Trèves et du prince de Salm - Salm. Né avec une imagination ardente, cachée sous les dehors d'un caractère froid, il embrassa avec enthousiasme les principes de la révolution. La ville de Paris le choisit pour son représentant aux états généraux, où on le nomma un des secrétaires du bureau chargé de la vérification des pouvoirs des députés. Lorsqu'on

ferma la salle d'assemblée de ce bureau, Camus en enleva les papiers, se joignit à ses collègues réunis au jeu de paume, et fut un des premiers à prêter le serment de ne point se séparer avant d'avoir donné à la France une constitution. Il dénonça dans cette session le *livre rouge*, où étaient inscrites les pensions payées par le trésor royal. Il eut aussi une grande part à la constitution civile du clergé. Nommé archiviste peu avant la clôture de l'assemblée constituante, il reparut ensuite à la convention comme député du département de la Haute-Loire. Il s'annonça alors par les mesures les plus rigoureuses, et proposa d'abord un décret contre les ministres, en leur attribuant le désordre des finances. Très-attaché aux principes du jansénisme, il se montra toujours le plus implacable ennemi de la cour de Rome, et fut un de ceux qui contribuèrent le plus à la réunion du Comtat-Venaissin, et qui firent ôter au pape les annates et tous les autres avantages pécuniaires qu'il avait en France. Il n'était pas moins acharné contre le malheureux Louis XVI, et il osa demander qu'on le déclarât coupable et ennemi de la nation. Lors du procès de ce monarque, il se trouvait dans la Belgique, d'où il écrivit, en janvier, qu'*il votait la mort du tyran*. Le 30 mars 1793 il proposa de mander Dumouriez à la barre, pour qu'il y rendît compte de sa conduite, et fit décréter que 5 commissaires seraient envoyés à l'armée pour faire arrêter les généraux suspects. Il fut lui-même un de ces commissaires; mais Dumouriez le prévint, le fit arrêter avec ses collègues, et les livra aux Autrichiens. Le 25 décembre 1795 il fut échangé avec la fille de Louis XVI (actuellement MADAME, du-

chesse d'Angoulême), et entra dans le conseil des cinq-cents, dont il obtint la présidence. Le directoire le nomma ministre des finances; mais Camus préféra de rester au conseil, d'où il sortit en 1797. Républicain ardent et opiniâtre, il montra la plus grande opposition à l'établissement du gouvernement consulaire. Il fut confirmé néanmoins dans sa place d'archiviste, dans laquelle il mourut le 2 novembre 1804. Camus a laissé un grand nombre d'ouvrages, dont les principaux sont : I *Code matrimonial*, Paris, 1770, in-4. Leridant en avait donné une première édition en 1766, in-12. Les additions qui se trouvent dans la seconde sont presque entièrement de Camus. Dans cet ouvrage, les deux avocats n'y sont pas favorables aux pouvoirs de l'église sur le mariage. II *Lettres sur la profession d'avocat*, et *Bibliothèque choisie des livres de droit*, Paris, 1772-1777-1805, 2 vol. in-12. III *Histoire des animaux d'Aristote*, traduite en français avec le texte en regard. IV *Manuel d'Epictète et Tableau de Cébès*, Paris, 1796-1803, 2 vol. in-18. V *Mémoires sur la collection des grands et des petits voyages*, et sur la *Collection des voyages de Melchisedec Thévenot*, Paris, 1802, in-4. VI *Histoire et procédés du polytypage et du stéréotypage*, Paris, 1802, in-8. VII *Voyage dans les départemens nouvellement réunis*, Paris, 1803, 2 vol. in-18, ou 1 vol. in-4. C'est la relation d'un voyage qu'il entreprit par mission particulière de l'Institut, dont il était membre. Elle est intéressante sous le rapport de l'histoire littéraire. Camus a eu part à la *Nouvelle édition de Denisart*, 1783-1790, 9 vol. in-4, et à celle de la *Bibliothèque historique de France* et au *Journal des Savans*. Il avait des connaissances assez étendues, et était un orateur assez éloquent. Plusieurs de ses discours se trouvent dans les *Tables du Moniteur*. Il est à regretter qu'il ait employé ses talens pour la cause la plus monstrueuse et la plus injuste.

CANAVERI (Jean-Baptiste), évêque de Verceil, naquit en Piémont le 25 septembre 1753, et s'attacha à la congrégation de l'Oratoire. Se trouvant des dispositions pour la chaire, il les cultiva avec soin ; étant entré dans cette carrière, il se vit bientôt rangé parmi les prédicateurs du premier ordre. Son zèle lui fit rechercher d'autres moyens d'utilité; il s'associa à toutes les bonnes œuvres, et concourut, autant qu'il était en lui, à la formation d'établissemens pieux. La ville de Turin lui doit une maison de retraite pour les dames nobles, et l'on pourrait citer plusieurs autres fondations utiles auxquelles il prit part. En 1797 il fut nommé à l'évêché de Bielle; il s'en démit en 1804, et fut, en 1805, promu à celui de Verceil. On a de lui les ouvrages suivans : I des *Panégyriques*. II Des *Lettres pastorales*. III Une *Notice sur les monastères de la Trappe fondés en Italie depuis la révolution*. Il avait conçu un nouveau plan d'études ecclésiastiques qu'il avait déjà mis à exécution dans son séminaire, et qu'il se proposait de faire imprimer; mais il n'en eut pas le temps, étant mort le 13 janvier 1811.

CANDIDE, prêtre de l'église romaine au 6e siècle, sous Grégoire le Grand. Ce pape l'envoya, au mois de septembre 595, dans les Gaules, pour y administrer le patrimoine de saint Pierre, c'est-à-dire, des terres que les papes avaient achetées, ou qui leur avaient été concédées par les princes et des particuliers. Saint Grégoire avait chargé Candide de remettre au roi Childebert de la limaille des chaînes du saint apôtre. Il écrivit en même temps au roi et à la reine Brunehaut, pour leur recommander son agent. Candide fit un saint usage des revenus qu'il venait toucher, et les employa à soulager les pauvres ou à acheter de leur parens idolâtres de jeunes Bretons qu'il faisait baptiser et instruire, pour s'en aider dans les missions que saint Grégoire avait envoyées en Angleterre. — CANDIDE, moine de Fulde, surnommé *Bruun*, célèbre par son savoir, florissait vers l'an 821, et fut envoyé en France pour y étudier le droit sous Clément l'Ecossais. Il fut modérateur de la célèbre école de Fulde, après Raban-Maur. On a de lui : I la *Vie du Sauveur d'après les quatre Evangélistes*. II La *Vie de saint Egile*, son abbé, moitié en prose, moitié en vers, publiée en 1616, à Mayence, par le P. Brower. III Une *Lettre dogmatique sur cette question : Jésus-Christ a-t-il pu voir Dieu des yeux du corps ?* IV Une *Vie de saint Bangulfe* ou *Bangolfe*, abbé de Fulde. Il passe pour exact, judicieux et savant. Il paraît qu'il était peintre en même temps que poëte, et peintre fécond. Il couvrit, dit-on, de peintures les murs et les voûtes de l'église de son monastère, terminée sous l'abbé Egile, et célébra lui-même en vers latins la beauté de ce monastère et les abbés qui l'avaient élevé. Dom Mabillon et dom d'Achery ont publié ce poëme. Le portrait de Candide, peint en miniature par un religieux du même couvent, nommé *Modestus*, se trouve gravé, ainsi que celui de Modestus lui-même, dans les antiquités de Brower, Anvers, 1612, in-fol., pag. 170. (*V.* *Biog. univers.*, *à l'art.* BRUUN.)— CANDIDE (Vincent), dominicain, né à Siracuse le 2 février 1572, se distingua dans son ordre par son savoir et sa piété, et y occupa les places de provincial et de vicaire général. Il fut pénitencier de Sainte-Marie-Majeure pendant 24 ans, et maître du sacré palais, sous Innocent X. On a de lui : I *Disquisitiones morales*, 2 vol. in-fol. II Un *Traité de la primauté de saint Pierre*. Il mourut le 16 novembre 1654. — CANDIDE, en latin *Candidus*, en anglais *White* (Hugues), bénédictin anglais au 13ᵉ siècle, nommé aussi *Hugues le Blanc*, était religieux de l'abbaye de Petersboroug, et en fut abbé. Il a écrit l'*Histoire de son monastère* et *celle de l'église des Merciens*. — CANDIDE, en latin *Candidus*, en allemand Weis (Pantaléon), ministre protestant, né en 1540, fut pasteur à Deux-Ponts. Il a laissé : I *Austriacorum*, *lib.* 6 *epitaphia*. II Des *Tables chronologiques depuis le commencement du monde*, d'abord jusqu'en 1597, continuées ensuite jusqu'en 1612. III Une *Histoire des Goths*, sous ce titre : *De gothicis per Hispaniam regibus è teutonicâ gente oriundis lib.* 6, Deux-Ponts, 1597, in-4. Il mourut le 3 février 1618.

CANIZARES (don Joseph), un des meilleurs auteurs dramatiques espagnols, et le dernier de l'ancienne école, naquit à Madrid en 1632. Il donna au théâtre de cette capitale, et surtout à celui de Valladolid, un grand nombre de pièces qui eurent beaucoup de succès, et qui furent imprimées à Anvers, Bruxelles, et dans les principales villes de l'Espagne. La plupart de ces pièces se trouvent indiquées dans le catalogue de quatre mille quatre cent neuf comédies publié à Madrid en 1735 par les héritiers de François Medel. Les comédies de Cañizarès, comme toutes les comédies espagnoles en général, sont écrites en vers de différens mètres. Le style en est pur, poétique, élégant et éminemment comique. Son dialogue est naturel et pétillant d'esprit. Il réussit surtout dans les comédies de caractère (*de figuron*), et l'on voit toujours avec plaisir celle intitulée *el Dómine Lucas* (le Pédant gentilhomme). Après Moreto, Solis, Roxas et Zamora, il est l'auteur qui ait le mieux observé les règles, et ses pièces sont les plus gaies du théâtre espagnol. Canizarès était attaché à la cour de Charles II, et mourut à Madrid en 1696.

CANNEGIETER (Henri) naquit à Steinfurt en Westphalie en 1691, fut recteur au gymnase d'Arnheim, et historiographe des états de Gueldre ; il a laissé les ouvrages suivans : I *Dissertatio de Brittenburgo, matribus Brittis, Britannicâ herbâ, Brittiâ*, etc., la Haye, 1734, in-4°, fig. II *De mutatâ Romanorum nominum sub principibus ratione*, Utrecht, 1758, in-8°. III *De gemmâ Bentinckianâ, item de Iside ad Turnacum inventâ, necnon de Deâ Buroninâ*, ibid., 1764, in-8°. IV *Epistola de arâ ad Noviomagum repertâ*, Arnheim, 1766, in-8°, etc. Il mourut en 1770. — Hermann son fils, né à Arnheim en 1723, suivit le barreau, fut avocat près du tribunal supérieur de la Gueldre, et publia plusieurs ouvrages savans ; savoir : *De arâ Junonis pellici non tangenda*, Leyde, 1733, in-4 ; *Observationes ad collationem legum mosaicarum et romanarum*, Franker, 1760, in-4, 1765, avec des additions très-importantes; *Observations de droit romain*, en quatre livres, Leyde, 1772, in-4. Ces deux derniers ouvrages l'ont mis au rang des jurisconsultes les plus instruits. Il mourut le 8 septembre 1804. — Jean, frère du précédent et fils de Henri, fut aussi un jurisconsulte distingué. On a de lui : *Ad difficiliora quædam juris capita animadversiones*, Francker, 1754, in-4; *Oratio de Romanorum jurisconsultorum excellentiá et sanctitate*, Groningue, 1770, in-4. Jean était professeur à l'académie de Groningue, et mourut vers 1810.

CANO (Alonso), peintre, sculpteur et architecte espagnol, que l'on peut appeler le Michel-Ange de l'Espagne par l'étendue et la variété de ses talens, naquit à Grenade en 1600, de Michel Cano, architecte. Il étudia la peinture sous François Pacheco, peintre estimé qui a composé un livre sur son art, et se perfectionna sous Castillo et Herrera. A l'âge de 24 ans, Cano se fit connaître par trois belles statues de grandeur naturelle, placées dans l'église de Lebrija, et représentant une *Vierge avec l'enfant Jésus, saint Pierre et saint Paul*. Ces ouvrages le mirent au rang des grands artistes, et lui méritèrent la protection du duc d'Olivarès, à l'invitation duquel il se rendit à Madrid. A la vue de tableaux précieux qu'il trouva dans la maison de ce ministre, il s'écria : « Pauvre Cano ! combien tes » talens sont encore bornés. » Il était cependant déjà connu pour un des plus habiles peintres de l'Espagne. En 1638 il fut nommé *maître des œuvres royales et peintre de la chambre*, et donna des leçons à l'infant don Balthazar-Carlos d'Autriche. Comme architecte, il composa les plans de plusieurs constructions pour des palais, de bâtimens

publics, et d'un arc de triomphe qu'on admira généralement, érigé lors de l'entrée solennelle de Marie-Anne d'Autriche, seconde femme de Philippe IV. Cano était au comble de la gloire, lorsqu'il lui arriva un événement bien malheureux. En revenant chez lui, il trouva sa femme assassinée et sa maison volée. Le soupçon tomba sur un domestique italien de nation, qu'on ne put parvenir à arrêter. En faisant une enquête sur ce délit, les juges découvrirent que Cano avait été jaloux de ce domestique, et qu'il était en même temps attaché à une autre femme : ils acquittèrent l'amant fugitif et condamnèrent le mari. Celui-ci s'enfuit de Madrid et se rendit à Valence, où il se tint caché; mais le besoin le força de recourir à son art, et il fut reconnu. Il chercha un asile dans un couvent; et bientôt après il eut l'imprudence de revenir à Madrid. Ne pouvant se soumettre à la contrainte de s'y tenir longtemps caché, il se fit arrêter, en disant : *Excellens in arte non debet mori*. Il souffrit la torture; mais, par égard pour ses talens, on ordonna aux bourreaux d'épargner son bras droit. Cano eut le courage de ne proférer aucune parole qui pût le faire juger coupable. Philippe IV, instruit de cette circonstance, le reçut de nouveau dans sa faveur. Cependant Cano, pour calmer peut-être les remords de sa conscience, embrassa l'état ecclésiastique, et le roi le nomma résident (*racionero*) de Grenade, malgré l'opposition du chapitre. Cano parvint, dans la suite, à s'en faire aimer, en faisant présent à la cathédrale de Grenade de plusieurs peintures et sculptures de sa façon. Malgré le riche emploi de résident, il s'occupait toujours de son art. Cano avait exécuté une statue de saint Antoine pour un conseiller de Grenade, et il lui en demanda cent pistoles. « Comment! lui dit le con-»seiller, vous avez été 25 jours à »sculpter cette statue, et vous m'en »demandez quatre pistoles par jour, »tandis qu'avec mes talens je ne me »procure pas la moitié de ce gain? »— Imbécile! s'écria l'artiste, pour »faire cette statue en 25 jours, il m'a »fallu étudier 50 années; » et aussitôt, dans un accès de colère, il la brisa contre le pavé. On tâcha d'assoupir cette affaire; mais le chapitre le suspendit de ses fonctions pour avoir brisé l'image d'un saint. Le roi les lui rendit en 1658, à condition qu'il finirait un magnifique crucifix que la reine lui avait ordonné de sculpter, et qu'il négligeait depuis long-temps. Depuis cette époque, Cano mena une vie exemplaire, et se montra très-charitable envers les pauvres; quand il n'avait pas d'argent pour faire l'aumône, il prenait un papier et faisait au mendiant un dessin, qu'il lui donnait en lui enseignant où il pourrait le vendre. Cano avait une telle antipathie pour les juifs, que si le hasard faisait qu'aucun d'eux le touchât, il se dépouillait aussitôt de ses habits, défendant à son domestique de porter jamais ce qu'il avait rejeté. On raconte qu'à son lit de mort il pria son confesseur de changer le crucifix qu'il lui présentait, «à cause, disait-il, qu'il était si mal fait qu'il ne pouvait exciter en lui aucun sentiment de dévotion. » Il semblerait, néanmoins, qu'il aurait dû chercher ce sentiment plutôt dans son cœur que dans la beauté plus ou moindre d'un objet extérieur. Malgré cela il mourut dans des sentimens dignes d'un vrai chrétien, le 12 novembre 1676.

CANZ (Israël-Gottlieb), né à Heinsheim en 1690, fit ses études à Tubingen, après quoi il embrassa l'état ecclésiastique et exerça les fonctions de diacre dans l'église luthérienne de Nurtingen. Etant retourné dans sa ville natale, il y fut successivement professeur d'éloquence, de poésie et de théologie. Disciple de Wolf, sans toutefois s'asservir à toutes les idées de ce philosophe, il s'était fait un système à lui. Il était subtil scolastique, et il tenta d'introduire sa philosophie et celle de Leibnitz dans la théologie. Il est comme son maître, auteur d'un grand nombre d'ouvrages, parmi lesquels on distingue les suivans : I *Philosophiæ Wolfianæ et Leibnitzianæ usus in theologiá, per præcipua fidei capita*, Francfort et Leipsig, 1728-1739, quatre parties in-4. Cet ouvrage qui eut du succès, contribua à répandre en Allemagne la philosophie de Leibnitz et celle de Wolf. II *Eloquentiæ et præsertim oratoriæ lineæ paucæ*, Tubingen, 1734, in-4. III *Grammaticæ universalis tenuia rudimenta*, ibid., 1737, in-4. IV *Disciplinæ morales omnes, etiam eæ quæ formá artis nondum hùc usque comparuerunt, perpetuo nexu traditæ*, Leipsig, 1739, in-8. V *Ontologia polemica*, Leipsig, 1741, in-8. VI *Meditationes philosophicæ*, Tubingen, 1750, in-4. VII *Theologia thetico-polemica*, Dresde, 1741, in-8. VIII *Compendium theologiæ purioris*, Tubingen, 1752, in-8. Il faut ajouter à cette liste plusieurs *Dissertations* et beaucoup de *Traités* particuliers. Canz mourut le 28 janvier 1753.

CAPMANI (D. Antonio de), né à Barcelone en avril 1742. Il étudia à l'université de Cervera, et fut un des meilleurs philologues espagnols. Il possédait les langues classiques et presque toutes les modernes. Né avec une honnête fortune, il l'employait à acquérir de nouvelles connaissances. En 1771 il passa à Madrid, où il fixa sa résidence. La renommée de son mérite l'y avait précédé ; aussi il fut nommé membre des académies *espagnole*, d'*histoire*, des *amis du pays*, etc., et le fut ensuite de plusieurs sociétés savantes de l'Europe. Il voyagea en France, en Italie, en Allemagne et en Angleterre, autant pour en connaître les langues, que pour examiner les mœurs de ces différens peuples, et reçut partout le plus favorable accueil. Il publia plusieurs ouvrages qui font époque dans la littérature espagnole, et dont les plus remarquables sont : l'*Art de bien traduire du français en espagnol*, avec un savant discours sur le génie des langues, et un dictionnaire figuré de *la phrase* dans les langues espagnole et française, Madrid, 1776, in-4. II *Discours analytique sur la formation des langues en général, et particulièrement de la langue espagnole*, 1776. Ce discours fut le premier qu'il prononça devant l'académie espagnole. III *Discours économique et politique en faveur des artisans*, 1778, in-4. C'est sous le nom de don Ramon Palacios que Capmani publia ce discours. IV *Philosophie de l'éloquence*, Madrid, 1777, in-8. V. *Théâtre historique et critique de l'éloquence*, Madrid, 1786-94, 5 vol. in-4. Ces deux ouvrages établirent à jamais la réputation de Capmani. Ils sont remarquables par la pureté, l'élégance et la force du style, par la vérité des aperçus, la vaste érudition qu'ils contiennent, la nouveauté et la profondeur des idées, et peuvent être considérés comme uniques dans leur genre. VI

Mémoires historiques sur la marine, le commerce et les arts de Barcelone, Madrid, 1779-92, 4 vol. in-4. VII *Dictionnaire français-espagnol*, ibid., 1805, in-4, précédé d'un excellent discours sur les deux langues comparées ensemble. Capmani, lors de l'invasion des Français en 1808, se retira dans un village de la Castille, où il mourut en janvier 1810.

CAPONSACCHI (Pierre), religieux franciscain, né en Toscane dans les environs d'Arezzo, vivait au 16e siècle ; il est auteur d'ouvrages peu connus, lesquels cependant méritent d'être remarqués à cause de quelques traits d'originalité, ce sont : I *In Joannis apostoli, Apocalypsim observatio*, Florence, 1572, in-4. Ce traité a cela de très-singulier, que l'auteur l'a dédié à Sélim II, empereur des Turcs. II *De justitiâ et juris auditione*, Florence, 1575, in-4. III *Discorso intorno alla canzone di Petrarca che incomincia, Vergine bella che di sol vestita*, Florence, 1567 et 1590. Trompés vraisemblablement par le titre de *Canzone*, qu'ils ont cru signifier une des pièces profanes de Pétrarque, quelques-uns ont prétendu que cet ouvrage du P. Caponsacchi ne pouvait être qu'une production de sa jeunesse peu convenable à son état. Il suffit de jeter un coup d'œil sur la pièce de Pétrarque, *Vergine bella* (*canzone* 49, *della seconda parte*), pour demeurer convaincu qu'elle est pleine de sentimens de piété, et que le sujet n'avait rien d'inconvenant pour un religieux. Le P. Lelong, dans sa *Bibliothèque sacrée*, trompé à son tour par le titre, et vraisemblablement aussi par l'expression de l'Apocalypse, chap. 12, v. 1, traduite littéralement, a cru qu'il était question de l'*église*, dont la femme de l'Apocalypse était la figure; en conséquence, il a attribué à l'auteur un commentaire sur le *Cantique. des Cantiques*, tandis que ce n'est qu'un commentaire sur un *Cantique* [1] de Pétrarque adressé à la sainte Vierge. On ne dit point en quelle année mourut le P. Caponsacchi.

CAPPEL (Ange), seigneur du Luat, secrétaire du roi, né vers 1540. On a de lui : 1 *Avis donné au roi sur l'abréviation des procès*, Paris, 1562, in-fol., qu'il fit réimprimer avec de grands changemens, sous ce titre : l'*Abus des plaideurs*, Paris, 1604, in-fol., dédié à Henri IV. Dans ce livre, Cappel propose au roi de punir par des amendes tous ceux qui plaideraient témérairement et perdraient leurs procès. Il traduisit de Sénèque le *Traité de la clémence; le premier livre des Bienfaits*, et divers autres morceaux qu'il intitula *Formulaire de la vie humaine*, Paris, 1582. Il traduisit aussi de Tacite la *Vie d'Agricola*. La réputation dont il jouissait de son temps le rendit si orgueilleux, que, dans son livre des *Abus des procès*, il se fit graver sous la figure d'un ange, avec un quatrain contenant un éloge exagéré de lui-même. Mais un trait d'orgueil aussi révoltant, fut puni par ce quatrain, attribué au satirique Rapin :

De peur que cet ange s'élève,
Comme Lucifer autrefois,
Il le faut faire ange de Grève,
Et charger son dos de gros bois.

CAPRAIS (saint), né à Agen, au 3ᵉ siècle, fuyant la persécution qui s'était allumée dans cette ville,

vers l'an 287, sous la magistrature de Dacien, gouverneur de l'Espagne tarragonaise, s'était retiré dans une caverne de la montagne voisine de cette ville. Une vierge d'Agen, nommée *Foi*, d'une famille illustre, qui s'était aussi cachée, ayant été découverte, fut amenée devant le gouverneur, et confessa hautement J. C. Ni promesses ni menaces n'ayant pu l'amener à sacrifier aux idoles, le gouverneur la fit mettre sur un gril d'airain, sous lequel on alluma des charbons, sans que cet affreux supplice lui arrachât aucune plainte. Caprais, du haut de sa montagne, témoin des souffrances et de la résignation de cette fille courageuse, se jette à genoux, et demande à Dieu la grâce de pouvoir l'imiter. Il se relève animé d'une sainte ardeur; descend, et se présente à Dacien en lui disant : *Je suis chrétien*. Saisi, chargé de chaînes, soumis à d'horribles tortures, insensible à de flatteuses promesses, il persiste dans sa déclaration ; et un même arrêt condamne sainte Foi et lui à avoir la tête tranchée; exécution qui eut lieu le 6 octobre; les corps du saint et de la sainte furent, la nuit suivante, enlevés par les chrétiens, et ensevelis honorablement. Dulcidius, évêque d'Agen, vers la fin du 4ᵉ siècle ou au commencement du 5ᵉ, fit rechercher ces corps, et les plaça dans une église qu'il fit bâtir. La fête de saint Caprais se célèbre le 20 octobre; et celle de sainte Foi, le 6 du même mois, jour de leur martyre. Bernard Labenazie, chanoine de la collégiale de Saint-Caprais, a publié sur ce saint un ouvrage intitulé : *Praeconium divi Caprasii Aginensis, ejusque episcopalis dignitas, seu Dissertatio de antiquitate ecclesiae sancti Caprasii Aginensis*, Agen, 1714, in-12. Il fait de saint Caprais

---

[1] Le Dante emploie souvent *canzone* dans ce sens : *Nuovo dizionario italiano francese del signor abate Francesco Alberti di Villanuova*, au mot *Canzone*.

un évêque d'Agen; mais cela est sans fondement.

CAPRAIS ou **CAPRAISE** (saint), né de parens qui occupaient un rang distingué, vivait au 5ᵉ siècle; il avait reçu une éducation conforme à sa naissance, et avait étudié l'éloquence et la philosophie. Enflammé du désir de sa sanctification, il résolut de renoncer au monde; il vendit son bien, le distribua aux pauvres, et se retira dans les montagnes des Vosges. Il y vécut quelque temps caché; mais quelque secret que fût son asile, il y fut découvert, et le bruit de la vie pénitente qu'il y menait se répandit. Quelques disciples, dit-on, se mirent sous sa direction. Dans le même temps, deux jeunes seigneurs, Honorat et son frère Venance, avaient conçu le dessein de se consacrer à Dieu. Attirés par la réputation de Caprais, ils vinrent le consulter; ils avaient résolu de quitter leur pays, afin de se livrer plus librement à leurs pieuses pratiques. Caprais consentit à les suivre; ils s'embarquèrent à Marseille, et se rendirent en Grèce. Venance mourut à Méthone; cette circonstance leur fit abréger leur voyage; Caprais et Honorat revinrent dans les Gaules; et du conseil de Léonce, évêque de Fréjus, ils allèrent s'établir dans une île déserte, nommée *Lerins*, où ils fondèrent le fameux monastère de ce nom. Honorat le gouverna jusqu'au moment où il fut appelé à l'archevêché d'Arles, et Caprais y mourut le 1ᵉʳ juin 430. Les martyrologes lui donnent le titre d'*Abbé de Lerins*. Il ne paraît pas néanmoins qu'il l'ait jamais été. Il voulut vivre sous la direction de saint Honorat. A saint Honorat succéda saint Maxime; et à saint Maxime, l'abbé Fauste, sous lequel mourut saint Caprais. On ne voit par conséquent dans la liste des abbés de Lerins aucune place pour lui. Le martyrologe romain place sa fête au 1ᵉʳ juin.

CARBONNET DE LA MOTHE (Jeanne de), religieuse ursuline de Bourg-en-Bresse, au 17ᵉ siècle, connue en religion sous le nom de *mère Marie-Jeanne de Sainte-Ursule*, mérite d'être citée dans les annales religieuses, pour le soin qu'elle a pris de transmettre à la postérité la mémoire d'un grand nombre de filles pieuses, et les exemples de vertus qui les ont distinguées. C'est le sujet d'un recueil intitulé : *Journal des illustres religieuses de Sainte-Ursule, avec leurs maximes et pratiques spirituelles, tiré des chroniques de l'ordre et des mémoires de leurs vies*, Bourg, 1684-1690, 4 vol. in-4. Elle y a compris sept cent cinquante ursulines et trente de leurs bienfaiteurs. Ces vies sont rangées suivant l'ordre du calendrier, mais l'année n'est pas complète; les mois de novembre et décembre manquent. On dit que le P. Groset, jésuite, a eu beaucoup de part à ce recueil, qui a du moins l'avantage d'offrir aux personnes pieuses une lecture édifiante; seulement, il eût été à souhaiter que l'auteur et le rédacteur eussent mis plus d'attention à fixer les dates, eussent donné plus de détails géographiques, et surtout y eussent mis plus de critique; ce journal alors, à l'avantage d'une lecture pieuse, aurait pu réunir celui d'offrir quelques matériaux à l'histoire.

CARDOSO (George), ecclésiastique portugais, né à Lisbonne; au 17ᵉ siècle, s'appliqua aux belles-lettres, et y obtint des succès qui lui acquirent de la réputation. Il fit de la littérature sacrée l'objet principal de ses études. On doit à ses savantes recherches une histoire des saints du Portugal, publiée sous ce titre : *Agiologio lusitano dos santos e varones illustres em virtude do reino de Portugal, e suas conquistas*, Lisbonne, 1652 – 1656, 3 vol. in-fol. contenant les six premiers mois de l'année. Il travaillait à une histoire des églises et chapelles consacrées au culte de la Vierge, *dos santuarios de Portugal;* enfin il préparait une bibliothèque portugaise, *Bibliotheca lusitana*, dans laquelle il se proposait de profiter d'excellens matériaux laissés par Jean Soares de Brito et Jean-François Barreto. Il paraît qu'il n'eut point le temps de terminer ces ouvrages. Il mourut le 3 octobre 1669. ◆

CAREY (Harry), poëte anglais, né vers 1695, a publié plusieurs ouvrages de peu d'étendue, contenant la plupart des chansons dont il composait lui-même la musique, parmi lesquels on cite *la Centurie musicale, ou Recueil de cent ballades anglaises*, 1740, 1 vol. in-8, et une tragédie burlesque où il tourne en ridicule le style ampoulé des tragédies anglaises de son temps. Il donna à la sienne le titre bizarre de *Chrononhotonthologos*, jouée en 1734, et imprimée à Londres, 1743, 1 vol. petit in-4. Il faut dire à la louange de Carey que dans toutes ses chansons amoureuses, bachiques, etc., il garde toujours le respect dû à la décence et aux mœurs. Mais ce qui a éternisé son nom est le fameux chant *God save great George our king*, etc., *Dieu conserve le grand George notre roi*, etc. Cependant ses talens, comme poëte et comme musicien, ne le sauvèrent pas de l'indigence. Dans un accès de fureur il se tua le 3 août 1744. On l'avait laissé languir dans la misère, mais on lui fit de magnifiques funérailles.

C'était le secourir utilement et à propos. ◆

CAREZ (Joseph), imprimeur, naquit à Toul vers 1745. Il imita avec succès les premiers essais que Hoffmann exécutait sous le nom de *polytypage*, et il imprima en 1786, par ce procédé, un livre d'église avec le plain-chant noté, en 2 vol. in-8, de plus de 2000 pages, et successivement vingt autres volumes de liturgie à l'usage du diocèse de Toul. Il fut en 1791 député à l'assemblée législative par le département de la Meurthe, et se fit remarquer par sa modération. Il s'opposa constamment à toutes les mesures violentes; dans plusieurs sociétés populaires il se déclara hautement contre la persécution qu'on exerçait envers les prêtres insermentés, et demanda que les dénonciations faites contre eux fussent toujours vérifiées par les départemens. Mais ce modérantisme n'étant pas l'esprit du jour, il ne fut plus appelé à aucune charge publique jusqu'en 1801, qu'il fut fait sous-préfet à Toul, où il mourut la même année. Il avait terminé en 1796 l'impression d'un dictionnaire de la Fable et d'une Bible en nompareille, format grand in-4, dont le caractère est d'une grande netteté, et supérieur aux essais de Valleyre, de Ged, d'Hoffmann, et de tous ceux qui l'avaient précédé dans cette découverte.

CARISSIMI (Jean - Jacques), célèbre compositeur de musique, naquit à Venise vers 1608; en 1649 il fut nommé maître de la chapelle pontificale et du collége de Rome. Carissimi doit être regardé comme le réformateur de la musique sacrée. Il y introduisit l'accompagnement des instrumens, et c'est le premier qui employa la *cantate* pour les sujets religieux. Il améliora l'organisation du *récitatif* inventé par Mon-

teverde et Pèri ; et régla les mouvemens de la basse, partie qui avait été
jusqu'alors fort négligée. Il fit des
élèves distingués, tels que Bassani,
Buononcini, Cesti, Scarlatti, et a
laissé des *messes*, des *oratorio*, des
motets, et des *cantates* qui sont
encore très-estimés. Carissimi n'é-
crivit jamais pour le théâtre. Les réformes qu'il fit dans la musique
sacrée font sans doute honneur à
ses talens, mais on ne sait pas trop
si l'on doit préférer un chant noble,
simple, et digne de la sainteté du
lieu, à la musique bruyante et
mondaine d'un opéra ou d'un concert, plus propre à distraire qu'à
exciter la dévotion et le recueille-
ment.

CARLES (Lancelot de), en latin *Carlus*, 62e évêque de Riez,
né à Bordeaux au commencement
du seizième siècle, était fils d'un
président au parlement de cette ville.
Il avait fait de bonnes études, et
avait l'esprit des affaires; cela l'avait
fait connaître de Henri II, roi
de France. En 1547, ce prince le
dépêcha à Rome avec François de
Rohan, pour y négocier un traité
d'alliance et d'amitié avec le pape
Paul III ; *de amicitiâ sanciendâ ac-
turus*, dit de Thou. Carles s'en
étant acquitté à la satisfaction du
monarque, eut à son retour l'évêché
de Riez. Il en prit possession en
1550, et y fit beaucoup de bien. Il
embellit et orna magnifiquement son
église cathédrale. En 1552 il assista
à l'assemblée des trois ordres de l'é-
tat, tenue dans une des chambres
du parlement. Il cultivait les lettres,
surtout la poésie. Il était lié avec
tous les hommes célèbres de son
temps, tels que Ronsard, le bel esprit d'alors, le chancelier de l'Hospital, parmi les poésies duquel se
trouvent deux pièces de vers qui lui

sont adressées, Joachim du Bellay,
etc. Il a laissé divers ouvrages, dont
les principaux sont : I une *Para-
phrase en vers français de l'Ecclésiaste de Salomon*, 1561. II Une
autre du *Cantique des Cantiques*,
in-8. III Une des *Cantiques de
l'Ecriture sainte*, 1562. IV Une
Exhortation ou *Parénèse en vers
héroïques* (latins et français) *à son
neveu*, Paris, Vascosan, 1560, in-4.
V Un *Eloge* ou *Témoignage d'honneur de Henri II, roi de France*,
traduit du latin de Pierre Paschal,
1560, in-fol. VI Des *Lettres au roi
de France, Charles IX, contenant
les actions et propos de M. de
Guyse, depuis sa blessure jusqu'à
son trépas*, Paris, 1563, in-8. VII
*Epître contenant le procès crimi-
nel fait à l'encontre de la royne
Boullan* (Anne de Bouleyn),
d'Angleterre, Lyon, 1545, in-8,
rare et recherché. Jacques Pelletier
du Mans lui attribue une *traduction en vers français de l'Odyssée
d'Homère*. Dans un de ses poëmes,
Joachim du Bellay loue dans les termes suivans les grâces de la versification de Lancelot de Carles.

Cum tibi sint Charites, veneresque, jocique,
    leporesque ;
   Aonio cum sis gratus et ipso choro;
Cum populis tam grata fluant tibi carmina,
    Carle,
Jam mihi non Carlus, sed Charilaus eris.

CARLETON (George), officier
anglais, né vers 1648, se trouva à la
fameuse bataille qui eut lieu en 1672
entre le duc d'York et Ruyter. Fait
prisonnier dans la guerre d'Espagne,
il demeura dans ce pays pendant trois
ans, et eut ainsi occasion d'en observer les caractères et les mœurs. Il a
laissé sur ce sujet des *Mémoires* qui
contiennent en outre plusieurs notices et anecdotes sur la guerre d'Espagne (de la succession), sous le

commandement du comte de Peterborough. Ces mémoires furent imprimés en 1743, réimprimés en 1808, 1 vol. in-8, traduits en français par Gaspard-Ives Monod, et publiés sous ce titre : *Lettres, mémoires et négociations du chevalier Carleton*, 1759, 3 vol. in-12. L'ouvrage de Carleton, en ce qui concerne les mœurs des Espagnols, est très-inexact, mais il renferme des notices curieuses et intéressantes.

CARLETON (George), savant prélat anglais, évêque de Chichester, naquit en 1559, à Norham, dans le Northumberland, et fit ses études à l'université d'Oxford. Bien qu'il appartînt à une famille noble, et qu'il fût le fils du gouverneur du château de ce lieu, il paraît que ses parens n'étaient pas dans l'aisance, puisqu'il dut en partie son éducation à la générosité du célèbre Bernard Gilpin, l'un des hommes qui fait le plus d'honneur au clergé anglican. (*Voy.* GILPIN.) En 1580 Carleton fut reçu agrégé au collège de Merton, et nommé en 1617 évêque de Landaff. L'année suivante il assista au synode de Dordrecht. Jacques Ier l'y avait envoyé avec quelques autres théologiens écossais pour y soutenir la cause de l'épiscopat. Il la défendit avec chaleur, quoique, sur quelques autres points, il pensât comme les calvinistes. A son retour, il fut nommé évêque de Chichester. Il mourut en 1628, âgé de 69 ans. Il a laissé les ouvrages suivans : I *Heroïci characteres*, en vers, Oxford, 1603, in-4. II *Les Dîmes dues au clergé, examinées et prouvées être de droit divin*, Londres, 1608 et 1611, in-4. III *La Juridiction royale, papale, épiscopale*, Londres, 1610, in-4. IV *Consensus ecclesiæ catholicæ contra tridentinos, de scripturis, ecclesiâ, fide et*

gratiâ, Francfort, 1613, in-8. V *Astrologimania*, ou *la Folie de l'Astrologie*, Londres, 1624, in-4. VI *Vita Bernardi Gilpini*, Londres, 1628, in-4, et dans la *Collection des vies de Bates*, Londres, 1681, in-4.

CARLI DI PIACENZA (Denis), capucin, né à Reggio, partit, en 1666, pour le Congo avec le P. Michel-Angelo Guattini de Plaisance, et quatorze autres missionnaires du même ordre. Ils étaient envoyés par la congrégation de la Propagande avec les plus amples pouvoirs de la part du saint-siége, pour aller travailler dans les missions déjà établies en Afrique. Les missionnaires se réunirent à Gènes, où était leur rendez-vous. Ils allèrent s'embarquer à Lisbonne, d'où ils passèrent au Brésil, et du Brésil au Congo. Après avoir pris les ordres du vicaire apostolique de ces contrées, ils se rendirent dans le royaume de Bambo et Souho, et y commencèrent leurs travaux évangéliques. Ils y trouvèrent beaucoup d'enfans baptisés, beaucoup de nègres déjà chrétiens. Ils firent aussi un grand nombre de baptêmes, et convertirent plusieurs naturels; mais ils éprouvaient bien des difficultés à les faire renoncer à leurs mauvaises habitudes, surtout à la polygamie. Leur zèle était aidé par les chefs des nègres avec lesquels ils étaient en relation, et qui les traitaient fort bien. Cependant l'ardeur du climat, les insectes, des courses continuelles sur un sol brûlant, et souvent le défaut de nourriture saine, rendaient leur situation fâcheuse et épuisaient leurs forces. Le P. Michel Angelo succomba sous les fatigues de ce pénible apostolat, et si Carli put y résister, ce ne fut pas sans avoir éprouvé une longue et cruelle maladie qui le força de songer à son retour en Europe. Il s'embarqua sur un vaisseau portugais qui faisait voile pour le Brésil; il trouva au cap Saint-Augustin un capitaine génois qui voulut bien lui accorder le passage, et qui, après divers dangers, le débarqua à l'embouchure du Tage. Ce n'était pas la fin des voyages et des aventures du P. Denis. Il alla à Lisbonne, visita deux fois Cadix, fit le pèlerinage de Saint-Jacques de Compostelle, essuya deux tempêtes, fut témoin d'un combat contre des corsaires, traversa l'Espagne, alla en Sardaigne, fut jeté sur la côte du Roussillon, et se rendit par le midi de la France à Bologne, où enfin il put se reposer, et où il s'occupa à rédiger la relation de tout ce qui lui était arrivé. Il en publia la première édit. sous ce titre : *Il Moro trasportato in Venezia, ovvero Racconti de' costumi, riti, e religione de' popoli dell' Africa, America, Asia ed Europa*, Reggio, 1672; Bologne, 1674, in-8 et in-12; Bassano, 1687, in-4. Dans la suite il en parut une nouvelle édition sous cet autre titre : *Viaggio di Michel-Angelo Guattini e del Padre Dionigi Carli nel regno del Congo, descritto per lettere, con una fedel narrazione del paese*, Bologne, 1778, in-12, réimprimé dans la *Relation historique de l'Éthiopie orientale du P. Labat*, tom. 5, page 613-630. Cette relation a été traduite dans presque toutes les langues de l'Europe. Elle se trouve en anglais dans Churchill, *Collections of voyages and travels*; en français, par extrait, dans l'*Histoire générale des voyages de l'abbé Prévost*, t. 4 liv. 12, chap. 2, pag. 490 et suiv.; en allemand, Ausbourg, 1693, in-4, etc. On ne s'étonnera pas de ce grand nombre d'éditions et de traductions, quand on songera à la curiosité que devaient inspirer un pays peu connu, et des aventures racontées avec une simplicité naïve et une bonhomie attachante. Aujourd'hui que l'art de voyager est très-perfectionné, que les voyages se font par des savans, et plus particulièrement dans le but de faire des découvertes, on trouve que ceux des PP. Denis Carli et Michel-Angelo Guattini, manquent de l'exactitude géographique et des bonnes descriptions d'objets d'histoire naturelle qu'on trouve dans les nouveaux voyages. On leur reproche un peu trop de crédulité, et le défaut de critique dans les faits. Ce serait sans doute un mérite de plus; mais qu'on veuille bien se souvenir que ces pieux missionnaires voyageaient dans toute autre intention que celle de faire de savantes observations, et dans des temps où les sciences avaient fait moins de progrès.

CARLYLE (Joseph-Dacres), orientaliste anglais, né à Carlisle en 1759, et élevé à l'université de Cambridge, où il était professeur d'arabe, a publié *Maured Allatofet Jemaleddini filii Togri Bardii, seu rerum ægyptiacarum annales, ab anno chr. 971 usque ad ann. 1453*, Cambridge, 1792, in-4. Cette chronique égyptienne, dont le texte arabe n'avait jamais été imprimé, est accompagnée d'une traduction latine et de savantes notes. Dans son voyage à Constantinople, en 1799, où il accompagna l'ambassadeur lord Elgin, il visita les principales bibliothèques des pays soumis aux Ottomans, recueillit des notes précieuses, et revint en Angleterre en 1801. Il s'occupa alors de l'édition de la Bible arabe publiée par la Société biblique de Londres, pour être répandue *gratis* chez les musulmans d'Afrique. Ce bel ouvrage, imprimé à Oxford et rédigé sur le texte arabe de la polyglotte de Walton, est corrigé et revu avec soin. Carlyle n'en put voir la publication, et il mourut le 12 avril 1804. Il avait laissé très-avancées les observations faites pendant son voyage au Levant, et une dissertation sur la plaine de Troie. L'édition de la Bible arabe fut continuée par le professeur Henri Jorel.

CARMONA (don Salvador), graveur de la chambre du roi d'Espagne, né à Madrid en 1732. Il étudia son art dans cette ville, et fut ensuite à Paris comme pensionnaire, y prit des leçons de Charles Dupuis, de l'académie de peinture; et s'étant perfectionné à Rome sous les plus habiles maîtres, il revint en 1762 à Madrid, où il épousa la fille du célèbre Raphaël Mengs. Ses estampes les plus remarquables sont : *l'Histoire écrivant les fastes de Charles III, roi d'Espagne*, d'après Solimène ; *la Vierge et l'enfant Jésus*, d'après van Dick; *l'Adoration des bergers*, d'après Pierre; les *portraits de Boucher et de Collin de Vermont*, qu'il grava pour sa réception à l'académie de peinture de Paris; une *Résurrection du Sauveur*, d'après Carle Vanloo. On remarque dans les ouvrages de cet artiste, du moelleux dans les chairs, de la grâce dans les figures, et une grande netteté de burin. Carmona mourut à Madrid en septembre 1807.

CARMONTELLE (. . . . . . .), né à Paris le 25 août 1717, fut à la fois peintre et poëte dramatique. Dans cette dernière qualité il ne composa guère que des *proverbes*, d'où plusieurs auteurs ont tiré ensuite des sujets de comédies jouées dans les théâtres du Vaudeville et

de Louvois. Il écrivait et peignait avec beaucoup de facilité, et a fait les portraits de presque tous les personnages célèbres de l'Europe ; et c'est d'après lui qu'ont été gravés les portraits qu'on voit à la tête des ouvrages de madame Dudeffant et de Grimm. Il s'amusait aussi à faire des *transparens* : on appelle ainsi des petits tableaux sur papier très-fin. Il en avait depuis cent jusqu'à cent soixante pieds de longueur. Ces tableaux, exposés à la lumière du jour ou sur un seul carreau, se déroulaient pendant une heure et plus, et offraient aux yeux des spectateurs une suite de scènes. Carmontelle mettait plusieurs de ses *proverbes* eu *transparens*, et ses *transparens* en *proverbes*. On a de lui : 1 *Proverbes dramatiques*, 1768-83, 6 vol. in-8°. II *Nouveaux Proverbes dramatiques*, 1811, 2 volum. in-8. *Les Almanachs des spectacles* de 1774-75-76. III *Théâtre du prince Clénerzow*, traduit en français par le baron de Blening, 1771, 2 vol. in-8, composé par Carmontelle. IV *Théâtre de campagne*, 1775, 4 vol. in-8. V Il écrivit en outre plusieurs romans, une comédie jouée aux Italiens en 1779, imprimée in-8, et différens autres ouvrages. Carmontelle est mort à Paris le 26 décembre 1806.

CARPANI (Joseph), jésuite, né à Rome le 2 mai 1683, entra dans la Société le 5 juillet 1704, et y fut employé à l'enseignement. Il professa la rhétorique, la philosophie et la théologie au collège romain, et en fut préfet pendant plusieurs années. A un caractère doux et aimable, il joignait de l'instruction et des connaissances très-variées en littérature. Il était de l'académie des Arcades, sous le nom de *Tiro-Creopolita*. Il mourut à

Rome vers 1665. On a de lui, sous son nom arcadien, I deux pièces de vers latins, intitulées : *de Jesu infante*, Rome, 1747 ; elles ont été traduites en italien. II Des tragédies latines sous ce titre : *Josephi Carpani soc. Jesu inter Arcadios Tiri-Creopolitæ tragœdiæ*, Vienne, 1746 ; Rome, 1750. Cette édition, qui était la quatrième et avait été revue avec soin par l'auteur, est plus complète et plus exacte que les précédentes. Les tragédies du P. Carpani avaient été représentées à Rome au collège allemand et hongrois, et y furent fort applaudies. III D'autres *poésies* insérées dans la première partie du Recueil des Arcades, intitulé *Arcadum Carmina*, Rome, 1757. IV Des ouvrages *de théologie*, dont on loue la solidité, la clarté et la précision.

CARPIN ou CARPINI (Jean Duplan), cordelier, né en Italie vers 1220, fut, en 1246, chargé par le pape Innocent IV d'une mission près du kan Batu ou Batou, l'un des petits-fils de Dgenguyz-Kan, qui régnait dans le Kaptchac. L'objet de cette mission était d'obtenir de ce prince qu'il fît cesser les hostilités qu'exerçaient ses sujets contre les royaumes chrétiens adjacens [1], qui en étaient fort incommodés. Carpini traversa beaucoup de pays, et arriva à Kiow, alors capitale de la Russie ; de là il se dirigea vers la mer Noire, et parvint au quartier général de Batu. Celui-ci le renvoya au grand kan Ajouk. Il lui fallut encore faire un fort long voyage et traverser les états du Prète-Jean. Il paraît qu'il réussit dans sa commission. Le grand kan lui fit un bon accueil, et le chargea d'une lettre pour le pape, que Carpini rapporta en revenant par la

[1] La Pologne, la Hongrie, la Bulgarie, etc.

même route. De retour en Italie, et après avoir rendu compte de sa mission, le P. Carpini alla prêcher l'Evangile en Bohème, en Hongrie, en Norwége et en Danemarck. Tant de courses et de fatigues ne l'empêchèrent pas de parvenir à un âge fort avancé. On n'a point la date de sa mort. Il y a deux *relations de ses voyages*, l'une complète et l'autre abrégée. Elles se trouvent dans le premier volume du recueil d'Hakluyt, et dans le recueil publié par Bergeron, sous le titre de *Voyages faits en Asie dans les 12e, 13e, 14e et 15e siècles, etc.*, la Haye, 1729 ou 1735, 2 vol. in-4. Carpini y parle du Prète-Jean, dans le pays duquel il avait passé, et il est le premier qui en ait fait mention. Il est aussi le premier qui ait fait connaître les peuples qu'il a visités ; mais il n'est pas toujours exact, et, à l'exemple des voyageurs de son temps, il sacrifie souvent au goût du merveilleux.

CARPZOW (Jean-Benoît), issu d'une famille qui produisit plusieurs jurisconsultes distingués, naquit à Rochlitz en Misnie, le 27 juin 1607. Il s'appliqua à la théologie et en fut professeur à Leipsig. On a de lui plusieurs ouvrages, entre autres, I *De Ninivitarum pœnitentiá*, Leipsig, 1640, in-4. II *Introductio in theologiam judaïcam*. Il mourut le 27 novembre 1657. — CARPZOW (Jean-Benoît), fils du précédent, né en 1639 à Leipsig, courut la même carrière que son père. Il était versé dans les langues orientales, et habile théologien. On a de lui : I *Dissertatio de nummis mosen cornutum exhibentibus*, Leipsig, 1659, in-4. II *Animadversiones ad Schickardi jus regium hebræorum*, Leipsig, 1674, in-4. III une édition du *Traité de Maimonides* sur les jeûnes des Hébreux, avec une traduction latine,

Leipsig, 1662, in-4. IV Plusieurs traités sur des questions de philosophie sacrée, réunis dans une *collection* imprimée à Leipsig en 1699, in-4. Ce théologien mourut dans cette ville le 23 mars 1699. — CARPZOW (Samuel-Benoît), frère du précédent, né à Leipsig en 1647, y professa la poésie. Néanmoins on a de lui un ouvrage théologique intitulé : *Anti-Masenius, seu examen novæ praxeos orthodoxam fidem discernendi et amplectendi, à Jacobo Masenio propositæ.* (*Voy.* MASENIUS, *Dict.* [1]) Il mourut le 31 août 1707. — CARPZOW (Jean Gottlob), fils du précédent, né à Dresde en 1679, savant dans la littérature biblique, a donné : I une *Dissertation latine* concernant les opinions des anciens philosophes sur la nature de Dieu, Leipsig, 1699, in-4. II *Critica sacra*, Leipsig, 1708, in-4. Il y en a eu plusieurs éditions, notamment une de Leipsig, 1748, in-4. III Une *Introduction* en latin aux livres historiques de l'ancien Testament, Leipsig, 1714, in-4. IV Une pareille *Introduction* aux livres canoniques du nouveau Testament, Leipsig, 1721, in-4. Il mourut le 7 avril 1767. — CARPZOW (Jean-Benoît), parent des précédens, né à Leipsig en 1720, philologue habile et savant critique, courut aussi la carrière de la théologie, et s'y distingua. Il professa la philosophie et la littérature ancienne dans l'université d'Helmstadt. Il est auteur d'un grand nombre d'ouvrages écrits en latin, dont voici les titres : I *Philosophorum de quiete Dei placita*, Leipsig, 1740, in-4. II *Observations sur un paradoxe d'Ariston de Chio*, dans Diogène Laërce (VII, 160.), Leipsig, 1742, in-8. III *Mem-*

1 L'ouvrage que réfute Carpzow ne se trouve point à l'article de MASENIUS, dans le *Dict.*

cius, sive Mentius Sinensium post Confucium philosophus optimus max., Leipsig, 1743, in-8. C'est une dissertation sur Meng - tsen, philosophe chinois, tirée presque entièrement de la philosophie chinoise du P. Noël, et qui n'est recherchée que pour sa rareté. IV *Essais d'observations philologiques sur Palephates, Musée, Achilles Tatius*, Leipsig, 1743, in-8. Carpzow donna quelques années après une édition de Musée, Helmstadt, 1749, in-4, réimprimée à Magdebourg, 1725, in-8, avec des leçons diverses. V *Dissertations sur Autolycus de Pitane* (*voy.* AUTOLYCUS, *Dict.*), duquel il est parlé dans Diogène Laërce. VI *Lectionum Flavianarum stricturæ.* Ce sont des remarques critiques sur Joseph. VII *Specimen* d'une nouvelle édition d'Eunape, auteur qui mérite d'être connu. C'est Fabricius qui avait rassemblé les matériaux de cette édition, et ils se trouvaient entre les mains de Carpzow. VIII *Exercitationes sacræ* sur l'épître aux Hébreux, Helmstadt, 1758, in-8. IX *Discours de saint Basile sur la naissance de Jésus-Christ*, en grec et en latin, Helmstadt, 1758, in-8. Dom Garnier, à qui on doit la belle et savante édition de saint Basile, avait révoqué en doute l'authenticité de ce discours ; Carpzow la défend. X *Dissertation sur la vie et les écrits de Saxon le grammairien*, ibid., 1762, in-4 (*voy.* SAXON, *Dict.*). XI *Dialogue de Hiéronyme sur la sainte Trinité*, en grec et en latin, avec des notes, ibid., 1768, in-4. XII *Philoponiæ*, autre traité grec sur le même Hiéronyme, 1769. Ces deux ouvrages, réunis dans un seul volume, parurent dans la suite à Altenbourg, 1772, in-8 (*voyez* HIÉRONYME.). XIII *Dialogues des morts de Lucien*, avec des notes, 1775, in-8. XIV Deux *Epîtres apocryphes* : l'une des *Corinthiens à saint Paul*, l'autre de *saint Paul aux Corinthiens*, d'après un manuscrit arménien et traduit en latin et en grec, Leipsig, 1776, in - 8. Carpzow mourut le 28 avril 1803.

CARR (Thomas), prêtre anglais, naquit en 1599 d'une ancienne famille de Broohall. Son vrai nom était *Miles Pinkney*. Les catholiques de sa nation lui doivent d'utiles établissemens en France. Il avait été élevé au collége anglais de Douay, et s'y était distingué par sa piété et ses progrès dans les études. Son intelligence et l'aptitude qu'il avait pour les affaires, le firent choisir pour procureur de ce collége. Il vint ensuite à Paris, et y fonda le couvent des Augustines anglaises dont il devint le directeur. Il contribua aussi à la fondation du collége des Anglais. Il mourut le 31 octobre 1674 à l'âge de 75 ans, et voulut que les biens qu'il laissait fussent employés en bonnes œuvres. Il est auteur des ouvrages suivans : I *Pietas Parisiensis*, Paris, 1666, in-8. C'est la description des hôpitaux de cette ville. II *Douces pensées de Jésus et de Marie*, en anglais, 1665, in-8. Ce sont des méditations pour les dimanches, les fêtes du Sauveur et celles de la sainte Vierge. III *Le Gage de l'éternité*, aussi en anglais, et traduit du français de Camus, évêque de Belley, 1632, in-8. IV Les *Soliloques de Thomas à Kempis*, Paris, 1653, in-12. V Des *Traités* sur divers sujets, tels que le *Culte divin*, la *Prière des Anges*, le *Purgatoire*, etc., composés en grande partie avec le docteur Cosens. VI *Traité de l'amour de Dieu*, traduit de saint François de Sales, etc.

CARRA (Jean-Louis), révolutionnaire ardent, naquit à Pont-de-Vesle en 1743. Ses parens, quoique pauvres, lui firent faire quelques études, et malgré tous leurs soins ils ne parvinrent jamais à corriger ses mauvaises inclinations. Carra fut un de ces hommes qui, dans les troubles de la France, se firent le plus remarquer par le délire et la démagogie de leurs opinions. Dès sa jeunesse il se souilla d'un crime dont la honte ne s'efface jamais. Accusé d'un vol grave, il fut contraint de fuir de son pays. Après avoir long-temps erré en Allemagne, il put se placer en qualité de secrétaire chez un hospodar de Moldavie. Il lui donna de si bons conseils, qu'il le porta à la révolte, et l'hospodar fut étranglé par ordre du grand sultan. Étant parvenu à se sauver, Carra se plaça ensuite auprès du cardinal de Rohan, qui plaisantait d'avoir à son service le secrétaire d'un hospodar. Sa mauvaise conduite le fit chasser de cette place, et aux premières étincelles de la révolution, il s'empressa de revenir à Paris. Il coopéra en 1789, et avec Mallet et Hugon Basseville, à la rédaction du *Mercure national*, ou *Journal d'état et du citoyen*, etc., et fut ensuite le principal rédacteur d'un autre journal intitulé *Annales patriotiques*, qui portait le nom de M. Mercier. Quoiqu'il fût écrit d'un style lourd, grossier et digne seul d'être lu dans les halles, ce journal obtint un succès prodigieux. Le sarcasme, la calomnie, le ridicule, tout y était employé pour dénigrer le gouvernement et pour exalter l'esprit des ennemis du trône et de l'autel. Il n'y eut point de feuille périodique qui ait porté, surtout dans les provinces, des coups plus funestes à la royauté. Les *Annales patriotiques* se répandirent dans tous les clubs; dans les villes et les villages, chaque société populaire avait son *Carra*. Le premier soin du rédacteur était de ramasser dans son journal tous les discours incendiaires qu'on tenait dans ces sociétés turbulentes. Ces discours, répandus dans toute la France, abusaient l'ignorant, nourrissaient le fanatisme patriotique, et produisaient comme un effet électrique sur tous ces innovateurs méchans ou fougueux qui tombèrent ensuite dans l'abîme même qu'ils avaient creusé à l'homme probe et à l'innocent. Fier de ses succès, Carra crut pouvoir bouleverser toute l'Europe. Monté sur la tribune du club des jacobins le 29 décembre 1790, il déclara la guerre à l'empereur Léopold, et ajouta que pour soulever toute l'Allemagne, il ne demandait que cinquante mille hommes, douze presses, des imprimeurs et du papier. Mais alors, même dans ce club, on ne pensait point à la guerre, et Mirabeau, qui s'y trouvait, fit couvrir de huées l'orateur impudent. Pour témoigner son mépris pour les rois et se captiver de plus en plus la faveur du peuple, il se présenta, le 8 septembre 1792, à la barre du corps législatif, fit remettre sur le bureau une tabatière en or, qu'il prétendit lui avoir été donnée par le roi de Prusse, en reconnaissance d'un ouvrage qu'il lui avait dédié, et demanda que cet or *servît à combattre le souverain qui l'en avait gratifié.* Il termina cette rodomontade de Scapin, en déchirant la signature de la lettre que le monarque prussien lui avait adressée. Cependant, malgré ses protestations de républicanisme, il fut soupçonné d'être l'agent d'un parti qui voulait placer le duc de Brunswick sur le trône de France. Robespierre, qui avait constamment secondé tous les projets de Carra, le désigna alors comme un traître; mais la faveur populaire dont celui-ci jouissait fit évanouir cette accusation. Carra figura parmi les principaux moteurs de l'attaque des Tuileries, le 10 août, et ne manqua pas de s'en vanter dans son journal; il fut ensuite l'accusateur du général Montesquiou, commandant en Savoie. Envoyé à Châlons, il annonça de cette ville la retraite des Prussiens, si funeste à la cause de Louis XVI. Deux départemens nommèrent Carra député à la convention : il accepta la nomination de Saône-et-Loire. Dans le procès de Louis XVI, il se prononça contre l'*appel au peuple*, et vota, sans admettre de *sursis*, pour *la mort* de ce monarque. Il avait insisté, dans sa feuille périodique, pour que la populace fût armée de piques, afin de l'opposer, en cas de besoin, à la garde nationale, qui n'était composée que des bourgeois de chaque ville; il le répéta si souvent, que ses vœux furent enfin exaucés. La garde nationale qui avait, et surtout à Paris, une belle tenue, ne voulant pas se confondre avec ces piquiers, dont la grande majorité avait une mise et un aspect hideux, cessa de faire le service. C'est depuis lors qu'on donna aux seconds le nom de *sans-culottes*. Rejeté de Robespierre et de son parti, peut-être par l'effet d'une ambition jalouse, Carra crut devoir se réfugier dans celui des *brissotins*, et fut nommé, sous le ministère de Roland, garde de la bibliothèque nationale. Mais un homme qui, après s'être tant popularisé, était entré dans le parti de la Gironde, devait nécessairement s'attirer la persécution des autres partis.

On l'accabla de dénonciations les unes plus fortes que les autres. Il était en mission à Blois, lorsque, le 12 juin 1793, Robespierre, Marat et Couthon le firent rappeler. Proscrit par suite des événemens du 31 mai, jour où les *brissotins* et le parti de la Gironde furent renversés, il fut condamné à mort le 30 octobre, avec vingt-un de ses collègues. Il se croyait si habile politique, que, la veille encore de sa condamnation, il réglait les destinées de toute l'Europe, et déclarait de nouveau la guerre à tous les souverains. Ses principaux ouvrages sont : I *Système de la raison*, ou *le Prophète philosophe*, Londres, 1773, 3e édition. Dans cet ouvrage, Carra annonçait déjà l'opinion dont il devait, quelques années après, être un des plus ardens apôtres. Il y étalait des principes si hardis contre la royauté, que son livre fut mis à l'index à Vienne. II *Histoire de la Moldavie et de la Valachie, avec une dissertation sur l'état actuel de ces deux provinces*, 1778, in-12, Neufchâtel, 1781. III *Nouveaux principes de physique*, 1782-83, 4 vol. in-8°. IV *Essai sur la nautique aérienne*, 1784, in-12, où il prétend avoir trouvé le moyen de diriger les globes aérostatiques, 1784, in-12. V *Examen physique du magnétisme animal*, 1785, in-8. VI *Dissertation élémentaire sur la nature de la lumière, de la chaleur du feu et de l'électricité*, 1787, in-8. VII *Un petit mot à M. de Calonne sur la requête au roi*, 1787, in-8. VIII *Histoire de l'ancienne Grèce, de ses colonies et de ses conquêtes*, trad. de l'anglais, de Gillies, 1787-88, 6 vol. in-8. Cette traduction est peu estimée. IX *Mémoires historiques et authentiques sur la Bastille*, 1790, 3 vol. in-8. L'au-

thenticité de ces mémoires devient douteuse en réfléchissant à l'auteur qui les publiait. Il donna aussi plusieurs brochures sur les *états généraux*, des pamphlets politiques, et un roman tout-à-fait philosophique, intitulé *Odazin*.

CARRARA (Pierre-Antoine), né à Bergame, vers 1640, a laissé *l'Enéide*, ou *l'Enéide de Virgile traduite en octaves, avec les argumens du même auteur*, dédiée à François d'Est, duc de Modène. Cette traduction ne manque pas de mérite, mais, ainsi que toutes les autres faites sur *l'Enéide*, elle est très-inférieure à celle d'Annibal Caro. — Un autre CARRARA (Jean Michel-Albert), né également à Bergame, vers 1420, fut à la fois théologien, historien, philosophe, orateur, poëte et médecin. Il exerça plusieurs années cette dernière profession. L'empereur Frédéric III lui accorda en 1488 le titre de comte. Il a laissé plusieurs manuscrits répandus dans les bibliothèques d'Italie, parmi lesquels une *Historiarum italicarum libri LX*. On a imprimé de cet auteur, I *De omnibus ingeniis augendæ memoriæ*, Bologne, 1491. II *Oratio extemporalis habita in funere Bartholomei Coleonis*, Bergame, 1732. Il mourut en 1490.

CARRÉ (dom Remi) né au diocèse de Troyes, en 1706, embrassa l'institut de Prémontré dans l'abbaye de Saint-Martin de Laon; un bénéfice de l'ordre de Saint-Benoît, dont il fut pourvu, l'engagea à s'adresser à Rome pour y demander sa translation. Ayant obtenu un bref à cette fin, il fit profession dans l'abbaye de St.-Amand de Boisse, et fut nommé chantre de celle de St.-Lignaire. Il était aussi titulaire de l'office de sacristain de la Celle. On a de lui : I *Le maître des novices dans l'art de* _chanter_, Paris, 1744, 1 vol. in-12. Il y trace des règles générales, courtes et faciles, pour apprendre parfaitement le plain-chant; il y engage, par des motifs pieux, les jeunes ecclésiastiques et les jeunes religieux à s'appliquer au chant. Il y donne des conseils pour la formation et la conservation de la voix, et pour remédier aux accidens qui peuvent l'altérer. Enfin, il y a joint un ample _Recueil d'antiennes, répons et versets_, au moyen desquels on peut s'exercer sur la note et sur la lettre. II _Psaumes dans l'ordre historique, nouvellement traduits sur l'hébreu_. III _Recueil curieux et édifiant sur les cloches_. Dom Carré mourut en 1773.

CARRÈRE (Joseph-Barthélemy-François), médecin, naquit à Perpignan le 24 août 1740, fut reçu docteur dans la faculté de médecine de Montpellier, et ensuite professeur dans l'université de Perpignan. En 1772 le roi lui donna en fief les eaux minérales de l'Esclude avec leurs dépendances ; il fut nommé l'année suivante inspecteur-général des eaux minérales du Roussillon. Il vint se fixer à Paris, et renonça aux places qu'il occupait à Perpignan ; mais l'université de cette ville, en considération de ses services et de ceux de ses ancêtres, lui conféra le titre de professeur-émérite. Carrère était censeur royal lorsque la révolution éclata; il passa alors en Espagne et se fixa à Barcelone, où ses talens et son attachement à la bonne cause le firent généralement estimer. L'auteur de cet article, qui l'a connu particulièrement, l'a vu souvent s'attendrir en rappelant le sort du malheureux Louis XVI. Carrère recueillit beaucoup de matériaux sur l'Espagne, dont M. Alexandre de la Borde a profité, ainsi qu'il le dit

lui-même dans son _Itinéraire descriptif de l'Espagne_, 1808-1809, 5 vol. in-8. Il a laissé un grand nombre d'ouvrages dont nous citerons les principaux. I _Bibliothèque littéraire, historique et critique de la médecine ancienne et moderne_, tome 1, 1776, in-4; tome 2, 1776, in-4. Il n'a paru que ces deux volumes, l'ouvrage en devait avoir huit. II _Le Médecin ministre de la nature_, ou _Recherches et observations sur le pépasme ou coction pathologique_, 1776, in-12. III _Catalogue raisonné des ouvrages qui ont été publiés sur les eaux minérales en général, et sur celles de France en particulier_, 1785, in-4. IV _Manuel pour le service des malades_, 1786-87, in-12. V _Précis de la matière médicale, par Vernet_, avec des notes, 1782-86, in-8. VI _Tableau de Lisbonne en 1796, suivi des lettres écrites en Portugal sur l'état ancien et actuel de ce royaume_, Paris, 1797, in-8. Dans cet ouvrage, qui est sans nom d'auteur, Carrère semble vouloir se venger de quelques désagrémens qu'il essuya à Lisbonne, et notamment avec la faculté de médecine, dans laquelle il ne put pas être reçu. Il trouve tout détestable en Portugal, le gouvernement, le ministère, l'administration, Lisbonne même, qui est, d'après l'avis de tous les voyageurs, un des séjours les plus délicieux de l'Europe. Désessarts, dans son _Supplément aux siècles littéraires de la France_ dit que Carrère a fait des romans, des poésies, des histoires, des pièces de théâtre. Il est mort à Barcelone le 26 décembre 1802.

CARRIER (Jean-Baptiste), un des monstres les plus sanguinaires de la révolution, naquit à Yolai, village de la haute Auvergne, en 1756.

Quand les désordres de la France commencèrent, il n'était qu'un obscur procureur ; à force d'intrigues, il parvint à se faire nommer en 1792 député à la convention. A peine y siégea-t-il qu'il montra son ardeur à persécuter et à proscrire. Il fut un de ceux qui demandèrent, le 10 mars 1793, l'établissement du tribunal révolutionnaire. Ayant entendu dire que la France était trop peuplée pour devenir république, il crut qu'on devait la dépeupler. Il déjeunait un jour dans un café de Paris, lorsque cette question s'étant élevée, il dit hautement que pour rendre la république plus heureuse, il fallait *supprimer* au moins le tiers de ses habitans. C'était aussi l'avis de son collègue Robespierre, et on les vit tous deux marcher au même but. Dans le procès de Louis XVI, après s'être prononcé contre l'*appel au peuple* et le *sursis*, il vota pour la mort de ce roi ; il demanda ensuite, et avec le même acharnement, l'arrestation du duc d'Orléans. Ennemi juré des *brissotins*, il contribua puissamment à la révolution du 31 mai ; mais c'est dans la capitale de la Normandie que Carrier développa toute l'énergie d'une âme féroce, et qu'il commença à mettre à exécution son projet favori. Après avoir été dans ce département, où les patriotes appelés *modérés* avaient essayé de se défendre en se soulevant contre plusieurs mesures arbitraires, Carrier fut envoyé à Nantes. Il y arriva le 8 octobre 1793, lorsque la guerre civile était dans toute sa fureur ; guerre dont les victoires des Vendéens augmentaient encore davantage l'acharnement entre les deux partis opposés. Quelques généraux et des représentans avaient déjà ordonné des massacres et livré plusieurs villages au feu ; mais Carrier les surpassa tous, et dans un seul jour il sacrifiait plus de victimes que ceux-ci n'en avaient fait périr dans un mois. Carrier, en partant pour Nantes, avait reçu de la convention l'ordre positif de prendre des mesures de vengeance et de destruction plus *rapides* et plus *générales*. Nous verrons ensuite cette même convention en rejeter toute l'horreur sur son odieux agent. Carrier s'entoura des hommes les plus féroces qui s'étaient déjà signalés à Nantes par leur cruauté. Sa fureur reçut une plus forte impulsion par l'entière défaite des Vendéens à Savenay. Les prisons, déjà assez remplies, furent alors encombrées par de nouveaux captifs. Carrier pensa que les jugemens, d'ailleurs informes et précipités, qui envoyaient chaque jour à la mort un grand nombre de prisonniers, exigeaient de trop longs détails. « Nous ferons, dit-il aux » bourreaux dont il était environné, » un cimetière de la France, plutôt » que de ne pas la régénérer comme » nous l'entendons. » Il proposa donc aux autorités de la ville de faire périr les détenus en masse, et sans être jugés : après quelques débats, sa proposition fut adoptée. Il imagina alors le moyen aussi prompt que terrible des fameuses *noyades*. Les premiers qui en subirent l'exécution furent 94 prêtres, qu'il fit embarquer le 15 novembre 1793 dans une barque, sous prétexte de les transporter ailleurs. Le bateau était à soupape, et pendant la nuit on le submergea. Peu de jours après, une seconde expédition de 58 prêtres eut encore lieu ; elle fut suivie de plusieurs autres, et étaient exécutées par d'infâmes satellites que Carrier avait organisés sous le nom de *compagnie Marat*. Pour ajouter encore la plaisanterie à l'atrocité, il appelait ces horribles expéditions *baignades* et *déportations verticales*. Lorsqu'il donna compte à la convention de ses travaux, il dit que la mort de ces prêtres était un naufrage heureux et fortuit; et son discours terminait par ces paroles : « Quel torrent révolution- »naire que cette Loire ! » La convention s'avilit jusqu'au point de faire mention honorable de cette lettre ; et Carrier, fort de cet assentiment, ne mit plus de bornes à sa fureur sanguinaire. Il donna ordre à deux misérables, Fouquet et Lambry, qu'il avait revêtus d'un grade militaire, d'exterminer les prisonniers sans jugement. Les victimes dévouées à la mort étaient entassées dans un vaste édifice appelé l'*entrepôt*. On venait chaque soir les prendre pour les mettre dans les bateaux, qu'on ne se donnait plus le temps de préparer à soupape. Là, après les avoir lié deux à deux, on les jetait dans l'eau, ou on les y poussait à coups de sabre et de baïonnette. Par une dérision digne de ces bourreaux, on attachait quelquefois un jeune homme et une jeune fille pour les noyer, donnant à ce supplice le nom de *mariage républicain*. Toutes ces scènes d'horreur, qui furent précédées et suivies par d'autres non moins cruelles, se passaient au milieu d'un peuple qui se vantait d'être le plus éclairé, le plus poli, le plus humain de toute l'Europe; chez une nation qui s'est toujours montrée si jalouse de sa gloire ; et ce qui doit le plus étonner, c'est que si les exécuteurs des massacres et de ces atroces expéditions étaient tirés de la lie du peuple, ceux qui en étaient les moteurs et les instigateurs appartenaient en grande partie à d'honnêtes familles, avaient reçu de l'éducation et cultivé les sciences et les lettres.

Pendant un mois entier les exécutions se renouvelèrent toutes les nuits. On saisissait indistinctement les victimes, de façon qu'on noya un jour des étrangers prisonniers de guerre. C'est ainsi, nous le dirons encore, que respectaient les droits les plus sacrés des peuples ceux qui voulaient leur donner des lois et les affranchir de la *tyrannie*. Les mœurs de Carrier étaient des plus dépravées : elles lui firent contracter une maladie honteuse. Pour en tirer vengeance, il fit prendre une centaine de filles publiques, et ces malheureuses furent noyées, tandis que, par cette action féroce, il prétendait donner un exemple de l'austérité des mœurs républicaines. On porte au nombre de quinze mille les personnes qui périrent dans l'*entrepôt*, soit par des supplices, soit par la faim, le froid, la misère et les maladies épidémiques. On n'y soignait nullement les malades, et on négligeait même d'en ôter les cadavres. La corruption était telle qu'on promit la vie à quelques hommes qui se chargèrent de nettoyer la prison: on fit périr néanmoins ceux qui survécurent. La famine et les maladies contagieuses désolaient la ville. Les rives de la Loire étaient couvertes de cadavres ; l'eau du fleuve en était corrompue, et on fit défense de la boire. Chaque jour une commission militaire jugeait à mort de nombreux prisonniers : on fusillait jusqu'à cinq cents victimes par jour dans les carrières de Gigan. Tel était le spectacle qu'offrait Nantes sous la domination du féroce Carrier. On dit que Robespierre, rassasié enfin de sang, crut, peu de mois avant son supplice, devoir mettre un terme au régime de la terreur. Voulant néanmoins en rejeter tout l'odieux sur ses collègues, il fit rappeler Carrier et désapprouva hautement sa conduite. Pendant ce temps on était à Nantes un peu moins prodigue de sang français. Fouquet et Lambry furent cependant condamnés à mort, non pour avoir égorgé, mais pour avoir sauvé quelques victimes. Carrier revint siéger dans la convention, ne dissimula aucun des crimes qu'il avait commis, et continua d'appuyer et de proposer toutes les mesures sanguinaires. Au bout de plusieurs mois la France enfin ne cacha plus son horreur pour l'affreux système qui avait régné jusqu'alors. La convention, qui n'agissait que par les impulsions extérieures, revint alors sur ses pas. Robespierre et son parti furent renversés le 9 thermidor. On changea de direction, et il fallut reconquérir la faveur publique. Pour l'obtenir, chacun des révolutionnaires rejetait sur d'autres les délits qui étaient communs entre eux. Tous les regards se fixèrent alors sur Carrier; Robespierre avait déjà péri sur l'échafaud. Quatre-vingt-quatorze Nantais que Carrier avait envoyés à Paris en novembre 1793 pour être jugés, devinrent ses accusateurs. Il fut alors l'objet de l'exécration générale. Une seule voix s'éleva qui demanda sa mort. Les charges étaient aussi horribles que nombreuses; cependant il ne paraissait aucun écrit signé de la main de Carrier. La convention sembla alors vouloir épargner son agent; mais quelques membres du *comité de sûreté générale* envoyèrent à Nantes leur secrétaire, qui rapporta deux écrits signés de Carrier, et qui contenaient l'ordre de guillotiner sans jugement cinquante à soixante individus. Carrier protesta qu'il n'avait fait *que se conformer à l'esprit général; que des mesures à peu près égales avaient été prises dans*

plusieurs provinces; *qu'un décret authentique avait prescrit dans le même temps aux généraux de passer au fil de l'épée tous les Vendéens, et de réduire en cendre tous les villages; que des colonnes infernales avaient exécuté c* ordre. Et il ajouta : « Pourquoi bl â-»mer aujourd'hui ce que vos décr ets »ont ordonné? La convention v eut-»elle donc se condamner elle-mf me? »Je vous le prédis, vous serez tous »enveloppés dans une proscr iption »inévitable. Si l'on veut me punir, »tout est coupable ici, jusq u'à la »sonnette du président. » M alheureusement toutes les récrim inations de Carrier étaient justes, m ais elles ne pouvaient le laver de ses crimes, et mettaient ses complices dans la double nécessité de les ass o upir par le supplice de leur agent. Il répéta ces mêmes paroles devant l e tribunal, qui le condamna pour avo n ordonné des exécutions arbitraires ; dans des *intentions contre-révolut ionnaires.* Son procès dura deux m ois, et il fut enfin envoyé à l'écl afaud par ceux-là même qui a uraient dû le partager avec lui. Il fut exécuté le 16 décembre 1794, et ne cessa de répéter qu'il é ait innocent. Plusieurs ouvrages o nt paru sur cette époque de la rév olution, dont le plus remarquable est intitulé : *Système de dépopul ation, ou la Vie et les crimes de Car rier; son procès et celui du comité révolutionnaire de Nantes,* par Gracchus Babeuf, Paris, an 3 (1795), in-8. Ce nouveau Gracchus n'était autre qu'un fameux faussaire, digne enfant de la révolution, et qui périt également sur l'échafaud en 1797. (*Voy.* BABEUF, *Supplément.*)

CARRILLO (Martin), jurisconsulte et historien espagnol, naquit à Saragosse en 1565, fut grand vicaire de Séville, chanoine de la cathédrale de cette ville, et ensuite abbé de Mont-Aragon. Il remplit, par ordre de Philippe II, plusieurs missions importantes, et mourut en 1632. On a de lui : I *Annales*, etc., ou *Mémoires chronologiques du monde, et surtout de l'Espagne, dès ses premiers peuples, jusqu'en* 1620, Huesca, 1622, in-fol. Saragosse, 1634, in-fol. II *Elogio*, etc., ou *Eloge des femmes célèbres de l'ancien Testament*. III Une *Relation* assez exacte *sur la Sardaigne*, Barcelone, 1612, in-4. IV *Historia* ou *Vie de saint Valère*, évêque de Saragosse, Saragosse, 1615, in-4, contenant un catalogue de tous les prélats, abbés, évêques et archevêques du royaume d'Aragon, etc. Nicolas Antonio, dans sa *Bibliotheca hispana*, donne la liste de plusieurs ouvrages de jurisprudence canonique publiés par Carrillo.

CARRILLO LASSO DE LA VEGA (Alphonse), chevalier de l'ordre de Saint-Jacques, président du conseil des Indes, intendant de l'infant don Ferdinand, etc., né à Cordoue en 1582. Il a laissé plusieurs ouvrages en espagnol, et imprimés à Cordoue, tels que : I *Vertus royales*, 1626. II *Importance des lois*, 1626, in-4. III *Des anciennes mines d'Espagne*, 1624. IV *L'Erato sacrée*, ou *Méditations en vers sur les CL Psaumes*, Naples, 1657. Il fut l'éditeur des œuvres de son frère, Louis Carrillo, mort en 1610, à l'âge de 26 ans. Ces œuvres furent imprimées à Madrid en 1613, et renferment diverses poésies, une traduction de l'*Art d'aimer d'Ovide*, et une autre de la *Brièveté de la vie de Sénèque*. Alphonse Carillo mourut en 1647.

CARRION (Emmanuel Rami-

rez de), savant espagnol, né en 1584, fut le premier qui perfectionna l'art sublime de donner quelque usage de la parole aux sourds-muets, et de leur enseigner les lettres. Il publia sur ce sujet un ouvrage intitulé *Maravillas* ou *Merveilles de la nature*, etc., 1629, in-4 ; il y développe la méthode publiée par Bonet Aragonais en 1593, réimprimée en 1620, et où cet auteur soumet à des règles les premières expériences faites sur cet art inventé par le moine Pierre Ponce. Parmi les sourds-muets auxquels Carrion donna des soins utiles, on cite le marquis de Prega, grand d'Espagne, et D. Louis Velasco, frère du connétable de Castille. Carrion mourut à Valladolid vers 1650. Il avait établi dans cette ville une école publique où il instruisait des sourds-muets.

CARTHAG le *jeune* (saint), surnommé *Mochuda* ou le *Matinal*, disciple de Carthag l'*ancien* et de saint Comgall, florissait en Irlande au 7ᵉ siècle. Après avoir prêché l'Evangile dans le territoire de Kiarraigh, et y avoir été ordonné évêque, il passa dans le West-Meath, et y fonda un grand monastère, nommé Rathenin ou Raithin, qui devint la plus nombreuse et la plus célèbre école de piété qu'il y eût alors dans toute l'Europe. Saint Carthag gouverna ce monastère pendant 40 ans, et composa, pour ceux qui l'habitaient, une règle que l'on a encore en langue irlandaise. La vie qu'on menait à Raithin était très-austère. On ne s'y nourrissait que de légumes ; on y pratiquait le travail des mains, soit pour subsister, soit pour aider les pauvres ; le reste du temps était consacré à l'étude. Ce bel établissement fut troublé par les persécutions d'un roi voisin, et Carthag et ses disciples, pour se soustraire à ses fureurs, se virent obligés de prendre la fuite. Ils s'arrêtèrent dans le comté de Leinster, et fondèrent à Lismore un monastère nouveau, avec une école non moins célèbre que celle de Raithin. Saint Carthag est regardé comme le premier évêque de Lismore. Il y mourut le 14 mai 1637. Depuis, l'église cathédrale fut dédiée sous son invocation. La ville même est appelée de son nom *Lismore Mochuda*. Les actes de saint Carthag sont cités par Usserius, et ont été publiés par les Bollandistes.

CARTHAGENA (Jean de), jésuite espagnol, sortit de la société de Jésus pour entrer chez les mineurs observantins, et professa la théologie à Rome et à Salamanque à la fin du 16ᵉ siècle. Il était connu de Paul V, qui estimait son talent, et qui lui crut assez de capacité pour le charger de la défense de ses droits dans les démêlés qu'il eut avec la république de Venise. Le P. Carthagena, à cette occasion, composa deux ouvrages. Le premier, intitulé : *Pro ecclesiasticâ libertate et potestate tuendâ adversus injustas Venetorum leges*, Rome, 1607, in-4. Le deuxième avait pour titre : *Propugnaculum catholicum de jure belli romani pontificis adversus ecclesiæ jura violantes*, ibid., 1609, in-8. Le P. Carthagena s'étaie dans ces deux écrits des argumens qu'emploient ceux qui professent les principes de la cour de Rome. Il prétend que le pape peut revendiquer ses droits à main armée, et même employer, pour faire triompher sa cause, le secours de troupes infidèles. Les autres ouvrages de Carthagena, sont : I *Homiliæ catholicæ de sacris arcanis deiparæ Mariæ et Josephi*, Cologne, 1613-1618, 2 vol. in-fol.; Paris, 1614

et 1615, 4 vol. in-fol. On prétend que dans cet ouvrage tout n'est point à l'abri du reproche. II *Praxis orationis mentalis*, Venise et Cologne, 1618, in-12. III *Homiliæ catholicæ in universa christianæ religionis arcana*, Rome, 1609; Paris, 1616, in-fol. Le P. Carthagena mourut à Naples en 1617.

CARVER (Jonathas), voyageur anglais, né à Stillwater en 1732. Il entra d'abord dans le service, parvint au grade de capitaine, et se distingua dans la guerre de 1756 à 1763. A la conclusion de la paix, il partit de Boston en juin 1766, pour aller reconnaître les parties intérieures de l'Amérique, afin d'arriver au grand Océan, et ouvrir ainsi de nouvelles routes au commerce. De retour à Boston, en 1768, il s'occupa de la publication de son voyage, qui parut à Londres en 1774, 1778 et 1780. Cette relation a été traduite en allemand, et depuis en français, sous le titre de *Voyage dans les parties intérieures de l'Amérique septentrionale pendant les années 1766, 1767, 1768, par J. Carver*, Paris, 1784, 1 vol. in-8. Carver a laissé aussi un *Traité sur la culture du tabac*, 1779, in-8, avec deux gravures. Abandonné par son gouvernement, qui ne voulut pas le rembourser des sommes qu'il avait dépensées dans ses voyages, il mourut dans la misère le 31 janvier 1780. Sa fin déplorable excita la compassion, et on établit dès lors une société pour le soulagement des gens de lettres malheureux.

CARY (Félix) naquit à Marseille le 24 décembre 1699, se consacra à la numismatique, et réunit un cabinet précieux, dont l'abbé Barthélemy fait beaucoup d'éloges. Il a laissé : I *Dissertation sur la fondation de Marseille, sur l'histoire des rois du Bosphore Cimmérien, et sur Lesbonax, philosophe de Mitylène*, Paris, 1744, in-12. Il *Histoire des rois de Thrace et de ceux du Bosphore Cimmérien, éclairée par les médailles*, Paris, 1752, in-4, fig. Frœlich publia dans la même année ses *Regum veterum numismata anecdota*, et par un hasard bien singulier, les deux numismates, sans se connaître, reconnurent chacun de leur côté, que c'est Mithridate le Grand qui introduisit l'ère du Pont dans le Bosphore, lorsqu'il réunit ce royaume à ses états d'Asie. Cary est mort le 5 décembre 1754.

CASANOVA (François), peintre distingué, naquit à Londres en 1730, d'une famille italienne. Il étudia à Venise les langues anciennes et modernes; mais son goût l'entraînant vers la peinture, il s'y livra entièrement, et devint un peintre habile de batailles. Son premier ouvrage exposé au salon de Paris, lui attira tous les suffrages. Casanova y avait su réunir l'exactitude du dessin, la grâce des figures et des couleurs, et le goût exquis de l'école italienne, avec la chaleur du coloris de l'école flamande. Les derniers tableaux qu'il fit en France, furent ceux que lui commanda le prince de Condé pour son nouveau palais, et qui représentaient les batailles gagnées par les héros de cette auguste maison. Catherine II chargea Casanova de peindre, pour son palais, ses conquêtes sur les Turks. Il alla à Vienne pour exécuter cette belle entreprise, et fut bien accueilli par l'empereur. Il terminait un tableau qui devait représenter l'inauguration des Invalides par Louis XIV, lorsqu'il mourut à Bruhl, près Vienne, en mars 1805. Cet artiste aimait beaucoup la dépense,

et se trouvait toujours chargé de dettes. Il fréquentait les grands seigneurs, et avait une grande idée de son art. Se trouvant un jour à table chez le prince de Kaunitz, où l'on parlait des grands talens de Rubens, et comme peintre et comme diplomate, un des convives dit : « Rubens était donc un ambassadeur qui s'amusait de la peinture. — Votre excellence se trompe, repartit Casanova, c'était un peintre qui s'amusait à être ambassadeur. »

CASIRI (Michel), savant orientaliste et religieux syro-maronite, naquit à Tripoli, en Syrie, en 1710, vint à Rome, où il fit ses études, et y reçut les ordres le 29 septembre 1734. Il alla l'année suivante en Syrie avec dom Joseph Assemani, pour assister, par ordre de Clément XII, au synode des maronites. A son retour, en 1738, il rendit à la propagande un compte très-exact des opinions religieuses des maronites. Rentré dans son couvent, il enseigna à ses religieux les langues syriaque, arabe et chaldéenne, la théologie et la philosophie. A l'invitation de F. Ravago, confesseur de Ferdinand VI, il passa en Espagne en 1748, et il fut attaché à la bibliothèque royale de Madrid. Il traduisit alors de l'arabe l'ouvrage intitulé *Soleil de la sagesse*. L'original et la version se sont perdus dans les derniers troubles de l'Espagne. Casiri fut successivement membre de l'académie d'histoire de Madrid, interprète de langues orientales; et à la mort de dom Léopold Puig, il fut nommé bibliothécaire en chef de l'Escurial, avec les appointemens de deux mille piastres. L'ouvrage le plus remarquable de ce savant, est sa *Bibliotheca arabico-hispana escurialensis*, etc., Madrid, 1760-1770, 2 vol. in-fol.

Elle contient, dans 1851 articles, la suite de tous les manuscrits arabes de l'Escurial. Le premier volume renferme les grammairiens, les poëtes, les philologues, les lexicographes, les philosophes, les moralistes, les politiques, les médecins, les mathématiciens et les astronomes. Le second volume traite des géographes et des historiens. La *Bibliotheca arabico-hispana*, est un répertoire indispensable pour l'étude de la littérature orientale, et les nombreux extraits d'auteurs qu'elle contient, peuvent servir à éclaircir l'histoire d'Espagne sous les Arabes. Casiri jouit constamment des bonnes grâces de Ferdinand VI, de son frère Charles III, et de Charles IV, fils et successeur de ce monarque. Il mourut à Madrid le 12 mars 1791. Deux ans avant sa mort, il était devenu sourd et avait perdu la mémoire. Il avait alors 79 ans.

CASTAGNARÈS (Augustin), jésuite, naquit à Palta, capitale de la province du Tucuman, au Paraguay, le 25 septembre 1687. Touché du zèle des missionnaires, il se sentit animé de la même ardeur, et entra dans leur compagnie pour s'y dévouer aux mêmes travaux. Ses supérieurs le destinèrent aux missions des *Chiquites*. C'était une entreprise qui présentait des obstacles presque insurmontables. Cette peuplade était extrêmement éloignée. Pour y parvenir il fallait traverser d'épaisses forêts, franchir des torrens et des rivières profondes, passer à travers des pays habités par des nations féroces; il fallait apprendre la langue de ces peuples, et ce n'était pas la moindre difficulté. Tout cela ne rebuta point le nouveau missionnaire; il accepta avec joie cette tâche difficile. Quelques mois lui suffirent pour parvenir à se faire entendre,

tant il mit d'ardeur dans cette étude. Il convertit les *Samuques*, et fonda parmi eux une mission à laquelle il donna le nom de *Saint-Ignace*. Il essaya ensuite de passer chez les *Chiquites*, et d'établir, comme il en avait été chargé par ses supérieurs, une communication entre eux et les Guaranis, mission déjà fondée. Il fit pour cela des efforts incroyables; mais il ne put réussir et fut obligé de revenir à sa mission de Saint-Ignace. Le désir de gagner à la foi les *Mataguais*, autre nation chez laquelle l'Évangile n'avait point encore été prêché, lui fit quitter de nouveau sa première mission. Il commençait à se flatter de quelque succès dans cette entreprise, lorsque le cacique de ces peuples le surprit à l'écart, et le massacra le 15 septembre 1744 [1]. Il achevait alors sa 57e année. Ainsi finit son apostolat par une sainte et glorieuse mort.

CASTAGNISA (Jean de), religieux bénédictin de la congrégation de Valladolid en Espagne, peut être regardé comme un de ceux qui, par leur piété et leur savoir, ont le plus honoré l'ordre de Saint-Benoît au 16e siècle. Il avait embrassé l'état monastique à l'abbaye de Saint-Salvador d'Ogna, dans la Vieille-Castille. Ses talens pour la chaire le firent nommer prédicateur général de l'ordre, et l'éclat de son mérite parvint jusqu'à Philippe II; ce prince lui donna une place dans son conseil de conscience, le fit son aumônier, et censeur de théologie auprès des juges apostoliques de la foi. Il voulait l'élever à des dignités plus éminentes, mais l'humble religieux s'y refusa et continua sa carrière apostolique. Il mourut encore à la fleur

[1] Voyez un *mémoire*, inséré dans le *Choix des lettres édifiantes*, Paris, 1809, tome VII, page 105.

de l'âge à Salamanque en 1598, dans le couvent de Saint-Vincent, où il s'était retiré. Il est auteur des ouvrages suivans : I la *Vida de san Benito*, Salamanque, 1583, un vol. in-8 ; c'est une traduction de saint Grégoire le Grand. Dom Castagniza y ajouta les vies de saint Maur et de saint Placide. II Un *Catalogue des princes docteurs et saints qui ont illustré l'ordre de Saint-Benoît*, Salamanque, 1583, in-8. A la tête se trouve l'approbation de la règle de ce patriarche des moines d'Occident, par divers conciles. III *Historia de san Romualdo, fondador de la orden camaldulense*, Madrid, 1597, in-4. Cet ouvrage a été traduit en italien par Timothée Balneo, Venise, 1605, un vol. in-4, et en français, Lyon, 1615, in-16. IV *Vida de san Bruno*. Castagniza en est ou l'auteur ou l'éditeur. V *Institutionum divinæ pietatis libri quinque*, Madrid, 1599, in-4. C'est une traduction de l'allemand : l'auteur y a joint la *Vie de sainte Gertrude, religieuse de l'ordre de Saint-Benoît ;* Castagniza n'en est que l'éditeur, mais il l'a enrichie de notes ou scolies. VI *Déclaracion del padre nuestro*, 1604. VII *De la perfeccion de la vida christiana*. C'est l'ouvrage connu sous le titre de *Combat spirituel*, et plusieurs auteurs prétendent que c'est l'original ; ce n'est pas cependant sans contradiction. Les jésuites et les théatins en revendiquent l'honneur en faveur de leur ordre, les premiers l'attribuant à Achille Gagliardo, jésuite de Padoue, et les autres au théatin Laurent Scupoli ; mais le P. Gerberon, qui l'a traduit en français sur l'original manuscrit, Paris ; 1675, in-12, prouve, dans une savante dissertation, que dom

Castagniza en est l'auteur, et il est appuyé par Nicolas Antonio, auteur de la *Bibliothèque d'Espagne ;* par dom Antoine d'Yepez, général de la congrégation de Valladolid, contemporain de Castagniza, et par les savans Mabillon et d'Achery. Nicolas Antonio dit que Jacques Lorichius, chartreux de Fribourg, le traduisit en latin, vers 1613, et qu'il fut imprimé à Paris, chez Pierre de Bresche, en 1644, in-8 ; qu'on le réimprima à Francfort, en 1662, sous le titre de *Pugna spiritualis sive de perfectione ;* qu'il fut ensuite traduit en flamand par Gérard Zœs, et en espagnol, sous le titre de *Batalla espiritual*. Peu de livres, si on en excepte celui de l'*Imitation de Jésus-Christ*, ont eu plus d'éditions.

CASTELL (Edmond), savant orientaliste anglais, naquit à Hatley, dans le comté de Cambridge, en 1606. Il coopéra avec plusieurs autres savans à l'édition de la *Polyglotte* publiée par Walton. On a de Castell un *Lexicon heptaglotton, hebraïcum, chaldaïcum, syriacum, samaritanum, ethiopicum, arabicum conjunctim, et persicum separatim, cui accessit brevis et harmonica grammaticæ omnium precedentium linguarum delineatio*, Londres, 1669. Cet ouvrage qui lui coûta 12,000 livres sterling, c'est-à-dire toute sa fortune et même sa vue, eut d'abord fort peu de succès. En 1773 il en restait mille exemplaires entre les mains de l'auteur, et de cinq cents qu'on trouva après sa mort et qui pourissaient dans un grenier, on put à peine en former un seul exemplaire. Michaelis a extrait de ce grand ouvrage le *Dictionnaire syriaque*, et l'a publié avec des notes, Gottingue, 1788, 2 vol. in-4, et a donné en 1770, *Supplementa ad lexica hebraïca.*

6 parties in-4.Ticer a publié, *Lexicon hebraïcum Castelli, adnotatis in margine vocum numeris, ex J. D. Michaelis supplementis*, Gottingue, 1792, in-4. Castell a donné également un recueil d'odes en l'honneur de Charles II, sous ce titre : *Sol Angliæ oriens auspiciis Caroli II, regum gloriosissimi*, 1660, in-4. Ce monarque le nomma en 1666 son chapelain et professeur d'arabe à Cambridge, et en 1668 il obtint une prébende dans la cathédrale de Cantorbéry. Il mourut dans cette ville en 1685.

CASTELLESI (Adrien), en latin *Castellus*, ou *Castellensis*, appelé aussi *Adrien di Corneto*, du lieu de sa naissance, et *cardinal de Corneto*, issu d'une famille plébéienne et obscure, s'éleva par son mérite. Il avait fait d'excellentes études qui le firent connaître à la cour des papes et lui valurent les places de clerc et de trésorier de la chambre apostolique. Innocent VIII l'envoya nonce en Ecosse, où il s'agissait d'accommoder les différends qui s'étaient élevés entre Jacques II, roi d'Ecosse, et les principaux seigneurs de sa cour. Castellesi, avant d'y arriver, ayant appris la mort de Jacques, tué dans une bataille, s'arrêta en Angleterre, où il fut présenté à Henri VII par Morton, archevêque de Cantorbéry, comme un homme de mérite, digne d'être pris en considération, et qui pouvait servir le roi à la cour de Rome. Henri le chargea d'une mission près du pape, et lui donna en 1503 l'évêché d'Hereford, et l'année suivante ceux de Bath et Wells unis. Il fut aussi envoyé nonce en France. Alexandre VI ayant succédé à Innocent, prit Castellesi pour son secrétaire, à cause de sa grande habileté dans la langue latine, et le créa

la même année, 1503, cardinal du titre de St.-Chrysogone. Cette promotion, au reste, si on en croit les historiens, était un piége. Tous ceux que le pape avait nommés, et Castellesi lui-même, passaient pour être extrêmement riches, et César Borgia, fils du pape, avait déterminé son père à les faire périr pour s'emparer de leurs richesses, qui pouvaient contribuer au succès d'une expédition qu'il méditait. Ce dessein eût eu son exécution à un souper donné dans la vigne même du cardinal Adrien, si, par la méprise d'un des officiers du pape, le crime ne fût retombé sur ses propres auteurs. Le père et le fils burent la liqueur empoisonnée, et Alexandre VI, qui en avait pris une plus forte dose, en mourut. Tel est du moins le récit des historiens les plus accrédités. Il paraît que Castellesi encourut l'inimitié de Jules II, qui succéda à Alexandre, et qu'il fut forcé de s'enfuir. Pour n'être point découvert et échapper à de sévères édits rendus contre lui, *acerbissimis edictis*, dit Pierio Valeriano, il alla se cacher dans les montagnes du Trentin, d'où il ne sortit qu'après la mort de ce pape. Il assista au conclave où Léon X fut élu, contribua à son élection, et en fut bien accueilli; il s'en montra peu reconnaissant, étant entré dans la conspiration du cardinal Alphonse Petrucci contre ce pape. Si on en croit quelques écrivains, il y fut déterminé par une devineresse qu'il avait consultée, et qui l'assura que Léon X mourrait jeune et aurait pour successeur un homme du nom d'Adrien, d'une naissance obscure, mais d'un grand savoir; prédiction qu'il s'était appliquée, et dont, sans doute, il voulait hâter l'accomplissement. Quoi qu'il en soit, il partagea l'amnistie que Léon X consentit à accorder aux conjurés, à la condition qu'ils paieraient chacun une somme de 25 mille ducats, et qu'ils promettraient de ne point sortir de Rome. Soit que le cardinal Castellesi ne voulût point payer cette amende, soit qu'il se défiât d'une réconciliation qui pouvait n'être point sincère, il crut plus prudent de ne rien donner au hasard. Il se déroba de nuit, sans que, depuis, on ait pu savoir quel lieu il avait pris pour sa retraite. Suivant Pierio Valeriano, dans son livre *De Infelicitate litteratorum*, l'opinion commune est qu'il fut assassiné par son valet; tenté par l'or que celui-ci savait que le cardinal portait sur lui; d'autres prétendent que c'était Castellesi lui-même qui avait fait courir ce bruit, pour faire cesser les recherches; quelques-uns enfin disent qu'il alla à Constantinople et qu'il y mourut. Léon X le dégrada du cardinalat et déclara ses bénéfices vacans. C'était un homme de beaucoup de savoir, et qui illustra son siècle par son amour pour les lettres et les services qu'il leur rendit. Bayle le regarde comme un de ceux qui, soit par le soin qu'il prit de faire faire des éditions correctes des anciens auteurs, soit par l'encouragement qu'il donna à ceux qui cultivaient cette langue, soit enfin en donnant lui-même dans ses écrits l'exemple d'une latinité pure et élégante, et en prenant Cicéron et les écrivains de son temps pour modèles, contribuèrent le plus à rendre au latin son ancienne pureté. Il est auteur des ouvrages suivans : I *De Sermone latino et modo latinè loquendi*, Bâle, 1513; Paris, 1518, in-8. Il composa ce traité pendant qu'il errait dans les montagnes du Trentin. II *De Venatione et Julii II iter*, en vers, Venise, Alde, 1534,

in-8; et réuni au précédent ouvrage, Lyon, 1548, in-8. III *De verâ philosophiâ ex quatuor doctoribus ecclesiæ*, Bologne, 1507. Bayle parle d'une traduction latine du nouveau Testament que ce cardinal avait commencée, et qu'il fut obligé de suspendre, d'un traité *de Poëtis* et de vers composés en l'honneur de la Vierge. D'Alembert ayant avancé qu'il était impossible, dans nos temps modérnes, de bien parler et bien écrire en latin, Jérôme Ferri, professeur de belles-lettres à Ferrare, produisit en opposition à ce sentiment, l'exemple du cardinal Castellesi, et composa à l'appui de l'opinion contraire, un ouvrage curieux, intitulé : *Pro linguæ latinæ usu, epistolæ adversus Alembertium; præcedit commentarius de rebus gestis et scriptis Hadriani Castelli cardinalis, quo imprimis auctore latinitas est restituta*, Faenza, 1771. Pendant qu'il était dans les montagnes de Trente, Castellesi fit graver à Riva, bourg de ce pays, sur le tombeau de Polydore Casámicus, son ami, ces deux vers, monument de son premier exil, et sorte de prédiction du sort auquel il était réservé :

Exulat Hadrianus ; tu jam , Polydore , quiescis,
Æternumque vales ; nobis dira omnia restant.

CASTI (Jean-Baptiste), poëte italien, né à Montefiascone en 1721, fit ses études dans le séminaire de cette ville, y devint professeur, et ayant embrassé l'état ecclésiastique, il obtint un canonicat. Casti avait un goût décidé et beaucoup de talent pour la poésie, mais il aimait trop la satire, et ses ouvrages se ressentent de la malignité caustique de son esprit et de la dépravation de ses mœurs. Tout cela indisposa contre lui son chapitre et son évêque, qu'il n'épargnait pas dans ses écrits ou pour mieux dire dans ses pamphlets. Il quitta Montefiascone en 1752, et dès lors il oublia tout-à-fait les devoirs de l'état qu'il avait embrassé. Il connut à Florence le duc de Rosemberg, gouverneur du prince Léopold, depuis grand duc de Toscane, et mort empereur en 1792. Après avoir fait un voyage en France, Casti revint en Italie, où le duc de Rosemberg l'engagea d'aller le rejoindre à Vienne, où il le présenta à Joseph II. Ce monarque lui fit un fort bon accueil, et l'attacha ensuite à plusieurs ambassades, dans lesquelles il n'avait aucune fonction, mais qui lui procuraient un moyen économique et honorable de visiter plusieurs cours. C'est ainsi qu'il voyagea dans toute l'Allemagne, en Prusse et en Russie, où il fut présenté à Catherine II. Sa demeure à cette cour lui fournit le sujet d'une satire virulente dont nous parlerons après. A son retour à Vienne, le duc de Rosemberg, son ami et son protecteur, lui fit obtenir la place de *poëta cesareo*, ou poëte impérial, restée vacante par la mort de Métastase, place que son prédécesseur avait honorée, non-seulement par ses talens supérieurs, mais par la bonté et la moralité de son caractère. Casti ayant demandé sa retraite après la mort de Joseph II (1790), il revint en Italie et demeura alternativement à Florence et à Bologne. Il y était en 1793, époque où l'auteur de cet article eut lieu de le connaître personnellement. L'abbé Casti avait beaucoup lu sans rien approfondir; cependant il avait une conversation vive et pleine de traits originaux; mais il ne savait presque parler que sur des matières licencieuses, ou sans tourner en ridicule les hommes, les choses établies, et le plus souvent la religion. Il

avait une voix aigre et nasillarde, et plaisantait sur ce défaut causé par la perte du larynx, que lui-même attribuait à une maladie honteuse. D'après cela, il est permis de s'étonner que le rédacteur de l'article concernant cet auteur, et inséré dans une biographie moderne, se plaise à donner à Casti *une conduite régulière* [1]. En 1798 il vint à Paris, où il fut très-bien reçu par tous les hommes de lettres. Il y menait une vie assez agréable; et quoique déjà assez vieux, il ne se défendait aucun des plaisirs dont il pût jouir encore, même aux dépens de sa santé. Il était parvenu à sa quatre-vingt-deuxième année, lorsque sortant fort tard, dans le mois de février 1803, d'une maison où il avait dîné, il fut saisi d'un grand froid. La fièvre lui survint, et il mourut quelques jours après cet accident, dans les principes d'irréligion qu'il avait professés pendant toute sa vie. Casti possédait les talens qui constituent un grand poëte : imagination féconde, grâce, facilité, élégance, pureté de style, variété dans les images; mais toutes ces qualités sont effacées en grande partie par le mauvais choix de quelques-uns de ses sujets. Ceux de ses ouvrages qui n'entrent pas dans cette critique, sont les quatre suivans : I ses *Poesie anacreontiche*, Bologne, 1793, in-8; et ses trois *Opéra-buffa*, ou opéras comiques, savoir : II *Il re Teodoro à Venezia*. III *La Grotta di Trofonio*, où il se moque des philosophes. IV *La Conjuration de Catilina*, dans laquelle il s'amuse à ridiculiser à la fois ce conjuré, Cicéron et le sénat romain lui-même. V *Poema tartaro*. Ce poëme est une satire de

[1] Peut-être l'aurait-il eue à 76 ans, lorsqu'il vint à Paris. Dans ce cas, se retirer du désordre n'est pas une vertu bien difficile.

la cour de Russie, où figurent, sous des noms supposés, Pierre III, Catherine II, le grand-duc Paul, depuis empereur, le favori Orloff, son frère Alix, ses trois autres frères, et le favori Potemkin. Le *Poëme tartare*, réimprimé plusieurs fois, a eu trois éditions en Italie, dont la dernière est de Milan, 1802, 2 vol. in-12. VI *Novelle galanti*, qui ont également eu un grand nombre d'éditions ; la dernière est de Paris, 1804, 3 vol. in-12, qui contient quarante-huit nouvelles où règnent la licence la plus effrénée et le mépris le plus prononcé pour la religion et ses chefs : *l'Angelo Gabriele; la Bolla d'Alessandro VI; la Papessa Giovanna*, etc., sont, entre autres, d'une extrême immoralité. En général, toutes peuvent être comparées aux contes les plus libres de la Fontaine, où Boccace lui-même acquiert un degré de plus de licence, et où le poëte, admirable sous le rapport du talent, se livre un peu trop à cette *naïveté* qui le fit sans doute appeler *le bon la Fontaine*. VII *Gli Animali parlanti*, ou *les Animaux parlans*, poëme en XXVI chants, Paris, 1802, 3 vol. in-8, est l'ouvrage le plus remarquable et le mieux écrit de Casti. Il l'entreprit dès son arrivée à Paris, en 1798, peut-être à l'insinuation de quelque républicain de ses amis. Le poëme entier, indépendamment de cette licence presque inséparable de la plume de l'auteur, est une satire des cours, dans laquelle le *Lion*, roi, tyran imbécile, a le *Renard* pour ministre d'état; le *Loup* est le ministre des finances; le *Tigre* le général; l'*Ane Zampière* le gentilhomme ou le chevalier d'honneur, etc. D'après ces courts détails, et l'esprit qui régnait même à l'époque de la publi-

cation de cet ouvrage, on ne s'étonnera pas qu'il ait eu un succès prodigieux, et que l'auteur fut sensiblement regretté par ceux dont il partageait les principes. Un grand nombre de personnes assistèrent à ses funérailles ; le docteur Corona, médecin italien, y prononça un discours dont l'extrait fut inséré, en français, dans la *Décade philosophique;* et c'est la place qui lui convenait.

CASTILHON (Jean) naquit à Toulouse en 1718, fut d'abord avocat, et se livra ensuite aux lettres. Il était membre de l'académie des jeux floraux, et fonda le lycée de Toulouse. Ses principaux ouvrages sont : I *Amusemens philosophiques et littéraires de deux amis* (avec le comte de Turpin), 1754-56, 2 vol. in-12. II *Bibliothèque bleue, entièrement refondue et augmentée,* Paris, 1770, 4 vol. in-12 et in-8. Cette bibliothèque contient plusieurs histoires romanesques. III *Le Spectateur français,* 1774-1776, in-8. IV *Précis historique de la vie de Marie-Thérèse,* 1781, in-12. Jean Castilhon coopéra à la rédaction de plusieurs journaux, tels que le *Journal encyclopédique,* celui de *Trévoux,* et publia plusieurs notices biographiques dans le *Nécrologe des hommes célèbres de France.* Il est mort à Toulouse, le 1er janvier 1799, âgé de 81 ans.

CASTILHON (Jean-Louis), frère du précédent, né à Toulouse en 1721, commença sa carrière littéraire par trois discours couronnés à l'académie des jeux floraux : 1° *L'amour mutuel du prince et de ses sujets est le plus ferme appui d'un état monarchique,* 1756; 2° *Combien les belles-lettres sont redevables aux sciences,* 1753; 3° *Combien il est honteux d'avoir plus de ménagement pour les vices que pour les ridicules*, 1758. Jean-Louis a travaillé à plusieurs journaux, de concert avec son frère, et a publié : I *Essais sur les erreurs et les superstitions*, Amsterdam, 1765, in-12. II *Histoire des dogmes et opinions philosophiques, depuis les plus anciens temps jusqu'à nos jours*, Londres (Genève), 1769, 3 vol. in-8. III *Essais de philosophie et de morale*, imités de Plutarque, Bouillon, 1770, in-8. IV *Considérations sur les causes physiques et morales de la diversité du génie, des mœurs et du gouvernement des nations*, 1769, in-8; 2ᵉ édition, augmentée, 1770, 3 vol. in-12. Cet ouvrage est tiré en partie de l'*Esprit des nations*, par Espiard de la Borde; il a été traduit en allemand. V *Les dernières révolutions du globe*, ou *Conjectures physiques sur les causes des tremblemens de terre et sur la vraisemblance de leur cessation prochaine*, Bouillon, 1771, in-8. VI *Le Diogène moderne, ou le Désapprouvateur*, Bouillon, 1770, 2 vol. in-8. Il a donné aussi quelques romans, et il est mort vers 1798.

CASTRIES (Charles-Eugène-Gabriel de la Croix, maréchal de), né le 25 février 1727, servit avec distinction dans les campagnes de Flandre, se fit remarquer au siége de Maestricht, commanda en Corse en 1756, et fut ensuite employé sous le prince de Soubise à l'armée d'Allemagne ; il reçut à la bataille de Rosbach trois coups de sabre sur la tête, qui ne l'empêchèrent cependant pas de rester jusqu'à la fin de l'action ; il prit par escalade, en 1758, la ville de Saint-Goar, et fit prisonnière de guerre la garnison du château de Rhinsfeld ; ce qui lui valut le grade de lieutenant-général.

Après plusieurs autres exploits, il se signala devant Wesel, où il fit entrer six cents hommes d'élite, battit ensuite les ennemis et les força à lever le siége de cette place. Cette action fit beaucoup d'honneur au marquis de Castries, que le roi nomma chevalier de ses ordres. Il servit avec la même gloire dans les campagnes de 1761 et de 1762, et reçut une blessure dangereuse à la prise du château d'Amœnebourg, le 22 septembre 1762. Il fut nommé successivement commandant en chef de la gendarmerie, gouverneur général de la Flandre et du Hainaut, ministre de la marine en 1780, et maréchal de France en 1783. Au commencement de la révolution, il quitta la France, et alla chercher un asile auprès de son ancien adversaire, le duc de Brunswick, dont il obtint le plus favorable accueil. (*Voyez* BRUNSWICK FERDINAND.) Dans l'expédition de Champagne, en 1792, il commanda une division dans l'armée des princes, et mourut à Wolfenbuttel le 11 janvier 1801, âgé de soixante-quatorze ans. Le duc de Brunswick lui fit élever un monument dans une église de cette ville, dans lequel ses restes furent transportés.

CASTRO (Alvarez-Gomez de), né près de Tolède en 1521, fut professeur de grec et de rhétorique à Tolède, dans le nouveau collége fondé par Bernardin de Sandoval. Philippe II le chargea de revoir et de corriger les œuvres de saint Isidore, et principalement les livres des *Origines*. On a de lui : I *De rebus gestis Francisci Ximenii*, Complutum, 1569, in-fol.; Francfort, 1581 ; et le même ouvrage se trouve dans la collection des auteurs qui *res hispanicas scripserunt*. II *In sancti Isidori origines*, dans l'édit.

X.

des œuvres de cet auteur, publiées à Madrid, par Jean Grial. III *Edilia aliquot, sive poëmata*, Lugduni, 1558, in-8, etc. Il a donné également plusieurs autres ouvrages en prose et en vers, soit en latin, soit en espagnol, et se distingua dans les deux langues comme bon écrivain et excellent poëte.

CASTRO (Guilhen de Castro), né à Valence en 1564, se fit remarquer comme poëte dramatique, et fut auteur du *Cid*, qui, par le talent du grand Corneille, fit naître en France le goût pour la bonne tragédie. Ce même sujet avait déjà été traité par Diamante, vingt années auparavant; mais *le Cid* de Guilhen de Castro obtint plus de succès. Dans les beaux siècles de la littérature espagnole, c'est-à-dire depuis la fin du règne de Charles V jusqu'au commencement de celui de Charles II (1556 à 1665), la langue castillane était connue de presque tous les littérateurs de l'Europe. Corneille, qui la possédait, puisa dans ces deux ouvrages les matériaux et même des scènes entières pour composer sa tragédie du *Cid*. Il y a une ancienne édition du *Cid* français, dans laquelle les vers »imités de Castro sont cités au bas des pages. Voltaire les cite aussi dans son *Commentaire*, mais il confond souvent ceux de Diamante avec ceux de Castro. « Tous les sen- »timens généreux et tendres, dit ce »même auteur, dont Corneille a fait »un si bel usage, sont dans ces deux »ouvrages originaux. » Corneille lui-même reconnaît dans son *Examen du Cid*, qu'il n'a fait que *paraphraser de l'espagnol*, une des plus belles scènes de sa tragédie, la 4e du 3e acte, et avoue qu'il doit une partie des beautés de sa pièce à Guilhen de Castro. Les pièces de cet auteur,

au nombre de quarante, furent publiées avec ce titre : *Comedias de D. Guilhen de Castro*, Valence, 1621-25, 2 vol. in-4°. Il était contemporain de Lope de Vega, et fut quelquefois son concurrent; il resta attaché à la cour de Philippe, qui lui fit une pension, et mourut en 1625. Il y a beaucoup d'auteurs espagnols du nom de Castro qui se sont distingués dans les sciences et les lettres.

CATELINOT ou CATHELINOT (dom Ildefonse), bénédictin de la congrégation de Saint-Vannes, né à Paris le 5 mai 1671, fit profession à l'abbaye de Saint-Mansui, près de Toul, le 23 mai 1694, et se distingua dans sa congrégation par son érudition et la composition d'un grand nombre d'ouvrages, fruit de ses assidues et laborieuses études. On a de lui : I des *Tables de la bibliothèque ecclésiastique de Dupin*, corrigées et augmentées, 4 vol. in-4. II Un *Abrégé des commentaires de dom Augustin Calmet*, 4 vol. in-4. III Des *Dissertations critiques, théologiques et historiques, sur l'histoire ecclésiastique de l'abbé Fleury*, 3 vol. in-4. IV *Historia litteraria benedictina, in tres partes divisa, ab ortu ordinis nostri, ad nostra usque tempora*, 3 vol. in-fol. V *Parallèle de l'ancien gouvernement avec le nouveau qu'on veut introduire dans l'ordre bénédictin et de Prémontré*, où l'on fait voir que les chapitres généraux *ab origine* ont été annuels dans les deux ordres, et dès le commencement de leur réforme jusqu'à présent. VI *Annales tùm ecclesiastici, tùm romani, historici, critici, chronologici, typographici, numismatici, litterarii, politici, dogmatici, morales et juris utriusque ab anno proximo Cæsaris Augusti*

Octavi, primi romanorum imperatoris, ad annum currentem Ludovici magni nunc feliciter regnantis, operâ et studio peritissimorum omnium, quotquot feracissima ætas nostra tulit. VII Une édition des *OEuvres d'Alcuin*, avec des préliminaires latins, des préfaces et des notes, etc., vol. in-fol. VIII *Parallèle d'un ancien manuscrit du 11e siècle avec le martyrologe romain, et des notes sur l'un et sur l'autre.* Ce manuscrit se trouvait dans l'abbaye de Senones. Enfin un grand nombre de *dissertations* sur divers sujets.

CATHELINEAU (Jacques), premier auteur de l'insurrection et de la guerre de la Vendée. Un décret de la convention nationale avait ordonné, en 1793, une levée de trois cent mille hommes. Ce décret excita un soulèvement dans plusieurs lieux de l'Anjou, du Poitou et de la Bretagne. Le tirage devait avoir lieu à Saint-Florent le 10 mars. Les jeunes gens s'y rendirent, refusèrent d'obéir et se mutinèrent. Les troupes républicaines tirèrent sur eux; mais elles furent vaincues et mises en fuite avec les autorités. Après avoir forcé les portes de l'hôtel de ville, les jeunes gens se retirèrent chez eux sans songer à la terrible vengeance qui pesait sur leurs têtes. Un paysan d'environ 34 ans, marchand de laine, demeurant au village de Pineumauge, et respecté de tout le canton par la sagesse de ses mœurs et de son caractère, sentit toute la conséquence de la révolte de Saint-Florent. Il était à pétrir son pain quand on lui en apporta la nouvelle. Quoique marié, et la réquisition ne pouvant l'atteindre, il résolut de sauver son pays. Il n'y avait qu'un moyen violent pour le soustraire à la vengeance de la convention : une

révolte générale. Il rassemble les habitans du village, leur parle du châtiment qui les attend s'ils ne se mettent pas dans un état d'entière insurrection. Cathelineau avait de l'éloquence et un grand ascendant sur ses camarades. Il les entraîne avec lui, passe de village en village, où il fait sonner le tocsin; et quand il eut réuni 120 hommes, il attaque un poste de républicains, l'emporte et se saisit d'un canon. Le lendemain il s'empare de la petite ville de Chemillé, malgré la résistance d'une garnison de trois cents hommes, munis de trois pièces d'artillerie. Les paysans, pour se défendre du canon, aussitôt qu'ils voyaient la lumière qui annonçait une décharge, se jetaient par terre, se relevaient successivement, et parvenaient ainsi à combattre les canonniers corps à corps. Quand Cathelineau vit sa troupe s'augmenter de jour en jour par de nouveaux révoltés, il attaqua Chollet, principale ville du canton, et en chassa les républicains. L'armée de Cathelineau, devenue assez nombreuse, avait besoin de chefs expérimentés. Les révoltés, conduits par Cathelineau, allèrent chercher dans leurs châteaux Bonchamp et d'Elbée, et les forcèrent de se mettre à leur tête. Cathelineau s'était associé un ami appelé Stofflet, et l'un et l'autre occupèrent toujours une place importante dans l'armée des Vendéens. Après plusieurs combats, les insurgés furent chassés jusqu'à la Sèvre, lorsque La Roche-Jacquelin vint à leur secours, et dès lors ils marchèrent de succès en succès. Au milieu de plusieurs gentilshommes qui étaient venus rejoindre et commander les insurgés, Cathelineau conserva toujours une grande prépondérance. Il avait un talent tout particulier pour diriger les paysans, et ceux-ci avaient une si haute idée de ses vertus, qu'ils se croyaient invulnérables en combattant à ses côtés : ils l'appelaient le *saint d'Anjou*. Après la prise de Saumur, époque de la plus grande prospérité des Vendéens, Lescure, un des chefs les plus sages, proposa de ne plus laisser sans général une armée devenue aussi considérable ; et toutes les voix se réunirent pour élever Cathelineau à cette place. Il conduisit l'armée vendéenne de Saumur à Nantes, qu'on devait attaquer de concert avec Charette, qui commandait l'insurrection du Bas-Poitou, et avait une armée de trente mille hommes : celle de Cathelineau en comptait plus de quatrevingt mille ; mais cette expédition fut mal combinée. Le comte de Canclaux commandait à Nantes, qui avait 3000 hommes de garnison. L'attaque commença le 29 juin 1793, et on se battit tout le jour ; les habitans de la ville s'étant réunis aux troupes républicaines, les Vendéens, malgré mille prodiges de valeur, furent repoussés. Déjà Fleuriot, commandant de la division de Bonchamp, avait été tué, lorsque Cathelineau fut atteint d'une balle qui lui fracassa le bras. Il fut transporté à Saint-Florent, mais la gangrène se mit dans sa blessure, et il en mourut douze jours après. La nombreuse famille de Cathelineau avait pris part à l'insurrection. Trois frères, quatre beaux-frères et seize cousins germains de ce brave royaliste sont morts en combattant. Il a laissé une veuve et un fils que les services signalés de son père n'ont point tiré de son état obscur et peu fortuné.

CATHELINIÈRE (Ripault de la). Après l'affaire de Saint-Florent (*voyez* CATHELINEAU), les révol-

tés du pays de Retz le choisirent, en 1793, pour leur commandant. Il s'empara de plusieurs bourgs de ce canton, et marcha avec Charrette contre Pornic, qu'ils enlevèrent aux républicains. Cathelinière commandait l'avant-garde de ce général à l'attaque de Machecoul, le 20 juin 1793 ; mais il ne voulut jamais faire la guerre que dans son canton. Pendant l'hiver de 1794, lorsque les républicains poursuivaient sans relâche l'armée de Charrette, qui les combattait en se retirant, la Cathelinière s'établit dans la forêt de Pornic, et se défendait contre les attaques et les recherches de l'ennemi. Un traître tira sur lui ; blessé de deux balles, il se cacha dans sa maison de Froisay pour se guérir de ses blessures. Les républicains y étant venus un jour, et un des soldats voulant attraper une poule qui s'était enfuie sous un pressoir, y trouva un homme caché, habillé en paysan, et presque mourant de ses blessures : Qui es-tu ? demanda-t-il. — Cathelinière, répondit courageusement le Vendéen. On l'arrêta alors, et ayant été conduit à Nantes, il y périt sur l'échafaud. La troupe de Cathelinière était celle dont les soldats avaient le plus de rudesse et de discipline.

CATHERINE II, impératrice de Russie, naquit le 2 mai 1729 à Stettin, dont son père, le prince Christian-Auguste d'Anhalt-Zerbst était gouverneur pour le roi de Prusse. Destinée pour épouse à Pierre, neveu et successeur d'Elisabeth, elle fut amenée à Moscou par Jeanne-Elisabeth de Holstein, sa mère. Avant son mariage, célébré le 1er septembre 1745, la jeune princesse embrassa la religion grecque, et changea son nom de *Sophie-Auguste* en celui de *Catherine-*

Alexiowna, que lui donna l'impé-ratrice. Soit que le grand - duc Pierre, dont les manières étaient peu aimables et l'esprit sans culture, ne sût se gagner le cœur de son épouse, ou que celle-ci eût pour lui de l'éloignement, il passèrent 17 ans dans une espèce d'indifférence réci-proque qui ressemblait beaucoup à l'aversion. La cour de Russie n'of-frait à Catherine que de mauvais exemples à suivre; le vice s'y mon-trait à découvert; et l'impératrice elle-même ne cherchait pas à cacher ce que la prudence ordonne au moins de tenir secret. Le jeune chambellan comte Soltikoff fut le premier, dans cette cour dépravée, qui attira les regards de Catherine. Cet amant fit bientôt place à un autre, qui réunis-sait tous les avantages pour plaire dans une cour : c'était Stanislas-Au-guste Poniatowski, célèbre par sa haute fortune et par ses malheurs. Son intelligence avec Catherine n'é-chappa pas à l'impératrice Elisabeth, qui parut ne pas la désapprouver; et à sa recommandation, Auguste III, roi de Pologne, nomma Poniatowski à l'ambassade de Pétersbourg. De cette façon une souveraine devenait la complice directe d'un commerce il-licite dont elle aurait dû s'offenser, comme étant un outrage à sa dignité et à sa famille. La France, alors en guerre avec les Anglais, avait con-tracté avec l'Autriche une alliance dans laquelle elle avait fait entrer la Russie. Poniatowski, intimement lié avec le chevalier Williams, am-bassadeur d'Angleterre, faisait crain-dre qu'il ne fît partager ses opinions politiques à la grande - duchesse. Aussi, tandis qu'Elisabeth servait fi-dèlement ses alliés, son héritier em-brassait le parti du roi de Prusse, et la grande-duchesse était amie des Anglais. Louis XV, instruit de tout par son ambassadeur à la cour de Russie, et ayant un grand ascendant sur le roi de Pologne, père de la dauphine, obtint que Poniatowski fût rappelé. Catherine se montra d'abord très-affligée, mais un nouveau choix vint la consoler. La mort d'Elisabeth (1762) appela Pierre III au trône im-périal. Pendant ce temps, la grande-duchesse avait eu soin de gagner et d'attirer auprès d'elle les plus puissans seigneurs de la cour, qui étaient par conséquent des ennemis du nouveau souverain. Elle ne devait pas craindre en celui-ci un tyran, puisque, dans l'es-pace de tant d'années, il ne lui avait pas causé de chagrin digne d'aucun ressentiment, et l'avait laissée entiè-rement libre de toutes ses actions. Aussi quels que fussent les défauts du caractère de Pierre et ses torts envers ses sujets, ils ne pourront ja-mais servir d'excuse à la manière atroce dont on traita ce monarque. Catherine n'aimant pas son époux, ne cessait chaque jour de le rendre odieux à ses peuples, et voulait enfin régner seule. Presque aussitôt que Pierre III eut monté sur le trône, elle partit pour sa retraite de Péter-hoff, emmenant avec elle son fa-vori Orloff, jeune officier des gardes et successeur de Poniatowski. C'est dans cette retraite que se forma la conjuration qui détrôna Pierre III, et qui le livra ensuite à la mort. Les chefs en étaient le comte Panin, Orloff et une dame d'un caractère entreprenant, la princesse Daschkoff. Au milieu d'une cour voluptueuse et galante, l'idée romanesque de cons-pirer en faveur d'une femme jeune et aimable, eut assez de force pour faire disparaître aux yeux des nom-breux partisans de Catherine l'o-dieux et l'injustice de cette conspi-ration. Cependant elle avait déjà transpiré, et un des conjurés avait été mis en prison; Catherine, avertie du danger, quitte Péterhoff pendant la nuit, fait une partie du chemin sur une charrette de paysan, arrive à Pétersbourg, où les troupes étaient déjà gagnées, le peuple séduit par les conjurés, et où l'on avait tout préparé pour la proclamer souveraine. La conspiration éclata dans la nuit du 8 au 9 juillet; et dans l'espace de quelques heures, Catherine fut placée presque sans obstacle sur le trône de la Russie. On a beaucoup vanté la modération de Catherine à la suite de cet événement; mais que ne vante pas une basse flatterie? On appelle modération de la part de la nouvelle souveraine une réserve adroite, dans un moment où elle avait à se conserver la faveur populaire, et à se faire pardonner bien plus que des torts. Pierre III avait été enfermé dans une prison, et il y fut étranglé par Orloff, qui, s'il n'agissait pas par l'ordre de Catherine, agissait au moins par son consentement (voy. ORLOFF au Supp.). Pour étouffer les murmures que causait cette mort barbare, Catherine fit d'abord de grandes promesses, flatta habilement la vanité de la nation, affecta un grand dévouement pour la religion et ses ministres, dépensa de grandes sommes, accorda beaucoup de places, et se fit couronner avec pompe à Moscou. Elle aurait peut-être fait oublier le moyen atroce dont elle s'était servie pour monter sur le trône, si elle se fût bornée à encourager, comme elle fit, l'agriculture et l'industrie, à créer une marine, et à faire d'utiles réglemens pour la justice. Mais, dominée par une ambition démesurée, au lieu de terminer la civilisation de ses états, elle ne pensa qu'à en étendre les limites. Arbitre violente de ses voisins, elle força en 1763 les peuples de

Courlande à renvoyer leur nouveau duc Charles de Saxe, et à rappeler Biren dont ils ne voulaient pas. Après la mort d'Auguste III, roi de Pologne, elle employa ses ambassadeurs et ses troupes pour faire couronner à Varsovie l'un de ses premiers favoris, Stanislas Poniatowski. Catherine avait déjà prévu que sous un roi faible, monté sur le trône malgré le vœu d'une grande majorité de la nation, les troubles qui en devaient être les conséquences mettraient la Pologne en tout ou en partie sous sa domination. Elle savait en outre que, jusqu'à ce moment, elle avait conservé une grande influence sur Stanislas, qui ne régna en effet que sous les ordres du cabinet de Pétersbourg. Malgré les efforts que faisait Catherine pour faire oublier la catastrophe sanglante de son époux, le nombre des mécontens augmentait considérablement, et des complots se tramaient à Moscou et à Pétersbourg. Le légitime héritier de Pierre III, le prince Iwan, du fond de sa prison, animait les espérances des conspirateurs; il fut massacré dans le château de Schlusselbourg, où il était enfermé, le 16 juillet 1764, par ses gardiens, Oulosieff et Tchekin, d'après un ordre supérieur. Les murmures contre Catherine redoublèrent alors, mais elle parvint à déjouer tous les projets de ses ennemis, en apaisant les plus dangereux par des emplois éminens, des dons et des promesses. Depuis lors, sa cour ne fut plus troublée que par quelques intrigues, qui n'avaient d'autre résultat que la disgrâce ou le remplacement d'un favori. Du sein des plaisirs, l'impératrice imagina de réformer la législation de son royaume. Elle-même, à ce qu'on crut alors, en rédigea le nouveau code; et peut-être, pour se rendre célèbre dans toute l'Europe, elle écrivit ce code en français, offrant en même temps des récompenses à tous ceux qui poliraient la langue russe, et parviendraient à créer une littérature. Des députés de toutes les provinces se rendirent par ses ordres à Moscou; on lut dans cette assemblée les instructions des nouvelles lois traduites en russe. On pouvait bien s'attendre que ceux qui avaient regardé avec plaisir ou indifférence le renversement du souverain légitime, sa mort cruelle et le massacre du prince Iwan, applaudiraient à l'ouvrage de l'impératrice. Il n'y eut que les députés samoïèdes qui osèrent demander des lois pour contenir l'avidité et le despotisme des gouverneurs qu'on envoyait dans leurs provinces. Les mêmes lois ne pouvaient cependant convenir à des nations différentes, plongées la plupart dans la barbarie la plus stupide. Aussi, dès les premières séances, on commença à ne plus s'entendre, ne sachant pas ce qui était bon à rejeter ou à adopter. La confusion ne fit qu'augmenter lorsqu'on parla de donner la liberté aux esclaves. Cette seule proposition pouvait devenir le signal d'une révolte. Elle se préparait peut-être, lorsque Catherine qui assistait aux débats dans une tribune séparée, se hâta de renvoyer les députés, qui, en se séparant de l'impératrice, n'oublièrent pas de lui donner le titre de *mère de la patrie*. Cette grande assemblée et ce code célèbre n'opérèrent aucun changement bien utile; et le second surtout ne servit souvent qu'à embarrasser les magistrats, accoutumés depuis long-temps à juger par des lois analogues à ces peuples, parmi lesquels, malgré les efforts de Pierre Ier, la civilisation n'avait pas fait des progrès bien rapides. Cependant, le principal but de Ca-

therine fut rempli. Toute l'Europe parla d'elle comme d'une nouvelle Sémiramis. La plupart des souverains la firent complimenter par leurs ambassadeurs, et le roi de Prusse, entre autres, la plaça dans ses lettres entre Lycurgue et Solon. Mais les éloges les plus flatteurs pour la czarine furent ceux des philosophistes, éloges qu'elle avait su se ménager. Elle était depuis long-temps en correspondance avec plusieurs d'entre eux, les considérant comme les principaux propriétaires du clairon de la renommée, et comme ceux dont les plumes pouvaient envoyer son nom jusqu'à la postérité la plus reculée. Aussi Voltaire dit avec la bonne foi qui lui était propre :

C'est du Nord aujourd'hui que nous vient la lumière.

Catherine ne s'occupait pas seulement de ces vaines tentatives de législation, elle voulait asservir toutes les puissances du Nord, et réaliser le projet qui lui avait fait placer son ancien favori, Poniatowski, sur le trône de la Pologne. Ses troupes occupaient déjà plusieurs provinces de ce royaume, qu'elle demandait pour les réunir à ses états. Catherine venait de conclure à cet effet une alliance avec l'Angleterre, tandis que le cabinet de Versailles cherchait à lui opposer, par le moyen de son ambassadeur, un parti puissant en Pologne. Mais toutes ces tentatives n'aboutirent qu'à entraîner la Porte ottomane (1769) à une guerre malheureuse, dans laquelle les Turks perdirent la réputation de puissance et de grandeur qu'ils avaient conservée en Europe. Plusieurs de leurs provinces tombèrent au pouvoir des Russes, dont le pavillon flottait jusque dans les mers de la Grèce. C'est alors que sur les bords de la Neva, la czarine forma le projet romanesque de faire revivre les républiques de Sparte et d'Athènes pour les opposer à la Porte ottomane. Les victoires contre les Turks favorisaient ses projets sur la Pologne; et afin de ne pas trouver d'opposition dans les autres puissances, elle associa à sa politique l'Autriche et la Prusse, avec lesquelles elle signa le fameux traité de partage en 1772. La Russie eut les provinces qui formèrent les gouvernemens de Polotsk et de Mohilow, en se réservant l'influence exclusive sur la Pologne, avec la garantie de la constitution polonaise, et de ce qui restait à la république de son ancien territoire. Une année après ce partage, contraire à tous les droits des gens, on signa à Kaïnardji la paix entre la Russie et la Porte ottomane. La première conserva de ses conquêtes Asof, Taugarok et Kinburn, en se faisant accorder la libre navigation de la mer Noire et l'indépendance de la Crimée, soumise dans la suite par Potemkin, qui porta les limites de la Russie jusqu'au delà du Caucase. Pendant la troisième année de la guerre, un aventurier, appelé *Pugatschef*, qui prenait le nom de Pierre III, était parvenu à soulever plusieurs provinces de la Russie orientale. Catherine, voulant s'y montrer pour étouffer cette révolte qui commençait à lui donner des alarmes, fit sur le Volga, et ensuite sur le Borysthène, une navigation qui n'était pas sans danger, où elle montra un courage que la feinte timidité de ses courtisans rendait encore plus remarquable. C'était un moyen assez adroit de faire sa cour que d'affecter une peur que la souveraine ne partageait pas. Pour écarter les ennuis d'un long voyage, Catherine distribua aux seigneurs les plus civilisés

de sa cour les différens chapitres du *Bélisaire* de Marmontel, et elle les chargea de les traduire, se réservant pour elle-même un de ces chapitres. Cet ouvrage lui fournit l'occasion de montrer la haute protection qu'elle accordait aux soi-disant philosophes. Parmi les qualités personnelles dont Catherine voulait étonner toute l'Europe, elle fit briller surtout celle d'*esprit fort*. L'archevêque de Paris avait lancé un mandement contre le *Bélisaire*, et Catherine voulut que la traduction fût dédiée à l'archevêque de Pétersbourg, qui, par les principes même de sa religion, ne se serait pas soucié d'une telle dédicace. Les conquêtes du prince Potemkin, son amant, avaient ajouté la Tauride à ses autres provinces. Elle voulut la connaître. Les philosophistes alors ne perdirent pas l'occasion d'ajouter un nouvel éclat aux fastes de leur admiratrice. Voltaire fut le précurseur de tous les autres en annonçant que la *nouvelle Sémiramis* allait chasser les Turks de Constantinople. Sur une route de près de mille lieues, on ne voyait que fêtes et décorations théâtrales. De grands feux étaient allumés dans toute la longueur du chemin, des illuminations dans les villes; dans des campagnes désertes, on élevait des palais qu'on n'habitait qu'un seul jour. Des villages et même des villes paraissaient tout à coup dans les solitudes où les Tatars avaient naguère conduit leurs troupeaux. Partout des danses, des chants, et les hommages de cent nations qui se précipitaient vers leur souveraine pour la remercier du bonheur dont elles jouissaient sous sa domination maternelle. Cependant tout cela n'était en rigueur qu'un prestige imaginé par la galanterie de Potemkin. Catherine voyait de loin des villes et des villages dont il n'existait que les murailles extérieures, et c'était toujours le même peuple qui courait pendant la nuit pour lui donner plus loin le même spectacle que la veille. Deux souverains visitèrent Catherine dans son voyage, le roi de Pologne, Stanislas-Auguste, qui, n'étant plus aimé, ne reçut qu'un accueil gracieux et de vaines promesses ; et Joseph II, empereur d'Allemagne, qui voulut bien se placer parmi les courtisans de Catherine. Dans la ville de Cherson, on éleva à l'impératrice un arc de triomphe, avec cette inscription qui annonçait le but du voyage : «C'est ici le chemin de Byzance.» Catherine jeta alors un regard signifiant sur Joseph, qui renouvela la promesse qu'il avait faite dans l'entrevue de Mohilow, d'aider la Czarine dans l'exécution de ses desseins. Deux cours néanmoins, jadis ses amies, avaient des sujets de mécontentement contre l'impératrice. Frédéric-Guillaume, qui avait succédé à Frédéric II, avait été fort mal accueilli à la cour de Pétersbourg, et le cabinet de Saint-James regardait avec jalousie le traité de commerce que Catherine avait signé avec la France peu avant son départ pour la Tauride. Les deux cours réunies engagèrent la Porte et la Suède à prendre les armes contre la Russie, et alors l'empereur Joseph tint sa promesse, et agit de concert avec cette dernière puissance. Dans le Bannat, les Turks eurent d'abord quelques succès, mais ils furent vaincus partout ailleurs. Belgrade tomba au pouvoir des Autrichiens, et les Russes, après une résistance opiniâtre, s'emparèrent d'Otschakoff. Les Suédois, de leur côté, combattirent avec des succès variés. Gustave III sembla pour un moment menacer Pétersbourg. Mais, après deux ans de guerre, on conclut, le 24 août 1790, une paix qui ne changea en rien les limites des deux états. Celle avec les Turks fut conclue à Yassi en 1792. Catherine garda, Otschakoff et tout le pays situé entre le Bog et le Dniester. Rien ne pouvait plus s'opposer à son ambition. Elle exerçait sur la Pologne une influence qui ressemblait beaucoup à la souveraineté. Cette influence déplaisait extrêmement aux Polonais et aux puissances coopérantes. L'Autriche et surtout la Prusse engagèrent publiquement les Polonais à défendre leur indépendance. Catherine hésitait encore à prendre un parti décisif, tandis que ses favoris, par des manœuvres sourdes, excitaient les gazetiers de Varsovie et les orateurs de la diète à vomir les injures les plus grossières contre l'impératrice. Elle arrêta enfin en 1793 avec le roi de Prusse un nouveau partage de la Pologne qui fut mis à exécution l'année suivante, et où l'Autriche n'eut point de part. Ainsi Catherine acheva de détrôner ce même Poniatowski qu'elle avait fait roi. Quelque temps après, elle réunit à son empire la Courlande et la Samogitie, la Sémigalle et le cercle de Pilten. La révolution française qui s'était avancée à grands pas, sembla à cette époque menacer de changer de face toute l'Europe. Quelque horreur que dût inspirer une révolution dont l'histoire n'offre point d'exemple, Catherine peut-être dans son cœur n'était pas fâchée de voir ébranlée par des troubles la France qu'elle n'aimait pas, et intéressées dans ces mêmes troubles les puissances méridionales. Elle accueillit généreusement les émigrés, et leur prodigua de grandes promesses qu'elle ne songea pas à remplir. L'insurrection de la Pologne en 1794, fut regardée par Catherine comme un des premiers résultats de la révolution française. Le massacre de Prague et la ruine de plusieurs provinces (*v.* SOUVAROW) achevèrent de soumettre ce malheureux pays, qui aurait dû servir comme une barrière aux incursions des Russes. La guerre que Catherine commença dans la même année avec la Perse, n'offre aucun trait remarquable. Quelques historiens prétendent qu'elle nourrissait le projet de rétablir l'empire du Mogol, et de détruire la domination anglaise dans le Bengale: Mais pendant ce temps elle fut frappée d'une apoplexie qui la mit au tombeau le 9 novembre 1796. Sa mort, dit-on, fut des plus terribles. Un soir elle jouait aux cartes avec ses dames et ses favoris ; tout à coup elle se lève et entre dans un appartement voisin. Sa longue absence donne de l'inquiétude. On ose pénétrer dans son appartement ; toutes les portes sont ouvertes, excepté une appartenant à un cabinet. Le respect retient encore ; on appelle l'impératrice, mais personne ne répond. On pousse la porte du cabinet, elle résiste ; on redouble d'efforts, la porte s'ouvre, et on voit un corps étendu sur le sol, dont les pieds tournés contre la porte du cabinet avaient causé la résistance qu'elle avait d'abord opposée. C'était Catherine, pâle, échevelée, qui se débattait contre la mort. Elle était alors âgée de 67 ans, et en avait régné 33 et demi. Elle fut pleurée par ceux qui avaient été admis à son intimité ou associés à son ambition, et par les gens attachés à son service. Les historiens ont jugé diversement cette princesse ; les uns l'ont vantée avec exagéra-

tion, et notamment les philosophes ; les autres l'ont peinte comme une femme cruelle, ambitieuse et dissimulée. On l'a comparée à Sémiramis, sans songer que la reine de Babylone avait aussi fait périr son époux ; et si la comparaison était en cela juste, l'éloge n'était pas bien flatteur. Pour rendre hommage à la vérité, il faut convenir qu'avec toute la fermeté d'un grand prince, Catherine montra toutes les faiblesses d'une femme. Ses deux passions favorites furent l'amour et l'ambition, qui ne l'abandonnèrent pas jusqu'au dernier moment de sa vie. Ses amours cependant ne lui firent jamais négliger les affaires de l'état, et elle manquait plus souvent au rendez-vous d'un favori, qu'à celui qu'elle avait donné à un ministre. Quoique plus réservée dans ses galanteries qu'Elisabeth, on ne pourra jamais lui pardonner le scandale et le mauvais exemple qu'elle donna à ses sujets. Elle eut cependant l'adresse de ne placer presque jamais au rang de ses favoris que ceux qui pouvaient servir son ambition ou ses desseins politiques, et sut, en se les attachant tous, contenir les uns par les autres. Elle envoyait en même temps un message galant à quelque officier de ses gardes, écrivait une lettre philosophique à Voltaire ou à un souverain, et signait l'ordre d'envahir la Pologne ou d'attaquer les Turks. Parmi toutes ses passions, celle d'avoir une grande renommée fut la plus dominante ; et à force de prévenances, elle obtint ce qu'elle désirait. Catherine invita plusieurs fois Voltaire à s'établir dans ses états, proposa à d'Alembert de venir achever l'*Encyclopédie* à Pétersbourg, et entreprendre l'éducation du grand-duc. Elle avait appelé à sa cour Diderot, qui s'entretenait souvent avec elle , et dans la chaleur du discours , il lui frappait sur le genou sans qu'elle en parut offensée. On ne peut non plus nier que Catherine n'ait fait d'utiles établissemens dans ses états ; mais législation , colonies , éducations , instituts , manufactures , bâtimens , hôpitaux , canaux , villes , forteresses ; tous ces monumens faits à la hâte , commencés sans être achevés , ressemblaient déjà à des débris abandonnés avant la mort de Catherine. Cette manie de tout ébaucher sans rien finir , est bien caractérisée par un mot de Joseph II. Pendant son voyage dans la Tauride , Catherine invita cet empereur de poser la seconde pierre d'une ville dont elle venait de poser la première. Joseph à son retour disait : « J'ai fini une grande affaire en un »jour avec l'impératrice de Russie ; »elle a posé la première pierre d'une » ville , et moi la dernière. » Au milieu de tous les titres par lesquels Catherine voulait passer à la postérité , elle aspira à la gloire littéraire ; et elle a laissé : I *Antidote ou Réfutation du Voyage en Sibérie par l'abbé Chappe*, en français , imprimé à la suite de cet ouvrage dans l'édition d'Amsterdam , 1769-1671 , 6 vol. in-12. II *Le Czarowitz Chlore*, composé en russe , et traduit en français par Journey, sous ce titre : *Le Czarowitz Chlore*, conte moral de main impériale et de maîtresse , Berlin , 1782 , in-8. III *Instruction pour la commission chargée de dresser le projet d'un nouveau code de lois*, Pétersbourg , 1765 , in-8 ; id. en français , latin , allemand et russe , 1770 , in-4 : en russe et en grec vulgaire , in-8. Dans cet ouvrage on y trouve presque entier , le *Traité des délits et des peines* de Beccaria. IV *Corres-*

pondance avec *Voltaire*, etc. , in-8 ; *Pièces de théâtre* (dans le *Théâtre de l'Ermitage* [1]). V *Oleg*, drame historique, trad. en français. VI Des *Lettres à Zimmermann* dans les *Archives littéraires*, t. 3 , p. 210. VII Plusieurs écrits en allemand et en russe , sur lesquels on peut consulter l'*Allemagne savante* de Meuset. La *Vie de Catherine II*, écrite par Castera , fut publiée en 1798 , 3 vol. in-8 , ou 4 vol. in-12. Il y a aussi un *Eloge de Catherine II*, que M. d'Harmengen fit imprimer à Paris , Didot l'aîné , 1804, Romain Boucher , négociant à Pétersbourg , proposa , en 1797 , le prix d'une médaille d'or pour celui qui composerait la meilleure ode française sur la mort de Catherine II. L'auteur de cet article a eu entre les mains un manuscrit qui passait pour être autographe , concernant la vie privée de Catherine II ; et surtout celle qu'elle menait à l'Ermitage ; mais comme cet écrit contient des détails peu favorables aux mœurs , il a cru n'en devoir pas en faire un grand usage dans un article déjà assez long.

CAVANILLAS ou CAVANILLES (Antoine-Joseph), célèbre botaniste espagnol, naquit à Valence le 16 janvier 1745. Il étudia chez les jésuites , et fut reçu docteur en théologie dans l'université de la même ville. En 1771 il fut nommé professeur de philosophie à Murcie , et choisi 6 ans après pour diriger l'éducation du fils aîné du duc de l'Infantado , ambassadeur à Paris. L'abbé Cavanillas demeura 12 ans dans cette capitale , où il continua à se livrer à l'étude de la botanique. Il publia en 1784 un ouvrage in-8 , qui eut assez de succès , avec ce titre : I *Observations sur l'article*

---

1 Lieu de plaisance de l'impératrice , à quelques lieues de Pétersbourg.

Espagne *de la Nouvelle Encyclopédie*, où il combat victorieusement les assertions fausses et hasardées de Masson de Morvilliers, auteur de cet article. L'année suivante il commença la publication d'un grand ouvrage sur la botanique, dont la collection porte ce titre : II *Monadelphiæ classis dissertationes decem*, Paris, 1785-1789, Madrid, 1790, in-4. Les botanistes admirent l'exactitude et la critique judicieuse qui distinguent cet ouvrage. III *Icones et descriptiones plantarum quæ aut sponte in Hispaniá crescunt, aut in hortis hospitantur*, Madrid, 1791-1799, 6 vol. in-fol. Cet ouvrage, enrichi de 60 planches supérieurement dessinées par Cavanillas lui-même, reçut l'approbation et les éloges de tous les botanistes. Il contient un grand nombre de genres nouveaux, tant de l'Espagne que de l'Amérique, des Indes, et de la Nouvelle-Hollande. IV *Observaciones sobre la historia natural, geografia, agricultura, poblacion del reyno de Valencia*, Madrid, 1795-1797, 2 vol. in-fol. ornés de planches dessinées par l'auteur. Ces observations étaient le résultat d'un voyage que l'auteur entreprit en Espagne par ordre de son gouvernement, qui fit les frais de l'impression: Outre un examen particulier sur les végétaux, elles contiennent des notices essentielles sur le règne minéral, sur la géographie de la province de Valence, etc. Cavanillas eut plusieurs discussions avec l'Héritier, Ruiz et Pavon, auteurs de la *Flore du Pérou*, qui donna lieu à sa V *Collection d'écrits sur des controverses botaniques*, etc., Madrid, 1796, in-12. VI *Anales de historia natural*, ouvrage périodique, Madrid, 1800 et années suivantes. En

1801 il obtint la place de directeur du jardin botanique du *Buen-Retiro* de Madrid, le professeur Ortega s'en étant démis, accablé de vieillesse. Les ouvrages de Cavanillas ont contribué aux progrès de la botanique, par le grand nombre de plantes qu'il a fait connaître, et dont il a donné de bonnes figures. Il dédia la plupart des plantes à plusieurs botanistes ses compatriotes, pour tirer leurs ouvrages de l'oubli où ils étaient plongés. M. Thunberg a donné à un genre le nom de Cavanilla. Il mourut à Madrid le 16 janvier 1804, avec les sentimens pieux dans lesquels il avait toujours vécu.

CAVAZZI (Jean-Antoine), capucin missionnaire, né dans l'état de Modène, fut, sur la demande qu'en avait faite le roi de Congo, envoyé dans ce pays avec plusieurs autres religieux de son ordre. Luie ses compagnons partirent en 1654, et arrivèrent au mois de novembre de la même année à l'embouchure du Coanza dans la mer de Congo. Ils remontèrent ce fleuve, et, parvenus dans l'intérieur du pays, ils se répandirent dans différens royaumes de ces contrées pour y prêcher la foi. Celui d'Angola échut au P. Cavazzi. Il y trouva de quoi exercer son zèle, détruisit beaucoup d'idoles, et parla avec une grande liberté, même aux principaux du pays, sur les vices qui y dominaient. En 1658, il reçut du préfet apostolique l'ordre de se rendre près de Zingha, reine du Matamba, qui voulait revenir à la religion chrétienne, qu'elle avait abandonnée. Quoique le missionnaire fût malade, il obéit sur-le-champ, et sut inspirer de la confiance à la princesse; mais sa maladie empirant, il retourna dans sa première résidence. En 1661, voyant ses forces revenues, il alla prêcher l'Evangile dans les îles du Coanza, qui dépendaient de la reine Zingha, et sa mission terminée il retourna près d'elle ; mais en 1663 il eut le malheur de la perdre, avec la consolation, cependant, de l'avoir vue mourir chrétienne, et après avoir reçu les derniers sacremens de sa main. Sa sœur, qui lui succéda, témoignait au Père le même attachement ; mais son mari, ennemi des chrétiens, tenta de l'empoisonner ; de sorte que Cavazzi songea à se dérober au danger qui le menaçait. Il se retira à Loanda, où il exerça les fonctions du ministère jusqu'en 1668, après quoi il partit pour Rome. Le compte qu'il rendit à la congrégation de la Propagande de ses travaux et des observations qu'il avait eu occasion de faire sur ces pays, parut si satisfaisant, que cette congrégation crut devoir le renvoyer au Congo, sinon avec la qualité d'évêque, que son humilité lui fit décliner, du moins avec celle de préfet et de supérieur général des missions. En même temps il reçut l'ordre de continuer ses observations, et de ne rien négliger pour perfectionner et augmenter les connaissances qu'il avait déjà acquises sur les royaumes qu'il avait visités. Cavazzi partit en 1670, et revint quelques années après avec d'amples matériaux pour de nouveaux mémoires. Un long séjour dans ces contrées lointaines lui ayant rendu moins familier l'usage de la langue italienne, le général des capucins fut chargé par la congrégation de la Propagande, de chercher parmi ses religieux un homme capable de rédiger et mettre en bon langage les mémoires du P. Cavazzi. Le choix tomba sur le P. Fortuné Alamandini de Bologne, homme lettré et prédicateur de ré-

putation, qui remplit cette tâche avec applaudissement. L'ouvrage parut sous ce titre : *Giovanni Antonio Cavazzi descrizione dei tre regni, cioe di Congo, Matamba e Angola, e delle missioni apostoliche essercitatevi da' religiosi capucini, e nel presente stile ridotta dal P. Fortunato Alamandini*, etc., Bologne, 1687, in-fol., deuxième édit. ; Milan, 1690, in-4. Le P. Labat, dominicain, a traduit cet ouvrage en français sous le titre de *Relation historique de l'Éthiopie occidentale*, Paris, 1732, 5 vol. in-12, fig. Sans toutefois s'astreindre à la lettre de son auteur, il a amélioré la relation en y intercalant divers documens qui lui ont été fournis d'ailleurs, et qui complètent ou éclaircissent les récits de Cavazzi, les seuls encore qu'on puisse consulter sur ces pays peu fréquentés. Le P. Cavazzi mourut à Gênes en 1692.

CAZALÈS (..........), né à Grenade-sur-Garonne, en 1752, d'un conseiller au parlement de Toulouse. Il entra à 15 ans dans le régiment de Jarnac, dragons, où peu de temps après il obtint une compagnie. Ayant perdu son père lorsqu'il était encore très-jeune, il négligea ses études ; mais il trouva dans ses loisirs le moyen d'enrichir son esprit d'utiles connaissances. En 1789 il fut nommé député aux états généraux par la noblesse du bailliage de Rivière-Verdun ; et quoiqu'il n'eût jamais prononcé aucun discours en public, il devint un des premiers orateurs de cette assemblée, et il excita l'admiration par la profondeur de ses idées et par la force de sa dialectique. Il eut part aux fameuses conférences où il s'agissait de concilier la noblesse et le tiers état, et y soutint « qu'il fallait conserver l'ancienne constitution des états généraux, où s'attendre à l'entier bouleversement du royaume ; que les trois ordres séparés et indépendans dans leurs délibérations devaient avoir le *veto* l'un sur l'autre ; que cet ordre de choses pouvait seul consolider la monarchie et assurer aux sujets une liberté juste et raisonnable. » Après la rupture des premières conférences, le roi en ordonna de nouvelles. Cazalès alors, qui connaissait la disposition des esprits et prévoyait l'avenir, déclara, et ce devait être l'opinion de tout bon Français, qu'il fallait sauver la monarchie malgré le monarque lui-même. L'ordre de la noblesse s'étant réuni au tiers état, en *assemblée nationale*, Cazalès reprit le chemin de son pays, mais il fut arrêté à Caussade et obligé de rentrer dans le sein de l'assemblée. Un de ses discours les plus remarquables fut celui qu'il prononça pour la défense du clergé, lorsqu'on voulut obliger ce corps à prêter le serment d'obéissance à la constitution civile ; serment auquel un décret le soumettait : « Je voudrais, dit-il, » s'adressant aux députés réforma- » teurs, que cette enceinte pût s'a- » grandir à ma volonté, et contenir » la nation individuellement assem- » blée ; elle nous entendrait et ju- » gerait entre vous et moi. Je dis » qu'une scission se prépare ; je dis » que l'universalité des évêques de » France, et les curés, en grande » partie, croient que la religion leur » défend d'obéir à vos décrets ; que » cette persuasion se fortifie par la » contradiction, et que ces prin- » cipes sont d'un ordre supérieur à » vos lois ; qu'en chassant les évê- » ques de leurs siéges, et les curés » de leurs presbytères, pour vaincre » cette résistance, vous ne l'aurez

» pas vaincue ; vous serez au premier » pas de la carrière des persécu- » tions, etc......... » Un tel discours excita de longs murmures parmi les députés réformateurs, tandis que le public étonné gardait le silence. Cet orateur distingué combattit sans relâche pour toutes les anciennes institutions, et voulait la conservation de l'ancienne monarchie, en la dépouillant, disait-il, des abus qui pouvaient s'y trouver. Sa chaleur, soit dans l'assemblée nationale, soit dans les sociétés particulières, à soutenir son système, lui attira plusieurs affaires désagréables. A la suite d'une discussion, il se battit au pistolet avec le jeune Barnave, qui le blessa légèrement à la tête. Après l'arrestation de Louis XVI à Varennes, Cazalès donna sa démission et se retira en Allemagne. De retour en France, en février 1792, la révolution du 10 août le força d'émigrer une seconde fois. Il servit sous les princes de la maison de Bourbon, dans la campagne de Verdun. Il voyagea ensuite en Italie, en Espagne et en Angleterre, où il se lia avec le célèbre Burke, et revint en France en 1801. Avec les débris de sa fortune il acheta une petite terre dans son pays natal, où il alla se fixer en 1803, après s'être marié à Paris avec mademoiselle de Roquefeuille. Il mourut dans sa retraite le 24 novembre 1805, âgé de 53 ans. Cazalès fut toujours sincèrement attaché à la religion, qu'il défendit courageusement, et sa mort fut celle d'un chrétien.

CAZOTTE (Jacques), poëte français, naquit à Dijon en 1720. Il était fils d'un greffier des états de Bourgogne, fit ses études chez les jésuites, et quand elles furent achevées, un de ses frères, grand vicaire de M. Choiseul, évêque de Châlons-sur-Marne, l'appela à Paris pour y perfectionner son éducation. Cazotte fréquentait la maison de Raucourt, son compatriote, où il se lia avec plusieurs gens de lettres; et comme il avait du talent pour la poésie, il la cultiva depuis lors avec succès; il ne traita cependant que des sujets badins. Entré dans l'administration de la marine, il parvint en 1747 au grade de commissaire et passa à la Martinique, comme contrôleur des îles du vent, sur le convoi qui fut sauvé par M. de l'Etenduère. Dans ce pays il lia connaissance avec le P. de Lavallette, supérieur de la mission des jésuites. Il fit un voyage en France en 1757, et de retour à la Martinique, il s'y distingua par son zèle et son activité dans la défense du fort Saint-Pierre, attaqué par les Anglais, qui furent contraints de se retirer. Il revint en France quelques années après pour recueillir la succession de son frère qui l'avait nommé son héritier. Sa gaieté, son esprit et son talent pour la poésie lui ouvrirent les portes des premières maisons de la capitale; mais il passait la plupart de son temps avec son épouse, fille d'un juge de la Martinique, dans une campagne que son frère lui avait laissée à Pierry, près d'Epernay. Un disciple de Martinès lui ayant inspiré le désir d'entrer dans cette société, il y devint un des plus zélés prosélytes. Cet auteur avait une facilité étonnante, et composa dans l'espace de quelques heures un opéra-comique (*les Sabots*), qui fut joué dans un théâtre particulier, et ensuite, avec quelques changemens, dans celui des Italiens. Voltaire, en déshonorant ses talens, produisait à cette même époque son poëme aussi grossier qu'insipide de *la Guerre de Genève*; ce poëme paraissait chant par chant. Un soir, dans une société, on fit voir à Cazotte les derniers chants arrivés; il les regarde, et dit en souriant : « Vous n'avez encore » que ceux-ci? vous êtes bien en » retard; il y en a d'autres. » Rentré chez lui, il compose un septième chant, où il suppose les événemens du cinquième et du sixième, qui n'ont jamais été faits par Voltaire. Il le rapporte le lendemain, et tout le monde le crut sorti de la plume du philosophe de Ferney. Paris partagea pendant huit jours cette mystification, qui ne fut nullement du goût de Voltaire, tandis que Cazotte la regardait comme une espèce de vengeance. Quelque temps auparavant il avait publié, sous le voile de l'anonyme, un conte en vers, intitulé *la Brunette anglaise*, dont la versification spirituelle et facile fit qu'on l'attribua à Voltaire. Celui-ci ne le désavouant pas, Cazotte eut beaucoup de peine à détromper le public. Il était très-attaché à la religion et à son roi, et quand la révolution survint, il se compromit bien des fois par la manière franche dont il en désavouait les principes et en pronostiquait les résultats. Mais ce qui le perdit sans retour, fut sa correspondance épistolaire avec son ami Pouteau, alors secrétaire de la liste civile; dans cette correspondance il ne cache pas ses craintes et sa douleur, et propose des moyens, malheureusement trop faibles, pour arrêter les troubles qui allaient toujours en croissant. Les auteurs de la journée du 10 août ayant envahi le bureau de Laporte, y découvrirent la correspondance de Cazotte, imprudemment conservée. Il fut alors arrêté à Pierry avec sa fille Elisabeth, qui lui servait de secrétaire, conduits à Paris et renfermés dans les prisons de l'abbaye. Cazotte, dans les horribles journées des 2 et 3 septembre, allait être livré aux bourreaux, lorsque sa fille se précipita sur lui; et faisant au vieillard un bouclier de son corps, « Vous n'arriverez pas, s'écria-t-elle, au cœur de mon père sans avoir percé le mien. » Ce dévouement héroïque fait tomber le fer des mains des bourreaux, et le peuple porte en triomphe le père et la fille jusque dans leur maison. Par malheur, ces traits de sensibilité chez le peuple furent bien rares dans le cours de la révolution, et ne semblèrent que l'effet passager de l'impression d'un moment. Aussi Cazotte fut arrêté une seconde fois. Traduit devant le tribunal institué pour juger tout ce qui avait rapport aux prétendus crimes du 10 août, il y subit un interrogatoire de plusieurs heures, pendant lequel sa constance et sa sérénité ne se démentirent jamais. Ayant été condamné à mort, l'accusateur public crut adoucir la rigueur de cet arrêt par les éloges qu'il donna aux vertus du malheureux vieillard; mais il finit par ces mots : « Il ne suffit pas »d'avoir été bon fils, bon époux, »bon père, il faut encore être bon »citoyen... » Avant d'être conduit au supplice, Cazotte passa une heure avec un ecclésiastique. Il demanda ensuite une plume et du papier, et il écrivit ces mots : « Ma femme, mes »enfans, ne me pleurez pas, ne »m'oubliez pas; mais souvenez-vous » surtout de ne jamais offenser Dieu. » Il donna à l'ecclésiastique cet écrit et une boucle de ses cheveux, en le priant de la remettre à sa fille, comme un gage de sa tendresse. Ayant monté avec courage sur l'échafaud, avant de livrer sa tête au bourreau, il se tourna vers la multitude, et dit d'une voix ferme et élevée :

« Je meurs comme j'ai vécu, fidèle à »Dieu et à mon roi. » Il fut exécuté le 25 septembre 1792. Il avait une belle taille, les yeux bleus et pleins d'expression, et les cheveux blancs qui tombaient sur son cou lui donnaient un air imposant et majestueux. On a de lui : I *Mille et une fadaises*, contes, 1742, in-12. II *La Guerre de l'Opéra*, 1753, in-12. III *Observations sur la lettre de Rousseau au sujet de la musique française*, 1754, in-12. IV *Olivier*, poëme en douze chants, 1763, 2 vol. in-8. V. *Le Lord impromptu*, 1771, in-8. VI *Le Diable amoureux*, nouvelle espagnole, 1772, in-8. Cazotte a rectifié la traduction de plusieurs nouvelles arabes, faites par dom Chavis, moine de cette nation, qui forment quatre volumes et font suite aux *Mille et une nuits*. Plusieurs ouvrages de Cazotte ont été imprimés sous ce titre : *Œuvres morales et badines*, Paris, 1776, 2 vol. in-8. Londres (Paris), 7 vol. in-18. Le cinquième volume contient le 7ᵉ chant de la *Guerre de Genève*, la *Voltairiade*, poëme satirique, etc.

CAZWYNY (Zacharia-Ben-Mohammed), savant arabe, qu'on peut appeler le Pline des Orientaux, né en Perse dans la ville dont il prit le nom, et mort dans son emploi de cadi le 7 avril 1283. Son ouvrage le plus célèbre est le traité d'histoire naturelle intitulé les *Merveilles de la nature et la singularité des choses créées*. Ce traité embrasse presque toutes les choses, depuis les constellations jusqu'aux végétaux. M. Idler a publié le chapitre qui traite des constellations arabes dans un volume intitulé *Recherches sur l'origine et la signification des noms des constellations*, Berlin, 1809. M. de Chézy donna à la suite de la *Chrestomathie* de M. Silvestre de

Sacy, *la Description des trois rè-*
gnes de la nature, de Cazwiny,
1806, etc. On attribue encore à ce
même auteur une *géographie* dont
on a donné un extrait en 1790 dans
un des programmes de l'université
de cette ville.

CENTENO (Amaro), né à Pue-
bla-de-Zanabica, en Aragon, vers
1545, a laissé un ouvrage qu'on
peut consulter encore avec profit,
intitulé : *Historia,* etc., ou *Hist. des*
choses relatives à l'Orient, Cordoue, 1595, in-4. On y trouve une
description des royaumes de l'Asie,
une histoire des Tatars, une histoire
d'Egypte et de Jérusalem. L'auteur
avait été sur les lieux; il passe pour
être exact et impartial.

CESAROTTI (Melchior), cé-
lèbre littérateur et poëte italien, naquit à Padoue, le 15 mai 1730, d'une
famille noble, mais sans fortune. Il
fit ses premières études dans le séminaire de sa ville natale, apprit ensuite les langues savantes, la jurisprudence, et suivit plusieurs cours
de théologie. Le savant Joseph
Toaldo, célèbre professeur de Padoue, lui inspira du goût pour l'é-
tude, et le dirigeait dans les progrès
rapides que le jeune élève y faisait;
aussi ce dernier l'appelait son Mentor
et son cher Socrate. A l'âge de 19 aus
il fut nommé à la chaire de rhétorique au séminaire où il avait demeuré. Iufatigable dans le travail, le
littérateur Antoine Volpi lui ayant
ouvert sa riche bibliothèque, il y
rassembla près de douze volumes
d'analyses, de citations, de morceaux choisis de littérature ancienne
et moderne, grecque, latine, italienne, etc., et ainsi il acquit une
érudition peu commune. Le premier ouvrage qu'il entreprit à la
prière de plusieurs de ses amis
fut la traduction du *Prométhée*
X.

d'Eschyle, qu'il fit imprimer en
1757, mais que lui-même condamna
bientôt à l'oubli. Il traduisit avec
plus de succès, en vers italiens, la
Sémiramis, la *Mort de César* et le
Mahomet de Voltaire; et ces trois
tragédies furent jouées dans plusieurs théâtres d'Italie [1]. Appelé à
Venise en 1762 pour faire l'éducation des enfans de l'illustre maison
Grimani, il y fit imprimer ses traductions de Voltaire, avec des discours préliminaires, l'un *sur le*
plaisir de la tragédie, l'autre *sur*
l'origine et les progrès de l'art
poétique. Parmi différens étrangers,
amis des lettres, qu'il connut dans
cette ville, il aima de préférence un
jeune Anglais nommé *Charles Sack-*
ville, qui lui fit connaître les poëmes
d'Ossian, nouvellement publiés à
Londres par Macpherson, et dont
il lui traduisit verbalement quelques
morceaux. Cela suffit pour échauffer
la verve du poëte italien et pour le
déterminer à étudier sur-le-champ la
langue anglaise. Il ne s'occupa plus
qu'à expliquer les poëmes du barde
écossais, qu'il traduisait aussitôt en
vers italiens. Ce beau travail fut
achevé en six mois. Le jeune Sack-
ville en fut si content, qu'il fit faire
à ses frais, à Padoue, une belle édition de l'Ossian italien, en 2 vol.
in-8, 1763, et la donna tout entière à l'auteur. En 1768, Cesarotti
obtint à Padoue la chaire de grec et
d'hébreu, restée vacante par la mort

---

[1] Nous avons lieu de croire que le rédacteur
de cet article dans une *Biographie moderne,*
s'est trompé en avançant que ces pièces furent
jouées sur le théâtre du séminaire où Cesarotti
était professeur. Les ecclésiastiques qui étaient
alors directeurs des colléges d'Italie, n'auraient jamais permis qu'on y jouât des amours
incestueux et des conspirations atroces. Et on
n'y admettait que des tragédies dont les sujets
étaient tirés de l'Ecriture et des comédies morales, ou dans le genre de celle intitulée *Co-*
naxa, qui a servi de modèle aux *Deux Gendres*
de M. Etienne.

du savant P. Carmeli. C'est dans cet emploi qu'il publia son *Cours de littérature grecque*. Après les événemens d'Italie, en 1796 et 1797, le nouveau gouvernement le chargea de composer un *Essai sur les études*, qui eut beaucoup de vogue, et dans lequel Cesarotti tombe un peu dans le *philosophisme*, sans cependant s'en déclarer partisan. Il se retira quelques mois après dans une modeste maison de campagne qu'il avait près d'un village appelé Selvaggiano. Napoléon avait là manie de tous les conquérans, celle d'être loué par les hommes les plus célèbres. (Ils croient ainsi que leur gloire passera sans obstacle jusqu'à la postérité la plus reculée, sans penser que l'histoire rend aussitôt à la vérité ce qui était caché ou embelli par une muse éloquente.) Buonaparte créa donc Cesarotti chevalier et puis commandeur de l'ordre de la Couronne de fer, et le gratifia de deux pensions extraordinaires. Cesarotti paya alors le même tribut que s'étaient imposé volontairement plusieurs poëtes français et italiens, et, tandis que ceux-ci chantaient l'idole du jour, le héros dont ils attendaient des honneurs et des pensions, il crut témoigner sa reconnaissance en chantant les éloges de son bienfaiteur dans son poëme en vers libres intitulé *Pronea* (la Providence), publié en 1805. Il aurait été certainement plus noble pour lui de ne rien recevoir, que de prodiguer des éloges que peut-être il désavouait dans son intérieur. Cesarotti s'occupait de l'édition de ses ouvrages, commencée en 1800, lorsqu'il mourut d'une maladie de la vessie, le 3 novembre 1808. Voici la liste de ses ouvrages, qui embrassent 38 volumes in-8; nous citerons une édition de chacun d'eux,

qui, tous, sont écrits en italien. Le 1er volume contient : I *Essai sur la philosophie des langues*, *appliquée à la langue italienne*, Vienne, 1788 ; *Essai sur la philosophie du bon goût*, Padoue, 1789. II *Les Poésies d'Ossian*, ancien poëte celtique (Nice, 1780), remplissent quatre volumes. III *L'Iliade*, traduction libre, en vers, ou plutôt une refonte du poëme d'Homère (1800), réimprimée avec le titre de *la Mort d'Hector*, comprend quatre volumes. La traduction littérale, en prose, de l'Iliade, qui remplit sept autres volumes, est accompagnée de discours préliminaires, de morceaux de critique, et de notes, soit de l'auteur, soit d'auteurs anglais, français, allemands, tels que Pope, madame Dacier, Rochefort, Bitaubé, etc., et de tous ceux qui ont écrit sur Homère. IV *Relations ou rapports littéraires* qu'il fit pendant dix-huit années à l'académie de Padoue, précédés d'un *Mémoire sur les devoirs académiques*. Ils comprennent le 17e et le 18e volume. V Les *Satires de Juvénal*, au nombre de huit, en vers italiens, avec le texte en regard, forment le 19e volume. VI Les trois volumes suivans contiennent le *Cours de littérature grecque* (Padoue 1781), et offrent la traduction des harangues choisies de Lysias et d'Isocrate, et de l'apologie de Socrate; des discours critiqués sur Antiphon, Andocide, Lysias, Isocrate, Isée, Lycurgue, Eschine, Hypéride, Démades, Dion; des morceaux choisis de leurs ouvrages, des observations et des notes. VII La traduction de *Démosthènes* comprend six volumes (1774), elle est précédée d'une préface et de la vie de cet orateur, par Plutarque. Les harangues sont accompagnées de notes et d'observations historiques , philologiques et critiques. C'est l'ouvrage le plus complet qui ait paru jusqu'à présent , et qui précéda celui de l'abbé Auger , publié en 1777. Les autres dix volumes contiennent les ouvrages déjà cités dans le courant de cet article, des poésies, les *Vies des cent premiers papes* , une lettre à M. l'abbé Denina , etc. M. Joseph Bramieri , ami de Cesarotti, et qui le remplaça dans la chaire de grec et d'hébreu à l'université de Padoue , a continué et achevé l'édition des œuvres de cet auteur. Il a aussi publié des *Mémoires sur la vie et les ouvrages de Cesarotti* , Padoue , 1810, in-8. Les mœurs de Cesarotti passèrent toujours pour être pures ; son caractère était doux et son cœur bienfaisant. On ne trouve dans tous ses ouvrages aucune expression licencieuse ni contraire à la religion. Considéré comme écrivain , il est un homme extraordinaire, autant par l'étendue de ses connaissances que par la route brillante et nouvelle qu'il parvint à s'ouvrir. Son Ossian doit être considéré comme un chef-d'œuvre : il y a joint à la nouveauté séduisante des images , un style éminemment poétique, qui entraîne, qui élève , et qu'on a essayé en vain d'imiter. Sa prose est vive , pleine d'énergie et de chaleur. Ce sera peut-être par erreur que M. Ginguené y a découvert des *gallicismes*. Ce reproche est fort déplacé envers un grand littérateur, qui savait sa langue au moins aussi bien que le latin , le grec et l'hébreu. Il est vrai cependant qu'en Italie les Toscans lui attribuent quelques *néologismes*; mais cette accusation n'eut lieu qu'en 1785, c'est-à-dire après vingt-cinq ans que Cesarotti était déjà connu comme bon poëte et excellent prosateur, et lorsque parut

son *Essai sur la philosophie des langues*. Les Toscans se crurent fort offensés de ce que l'auteur accordait l'honneur des premiers essais de la belle langue italienne non aux Florentins , mais aux troubadours siciliens. Du reste il faut convenir que malgré toute l'instruction de M. Ginguené dans cette langue, ses jugemens et sa critique n'étaient pas toujours exacts ni impartiaux.

CESPÈDES (André Garcia de), mathématicien et géographe espagnol, né à Ségovie en 1560, a laissé plusieurs ouvrages écrits dans sa langue maternelle, tels que, I *Hydrographie, avec une théorie des planètes*, Madrid, 1606, in-fol., et qui contient un *Traité sur la navigation*. II *Traité d'instrumens nouveaux de géométrie, nécessaires pour mesurer les grandeurs et les distances*, Madrid, 1606, in-4. On trouve dans ce volume un *Traité pour conduire les eaux*, et un autre *sur l'artillerie*. Cespèdes mourut vers 1632.

CHABANON (...), littérateur, naquit à l'île de Saint-Domingue en 1730 : ami de l'étude, il publia un grand nombre d'ouvrages, dont voici les principaux : I *Sur le sort de la poésie en ce siècle philosophe*, etc., 1764, in-8. II *Discours sur Pindare et sur la poésie lyrique, avec la traduction de quelques odes*, 1769, in-8. III *Les Odes pythiques de Pindare*, traduites avec des notes, 1771, in-8. IV *Idylles de Théocrite, traduites en prose, avec quelques imitations en vers*, 1775, in-8. V *OEuvres de théâtre et autres poésies*, 1788, in-8, etc. Il a écrit aussi des tragédies, dont seulement celle d'*Eponine* fut jouée et n'obtint pas de succès ; des *Observations sur la musique*, etc. Chabanon est mort le 10 juillet 1792. Il était de l'académie française et de celle des inscriptions et belles-lettres. D'après ce qu'en dit M. de Fontanes, Chabanon avait plus d'esprit que de talent. Pieux et réglé dans sa première jeunesse, il se jeta dans la suite dans un excès tout contraire, et, livré au libertinage, il se prétendait *détrompé*, parce qu'il avait le triste aveuglement de ne pas croire à la religion.

CHABERT (Joseph-Bernard, marquis de), lieutenant-général des armées navales de France, naquit à Toulon en 1723, et a laissé l'ouvrage suivant : *Voyage fait en 1750 et 1751 sur les côtes de l'Amérique septentrionale*, Paris, 1753, in-4. Chabert est mort le 2 décembre 1751.

CHABOT (François), révolutionnaire, apostat, et un des ennemis les plus acharnés des Bourbons, naquit à Saint-Geniez dans le Rouergue, en 1759. Quoique fils d'un cuisinier, il reçut une assez bonne éducation. Etant jeune encore, il se fit capucin, et fut gardien de son couvent à Rhodez. Devenu directeur des consciences, pour mieux connaître tout ce qui pouvait les égarer, il s'adonna à la lecture des auteurs profanes du siècle, et il finit par s'égarer lui-même. La révolution ayant éclaté, Chabot fut un des premiers qui se soumirent à la constitution civile du clergé ; il exerça plusieurs fonctions ecclésiastiques, entre autres celle de grand vicaire du nouvel évêque de Blois, qui influa beaucoup à ce que le département de Loire-et-Cher nommât Chabot député à l'assemblée nationale. Il parlait avec facilité et surtout avec audace, et il contribua puissamment à détruire ce qui restait encore, en 1792, du trône des Bourbons. Il ne cessait jamais de dénoncer les ministres, tandis qu'il affermissait le peuple dans l'idée que le prétendu comité autrichien existait au château de Bagatelle. Presque à la même époque, il se fit blesser légèrement par six hommes affidés, et fit répandre qu'ils étaient des sicaires de la cour qui avaient voulu commencer par lui la destruction des députés patriotes. Le 20 juin, et dans la nuit du 9 au 10 août, Chabot se rendit dans les églises du faubourg Saint-Antoine, où les assemblées populaires tenaient leurs séances, et il y prêcha l'insurrection. On assure cependant que le 10 août il arracha quelques malheureux prêtres à la mort, et que, le 2 septembre, il sauva l'abbé Sicard ; mais il paraît qu'il se repentit d'avoir fait deux bonnes actions ; car, peu de mois après, il livra à l'échafaud son confrère le P. Venance, pour se venger de quelques remontrances que ce dernier lui avait faites sur sa mauvaise conduite. Après le 10 août, il dénonça à la multitude la pluralité des membres de l'assemblée, comme ayant provoqué les malheurs qui venaient d'avoir lieu, par leur obstination à défendre le général la Fayette, contre lequel il demanda un décret de mise *hors la loi*. Député à la convention, on le vit dans les premiers rangs dans toutes les grandes crises. La malpropreté de ses habits et de sa personne lui attira souvent les sarcasmes de ses confrères et des journalistes. En affectant de paraître un vrai *sans-culotte*, ce fut lui qui donna aux gens qui s'habillaient plus décemment le nom de *muscadins*. Il donna aussi la dénomination de *montagnards* aux députés de son parti qui siégeaient sur les bancs les plus élevés de la salle. Après le culte ridicule et impie inventé par Chaumette, il provoqua et put obtenir le décret de métamorphoser la cathédrale de Paris en *temple de la Raison*. Deux aventuriers, barons allemands, croyant pouvoir s'enrichir par la prépondérance de Chabot, sacrifièrent leur sœur *Léopoldine Frey*, en la lui donnant pour épouse. Tous les membres du club des jacobins furent invités à ces noces monstrueuses. La popularité de Chabot commençait néanmoins à diminuer sensiblement. Robespierre, après s'être servi de ses affreux partisans, voulait s'en défaire l'un après l'autre, de crainte que leur popularité et leur ambition ne pussent un jour nuire à ses projets; Chabot fut donc accusé d'avoir, de concert avec ses deux frères et quelques autres députés, cherché à s'enrichir sur des effets de la compagnie des Indes, en falsifiant une loi rendue à cet égard. Mis au secret dans la prison du Luxembourg, il avala du poison que lui avait procuré sa femme. Tourmenté par des douleurs atroces, il demanda des secours à ceux-là même qui gémissaient dans les fers par ses dénonciations. Le docteur Saiffert, l'un d'eux, lui fit donner du contre-poison; mais trois jours après, le 5 avril 1794, il périt néanmoins sur l'échafaud avec ses beaux-frères.

CHALIER (Marie-Joseph), l'un des révolutionnaires les plus féroces, naquit en Piémont, à Beautard, près de Suse. Destiné à l'état ecclésiastique, il le quitta bientôt, et voyagea en Italie, en Espagne et en Portugal. Après plusieurs aventures, il se fixa à Lyon, s'associa à une maison de commerce de cette ville, et acquit en peu d'années un crédit et une fortune considérables. En 1789, il embrassa le parti de la révolution avec une chaleur qui tenait du délire. Il fit plusieurs voyages à Paris, et, après la prise de la Bastille, il apporta à Lyon des pierres de cette forteresse, qu'il distribuait à la multitude, en les baisant avec transport. On le voyait se mettre à genoux dans les rues et couvrir de larmes les affiches qui contenaient les décrets ou les proclamations les plus incendiaires. Cela suffit pour le rendre l'idole de la multitude, qui courait en foule l'entendre, toutes les fois qu'il présidait le club des jacobins. Son éloquence était digne de ses spectateurs. Tantôt il entraînait par la véhémence de ses discours, et tantôt il excitait le rire par ses attitudes grotesques. Cet orateur pantomime était chargé de haranguer les généraux et les commissaires du gouvernement, toutes les fois que, passant à Lyon, ils visitaient le club; et d'après l'opinion qu'il avait d'eux, il les comblait d'éloges, ou les apostrophait sans ménagement. Au retour d'un second voyage qu'il fit à Paris, il distribua son portrait avec cette inscription : « Le patriote Cha- »lier a passé six mois à Paris, pour »être l'admirateur de la *montagne* et »de Marat. » Depuis lors, il ne parlait que d'égorger les aristocrates et les riches. Il formait des listes de proscription, qu'il appelait *liste importante, ou boussole des patriotes pour les diriger sur la mer du civisme*, et excitait en même temps la populace à imiter les massacres de Paris. Le 6 février 1793, Chalier fit convoquer au son d'une cloche qu'on promena dans toutes les rues de Lyon, une assemblée générale du club des jacobins; et après avoir exigé, le poignard à la main, un serment qui vouait à la mort quiconque violerait les secrets de la séance, «Neuf cents victimes, s'écria-t-il : »sont nécessaires à la patrie en dan- »ger; on les exécutera sur le pont »Morand, et les cadavres seront pré- »cipités dans le Rhône. » Cependant plusieurs personnes étant parvenues à sortir de la salle, coururent dévoiler à Nivière-Chal, maire de la ville, cette infâme conjuration. Le sage magistrat prit si bien ses mesures qu'il déjoua les projets de Chalier. Ce malheureux continua pendant plusieurs mois d'agiter Lyon et de mettre les partis en opposition l'un avec l'autre. Un combat sanglant s'engagea le 29 mai 1793, à la suite duquel Chalier, arrêté dans sa maison de campagne, fut traduit devant le tribunal criminel et condamné à mort le 17 juillet. Un décret de la convention, sollicité par Marat, ne put le sauver du supplice. Quand il eut entendu son arrêt, « Ma mort, » dit-il, coûtera cher à mes concitoyens; » paroles qui ne se réalisèrent que trop malheureusement. Il fut exécuté le lendemain de son arrêt. Il avait demandé un ecclésiastique, avec lequel il s'entretenait tranquillement tandis qu'il allait à la mort, et il sembla mourir en des sentimens religieux.

CHALIEU (l'abbé), antiquaire, né à Tain, en Dauphiné, le 29 avril 1733, laissa un cabinet très-curieux, dont M. Millin a donné la description dans le *Voyage au midi de la France*. Il mourut en 1810. Le maire de Tain a publié par souscription les manuscrits de l'abbé Chalieu, sous ce titre : *Mémoires sur les diverses antiquités du département de la Drôme, et sur les peuples qui l'habitaient avant la conquête des Romains*, 1811, 1 v. in-4.

CHALVET (Pierre-Vincent), né à Grenoble en 1767, embrassa l'état ecclésiastique, et était prêtre lorsque la révolution éclata. Il en adopta les principes avec chaleur. Dès le 15 août 1791, il rédigeait un écrit périodique, intitulé : *Journal chrétien*, ou *l'Ami des mœurs, de la religion et de l'égalité*. Il ne le continua que jusqu'en 1792, et il se réduit à 2 vol. in-8. Il entra comme élève à l'école normale, lors de sa formation, et fut ensuite envoyé à l'école centrale de l'Isère, avec le titre de professeur d'histoire. A la suppression des écoles centrales, il fut nommé bibliothécaire de la ville de Grenoble. Il y donna des cours particuliers d'histoire qui furent suivis. Il mourut dans cette ville le 23 décembre 1807, laissant de nombreux manuscrits qui n'offraient point assez d'intérêt pour qu'on ait entrepris de les mettre au jour. On a de lui : I un *Mémoire sur les qualités et les devoirs d'un instituteur*, 1793, Paris, in-8; il eut peu de succès, et ne présentait rien de neuf. II *Bibliothèque du Dauphiné*, Grenoble, 1797, in-8. Il la donna comme une nouvelle édition de celle de Gui Allard. L'abbé de Saint-Léger (Mercier), qu'on ne peut accuser de ne point s'y connaître, a prétendu que le nouvel ouvrage ne valait pas l'ancien. Ce jugement, néanmoins, a été trouvé trop sévère. Le livre de Chalvet a l'avantage de contenir les articles des hommes célèbres de cette province, des 17e et 18e siècles, et il a pu corriger des erreurs échappées à son prédécesseur; mérite, il est vrai, moins dû au talent de l'auteur qu'au temps où il a écrit. III Une édition des *Poésies* de Charles d'Orléans. On ne voit point que Chalvet ait repris son premier état.

CHAMBON (Antoine-Benoît), ancien trésorier de France; il embrassa le parti de la révolution. Nommé par le département de la Corrèze député à la convention, il y débuta par dénoncer le ministre de la guerre Pache. Chambon était *giron-*

din, et se montra un des plus modérés de ce parti ; au mois de janvier 1793 il traita Robespierre de factieux, et fut provoqué en duel par Bourdon de l'Oise, alors un des sicaires de ce terroriste. Devenu membre du comité de sûreté générale, il vota pour la mort de Louis XVI, sous la condition expresse que le jugement serait ratifié par le peuple, et fit tous ses efforts pour obtenir un sursis jusqu'à ce que les assemblées primaires eussent prononcé en dernier ressort. Il eut à ce sujet différentes querelles avec quelques membres du parti montagnard ; Marat le dénonça le 7 mai comme intéressé dans les fournitures des armées. Enveloppé dans la chute des girondins le 31 mai, il se sauva dans son département ; fut mis hors la loi, se cacha pendant quelque temps ; mais il périt en novembre, en se défendant contre ceux qui, l'ayant découvert, voulaient l'arrêter.

CHAMFORT (Sébastien-Roch - Nicolas), littérateur distingué, né dans un village près de Clermont en Auvergne, en 1741, d'un père inconnu et d'une paysanne. Il vint jeune à Paris, et fut boursier, sous le nom de Nicolas, au collége des Grassins. Il remporta les cinq prix de l'université ; et après avoir été pendant quelques années clerc de procureur, il entra en qualité de précepteur chez un riche Liégeois nommé Vaneck, qui l'emmena dans sa patrie. Il travailla au *Journal encyclopédique*. Ses *Éloges de Molière* et *de la Fontaine* commencèrent sa réputation, et lui méritèrent le prix de l'académie française et de celle de Marseille. Cependant, malgré ses succès, Chamfort ne vivait que des bienfaits du duc de Choiseul et de madame Helvétius. Il fut dans la suite un des ré-

dacteurs du *Vocabulaire français* et du *Dictionnaire des Théâtres* ; le dernier ouvrage lui donna l'idée de devenir auteur dramatique. Intimement lié avec Mirabeau, il composa, de concert avec ce fameux écrivain, la brochure intitulée *l'Ordre de Cincinnatus*. Par une idée assez singulière chez un homme éclairé, il composa un *rapport* où il demandait la suppression des académies ; discours que Mirabeau s'était chargé de prononcer à l'assemblée nationale. D'abord partisan de la révolution, il en envisagea bientôt les crimes avec horreur ; et voyant sur toutes les portes ces mots écrits par les jacobins : *Fraternité ou la mort*, il dit : « La »fraternité de ces gens-là ressemble »fort à celle de Caïn et d'Abel.» C'est depuis cette époque qu'il témoigna un mépris profond pour l'espèce humaine, et notamment pour sa nation. «Le caractère naturel des Fran- »çais, disait-il, est composé des »qualités du singe et du chien cou- »chant : drôle et gambadant comme »le singe, et dans le fond très-mal- »faisant comme lui, il est comme le »chien de chasse, né bas, caressant, »léchant son maître qui le frappe, »se laissant mettre à la chaîne, puis »bondissant de joie quand on le dé- »tache. » Sous le ministère de Roland il obtint une place à la Bibliothèque nationale ; mais s'étant montré ennemi déclaré de Robespierre et de son parti, il fut emprisonné ; on lui rendit cependant sa liberté au bout de quelques semaines. Il avait une si grande horreur pour les prisons, que, menacé une seconde fois d'être arrêté par suite de ses déclamations contre les jacobins, il se tira un coup de pistolet au crâne qui lui enfonça un œil, et se fit ensuite avec un rasoir plusieurs autres blessures ; de prompts secours le rappelèrent à la vie. Il quitta aussitôt la Bibliothèque nationale et se logea dans un petit entre-sol. Une humeur désastreuse dont il souffrait depuis long-temps se jeta sur la vessie; on l'opéra trop tard; l'humeur ayant subitement remonté, il mourut le 13 avril 1794. Ses principaux ouvrages sont : I *Mustapha et Zéangir*, jouée en 1776 à Fontainebleau. On assure que Voltaire, en lisant le 4ᵉ acte de cette tragédie, s'écria : « Diantre, » voilà du Racine! » Le succès qu'elle obtint à la cour lui valut la place de secrétaire des commandemens du prince de Condé. Mais son caractère hautain, fier et indépendant ne put lui faire souffrir une chaine que la bonté du prince rendait chaque jour plus légère. Il parvint à s'en dégager honnêtement, et reprit ses anciennes habitudes. Il fut cependant, dans la suite, nommé lecteur ou secrétaire des commandemens de madame Elisabeth, sœur du roi, et fit pour cette princesse intéressante un *Commentaire* plein de goût, sur les *Fables de la Fontaine*, qui était dans la bibliothèque de madame Elisabeth. II *Le Marchand de Smyrne*, donné en 1770. Chamfort publia en outre des *Poésies fugitives*, des *Epîtres*, des *Contes*, des *Fables*, etc. Ses œuvres ont été recueillies par son ami Ginguené, et publiées à Paris, 1795, 4 vol. in-8. Chamfort était membre de l'académie française, où il succéda à M. de Sainte-Palaye.

CHAMIR (Eléazar) naquit à Djoulfa, près d'Ispahan, vers 1720. Il était Arménien d'origine. Le roi Schab-Abbas avait peuplé Djoulfa d'Arméniens, afin de faire fleurir le commerce dans ses états. Du temps de l'anarchie qui eut lieu dans ce royaume après la mort de Nadir-Chah, Chamir alla s'établir à Madras, et

obtint la protection des Anglais. Il était immensément riche, et fonda dans cette ville une imprimerie arménienne, une école, un hospice, et un hôpital pour ceux de ses compatriotes qui se trouvaient dans ce pays. Il est mort en 1798, et a laissé les ouvrages suivans : I *Hortorag*, ou *Avertissement*, Madras, 1772, 1 vol. in-8, qui contient un abrégé de la géographie et de la statistique d'Arménie. II *Le restant de l'histoire d'Arménie et de la Géorgie*, Madras, 1775, 1 vol. in-8. Ce livre renferme deux ouvrages écrits par deux auteurs différens : 1° une Histoire d'Arménie depuis 360 jusqu'à 398, de Chamir; 2° une Histoire de la Géorgie depuis 958 jusqu'à 1290, attribuée à Etienne d'Ombel. Deux manuscrits du premier de ces ouvrages existent à la Bibliothèque royale, aux numéros 95 et 99. III Une grande *carte d'Arménie*, Venise, 1778.

CHAMPION (Pierre), jésuite, né à Avranches, en Normandie, le 19 octobre 1631, entra dans la société à l'âge de vingt ans, et après avoir professé toutes les classes jusqu'à la rhétorique inclusivement, s'y engagea, en 1665, par les quatre vœux. Son zèle pour la propagation de la foi lui fit souhaiter de coopérer à l'œuvre des missions au delà des mers. Il se rendit à Marseille pour s'y embarquer, mais il y tomba malade. L'occasion étant manquée, il revint à Paris, continua d'enseigner, et se livra à la prédication jusqu'à ce qu'une flotte ayant été expédiée par le gouvernement français pour les îles de Cayenne et de Tabago, il s'y embarqua avec la permission de ses supérieurs, en qualité d'aumônier. De retour en France vers 1681, il se retira à Nantes, dans le collège que la société avait dans cette ville; il y mourut le 28 juin 1701. On a de lui les ouvrages suivans : I la *Vie du P. Jean Rigouleuc, jésuite, avec ses traités de dévotion et ses lettres spirituelles*, Paris, 1694, in-12; et Lyon, 1735, même format. II *La Vie et la doctrine spirituelle du P. Louis Lallemant, jésuite*, Paris, 1694, in - 12. III *La Vie des fondateurs des maisons de retraite, M. Louis-Eudes de Kervilio, le P. Vincent Huby, et mademoiselle Catherine de Francheville*, Nantes, 1698, in-12. Le P. Champion, outre ces ouvrages, a publié les *Lettres spirituelles et les Dialogues du P. Jean-Joseph Surin, jésuite*. (*Voy.* SURIN, *Dict.*)

CHAMPION (François), jésuite, connu par un poëme intitulé *Stagna*, première édition en 1689, et inséré dans les *Poëmata didascalica*, tome 2, page 147.

CHAMPION DE CICÉ (Jérôme-Marie), archevêque de Bordeaux, issu d'une famille noble de Bretagne, naquit à Rennes en 1735, et vint faire ses études à Paris. Jean-Baptiste de Cicé, son frère aîné, était évêque d'Auxerre. Jérôme-Marie se décida à embrasser comme lui l'état ecclésiastique. Il reçut l'ordre de prêtrise en 1761, et devint presque aussitôt grand vicaire de son frère. Il avait du talent, et annonçait de la capacité pour les affaires. Il trouva occasion de la déployer; ayant été nommé agent du clergé dans l'assemblée de 1765, il y remplit cette mission d'une manière brillante, et à l'expiration des cinq ans que durait l'agence, c'est-à-dire en 1770, il fut nommé à l'évêché de Rodez, et transféré en 1781 au siége plus important de Bordeaux. Lors des assemblées pour la convocation des états généraux, il fut élu député. Il paraissait alors pencher vers les idées nouvelles, contre le sentiment de la presque totalité des membres du haut clergé. Il fut un des premiers qui proposa à son ordre de se réunir à celui du tiers, et un des premiers aussi qui alla siéger avec lui. Cette condescendance lui donna de la popularité; et lorsque Louis XVI le nomma garde des sceaux, ce qu'on appelait alors la nation applaudit à ce choix. Mais la faveur du peuple est passagère; et dans cette place, il eut sa part des désagrémens de ce temps orageux. Il fut plus d'une fois cité à la barre pour y rendre compte de sa conduite, et même dénoncé par Danton; enfin, il se vit obligé d'apposer les sceaux à des décrets que sans doute il désapprouvait, notamment à celui de la constitution civile du clergé. Bientôt la terreur le força de quitter la France. Il se retira en Angleterre, d'où il revint lors de la signature du concordat. Il se démit du siége de Bordeaux, et fut nommé à celui d'Aix en Provence, où il se rendit le 8 juillet 1802. Il y fit tout le bien que les circonstances permettaient. Par ses soins, des séminaires et d'autres établissemens pieux et utiles s'élevèrent dans son diocèse. Il y mourut, après une longue et douloureuse maladie, le 22 août 1810. Son frère, l'évêque d'Auxerre, fut aussi député aux états généraux. Il y rejeta, comme inutile, toute déclaration des droits. C'était un prélat régulier, pieux et charitable.

CHANCELLOR (Richard), célèbre marin anglais, fut choisi en 1553 pour faire des découvertes au nord - est, et commandait en second sous Willoughby. Les navires ayant été dispersés par une tempête, il arriva dans un golfe inconnu (la mer Blanche), et mouilla près d'un monastère dédié à saint Nicolas, c'est-à-dire dans le même endroit où les Russes bâtirent la ville d'Archangel ; ainsi la découverte de Chancellor favorisa le commerce de la Russie avec l'Angleterre. Celle-ci en tire plusieurs articles importans, et une grande quantité de soies de Perse et de la Chine; tandis que le produit de la douane d'Archangel monta bientôt à la somme annuelle de 100,000 roubles. Chancellor mourut en 1572.

CHANTELOU (dom Claude), en latin *Cantalupus*, bénédictin de la congrégation de Saint-Maur, naquit à Vion, près Sablé, en Anjou, l'an 1617, et entra d'abord dans l'ordre de Fontevrault. Il en sortit avec cinq autres religieux pour embrasser celui de Saint-Benoît. L'abbesse de Fontevrault réclama contre leur admission ; mais un arrêt du conseil ayant permis au supérieur général de la congrégation de les retenir, Chantelou fit profession à Saint-Louis de Toulouse, le 7 février 1640, âgé de vingt-trois ans. Il suivit les études usitées dans la congrégation, et s'y distingua. Dom Mabillon parle de lui comme d'un savant recommandable par l'étendue et la multiplicité de ses connaissances. *Virum multigená eruditione præditum*. Il fut enlevé à la congrégation à la fleur de l'âge, étant mort le 28 novembre 1664 à quarante-sept ans. On a de lui : I une édition des *Sermons de saint Bernard* en latin, précédés de sa vie, par Alain, évêque d'Auxerre, et suivie de la *Vie de saint Malachie*, par saint Bernard, Paris, 1662, in-4. II *La France bénédictine, ou Carte générale des abbayes et prieurés conventuels de l'ordre de Saint-Benoît, tant d'hommes que de filles*, Paris, 1726, in-fol., avec une *table al-*

phabétique. Suivant le frontispice, cette carte aurait été dressée par François Lechevalier, frère convers de la même congrégation. Il peut avoir contribué à la partie mécanique, mais le travail principal est certainement de dom Chantelou. III L'*Histoire de l'abbaye de Mont-Majour, et celle de Saint-André d'Avignon*, restées manuscrites et conservées, la première dans l'abbaye de ce nom, et la seconde dans les archives de Saint-Germain-des-Prés. Dom Chantelou avait en outre travaillé à la *Bibliothèque ascétique* et au *Spicilége*, publiés par dom d'Achery. Il avait fait imprimer le *Bréviaire bénédictin*, et commencé l'*Histoire des abbayes de Marmoutiers* et *de Saint-Florent*, dont la dernière a été achevée par dom Jean Guignes. Chantelou était lié avec tous les savans de son temps. Adrien de Valois fait son éloge dans la *Vie* de son frère Henri.

CHANTREAU (Pierre Nicolas) naquit à Paris en 1741. Il était fils d'un avocat au conseil. Etant passé en Espagne, il fut professeur de langue française dans le collége des nobles à Madrid, où il publia une *Grammaire française* en 1 vol. in-4 qui a eu six éditions. De retour en France, il fut nommé successivement professeur d'histoire à l'école centrale du Gers et à celle de Fontainebleau. Ses principaux ouvrages sont : I *Dictionnaire naturel et anecdotique des mots et usages introduits par la révolution*, 1 vol. in-8. II *Voyage dans les trois royaumes d'Angleterre, d'Ecosse et d'Irlande* (fait en 1788 et 1789), 1792, 3 vol. in-8. III *Voyage philosophique, politique et littéraire fait en Russie en 1788 et 1789, etc.*, traduit du hollandais, 1793, 2 vol. in-8, *Tables chronologiques*, traduites de l'anglais de Blair, continuées jusqu'à la paix, 1797, in-4. IV *Table raisonnée des matières contenues dans les OEuvres de Voltaire*, qui forme le 71ᵉ et le 72ᵉ volume de l'édition de Beaumarchais. V *Rudimens de l'histoire*, en deux parties. VI *La Science de l'histoire*, 1803 et années suivantes, 4 vol. in-4 : le 4ᵉ volume contient la géographie et la chronologie. VII *L'Histoire de France abrégée et chronologique depuis les Gaulois et les Francs jusqu'en 1808*, 2 vol. in-8. VIII *Lettres écrites de Barcelone à un zélateur de la liberté*, etc., ou *Voyage en Espagne*, 1792, in-8. Chautreau mourut à Auch le 15 octobre 1808.

CHAPELLE (Louis), professeur de philosophie et ensuite directeur de l'hôpital de la Salpétrière, né en 1735, s'est fait estimer par son savoir, ses lumières, ses connaissances en littérature, et plus encore par son zèle et sa charité dans les fonctions pénibles qui lui avaient été confiées. Il était lié intimement avec Guérin du Rocher. Celui-ci n'ayant jamais voulu répondre aux critiques que divers savans avaient faites de son *Histoire véritable des temps fabuleux*, l'abbé Chapelle se constitua le champion de son ami, et entreprit de réfuter tout ce qu'on alléguait contre un ouvrage auquel on ne peut du moins refuser le mérite d'une érudition profonde, ni celui des bonnes intentions. Sa réponse parut sous le titre suivant : *Histoire des temps fabuleux, confirmée par les critiques qu'on en a fait*, Liége et Paris, 1779, in-8. Ce n'est point une simple réfutation; ce sont les mêmes preuves présentées avec plus de force, sous un nouveau jour, et appuyées de preuves nouvelles, avec un talent et une érudition qui ne le cèdent en rien à l'érudition et au talent de celui dont l'auteur entreprend la défense, (*Voyez* GUÉRIN DU ROCHER). L'abbé Chapelle mourut le 10 février de l'année 1789.

CHAPPONEL-D'ANTESCOURS (Raimond), chanoine régulier de Sainte-Geneviève, et prieur-curé de Saint-Eloy de Roissy, est connu par les ouvrages suivans : I *Histoire des chanoines réguliers, ou Recherches historiques et critiques sur l'ordre canonique*, Paris, 1699, in-4 et in-12. Il essaie d'y prouver que tous les chanoines des douze premiers siècles vivaient par obligation essentielle en commun et en désappropriation. Le P. Hugo, prémontré et abbé d'Estival, a fait une *Critique* de ce livre, Luxembourg, 1700, in-8. Il montre qu'il y a eu des chanoines propriétaires depuis saint Augustin ; et que cet état de propriété a été approuvé par l'église. Il en rapporte des preuves de siècle en siècle. Dans une dissertation *ex professo*, il établit contre le P. Chapponel qui l'attaquait, la canonicité de l'ordre de Prémontré depuis son institution. II *Traité de l'usage de célébrer le service divin dans l'église en langue non vulgaire, et de l'esprit dans lequel il faut lire l'Ecriture sainte*, Paris, 1687, in-12. III *Examen des voies intérieures*, 1700, in-12. Il y prémunit ses lecteurs contre les illusions des quiétistes. Le P. Chapponel mourut en 1700.

CHAPT DE RASTIGNAC (Armand), docteur de Sorbonne, fut grand vicaire d'Arles et abbé de Saint-Mesmin. L'assemblée du clergé d'Orléans le nomma l'un de ses députés aux états généraux, et il siégea à l'assemblée constituante. Dans la séance du 13 octobre 1789, il demanda avec plusieurs autres membres du clergé l'ajournement de la discussion concernant la question de la propriété des biens ecclésiastiques, et il annonça un ouvrage sur cette matière. On ne voit point que depuis il ait parlé dans l'assemblée. Il fut enfermé à l'Abbaye dans le courant du mois d'août 1792, et périt victime des massacres du 3 septembre suivant. Il était âgé de plus de 80 ans. On a de lui : I *Questions sur la propriété des biens-fonds ecclésiastiques en France*, 1789, in-8; c'est l'ouvrage dont il est parlé ci-dessus. II *Accord de la révélation et de la raison contre le divorce*, 1790, in-8. III Un autre ouvrage *sur le Divorce en Pologne*. IV Une traduction de la *Lettre synodale* du patriarche Nicolaï à l'empereur Alexis Comnènes, sur l'érection des métropoles; et quelques autres écrits.

CHARDON (dom Charles), bénédictin de la congrégation de Saint-Vannes, naquit à Ivoi-Carignan dans le Luxembourg français, en 1695 : son nom de baptême était *Mathias*; il prit celui de Charles à sa profession. Il fit ses vœux dans l'abbaye de Saint-Vannes de Verdun le 23 juin 1712 [1]. Il apprit les langues grecque, hébraïque et italienne, professa la philosophie et la théologie, et possédait également l'histoire ecclésiastique et profane. Il est auteur d'une *Histoire des Sacremens, ou de la manière qu'ils ont été administrés dans l'église, et de l'usage qu'on en a fait depuis le temps des apôtres jusqu'à présent*, 4 v. in-12, Paris, 1745; ouvrage écrit solidement, plein de recherches curieuses, et qui a été traduit en ita-

lien, Brescia, 3 vol. in-4. Il a laissé en manuscrit un ouvrage *contre les incrédules modernes*, et une *Histoire des variations dans la discipline de l'église*. Il mourut à l'abbaye de Saint-Arnould de Metz le 21 octobre 1771. On trouve son éloge dans la *Clef du Cabinet*, ou *Journal du Luxembourg*. Il s'était refusé à la signature du formulaire. Le chapitre général tenu à Toul en 1730, à raison de son opposition à la bulle *Unigenitus*, le destitua de la chaire de théologie qu'il occupait alors à Novi-les-Moines, monastère de la Congrégation, près de Rethel. C'était d'ailleurs un religieux attaché à ses devoirs, ami de la discipline et de l'étude, de mœurs austères, et généralement estimé.

CHARETTE DE LA COINTRIE (François-Athanase de), célèbre général vendéen, né à Couffé en Bretagne en 1763, d'une famille illustre et comblée des biens de la fortune. Il entra dans la marine et devint lieutenant de vaisseau. Lors de la levée des gardes nationales, il fut nommé chef de légion de son arrondissement. Les funestes suites de la révolution l'obligèrent à émigrer. Ayant souffert quelques pertes au jeu à Bruxelles, où il s'était retiré, il rentra en France pour se procurer des fonds; et peu de jours après son arrivée, l'affaire de Saint-Florent donna le signal à l'insurrection de la Vendée. (*Voyez* CATHELINEAU, *Supplément.*) Il se trouvait alors chez sa femme à Fond-le-Close près de Machecoul lorsqu'une troupe de paysans vinrent le trouver et le proclamèrent chef de ce canton à la place de Saint-André, qui, à la première attaque, avait été vaincu. Les paysans que ce dernier commandait, non accoutumés encore au feu, avaient fui en désordre

---

[1] La Bibliothèque des écrivains de l'ordre de Saint-Benoît dit le 5 juin.

devant les républicains. Le 10 mars 1793, aidé de Cathelinère, il s'empara de Perinc, petit port près de Nantes et de Machecoul. Il essuya deux échecs à Challans et à Gervais, et après avoir apaisé la révolte de ses soldats, excitée par l'influence de la marquise de Goulaine, il chassa les républicains de Saint-Colombin et de Machecoul. C'est dans ce dernier combat que périt Vrigneau, commandant de la paroisse de Vieille-Vigne, et qui avait voulu renverser Charette. Bientôt après, ce général, de concert avec Cathelineau, vint attaquer Nantes. Il s'en serait probablement rendu maître, si, après un combat opiniâtre, une colonne d'Angevins, non accoutumés au feu, n'eussent inopinément quitté le champ de bataille. Au mois d'août, il combina avec Lescure et d'Elbée l'attaque de Luçon, où les Vendéens furent complétement défaits, soit par l'inhabileté d'Elbée, soit par la supériorité de l'artillerie des républicains. Dans les intervalles de repos que lui laissait le sort des armes, il séjournait à Légé, où son quartier-général était un lieu de fête et de plaisir. Les républicains ayant réuni de nouvelles forces, et comptant parmi leurs troupes la garnison aguerrie de Mayence, attaquèrent les Vendéens. Charette se retira aux bords de la Sèvre, et là, uni à tous les autres chefs, il remporta la victoire de Tourfou : ils obtinrent un égal succès sur Montaigu ; mais, au lieu de livrer une attaque générale, la discorde se mit entre Charette et les autres chefs. Il parvint néanmoins à délivrer ses cantonnemens, et il quitta tout à coup la grande armée, pour aller attaquer l'île de Noirmoutiers. Son entreprise ayant réussi, il put avoir des communications faciles avec les Anglais. — Pendant

ce temps, la grande armée, battue à Chollet, avait été contrainte de passer la Loire. Charette lui-même, poursuivi par le général Haxo, se vit bloqué dans les marais de Boucis. Poussé aux dernières extrémités, il y encloua ses canons, tua ses chevaux, et parvint à tirer ses troupes hors d'une enceinte où il semblait impossible qu'elles ne fussent pas exterminées. Depuis cette époque, Charette ne combattit qu'en fuyant. Il parcourut ainsi tout le Bas-Poitou, et s'avança jusqu'à Maulevrier en Anjou, où il ne fit pas un assez bon accueil à la Roche-Jacquelin, séparé de son armée détruite. Tous ceux qui avaient servi dans la grande armée et s'étaient réfugiés près de Charette, le quittèrent alors pour suivre la Roche-Jacquelin. Le général Haxo, en poursuivant Charette, fut surpris et tué le 19 mars 1794. La Roche-Jacquelin avait péri également, et Stofflet lui avait succédé dans le commandement de l'armée d'Anjou. Un autre chef, Marigny, comptait sous lui une armée considérable. Charette essaya en vain d'être nommé généralissime, mais il fut convenu que les trois armées combineraient ensemble leurs mouvemens. Une opération est projetée ; Marigny vient au lieu du rendez-vous demander des vivres : on lui en refuse ; il s'emporte, il retourne à ses cantonnemens. On forme aussitôt un conseil de guerre où Charette se fait rapporteur, et Marigny est condamné à être fusillé. On le surprend malade et sans défense, et cet arrêt arbitraire et cruel est exécuté. Au mois de juin 1794, ayant rassemblé des forces, Charette se jette sur trois camps retranchés, les emporte, se couvre de gloire ; l'attaque surtout du camp de Saint-Christophe près de Challans, est le plus beau fait d'armes de ce général. Son nom retentit dans toute l'Europe, et devint redoutable aux républicains. Mais tous les autres chefs avaient péri; ceux qui restaient, ou n'avaient point d'armée, ou ils manquaient d'expérience, et Charette lui seul ne pouvait résister à des ennemis nombreux et disciplinés. Sur ces entrefaites, la convention voulant terminer une guerre qui devenait trop désastreuse, envoya des représentans à Nantes pour traiter d'un accommodement. On se servit de la sœur de Charette pour porter les premières propositions : elles furent reçues avec méfiance. Un magistrat de Nantes, M. Bureau, parvint à concilier les deux partis. Charette ne céda qu'avec répugnance, et il eut même à calmer une sédition qu'excita contre lui Delaunay, un de ses principaux officiers. Par une des conditions on avait exigé qu'il vînt à Nantes; il y entra au milieu d'une foule de peuple qui courait voir cet homme redoutable, dont depuis deux ans on ne cessait de s'occuper. Il portait son panache blanc et tous les signes de son parti; il les quitta un instant après. Le lendemain il retourna à son quartier de Belleville. Il avait été convenu dans le traité « que les Vendéens auraient le libre »exercice de leur religion; qu'ils »resteraient armés sous la garde de »leurs chefs, comme gardes territo- »riaux; qu'on leur paierait des in- »demnités pour les ravages de la »guerre (causés en grande partie par le système de dévastation adopté par le général Thureau, successeur d'Haxo); et « qu'à ces condi- »tions ils se soumettraient à toutes »les lois de la république. » Ces conditions furent bientôt enfreintes de part et d'autre. Charette, de son côté, continua ses intelligences se-

crètes avec les princes de la maison de Bourbon. Les républicains ne l'ignorant pas, envoyèrent un détachement pour l'enlever à Belleville, ainsi qu'on avait fait avec Allard, un de ses principaux officiers. Charette ordonna alors de reprendre les armes. Les officiers et soldats obéirent avec une égale ardeur. Charette marcha sur le camp retranché des Essarts, l'emporta et obtint ensuite d'autres avantages. Mais les émigrés ayant été défaits dans la malheureuse descente de Quiberon, la guerre civile reprit son ancienne férocité. Charette fit fusiller tous les prisonniers qu'il avait en son pouvoir, et depuis il se livra à de sanglantes représailles. Delaunay subit le même sort, en punition du complot qu'il avait tramé lors de l'amnistie. Les princes promirent à Charette le cordon bleu, le nommèrent lieutenant-général, et l'appelaient le *sauveur de la patrie.* Un convoi anglais lui apporta des munitions et quelque argent, tandis que MONSIEUR, comte d'Artois, devait débarquer sur la côte de Poitou. Charette se croyait au terme de ses travaux; il avait dirigé sa marche sur le petit port de la Tranche. Tout à coup un aide de camp de ce prince vient l'avertir que le débarquement aura lieu dans un temps plus opportun. Charette change de visage. « C'est l'arrêt de ma mort que vous »m'apportez, dit-il à l'envoyé: au- »jourd'hui j'ai quinze mille hommes, »demain je n'en aurai pas trois cents. »Je n'ai plus qu'à me cacher ou à »périr : je périrai. » Il alla attaquer Saint-Cyr, où, malgré les prodiges de valeur de ses troupes, elles furent complètement vaincues. C'en était fait de la Vendée. Le général Hoche y vint avec une forte armée qui poursuivait Charette sans relâche. Celui-ci, cerné de toutes parts, dégagea ses officiers de leur serment. « Quant à moi, dit-il, en » reprenant les armes, j'ai juré » sur l'Evangile de ne pas les quitter. » Je saurai mourir en soldat et en » chrétien. » Presque tous les officiers restèrent avec lui. Il n'avait que trente hommes, lorsque le général Hoche lui offrit, dit-on, un million et le libre passage en Angleterre. Il refusa tout. Poursuivi de bois en bois et de buisson en buisson, comme une bête fauve, blessé à la tête et dans plusieurs endroits, et ne pouvant plus marcher, il se voyait obligé de se faire porter par un des siens, jusqu'à ce que succombant de fatigue, ils furent atteints tous deux dans un taillis, entre Montaigu et Belleville, le 25 mars 1795. On conduisit Charette à Angers, et de là à Nantes. On lui fit traverser cette ville, où, un an auparavant, il avait fait une entrée triomphante. Un peuple immense était sur son passage. Sa fierté ne se démentit pas. « Monsieur, dit-il à l'offi- » cier qui le conduisait ainsi, si je » vous avais pris je vous aurais fait » fusiller sur-le-champ. » La capture d'un tel homme causa plus de joie dans l'armée républicaine que ne l'aurait produit le gain d'une bataille. Dans son interrogatoire, lui ayant été demandé pourquoi il avait repris les armes : « Pour ma religion, » répondit-il, pour ma patrie et mon » roi. » Il demanda un prêtre et reçut les sacremens. Le 29 mars 1796 il fut conduit à la mort, et lui-même commanda le feu aux soldats qui le fusillèrent. Charette était brave, avait des talens militaires, aimait sincèrement son roi, pour lequel il sacrifia sa vie; heureux si parmi ces qualités on n'avait pas à lui reprocher un caractère impérieux, jaloux, et surtout la mort injuste de Marigny.

CHARIÈRE (madame de Saint-Hyacinthe de), d'une famille noble de Hollande, cultiva les lettres avec succès, et a laissé plusieurs romans remarquables par une saine morale. Les plus connus sont : I *Calliste*, ou *Lettres écrites de Lausanne*, 1786, in-8. II *OEuvres* publiées sous le nom de l'abbé de la Tour, Leipzig, 1798, 4 figures, contenant *les trois Femmes, Honorine d'Uzerche, Sainte-Anne* et *les Ruines d'Iedbourg*, etc. Cette dame auteur a écrit encore différentes comédies. Elle fut non-seulement estimée pour ses talens, mais aussi par la sagesse de sa conduite et par sa bienfaisance, et l'exerça même du temps de la révolution, époque où elle se vit privée d'une grande partie de sa fortune. Après un long séjour à Paris, elle s'était retirée, avec son époux, M. Charière, à sa campagne près de Neufchâtel, où elle mourut en 1806, âgée de 60 ans.

CHARLES II, dit le *Boiteux*, roi des Deux-Siciles, naquit en 1248. Du vivant de Charles de France, son père, il s'était déjà signalé dans les armes. Dans un combat naval qu'il livra au roi d'Aragon, Pierre III, qui avait des prétentions au royaume de Sicile, il fut fait prisonnier avec plusieurs seigneurs français. Conduit à Messine, les partisans du roi Pierre le condamnèrent à perdre la tête, en représailles de ce que son père l'avait fait couper à Conradin. Il reçut cet arrêt le vendredi saint, et ce prince religieux se félicita de perdre la vie le même jour que J.-C. Constance, reine d'Aragon et fille de Mainfroy, touchée de sa résignation et de sa piété, parvint à le sauver du trépas. On l'envoya à Barcelone, où il resta captif pendant quatre ans. Son père, Charles de France, étant mort, Robert, comte d'Artois, son parent, eut la régence. Il obtint ensuite la liberté, et fut couronné à Rome roi des Deux-Siciles par le pape Nicolas IV. Il eut deux compétiteurs dans Alphonse et Jacques, rois d'Aragon ; mais à la médiation du pontife, il fut convenu que Charles conserverait la couronne. Cependant Frédéric, frère de Jacques, profita de l'absence de Charles pour s'emparer de la Sicile. Jacques, indigné qu'on violât ainsi la foi des traités, donna lui-même des troupes pour déposséder son frère. L'usurpateur sut cependant se maintenir en Sicile, et il eut enfin la permission de porter le titre de roi. Charles, de son côté, employa la fin de ses jours à faire refleurir la religion et les arts dans le royaume de Naples, et mourut en 1309, à 61 ans, regretté de tous ses sujets. Il ordonna, par son testament, à son successeur de payer les dettes qu'il avait contractées dans les différentes guerres qu'il eut à soutenir, et de diminuer les impôts, de restituer les confiscations injustes faites au profit du trésor royal. Ce monarque possédait toutes les vertus d'un grand prince : bienfaisance, affabilité et amour pour la justice. Personne ne sut mieux pardonner les fautes et se souvenir des services. Il recherchait et encourageait les talens, même dans ses ennemis, et par-dessus toutes ces rares qualités, il aima et protégea la religion de ses pères.

CHARLES IV, roi d'Espagne et des Indes, fils de Charles III et de Marie-Amélie de Saxe, naquit à Naples le 11 novembre 1748. Il vint en Espagne en 1759, lorsque Charles III fut appelé à cette couronne par la mort de Ferdinand VI, son frère. L'infant don Carlos fut aussitôt déclaré prince des Asturies, et créé chevalier du Saint-Esprit le 18 mai 1760. Il épousa, le 4 septembre 1765, Marie-Louise de Parme. Son esprit était pénétrant, son caractère vif et très-irascible. Un jour, le marquis de l'Esquilache fut obligé de s'enfermer dans un appartement du palais pour échapper à la fureur du jeune prince, qui le poursuivait l'épée à la main. Il détestait ce ministre, le regardant comme la cause de l'éloignement où on le tenait des affaires, et de la sévère réprimande qu'il s'était attirée ce jour-là même du roi son père. Le jeune prince ayant voulu fixer l'attention du roi sur certains abus qu'il croyait s'être introduits dans le gouvernement, Charles III lui répondit : « Vous »n'êtes, en qualité de mon fils, que »le premier sujet du royaume, pour »obéir à tout ce qu'il me plaira »d'ordonner. » L'insurrection de Madrid, en 1772, obligea Charles III à renvoyer son ministre ; et Floridablanca, qui lui succéda, ne donna au prince des Asturies aucun sujet de se plaindre de lui. Jusqu'à l'époque où il fut attaqué d'une hydropisie de poitrine, Charles IV fut doué d'une force musculaire prodigieuse. Sans le moindre effort, il brisait les matières les plus solides ; domptait et arrêtait les chevaux les plus fougueux ; aussi n'aimait-il que les exercices violens. Il monta sur le trône en 1789, et son caractère parut alors totalement changé. A la grande vivacité qui l'avait distingué, succéda un calme que rien ne pouvait altérer. Charles IV a cependant toujours conservé un cœur bon et sensible. On le voyait frissonner quand il était obligé de signer quelque arrêt de mort. Il paraissait aimer avec tendresse sa femme et ses enfans, et la moindre émotion lui faisait répandre des larmes. Mais son aveugle prédilection pour un favori l'entraîna dans des écarts qui ont terni ses brillantes qualités. Floridablanca étant tombé en disgrâce presque aussitôt après la mort de Charles III, le comte d'Aranda lui succéda dans le ministère. A cette époque, don Manuel Godoy était déjà à la cour. La reine l'avait fait présenter au roi, qui, goûtant sa conversation, crut qu'il possédait en effet les talens qu'on avait eu soin de lui vanter. Le monarque commença par donner à ce jeune homme des marques de sa bienveillance, et finit par remettre entre ses mains les intérêts de sa famille et de ses sujets. Cependant la révolution française était arrivée au point le plus terrible de sa crise. Invitée par les autres puissances européennes à s'unir à elles pour faire la guerre aux Français, l'Espagne avait d'abord refusé d'entrer dans la coalition; mais quand Charles IV apprit que les jours de Louis XVI étaient en danger, il n'y eut pas de sacrifices qu'il n'offrît de faire pour sauver son parent et son allié. Il chargea son ambassadeur auprès de la république française de remettre à la convention nationale une lettre dans laquelle il ne négligeait aucun des moyens que put lui inspirer un aussi bon motif. La lettre fut remise à l'assemblée la veille du supplice du malheureux Louis XVI; et tout le monde sait qu'on refusa de l'ouvrir, de peur que les propositions qu'elle pouvait contenir ne portassent à des sentimens plus humains les membres les moins violens. Lorsque Charles IV apprit le peu de succès de sa démarche, son cousin avait cessé d'exister. Cette nouvelle excita toute son indignation; et Godoy, qui depuis

long-temps cherchait à décider le roi à la guerre, reçut ordre de la déclarer à la France. La campagne s'ouvrit dans le mois de mai 1793 : mais, après une lutte de deux ans, dans laquelle les succès et les défaites furent balancés, le ministre, s'étant brouillé avec l'Angleterre, écouta enfin les propositions de la république française; et la paix fut conclue à Bâle en avril 1795, précisément à l'époque où l'Espagne commençait à obtenir des succès. Charles IV voulant alors répandre de nouveaux bienfaits sur son favori, lui donna un vaste domaine, et lui conféra le titre de *prince de la Paix.* Ce fut l'année suivante que fut conclue l'alliance offensive et défensive entre la France et l'Espagne. Le roi ne se mêlait presque plus des affaires, et sa principale occupation était l'exercice de la chasse. Dans toutes les saisons il se levait avant le jour, et allait s'enfoncer dans les bois, où il retournait encore après son dîner; le soir il donnait, dans son cabinet, audience aux ministres; il faisait ensuite de la musique jusqu'à neuf heures et demie, et à dix heures il était couché. Il se reposait de tout sur la reine et sur le prince de la Paix. A table, sous sa serviette, sous le chevet de son lit, dans les poches de ses vêtemens, le roi trouvait souvent des lettres anonymes qui l'avertissaient des vexations et des mœurs déréglées du favori. Son aveuglement était tel, qu'il ne s'apercevait pas qu'en toute occasion Godoy travaillait à l'indisposer contre son fils Ferdinand. Cependant Charles IV aimait tendrement ses enfans : il le fit bien connaître par sa répugnance à déclarer la guerre au Portugal, sa fille Charlotte étant mariée au prince du Brésil. Il résista, pendant trois ans, à toutes les instances faites à ce sujet par les ambassadeurs français Pérignon et Truguet. Mais l'insidieuse éloquence de Lucien Buonaparte, et les conseils de Godoy, le décidèrent enfin à entreprendre, en avril 1800, cette guerre, qui ne dura que quatre mois, le roi ayant ordonné qu'on conclût aussitôt la paix, dont le favori et l'ambassadeur surent si bien profiter. Charles IV, malgré son aveugle condescendance, avait montré d'autant plus d'éloignement pour la guerre, que l'année précédente il était allé voir sa fille Charlotte à Badajoz, d'où il s'était rendu en Andalousie. En 1802, toute la cour fit encore un voyage jusqu'à Barcelone, pour célébrer les mariages du prince des Asturies avec une princesse de Naples, et d'une infante d'Espagne avec le prince des Deux-Siciles. A peine le roi fut-il de retour de ce deuxième voyage, que la neutralité qu'avait obtenue l'Espagne fut rompue par les Anglais ; ce qui donna lieu, en novembre 1805, à la bataille de Trafalgar, si fatale à l'Espagne et à la France. Ce fut en octobre de la même année, quelque temps avant cette journée désastreuse, que Charles IV publia un édit contre l'émigration espagnole. Au mois de janvier 1806, il aliéna une partie des biens du clergé, et provoqua les dons gratuits de ses sujets en faveur des blessés et des parens des soldats tués à Trafalgar. La France était alors en guerre avec l'Autriche et la Russie, et l'Espagne lui fournissait des secours en hommes et en argent. Cette conduite désintéressée, mais très-impolitique, valut à Charles IV l'éloge de Buonaparte, qui, dans un discours prononcé au corps législatif en 1806, parla de lui comme d'un allié fidèle et plein de dévouement à la cause commune. Par suite de ces généreux procédés envers les Français, Charles IV ferma ses ports à tous les vaisseaux suédois, à cause de la déclaration de guerre de Gustave aux alliés de la France. Cependant, peu de temps après le départ pour le Nord de 16,000 hommes d'élite, sous les ordres du marquis de la Romana, la reine d'Etrurie se vit dépouillée de ses états. Cette usurpation, qui ne précéda que de quelques mois celle de l'Espagne, était le résultat apparent du traité de Fontainebleau du 29 octobre 1807, quoique, dans ce traité, Napoléon eût reconnu Charles IV pour *roi des Espagnes et empereur des deux Amériques*. Godoy s'était démis du ministère ; mais il gouvernait toujours en maître et les ministres et l'état. Depuis le mariage du prince des Asturies, le roi s'était tellement laissé influencer par les faux rapports du prince de la Paix, qu'il évitait sa famille, et se défiait surtout de son fils. On accusait la princesse son épouse de lui avoir fait adopter des maximes contraires à la politique du roi. Le prince étant resté veuf, une autre accusation s'éleva contre lui, au sujet de quelques conférences secrètes qu'il avait eues avec l'ambassadeur, M. de Beauharnais. Charles IV, indigné de ce que, dans ces conférences, on avait négocié, à son insu, une alliance entre Ferdinand et la fille de Lucien Buonaparte, s'en plaignit à Napoléon dans une lettre à laquelle ce dernier ne daigna pas répondre. Le roi fit arrêter le prince des Asturies, et adressa au peuple une proclamation contre ce qu'il appelait une conjuration. Mais bientôt, autant pour satisfaire son cœur que pour tranquilliser ses sujets, il se réconcilia avec son fils ; et, dès ce moment, il laissa entrevoir le désir d'abdiquer la couronne, son âge et ses infirmités lui rendant le repos nécessaire. Pendant ce temps, les troupes françaises avaient occupé une partie de la péninsule. Mais Godoy avait su inspirer au roi une telle confiance dans Napoléon, que le crédule Charles IV ne se douta des véritables intentions de *son ami et allié*, qu'au moment où l'agent de Godoy, Izquierdo, arriva en toute hâte de Paris. D'après les préparatifs qui se faisaient à la cour, on ne douta plus que le roi, ainsi que la maison de Bragance, ne se vît obligé de passer en Amérique; et déjà on parlait d'un voyage qu'il était sur le point de faire en Andalousie: mais le peuple, qui soupçonna la vérité, malgré les assurances que le monarque lui donnait qu'il ne quitterait pas sa capitale, fit éclater son mécontentement dans l'insurrection d'Aranjuez, le 17 mars 1808. On n'en voulait cependant qu'à Godoy; et le peuple, ameuté, ne cessait de crier, au milieu du tumulte: *Vive Charles IV! vive le roi!* Le soir de ce même jour, Charles assembla un conseil de ministres; et, n'ayant plus à ses côtés le favori, qui s'était caché pour se sauver de la fureur populaire, mais en présence des grands dignitaires de l'état et de tout le corps diplomatique, il abdiqua la couronne en faveur de son fils, qui fut proclamé sous le nom de Ferdinand VII. A peine Charles IV eut-il accompli cet acte solennel, qu'il dit à la reine Marie-Louise: « *Nous* » *nous retirerons dans une de nos* » *provinces, où nous passerons* » *tranquillement nos jours; et Fer-* » *dinand, qui est jeune, se chargera* » *du fardeau de l'état.* » Trois jours après, en embrassant son fils, il l'assura que son abdication avait été spontanée, et qu'il la regardait com-

me l'acte le plus agréable de sa vie. L'insurrection du 17 mars l'avait fait trembler sur les jours de Godoy; il ordonna à Ferdinand d'aller le délivrer des mains du peuple. Mais quand il vit qu'on le retenait prisonnier, la défiance s'empara de nouveau de son cœur, et il commença à croire son fils l'auteur de l'insurrection. Il eut dès lors des correspondances et des entretiens secrets avec Murat et tous les agens de Napoléon; et il parut se repentir de s'être démis de la couronne: il écrivit à Buonaparte pour lui faire part de sa triste situation, lui déclarant qu'il se jetait dans ses bras, et qu'il le choisissait pour juge entre son fils et lui. Le nouveau roi, séduit de son côté par les mêmes agens qui trompaient son père, s'était laissé entraîner jusqu'à Bayonne, où l'infant don Carlos, son frère, l'avait précédé. Mais Napoléon, qui ne pouvait réaliser ses projets sans l'intervention de Charles IV, le fit inviter à venir joindre ses fils. Ce monarque et la reine n'y consentirent qu'après avoir obtenu la liberté de Godoy, qu'ils suivirent bientôt à Bayonne, faisant ce voyage avec une célérité que ne comportait guère l'état de santé du vieux roi. A peine fut-il arrivé que, trompé par les nouvelles calomnies de son favori et par celles de Napoléon, accablé par le pouvoir de cet usurpateur, il ne vit plus en Ferdinand qu'un fils ingrat et rebelle. Il le fit venir, et lui donna, en présence de la reine et de Napoléon l'ordre d'abdiquer par un acte signé de lui et de ses frères, acte qui serait remis avant les six premières heures du jour suivant. Il menaça le prince, en cas de refus, de le faire traiter, ainsi que ses frères, comme des *émigrés rebelles*. Ferdinand voulut alors parler; mais son père s'élança de son siége, en le menaçant et en l'accusant d'avoir voulu lui arracher la vie avec la couronne. Ferdinand fut obligé d'abdiquer en faveur de son père la couronne qu'il en avait reçue. Charles IV fit aussitôt la cession de ses droits à Buonaparte, afin qu'il choisît, *dans l'intérêt de la nation*, la personne et la dynastie destinée à régner en Espagne. Cet acte, arraché à sa faiblesse, ne fut cependant sanctionné par la famille royale qu'à Bordeaux, le 12 mai 1808. Charles IV se rendit d'abord à Fontainebleau, ensuite à Compiègne, où il fut environné d'une troupe tirée de la garde de Buonaparte, et considéré comme prisonnier. Il n'obtint que quelques mois après la permission d'aller habiter un climat plus chaud; et il se retira à Marseille, avec la reine Marie-Louise, Godoy, la reine d'Etrurie, et l'infant don François de Paul. Le gouvernement français lui avait alloué une somme de deux millions par an; mais cette somme lui était payée avec tant d'inexactitude, qu'en 1810, la famille royale se vit obligée de vendre ses plus riches joyaux et jusqu'à ses équipages, pour pourvoir à sa subsistance. C'était à ce degré d'abaissement que Napoléon avait réduit le souverain de tant de royaumes, et le maître des immenses trésors de l'Amérique. Charles IV sut captiver l'amour et la vénération des Marseillais, autant par son caractère doux et affable, que par sa bienfaisance; et il laissa de vifs regrets dans la Provence, lorsqu'il se rendit à Rome pour raison de santé, en 1811. Depuis cette époque, il ne quitta pas la capitale de l'Italie, où il habitait le palais Barberini, entièrement occupé des pratiques de la religion. Il vivait dans une grande intimité avec le saint-père, qui allait souvent le vi-

siter. En 1815, Charles et son fils Ferdinand se réconcilièrent solennellement; et les intérêts du vieux roi d'Espagne furent stipulés par un traité, où, entre autres, on remarque l'article suivant qu'il présenta à son fils : « Depuis l'époque où l'Espagne »eut le bonheur de voir ses armes »victorieuses repousser de son terri- »toire l'*usurpateur*, jusqu'au jour »où mon fils bien-aimé m'assi- »gna pour mon entretien la somme »de huit millions de réaux (deux »millions de francs), il s'est écoulé »un *espace de temps pendant lequel* »*j'ai manqué de toute espèce de* »*secours. J'ai contracté une dette* »*de quinze cent mille francs*, la- »quelle dette, mon fils et la nation »doivent reconnaître comme si elle »leur était propre, pour me délivrer »de cette charge, et en indemnité »des sommes que j'aurais dû rece- »voir. Il sera donc du devoir de mon »fils et de ses successeurs de me »payer ces 1,500,000 fr. dans l'es- »pace de trois ans, pour que je »puisse faire honneur à mes enga- »gemens, ou bien mon fils recon- »naîtra cette dette comme la sienne, »et prendra à cet effet des arrange- »mens avec mes créanciers. » Ferdinand, après avoir soumis au conseil de Castille les réclamations de son père, lui accorda annuellement 12 millions de réaux (3 millions de francs); et en cas que la reine sa mère restât veuve, Ferdinand s'obligea à lui payer 8 millions de réaux (2 millions de francs) chaque année. Le 4 avril 1816, ce monarque fit déclarer loi de l'état le traité qu'il avait conclu avec son père, dont il se chargeait de payer toutes les dettes. Dans le mois de décembre, Charles IV fit un voyage à Naples pour voir Ferdinand IV, son frère, après une absence de plus de 50 ans.

C'est pendant son absence que la reine est succombée après une courte maladie. Cette perte a été si sensible pour son cœur, qu'il n'a survécu à son épouse que peu de jours. Charles IV est mort le 21 janvier 1819. Ce prince était humain, juste et religieux : ses mœurs ont toujours été pures; et s'il a commis des fautes, on ne doit les attribuer qu'au perfide favori dont l'âme corrompue et l'ambition démesurée ne pouvaient que l'égarer.

CHARLIER (Pierre-Jacques-Hippolyte), prêtre du diocèse de Paris, né dans cette ville en 1757, secrétaire et bibliothécaire de M. de Juigné, archevêque de Paris, avait fait de bonnes études. On a de lui : *Abrégé du Pastoral de Paris*, 1 vol. Il avait travaillé à ce pastoral, dressé par ordre de M. de Juigné, avec les abbés Revers, chanoine de Saint - Honoré, et Plunket, professeur de Navarre. (*Voy.* Juigné.) Il fut chargé de la deuxième édition des *Psaumes* du P. Berthier, et travailla aussi à un *Rituel* pour une liturgie générale. Enfin, il revoyait la 2e édition des *Œuvres de saint Grégoire de Nazianze*; mais il n'eut pas le temps d'achever ce travail, étant mort à Saint-Germain-en-Laye, le 25 juin 1807, avant qu'il fût fini. Il remplissait, dans cette ville, les fonctions du ministère. C'était un prêtre laborieux et versé dans la connaissance des saintes écritures, des Pères et de l'histoire ecclésiastique.

CHARNOIS (Jean - Charles le Vacher de), né à Paris vers 1745, se livra à la littérature, et commença à se faire connaître par la continuation du *Journal des théâtres*, entrepris par Fuel de Méricourt. Il fut rédacteur du *Mercure* dans la partie des spectacles, qu'il traita avec au- tant d'impartialité que de goût, et donna ensuite plusieurs ouvrages qui établirent sa réputation. Il vivait ainsi tranquille et heureux, aimé des gens de lettres et d'une épouse qu'il chérissait, et sans jamais figurer dans les désastres de la révolution. Mais, voyant les esprits agités et les funestes événemens qui en étaient la suite, il crut pouvoir en mitiger l'ardeur effrénée, et les porter à des sentimens plus tranquilles. Il se chargea à cet effet de la rédaction du *Modérateur*, journal commencé par MM. de Fontanes et Delandine. Le titre de cette feuille, et le zèle surtout avec lequel il tâchait d'y montrer l'odieux des dénonciations et des mesures violentes, assez ordinaires dans ces temps malheureux, lui devinrent funestes. La populace s'ameuta contre lui, sa maison fut pillée, lui-même arrêté. Après la journée du 10 août, on le transféra à la prison de l'Abbaye, où il fut massacré le 2 septembre suivant. Il a laissé : I *Clairville et Adélaïde*, 1782, in-8. II *Histoire de Sophie et d'Ursule*, Paris, 1790, 2 vol. in-4. III *Recherches sur les théâtres et les costumes anciens*, Paris, 1790, 2 vol. in-4. Cet auteur avait de l'élégance dans le style, du goût, et connaissait le cœur des hommes et leurs passions.

CHARON de Lampsaque, fils de Pythos, florissait un peu avant Hérodote. Il écrivit l'*Histoire de Perse*, en deux livres, celle de Lampsaque, sa patrie, et plusieurs autres ouvrages. Il ne nous reste de cet historien que quelques fragmens recueillis par l'abbé Serin, et traduits en français dans son *Mémoire de Charon de Lampsaque*. (*Académie des inscriptions*, t. XIV, p. 56 et suiv.) M. Creutzer a rassemblé ces fragmens avec plus d'exactitude dans le recueil intitulé *Historicorum græcorum antiquissimorum fragmenta*, 1806, in-8.

CHASOT DE NANTIGNY (Louis), né à Saulx-le-Duc, en Bourgogne, au mois d'août, en 1692. Il vint à Paris, jeune encore, fut précepteur de quelques jeunes seigneurs, cultiva la science des généalogies, et c'est lui seul qui travailla à cette partie pour les supplémens de Moréri. Il a laissé de plus : I *Tablettes géographiques*, Paris, 1725, in-12. II *Généalogies historiques des anciens patriarches, rois, empereurs, et de toutes les maisons souveraines, jusqu'à présent*, Paris, 1736-38, 4 vol. in-4. Ce grand ouvrage n'est pas achevé. III *Tablettes historiques, généalogiques et chronologiques*, Paris, 1749-57, 8 vol. in-24. IV *Tables généalogiques de la maison de France, et de celles qui en sont sorties*, in-4 ; c'est un extrait de *Généalogies historiques*. V *Tablettes de Thémis*, 1735, 2 volumes in-24. Les ouvrages de Chasot sont remarquables par l'exactitude des détails, et une méthode claire et précise. Dans sa vieillesse il devint aveugle, et mourut le 23 décembre 1755.

CHASSANION (Jean de), écrivain protestant, né à Monistrol en Velay, a publié : I une *Histoire des Albigeois, touchant leur doctrine et leur religion, contre les faux bruits qui ont été semés d'eux*, Genève, 1595, in-8 : elle n'a ni le mérite du style, ni celui de l'impartialité, et deux anciens manuscrits en ont fourni les matériaux. II Un traité *de Gigantibus, eorumque reliquiis, atque iis quæ ante annos aliquot nostrâ ætate in Galliâ repertæ sunt*, Bâle, 1580, in-8 ; Spire, 1587, in-8. III *Histoires mémorables des grands et merveilleux jugemens et punitions de Dieu*, 1586, in-8.

CHASSANIS (N.), négociant, a donné, sans y mettre son nom, les ouvrages suivans, qui, ayant rapport à la morale et à la religion, méritent d'être cités. I *Du Christianisme et de son culte contre une fausse spiritualité*, Paris, 1802, in-12. II *Essai historique et critique sur l'insuffisance et la vanité de la philosophie des anciens, comparée à la morale chrétienne*, traduit de l'italien de dom Gaëtan Sertor, Paris, Berton, 1783, in-12. III *Morale universelle, tirée des livres sacrés*, Paris, Couret, 1791, in-16. Chassanis mourut en 1802.

CHATELLAIN (Jean le), religieux augustin, né à Tournay au 15e siècle, était docteur en théologie, et s'était fait une réputation comme prédicateur ; il avait prêché souvent à la cour et dans les principales villes de France, notamment en Champagne et en Lorraine. Il vint en 1524 à Metz pour y prêcher le carême. Il était secrètement attaché aux erreurs de Luther, et il se servait de ses sermons pour en répandre le venin. Il déclamait et animait le peuple contre les prêtres. Ayant trouvé à Metz des personnes imbues des mêmes sentimens, il s'enhardit davantage, espérant d'être soutenu ; mais étant venu à Gorze, sa station finie, Jean de Lorraine, évêque de Metz, le fit arrêter et conduire dans les prisons de Vic. Clément VII, à qui il fut dénoncé, nomma des commissaires pour instruire son procès. Par sentence du 12 janvier 1525, il fut condamné, comme hérétique et relaps, à être dégradé et livré ensuite à la justice séculière, qui le fit brûler. Quelques-uns disent qu'avant de mourir, il reconnut ses erreurs. Il est auteur d'une *Chronique de Metz* en vers. Dom Calmet l'a insérée au 3e tome de son *Histoire de Lorraine*, page 282, avec la continuation jusqu'en 1550. Il est des manuscrits où elle est poussée jusqu'en 1620. Elle avait été publiée à Metz en 1698, in-12, mais elle n'allait que jusqu'en 1471.

CHAUCHEMER (François), religieux dominicain, né à Blois en 1640, et docteur en théologie, se distingua dans son ordre par son talent pour la prédication. Il prêcha souvent à la cour, et y recueillit des applaudissemens mérités. Il fut provincial de la province de Paris. On a de lui : I des *Sermons sur les mystères de la religion chrétienne*, Paris, 1709, in-12. II *Traité de piété sur les avantages de la mort chrétienne*, Paris, 1707, 2 vol. in-12, réimprimés en 1714 et en 1721. Une sorte de différend qu'il eut avec l'abbé Gastaud, avocat à Aix, fit quelque bruit, et les mit tous deux en scene devant le public. Marie-Angélique Carlier, épouse de M. Tiquet, conseiller au parlement, avait été décapitée en 1699 pour avoir attenté à la vie de son mari. L'abbé Gastaud s'était avisé d'en faire l'oraison funèbre d'une manière badine. Cette pièce, simple plaisanterie de société, et qui n'était point destinée à voir le jour, étant devenue publique, contre le vœu de l'auteur, le P. Chauchemer crut devoir s'élever contre un badinage qui lui parut déplacé en matière si grave. Il fit une critique de la pièce de l'abbé Gastaud, et il y joignit un discours moral et chrétien sur le même sujet. Gastaud répondit à la critique, et critiqua à son tour le discours chrétien. Ces différentes pièces se trouvent dans un recueil imprimé à Paris en 1699 et 1700, in-8. (*Voy.* GASTAUD, *Dict.*). Le P. Chauchemer mourut à Paris le 6 janvier 1713, dans le couvent de son ordre, rue Saint-Jacques.

CHAUDET (Antoine-Denis), sculpteur et peintre, naquit à Paris le 31 mars 1763. Il étudia les premiers élémens de la sculpture sous M. Stout. En 1784, il remporta le grand prix sur le sujet de *Joseph vendu par ses frères*. Cependant, malgré l'influence de Vien, l'art statuaire, en France, n'avait pas encore été régénéré. Chaudet alla en étudier les véritables principes dans le centre de tous les arts, en Italie. Il demeura long-temps à Rome, et à son retour à Paris, en 1789, l'académie de peinture l'admit presque aussitôt comme agrégé ; titre qui était l'objet de l'ambition de tout artiste venant de l'école de Rome. Quelques années après il fut nommé professeur aux écoles de peinture et de sculpture. Il est mort le 19 avril 1810. Ses principaux ouvrages sont : un groupe qui exprime l'*Emulation de la gloire*, placé dans le péristyle du Panthéon ; le *Cyparisse* qui est dans la cour intérieure du Louvre. La statue de la *Paix*, exécutée en argent, et placée dans le palais des Tuileries ; celle de *Cincinnatus*, dans la salle du sénat ; plusieurs *bas-reliefs* placés dans la première salle du Musée royal ; le *Bélisaire*, ciselé en bronze ; *Paul et Virginie* ; différens bustes, tels que ceux du cardinal *Maury*, de *Lamoignon - Malesherbes*, de *Sabatier*, de *David*, *Leroi*, etc. On a de Chaudet, comme peintre, un tableau représentant *Enée et Anchise au milieu de l'incendie de Troie*, etc., qui ne manque pas de mérite ; mais tout ce qu'il a laissé dans ce genre pèche par le coloris.

CHAUMEIX (Abraham Joseph de), né à Chanteau, près d'Orléans, plus célèbre par le ridicule que versèrent sur lui Voltaire et d'autres philosophes, que par le mérite de ses livres, avait du moins celui de la bonne intention. Il osa attaquer les nouveaux philosophes. Il était instruit et sérieux ; ses adversaires étaient plaisans et légers. Voltaire en fit son jouet et lui prêta les rôles les plus risibles dans ses *facéties*. Il en fit un *marchand de vinaigre*, un *maître d'école*, un *janséniste*, un *convulsionnaire* ; d'Alembert l'appela une *manière de Père de l'église*: tout cela tendait à décréditer son zèle et ses efforts pour la cause de la religion, et c'était bien moins contre lui qu'étaient dirigées cette foule de bouffonneries, que contre les principes qu'il entreprenait de défendre; c'est aussi dans ce dessein qu'il parut un *Mémoire pour Abraham Chaumeix, contre les prétendus philosophes Diderot et d'Alembert*, Amsterdam, 1759, in-12, et un autre ouvrage intitulé : *Préjugés légitimes contre ceux du sieur Chaumeix*, 1759, in-12. Chaumeix se retira à Moscou, où il est mort sur la fin du dernier siècle. Il a publié : I *Préjugés légitimes contre l'Encyclopédie*, 1758, 8 vol. in-12. Le 7ᵉ et le 8ᵉ sont employés à l'examen du livre *de l'Esprit*. «Qu'il s'y soit mal pris, dit un critique (et qu'on eût pu faire mieux), on peut en convenir : il n'en sera pas moins vrai qu'il a relevé un nombre infini de bévues et de traits d'ignorance dans les cinq premiers volumes de cette énorme compilation [1]». Ces volumes sont cependant les mieux faits. II *Sentiment d'un inconnu sur l'oracle des nouveaux*

1 Trois siècles de la littérature, article CHAUMEIX.

philosophes, 1760, in-12. III *Les philosophes aux abois*, 1760, in-8. IV. *Nouveau plan d'études, ou Essai sur la manière de remplir les places que les jésuites occupaient*, Cologne (Paris), 1762, 2 vol. in-12. Chaumeix travaillait au *Censeur hebdomadaire*, et fournissait des articles à d'autres journaux.

CHAUMETTE (Pierre-Gaspard), le plus impie des révolutionnaires, naquit à Nevers en 1763, et était fils d'un cordonnier qui lui fit donner une éducation assez soignée. Loin d'en profiter, il se livra au vice et à la dissipation; et ayant quitté l'étude, il s'embarqua sur la Loire, erra long-temps en exerçant les états les plus vils, et après avoir été mousse dans un vaisseau, il devint timonier; mais son caractère inquiet et turbulent le dégoûta encore de ce métier. Chaumette se trouvait en France au commencement de la révolution ; il avait fait connaissance avec Camille Desmoulins; son audace et le zèle qu'il témoignait pour les principes du jour, le firent d'abord choisir pour haranguer la multitude dans les places et les rues. Il fut ensuite admis au club des *Cordeliers*, qui était celui où l'on professait les opinions les plus démagogiques. Chaumette cependant n'était jusqu'alors qu'un révolutionnaire subalterne, et tirait son existence de la rédaction d'un journal où il travaillait en second : c'était une feuille périodique intitulée *Les Révolutions de Paris*, qu'avait entreprise M. Prudhomme. Enfin, lors de la journée du 10 août, dans laquelle les cordeliers furent les premiers acteurs, il sut si bien se distinguer par ses atrocités, qu'après le massacre qui eut lieu dans ce jour à jamais mémorable, les électeurs le nommèrent procureur de la commune à la place de Manuel. Il renonça aussitôt à son nom patronimique de *Pierre-Gaspard*, et prit celui d'*Anaxagoras*. Dans ses nouvelles fonctions, il apporta les maximes violentes qu'il avait professées au club des Cordeliers, club qu'il louait avec complaisance. Une voix de tonnerre, une infatigable verbosité, une déclamation d'énergumène, et des réquisitoires violens, tout cela soumettait à son impérieuse volonté le conseil de la commune, et entraînait le peuple de Paris. Les principaux objets de ses discours incendiaires étaient les illustres prisonniers du Temple, dont il devint un des persécuteurs les plus acharnés. Il fut aussi le premier qui provoqua, dans la commune, l'établissement d'un tribunal révolutionnaire, et vint lui-même, le 9 mars 1793, à la tête d'une députation, en demander l'assentiment à la convention nationale, qui, le 10, eut la faiblesse de décréter ce tribunal de sang. Ce même homme sollicita, ou plutôt imposa à la convention la loi du *maximum*, provoqua la révolution du 31 mai, et la loi des suspects. Il poussa son délire révolutionnaire jusqu'à proposer et à demander des décrets pour que les Parisiens ne portassent que des sabots, que dans les jardins des Tuileries et du Luxembourg, on ne plantât que des pommes de terre. «C'est avec des pommes de terre, »disait-il, que tous les Français »doivent se nourrir.» Tandis que Chaumette prêchait l'abstinence, il se nourrissait des mets les plus délicats, et ne buvait que les vins les plus exquis. Après la révolution du 31 mai, il se mit à la tête de plusieurs municipaux, et tous ensemble essayèrent de former une faction nouvelle, indépendante de celles

des *jacobins* et des *cordeliers*. Leur intention était non-seulement de proscrire ces républicains, mais de détruire la convention tout entière. On désigna la faction de Chaumette sous la dénomination des *hébertistes*; mais Hébert ne figurait que comme le substitut du premier, qui était véritablement le chef de cette faction, la plus monstrueuse parmi celles qui désolèrent la France. Pour que rien n'échappât à sa rage forcenée, Chaumette déclara la guerre à la morale, aux cultes, à Dieu lui-même, et voulut faire de l'*athéisme* une institution politique. Pour atteindre son but, il imagina et fit consacrer ces fêtes sacriléges connues sous le nom de *fêtes de la Raison*, dans lesquelles, en renversant les autels, on profana les choses les plus saintes. Et pour que rien ne manquât à cet impie vandalisme, on insulta aux tombeaux, on troubla la cendre des morts, et on détruisit des chefs-d'œuvre des arts qu'on regrette inutilement aujourd'hui. Fier de ces exploits, Chaumette rendit compte à la convention de la première célébration des *fêtes de la Raison*, et il s'y prit de la manière suivante. Il se présenta à cette assemblée entouré d'un peuple immense. «Un groupe de jeunes musiciens ouvrait la marche, et exécutait différens morceaux d'orchestre et de chant; des enfans orphelins, couronnés de fleurs, suivaient les musiciens, et précédaient une foule de clubistes la tête couverte du redoutable bonnet rouge, faisant retentir l'air des cris *vive la montagne! vive la république!* tandis qu'une musique guerrière faisait entendre plusieurs hymnes patriotiques. On voyait ensuite une actrice de l'Opéra (mademoiselle Maillard, célèbre par ses galanteries) sur une espèce de palanquin porté par quatre hommes. Elle représentait la *déesse de la Raison*. Le palanquin était orné de guirlandes de chêne, et cette divinité était coiffée du bonnet rouge. Un manteau bleu flottait sur ses épaules, et elle tenait dans sa main une longue pique. A peine eut-elle paru à la barre de l'assemblée, que mille cris, mille acclamations se firent entendre. On agite les bonnets, les chapeaux, on les fait sauter en l'air. A ce délire de joie succède un silence d'admiration. Alors la déesse est introduite dans l'intérieur de l'assemblée, et placée vis-à-vis du président, » c'est-à-dire vis-à-vis du chef des représentans de vingt-cinq millions d'âmes et qui partageait, le premier la joie et l'admiration générale. C'est par ces farces grotesques, nous répéterons encore, qu'on excitait aux massacres, à la dévastation et au sacrilége! C'est par ces parades de tréteaux que ces représentans imposaient un joug de fer à la nation la plus civilisée, la plus éclairée de toute l'Europe, dont ils voulaient régénérer les peuples, et renverser les souverains. Le discours de Chaumette, qui présidait à cette scène indécente, mit le comble au délire de ses dignes spectateurs. « Vous l'avez »vu, dit-il, citoyens législateurs, le »*fanatisme* a lâché prise, et a abandonné la place qu'il occupait à la »*raison*, à la *justice*, à la *vérité*; ses »yeux louches n'ont pu soutenir l'é-»clat de la lumière; il s'est enfui. »Nous nous sommes emparés des »temples qu'il nous abandonnait; »nous les avons *régénérés*. Aujour-»d'hui *tout le peuple de Paris* s'est »transporté sous les voûtes gothi-»ques frappées si long-temps de la »voix de l'erreur, et qui, pour la »première fois, ont retenti du cri de »la *vérité*. Là, nous avons sacrifié

»à la liberté, à l'égalité; là nous »avons crié : *Vive la montagne!* et »la montagne nous a répondu; car »elle venait nous rejoindre dans le »temple de la Raison. Nous n'avons »point offert des sacrifices à des ido-»les inanimées; non, c'est un chef-»d'œuvre de la nature que nous »avons choisi pour la représenter, »et *cette image sacrée* a enflammé »tous les cœurs (1). » En prononçant ces derniers mots, Chaumette avait les yeux sur la déesse d'opéra, en invitant l'assemblée à la considérer. « Un seul vœu, poursuivit-il, »s'est fait entendre; un seul cri s'est »élevé de toutes parts : *Plus de* »*prêtres, plus de dieux que ceux* »*que la nature nous offre!* Nous, »*ses magistrats*, nous avons recueilli »ce vœu; nous vous l'apportons. Du »temple de la *Raison* nous venons »dans celui de la *Loi*, pour fêter en-»core la liberté; nous vous deman-»dons que la métropole de Paris soit »consacrée à la *Raison* et à la *Li-*»*berté.* » Ce discours, à la fois insensé et blasphématoire, fit une profonde impression sur les soi-disant réformateurs de la France. L'apostat Chabot convertit alors en motion spéciale la proposition de Chaumette, et, à l'étonnement de l'Europe et des siècles, elle fut décrétée par ces orgueilleux législateurs. Il paraît cependant, soit par crainte de l'ascendant que Chaumette exerçait et sur le peuple et sur la convention, ou redoutant peut-être encore qu'on ne pourrait plus diriger ou arrêter la multitude, libre de tout frein par ces absurdes innovations, que Robespierre, directeur du club des jacobins, et Danton, chef du parti des cordeliers, ne les approuvèrent pas,

_____
1 Le beau chef-d'œuvre et la belle image, dont les principaux attributs étaient le scandale et la lubricité!

et le dernier, surtout, s'empressa de les faire cesser. Le culte de la *Raison* n'eut, par bonheur, qu'une existence éphémère, et on vit, peu de temps après, sur les portes de presque toutes les églises, cette inscription singulière : « *Les Français* »*croient en Dieu.* » Ce n'était que rétrograder d'un pas de l'athéisme, et après dix siècles que les Français avaient été unis par la même croyance, c'était toujours abandonner un dogme pour en choisir un nouveau ; et les athées, en devenant théistes, cessaient toujours d'être chrétiens. Les chefs des autres partis révolutionnaires s'aperçurent enfin qu'il fallait arrêter une faction qui voulait régner sur leurs ruines. Robespierre fit agir ses partisans. Hébert, substitut de Chaumette, fut arrêté, ainsi que le Prussien Clootz, représentant des athées à la convention, et quelques autres de leurs partisans. Chaumette, resté ainsi privé de ses plus forts appuis, fut arrêté huit jours après. Hébert fut exécuté le 24 mars 1794. Pendant ce temps on avait enfermé Chaumette dans les prisons du Luxembourg, où gémissaient environ mille personnes qu'on y détenait comme suspectes, parmi lesquelles un très-grand nombre pouvaient l'accuser de leur arrestation. Ils ne lui firent cependant aucun outrage, et se bornèrent à le railler sur ce qu'il se trouvait dans leur même position. Cet homme audacieux et sacrilége avait alors perdu toute son énergie, et il était dans le dernier abattement. On instruisit à la hâte son procès, et il fut exécuté le 13 avril de la même année. C'est ainsi que périrent, par une permission divine, et par décret de leurs propres confrères, les principaux moteurs de la mort de Louis XVI et des crimes de la révolution.

CHEMNITZER (Jean-Iwanowitch), le *la Fontaine* des Russes, né à Pétersbourg en 1744, d'une famille allemande, se distingua dans la carrière des armes, et se trouva aux campagnes de Prusse et de Turquie. Il voyagea en différentes parties de l'Europe, et nommé, en 1782, consul de Smyrne, il y mourut deux ans après. Chemnitzer a laissé *Basni i skaski*, etc., ou *Fables et contes de J.-J. Chemnitzer*, en trois parties, Pétersbourg, 1799, in-8. Il était si sujet à des distractions, que se trouvant à Paris à une représentation de Lekain, le voyant paraître sur le théâtre, il s'imagina être seul avec cet acteur, se leva, et lui fit une profonde révérence. Il n'avait pas seulement cela de commun avec le fabuliste français, mais il lui ressemblait aussi par la naïveté et l'insouciance.

CHÉNIER (Louis), historien, né à Montfort, bourg à douze lieues de Toulouse, en 1723. Dans sa jeunesse, s'étant rendu à Constantinople, il fut à la tête d'une maison de commerce, qu'il quitta pour être attaché au comte Desalleurs, alors ambassadeur de France à la Porte. Ce ministre sentant sa fin approcher, le désigna, avec l'agrément de la cour, pour consul général près de la cour ottomane, fonction que Chénier remplit depuis 1753 jusqu'en 1764. De retour en France, en 1767, il accompagna en Afrique le comte de Brugnon, que le roi y envoyait pour conclure un traité avec l'empereur de Maroc. On dit que le rôle qu'il joua dans la révolution fut celui d'un homme de bien ; mais il fit partie du premier comité de surveillance, emploi qu'un homme jaloux d'un tel titre ne devait pas accepter. Il en fut cruellement puni par la mort d'un de ses fils, André Chénier, qui périt sur l'échafaud [1]. Ce funeste accident abrégea ses jours, et il mourut à Paris le 25 mai 1796. On a de lui : I *Recherches historiques sur les Maures, et Histoire de l'empire de Maroc*, Paris, 1787, 3 vol. in-8. II *Révolutions de l'empire ottoman, et observations sur les progrès, sur les revers et sur l'état présent de cet empire*, Paris, 1789, 1 vol. in-8. Ces deux ouvrages, écrits d'un style pur et élégant, contiennent des détails très-utiles sur le commerce, les mœurs et le gouvernement ; mais ils sont peu exacts dans tout ce qui a rapport à l'histoire des peuples et à leur origine. III *Réclamations d'un citoyen*, petite brochure de circonstance.

CHÉNIER (Marie-Joseph de), fils du précédent, naquit à Constantinople le 28 août 1764 ; dès l'âge le plus tendre il vint en France, et, en sortant du collége, il embrassa l'état militaire, servit quelque temps en qualité d'officier dans un régiment de dragons, qu'il quitta pour se livrer à l'étude des lettres. Il débuta par sa tragédie d'*Azémire*, qui n'eut point de succès ni à la cour ni au théâtre. La révolution arriva ; il en adopta non-seulement les principes, mais il parut vouloir les consacrer par ses vers. C'était faire un bien indigne usage d'un talent distingué. Sa tragédie de *Charles IX*, jouée en 1789, devint un ouvrage de parti. L'auteur y dénature l'histoire, pour rendre plus odieux et le caractère de ce monarque et les événemens remarquables qui eurent lieu sous

son règne. Cette tragédie fut applaudie avec transport, et elle devait l'être, attendu l'esprit de vertige qui, à cette époque, commençait déjà à se montrer en France. Dans toutes ses autres pièces, Chénier faisait toujours parler à ses personnages le langage du parti dominant. C'était le plus mauvais exemple qu'il pouvait offrir sur un théâtre, et devant des spectateurs déjà assez exagérés. C'est dans ce style qu'il écrivit *Henri VIII* et *la Mort de Calas*, qui furent représentées en 1791. Cette dernière était la plus propre à échauffer les têtes par un spectacle déchirant et dont le fond n'était pas tout-à-fait conforme à l'histoire. La popularité de Chénier s'accrut encore par une autre tragédie toute républicaine, intitulée *Caïus Gracchus* [1]. Peu de temps après la représentation de *Caïus Gracchus*, la journée du 10 août arriva, et le démon de l'anarchie, qu'on désignait sous le nom de république, vint s'asseoir sur le trône renversé. Chénier reçut alors la récompense de ses travaux littéraires, et se vit nommer membre de la convention, où il partagea les opinions d'une folle démocratie. *Fénélon* et *Timoléon* [2], données en 1793 et 1794, obtinrent un succès prodigieux. Mais, par une de ces contradictions inexplicables qui signalaient les autorités de ces temps malheureux, tandis qu'ils ordonnaient ou toléraient les crimes les plus atroces, le comité de salut public trouva trop fort, dans cette dernière pièce, que

---

[1] André-Marie Chénier avait fait insérer dans le *Journal de Paris* quelques lettres dans lesquelles il cherchait à ramener les esprits à des idées plus calmes. Cela le rendit suspect ; et ayant, dans la suite, condamné hautement ces affreuses mesures qui désolaient son pays, il fut condamné à mort par le tribunal révolutionnaire le 25 juillet 1794.

[1] On prétend que cette tragédie, quelques changemens exceptés et analogues à l'esprit du temps, n'est qu'une imitation de la tragédie italienne du même nom, écrite par Monti, auteur du poëme de la *Bassvilliana*, et qui parut en 1786

[2] Le sujet et une grande partie des scènes de cette dernière pièce sont tirés du *Timoleone* du comte Alfieri, qui parut pour la première fois en 1782.

Timoléon tuât son frère pour sauver la république : aussi, il en fit saisir et brûler tous les manuscrits. Une seule copie, conservée par madame Vestris, servit à la reproduire et à l'imprimer en 1795. Nous ne parlerons pas d'une autre tragédie du même auteur, *Cyrus*, qui essuya une chute complète. Quelque innocent que fût Chénier dans les proscriptions sanguinaires qui se succédaient à cette époque désastreuse, il s'était néanmoins signalé, en professant et en prônant les maximes dont ces proscriptions furent le résultat; et siégea ensuite parmi ceux qui envoyèrent tant de victimes à à l'échafaud. Chénier lui-même se vit en butte à des dénonciations, et on l'accusa de la mort de son frère. Nous aimons à croire que cette imputation terrible n'est qu'une calomnie, et nous regrettons que Chénier n'y ait répondu que par de beaux vers, où il déplore, il est vrai, la mort de ce même frère. Toujours attaché à l'ordre de choses qui tenait à la révolution, il fut, sans interruption, membre de toutes les assemblées législatives, depuis le mois de septembre 1792, jusqu'au mois de mars 1802. Pendant ce temps il avait été reçu dans la seconde classe de l'Institut, et au jury d'instruction du département de la Seine. Outre un *Discours sur les progrès des connaissances en Europe et de l'enseignement public en France*, il lut à l'Athénée, en 1806 et 1807, des leçons contenant la première partie d'un tableau historique de la littérature française, où il trace l'histoire de la langue et des divers genres de poésie et de prose, jusqu'à l'avénement de François Ier au trône. Deux autres de ses leçons (sur les fabliaux et sur les romans français) ont été insérées en 1810 dans le *Mercure de France*, dont il était un des rédacteurs. Les ouvrages de Chénier sont en grand nombre. Indépendamment de ceux déjà cités, il a publié des *épîtres*, des *odes*, des *poëmes*, des *traductions* de l'anglais, et des *satires* virulentes où vont de pair l'oubli des mœurs et de la religion. On remarque parmi ses autres écrits entachés de républicanisme, ceux intitulés : *Epître au roi*, 1789, in-8 ; *Dénonciation aux inquisiteurs de la pensée*, 1789, in-8 ; *Dithyrambe sur l'assemblée nationale*, 1789, in-8. Son théâtre a été réuni en 2 vol. in-18, mais on n'y trouve ni *Azémire* ni *Timoléon*. Il a laissé une comédie, l'*Ecole du scandale*, traduite de l'anglais, de Sheridan ; d'autres manuscrits consistant en des simple traductions de l'*OEdipe roi*, de l'*OEdipe à Colonne*, deux actes de l'*Electre* de Sophocle, et une tragédie sur la *Mort du prince don Carlos*. Parmi les obligations que le gouvernement d'alors avait imposées à l'Institut, la plus intéressante était celle de rapprocher, de caractériser les productions qui, depuis 1788 jusqu'en 1808, avaient le plus enrichi la littérature française. Chénier, en se chargeant de ce travail, remplit le but que le gouvernement s'était proposé, c'est-à-dire de prouver que la révolution n'avait été nullement nuisible aux lettres, et qu'au contraire elle en avait augmenté l'éclat. Aussi plusieurs articles de cet ouvrage, imprimé à Paris en 1817, in-8, après la mort de l'auteur, se ressentent de l'esprit de parti qui dirigeait la plume de l'auteur, dont les jugemens ne sont pas toujours les plus exacts. Il est partagé en deux parties : l'une traite de la poésie, et l'autre de la prose. La première contient autant de chapitres qu'on peut distinguer de principaux genres poétiques ; la seconde offre le tableau de divers ouvrages écrits en prose , rangés selon le genre auquel ils appartiennent. Chénier avait des talens distingués, et comme poëte et comme prosateur, mais il les dégrada en les employant en grande partie en faveur d'une cause injuste ; et, indépendamment de la hauteur de son caractère qui le rendait peu social, sa conduite et ses opinions lui attirèrent beaucoup d'ennemis. Il mourut le 10 avril 1811. Il a été remplacé dans la seconde classe de l'Institut par M. de Châteaubriand. M. Arnault a prononcé son éloge funèbre.

CHÉRON (Louis-Claude), naquit à Paris en 1758. Il fut successivement nommé administrateur de Seine-et-Oise en 1790, et député en 1791 de l'assemblée législative, où il fut membre du comité des domaines. Chéron manifesta des opinions modérées ; il fut par conséquent emprisonné sous le règne de la terreur, et ne recouvra sa liberté qu'après le 9 thermidor. En 1798 il fut élu membre du conseil des cinq-cents, mais il refusa de remplir ces fonctions. Il vécut dans la retraite jusqu'en 1805, qu'on le nomma préfet du département de la Vienne. Il est mort à Poitiers le 13 octobre 1807. On a de lui plusieurs pièces de théâtre, et des traductions de l'anglais. Les premières sont : I Le Poëte, comédie non jouée, où l'auteur a pris la liberté singulière de retrancher quelquefois les s de la seconde personne des verbes au milieu d'un vers. II Caton en Utique, en 3 actes et en vers, imitée d'Addisson, 1789. III L'Homme à sentimens (1789), ou Valsain et Florville (1789), ou le Moraliseur, ou bien le Tartufe des mœurs (1805) ; car Chéron a reproduit

cette comédie qui est en 5 actes et en vers, sous ces trois titres différens. C'est sous le dernier titre qu'elle obtint beaucoup de succès. Le Tartufe des mœurs n'est cependant qu'une imitation de the School for scandale, de Sheridan. Il a traduit aussi de l'anglais : IV Leçons de l'enfance, par miss M. Edgeworth, 1803, 3 vol. in-16. V Lettres sur les principes élémentaires de l'éducation, par Elisabeth Hamilton, 1803, 2 vol. in-8. Tom Jones, etc., de H. Fielding, 1804, 6 vol. in-12.

CHERUBINI (Laerzio), naquit à Noreia, ville du duché de Spolette en Ombrie ; il vivait sous le pontificat de Sixte V et des huit papes suivans, y compris Urbain VIII. C'était un jurisconsulte instruit et laborieux. Il entreprit de recueillir les constitutions et bulles des papes, et il en forma un recueil sous le nom de Bullaire, imprimé à Rome en 1617. Cette collection fut continuée par son fils, et réimprimée à Lyon en 1655 et 1673. La dernière édition est de 1742 et années suivantes. Elle s'étend jusqu'à Benoît XIV, et forme 19 tomes communément reliés en 12 vol. Cherubini mourut sous le pontificat d'Urbain VIII, vers 1626. —CHERUBINI (Angelo-Maria), l'un des fils de Laerzio, et qui fut un de ses principaux collaborateurs, était moine du Mont-Cassin. C'est lui qui, en 1638, publia les constitutions d'Urbain VIII.—CHERUBINI (Flavio), autre fils, donna un Compendium du Bullaire, Lyon, 1624, 3 tomes en 1 volume in-4.— CHERUBINI (Alexandre), fils aussi de Laerzio, vivait en 1630 sous Urbain VIII. Il était savant dans les langues, et à traduit quelques ouvrages du grec en latin. —Il y a eu un autre CHERUBINI (François), créature du cardinal Pamphile, qui ne paraît point être de la même famille. Il était de Monte-Bodio dans la Marche d'Ancône. Son patron, parvenu au pontificat sous le nom d'Innocent X, le fit auditeur, et dans la promotion de 1647, le créa cardinal du titre de *Saint - Jean Porte - Latine.* Il le nomma aussi évêque de Sinigaglia. C'était un homme de bien et charitable envers les pauvres. Il mourut le 21 avril 1656.

CHESNEAU (Nicolas), en latin *Querculus,* né à Tourteron, près de Vousiers en Champagne, en 1521, était doyen de Saint-Symphorien de Reims. Il avait été professeur au collége de la Marche. Il avait des connaissances étendues dans l'histoire et cultivait aussi la poésie. On a de lui : I une traduction de l'histoire de Flodoard, sous le titre d'*Histoire de l'église de Reims,* en quatre livres, Reims, 1581, in-4. Il la fit sur le manuscrit, le texte de Flodoard, qu'il appelle *Floard,* n'ayant été publié que long-temps après. Il n'a pas tout traduit, son travail n'allant que jusqu'à l'année 948. Il s'est aussi permis des omissions et des transpositions. Au reste, le manuscrit sur lequel il avait travaillé était fautif. II *Hexastichorum moralium libri duo,* Paris, 1552, in-fol. III *Epigrammatum libri duo ; Hendecasyllaborum liber unus, et Sibyllinorum oraculorum periocha,* Paris, 1552, in-4. III *Poetica meditatio de vitâ et morte D. Francisci Picart,* 1556, in-4. C'est un éloge de François Picart, docteur en théologie, et l'un des plus savans théologiens de son siècle. (*Voyez* PICART, *Dict.*) IV *Nicolaï Querculi in fortunam jocantem, carmen heroicum universam belli apud Belgas gesti historiam complectens,* Paris, 1558, in-8. V *Avis*

et remontrances concernant la censure contre les anti-trinitaires, traduits du latin du cardinal Hosius, Reims, 1573, in - 8. VI *Psalterium decachordum Apollinis et novem Musarum,* Reims, 1575, in-8, pièce faite à l'occasion du couronnement de Henri III. VII *Traité de la Messe évangélique,* ouvrage allemand de Fabri d'Heilbroun. Surius l'avait traduit en latin, et Chesneau le traduisit en français sur le latin de Surius. Il mourut à Reims le 19 août 1581, à 40 ans, et légua sa bibliothèque au couvent des Minimes.

CHIARI (l'abbé Pierre), poëte comique et romancier italien, naquit à Brescia en 1702, entra d'abord chez les jésuites, se fit ensuite prêtre séculier, et se livra entièrement aux lettres. L'Italie compte peu d'écrivains aussi féconds que l'abbé Chiari, et ses ouvrages se ressentent de la précipitation avec laquelle il les écrivait. Lorsque le célèbre Goldoni voulut réformer scène italienne, Chiari et le poëte Charles Gozzi se déclarèrent ses rivaux. Mais le premier avec ses vers ampoulés, et le second avec ses *Fiabe* (comédies-féeries), ne pûrent arrêter les succès du Molière italien. Le *Théâtre* de Chiari contient 14 vol.., Bologne, 1760, Venise, 1762. Les comédies des 10 premiers volumes sont écrites en vers *martelliens* [1], de 14 syllabes, celles des 4 autres volumes sont en prose. Les pièces que l'on trouve dans les premiers, intitulées : *Molière jaloux de sa femme, Plaute, la Schiava chinese, le Sorelle chinesi,* furent écrites en rivalité de Molière, *Terenzio, la Sposa pen-*

[1] On alexandrins. On les appelait *martelliani* (martelliens), du nom du comédien Martelli, qui le premier les avait introduits en Italie.

siana de Goldoni; *la Pastorella* est la plus intéressante parmi les pièces de cet auteur; et le *Mario cortesan*, le *Mari prévenant*, écrite en dialecte vénitien, est celle qui s'approche le plus de la véritable comédie. Les romans de l'abbé Chiari se répandirent dans toute l'Italie; il en produisait près de 14 par an. Les mieux écrits et les plus intéressans sont la *Cantatrice*, la *belle Pélerine*, la *Dame voyageuse*, etc. Il a publié aussi des *Lettres philosophiques* qui sont une imitation de l'*Homme* de Pope; plusieurs *opuscules* en vers; un traité sur *le caractère et les mœurs du siècle présent* (18e), où il y a des aperçus qui ne seraient pas indignes de la Bruyère; et une *Histoire sacrée* ou la *Bible*, par demandes et par réponses, Venise, 1782. Le caractère de l'abbé Chiari était humain, doux et bienfaisant; malheureusement ses mœurs particulières étaient parfois un peu trop libres, et peu convenables à son état d'ecclésiastique. Il passa la plus grande partie de ses jours à Venise, et s'étant retiré à Brescia, il y mourut en septembre 1788.

CHINCHON (Bernard Perez de), né en 1540 à Valence. Il était chanoine de l'église collégiale de cette ville, et a laissé : 1 le *Miroir de la vie humaine*, Grenade, 1587. II *Histoire des guerres de Milan*, Alcala-de-Henarès, 1789, in-8, etc. Ces ouvrages sont écrits en espagnol. III *Anti - Alcoran, sive contra errores sectæ mahometanæ.* Il mourut vers 1700.

CHINIAC DE LA BASTIDE (Jean Baptiste) est auteur du *Miroir fidèle*, ou *Entretiens d'Ariste et de Philindre*. Il mourut en 1768.

CHINIAC DE LA BASTIDE DU CLAUX (Pierre), né à Alas-sac, près de Brives en Limousin, le 5 mai 1741, et avocat au parlement de Paris, s'était d'abord destiné à l'état ecclésiastique qu'il quitta pour le barreau. Il était, avant la révolution, lieutenant-général de la sénéchaussée d'Uzerche, et la France littéraire lui donne le titre de *conseiller* du roi. Depuis 1789 il occupa diverses places de judicature; il fut juge au tribunal d'appel d'Agen, et il était en 1796 président du tribunal criminel de la Seine. Quant à ses titres littéraires, il était de la société des sciences et arts de Montauban, et de celle d'agriculture, sciences et arts d'Agen. Il avait à peine vingt-quatre ans, et portait encore l'habit ecclésiastique, lorsqu'il publia le *Discours de l'abbé Fleury sur les libertés de l'église gallicane*, *avec un commentaire* par M. l'abbé de C. de L. (Chiniac de la Bastide), au delà des monts, à l'enseigne de la Vérité, Paris, Butard, 1765, in-12. L'édition, comme on voit, était clandestine. Chiniac étudiait alors le droit, et s'était, à ce qu'il paraît, attaché à une école peu favorable à ceux du saint-siége. On ne peut s'empêcher de reconnaître dans ce livre plein d'assez savantes recherches, le mérite de l'érudition; mais l'auteur y parle du pape et de la cour de Rome avec indécence et une extrême aigreur. Son commentaire n'est qu'une réfutation de ce que l'abbé Fleury, ce critique si judicieux, enseigne sur les droits du souverain pontife et de l'église. Tout y est outré et y respire la partialité la plus remarquable. Cet écrit donna lieu à diverses critiques auxquelles Chiniac répondit par un ouvrage intitulé : *Réflexions importantes et apologétiques sur le nouveau commentaire*, etc., Paris, 1766, qui lui attirèrent une forte et ample réplique, sous le titre de *l'Auteur malgré lui*, ou *Réponse aux réflexions importantes*, etc., 1767, sans nom d'imprimeur. On attribue aussi à Chiniac une *Dissertation de la prééminence de l'épiscopat sur la prêtrise*, 1766, in-4, et la *Traduction du traité du pouvoir des évêques*, 1772, in-8 ; ouvrage composé en portugais par Antoine Pereyra, ennemi non moins ardent des prérogatives papales. Chiniac, devenu avocat, publia : I un *Discours sur la nature et les dogmes de la religion gauloise, servant de préliminaire à l'histoire de l'église gallicane*. II Une édition de l'*Histoire des Celtes* de Pelloutier, revue, corrigée et augmentée, 1770 et 1771, 8 volumes in-12 ou 2 vol. in-4. (*Voyez* PELLOUTIER, *Dict.*) Chiniac y a joint une *Dissertation sur le temps où la religion chrétienne fut établie dans les Gaules*. Il pense qu'elle n'y date que du deuxième siècle. III Une nouvelle édition des *Capitulaires*, 1780, 2 vol. in-fol. Il se servit pour cela d'un exemplaire que Baluze avait laissé, et qui était chargé de notes et de variantes de sa main. Il y ajouta le traité de Deroye, *de Missis dominicis*. (*Voyez* BALUZE, *Dict.*) IV *Histoire des capitulaires des rois de la première et seconde race*, 1779, in-8. C'est la traduction en français de la *Préface de Baluze*. Il y en avait une de Lescalopier, mais on préfère celle de Chiniac. V Une nouvelle édition du *Traité de l'autorité des papes*, par Burigny, Vienne (Paris), 1782, 5 vol. in-8, ouvrage écrit dans les mêmes principes d'opposition aux droits du pontife romain. (*Voyez* BURIGNY, *Dict.*) Cette édition attira à Chiniac de nouvelles critiques auxquelles il répondit. VI *Essai de philosophie*

morale, 1802, cinq volumes in-8.

CHINIAC DE LA BASTIDE (Mathieu) ; probablement frère aîné du précédent, naquit en septembre 1739, et fut membre de l'académie de Montauban. Il était, en 1800, magistrat de sûreté du cinquième arrondissement de Paris. On a de lui : I avec d'Ussieux, *Histoire de la littérature française, depuis les temps les plus reculés jusqu'à nos jours, avec un tableau du progrès des arts dans la monarchie*, Paris, 1772, 2 vol. in-12. C'est un abrégé de l'*Histoire littéraire de France*, publiée par les bénédictins de la congrégation de Saint-Maur (*voy.* RIVET, *Dict.*); entreprise utile, en ce qu'elle réduisait sur un plan moins étendu et mettait à portée de plus de lecteurs un ouvrage d'un grand intérêt; mais elle n'eut point de suite, et les deux volumes qui ont paru ne vont que jusqu'à l'an 425. II *Traduction des Commentaires de César*, accompagnée de dissertations et de notes; ce travail est resté manuscrit, à l'exception du tome premier de la seconde partie, donné au public sous ce faux titre : *Dissertation sur les Basques*, Paris, sans date (1786), in-8 ; livre curieux par les recherches qu'il renferme, mais diffus et plein d'idées systématiques. L'auteur mourut en juin 1802.

CHLADNY (Martin), théologien luthérien, naquit à Kremnitz, en Hongrie, en 1669. Il était fils de George Chladny, connu par un livre intitulé *Inventarium templorum*. L'église où il était pasteur ayant été rendue aux catholiques, Martin Chladny et son père vinrent en Saxe en 1710. Martin fut nommé professeur de théologie à Wittemberg, et y mourut en 1725; il a laissé un grand nombre d'ouvrages dont les principaux sont : I *De fide et ritibus ecclesiæ græcæ hodiernæ*. II *De Diptychis veterum*. III *Epistola de abusu chimiæ in rebus sacris*. IV *Dissertatio de ecclesiis colchicis, eorumque statu, doctrinâ et ritibus*, Wittemberg, 1702, in-4. V *Dissertatio theologica quâ revelationes Brigitæ excutit*, Wittemberg, 1715, in-4.—CHLADNY (Jean-Martin), fils du précédent, professeur de théologie à Erlang, né en 1710, a publié les ouvrages suivans : I *Logica practica, seu problemata logica*, Leipsig, 1741, in-8. II *Programma de fatis bibliothecæ Augustini in excidio hipponensi*, ibid., 1742, in-8. III *Opuscula academica*, ibid., 1741 et 1750, 2 vol. in-8. IV *Vindiciæ amoris Dei puri, adversus sublitissimas Fenelonii corruptelas*, Erlang, 1757, in-4. Il mourut à Erlang le 10 septembre 1759. Il avait un frère nommé Ernest-Martin, professeur de droit féodal à Wittemberg, qui y mourut en 1782.

CHODOWIECKY (Daniel-Nicolas), peintre et graveur, directeur de l'académie des arts et des sciences mécaniques de Berlin, naquit à Dantzig le 16 octobre 1726. On distingue parmi ses peintures la *Passion de J.-C.*, en douze parties, ouvrage fort estimé des connaisseurs. Comme graveur, il a exécuté de très-belles estampes, comme celle des *Prisonniers russes secourus par les habitans*. Il a pris beaucoup de sujets dans l'Arioste, Gessner, le roman de *Don Quichotte*, et la *Messiade* de Klopstock. Cet artiste est mort à Berlin en 1801.

CHRÉTIEN (Gilles-Louis), né à Versailles en 1754, musicien de la Chapelle du roi et des concerts particuliers de la reine. Ruiné par suite de la révolution, il trouva une ressource en faisant des portraits au physionotrace, instrument dont il fut l'inventeur. Il a laissé un ouvrage intitulé : *La Musique étudiée comme science naturelle*, etc., ou *Dictionnaire musical*, Paris, 1811, in-8, avec un cahier de planches in-4. Ce dictionnaire a mérité les éloges des trois célèbres compositeurs, Grétry, Martin (et non Martini) et le Sueur. Chrétien est mort à Paris le 4 mars 1811.

CHRISTINE DE PISAN, dame littérateur, célèbre dans le 14e siècle, naquit à Venise vers 1363, et fut élevée en France, où son père avait été appelé en qualité d'astronome de Charles V. Elle épousa un gentilhomme picard, nommé Etienne du Castel, et qui, par ce mariage, obtint la charge de notaire et de secrétaire du roi. Christine publia plus de 15 volumes en prose et en vers, qui ne l'enrichirent cependant pas. Elle refusa l'offre de plusieurs souverains, aimant mieux rester en France. Etant devenue veuve et pauvre, le roi lui accorda en 1411 une gratification de 200 l. Ses principaux ouvrages en vers sont : I le *Livre des trois jugemens*. II *Le Chemin de longue étude*, traduit en prose par Chaperon, et imprimé en 1549, in-16. III *Histoire de Charles le Sage*, publiée par l'abbé Lebeuf, dans le 3e volume de ses *Dissertations sur l'histoire de Paris*. IV *Proverbes moraux* avec le *Livre de prudence*. Ces deux derniers ouvrages sont en prose. Une partie des productions de Christine se trouve dans les tomes 2 et 3 de la *Collection des meilleurs ouvrages français composés par des femmes*. On ignore l'époque précise de la mort de Christine.

CHRYSOLOGUE DE GY (le

P.), capucin, dont les noms étaient Noël-André, naquit à Gy en Franche-Comté, le 6 décembre 1728, et entra jeune chez les capucins. Il avait pour la géographie un goût naturel que la vue de quelques cartes développa et augmenta. Envoyé à Paris par ses supérieurs, il y trouva plus de moyens de se livrer à l'étude de cette science. Il y suivit les leçons du célèbre astronome le Monnier, qui s'attacha à un élève dans lequel il trouvait, avec le goût du travail, d'aussi heureuses dispositions. Bientôt le P. Chrysologue fut en état de donner des preuves des connaissances qu'il avait acquises. Il dressa des planisphères projetés sur divers horizons, et il y traça les étoiles et les constellations avec une exactitude qui lui valut l'approbation de l'académie des sciences, et la permission de les publier sous son privilége. Une mappemonde de sa composition, projetée sur l'horizon de Paris, passe pour un chef-d'œuvre de correction. Le P. Chrysologue ne se borna point à étudier le globe terrestre sur des cartes. Passionné pour la géologie, il parcourut sur tous les points et dans tous les sens les montagnes des Vosges, celles du Jura et la chaîne des Alpes. Il mesura les hauteurs de ces montagnes, examina les décombres produits par leurs éboulemens, les roches que ces éboulemens laissaient à découvert, et les points de partage des eaux. Il pénétra dans la profondeur des vallées, en observa les parois latérales, et tint un registre exact de tout ce que lui présentait la surface du globe. Il se trouva ainsi à portée d'établir, non un système, mais une suite de faits bien constatés, dont il tira les conséquences qui en dérivaient naturellement. La révolution vint lui ôter un état qui, tout humble qu'il fût, lui était cher, et

qu'il regretta. Il se retira dans sa famille, et continua ses travaux. Il vint à Paris en 1806, à l'occasion de son dernier ouvrage, et retourna à Gy, où il mourut le 8 septembre 1808. Outre ses planisphères et sa mappemonde, on a de lui : *Théorie de la surface de la terre, ou plutôt Recherches importantes sur le temps et l'agent de l'arrangement actuel de la surface de la terre, fondées uniquement sur les faits, sans système et sans hypothèse*, Paris, 1806, in-8. Sa conclusion est que le déluge, tel qu'il est décrit dans la Genèse, paraît suffire pour rendre raison de tous les phénomènes géologiques, présentés par l'histoire naturelle. M. Cuvier, chargé de faire à la classe des sciences physiques et mathématiques de l'Institut un rapport sur cet ouvrage, sans adopter la conclusion du P. Chrysologue, de laquelle néanmoins il ne s'écarte pas, y rend aux recherches de l'auteur et à ses aperçus le témoignage le plus honorable; et il faut convenir que c'est ce qu'on a écrit de plus raisonnable et de plus sage sur cette matière. Le P. Chrysologue avait, en l'an 8 (1800), fait imprimer dans le Journal des Mines la *Description d'un baromètre portatif* (celui de Toricelli), *perfectionné d'après ses observations*. Il avait eu le projet de dresser une *carte géologique* des Vosges, du Jura, de la chaîne des Alpes, des bassins de la Saône et du Rhin, et il en avait rassemblé les matériaux; mais il ne l'a point exécuté. Il était de la société libre d'agriculture, commerce et arts du département du Doubs, de l'académie de Cassel et de celle de Besançon. Un éloge de ce modeste, savant et bon religieux, dont M. Weiss est l'auteur, se trouve dans le 3e vol.

des Mémoires de la société d'agriculture du département de la Haute-Saône.

CHUBB (Thomas), déiste anglais, né en 1679 à East-Harnham, près Salisbury, et fils d'un marchand de drèche, n'avait reçu qu'une éducation commune et point fait d'études. A l'âge de 15 ans il fut mis en apprentissage chez un gantier; mais il ne suivit point cet état. Il s'associa avec un de ses amis, fabricant de chandelles. Il aimait la lecture, il y acquit quelques connaissances; et des livres de théologie lui étant tombés sous la main, il prit du goût pour cette science; malheureusement ceux qu'il lut étaient de nature à l'égarer. Il prit sur la Trinité des idées hétérodoxes, et s'engagea dans la discussion qui s'agitait entre le docteur Clarke et Waterland, par une dissertation intitulée : *La suprématie du Père établie.* Elle parut en 1715, fut prônée par Whiston, dont elle favorisait les sentimens, et fit du bruit. Chubb publia divers autres traités qui augmentèrent sa réputation et lui attirèrent l'attention des savans. Sir Joseph Jekyll, maître des rôles, lui offrit un logement chez lui; Chubb l'accepta; mais, après l'avoir habité quelque temps, il retourna à Salisbury reprendre sa profession. Cela ne l'empêcha point d'écrire. Outre l'ouvrage cité ci-dessus, on a de lui : I une *Collection de traités sur divers sujets.* II Un *Discours sur la raison par rapport à la révélation.* Il prétend y prouver qu'en matière de religion la raison suffit, rejette la révélation, nie l'inspiration des livres saints, et laisse entrevoir qu'il ne croit ni à une Providence, ni à une vie future. Il mourut à Salisbury, âgé de 68 ans, vers 1747.

CIBOT (Pierre-Martial), jésuite, né à Limoges en 1727, entra jeune dans la compagnie de Jésus, et y enseigna les humanités pendant plusieurs années. Après ses cours de théologie, il s'attacha à cet institut par des vœux solennels, et prit les ordres. Il avait toujours souhaité ardemment de se consacrer aux missions; ses supérieurs s'étant rendus à son vœu, il partit pour la Chine le 7 mars 1758, et aborda à Macao l'année suivante. Après un séjour de sept à huit mois dans cette ville il se rendit à Pékin, et y partagea avec ses confrères les exercices de la mission et les travaux scientifiques dont les jésuites sont occupés dans le palais de l'empereur. Les connaissances de Cibot s'étendaient à presque toutes les sciences. Il était géomètre, astronome et mécanicien; il avait étudié les langues, l'agriculture, la botanique et l'histoire. C'est au P. Cibot, ainsi qu'au savant P. Amiot, qui résidait à Pékin dans le même temps, que l'on doit la plus grande partie des renseignemens reçus en France dans le siècle dernier sur la Chine. (*Voyez* AMIOT.) Ces renseignemens sont en si grand nombre, qu'ils forment la majeure partie des quinze volumes in-4 dont sont composés les *Mémoires sur les Chinois.* La nomenclature de ceux du P. Cibot forme à elle seule sept colonnes de la table des matières. Un des écrits les plus remarquables de ce jésuite est sa dissertation sur *l'antiquité de cet empire.* Cibot en fixe l'origine à *Yao,* qu'il en regarde comme le fondateur et le législateur, ne tenant aucun compte des règnes des sept empereurs dont il est fait mention dans les annales chinoises, et dont il range l'histoire parmi les fables. Cette opinion de la part du P. Cibot a cela de singulier, qu'elle ne s'accorde point non-seulement avec celle de la plupart des lettrés de la Chine, mais qu'elle est même en opposition avec le sentiment des autres jésuites, notamment avec celui du P. Amiot. Ce dernier a défendu l'intégrité de la chronologie chinoise dans une dissertation particulière insérée à la tête du tome 2 des *Mémoires*, et l'a envoyée en France, où les savans ont pu peser les motifs allégués par les deux jésuites. On trouve dans le recueil intitulé *Choix des lettres édifiantes*, Paris, 1808, tome 3, page 100, une lettre du P. Cibot, datée de Pékin, 3 novembre 1772, dans laquelle il rend compte des efforts que font les ennemis des missionnaires pour les perdre, et de la bonté avec laquelle l'empereur les soutient. Rien de plus propre à édifier et à consoler les âmes pieuses, que la description qu'il fait dans cette lettre de la manière que l'on célèbre le service divin dans les églises de la mission, et de la dévotion avec laquelle les chrétiens chinois y assistent. Ce savant jésuite est mort à Pékin le 8 août 1780.

CICCI (Marie-Louise), dame poëte italienne, née à Pise, le 14 septembre 1760, d'un père noble et jurisconsulte de profession. Celui-ci, l'ayant mise dans un couvent, voulait que l'éducation de sa fille se bornât à l'exercice des devoirs domestiques, et exigea qu'on écartât d'elle tout ce qui sert à l'art d'écrire. Ces précautions furent inutiles, et Marie-Louise, malgré la surveillance de ses institutrices, avec des petits morceaux de bois et du jus de raisin, apprit à écrire en copiant des morceaux de Dante et de Pétrarque qu'elle lisait en cachette. Nourrie de cette lecture, à l'âge de 10 ans elle faisait déjà des vers. De retour chez son père elle put enfin se livrer à ses inclinations naturelles, et étudia les lettres et la philosophie. Ses premières productions poétiques obtinrent beaucoup de succès, et lui méritèrent d'être reçue membre de l'académie de Pise en 1783, et à celle des Intronati de Sienne en 1786. Ne voulant pas se marier, elle demeura toujours chez son père, Paul Cicci, et mourut le 8 mars 1794, sincèrement regrettée de tous ceux qui avaient eu lieu d'admirer ses vertus et ses talens. Son frère réunit toutes ses poésies et les publia sous le titre de *Poesie di Maria Luigia Cicci*, Parme, Bodoni, in-16. On y trouve, à la tête, l'éloge de cette dame auteur, écrit par le docteur Anguillesi, jurisconsulte et littérateur distingué.

CIMAROSA (Dominique), célèbre compositeur de musique, naquit à Naples en mai 1754. Il étudia son art dans le conservatoire de Lorette, de cette ville, et fut élève de Durante et de Sacchini. Ses premières productions le mirent au rang des maîtres les plus renommés de l'Italie, et dès 1778 il marchait de pair avec les fameux compositeurs Guglielmi et Paesiello. Tous les trois, se jugeant d'un égal mérite, fixèrent d'un commun accord un même prix à chacun de leurs opéras, qu'ils se faisaient payer 600 ducats (près de 3,000 francs). Peu de compositeurs ont été aussi féconds que Cimarosa; il a écrit plus de cent vingt pièces. Parmi ses opéras bouffons on cite: *i Nemici generosi, le Trame deluse, il Matrimonio secreto*, etc.; *l'Olimpiade, la Penelope, gli Orazj e i Curiazj*, etc., sont parmi le nombre de ses plus beaux opéras sérieux. Mais où Cimarosa paraît s'être surpassé lui-même, c'est dans les *Oratorio*, et entre autres dans le *Sacrifizio d'Abramo*, qui est un chef-d'œuvre dans l'art musical. Il a donné aussi plusieurs *Messes, Psaumes et Motets*, etc. Toutes ses compositions brillent par la grâce et la pureté du chant. Il était maître de chapelle de Ferdinand IV, roi des Deux-Siciles, lorsque les Français entrèrent la première fois à Naples, en 1799 : obligé, le pistolet à la gorge, à composer un hymne républicain, il fut arrêté et mis en prison lors du retour du roi dans la capitale. Menacé de périr sur l'échafaud, il trouva le moyen de s'évader et de passer à Venise, où il mourut de chagrin le 11 janvier 1801. On célébra ses funérailles avec pompe, et tous les musiciens de Rome exécutèrent une messe de *requiem* qu'il avait composée dans sa jeunesse pour les funérailles du père de sa première femme. Cet homme charitable avait été son bienfaiteur et le soutien de son enfance, les parens de Cimarosa étant fort pauvres et hors d'état de lui donner une éducation. Le véritable nom de ce maître est Cimarossa ; il le changea, jeune encore, en lui ôtant un *s*, ce qui varie la signification de *rossa*, rouge, en *rosa*, rose. L'auteur de cet article, qui l'a connu particulièrement, l'a toujours vu attaché à la religion et en observer les préceptes même avec une espèce de scrupule.

CINCHON (la marquise de), dame espagnole, née en 1598, femme du vice-roi du Pérou, dom Pedro de Cinchon. Attaquée d'une fièvre violente, elle en guérit subitement en faisant usage du *quinquina*, qui n'est que l'écorce d'un arbre qui croît dans les montagnes, et qui alors était seulement connu des indigènes. Elle transporta en Espagne (en 1632) cette écorce, à laquelle on donna le nom de *quinquina* et d'*écorce du Pérou ;* mais ceux qui contribuèrent le plus à la répandre en Europe, furent les jésuites missionnaires du Pérou ; c'est pourquoi on l'appelait aussi *poudre des jésuites*. Les effets salutaires qu'elle produisit, parvinrent enfin à étouffer les clameurs de certains médecins, qui trouvaient que ce remède ne guérissait pas selon les règles. Un d'entre eux, moins prévenu et plus éclairé, Sébastien Badius, médecin du cardinal Lugo, en a fait connaître les particularités dans un excellent traité publié sous ce titre : *Anastasiis corticis peruviani, seu Chinœ defensió*, Gênes, 1661, in-4. Linnée a donné le nom de *cinchona* au genre de plantes qui renferme ce végétal, et qui est de la famille des rubiacées.

CIRILLO (Dominique), médecin et botaniste, naquit à Grugno, dans la terre de Labour, au royaume de Naples, en 1734. Il descendait d'une noble famille de l'Abruzze. Jeune encore, il remplaça le célèbre Pedillo dans la chaire de botanique, à Naples. Cirillo accompagna ensuite lady Walpole en France, où il connut Nollet et Buffon, et se lia particulièrement avec d'Alembert et Diderot. Etant passé à Londres, il suivit les leçons de Guillaume Hunter, professeur d'histoire naturelle, et fut reçu membre de la société royale de cette ville. De retour dans sa patrie, il fut nommé professeur de médecine pratique et théorique, médecin de la cour, et obtint en 1779 le titre de pensionnaire de l'académie des sciences et belles-lettres de Naples. Jusqu'ici Cirillo avait rempli honorablement les devoirs de bon sujet, d'ami de l'humanité, et de médecin laborieux et éclairé. Les Français étant entrés à Naples le 23 janvier 1799, y établirent une constitution républicaine :

Cirillo oublia alors la sagesse de sa conduite passée, et il accepta l'emploi qu'on lui offrit de représentant du peuple. De là il passa à la commission législative, dont il fut bientôt élu président. Six mois s'étaient à peine écoulés, et la république *Parthénopéenne* n'existait déjà plus. Le roi Ferdinand rentra dans sa capitale le 13 juillet 1799, et tous ceux qui avaient eu part au nouvel ordre de choses furent mis en prison. On arrêta Cirillo dans un vaisseau où il s'était embarqué pour passer à Toulon. Lord Nelson et Guillaume Hamilton réclamèrent sa grâce auprès du souverain. Un acte de soumission de la part de Cirillo aurait suffi pour la lui faire obtenir; mais, tenace dans les nouveaux principes qu'il avait adoptés, il préféra la mort plutôt que d'implorer la clémence de son roi. Il périt sur l'échafaud, le 24 août de la même année 1799. Voici ses principaux ouvrages : I *Ad botanicas institutiones introductio*, Naples, 1771, in-4 (2ᵉ édition). II *Fundamenta botanica, sive philosophiæ botanicæ explicatio*, Naples, 1787, 2 vol. in-8 (3ᵉ édition). III *De essentialibus nonnullarum plantarum characteribus*, Naples, 1784, in-8. IV *Plantarum variarum regni neapolitani fasciculus primus, cum tabulis æneis*, Naples, 1788, in-fol.; *Fasciculus secundus*, 1793, etc. Il publia aussi un ouvrage intéressant, où il propose les moyens d'améliorer les prisons et les hôpitaux, et qui a pour titre : V *La prigione e l'ospedale, discorsi accademici del dottor D. C.*, Nice, 1787, in-8. Nous citerons encore pour la singularité du sujet, cet autre ouvrage du même auteur : VI *Le Virtù morali*, etc., ou *les Vertus morales de l'âne, discours académique*

du docteur *N. N.* Ce discours se ressent beaucoup des principes de philosophisme que Cirillo avait puisés à Paris.

CLAIRON (Hippolyte - Claire LEYRIS DE LA TUDE, connue sous le nom de mademoiselle), actrice aussi célèbre par son talent que par ses galanteries, naquit près de Condé, en Flandre, en 1723. Elle débuta comme cantatrice à Lille, à Dunkerque, à Gand, vint en 1743 à Paris, et fut reçue à l'Opéra pour doubler mademoiselle le Maure. Elle passa ensuite à la comédie française dans l'emploi des soubrettes; mais ayant obtenu de débuter dans le rôle de *Phèdre*, à la place de mademoiselle Dumesnil, elle eut un grand succès. Ce succès s'étant soutenu dans les rôles de *Zénobie*, d'*Ariane* et d'*Electre*, mademoiselle Clairon resta dès lors attachée au Théâtre - Français pour y jouer les premiers rôles tragiques. Sa fierté et son orgueil étaient cependant bien au-dessus de son talent. Ayant refusé de jouer dans la tragédie du *Siége de Calais* avec le comédien Dubois, le public, impatient de l'attendre, commença à crier : *Clairon au Fort-l'Évêque!* Un exempt de police vint en effet l'y conduire le lendemain. L'épouse de l'intendant de Paris, qui se trouvait alors chez elle, eut la faiblesse de la conduire dans sa voiture. A peine mademoiselle Clairon y fut-elle entrée, qu'elle dit à l'exempt : « Je me rends aux or- » dres suprêmes, mais *mon honneur* » *reste intact*, et le roi lui-même » n'y peut rien. Vous avez raison, » répondit l'exempt : où il n'y a rien » le roi perd ses droits. » Cette aventure, et l'affront qu'elle avait reçu du public, la déterminèrent à quitter aussitôt le théâtre (en 1765). De mauvaises spéculations ayant dérangé ses affaires, elle alla se fixer à la cour du margrave d'Anspach, où elle se mêla de gouvernement. Après y avoir demeuré dix-sept ans, elle revint à Paris et mourut le 18 janvier 1803, âgée de quatre-vingts ans. Parmi les élèves qu'elle a formés, on compte Larive et mademoiselle Raucourt, morte en 1814. Mademoiselle Clairon a publié : *Mémoires d'Hippolyte Clairon, et réflexions sur la déclamation théâtrale*, Paris, 1799, 1 vol. in-8 ; cependant ce n'est pas dans ces mémoires qu'on doit chercher des détails exacts sur la vie de cette actrice.

CLAPARÈDE (David), né à Genève en 1727, et ministre protestant, se fit une réputation par son talent dans la prédication et par ses écrits. En 1758 il exerçait le ministère évangélique en qualité de pasteur, et en 1763 il fut nommé à une chaire de théologie. On a de lui : *Dissertations sur les miracles, sur l'authenticité des livres du nouveau Testament, sur les démoniaques, sur les dons des langues.* Il traita aussi différens points de critiques *sur l'Écriture sainte.* Enfin il travailla aux psaumes et aux prophètes dans la traduction de la *Bible* publiée à Genève en 1805, 3 vol. in-8. Il mourut en 1801.

CLAVIGERO (François-Xavier), jésuite, né au Mexique en 1718. Voulant écrire l'histoire de son pays, il en parcourut, pendant trente-six ans, toutes les provinces et les peuplades les plus éloignées. Lors de la suppression de son ordre, il se retira à Césène, où il publia, en italien, le fruit de ses longues recherches sous ce titre : *Storia antica del Messico, ou Histoire du Mexique, tirée des meilleurs historiens espagnols et des manuscrits et peintures des Indiens,*

Césène, 1780-81, 4 vol. in-8. Cet ouvrage a été traduit en anglais par K. Cullen, Londres, 1787, 2 vol. in-4. Un abrégé en a paru en allemand, Leipsig, 1789, 2 vol. in-8. Le P. Clavigero est mort à Césène en octobre 1793.

CLAVIJO Y FAXARDO (don Joseph), littérateur espagnol, connu par plusieurs bons ouvrages, et notamment par son journal périodique intitulé *el Pensador,* le Penseur. Il s'éprit d'une vive passion pour une des sœurs de Beaumarchais, qu'il voulait épouser ; mais de fortes raisons l'obligèrent à ne pas conclure ce mariage. Beaumarchais s'en vengea comme un homme qui avait plus de méchanceté que de courage. Clavijo manqua perdre la vie ; et son ennemi le voyant sauvé, eut assez de crédit pour lui faire perdre ses places, en même temps qu'il le livrait au ridicule. C'est la première aventure par laquelle Beaumarchais s'est fait connaître dans le monde. Un auteur allemand s'avisa d'en faire un drame sous le titre de Clavijo ; M. Marsollier de Vivetières et M. Cubières Palmézeaux en firent autant, et tandis que ces trois dramaturges poignardaient leur héros sur les théâtres de Vienne et de Paris, Clavijo jouissait à Madrid d'une parfaite santé. Il fut rétabli dans ses places, continua à rédiger le *Mercure historique et politique de Madrid,* dont il était chargé depuis 1777, époque où il était directeur du théâtre de *Los Sitios* [1]. Il a traduit en espagnol l'*Histoire naturelle de Buffon,* Madrid, Ibarra, 1785-90, 12 vol. in-8. Malgré ce qu'en dit Beaumarchais, qui savait jeter des couleurs

___

[1] Maisons royales aux environs de Madrid, où le roi Ferdinand VI faisait jouer jadis à ses frais des opéras italiens, dont le fameux Farinelli était inspecteur.

odieuses sur tous ceux qu'il n'aimait pas, Clavijo avait un cœur honnête, un esprit éclairé, et un caractère doux et bienfaisant. Il est mort à Madrid en 1806.

CLÉMENCE (Joseph-Guill.), chanoine de Rouen, né au Havre le 9 octobre 1717, ecclésiastique instruit et même savant, était versé dans les langues grecque, syriaque et hébraïque. Il fut d'abord curé de Saint-Claude, dans la ville de Rouen. Le cardinal de la Rochefoucaud, archevêque de cette ville, lui donna un canonicat de sa cathédrale, et le roi le nomma au prieuré commendataire de Saint-Martin de Machecoul. Enfin il devint grand vicaire de Poitiers. L'abbé Clémence tient un rang parmi ceux qui, dans le siècle dernier, se sont opposés, par des écrits en faveur de la religion, au débordement de la doctrine prétendue philosophique. Ceux dont il est auteur sont : I *Défense des livres de l'ancien Testament contre la philosophie de l'histoire* (de Voltaire), 1768, in-8. II *Authenticité des livres tant du nouveau que de l'ancien Testament, démontrée spécialement contre l'auteur de la Bible enfin expliquée par les aumôniers du roi de Prusse.* On sait que ces prétendus aumôniers ne sont que Voltaire lui-même. III *Les caractères du Messie vérifiés en Jésus de Nazareth,* 1776, 2 vol. in-8. L'abbé Clémence mourut en 1792.

CLÉMENT (Augustin-Jean-Charles), évêque constitutionnel de Versailles, né en 1717 à Créteil, près Paris, d'une famille parlementaire dévouée aux opinions de Port-Royal, entra dans l'état ecclésiastique, et ne put recevoir les ordres sacrés à Paris, parce qu'il ne voulut point signer le formulaire. Il alla à Auxerre, s'y attacha à l'évêque Caylus qui l'ordonna, dont il eut la faveur et la confiance, et qui lui confia la dignité de trésorier de son église. (*Voy.* CAYLUS, *Dict.*) Cette faveur cessa sous l'évêque Condorcet, opposé au jansénisme. En 1752, l'abbé Clément fit le voyage de Rome, dont le but, dit-on, était de faire élire un pape favorable à ce parti ; il se rendit en Espagne en 1768, et s'y lia avec les ennemis des jésuites. Il alla quatre fois en Hollande, et assista aux assemblées des jansénistes de ce pays. Il se démit de la trésorerie de l'église d'Auxerre en 1786. La révolution vint bientôt après. Il s'attacha au parti constitutionnel, et assista aux assemblées que tinrent, sous le nom de synodes ou de comités, ceux de ce parti. Ce fut par eux qu'en 1797 il fut élu et proclamé évêque de Versailles. Il essaya, dans quelques lettres pastorales, d'accréditer un *Rituel français* rédigé par Ponsignon, son vicaire épiscopal. Il donna sa démission lors du concordat, et mourut le 13 mars 1804. Parmi les écrits qu'il avait composés en faveur de ses opinions, on cite : I l'*Episcopat de France,* 1803. II *Lettre apologétique de l'église de France, dédiée au pape Pie VII,* Londres, 1803, in-4, brochure de 32 pages. III *Journal, correspondance et voyage en Italie et en Espagne dans les années 1758 et 1768,* Paris, 1802, 3 vol. in-8. On a publié des *Mémoires secrets sur la vie de M. Clément, évêque de Versailles, pour servir d'éclaircissemens à l'histoire ecclésiastique du 18e siècle,* 1812, in-8. Ils sont sans intérêt.—CLÉMENT DE BOISSY (Athanase-Alexandre), né à Créteil le 16 septembre 1716, frère aîné du précédent, et maître des comptes, est auteur d'un recueil en quatre-vingts cartons in-fol.,déposés par son fils à la Bibliothèque du roi, et composé de pièces relatives à la jurisprudence et aux priviléges de sa compagnie. La table en a été imprimée en 1787, in-4. On lui doit en outre les ouvrages suivans : I *Abrégé et concorde des livres de la Sagesse*, Paris, 1767, in-12. II L'*Auteur de la nature*, Paris, 1785, 3 vol. III *De la grâce de Dieu et de la prédestination*, Paris, 1787. IV *Jésus-Christ, notre amour*, 1788, in-12. V *Traité de la prière*, 1788, in-12. VI *Manuel des saintes Ecritures*, 1789, 3 vol. in-12. VII Une *Traduction de l'Imitation*. VIII Le *Mépris des choses humaines*, 1791, in-12. IX De l'*Election des évêques et des curés*, 1791, in-8. Clément de Boissy est mort à Sainte-Palaye le 22 août 1793, dans un âge avancé. Un si grand nombre d'écrits prouvent un écrivain laborieux; et la nature de la plupart de ces écrits, un chrétien à qui la piété du moins n'était pas étrangère.

CLÉMENT (dom François), bénédictin de la congrégation de Saint-Maur, né à Bèze, près de Dijon, en 1714, fit ses études sous les jésuites au collége de cette ville. Il entra au noviciat dans l'abbaye de Vendôme, et prononça ses vœux le 31 mai 1731. Chargé de divers travaux par le régime de la congrégation, il acheva le onzième volume de l'*Histoire littéraire de la France*, commencé par dom Rivet et dom Taillandier, rédigea entièrement le douzième qui finit en 1767, et prépara presque tous les matériaux du treizième. Le régime changea alors sa destination et le chargea de la continuation du *Recueil des his-toriens de France*, abandonné par dom Poirier. Dom Clément, aidé de dom Brial, en publia les douzième et treizième volumes. L'*Art de vérifier les dates*, commencé par dom Dantine, dom Durand et dom Clément, quoiqu'il eût été augmenté dans la seconde édition de 1770, était encore dans un grand état d'imperfection. Dom Clément en entreprit une troisième édition, et y travailla treize ans. Elle parut en 1783, 1784 et 1787, en 3 vol. in-fol. Quelque considérables qu'étaient les augmentations faites à cette troisième édition, dom Clément crut qu'elle était encore susceptible de perfection. Son intention était de donner l'*Art de vérifier les dates avant Jésus-Christ*. Il se remit à ce travail pénible, et le continua, malgré les orages de la révolution, avec tant de zèle et de constance, qu'il l'avait presque achevé. Il ne put néanmoins le finir entièrement, étant mort frappé d'apoplexie le 29 mars 1793. Ce travail précieux et les autres manuscrits de dom Clément demeurèrent entre les mains de M. Dubois-Laverne, son petit-neveu, préposé à l'imprimerie royale, et dans celles de dom Brial. Le public ne sera pas privé de ces améliorations, le manuscrit concernant l'*Art de vérifier les dates* ayant été acquis, dit-on, par M. de Saint-Alais, qui a entrepris une quatrième édition de cet ouvrage, dont il paraît déjà plusieurs volumes in-8. Outre ces grands travaux, on doit encore à dom Clément : I une édition des *Nouveaux éclaircissemens sur l'origine et le Pentateuque des Samaritains*, par dom Poncet, 1760, in-8. Une partie du neuvième chapitre sur la *Chronologie samaritaine*; tout le douzième sur les *Versions samaritaines et la langue des Samaritains*, ainsi que la préface, sont de dom Clément. II *Catalogus manuscriptorum codicum collegii claromontani, quem excipit catalogus manuscriptorum domûs professæ parisiensis, uterque digestus et notis ornatus*, 1764. Ces catalogues sont ceux des deux bibliothèques du collége de Louis le Grand et de la maison professe des jésuites, rue Saint-Antoine, dressés pour la vente de ces livres, lors de la suppression de la société. III *Mémoire sur l'époque de la mort du roi Robert, et la première année de Philippe Ier son fils*, lu à l'académie des inscriptions, de laquelle dom Clément était membre, et inséré dans le recueil de cette société savante.

CLÉMENT (Jean-Marie-Bernard), littérateur, né à Dijon le 3 février 1742. Après avoir terminé ses études et suivi quelques cours de jurisprudence, il obtint une chaire de belles-lettres à l'université de Dijon, où, s'étant indisposé avec ses chefs, il vint à Paris en 1772. Clément avait un caractère franc, mais brusque, et un esprit fin et caustique; aussi, en matière de littérature, il ne pardonnait pas les fautes de ses ennemis les plus obscurs, ni celles de ses amis les plus célèbres. Saint-Lambert avait proclamé le vieillard de Ferney

> Vainqueur des deux rivaux qui couronnent la scène;

Clément, regardant ce vers comme un outrage (et c'en était un) fait à la mémoire de Corneille et de Racine, réclama contre la sentence de l'auteur des *Saisons*. La dispute fut longue et opiniâtre; et après avoir critiqué Voltaire, il s'en déclara l'antagoniste. Le philosophe irascible s'en vengea à sa façon, c'est-à-dire

par des injures, et lui donna le nom d'*Inclément*, que tout le monde a retenu. Saint-Lambert prit une vengeance encore plus cruelle : il parvint à faire enfermer le critique au Fort-l'Evêque. Le crédit de J.-J. Rousseau l'en retira au bout de trois jours, et Clément obtint la permission de publier sa critique contre le poëme des *Saisons*. Il eut aussi des démêlés avec Laharpe, avec lequel il se raccommoda dans la suite, ainsi qu'avec le poëte Lebrun. Il critiqua trop sévèrement les *Géorgiques* de l'abbé Delille; mais cet ouvrage triompha de toutes les censures. Clément, incapable d'intrigue, et sans ambition, ne prit aucune part, comme plusieurs de ses confrères, au délire des opinions politiques qui commença à régner en France en 1788. Il chercha sa sûreté dans la retraite, et mourut à Paris le 3 février 1812. Il a laissé un grand nombre d'ouvrages, parmi lesquels on remarque les suivans : I *Observations critiques sur la nouvelle traduction en vers français des Géorgiques de Virgile, et les poëmes des Saisons, de la Déclamation et de la Peinture*, Genève, 1771, 1 vol. in-8. II *Nouvelles observations critiques sur différens sujets de littérature*, Paris, 1772, 1 vol. in-8. III *Première lettre à M. de Voltaire*, 1773, suivie de huit autres dont la dernière parut en 1776. IV *Médée*, tragédie en trois actes, 1779 : elle n'eut point de succès. V *De la Tragédie, pour servir de suite aux lettres de M. de Voltaire*, Paris, 1784, 2 part. in-8. VI *Essai sur la manière de traduire les poëtes en vers*, 1 vol. in-8. VII *Essai de critique sur la littérature ancienne et moderne*, 1785, 2 vol. in-12. VIII *Satires*, 1786, 1 vol. IX *Traduction de plusieurs harangues*

de Cicéron, 1786 et 1787, 8 vol.
in-12. Les premiers volumes sont
traduits par Desmeuniers. X *Petit
Dictionnaire de la cour et de la
ville*, 1788, 1 vol. in-12. XI *Révolution des Welches, prédite
dans les temps anciens.* C'est un
rapprochement ingénieux de plusieurs passages de l'Ecriture appli-
cables à notre révolution. XII *Jérusalem délivrée*, poëme imité du
Tasse, 1800, 1 vol. in-8. Cette
imitation hardie du premier épique
de l'Europe moderne, et où Clément s'était permis de retrancher des
morceaux de la première beauté,
tomba dans l'oubli presque aussitôt
qu'elle fut publiée. Clément travailla
pendant plusieurs années au *Journal
de Monsieur*, au *Journal littéraire*,
conjointement avec MM. Fontanes,
Deschamps, etc., et au *Journal
français*, de concert avec M. Palissot. Il avait un tact fin, des
aperçus justes, une critique approfondie; mais on lui reproche de
manquer de flexibilité et de grâce
dans ses écrits, et de pousser trop
loin la sévérité de sa critique.

CLERC DE BEAUBERON ou BEAU-
PERON (Nicolas-François le), naquit
à Condé-sur-Noireau en 1714, et
embrassa l'état ecclésiastique. Après
avoir pris la prêtrise, il fut nommé
professeur de théologie à Caen, et
enseigna cette science pendant 50
ans. On a de lui plusieurs ouvrages
de théologie, dont le principal a pour
titre : *Tractatus theologico-dog-
maticus de homine lapso et repa-
rato*, Luxembourg, 1777, 2 vol.
in-8. Il avait composé, dit-on,
d'autres traités sur la *pénitence*,
le *mariage*, l'*église*, les *lois*, la
restitution et l'*Ecriture sainte*. On a
aussi de lui : *Mémoire pour les curés à portion congrue*, 1745, in-4.
Il est mort le 4 décembre 1790.

CLERMONT-TONNERRE
(Stanislas comte de), petit-fils du
maréchal de ce nom, naquit en 1747.
Il était colonel avant la révolution.
Nommé président des électeurs de la
noblesse de Paris, il fut le premier
député de cet ordre aux états généraux, où il se montra favorable
aux prétentions du tiers état. Il protesta, avec plusieurs de ses collègues, contre les délibérations de la
majorité de la noblesse, et se mit à la
tête de la minorité. Il prononça à
l'assemblée nationale un discours
assez véhément qui finissait par ces
mots : « Nous vous apportons le
» tribut de notre zèle et de nos sen-
» timens, et nous venons travailler
» avec vous *au grand œuvre de la
» régénération publique.* » Admirateur passionné de la constitution anglaise, il en présenta le projet au
comité qui fut chargé de faire une
constitution; mais son projet fut rejeté. Cela, joint aux sentimens modérés qu'il commença à faire paraître, lui fit perdre de sa popularité; et l'opinion qu'il manifesta en
faveur du *veto absolu*, excita contre lui la haine des démagogues. Les
habitués du Palais-Royal, dirigés
par Camille Desmoulins et autres
chefs, lui écrivirent à cette occasion :
« L'assemblée patriotique du Palais-
» Royal a l'honneur de vous annon-
» cer que si le parti de l'aristocra-
» tie, formé par une partie du clergé,
» par une partie de la noblesse, et
» cent vingt membres des commu-
» nes ignorans ou corrompus, con-
» tinue de troubler l'harmonie et
» veut encore la sanction absolue,
» quinze mille hommes sont prêts à
» *éclairer* leurs châteaux, et les vô-
» tres particulièrement, monsieur le
» comte. » Clermont-Tonnerre s'opposa au renvoi des ministres, et dans
la nuit du 4 août 1789, il adhéra

à tous les décrets d'abolition de priviléges. Il vota ensuite pour l'institution des *jurés*, proposée par son
collègue Sieyes. Le 22 février 1790,
il proposa vainement d'investir le
roi de toute la puissance exécutive,
et persista sur ce qu'on adoptât
son système des deux chambres.
Plusieurs de ses collègues s'étaient
retirés de l'assemblée après les événemens des 5 et 6 octobre, mais il
y resta jusqu'à la fin de la session. Il
fonda alors avec Malouet et quelques autres appelés du parti *monarchique*, une société qu'ils voulurent
opposer au club des jacobins; mais,
dénoncée et désignée à l'assemblée
par Barnave comme une assemblée
de conspirateurs, elle fut obligée de
se séparer. Clermont-Tonnerre avait
aussi créé, de concert avec M. de
Fontanes, un *journal* intitulé *des
Impartiaux*, que les deux partis
extrêmes firent supprimer au bout
de deux mois. Son fondateur se
trouvant de plus en plus en butte
à la fureur populaire, vit son hôtel
investi, et il fallut un décret de l'assemblée pour dissiper la populace
qui voulait le massacrer. Depuis ce
moment il ne s'occupa plus que de
législation et de finances. Lors de
la fuite du roi en 1790, la populace
l'ayant arrêté aux Tuileries, il envoya
aussitôt son serment de fidélité à
l'assemblée nationale. Le 10 août
1792, son hôtel fut encore attaqué
par le peuple, sous prétexte qu'il s'y
trouvait des armes. Conduit à la section, il fut renvoyé absous; de retour dans son hôtel, un cuisinier
qu'il avait renvoyé ameuta encore
une fois la populace contre lui. Il
reçut à la tête un coup de faux; et
s'étant enfui chez madame de Bris-
sac, il y fut poursuivi jusqu'au quatrième étage, où il fut massacré impitoyablement. On a recueilli ses

opinions politiques, 4 vol. in-8,
1791. Il a aussi publié une *Analyse
de la constitution*, 1791, in-8.

CLÉRY (......), né dans un
village des environs de Versailles en
1762, fut le frère de lait du duc
de Montbazon, depuis prince de
Rohan. Madame de Guémenée le fit
nommer valet de chambre barbier
du dernier fils de Louis XVI. Pétion, maire de Paris, le désigna
pour faire le même service auprès
de ce monarque dans la prison du
Temple. Cléry remplit cet emploi en
serviteur fidèle et sincèrement attaché à son auguste maître. Louis
XVI le recommanda à sa famille
dans son testament, et le chargea
de remettre à son épouse et à ses
enfans quelques objets qu'il fut
obligé de remettre à la commune
de Paris. Etant passé à Londres, il
y publia un *Journal de ce qui s'est
passé à la tour du Temple pendant la captivité de Louis XVI,
roi de France*, 1798, 1 vol. in-8.
Cet ouvrage a eu de nombreuses
éditions, et a été traduit dans la
plupart des langues de l'Europe.
Cléry mourut à Vienne en Autriche
le 10 juin 1809.

CLIMENT (Joseph), évêque de
Barcelone, né au royaume de Valence en 1706, avait été curé de cette
ville. Il était éloquent et zélé; il
courut la carrière de la chaire, et se
fit la réputation d'un prédicateur
aussi pieux que distingué. Ce mérite
lui valut d'être élevé sur le siége de
Barcelone. Il ne se distingua pas
moins dans son élévation, par ses
vertus épiscopales, et surtout par
sa charité et sa modestie. Il fonda
des hospices pour les malades, des
écoles gratuites pour y faire élever
pieusement la jeunesse de l'un et de
l'autre sexe, maintint la discipline
parmi son clergé, fit assidûment la

visite de son diocèse, et contribua à l'instruction du troupeau qui lui était confié ; non-seulement par ses sermons et ses exhortations, mais encore par la distribution de livres propres à entretenir la piété. On a de lui une *Lettre* du 20 septembre 1768, et une *Instruction pastorale* du 26 mars 1769 sur les *études*, qui fut dénoncée à cause d'un passage favorable à l'église d'Utrecht. Une sédition s'étant élevée en 1773 dans sa ville épiscopale, il l'apaisa par sa sagesse, et au moyen du crédit que ses vertus lui donnaient sur le peuple. Il fut nommé, en 1775, à l'évêché de Malaga ; mais attaché à ses ouailles, il ne voulut point les quitter. La cour mécontente de son refus lui demanda sa démission. Il la donna et vécut dans la retraite. Il avait fait traduire en espagnol les meilleurs livres de piété français, pour les répandre dans son diocèse. Il mourut le 28 novembre 1781, âgé de 75 ans.

CLOOTS (Jean-Baptiste du Val-de-Grâce), fanatique, ou pour mieux dire fou révolutionnaire. Il était baron prussien, et naquit à Clèves en 1755. Il avait pour oncle le fameux écrivain Cornélius de Pauw. Héritier d'une fortune considérable, il fit son éducation à Paris, qu'il adopta pour sa patrie. Des lectures pernicieuses, une imagination, exaltée le firent tomber dans l'étrange délire de croire qu'il pourrait devenir un jour le réformateur du genre humain. Il commença par changer son nom patronimique de Jean-Baptiste en celui d'*Anacharsis* Cloots, et c'est sous ce dernier nom qu'il parcourut une partie de l'Europe. De retour à Paris, il abandonna à jamais son pays natal, la noblesse allemande, ses privilèges, et prit le titre d'*orateur*

du genre humain. Il est inutile de dire que lorsque la révolution éclata, il en embrassa les principes avec une fureur égale à l'extravagance de ses idées. Après un grand nombre de discours et de félicitations qu'il adressait aux députés de l'assemblée nationale et aux différentes autorités, il fit un jour répandre le bruit que toutes les nations de l'univers avaient envoyé à l'assemblée nationale des députés pour la féliciter. On indique une séance du soir pour recevoir cette députation, composée uniquement de Cloots, qui portait la parole au nom du genre humain, de l'auteur d'un journal anglais, de quelques valets mulâtres et nègres, et quelques autres hommes obscurs qu'on avait revêtus d'habits étrangers. Les législateurs des nations reçurent cette mascarade avec gravité, et de leur côté les députés du genre humain demandèrent l'honneur d'être admis à la fameuse fédération du 14 juillet. L'assemblée accueillit avec empressement cette demande, et leur assigna une place particulière. Pendant ce temps tous les révolutionnaires voyaient avec orgueil venir leur prêter hommage les députés de tout l'univers. Après les massacres de septembre, dont Cloots fit l'apologie, des factieux le firent nommer par les électeurs du département de l'Oise (qui ne l'avaient jamais connu) membre du corps législatif. Alors la fureur de Cloots contre Dieu et les souverains ne connut plus de bornes. Il se nomma le chef de tous les athées, déclara la guerre à tous les trônes, appela son souverain le Sardanapale du nord, vota la mort de Louis XVI, et exalta l'action d'Anckarstroëm, assassin du roi de Suède. C'est dans ce même esprit qu'il avait publié à Londres, dès 1781, un écrit intitulé : *Certitude des preuves du mahométisme*, et un pamphlet en 1792, avec ce titre : *La république universelle*. Il fit hommage du premier de ces écrits à la convention le jour même où on y célébrait les fêtes de la *Raison*, aussi impies qu'extravagantes, et auxquelles Cloots avait eu beaucoup de part. (*Voyez* CHAUMETTE.) Mais il avait déjà acquis trop de popularité, pour qu'il n'éveillât pas la jalousie de Robespierre. On était alors au plus fort du règne de la terreur ; les jacobins se regardaient avec méfiance les uns les autres, et on avait formé un club des membres les plus *épurés*. Cloots s'y présenta et déclara que son *cœur était français et son âme sans-culotte ;* mais Robespierre l'apostropha vivement sur sa députation de l'univers et sur sa république universelle, et le fit exclure du club. Quelques jours après il fut arrêté avec Hébert et autres individus de sa faction, et condamné à mort le 24 mars 1794. Il conserva son caractère ou plutôt son délire jusqu'au dernier moment, et demanda d'être exécuté après tous ses complices, « afin, disait-il, d'établir certains » principes pendant qu'on ferait tom-» ber leurs têtes. » Outre les ouvrages déjà indiqués, il a publié les suivans : I *Adresse d'un Prussien à un Anglais*. II *Lettres sur les juifs à un ecclésiastique de mes amis*, lues dans la séance publique du *Musée de Paris* le 21 novembre 1782, Berlin, 1785, in-12. III *L'Alcoran des princes*, Saint-Pétersbourg, 1783, in-8. IV *Anacharsis à Paris*, etc., 1791, in-8. V *Motion* (pour que le roi habite Paris), 1790, in-8. VI *Correspondance avec le chevalier d'Eon*, 1791. VII *L'Orateur du genre humain*, etc., 1791, in-8, etc.

COCQ (Florent de), chanoine régulier de l'abbaye de Saint-Michel d'Anvers, ordre de Prémontré, et savant professeur de théologie au 17ᵉ siècle, eut pour maître Macaire Havermans, religieux de la même maison, renommé aussi pour ses connaissances dans les saintes lettres, et lui succéda dans sa chaire. (*Voy.* HAVERMANS). On a de Florent de Cocq : I *Principia totius theologiæ moralis et speculativæ, ex sacrâ scripturâ sanctis patribus, maximè sancto Augustino, et aliis probatis auctoribus, compendiosè deprompta*, dédiés au cardinal Azzolini, 3 vol. petit in-8, Cologne, 1682. II *Tractatus quatuor de jure et justitiâ et annexis, foro sacramentali et contentioso accommodati*, Bruxelles, 1687, in-4; ouvrage estimé. III *Tractatus de eleemosynâ*. IV *Du sacrement de l'Eucharistie, contre les calvinistes*, en flamand. V *Conversio vera et apostolica*, Liége, 1685. Le P. de Cocq mourut en 1691.

COLAS (Jean-François), jésuite et chanoine, né à Orléans en 1702, et appelé de *Guyenne*, du nom de sa mère, étudia chez les jésuites, et après s'y être distingué dans ses classes, embrassa leur institut. Il y passa trente ans à enseigner, et les quitta pour prendre l'habit et l'état d'ecclésiastique séculier. Il fut successivement pourvu d'un canonicat de Saint-Pierre-Empont, et de l'église royale de Saint-Agnan ; il se rendit utile à ces deux chapitres par son habileté dans l'administration du temporel. Il était membre et fut l'un des directeurs de la société littéraire d'Orléans. Il mourut le 3 novembre 1772, et a laissé les ouvrages suivans : I *Oraison funèbre de Louis d'Orléans, duc d'Orléans, premier prince du sang*,

Orléans, 1752, in-4. II *Discours
sur la Pucelle d'Orléans*, 1766.
III Le *Manuel du cultivateur
dans les vignobles d'Orléans et
les autres vignobles du royaume*,
Orléans, 1770. Jean du Boulay, aussi
chanoine de Saint-Pierre-Empont
vers 1730, avait traité le même sujet dans un ouvrage intitulé : *Manière de bien cultiver la vigne, de
faire la vendange et le vin, dans
le vignoble d'Orléans, utile à tous
les autres vignobles du royaume,
où l'on donne les moyens de prévenir et de découvrir les fripon-
neries des mauvais vignerons.* Ce
livre eut trois éditions, dont la dernière, de 1723, est la meilleure.
Quelques rigoristes se scandalisè-
rent de ce qu'un homme de l'état de
l'abbé du Boulay eût écrit sur une
pareille matière. Il eut la complaisance dans l'édition suivante de se
borner à la description de la culture
de la vigne ; et, dans un avis mis à
la tête de cette édition, répondit
d'une manière victorieuse aux gens
scrupuleux qui lui reprochaient de
n'avoir lu l'Ecriture sainte et les Pères que pour y trouver l'éloge du
vin. On doit, dans beaucoup de vignobles, à des ecclésiastiques et à des
religieux, l'amélioration de cette
culture et le perfectionnement de
son produit. Ils ont rendu service à
la société, et n'en sont assurément
que plus estimables.

COLBERT (Michel), 53ᵉ
abbé général de Prémontré, était de
la famille du ministre de ce nom. Il
était entré très-jeune dans l'ordre
de Prémontré, avait fait ses cours
de théologie en Sorbonne, et y avait
été reçu docteur. Il avait ensuite
rempli les emplois de maître des novices, de sous-prieur et de prieur,
dans l'abbaye chef d'ordre. Ses
bonnes qualités l'avaient rendu cher à

l'abbé général le Scellier qui était
alors à la tête de l'ordre, et qui,
déjà cassé de vieillesse, et songeant
à se retirer, souhaitait de l'avoir
pour successeur. Il convoqua en
1666 un chapitre où il donna sa
démission et fit élire Colbert ; mais
l'élection n'ayant point été faite dans
les formes accoutumées, il y eut
opposition, et Colbert n'obtint des
bulles, par le crédit de sa famille,
qu'en 1670. Il gouverna son ordre
jusqu'en 1702, et mourut à Paris
le 29 mars de cette année, à l'âge
de 69 ans. Il avait cherché à l'illus-
trer en y recevant des hommes célèbres par leur talent, et en favo-
risant les études. Il releva le collége
de l'ordre à Paris, lequel tombait en
ruine, et lui procura une dotation
suffisante pour y entretenir un certain nombre d'étudians. On a de lui :
I *Lettres d'un abbé à ses religieux*,
Paris, 2 vol. in-8. Elles traitent de
divers sujets relatifs à l'état religieux.
II *Lettres de consolation ;* elles
sont adressées à madame Plot sa
sœur, qui venait de perdre son mari,
premier président au parlement de
Rouen.

COLETI (Nicolas), prêtre vénitien, naquit en 1680. Il appartenait à une famille d'imprimeurs libraires que l'amour des lettres bien plus
que celui du gain avait engagés dans
cette profession. Son oncle, J. D. Coleti, avait eu le projet de donner une
nouvelle édition corrigée et augmentée de l'*Italia sacra* de Ferdinand Ughelli, qui n'allait que jusqu'à l'an 1648, et qui d'ailleurs
fourmillait de fautes et d'omissions.
Cette édition commença en 1717,
et ne fut achevée qu'en 1733. Elle
est dédiée à Clément XI, et forme
10 vol. in-fol. On doit encore à Nicolas Coleti une réimpression de
la *Collection des conciles du P.*

Labbe, avec des additions et des *corrections*. Il mourut en 1765, à 85 ans. Les années n'avaient point diminué en lui l'ardeur de l'étude et du travail, et dans son extrême vieillesse, il continuait de s'y livrer avec la même assiduité que dans la vigueur de l'âge. Ses soins ne s'étaient point bornés à la réimpression de l'*Italia sacra* et de la *Collection des conciles*, il a laissé en outre : I *Series episcoporum Cremonensium aucta*, Milan, 1749, in-4. II Une histoire en latin de l'église de saint Moïse, sous le titre de *Monumenta ecclesiæ venetæ sancti Moysis*, 1758, in-4.

COLETI (Jean-Antoine) publia : I *Catalogo della storia d'Italia*, Venise, 1779, in-4. II Une *Oraison funèbre du pape Clément XIII*, Venise, 1769. III Une autre *Oraison funèbre du grand chancelier Jérôme Zuccaro*, Venise, 1772. IV *I Versi di san Gregorio Naziaziano sovra la carità*, ridotti in versi sciolti, etc.

COLETI (Jean-Dominique), jésuite de la même famille que les précédens, naquit en 1727. Il semble que le perfectionnement de l'*Italia sacra* fut légué aux Coleti qui déjà y avaient tant contribué. Celui-ci entreprit de la continuer. Il travailla à l'exécution de ce dessein avec une ardeur incroyable jusqu'à l'an 1798, qu'il est mort. Ce nouveau travail, qui aurait ajouté 10 volumes in-fol. aux 10 qui existaient déjà, est, dit-on, resté inédit. Beaucoup de dissertations de ce savant jésuite sur des monumens trouvés à Aquilée, Trévise, Venise et autres lieux d'Italie, ont eu le même sort. Le P. Coleti avait fait le voyage du Mexique en qualité de missionnaire, et avait conçu le dessein d'écrire l'histoire de ce royau-

X.

me, et celle des missions qui y étaient établies. Il avait pour cela recueilli d'abondans matériaux qu'il se préparait à mettre en œuvre : mais un ordre de Charles III, roi d'Espagne, ayant banni les jésuites de tous ses états, Coleti fut obligé de quitter le Mexique, et ne put effectuer son projet. De retour en Europe, il publia : I *Dizzionario geografico dell' America meridionale*, Venise, 1771, 2 vol. in-4 ; ouvrage rédigé avec soin d'après des renseignemens sûrs, et où se trouve tout ce qui a rapport à la géographie de l'Amérique méridionale. II *Notæ et siglæ* [1], *quæ in nummis et lapidibus apud Romanos obtinebant, explicatæ*, Venise, 1785, in-4, avec des notes de Villoison.

COLETI (Jacques), autre savant jésuite, de la même famille, né vers 1734, a laissé : I *Dissertazione sugli antichi pedagoghi*, Venise, 1780. Elle se trouve aussi dans la collection des *Opusculi ferraresi*. II *De situ Stridonis, urbis natalis sancti Hieronimi*, Venise, 1784, in-4. Jacques Coleti a aussi travaillé à la collection de l'*Illyricum sacrum*, de son confrère le P. Daniel Ferrati. Il mourut en 1812, à l'âge de 78 ans.

COLLADO (Didace), dominicain espagnol et zélé missionnaire, naquit à Mezadas en Estramadure. Il partit pour le Japon en 1619, et s'y trouva au milieu du feu de la persécution. Son ardeur pour le salut des âmes n'en fut point ralentie. Les missionnaires ses confrères le députèrent à Rome en 1625, pour obtenir du pape Urbain VIII des pouvoirs plus étendus. Il fut ac-

[1] *Siglæ*, lettres qui, sur les monnaies, composent un mot à elles seules, comme S. C. pour le senatus consulte.

DU CANGE.

cueilli du souverain pontife avec bienveillance, et obtint ce qu'il demandait. De Rome il alla en Espagne où
le roi lui donna des lettres-patentes
pour les Philippines. Il s'embarqua
avec 24 autres missionnaires de son
ordre qu'il conduisit heureusement
dans ces îles. Rappelé en Espagne, il
se remit en mer et fit voile vers Manille. Dans la traversée il fut assailli
d'une tempête furieuse; le vaisseau se
brisa. Il nageait parfaitement, et aurait pu se sauver; ne voulant point
abandonner ses compagnons dans un
moment où ils avaient plus besoin
que jamais des secours de son ministère, il périt avec eux, et mourut martyr de sa charité. Cet événement date de 1638. Le P. Collado
a laissé beaucoup d'ouvrages presque
tous dans l'intérêt des missions du
Japon, et pour faciliter aux missionnaires les moyens d'entendre la langue
de ce pays. Ces ouvrages sont : I
Ars grammatica japonicæ linguæ,
Rome, 1631, in-4, ibid., 1632. II
*Dictionarium, sive thesauri linguæ
japonicæ compendium*, Rome, 1632,
in-4. III *Modus confitendi et exa-
minandi pœnitentem japonensem
suâmet linguâ japonicâ*, Rome,
1631, in-4, ibid., 1632. Ces ouvrages furent composés à Rome,
de mémoire, pendant le séjour que
Collado fit dans cette ville. IV *Historia ecclesiastica de los succesos
de la christiandad de Japon*, etc.,
*por el P. H. Orfanel, anadida por
Collado*, Madrid, 1632, in-4; ibid.,
1633. V *Dictionarium linguæ sinensis cum explicatione latinâ et
hispanicâ, charactere sinensi et
latino*, Rome, 1632, in-4. Il paraît que ce dernier ouvrage est resté
manuscrit. Ils sont tous d'autant
plus précieux, qu'on en a peu sur
les langues de ces contrées lointaines.

COLLOREDO (Jerôme - Jo-
seph-François de Paule de), de la
maison des princes de Colloredo,
de Wald-sée et Mols, archevêque de
Saltzbourg, en cette qualité prince
du Saint-Empire, légat apostolique,
et primat d'Allemagne, était né le 31
mai 1732, et avait été élu archevêque-
prince de Saltzbourg le 14 mars 1772.
Fils d'un ministre de Joseph II, empereur d'Autriche, il fut l'un des fau-
teurs du plan de réformes ecclésiastiques de ce prince, et seconda de
tout son pouvoir l'évêque de Laybach, comme lui, chaud partisan de
ces innovations. (*Voyez* HERBES-
TEIN.) En 1782, il adressa à ses
curés une lettre pastorale où il se
plaint du luxe des églises, désap-
prouve les images et les tableaux
qui les ornent, taxe de *bigotisme*
et blâme comme *superstitieux* différens usages particuliers au culte catholique, crus par ceux qui les professent, propres à nourrir ou à exciter
la dévotion, et dont ne s'offensent
point les regards de la piété. Dans
la même lettre, il trace aux personnes qui se destinent aux fonctions
du ministère un nouveau mode et
de nouveaux objets d'étude. Ce n'est
ni dans les saintes écritures ni dans
les Pères qu'ils doivent aller chercher l'instruction, ou du moins
celle qu'ils y puiseraient ne suffit
pas à l'exercice du saint ministère;
et ils ne peuvent être que de médiocres pasteurs, s'ils ne se rendent
point habiles dans *les beaux-arts,
l'économie rurale, la médecine, la
physique, l'histoire naturelle*, etc.,
sciences sans doute bonnes à cultiver, mais qui ne peuvent guère
être la matière d'une recommandation dans une instruction pastorale.
A cette singularité se joignent dans
l'écrit de l'archevêque Colloredo,
des assertions qu'on ne peut ab-

soudre au moins d'imprudence et de témérité. Il y parle avec peu de respect du culte des saints ; il avance que ce culte n'est pas un point essentiel de la religion. Il défend de parler des jugemens de Dieu ; il s'élève contre les *grimaces religieuses et la charlatanerie ecclésiastique*. Cette instruction fut adoptée par l'évêque de Pistoie et plusieurs autres prélats. L'un d'eux, F. S. de Salm, évêque de Gurck, alla jusqu'à dispenser ses curés du bréviaire. Heureusement, d'autres évêques dans les états héréditaires, donnaient des exemples bien opposés, et se roidissaient avec courage contre ce débordement de fausses doctrines. Parmi ceux-ci, on doit citer avec éloge le cardinal Migazzi, archevêque de Vienne ; le cardinal de Frankenberg, archevêque de Malines, chassé de son diocèse à cause de son opposition aux nouveautés ; l'évêque de Neustadt-Kerens, beaucoup d'évêques des Pays-Bas et de Hongrie, et beaucoup d'autres prélats. On dit que dans ses derniers momens Joseph II regretta d'avoir été si mal conseillé. Sa mort, arrivée en 1790, mit fin à cette lutte, mais non aux maux de l'église que d'autres circonstances bien plus funestes encore ne tardèrent pas à aggraver. Quant à l'archevêque de Saltzbourg, il eut le temps de voir les tristes effets, et d'être lui-même une des victimes de ces innovations dangereuses, s'il attachait quelque prix à la constitution ecclésiastique d'Allemagne. Son siége, compris dans le système des sécularisations, fut supprimé de son vivant, et cessa d'exister après une durée de près de 16 siècles. Obligé de donner sa démission et d'abdiquer sa souveraineté, ce prélat fut passer à Vienne, en simple particulier, le reste de ses

jours, avec une pension qu'il avait reçue en indemnité. Il mourut dans cette ville le 20 mai 1812. La justice veut qu'on n'omette pas de parler du bien qu'il fit comme prince temporel. Une famine menaçait ses états au commencement de son règne ; il obvia à l'extrême cherté des vivres par des mesures sages, et même par le sacrifice d'une partie de ses revenus. Les impôts étaient répartis arbitrairement et d'une manière onéreuse pour la partie industrieuse et pauvre de ses sujets ; il établit un mode de répartition et de perception plus juste. Il existait depuis long-temps entre le pays de Saltzbourg et la Bavière, des différens au sujet des salines ; il vint à bout de les terminer. Enfin il encouragea les lettres et les savans ; heureux si dans son administration spirituelle, et dans le maintien des bonnes traditions ecclésiastiques, il eut mis le même zèle et la même sagesse. Il avait été évêque de Gurck avant d'être élu archevêque de Saltzbourg.

COLLOT-D'HERBOIS (J.-M.), un des démagogues de la révolution. Après avoir été comédien ambulant pendant plusieurs années, il établit à Genève un spectacle dont il était directeur. On croit que c'est dans cette ville qu'il puisa ces principes de républicanisme qu'il porta ensuite jusqu'à l'exaltation, et qui, par l'abus des boissons fortes, dégénérèrent enfin en démence furieuse. Il vint à Paris aux premiers symptômes de la révolution, et fut reçu dans le club des jacobins. Son organe, sa déclamation théâtrale, et sa mine de conspirateur lui donnèrent quelque ascendant parmi ses collègues. Sur ces entrefaites, le club des jacobins proposa un prix pour le meilleur ouvrage qui ferait connaître au peuple combien le nouvel ordre de choses lui était avantageux. Collot d'Herbois composa alors un opuscule intitulé : *Almanach du père Gérard*, qui remporta le prix [1], et lui donna beaucoup de réputation. Après la victoire de Bouillé sur les insurgés de Nancy, Collot présenta à l'assemblée législative une pétition pour quelques soldats suisses du régiment de Château-Vieux, envoyés aux galères de Brest, en vigueur des lois de leur pays, pour avoir pris part à l'insurrection : sa demande fut accordée. Ces soldats arrivèrent à Paris, couronnés de lauriers; on les reçut comme des martyrs de la liberté, on leur donna un somptueux banquet, et Pétion, maire de cette ville, institua en leur honneur une fête civique. Ils furent placés sur un char attelé de chevaux blancs, au haut duquel dominait Collot, entouré de petits drapeaux tricolores. On porta ainsi en triomphe ces patriotes galériens, depuis l'emplacement de la Bastille jusqu'au Champ-de-Mars, au pied de l'*autel de la patrie*, où, au milieu d'hymnes et de chants républicains, on fit de nouveau le serment de vivre libres ou de mourir. C'est depuis cette époque que les jacobins commencèrent à porter le bonnet rouge. Collot devint, parmi ceux-ci, un des ennemis les plus acharnés de Louis XVI, en vengeance de ce que ce monarque n'avait pas cru devoir lui confier le ministère de la justice, auquel son ambition aspirait. Collot était, au 10 août, un des membres de la nouvelle municipalité; il présida l'assemblée électorale qui nomma les députés à la convention, et fut choisi un des premiers. Dès la première séance de cette assemblée, il demanda l'abolition de la royauté.

[1] Le père Gérard était un cultivateur simple et honnête, député aux états généraux.

Il se trouvait à Nice en 1792, lors du procès de Louis XVI, et il écrivit qu'il votait pour la *mort*. Lié avec Robespierre, il seconda tous les projets de ce monstre, et l'égala dans ses atrocités. On délibérait dans l'affreux comité de *salut public* sur le parti à prendre contre les suspects, et comme quelques-uns des membres inclinaient à les condamner à la déportation : « Il ne faut »rien déporter, dit alors Collot, »il faut détruire tous les conspi-»rateurs; que les lieux où ils sont »détenus soient minés; que la mè-»che soit toujours allumée pour les »faire sauter, si eux ou leurs parti-»sans osent encore conspirer contre »la république. » Il suivit avec une ténacité furieuse le système des persécutions et des proscriptions. Envoyé à Lyon en novembre 1793, il y exerça les vengeances des conventionnels, en y faisant périr plus de 1,600 personnes, soit sur l'échafaud, soit par la fusillade ou par le canon; le seul crime de ces infortunés était d'avoir voulu secouer le joug de la tyrannie. (*Voyez* CHALIER, *Supplément.*) Bientôt après, un décret du 21 vendémiaire, en ordonnant la démolition de Lyon, portait que les ruines de cette ville s'appelleraient *Ville Affranchie*. Nous ne rapporterons pas le discours aussi insensé qu'horrible que Collot adressa alors à la convention. Ennemi de la pitié, il voulait l'effacer de tous les cœurs. Dans une proclamation, il appelait la désolation générale *faiblesse anti-républicaine*, et menaça de traiter comme suspects tous ceux qui auraient laissé apercevoir, même dans leur physionomie, les moindres signes de tristesse et de compassion. Une pétition en faveur des Lyonnais, lue à la convention, sembla produire quelque effet. Collot, qui était de retour à Paris, pour atterrer ses adversaires, montre au peuple l'effigie de Chalier (exécuté à Lyon), comme autrefois Antoine avait montré au peuple romain les restes sanglans de César. Le simulacre du féroce Piémontais fut promené dans toutes les rues, présenté à la convention, au club des jacobins, et l'ordre de continuer les exécutions fut réitéré. Cependant, Collot étant resté à Paris, ces exécutions se ralentirent à Lyon, mais elles se multipliaient dans la capitale. Le 23 mars 1794, Collot rentrant chez lui à une heure du matin, fut attaqué par un jeune homme nommé l'*Admiral*, qui lui tira deux coups de pistolet, dont aucun ne l'atteignit. Cet événement augmenta l'influence qu'il avait sur la convention, et éveilla la jalousie de Robespierre, ennemi de tous ceux qui voulaient l'égaler. C'est alors que se forma le triumvirat de ce dernier, de Couthon et Saint-Just; il n'exista cependant que peu de semaines, et fut dissous le 9 thermidor, lors de l'arrestation de Robespierre. Collot y contribua puissamment; mais, peu de temps après, il fut lui-même accusé par Lecointre. Tout se déchaîna alors contre lui, ses collègues, les journaux, les pamphlets; et l'assemblée, entraînée par l'indignation publique, et par ceux-là même qui avaient naguère applaudi aux horreurs que Collot commettait, décréta son arrestation le 2 mars 1795, et ensuite sa déportation à la Guiane. Six semaines après, une insurrection s'étant manifestée, on l'attribua à ses partisans; Collot fut dénoncé au tribunal de la Charente, mais il était déjà parti pour le lieu de sa destination. A peine y fut-il arrivé, qu'il essaya de soulever les noirs contre les blancs. On le renferma dans le fort de Sinnamari. Attaqué d'une fièvre chaude, et dans un moment de délire, il but une bouteille d'eau-de-vie qui lui brûla les entrailles. Il mourut le 8 janvier 1796, âgé de 45 ans. Dans ses derniers momens, il se reprocha sa conduite passée, et sembla en sentir de sincères remords. Collot avait des talens dans l'art dramatique; malheureusement il ne les employa, la plupart du temps, qu'à propager des principes révolutionnaires. Il donna aux théâtres de la capitale plus de 15 pièces, parmi lesquelles on compte *Adrienne, ou le Secret de famille*, 1790, in-8; *le Bon Angevin, ou l'Hommage des cœurs*, 1777; *le Procès de Socrate*, 1791, in-8; *le Paysan magistrat*, imité de l'espagnol de Calderon, 1790. Collot a publié encore: *Etrennes aux amis de la constitution française, ou Entretiens du père Gérard avec ses concitoyens*, 1792, in-12, traduit en hollandais, en anglais et en allemand. Il parut en même temps un ouvrage anonyme intitulé: *l'Almanach de l'abbé Maury, ou Réfutations de l'Almanach du père Gérard*, qui eut trois éditions. Collot a laissé en outre des *Lettres* et une *Apologie* de sa conduite, ou *Réponse aux accusations dirigées contre lui*.

COLOMBO (Dominique), poëte italien, né près de Brescia en 1749, fut professeur de belles-lettres dans les écoles de cette ville, et eut un talent distingué pour la poésie pastorale. Il se déclara contre le style qu'Alfieri avait adopté dans ses tragédies, et Corriani, auteur *de' Secoli della letteratura italiana*, le soutint dans cette critique. Mais les gens de bon goût, et surtout les succès du tragique italien, imposèrent silence à ses deux antagonistes. On cite de Colombo deux églogues que le célèbre abbé Parrini inséra dans le *Journal encyclopédique* de Milan (tome 10, 1781; tome 5, 1792). On a encore de lui : I *I Piaceri della solitudine*, Brescia, 1781. II *Il dramma e la tragedia d'Italia*, *dissertazione*; Venise, 1794. III *Sciolti*, ou *Poésies champêtres en vers libres*, Brescia, 1796. A l'entrée des Français en Italie, il essuya quelques persécutions qui le déterminèrent à se retirer dans le village de Gabbiano, à peu de lieues de Brescia, où il mourut le 2 avril 1813.

COLOMEZ (dom Juan), exjésuite espagnol, né à Valence en 1732, eut beaucoup de goût pour la poésie, et se distingua surtout dans le genre dramatique. Retiré en Italie, lors de la suppression de son ordre, il y apprit la langue avec la même perfection que les abbés *Andrès*, *Lampillas*, *Arteaga*, *Eximeno*, *Clavijero*, etc., ses compatriotes, et il l'écrivait en vers avec la même facilité que ces derniers savaient la manier dans la prose. Il donna trois tragédies, qui eurent beaucoup de succès, et qui méritèrent les éloges des littérateurs italiens. Elles sont intitulées : *Coriolano*, qui parut en 1779; *Inès de Castro*, 1781; *Scipione a Cartagine*, 1783. L'abbé Colomez mourut à Bologne en 1799.

COLOMME (Jean – Baptiste – Sébastien), supérieur-général des barnabites, naquit à Pau le 12 avril 1712. Il est connu par les ouvrages suivans : I *Plan raisonné d'éducation pour ce qui regarde la partie des études*, Avignon et Paris, 1762, in-12. C'était le moment de la suppression des jésuites. Le vide qu'ils laissaient dans l'éducation, la nécessité et le mode de les remplacer dans tant de colléges qui étaient sous leur direction, appe-

laient l'attention des écrivains. La Chalotais composait dans le même temps un plan d'éducation nationale, à substituer à celle de ces Pères, qu'il prétendait être vicieuse, et qui, à beaucoup près, n'a pas été meilleure depuis qu'ils ne s'en sont plus mêlés. (*Voy.* CHALOTAIS, *Dictionnaire*.) Diderot dans le même temps écrivait sur la même matière. Ce n'est pas assurément de pareilles plumes qu'on pouvait espérer de l'amélioration ; pas même, au moins quant à la religion et à la morale, de celle de Rousseau, qui dans le même temps aussi publiait son Emile. On peut juger aujourd'hui si, depuis ces divers plans, on a eu de meilleurs maîtres, et à meilleur marché. II *Vie chrétienne, ou principes de la sagesse*, 1774, 2 vol. in-12. III *Dictionnaire portatif de l'Ecriture sainte*, 1775, in-8. C'est une description géographique, topographique, historique et critique des royaumes, provinces, villes, etc., dont il est fait mention dans la *Vulgate*. Il avait paru, en 1779, in-8, sous le titre de *Notices sur l'Ecriture sainte*. IV *Manuel des religieux*, 1778, in-12. V *Eternité malheureuse, ou le supplice éternel des réprouvés*, traduit du latin de Drexelius, Paris, 1788, in-12. Dans une préface de sa composition, le traducteur s'élève avec force contre l'incrédulité et la philosophie nouvelle. Le P. Colomme mourut à Paris en 1788.

COLON (François), né à Nevers en 1764. Il étudia la médecine à Paris, et fut un des plus ardens propagateurs de la vaccine, sur laquelle il a publié les ouvrages suivans : I *Essai sur l'inoculation de la vaccine, ou Moyen de préserver pour toujours, et sans danger, de la petite-vérole*, Paris, 1801, in-8, traduit en hollandais, par Pruys, Rotterdam, 1802, in-8; et en espagnol, par Piguillem, Madrid, 1802. II *Recueil d'observations et de faits relatifs à la vaccine*, etc., 1801. III *Histoire de l'introduction et des progrès de la vaccine en France*, 1801, in-8, etc. Colon quitta Paris pour aller exercer les fonctions de maire à Montfort, près Auxerre, où il mourut le 17 juillet 1812.

COMEYRAS (Victor Delpuech de), ancien chanoine-grand-vicaire de Beauvais, et abbé commendataire de Silvanez, diocèse de Vabres, naquit à Saint-Hippolyte-du-Gard le 11 septembre 1733, d'un brigadier des armées du roi. Il est auteur des ouvrages suivans : I *Considérations sur la possibilité et les moyens qu'aurait la France de rouvrir l'ancienne route de l'Inde, accompagnées de recherches sur l'isthme de Suez, et sur la jonction de la mer Rouge*, 1798, in-8°. II *La voix du sage, ou l'intérêt des peuples bien entendu dans l'exercice du droit de guerre et de conquête*, 1799, in-8. III *Suite de l'abrégé de l'Histoire générale des voyages de Laharpe*, depuis le tome 22 inclusivement, jusques et compris le tome 32. IV *Abrégé de l'Histoire génér. des voyages faits en Europe*, 1804-1805, 12 vol. in-8, peu estimé. V *Hist. polit. et raisonnée du consulat romain*, 1801, in-8. VI *Tableau général de la Russie moderne, et situation politique de cet empire au commencement du dix-neuvième siècle*, Paris, 1802, 2 vol. in-8. VII *Histoire de l'astronomie ancienne et moderne, par Bailly, ouvrage où on a conservé religieusement le texte, en supprimant les calculs abstraits, les notes hypothétiques, les digressions scientifi-*

ques, 1806, 2 vol. in-8. On a attribué à l'abbé de Comeyras l'*Examen de l'esclavage en général, et particulièrement de l'esclavage des nègres dans les colonies françaises de l'Amérique*, 1804, 2 vol. in-8, trompé sans doute par les initiales V. D. C. qui se trouvent à la tête, et qu'on a interprétées, *Victor de Comeyras*; mais qui signifient *Valentin de Cullion*, dont en effet est l'ouvrage. L'abbé de Comeyras a laissé manuscrits une *Histoire de Marie Stuart*, une *Histoire de la Pucelle d'Orléans*, et un ouvrage sous le titre de *Balance politique des différens états de l'Europe*. Il est jugé très-sévèrement dans la *Biographie universelle*, et peut-être ce jugement devrait-il être adouci. Un autre critique le loue « d'avoir fait un heureux choix » des relations qui avaient été omi- » ses dans l'abrégé de Laharpe ». Quoi qu'il en soit de lui en qualité d'écrivain, il est certain que c'était un ecclésiastique vertueux, éclairé et estimé de tous ceux qui l'ont connu, du nombre desquels est l'auteur de cet article. L'abbé de Comeyras mourut à Paris en 1805.

CONDÉ (Louis-Joseph de Bourbon, prince de), naquit à Chantilly le 9 août 1735. Il était fils unique du duc de Bourbon, premier ministre après la régence, mort le 27 janvier 1740, et de Caroline de Hesse-Rhinfels, qui ne survécut à son époux que d'une seule année. Orphelin à cinq ans, il eut pour tuteur son oncle, le comte de Charolais; et Louis XV, qui avait pour le jeune prince une affection vraiment paternelle, lui accorda la charge de grand maître de sa maison, charge possédée par le duc de Bourbon, et en donna la survivance au comte de Charolais. Le roi en fit de même pour le gouvernement de Bourgogne, et en confia la surveillance au duc de Saint-Aignan, jusqu'à ce que le jeune Condé eût atteint sa dix-huitième année. Deux ans avant cette époque, le 2 février 1752, il fut nommé chevalier de l'ordre du Saint-Esprit, et il épousa, le 2 mai de l'année suivante, la princesse Charlotte-Godefride-Elisabeth de Rohan Soubise, que le prince eut la douleur de perdre le 5 mai 1760. Après avoir présidé l'ouverture des états de Bourgogne, le 13 août 1754, S. A. passa en Allemagne faire ses premières armes dans la malheureuse guerre de sept ans, où cependant le jeune et vaillant guerrier ne démentit pas la gloire de ses ancêtres. Il déploya son courage à la bataille de Hastenbeck. Une batterie ennemie, faisant autour de lui un feu des plus terribles, M. de la Touraille, son premier gentilhomme et son aide de camp, le pria de s'en écarter de dix pas à gauche. «Je ne trouve pas, dit le prince, ces »précautions dans l'histoire du grand »Condé.». A la bataille de Minden, en 1757, il chargea vigoureusement les Prussiens; et, dans cette occasion, S. A. et le corps de réserve qu'elle commandait firent des prodiges de valeur. Bientôt après, le prince eut sous ses ordres immédiats un corps séparé, avec lequel il battit plusieurs fois le prince Ferdinand de Brunswick, parent et général de Frédéric II. La victoire de Johannesberg, en 1762, vint encore ajouter à ses glorieux travaux; il la remporta sur le prince héréditaire de Brunswick; et le roi, en récompense, lui donna une partie des canons gagnés dans cette brillante affaire. Quelques années après, son illustre adversaire vint lui rendre visite à Chantilly, et ne voyant pas ces canons, que S. A. avait fait disparaître : «Vous avez voulu, lui dit le »duc de Brunswick, me vaincre deux »fois : à la guerre par vos armes, et »dans la paix par votre modestie. » De retour de ses campagnes, M. le prince de Condé fut reçu du roi avec une distinction aussi amicale qu'honorable. La première fois qu'il parut à la comédie française, on jouait la petite pièce intitulée *Heureusement*; et quand un des acteurs prononça ce mot, *et moi je bois à Mars*, le public l'appliqua au prince qu'il couvrit d'applaudissemens. Quoique sincèrement attaché à son monarque, il ne l'était pas moins aux anciennes institutions; aussi lorsque Louis XV dissout le parlement, M. le prince de Condé crut devoir refuser de reconnaître les nouvelles cours souveraines. Rappelé de l'exil où il avait été condamné avec les autres princes qui s'étaient rangés du parti de l'opposition, il n'ordonna pas moins dans ses domaines la défense que dans les affaires contentieuses on eût recours aux nouveaux tribunaux. Malgré ces dissensions, il fut toujours l'objet de l'affection de Louis XV, qui, après la mort du dauphin, lui accorda le régiment de ce nom. Le prince de Condé avait été lié d'une amitié intime avec le dauphin; il lui avait donné des leçons sur l'art de la guerre, et fut son compagnon dans ses exercices militaires. S. A. demeurait assez souvent à Chantilly, qu'elle se plaisait à embellir, et réunissait à Paris, dans son palais de Bourbon, plusieurs hommes de lettres distingués, comme Désormeaux, Saint-Alphonse, et Valmont de Bomare, qui établit à Chantilly un excellent cabinet d'histoire naturelle. Deux autres littérateurs se montrèrent dans la suite indignes de ses bienfaits; ce furent

Grouvelle et Chamfort. Tous les princes étrangers et les voyageurs de marque qui venaient en France, s'empressaient d'aller rendre visite au prince de Condé, dans sa demeure de Chantilly. En voyant cette magnifique retraite, le comte du Nord, depuis Paul Ier, empereur de Russie, s'écria : « Je changerais volontiers mes possessions contre » Chantilly. — Vous y perdriez trop, » dit le prince de Condé, et surtout » vos sujets auraient à s'en plaindre. » — J'y gagnerais beaucoup, ajouta » le comte, je serais Bourbon. » Au commencement des troubles de la France, en 1787, le prince de Condé présida le quatrième bureau de l'assemblée des notables, qui fut aussi sous sa présidence l'année suivante, époque où il signa le fameux mémoire des princes, adressé au roi, et dans lequel on défendait les institutions de l'ancienne monarchie. Dans cette même année, 1788, le ministre de la guerre avait fait former trois camps, autant pour exercer l'armée, que pour contenir les esprits malintentionnés. On donna au prince de Condé le commandement du camp établi à Saint-Omer, et le duc d'Enghien l'accompagna dans ce voyage militaire. Après la réunion des deux ordres au tiers état, le prince de Condé quitta la France avec sa famille (17 juillet 1789, se retira d'abord à Bruxelles, et passa ensuite à Turin. Un grand nombre de gentilshommes l'avaient suivi, avec lesquels il put former une petite armée prête à combattre pour la cause de la monarchie. Ayant épuisé toutes ses finances, le prince mit à Gênes ses diamans en gage pour la somme de cinq cents mille francs. Peu de temps après, Gustave III, roi de Suède, lui écrivit de son camp, dans la Finlande russe,

une lettre très-flatteuse, datée du 21 août 1789, et dans laquelle il l'engageait à venir dans ses états; mais le prince, établi sur la frontière de l'Allemagne, où son armée s'augmentait de jour en jour, ne put accepter l'offre généreuse du monarque suédois. Au mois de juillet 1790, S. A. publia un manifeste énergique, dans lequel, en invitant tous les sujets fidèles au roi de se réunir sous ses drapeaux, et en se déclarant le protecteur de la noblesse française, il protestait hautement qu'il irait délivrer l'infortuné Louis XVI. Les révolutionnaires tâchèrent de tourner en ridicule ce manifeste, afin d'en affaiblir l'effet. La populace, excitée par les malveillans, s'ameuta et dévasta Chantilly. Enfin, le 16 mars 1791, l'assemblée nationale annula la donation du Clermontais en faveur du grand Condé, en 1648, et qui, après la cession que ses descendans en avaient faite à l'état, produisait six cent mille livres de rente. L'abbé Maury et autres députés s'opposèrent, mais inutilement, à cette mesure violente. Quelques mois après, la même assemblée força le roi d'écrire une lettre au prince de Condé, où S. M. l'engageait à rentrer en France, et à « renoncer à » combattre pour des droits *que la* » *loi nationale avait abolis.* » Le prince de Condé venait d'avoir à Aix-la-Chapelle, avec le roi de Suède, une conférence qui aurait eu les plus heureux résultats; mais ce monarque périt bientôt par une main parricide. Quand le prince reçut le message de Paris, il alla à Coblentz en conférer avec Monsieur le comte d'Artois, et, de l'assentiment de S. A. R., il adressa une lettre respectueuse à Louis XVI, dans laquelle il persistait dans sa résolution, de faire tous ses efforts pour rendre au monarque sa liberté, et au trône sa première splendeur. D'après le contenu de cette lettre, l'assemblée nationale séquestra tous les biens du prince de Condé, « et in-»terdit à tous les Français de corres-»pondre avec lui ou ses officiers, »sous peine d'être déclarés traîtres.» Pendant ce temps, le prince de Condé, ayant ouvert un second emprunt à Amsterdam, en août 1791, se disposait à la guerre, et exerçait sa petite armée, qui avait commencé à se former à Worms. Elle finit de s'organiser en 1792, dans le cercle du Bas-Rhin, où elle se joignit à l'armée autrichienne sous les ordres du général Wurmser. Dans cette même année, le prince de Condé ouvrit la campagne, et se dirigea sur Landau, dans l'espoir de s'en rendre maître, d'accord avec le commandant de cette place ; mais celui-ci avait été remplacé par un autre officier général. Après la retraite du duc de Brunswick, le prince se replia sur Brisgaw, et les secours pécuniaires que lui accordait l'impératrice de Russie pour l'entretien de son armée, se trouvant insuffisans, il se vit obligé de mettre encore en gage ses diamans et ceux de la princesse de Monaco. S. A. obtint dans la suite que ses troupes fissent partie du contingent que les cercles fournissaient à l'empereur, et qu'elles en reçussent la solde. Ce ne fut qu'avec la plus vive douleur que le prince de Condé apprit la mort de Louis XVI. Avant d'ouvrir la campagne de 1793, il prononça l'oraison funèbre de ce monarque. L'armée royaliste de Flandre ayant été licenciée, M. le duc de Bourbon, qui la commandait, vint avec le duc d'Enghien rejoindre son père dans la forêt Noire. Les combats d'Iockrim, de Pfortz, de Barbel-

roth, de Wissembourg, de Berstheim, et de Haguenau, furent les affaires les plus importantes de cette campagne. L'armée royale se distingua plus particulièrement par la prise du village de Berstheim, obstinément défendu par les républicains. La légion de Mirabeau, qui formait l'avant-garde, avait pris et repris trois fois le village, d'où plusieurs batteries faisaient un feu foudroyant. La même légion, soutenue par les *chasseurs nobles*, commandés par le comte de Vioménil, revient à la charge, en criant : *A la baïonnette ! à la baïonnette !* «Messieurs, dit alors le prince de »Condé, vous êtes tous des Bayards ; »marchons au village ; mais je passe »mon épée au travers du corps à »celui qui y entrera avant moi ; » et S. A. entre le premier dans le village, d'où les républicains sont chassés. Le duc d'Enghien se couvrit de gloire, et prit huit canons, tandis que l'occupation de Berstheim assura les communications entre le corps des émigrés et l'armée autrichienne. Le général Wurmser étant venu visiter le prince de Condé, S. A. lui dit : « Eh bien ! M. le ma-»réchal, comment trouvez-vous ma »petite infanterie ? — Monseigneur, »elle grandit au feu, répondit »Wurmser. » Après l'action, les blessés républicains reçurent, par ordre du prince, les mêmes soins que ses propres soldats. Pendant les campagnes de 1794 et 1795, l'armée des émigrés ne put s'occuper que de marches et de contremarches, soit pour observer l'ennemi, soit pour concourir à défendre le passage du Rhin. Depuis cette dernière année, elle resta définitivement à la solde de l'Angleterre. Le prince de Condé fit part à son armée, le 4 juillet, de la mort du jeune et malheureux dauphin, par un discours éloquent, qui finissait par ces mots : « Messieurs, le roi Louis » XVII est mort; vive Louis XVIII!» Le quartier général de S. A. était à Mulheim, où se rendirent les envoyés anglais, MM. Crawford et Vickam, qui remirent au prince de fortes sommes, et gratifièrent ses officiers. Ces sommes étaient destinées à entretenir des négociations secrètes sur la rive gauche du Rhin, par lesquelles Pichegru, qui était à Huningue, semblait disposé à se ranger sous les drapeaux des royalistes; mais le directoire découvrit ces intelligences, et lui ôta le commandement. Dans la campagne de 1796, l'armée du prince de Condé se distingua à Brisgaw et à Biberach, en protégeant la retraite des Autrichiens; à Ste-Mergen, à St-Pierre, dans le val d'Enfer; et enfin à Steinstadt (24 octobre), où un officier du génie fut tué entre monseigneur le duc de Berri et le prince de Condé, qui commandait toujours à la tête de son armée. Après la paix de la France et de l'Autriche, en 1797, S. A. se retira en Russie; l'armée se cantonna en Pologne, et ensuite à Dubno, et S. A. passa à Pétersbourg, où elle reçut de Paul Ier l'accueil le plus distingué. Cet empereur acheta, pour l'illustre émigré, l'hôtel de Czernichef, sur la porte duquel on avait inscrit en lettres d'or, *hôtel de Condé;* et les domestiques attachés à son service, portaient la livrée de sa maison. Le prince de Condé suivit avec son armée (1799) le maréchal Souvarow en Suisse, soutint à Constance un combat qui dura trois jours. Après les revers des Russes, Paul Ier se sépara de l'Autriche, et l'armée du prince de Condé étant passée de nouveau à la solde de l'Angleterre, elle fit avec les Autrichiens

la campagne de 1800, et fut ensuite licenciée. Le prince de Condé passa alors en Angleterre, et résida à l'abbaye d'Amesbury, où il épousa la princesse douairière de Monaco (morte en 1813). La fin tragique de son petit-fils, le duc d'Enghien, affligea vivement le cœur de S. A., qui conserva toujours un douloureux souvenir de cet événement funeste. Après la chute de Buonaparte, le prince de Condé rentra avec le roi, à Paris, le 4 mai 1814. Le 15, S. M. lui rendit son titre de colonel-général de l'infanterie française; et le 20, il obtint le commandement du dixième régiment de ligne, qui dès lors prit le nom de *Colonel général.* Le roi le réintégra aussi dans la dignité de grand maître de France; et l'association des chevaliers de Saint-Louis, créée en 1814, le choisit pour son protecteur. Le débarquement de Napoléon à Cannes, donna lieu à la fameuse séance royale tenue le 17 mars 1815, et à laquelle assista S. A. S. Le 18, elle partit avec le roi pour la Belgique; et en juillet suivant, le prince revint à Paris avec S. M. Louis XVIII, qui bientôt après le désigna pour présider un de ses bureaux à tous les renouvellemens. Depuis la seconde restauration, le prince de Condé avait fait de Chantilly sa demeure habituelle, où le vandalisme avait à peine laissé une modeste habitation au milieu d'un tas de ruines. C'est là que le doyen des princes du sang fut atteint de sa dernière maladie, à laquelle il succomba le 13 mai 1818. Sa mort a été digne des sentimens religieux qu'il a toujours professés. Exhorté par son aumônier de pardonner à ceux qui l'avaient offensé : «Si Dieu me pardonne, dit le prince, »comme je pardonne à ceux qui m'ont »offensé, je suis sûr d'être avec lui;»

Le 26 son corps fut transporté à Saint-Denis, et inhumé à côté du tombeau des rois. Les princes et les princesses de la maison royale assistèrent à ses funérailles, qui furent faites avec la plus grande pompe, et M. l'abbé Frayssinous prononça l'oraison funèbre du prince défunt.

CONDORCET (Marie-Jean-Antoine-Nicolas Caritat, marquis de), naquit à Richemont, en Picardie, en 1743. Son oncle, Jacques-Marie de Condorcet, évêque de Lisieux, prit soin de son éducation, et le fit entrer au collége de Navarre, où il fit des progrès dans les études. Il s'appliqua plus particulièrement aux mathématiques, et à l'âge de 16 ans il soutint une thèse à laquelle assistèrent d'Alembert, Clairaut et Fontaine. L'approbation de ces habiles géomètres détermina Condorcet à se livrer entièrement à l'étude qu'il aimait de préférence. S'étant fixé à Paris en 1762, il gagna la bienveillance du duc de la Rochefoucaud. Ce seigneur l'introduisit dans plusieurs maisons distinguées, et lui obtint des pensions qui suppléaient à son manque de fortune. En 1765, il publia son *Essai sur le calcul intégral*, où il adopte et étend les principes de Fontaine, avec lequel il s'était lié d'une union intime. Son *Problème des trois corps* parut en 1767, et l'*Essai d'analyse* en 1768. Il avait présenté les deux premiers de ces mémoires à l'académie des Sciences, qui l'admit dans son sein en 1769. Il fit paraître alors de nouveaux *Mémoires* sur le calcul analytique; on ne commença cependant à imprimer qu'en 1786 l'ouvrage entier, qui fut tout à coup arrêté à la onzième feuille. Ces différens écrits étaient répandus dans diverses académies dont Condorcet était membre, comme celles de Pétersbourg,

Berlin, Turin, Bologne, etc. On ne peut sans doute refuser à Condorcet un vrai talent dans les mathématiques, mais on peut aussi lui reprocher que dans tous ses ouvrages sur cette science, il s'est constamment borné à présenter de nouvelles formules sans les accompagner d'utiles applications. Le style de cet écrivain était souvent froid et sans intérêt, ainsi qu'il le prouva dans ses *Eloges des académiciens morts avant* 1699, qu'il publia en 1773; cet ouvrage, que Condorcet avait composé pour mériter la place de secrétaire perpétuel de l'académie, fut trouvé inférieur à ceux du même genre faits par Grandjean de Fouchy, et surtout par Fontenelle. Il obtint malgré cela l'emploi qu'il souhaitait si vivement. Il ne désirait pas avec moins d'ardeur une place à l'académie française, mais ce fut lui-même qui retarda ce moment. Il avait été chargé en 1777 de faire l'éloge du duc de la Vrillière, académicien honoraire, et tardant trop à le prononcer, Maurepas lui en fit quelques reproches; il y répondit, en disant que « jamais il ne louerait un pareil ministre, dispensateur odieux des lettres de cachet sous Louis XV. » Cette réponse fut trouvée un peu insolente; et les portes de l'académie ne lui furent ouvertes que plusieurs années après. Une *Dissertation* sur la théorie des comètes lui mérita, en 1777, le prix de l'académie de Berlin. Quelque temps après il fit avec d'Alembert et Bossut plusieurs expériences sur la résistance des fluides, et se livra ensuite à l'examen des différens systèmes des économistes. Condorcet avait d'étroites liaisons avec d'Alembert et les autres philosophes, et il fit avec le premier un voyage à Ferney, pour visiter Voltaire, qui fut toujours l'objet de son admiration. Cependant, malgré leur amitié, Voltaire blâme hautement, dans sa correspondance, l'ouvrage intitulé : *Lettres d'un théologien à l'auteur des trois siècles littéraires*, 1774, le premier que Condorcet, indépendamment de ses articles pour l'Encyclopédie, consacra au philosophisme. Voltaire craignait que ce livre, rempli de traits sanglans et terribles, ne devînt funeste à son parti. Condorcet était républicain même avant la révolution, ainsi qu'il le prouva dans ses écrits, publiés pendant la guerre de l'Amérique septentrionale; il se déclare pour l'indépendance de cet état, pour la liberté des Nègres, et contre ce qu'il appelle le *despotisme*. En 1782, il put enfin être reçu à l'académie française, en concurrence avec Bailly. On crut assez généralement que ce dernier l'aurait emporté sur Condorcet, sans les intrigues de d'Alembert, qui voulait faire obtenir cet honneur à son protégé. Le sujet de son discours de réception était : *Les avantages que la société peut retirer de la réunion des sciences physiques aux sciences morales*. Il prononça dans la suite devant cette assemblée un grand nombre d'éloges, comme ceux de Bergmann, Buffon, Euler, Franklin, Linnée, Vaucanson et d'Alembert, qui l'avait nommé son exécuteur testamentaire. Aux premières étincelles de la révolution, Condorcet se rangea du parti des innovateurs, et, en 1788, il publia son ouvrage sur les *Assemblées provinciales*; où il proposait de corriger ces prétendus abus, qu'on ne réforma que pour en enfanter d'autres et plus nombreux et bien plus terribles. Il rédigea, quelque temps après, et avec Cérutti, la *Feuille villageoise*, qui, ainsi que d'autres journaux

révolutionnaires, entretenait le peuple dans un état d'effervescence continuelle. Nommé commissaire de la trésorerie en 1791, il entra ensuite comme député à l'assemblée législative, dont il fut élu secrétaire le 3 octobre. Il y prononça un discours dans lequel il distingue les émigrés en deux classes, et où il inflige la peine de mort à ceux qui seraient pris les armes à la main : il fut en même temps désigné par les jacobins pour être le gouverneur du dauphin. En février 1792, il fut président de l'assemblée, et proposa de déclarer que Louis XVI était censé avoir abdiqué par son voyage à Varennes. Condorcet fut aussi un des premiers qui provoquèrent la déclaration de guerre à l'empereur d'Allemagne. Après le 10 août, il publia l'*Adresse aux Français*, où il rendait compte à l'Europe des motifs (ou des prétextes) qui avaient porté l'assemblée à prononcer la suspension du roi. Le département de l'Aisne le choisit pour député à la convention, et il se rangea alors du parti des *girondins*. Dans le mois de novembre, il avait demandé, dans un discours assez long, à faire juger Louis XVI par les députations des départemens. Lors du procès de ce monarque, il vota contre l'appel au peuple, et «pour la peine la plus grave qui ne »fût pas celle de la mort.» L'impératrice de Russie et le roi de Prusse rayèrent alors son nom du tableau des académies de Pétersbourg et de Berlin. Condorcet avait acquis une assez grande popularité, ce qui l'avait fait nommer successivement membre du premier comité dit *de salut public*, et de celui de *constitution*. Il ne fut pas compris d'abord dans la proscription des *girondins* (31 mai); mais, dénoncé par Chabot, le 8 juillet 1793, comme partisan de Brissot, il fut mandé à la barre, décrété d'accusation le 3 octobre, et mis bientôt *hors la loi*. Il put se cacher pendant huit mois chez madame *** ; mais un autre décret qui prononçait la peine de mort contre ceux qui recéleraient des proscrits l'obligea de quitter sa retraite. Il sortit de Paris, en mars 1794, sans passe-port, habillé d'une veste et la tête couverte d'un bonnet. N'ayant pas rencontré un ami dans une maison de campagne où il avait espéré de trouver un asile, il n'eut pour demeure pendant plusieurs jours que les bois et des carrières abandonnées. La faim le força d'en sortir, et d'entrer dans un cabaret de Clamart, où il demanda une omelette ; sa longue barbe, son équipage, et surtout son air inquiet, éveillèrent les soupçons de l'hôtesse sur le paiement. Condorcet crut les faire cesser en tirant de sa poche son portefeuille, dont l'élégance augmenta ces soupçons encore davantage. On avertit sur-le-champ un membre du comité révolutionnaire du lieu, qui le fit arrêter et conduire au Bourg-la-Reine. Exténué de fatigue et de besoin, et prêt à tomber en défaillance, on lui donna le cheval d'un vigneron pour le transporter au lieu de sa destination, où il fut jeté dans un cachot. Le lendemain, 28 mars 1794, quand on vint pour l'interroger, on le trouva mort par l'effet d'un poison qu'il avait avalé, et qu'il portait sur lui depuis qu'il avait été menacé du supplice. Ainsi périt victime de la révolution, celui qui avait tant fait pour elle ; il avait alors cinquante ans. Sous un extérieur paisible et froid il cachait un caractère violent, ce qui faisait dire à d'Alembert qu'il était *un volcan couvert de neige ;* d'autres l'appelaient un *mouton en-*

ragé. On a cru assez généralement que la base de sa philosophie était le scepticisme ; mais il est certain qu'elle se proposait pour but le perfectionnement indéfini de l'espèce humaine. Les autres ouvrages les plus importans de Condorcet sont : I *Eloge et pensées de Pascal*, Londres, 1776, in-8 ; 1778, avec des notes de Voltaire. Grimm, en parlant de cet ouvrage, dit, dans sa correspondance : «Ce commentaire renferme les principes les plus subtils d'un athéisme décidé.» Et en effet, l'auteur relève dans ces notes l'homme que Pascal avait abaissé, et s'efforce de démontrer que ses vices et sa faiblesse sont le résultat des institutions sociales, et non une preuve de l'existence de Dieu et des vérités du christianisme. II *Réflexions d'un citoyen catholique sur les lois de France relatives aux protestans*, 1778. III *Essai sur l'application de l'analyse à la probabilité des décisions rendues à la pluralité des voix*, Paris, 1785, in-4. Ce livre a été réimprimé en 1804, avec de nombreuses additions et une *Notice sur Condorcet*. IV *Vie de M. Turgot*, Londres, 1786, in-8, traduite en allemand et en anglais. V *Vie de Voltaire*, Genève, 1787, Londres, 1790, 2 vol. in-8, traduite en allemand et en anglais. Dans cet ouvrage, qui est un panégyrique continuel de Voltaire, Condorcet s'élève avec la dernière violence contre la religion et les prêtres, et contre tout ce qui tient au christianisme. Il y fait en outre l'apologie d'un poëme qui est l'écrit le plus licencieux qui ait sorti de la plume de Voltaire, et il se plaint, entre autres choses, du «prix excessif attaché à la pureté des mœurs, de peur, dit-il, d'étendre le pouvoir des prêtres.» VI. *Bibliothèque de l'homme public*, ou *Analyse raisonnée des principaux ouvrages français et étrangers sur la politique en général, la législation, les finances,* etc., avec Chapelier et Peyssonnel, Paris, 1790, 1792, 28 vol. in-8. VII *Esquisse d'un tableau historique des progrès de l'esprit humain,* ouvrage posthume, 1795, in-8, traduit en anglais et en allemand. En parlant de cette esquisse, un auteur éclairé [1] s'exprime en ces termes : « Condorcet y pro-»clame l'existence déjà ancienne »d'une ligue ennemie de la reli-»gion et des trônes, et il veut qu'on »ait l'obligation à la philosophie »d'avoir combattu et détruit ce »qu'il appelait la superstition et le »despotisme.... La manière dont il »explique dans cet ouvrage l'ori-»gine du christianisme n'atteste pas »plus de bonne foi que d'érudition. »Au surplus il ne voit juste ni dans »le passé ni dans l'avenir ; et à pro-»pos de la perfectibilité indéfinie de »l'esprit humain, qui était sa ma-»nie et sur laquelle il revient à sa-»tiété, il s'épuise en conjectures »toutes plus folles les unes que les »autres, sur le bonheur et la per-»fection dont nous devons jouir un »jour. Il se complaît dans la puis-»sance et la vertu des adages philo-»sophiques, ne tient nul compte des »passions, et croit fermement ou »feint de croire que quand il n'y »aura ni rois ni prêtres, tout ira le »mieux du monde ; et ce qui prouve »son aveuglement opiniâtre, c'est »qu'il paraît avoir composé cette *Es-»quisse* lorsqu'il était victime des fu-»reurs révolutionnaires, et proscrit »par d'implacables ennemis des rois et »des prêtres. » VIII *Réflexions d'un citoyen non gradué.* « Il est aisé de

[1] *Mémoires pour servir à l'histoire ecclésiastique du 18e siècle,* tome 4, page 548.

»l'y reconnaître (dit Grimm en »parlant de ce livre) à cette préci-»sion d'idées qui caractérise sa ma-»nière d'écrire, et à cette amertume »de plaisanterie qui, mêlée aux ap-»parences d'une douceur et d'une »bonhomie inaltérables, l'a fait ap-»peler, même dans la société de ses »meilleurs amis, le *mouton enragé.*» Condorcet a travaillé au *Journal encyclopédique,* à la *Chronique du mois,* au *Républicain,* au *Journal d'instruction publique,* etc. On lui attribue aussi la *Déclaration des droits de l'homme.* On a justement reproché à ses écrits un style obscur, entortillé et plein de négligences. Condorcet eut le triste honneur de poursuivre constamment les parlemens, la noblesse, la royauté et la religion. A. Diannyère a publié son éloge sous le titre de *Notice sur la vie et les ouvrages de Condorcet,* 1796, 1799, in-8.

CONTANT DE LA MOLETTE (Philippe du), né à la Côte-Saint-André, en Dauphiné, le 29 août 1737, embrassa l'état ecclésiastique, et vint faire ses cours en Sorbonne. Il fit sa licence avec éclat, et prit le bonnet de docteur en 1765. Il ne s'était point borné aux études ordinaires. S'étant appliqué à l'hébreu et aux autres langues orientales, il lut les saintes Écritures dans les sources, et soutint en Sorbonne une thèse en six langues qui fut imprimée en un vol. in-4. Devenu vicaire général du diocèse de Vienne, aux occupations que lui donnait cette dignité, il sut allier des travaux analogues à ses premières études : il fut une des victimes de la révolution, et périt sur l'échafaud en 1793. On a de lui : I *Essai sur l'Écriture sainte,* ou *Tableau historique des avantages qu'on peut retirer des langues orientales pour* la parfaite intelligence des livres saints, 1775, in-12; à la tête de ce volume, est une planche contenant plusieurs alphabets orientaux. II *Nouvelle méthode pour entrer dans le vrai sens de l'Écriture sainte*, 1777, 2 vol. in-12. III *La Genèse expliquée d'après les textes primitifs, avec des réponses aux difficultés des incrédules*, 1777, 3 vol. in-12. Parmi ces difficultés, il en est qui sont prises des ouvrages de Voltaire et auxquelles l'auteur fait des réponses solides. IV *L'Exode expliquée*, 1780, 3 vol. in-12. V *Les Psaumes expliqués*, 1781, 3 vol. in-12. VI *Le Lévitique expliqué*, 1785, in-12. VII *Traité sur la poésie et la musique des Hébreux*, 1781, in-12. VIII *Nouvelle Bible polyglotte*, in-4; elle est devenue fort rare. L'abbé Contant de la Molette a réfuté la méthode du P. Houbigant, quoique lui-même eût aussi sur l'Écriture sainte des idées singulières. On a prétendu que quelques-uns de ses ouvrages étaient superficiels, qu'il ne savait l'hébreu que médiocrement, etc. Néanmoins, il est cité avec éloge dans le *Rapport sur l'histoire* fait par M. Dacier à Napoléon, au nom de l'Institut; ce qui suppose bien quelque mérite; on ne lui ôtera pas du moins celui d'avoir été un zélé défenseur de la religion, et un écrivain très-laborieux.

CONTANT D'ORVILLE (André-Guillaume), né à Paris vers 1730. Il fut un écrivain fécond, voyagea beaucoup, fit des comédies pour les théâtres de province, des romans, des compilations assez intéressantes, et eut une grande part à la rédaction, dirigée par le marquis de Paulmy, des *Mélanges tirés d'une grande bibliothèque*. Parmi ses autres ouvrages on remarque : I *Fastes de la Pologne et de la Russie*, 1769, in-8. II *Fastes de la Grande-Bretagne*, 1769, in-8. III *Anecdotes germaniques*, 1769, in-8. IV *Histoire de différens peuples du monde, contenant les cérémonies religieuses et civiles*, 1770-72, 6 vol. in-8. V *Sophie, ou Mémoires pour servir à l'histoire des femmes du 18° siècle*, 1779, 2 vol. in-12. Cet auteur est mort vers 1804.

CONTAT (Louise, madame de Parny, connue au théâtre sous le nom de mademoiselle), née à Paris en 1760, fut reçue à la comédie française en 1777. Elle joua plusieurs rôles avec un grand succès. Celui qu'obtint la comédie peu décente et assez irrégulière *du Mariage de Figaro* de Beaumarchais, on l'attribua, en grande partie, au jeu de mademoiselle Contat, qui y jouait le rôle de *Susanne*. On vante beaucoup la douceur des mœurs et la bonté du caractère de cette célèbre actrice, et on cite entre autres deux traits qui lui font honneur. La reine désirant (en 1788) voir représenter la comédie de *la Gouvernante*, fit savoir à mademoiselle Contat qu'elle aurait aimé la voir dans ce rôle, qui n'était cependant pas de son emploi. Mademoiselle Contat apprit en 24 heures plus de 500 vers. Satisfaite de cet effort de sa part, elle écrivit à la personne qui lui avait fait part des désirs de la reine : « J'ignorais » où était le siège de la mémoire, je » sais à présent qu'il est dans le » cœur. » Cette lettre, publiée par ordre de la reine, fut le seul motif de son emprisonnement dans les troubles de la révolution, et mademoiselle Contat fut sur le point de perdre la vie. Six semaines avant sa mort, elle jeta au feu un recueil d'ouvrages en vers et en prose qu'elle avait composés, parce qu'ils contenaient quelques traits de satire personnelle. Mademoiselle Contat est morte à Paris le 9 mars 1813.

CONYBEARE (Jean), savant évêque de l'église anglicane, né à Pinhoë, dans le Devonshire, en 1692, fit ses études au collège d'Exeter, dans l'université d'Oxford; il y prit le degré de docteur et y fut agrégé: en 1730 il en fut élu recteur. Ayant publié en 1732 sa *Défense de la religion révélée*, contre le livre de Tyndal, intitulé : *Le Christianisme aussi ancien que le monde*, cet ouvrage lui valut le doyenné de Christ-Church à Oxford. Il fut, en 1750, nommé évêque de Bristol. On a de lui : I la *Défense* citée ci-dessus, Londres, 1732, in-8. Elle passe pour le meilleur ouvrage publié contre Tyndal. Elle est écrite avec autant de modération que de solidité, et fut si bien accueillie du public, que l'année suivante il en parut une 3° édition. II Des *Sermons*; ils furent imprimés en 1757, trois ans après sa mort, arrivée à Bath le 13 juillet 1755. Ils sont au nombre de vingt, compris en 2 vol., et traitent les sujets suivans : les *mystères*, les *souscriptions*, la *sanctification pénale des lois*, la *convenance de la révélation*, etc. On les proposa par souscription, au profit des enfans de l'auteur, demeurés sans fortune. L'estime qu'on conservait à ce savant et pieux évêque, éleva le nombre de ceux qui souscrivirent à quatre mille six cents.

COOPER (Samuel), ecclésiastique anglican, né vers 1738. Il avait été ministre de Great-Yarmouth, et devint recteur de Great-Yelverton, dans le comté de Norfolk. Il a fait un grand nombre de sermons et plusieurs ouvrages de controverse et de morale, dont les principaux sont : I *Définitions et axiomes*

relatifs à la charité, aux instructions charitables, et aux lois concernant les pauvres, 1764, in-8. II *Lettre à l'évêque de Glocester, ou la Mission divine de Moïse vengée contre les fausses imputations des amis et des ennemis de l'auteur, et où l'on démontre clairement que ses mérites, comme écrivain, sont bien au-dessus des éloges de ses admirateurs les plus ardens*, 1766, in-8. III *Explications de différens textes de l'Ecriture, et quatre dissertations :* 1° *sur les châtimens éternels ;* 2° *sur Jésus-Christ maudissant le figuier ;* 3° *sur les traditions inexactes ;* 4° *sur la tentation de Jésus-Christ,* 1 v. in-8. IV *Les premiers principes du gouvernement civil et ecclésiastique, esquissés dans des lettres au docteur Priestley, à l'occasion de sa lettre à Edmond Burke,* 1791, in-8. Samuel Cooper mourut en 1799, âgé de 61 ans.

COOTE (Eyre), général anglais, né en 1726, fit ses premières armes contre les rebelles d'Ecosse en 1745. Envoyé aux Indes en 1754, il prit possession de Calcutta en 1757; il en fut nommé gouverneur dans la même année. Il se signala à la bataille de Plassay, prit Vaudavaschi, battit les Français, commandés par le général Lally, le 22 juillet 1760, et les obligea à se retirer dans Pondichéry, dont Coote s'empara le 26 novembre, après 15 mois de siège. La prise de cette place, fut le dernier coup porté à la puissance française dans l'Inde. De retour en Angleterre, Coote reçut des directeurs de la compagnie des Indes une épée montée en diamans, qu'ils lui offrirent en témoignage de leur reconnaissance. En 1771, il fut décoré de l'ordre du Bain, et deux ans après il fut nommé membre du con-

X.

seil suprême de Bengale, et commandant des forces britanniques dans l'Inde. Le fameux Hyder-Ali ayant envahi le Carnate, il se posta sur la côte de Coromandel avec une armée de 30,000 hommes, rencontra le nabab indien près de Porto-Novo, et défit son armée (en juillet 1781) forte de 80,000 combattans. Le Carnate fut encore menacé en 1783, et quoique très-infirme, Coote partit de Calcutta pour Madras, où il mourut le 29 avril, deux jours après son arrivée dans cette ville.

COPEL. *Voyez* ELISÉE (le P.), *Dict.*.

COQUELIN (dom François), général des feuillans d'Italie, connus sous le nom de *réformés de saint Bernard*, était né à Salins d'une famille qui possédait des emplois dans la magistrature, et qui avait donné deux abbés à l'ordre de Saint-Benoît. Etant passé en Italie, il eut occasion d'y voir des feuillans, dont la congrégation récemment établie était encore dans la première ferveur, et faisait revivre le premier esprit de Cîteaux. Il en fut si édifié, qu'il en embrassa l'institut en 1723, dans le monastère de Sainte-Pudentiane de Rome. La congrégation faisait en lui l'acquisition d'un sujet propre à tous les emplois dont on voudrait le charger. A des talens et à des connaissances rares il joignait une modestie plus rare encore. Il était bon théologien, savant canoniste. Il avait cultivé avec succès la bonne littérature; la poésie même ne lui était pas étrangère. La manière dont il se comporta dans différens monastères desquels il avait été nommé supérieur, et dans la charge de procureur général de son ordre à Rome, avait fait connaître son habileté dans les affaires, et inspiré à tous ses confrères une grande es-

time pour lui. Ils lui en donnèrent une marque éclatante en 1654, en l'élisant général de la congrégation dans un chapitre tenu au monastère de Saint-Bernard d'Almario, près de Gênes. Il remplaçait le fameux *Jean Bona*, qui depuis devint cardinal et fut sur le point d'être pape. L'administration de dom Coquelin fut telle, que le temps de son généralat étant fini, ses successeurs crurent ne pouvoir mieux faire que de s'aider de ses conseils et de le prendre pour leur assistant. Sur la fin de sa vie il se retira au monastère de Pérouse, pour y consacrer ses derniers jours à la retraite, et il y mourut en 1672. On a de lui : I la *Vie de saint Claude*, archevêque de Besançon, en latin, Rome, 1652, in-8. Elle fut la même année traduite en italien. II La traduction d'un livre français intitulé : *Le Chrétien du temps*. III Un ouvrage assez considérable, sous le titre *de Avitis dogmatibus cæterisque erroribus hæreticorum omnium, à Christo ad nostram usque ætatem*.

COQUELIN (dom Jérôme), bénédictin et dernier abbé de Faverney, naquit à Besançon d'une ancienne famille de robe, le 21 juillet 1690. Après avoir fait ses études dans cette ville, et n'étant encore âgé que de dix-huit ans, il embrassa la vie monastique. On lui donna, dès qu'il fut prêtre, la direction des novices, emploi de confiance dont il s'acquitta à la satisfaction de ses supérieurs. Il aimait l'étude et les livres, et s'était livré à celle de l'histoire et des antiquités. Ce goût et l'érudition qu'on lui connaissait, lui valurent une place dans l'académie de Besançon, nouvellement établie, et dont il fut l'un des premiers membres. Devenu abbé de Faverney, il n'interrompit point ses doctes travaux. Il fit plus; il songea à procurer à ses religieux plus de moyens pour leur instruction et leurs entreprises littéraires, en employant de grosses sommes à augmenter la bibliothèque du monastère, en la fournissant d'une ample collection de livres rares et précieux, et en y établissant un riche et nombreux médaillier. Il avait composé: I un *Cours complet de philosophie et de théologie*, à l'usage des jeunes religieux, tandis qu'il était chargé de leur direction. II Une *Dissertation sur le port Abucin*. III Une autre *dissertation sur l'antiquité de l'église de Besançon*. IV Un *Cartulaire de l'abbaye de Faverney*. V Un *Abrégé chronologique des comtes de Bourgogne*. La plupart de ces ouvrages sont restés inédits. Dom Jérôme Coquelin mourut à Faverney le 1er septembre 1771, âgé de plus de 80 ans. Son éloge fut prononcé dans une assemblée de l'académie de Besançon, par Droz, secrétaire perpétuel de cette académie.

CORAX, Sicilien, célèbre rhétoricien grec, vivait vers la 77e olympiade (473 avant J. C.), et il est considéré comme le créateur de l'art oratoire. Cicéron dit, d'après Aristote, que les jugemens ayant été rétablis en Sicile, on y vit naître l'éloquence du barreau, dont les règles furent tracées par Corax et Tysias, à la même époque où les Siciliens recouvrèrent leur liberté, dont les avaient privés Gélon et les autres tyrans ses contemporains. Selon l'avis de l'abbé Garnier, la *Rhétorique à Alexandre*, attribuée toute entière à Aristote, est tirée en grande partie de celle de Corax, dont le manuscrit n'est point parvenu jusqu'à nous.

CORDAY D'ARMANS (Marie-Anne-Charlotte), née en 1768 à Saint-Saturnin, près de Séez en Normandie. Les chefs du parti républicain appelé girondin ou brissotin, ayant été proscrits par Robespierre le 31 mai 1793, se réfugièrent dans les départemens de l'Eure et du Calvados, où ils avaient l'espoir de soulever en leur faveur la Normandie. Leurs plaintes contre leurs persécuteurs, et les malheurs qui affligeaient la France, firent oublier à Charlotte la douceur et la résignation, qualités les plus nécessaires à son sexe. Née avec un cœur extrêmement sensible et une imagination ardente, elle se détermine à frapper un grand coup et à venger son pays. Charlotte se rend dans la capitale, se fait introduire par l'abbé Fauchet (*voyez* FAUCHET au *Supplément*) aux tribunes de la convention, où elle entend d'horribles invectives contre les proscrits dont elle avait embrassé la cause. Son indignation redouble; et ayant appris que Marat, qui avait le plus contribué à la révolution du 31 mai, était retenu chez lui à cause d'une indisposition, elle lui écrit une lettre dans laquelle elle le prie de lui accorder une heure d'entretien, ayant à lui révéler des secrets importans pour le salut de la France. Cette lettre et encore une autre restent sans réponse. Charlotte se présente alors chez Marat: deux femmes veulent lui refuser l'entrée; mais Marat, qui comprit à leur conversation que c'était la personne qui lui avait écrit, ordonne qu'on la laisse entrer. Il était dans une baignoire, attaqué d'une maladie honteuse qui le consumait lentement. Après avoir demandé à l'inconnue les noms des députés qui se trouvaient dans le Calvados, il les écrivit sur ses tablettes, et dit que sous peu de jours il les ferait tous périr à Paris par la guillotine. Charlotte alors, ne sachant plus se contenir, tire un couteau qu'elle tenait caché, et le plonge dans le sein de Marat, qui expire en poussant ce seul cri: *A moi, ma chère amie!* Les deux femmes accourent, leurs cris appellent la garde; Charlotte est arrêtée, et livrée au tribunal révolutionnaire. On lui accorde un défenseur (Chauveau-Lagarde), qui ne pouvait pas la sauver, puisqu'elle même s'avouait coupable. Cependant, pour donner à son avocat un témoignage de sa reconnaissance, elle le pria d'acquitter quelques petites dettes qu'elle avait contractées dans sa prison. L'arrêt de mort, les huées de la populace qui l'accompagnèrent jusqu'au lieu de son supplice, n'ébranlèrent pas son courage. Lorsque l'exécuteur la dépouilla d'une partie de ses vêtemens, les couleurs de la pudeur outragée se manifestèrent sur son visage. Elle fut décapitée le 17 juillet 1793, âgée de 25 ans. Les crimes de Marat, qui auraient dû livrer sa tête aux bourreaux, n'excusent pas l'attentat de Charlotte. Des lectures pernicieuses avaient exalté ses idées, et lui avaient inculqué des principes irréligieux. Elle marcha à la mort sans avoir voulu être assistée par aucun prêtre. Couet de Gironville publia une brochure intitulée : *Charlotte Corday, décapitée à Paris le 16 juillet 1793, ou Mémoires pour servir à l'histoire de cette femme célèbre*, 1796, in-8.

CORGNE (Pierre le), chanoine de Soissons, né au diocèse de Quimper, fit ses études à Paris, et prit le bonnet de docteur en théologie dans la maison de Navarre, à laquelle il était agrégé. Il est auteur des ouvrages suivans : I *Dissertation sur le monothélisme et sur le VI° concile général*, 1741. II *Dissertation sur le pape Libère*, 1736. III *Dissertation sur le concile de Rimini*,

1733. IV Autre *Dissertation sur la dispute entre saint Etienne et saint Cyprien*, 1725. V *Traité du droit des évêques*, 1763. VI *Mémoires touchant les juges de la foi*, 1736. VII *Défense légitime du pouvoir des évêques*. Cet ouvrage, qui pouvait former 4 vol. in-fol., valut à son auteur une gratification de 4,000 francs de la part de l'assemblée du clergé de 1760. L'abbé Corgne mourut en 1777; il ne faut point le confondre avec l'abbé le Corgne de Launay, docteur de la maison et société de Sorbonne, qui ne mourut qu'en 1804.

CORGNE, le *Corgne de Launay*. Voyez LAUNAY.

CORILLA. C'est le nom qu'on donnait en Italie à une célèbre *improvisatrice*, qui se faisait admirer autant par ses connaissances que par ses talens poétiques. Elle improvisait sur tous les sujets avec une facilité étonnante. Après avoir parcouru l'Italie, elle vint se fixer pendant quelque temps à Rome, où elle fut admise dans les sociétés les plus brillantes, et eut l'honneur d'improviser devant le cardinal de Bernis, ambassadeur de France auprès du saint-siége. L'Arcadie de Rome l'admit dans son sein, et lui donna le nom de *Corilla*. Elle fut également reçue comme membre de plusieurs académies poétiques d'Italie. L'enthousiasme que Corilla produisit à Rome fut tel, que, de l'aveu du sénat, elle fut couronnée au Capitole, avec une grande pompe; mais cet honneur, digne seul des plus grands génies, et surtout ses mœurs un peu libres, lui attirèrent de mordantes satires, dont elle chercha à se défendre, non en se corrigeant, mais en publiant des sonnets, des épigrammes et des chansons, avec lesquels elle crut terrasser ses ad-

versaires. Corilla acquit des richesses, et mourut à Rome en mai
1791. On a imprimé un recueil de
ses poésies, dans lesquelles on remarque un chant en éloge de Marie-
Thérèse, impératrice d'Allemagne.

CORMATIN (Pierre-Marie De-
soteux), né dans un village de Bourgogne vers 1750. Il suivit le baron
de Vioménil en Amérique, en qualité d'aide de camp ; et s'attacha
ensuite à MM. Lameth. Lors de la
révolution, on prétend qu'habillé
en femme, il eut part à la journée
du 6 octobre 1789 ; mais ce fait
n'est pas assez prouvé. Employé
comme officier d'état-major sous les
ordres de Bouillé, à Metz, il favorisa l'évasion de Louis XVI, et émigra quelque temps après. Etant revenu à Paris, il fut nommé lieutenant de la garde constitutionnelle
du roi. Il émigra de nouveau le 10
août 1792, et, 2 ans après, il fut
major général de la Puisaye, chef
des insurgés sur la rive droite de la
Loire. Il signa l'acte de pacification
entre la république et les Vendéens ;
mais, accusé d'avoir manqué aux traités, on l'arrêta, et une commission
militaire allait prononcer son jugement. Cormatin réclama, depuis sa
prison, la loi d'amnistie et les lois
constitutionnelles, et parvint, en
décembre 1795, à faire placarder,
dans Paris, des affiches où il affir-
mait que le comité de salut public
lui avait promis garantie et impunité. Malgré ses réclamations, il fut
condamné à la déportation, et ses
coaccusés, au nombre de sept, furent acquittés. Enfermé dans le fort
de Cherbourg, transféré ensuite à
Ham, il obtint enfin sa liberté sous
le gouvernement consulaire. Cormatin se retira alors dans ses propriétés, près Màcon, et mourut à
Lyon le 19 juillet 1812.

CORNARO (Flaminio), nommé
aussi *Corner* et *Cornelio*, célèbre sénateur vénitien, né à Venise le 4 février
1693, fit ses études chez les jésuites,
et y soutint une thèse de philosophie d'une manière fort brillante.
En 1730 il fut élu sénateur, et se
montra dans cette place éminente,
homme d'état aussi éclairé que citoyen vertueux. Son goût le portant
vers l'érudition, et n'étant pas moins
pieux que savant, il se proposa de
diriger ses recherches vers des objets utiles à la religion. Il entreprit
d'écrire l'histoire des églises véni-
tiennes et de celles de Torcello, ville
près de l'état de Venise, aujourd'hui
presque ruinée ; ces travaux exécutés, il en commença d'autres non
moins importans et du même genre ;
ses dernières productions sont des
ouvrages ascétiques. Il mourut dans
sa patrie à l'âge de 85 ans, le 27
décembre 1778. Dom Anselme Costadoni a écrit sa *vie*, Bassano, 1780,
in-8. Ses principaux ouvrages sont :
I *Ecclesiæ venetæ antiquis monumentis, nunc etiam primùm edi-
tis, illustratæ ac in decades dis-
tributæ*, Venise, 1749 et suivantes,
18 vol. in-4, y compris l'*Histoire
des églises de Torcello*, le supplément à la grande table. II *Notizie
storiche delle chiese e de' monaste-
ri di Venezia e di Torcello, tratte
dalle chiese venetæ e torcellanæ di
Flaminio Corner, senator vene-
ziano*, Padoue, 1758, in-4. C'est
une traduction abrégée de l'ouvrage
précédent, faite par l'auteur lui-
même, en faveur de ceux à qui le
latin n'est pas familier, et qui néanmoins désireraient avoir une idée de
ces histoires. III *Creta sacra, sive
de episcopis utriusque ritûs græci
et latini in insulâ Cretæ*, Venise,
1755, 2 vol. in-4. IV *Catarum,
Dalmatiæ civitas in ecclesiastico*

civili statu documentis illustrata : et accedit episcoporum methonensium et coronentium series expurgata, Padoue, 1759, in-4. V *Hagiologicum italicum,* Bassano, 1773, 2 vol. in-4. Il s'y trouve au delà de sept cents *vies* de saints de plus que dans le *Catalogue des saints* du P. Philippe Ferrari, imprimé depuis 1613. VI *Esercizio di perfezione è di christiana virtù, composto dal padre Alfonso Rodriguez,* etc., *nuovamente accomodato ad ogni stato di persone,* etc., Bassano, 1779, 3 vol. VII *Relazione delle imagini miracolose di Maria conservate in Venezia, e notizie storiche della B. V. Maria del Miracolo venerata in Desenzano,* Venise, 1758. VIII *Apparitionum et celebriorum imaginum deiparæ virginis Mariæ in civitate et dominio Venetiarum, enarrationes historicæ,* avec fig. L'ouvrage a été traduit en italien par l'auteur. A cette liste des ouvrages du savant Cornaro, on pourrait en ajouter beaucoup d'autres, soit imprimés, soit inédits. Plusieurs ont été insérés dans la *Nuova raccolta* du P. Calogera. On conçoit à peine, malgré sa longue vie, comment Cornaro a pu suffire à de si nombreux travaux. Le clergé de Venise, en reconnaissance de ceux qui le concernaient, fit frapper une médaille en l'honneur de leur auteur, et Benoît XIV. lui adressa un bref honorable et flatteur qui fut souvent réimprimé.

CORNWALLIS (Charles, marquis et comte de), général anglais, né le 31 décembre 1738, fit ses premières armes dans la guerre de sept ans, et servit avec distinction en Amérique lors de la guerre entre l'Angleterre et les colonies (1776); mais il ne put obtenir aucun avantage sur le général la Fayette, qui commandait les troupes américaines. Washington, déterminé à frapper un grand coup, se concerta, à cet effet, avec les généraux français, Rochambeau et le comte de Grasse. Cornwallis avait réuni toutes ses forces à York-Town, à Glocester, et entre les rivières d'York et de James. Les deux armées combinées arrivèrent, le 28 septembre 1781, devant New-York, bloquée par mer par la flotte française. Cornwallis ne pouvant être secouru, et la tempête empêchant ses troupes de traverser la rivière, il fut fait prisonnier de guerre avec son armée, forte de 8,000 hommes. Ce général, qui se trouvait malade, fut mis sous la garde du colonel Laurens, fils de l'ancien président du congrès, détenu à cette époque à la Tour de Londres, dont Cornwallis était gouverneur. Arrivé en Angleterre, il se justifia auprès de son gouvernement, malgré les efforts que fit le général Clinton pour l'accuser, dans une relation que ce dernier publia. Mais la relation de Cornwallis avait paru en Europe deux mois après celle de Rochambeau, et se trouvait conforme à celle du général français. Les troubles de l'Inde exigeant un homme habile et courageux, Cornwallis y fut envoyé, en 1786, avec le titre de gouverneur du Bengale. Tippo-Saïb venait d'attaquer le rajah de Travancor, allié des Anglais, tandis que le gouvernement de Bengale déclarait la guerre au sultan de Mysore. Les écrivains anglais regardent eux-mêmes cette guerre comme une des plus injustes; l'armée anglaise éprouva des revers considérables en 1779. Cornwallis se mit alors à la tête des troupes, et trompant les ennemis par de fausses marches, il arriva au centre des états de Tippo-Saïb, prit d'assaut Bangalore le 21

mars 1791 , défit le sultan , s'empara de plusieurs places , se présenta
devant Seringapatnam, sans que Tip-
po pût secourir cette capitale ; et
le 16 mars 1792 , fut signé le traité
par lequel le prince indien perdit
une grande partie de ses provinces.
Cornwallis les partagea entre les
trois nababs indiens alliés , ou, pour
mieux dire , tributaires de l'Angleterre. De retour à Calcutta , Cornwallis y fut remplacé , en 1797 , par
lord Wellesley (aujourd'hui lord
Wellington). La compagnie des
Indes lui vota une pension viagère
de 6,000 livres sterling ; la ville de
Londres lui donna le diplôme de citoyen renfermé dans une boîte d'or,
et le roi le nomma membre du conseil privé , et grand maître de l'artillerie. En 1798 , il fut envoyé en
Irlande en qualité de vice-roi. Ce
malheureux pays, en proie aux troubles suscités par les émissaires de la
république française , souffrait les
rigueurs les plus violentes. La sagesse de Cornwallis , en promettant
une amnistie générale , et punissant
les rebelles obstinés , rendit la tranquillité à toute l'Irlande. Lors de la
descente des Français dans cette île,
il marcha contre eux , à la tête de
20,000 hommes, et força à capituler
le général Humbert, qui n'en avait,
dit-on, que 800. Il fut nommé , en
1801 , ministre plénipotentiaire pour
négocier le traité définitif de paix
entre la France et l'Angleterre. Ce
traité fut signé le 27 mars 1802. Il
passa encore une année en Irlande ,
et retourna en Angleterre en 1803.
Deux ans après , il fut nommé gouverneur général de l'Inde , où il arriva dans le mois d'août. Il s'occupait à faire de sages réformes dans
les troupes , et à relever la compagnie du mauvais état où l'avaient
plongée les profusions de ses prédé-

cesseurs, lorsqu'il mourut à Ghazee-
poore le 5 octobre 1805, au moment
qu'il était en marche pour aller prendre le commandement de l'armée.
Son corps fut transporté à Londres,
et un monument fut élevé à sa mémoire dans l'église de Saint-Paul.
Il avait été de la chambre des communes, et à la mort de son père,
en 1762, il avait pris sa place dans
la chambre haute.

CORRODI (Henri), né à Zurich
en 1752, d'un père sévère, au lieu
d'encouragement et de moyens d'a-
vancement, ne trouva dans la maison paternelle que des obstacles à son
éducation et au développement des
dispositions heureuses que la nature
lui avait départies. Il en conserva
une timidité qu'augmentait encore
un extérieur peu propre à prévenir
en sa faveur. Cependant, s'étant rendu à Leipsig et à Halle, ce que pouvait devenir un pareil sujet n'échappa
point à Platner et à Semler, ses
maîtres. Ils se plurent à cultiver un
talent dont ils espéraient beaucoup ,
et leur espoir ne fut point trompé.
Corrodi profita si bien de leurs leçons, qu'il devint très-habile non-
seulement en théologie et dans le
droit positif, mais encore dans les
sciences mathématiques et philosophiques. De retour à Zurich , il y
enseigna avec applaudissement, et y
fut nommé en 1786 professeur de
droit naturel et de morale au gymnase de cette ville. On a de lui différens ouvrages sur la théologie, la
philosophie et l'histoire ecclésiastique. Il a publié : I une *Histoire
critique du millénarisme*, 1781 :
on la dit judicieuse et estimée. II *Histoire du canon des livres saints
chez les juifs et chez les chrétiens*.
III Un *Recueil de discours et de
mémoires philosophiques*, 1786.
IV Un *Journal théologique* ; com-

mencé en 1781, sous le titre de *Fragmens pour servir à l'examen impartial des doctrines religieuses.* Il s'occupait dans le même temps d'une *Histoire de la religion et du fanatisme*, qu'il n'a point achevée, mais dont il a fait entrer plusieurs morceaux dans son journal. Disciple de Semler, Corrodi en adopta le système et en soutint les principes. On loue sa probité et sa bienfaisance. Il mourut à Zurich en 1793, n'étant âgé que de 41 ans. Meister a donné une *Notice de sa vie* en allemand.

COSTADONI (Jean-Dominique), savant religieux camaldule, naquit à Venise en 1714. Sa famille faisait un riche commerce, et il aurait pu espérer dans le monde de grands avantages s'il avait voulu y rester. Il préféra d'embrasser la vie monastique, et choisit pour se consacrer à Dieu l'ordre des camaldules. Il y entra dès l'âge de 16 ans, au couvent de Saint-Michel de Murano. Il avait fait chez les jésuites de très-bonnes études. Il trouva parmi ses confrères d'habiles maîtres, sous lesquels il fit ses cours de philosophie et de théologie. Le P. Mittarelli, l'un d'eux, savant dans les antiquités, et qui surtout possédait parfaitement celles de son ordre, initia Costadoni à cette science, et en fit son coopérateur dans un grand ouvrage auquel il avait donné pour titre : *Annales camalduleuses.* Le P. Costadoni y travailla dix-huit ans; cette occupation ne l'empêcha pas de mettre au jour d'autres ouvrages, fruits particuliers de ses veilles. Le premier qui sortit de sa plume fut une lettre critique *sopra alcuni sentimenti espressi nell' eloquenza italiana da monsignor Giusto Fontanini, intorno a certi scrittori camaldolesi.* Ses autres ouvrages sont : I *Osservazioni so-*

pra un' antica tavola greca, in cui è racchiuso un insigne pezzo della croce di Gesù-Christo, la quale conservasi nel monastero di San Michele di Murano. Cette dissertation est insérée dans le 39° volume du *Recueil* de Calogera. II *Dissertatio epistolaris in antiquam sacram eburneam tabulam,* insérée aussi dans le recueil cité, tome 40. III *Dissertazione sopra il pesce come simbolo degli antichi christiani;* même recueil, tom. 41. IV *Osservazioni intorno alla chiesa catedrale di Torcello, ed alcune sue sacre antichità,* Venise, 1750, in-4, même recueil, vol. 43. V *Lettera al signor abb. Lami, sugli Annali camaldolesi, e sulle varie congregazioni degli eremiti camaldolesi,* insérée dans les *Novelle letterarie di Firenze,* tom. 26, 1765. VI *Avvisi ed istruzioni pratiche intorno a' principali doveri de' regolari,* Faenza, 1770, réimprimés à Venise, 1771. VII *Lettere consolatorie di un solitario, intorno alla vanità delle cose del mondo, etc.,* Venise, 1775. VIII Des *Lettres sur des questions théologiques,* Venise, 1773-1781; réimprimées par l'ordre de l'impératrice Marie-Thérèse, Venise, 1787. Le P. Costadoni mourut à Venise, le 23 janvier 1785, âgé de de 71 ans. L'abbé Fortuné Mandelli a publié des *Mémoires* sur sa vie.

COSTARD (George), savant ministre anglican, né vers 1710, fit ses études au collége de Wadham. Il exerça d'abord le ministère évangélique à Islip, dans le comté d'Oxford, puis fut nommé au vicariat de Twickenham, dans celui de Middlesex. Il avait beaucoup d'érudition, et était versé dans les langues orientales; il joignait à cela des connaissances étendues en astronomie. Il est auteur d'un grand nombre d'ouvrages dont nous citerons seulement les suivans : I *Observations tendant à éclaircir le livre de Job*, 1747, in-8. II *Deux Dissertations*, l'une *sur la signification du mot Kesitah*, cité dans Job, ch. XIII, V 2, et l'autre *sur la signification du mot Hermès*, 1750. III *Dissertationes duæ historico-sacræ quarum primâ explicatur Ezechiel, XIII; alterâ verò II Regum v. 22*, Oxford, 1752, in-8. IV *Usage de l'astronomie dans l'histoire et la chronologie, démontré par une recherche sur la chute de la pierre qui tomba près d'Ægos-Potamos, suivant la prédiction d'Anaxagore*, 1764, in-4. V *Histoire de l'astronomie appliquée à la géographie, à l'histoire et à la chronologie*, 1767, 1 vol. in-4. VI *Lettre à Nathaniel Brassey Halhead, contenant des remarques sur la préface du code des lois des Gentous*. Costard y combat les systèmes qui donnent au monde une antiquité indéfiniment reculée, et défend celle que suppose la chronologie hébraïque. Il a donné en outre une édition de l'ouvrage du docteur Hyde, intitulé : *Historia religionis veterum Persarum* (*voyez* HYDE, *Dict.*), et inséré beaucoup d'articles dans les *Transactions philosophiques*. Il mourut à Twickenham le 10 janvier 1782.

COTELLE DE LA BLANDINIÈRE (Jean-Pierre), grand vicaire de Blois, naquit à Laval vers 1709. Il avait été d'abord curé de Soulaines en Anjou, et devint successivement directeur du séminaire d'Angers, archidiacre et grand vicaire de Blois, doyen de Saint-Cloud, et second supérieur des prêtres du Mont-Valérien. L'assemblée du clergé lui donna une pension de mille francs, et le chargea de continuer les *Conférences d'Angers*, commencées par Babin. (*Voyez* BABIN, *Dict.*) Cet ecclésiastique en avait donné 18 volumes. L'abbé Vautier y en avait ajouté un 19°; il y en avait trois sur la grâce, de l'abbé Audebois. Cotelle en donna dix et compléta l'ouvrage. Ce ne fut point à la satisfaction de tout le monde ; le parti opposé à la bulle lui reprocha de s'y être montré trop favorable aux casuistes relâchés, et trop partisan de la domination épiscopale. L'avocat Maultrot l'attaqua vivement sur ce dernier point dans son ouvrage intitulé : *Défense du second ordre contre les Conférences d'Angers*, 1787, 3 vol. in-12. Cotelle repoussa cette attaque, qui n'a point empêché que ces Conférences ne devinssent un livre classique en usage dans tous les séminaires, que presque tous les ecclésiastiques, surtout ceux qui sont dans le ministère, se font un devoir de placer dans leur bibliothèque, et dont la doctrine et les décisions servent de règle dans la pratique sur toutes les questions qui y sont traitées. On ajoute à cette collection le *Traité du pouvoir des évêques de France sur les empéchemens du mariage*, qui sert de supplément à cette utile collection. Maultrot a écrit aussi contre ce *Traité*. (*Voyez* MAULTROT.) L'abbé Cotelle de la Blandinière avait débuté dans la carrière littéraire par un discours prononcé à l'académie d'Angers, 1749, in-4. Il donna en 1755, une *Lettre sur l'assemblée du Clergé de cette année*, écrite dans les principes d'après lesquels il s'était dirigé dans ses Conférences, et qui, vu l'opposition qu'il y avait alors entre le clergé et le parlement, lui suscita quelques traverses. Il mourut en janvier 1795, dans un grand âge.

COTTA (Jean-Baptiste), religieux augustin, poëte et improvisateur, naquit à Tende, dans le comté de Nice, d'une famille honnête le 20 février 1668. Il embrassa l'état monastique à l'âge de 17 ans. Son goût pour la poésie s'était manifesté dès ses plus jeunes années ; il sut l'ennoblir et le rendre convenable à son état, en prenant Dieu pour sujet de ses chants. Cependant il n'avait point négligé des études plus sérieuses. En 1693, il professait la philosophie à Florence. Dans cette ville et à Rome, où il passa ensuite, il se lia avec les hommes les plus célèbres de son temps. Il fut admis dans l'académie des Arcades. Il avait cultivé l'éloquence, surtout celle de la chaire ; et par ses sermons il avait obtenu un rang distingué parmi les célèbres prédicateurs. Il improvisait sur les matières les plus difficiles. Il exerça successivement les premiers emplois de son ordre, et fut vicaire général de sa province. Il mourut le 31 mai 1738 à Nice, où il était retourné. On a de lui : I un *Recueil de poésies*. Il l'avait intitulé : *Dio, sonetti ed inni*, Gênes 1709, in-8 ; Venise, avec des notes, 1722, même format. Il fut réimprimé après la mort de l'auteur sous ce titre : *Sonetti ed inni del padre Giambattista Cotta, agostiniano, con aggiunta di altre sue poesie e di varie lettere d'uomini illustri, scritte allo stesso autore*, Nice, 1783. A la tête est un éloge historique de l'auteur par le P. Hyacinthe della Torre (de la Tour), mort archevêque de Turin le 4 avril 1814, et déjà publié à Turin, en 1781, dans le premier volume des *Piemontesi illustri*. — COTTA (Jean – Frédéric), professeur et chancelier de l'université à Tubingen, y était né en 1701 : il était savant dans les langues orien-

tales, et les enseigna à Gottingue. Il mourut le 31 décembre 1779. On a de lui en allemand : I *Histoire littéraire de la théologie*, 1721, in-8. II *Essai d'histoire ecclésiastique*, Tubingen, 1768, 3 volum. in-8. III *Journal littéraire*, ibid., 1734 - 1735, 2 vol. in-8. IV *OEuvres de Flavius Joseph et l'histoire de la destruction de Jérusalem d'Hégésippe*, traduites du grec en allemand ; ibid., 1735, in-fol. V En latin, *Themata miscellanea ex jurisprudentiâ naturali, notis illustrata*, Tubingen, 1718, in-4. VI *De miraculoso linguarum dono super apostolos effuso*, ib., 1749, in-4.

COTTIN (Sophie Risteau), dame auteur, naquit à Tonneins en 1773, et fut élevée à Bordeaux, où elle épousa un riche banquier, avec lequel elle vint s'établir dans la capitale. Après trois ans de mariage, madame Cottin resta veuve, lorsqu'elle n'en avait que vingt. C'est à peu près à cette époque que la révolution éclata. Il paraît que madame Cottin n'en adopta pas les principes, et qu'elle vécut dans la retraite : c'est là où elle se livra à l'étude, ou, pour mieux dire, se nourrit de la lecture des romans. Le bruit que faisaient ceux de mesdames Genlis, Staël, Flahaut, lui fit naître l'envie de devenir auteur. Son premier ouvrage fut *Claire d'Albe* ; elle en employa le produit d'une manière qui lui fait honneur ; il servit à soustraire au fer des bourreaux un malheureux proscrit, en l'aidant à sortir de France ; cependant, de toutes les femmes qui se sont mêlées d'écrire des romans, madame Cottin est celle qui a offert avec les couleurs les plus vives le pernicieux exemple du délire des passions ; et il paraît qu'elle n'a pas été toujours exempte de ces affections exagérées qu'elle savait si bien peindre. Nous ne citerons que les dernières éditions de ses ouvrages, dont voici la liste : 1 *Claire d'Albe*, Paris, 1808, 1 vol. in-12. Ce roman aurait dans le fond un but moral; mais une expression qui se trouve vers la fin de l'ouvrage, et qui offense la pudeur et la délicatesse d'une femme, suffit à détruire cet avantage. II *Malvina*, Paris, 1808, 3 vol. in-12. III *Amélie Mansfield*, ibid., 1811, 3 vol. in-12. Par une contradiction bien rare, dans la première édition de ce roman, madame Cottin faisait une critique amère des femmes auteurs. Elle avait oublié apparemment qu'elle était de ce nombre, et que c'était là son troisième ouvrage. IV *Mathilde*, ibid., 1810, 4 vol. in-12. Ce roman offre le tableau, tant de fois présenté, d'une lutte très-vive entre l'amour et la religion : la religion triomphe, mais c'est l'amour qui est toujours dans le cœur. Du reste, c'est, parmi les ouvrages de madame Cottin, celui qui obtint le plus de succès. Le moins immoral, et celui dont le but est louable, est intitulé *Elisabeth, ou les Exilés en Sibérie*, ibid., 1806, 2 vol. in-12. Sur les derniers jours de sa vie elle semblait ne plus s'occuper de romans, et avait, dit-on, entrepris d'écrire un ouvrage sur la religion chrétienne prouvée par les sentimens, lorsqu'elle mourut le 25 août 1807, à l'âge de 34 ans.

COUPÉ, (l'abbé Jean-Louis-Marie), professeur émérite de l'université de Paris, né vers 1733, s'est signalé dans la littérature par un grand nombre d'ouvrages et de traductions. Il fut censeur royal et conservateur des manuscrits de la Bibliothèque du roi. Lié avec M. de Paulmy, possesseur de la belle bibliothèque de l'Arsenal, il coopéra avec les Tressan, les le Grand

d'Aussy, etc., à différentes collections auxquelles faisait travailler et travaillait lui-même cet amateur éclairé. A une vaste érudition il joignait de l'esprit et le goût qui le fait valoir. Il a publié : 1 *Dictionnaire des mœurs*, 1773, 1 vol. in-8. II *Essai de traduction de quelques épîtres et poésies latines de Michel de l'Hospital, avec des éclaircissemens sur sa vie et son caractère*, 1778, 2 vol. in-8. III *Des Variétés littéraires*, 1786-1788, 8 vol. in-8. IV Une *Traduction du théâtre de Sénèque*, 1795, 2 vol. in-8. V *Traduction des opuscules d'Homère*, 1796, 2 vol. in-18. VI *OEuvres d'Hésiode*, 2 vol. in-18, même année. VII *Eloge de l'âne*, traduit du latin d'Heinsius, in-18, même année. VIII *Sentences de Théognis, et Poëme moral de Phocylides*, traduction nouvelle, 1798, in-18. IX *Soirées littéraires*, 1795-1800, 20 vol. in-8; recueil curieux, où l'on trouve l'extrait d'un grand nombre d'ouvrages anciens, des anecdotes sur divers auteurs, des jugemens sur leurs écrits, des pièces intéressantes, des traductions des plus beaux morceaux de l'antiquité, etc. X *Spicilége de littérature ancienne et moderne*, 1802, 2 vol. in-8. On a aussi de lui une collection des *Panégyriques anciens* qui forme le commencement du spicilége. Enfin il coopéra non-seulement à la *Bibliothèque des romans*, mais encore avec Fuel de Méricourt et autres, à l'*Histoire universelle des théâtres*. Il est mort à Paris, le 11 mai 1818, âgé de 85 ans. On croit qu'il a laissé des manuscrits qui méritent d'être publiés.

COURVOISIER (Jean-Baptiste), avocat, né à Arbois en 1749, fit ses études à Besançon, et y obtint la chaire de droit français; place qu'il perdit en 1791, lors de la suppression des universités. Il fut contraint d'émigrer en 1793, revint dans sa province quelques années après, et mourut à Besançon en 1803. On a de lui : I *Elémens de droit politique*, 1792, in-8. II *Essai sur la constitution du royaume de France*, 1792, in-8. III *De l'excellence du gouvernement monarchique en France, et de la nécessité de s'y rallier*, 1797, in-8. Cet ouvrage, publié en Allemagne, contient de saines maximes, et est d'un style élégant et correct.

COUSIN (Jacques-Antoine), naquit à Paris le 29 janvier 1739. Il fut nommé en 1766 coadjuteur de physique au collège de France, et en 1769, professeur de mathématiques à l'Ecole militaire. Lors de la révolution, il se montra parmi les plus modérés, et fut traduit en prison sous le règne de la terreur ; il était alors officier municipal, et administrateur des subsistances : après la mort de Robespierre il recouvra sa liberté. Elu président de l'administration du département en 1795, il exposa sa vie pour contenir des furieux qui voulaient relever la terreur. Le directoire le nomma membre du bureau central en 1796. Il se démit de cette place quelques mois après, devint membre du sénat conservateur en 1799, et mourut le 29 décembre 1800. Il avait été reçu dans l'académie des sciences en 1771, et dans l'Institut en 1795. Il y fut remplacé par M. Lévêque, et a laissé : I *Traité du calcul différentiel et du calcul intégral*, seconde édition, 1796, 2 vol. in-4. II *Traité élémentaire de physique*, 1795, in-8. III *Traité élémentaire de l'analyse mathématique*, 1797, in-8.

COUSTARD (Anne-Pierre), naquit à Léogane, dans l'île de Saint-Domingue, en 1741. Il vint très-jeune à Paris, et entra dans les mousquetaires. Ses services et sa bonne conduite lui méritèrent la croix de Saint-Louis, et il devint ensuite lieutenant des maréchaux de France. En 1789 il embrassa les principes de la révolution ; il n'y figura cependant que parmi les modérés. Il fut nommé commandant de la garde nationale de Nantes, où il se trouvait à cette époque, et obtint quelque temps après la nomination de député à l'assemblée législative. En 1792 il fit décréter une fédération à Paris, et la formation d'un camp près de la capitale. Le 10 août il vota pour la déchéance de Louis XVI, et dit à ce prince, avec qui venait d'avoir un long entretien qu'il avait ainsi voté pour lui sauver la vie. Réélu à la convention, il y vota le bannissement du roi. Marat l'accusa d'exciter le corps administratif de son département à se déclarer contre la révolution du 31 mai 1793 ; il fut mis hors la loi, et s'étant réfugié en Bretagne, il y fut arrêté par le trop fameux Carrier, qui l'envoya à Paris, où le tribunal révolutionnaire le condamna à mort le 7 novembre 1793.

COUTHON (George) naquit en 1756 à Orsay, près de Clermont, où il était avocat. Il embrassa avec chaleur la cause de la révolution. Un accident lui avait fait perdre l'usage de ses jambes, et c'est en cet état qu'il arriva à l'assemblée législative, auprès de laquelle son département l'avait nommé député. Dès les premières séances, il provoqua les mesures les plus violentes contre les prêtres qui n'avaient point prêté le serment aux lois nouvelles, contre le gouvernement monarchique et le roi. Couthon était absent de Paris lors de la journée du 10 août et des massacres du 2 septembre. Choisi de nouveau par son département député à la convention nationale, il s'éleva contre toute espèce de gouvernement qui pouvait ressembler à la royauté, comme tout dictatorat, protectorat ou triumvirat, et laissa ensuite parler ses collègues. Il fut un des premiers démagogues qui provoquèrent le jugement de Louis XVI, vota la mort de ce monarque, et s'opposa vivement à l'*appel au peuple* et *au sursis*. Couthon parut pencher quelque temps pour le parti des *girondins*, qui demandaient à grands cris la punition des auteurs des massacres de septembre ; mais voyant que tout le peuple de Paris se déclarait contre eux, il se rangea aussitôt du côté de Robespierre, qui était alors l'idole de la populace, devint l'ennemi le plus acharné des *girondins*, et, le 2 juin, il fit porter le décret qui ordonna l'arrestation de ce parti et de la faction de Brissot. A cette même époque il s'opposa à l'institution des jurés, fit déclarer traîtres à la patrie les députés proscrits qui s'étaient réfugiés à Lyon, et fut bientôt envoyé comme commissaire à l'armée qui en faisait le siége. Les moyens qu'on employait pour réduire les Lyonnais lui paraissaient trop lents ; il fit arriver devant la ville soixante mille hommes du département du Puy-de-Dôme. Entré dans Lyon, après le plus terrible bombardement, ce nouveau chef de Vandales ordonna la destruction de ce que le feu avait épargné. Il en fournit lui-même l'exemple : ne pouvant marcher, il se fit porter dans un fauteuil sur un édifice de la place Belle-Cour, et le frappa d'un petit marteau d'argent, en disant : « La loi te frappe. » Ces mots furent le signal des démolitions qui furent continuées par Collot-d'Herbois. De retour dans la capitale, il seconda de tous ses efforts les projets de Robespierre, se déclara contre les ennemis de son digne collègue, dont le crédit commençait à diminuer, et dont les adversaires allaient triompher. Après plusieurs débats, ces derniers obtinrent de la convention le décret qui ordonnait l'arrestation de l'un et de l'autre : elle eut lieu le 27 juillet 1794. Parmi les crimes qu'on attribuait à Couthon, on arriva jusqu'à l'accuser d'avoir voulu se faire roi. « Moi, roi ! répondit-il en montrant ses jambes paralysées, moi, me faire roi, et dans cet état ! » Il fut envoyé à la prison de la Force, d'où la commune, qui voulait soutenir sa lutte contre la convention, le fit enlever et transporter à l'hôtel de ville, dont les partisans de la convention forcèrent les portes. On avait armé Couthon d'un poignard : quand il se vit sur le point d'être arrêté de nouveau, il se blessa légèrement, se traîna dans une cour, et feignit d'être mort. Un jeune homme l'aperçut, et voyant qu'il était en vie, en avertit ses voisins, et on le porta sur un brancard à la Conciergerie, où ses complices étaient déjà arrivés. Mis le lendemain sur la funeste charrette, et ne pouvant se tenir debout, il fut foulé aux pieds par les siens, qui, dans ce moment terrible, ne gardaient plus d'égards pour leurs chefs. Il fut supplicié le 28 juillet 1794.

COVARRUBIAS ou COBARRUVIAS Y LLEYVA (Diégo), surnommé le *Barthole espagnol*, né à Tolède le 30 juillet 1512. Il était fils d'un architecte de la cathédrale, à qui on avait donné le nom de Covarrubias, de la ville où il était né. Diego apprit les langues sous Clénard et No- nius, et la jurisprudence sous Azpil- cueta. A l'âge de 21 ans, on le comptait déjà parmi les professeurs de l'université d'Oviedo, et son application était telle, qu'il n'y avait pas un seul volume de la riche bi- bliothèque de cette ville qui ne fût chargé de notes de sa main. Après avoir étudié les sciences sacrées, il embrassa l'état ecclésiastique. Covar- rubias était un des magistrats les plus distingués de Grenade, lorsque Charles-Quint le nomma, en 1549, à l'archevêché de Saint-Domingue ; son successeur, Philippe II, le fit évêque de Ciudad-Rodrigo. Il dressa pour l'université de Salamanque des statuts qu'on suit encore de nos jours. Il fut envoyé au concile de Trente, et chargé, conjointement avec Hugues Buoncompagno (depuis Grégoire XIII), de dresser le décret de réformation, auquel il travailla tout seul. A son retour du concile, en 1565, Covarrubias fut placé sur le siége de Ségovie, nommé président du conseil de Castille en 1572, et deux ans après il obtint la présidence de celui d'état. Il mourut à Madrid le 27 septembre 1577, âgé de 65 ans. Le président Favre, Grotius, Menochius, Conring, Vict. Rossi, Boccalini, etc., font beaucoup d'é- loges de ce savant magistrat. Ses ouvrages, écrits en latin, où l'on admire le jurisconsulte, le théolo- gien, le philologue et le littérateur, ont eu plusieurs éditions à Lyon, à Anvers, etc., et à Genève, avec les additions d'Ybañes de Faria, 1762, 5 vol. in-fol. On y trouve deux traités : I *De mutatione moneta- rum.* II *Collatio nummorum vete- rum cum modernis.* Tous les ou- vrages de Covarrubias se montent au nombre de plus de 20 volumes in fol., qui traitent de plusieurs ma-

tières relatives à la jurisprudence, aux immunités de l'église, et où l'on distingue les trois livres, *Variarum resolutionum ex pontificio regio et Cesario jure;* un traité *de Pœnis*, et un recueil intitulé *Catalogo*, etc., ou *Catalogue des rois d'Espagne*, etc. *Fondation de plusieurs villes de ce royaume. Instructions pour l'in- telligence des inscriptions.* — La ville de Tolède a donné naissance à quatre savans distingués du nom de Covarrubias, ce qui inspira à Blaise Lopez le distique suivant :

His non alta suos componat Roma Catones:
    Toletum jactat quatuor, illa duos.

— COVARRUBIAS (Antoine), frère du précédent, mort en 1602, était un savant distingué, et le plus habile helléniste de son siècle. André Schott l'appelle *omni doctrinæ genere et juris scientia excellentem ; et* Jus- te Lipse le nomme *Hispaniæ ma- gnum lumen.* Il aida son père Diégo dans la composition de ses *Variæ resolutiones.* — COVARRUBIAS Y OROSCO (don Sébastien), neveu des précédens, mort en 1680, publia *Tesoro de la lengua castellana*, auquel le P. Remigio Noydens a ajouté le savant traité de Bernardo Aldrete, intitulé *del Origen y Prin- cipio de la lengua castellana*, Ma- drid, 1620, 2 vol. in-fol. — COVAR- RUBIAS Y OROSCO (don Juan), frère de Sébastien, évêque de Girgenti (Agrigente), mort en 1608, pro- tégea les lettres, et établit une im- primerie dans son diocèse. On a de ce prélat : I *De la fausse et de la vé- ritable Prophétie*, Ségovie, 1588, in-4. II *Emblèmes moraux*, 1591, in-4. Cet ouvrage fut traduit en la- tin par l'auteur lui-même, avec ce titre : *Symbola sacra*, Girgenti, 1601, in-8. III *Pensées chrétiennes contre les fausses opinions du* monde, Ségovie, 1592. IV *Origine et principe de la littérature*, ibid., 1594, in-8. V *Doctrine pour les princes, tirée de Job*, Valladolid, 1605, in-4.

COWLEY (Anne), dame auteur, naquit à Tiverton, dans le comté de Devon, en 1743; elle descendait par sa mère du célèbre poëte Gray. Assistant un soir à la représentation d'une comédie, elle en fut si frappée, qu'elle dit à son mari, comme autrefois avait dit le Corrége, «Et moi aussi je suis auteur.» Celui-ci la railla sur sa présomption, mais elle tint sa promesse, et donna onze pièces qui toutes eurent du succès; les plus remarquables sont le *Déserteur*, le *Stratagème*. La première de ces pièces lui produisit 800 guinées (20,000 liv.), et la seconde 1,200 (30,000 liv.). Elle donna ensuite: *Qu'est-ce que l'homme?* *l'Ecole des vieillards*, etc.; *Albine*, le *Destin de Sparte*, tragédies. Anne est morte à Tiverton en 1809. On remarque, comme une chose assez singulière dans un auteur dramatique, que cette dame n'allait jamais au spectacle, et n'assistait ni à la représentation, ni même à la répétition de ses pièces.

COZZA (Laurent), franciscain et cardinal, né à Saint-Laurent-de-la-Grotte, diocèse de Monte-Fiascone, le 31 mars 1654, d'autres disent à Bolsena, entra dans l'ordre des frères mineurs de l'étroite observance de Saint-François, où il portait le nom de *Père François-Laurent de Saint-Laurent*. Il y enseigna la théologie, et, après avoir passé par diverses charges, telles que celles de gardien de la Terre-Sainte, de vice-commissaire, de supérieur du couvent de Viterbe, de définiteur de la province romaine, il fut élu ministre général de son ordre le 15

mars 1723. Tandis qu'il était à Viterbe, le cardinal Sachetti, évêque de cette ville, l'avait pris pour son confesseur et son théologien; et en 1713, il avait beaucoup contribué à la réunion du patriarche grec d'Alexandrie à l'église romaine. Benoît XIII crut devoir récompenser son mérite et ses services. Dans sa 6e promotion, du 9 décembre 1726, il le créa cardinal-prêtre du titre de Saint-Laurent, *in pane et in pernâ*, qu'il changea dans la suite en celui de Sainte-Marie, *in arâ cœli*. Il fut mis sur-le-champ dans différentes congrégations, en occupa avec distinction la présidence, et continua de demeurer dans son couvent, jouissant de l'estime générale et la méritant. Il mourut le 18 janvier 1729, dans sa 75e année; le pape le regretta et assista à ses obsèques. On lui doit les ouvrages suivans: I *Vindiciæ areopagiticæ*, 2 vol. II *Commentaria historico-dogmatica ad librum de Hæresibus, sancti Augustini*. III *Dubia selecta de confessario sollicitante*. IV *Historico-polemica schismatis græcorum*, 4 vol. V *De Jejunio tractatus dogmatico-moralis*, etc.

CRÉPIN et CRÉPINIEN (saints), martyrs, sont illustres dans les fastes de l'église de France. Ils étaient d'une condition distinguée, et on les croit frères. Ils passèrent de Rome dans les Gaules avec saint Quentin et d'autres chrétiens zélés pour la propagation de la foi et la prédication de l'Evangile. Envoyés par le souverain pontife, Crépin et Crépinien s'arrêtèrent à Soissons, dans le dessein d'en convertir le peuple encore attaché à l'idolâtrie. Par humilité, et comme plus propre à les rapprocher des pauvres, ils embrassèrent la profession de cordonnier. Le jour ils annonçaient Jésus-Christ, la nuit ils travaillaient pour subsister. Leurs prédications et leur exemple avaient opéré un grand nombre de conversions. Ils furent dénoncés à Maximien Hercule qui se trouvait alors dans la Gaule belgique et haïssait les chrétiens. Il les fit conduire devant Rictiovare, préfet du prétoire, qui les soumit à diverses tortures. Les deux saints les supportèrent avec une admirable constance. Leur patience n'ayant pu être lassée, Rictiovare leur fit trancher la tête en 287 ou 288. Les martyrologes de saint Jérôme, de Florus, d'Adon, d'Usuard, parlent de leur martyre, et le martyrologe romain place leur fête au 25 octobre. Saint Eloi, au 6ᵉ siècle, fit tirer leurs corps du souterrain où la piété des fidèles les avait inhumés, et enferma leurs reliques dans une châsse qui était son propre ouvrage, et qu'il avait ornée d'un riche travail. Elle fut, sous le règne de Louis XI, transportée à Paris pendant la peste qui désolait cette ville, et placée dans l'église de Notre-Dame. Les cordonniers ont pris ces saints pour leurs patrons, et ont une chapelle dans la même église où ils célèbrent leur fête. Michel Buche, fondateur de l'association des Frères cordonniers, l'a mise sous leur protection. (*Voyez* BUCHE et RENTI, *Dict.*) Ils sont en grande vénération à Soissons, où, dès le 6ᵉ siècle, on avait bâti en leur honneur une grande église et un monastère qui ont subsisté jusqu'à ces derniers temps.

CREUTZ (Gustave-Philippe, comte de), né en Finlande en 1726, remplit les places les plus importantes dans son pays. Il fut successivement nommé ministre de Suède à Madrid, ambassadeur à Paris, où il se lia avec les littérateurs les plus distingués, et y conclut, en 1783, avec le célèbre Franklin, un traité de commerce entre la Suède et les Provinces-Unies. Appelé par Gustave à Stockholm, ce monarque le nomma ministre d'état, chancelier de l'université d'Upsal, et chevalier de l'ordre des Séraphins. Il est mort en 1785. Il cultiva avec succès les lettres, et a laissé en suédois un poëme champêtre, intitulé *Atys et Camille*, et une *Epître à Daphné.* On loue dans ses poésies la pureté de style, la grâce et l'harmonie des vers.

CREUZÉ-LATOUCHE (Jacques-Antoine), né à Châtellerault en 1749, fut d'abord avocat à Paris, et acheta ensuite la charge de lieutenant de la sénéchaussée de Châtellerault. Il se jeta avec ardeur dans la révolution; mais on le compta parmi les modérés. Il fut membre de l'assemblée constituante, de la haute cour nationale en 1791, et député à la convention, où il s'occupa principalement d'administration et d'économie rurale. Il vota le bannissement de Louis XVI à la paix, s'opposa à la loi du *maximum*. Membre du comité de *salut public*, il fut un de la commission des onze qui présentèrent la constitution de l'an 3. Elu au conseil des cinq-cents en 1799, il fut presque aussitôt nommé sénateur (après le 18 brumaire), et il est mort le 22 septembre 1800. On a de lui: I *De l'union de la vertu et de la science dans un jurisconsulte*, 1783, in-8. II *Réflexions sur la vie champêtre*, imprimées dans le tom. 4 des *Mémoires de la société d'agriculture de la Seine.* III *Description topographique du pays de Châtellerault*, avec une carte, 1790, in-8. Creuzé-Latouche paya, ainsi que bien d'autres, un tribut au

mauvais esprit de son siècle en publiant un mémoire intitulé : *De la
tolérance philosophique et de l'intolérance religieuse*, Paris, 1777,
in-8. Ce livre ne fait aucunement
honneur aux talens de son auteur.
Il n'est qu'une misérable copie de
plusieurs maximes débitées par les
philosophistes du 18e siècle. Creuzé,
en les reproduisant, ne s'apercevait
pas, ou ne voulait pas s'apercevoir,
que la tolérance philosophique envoyait à la guillotine, tandis que ce
qu'il appelle intolérance religieuse,
est toujours prête à pardonner et à
offrir des consolations.

CRILLON - MAHON (Louis
de Berthon de Balbe de Quiers,
duc de) naquit en 1718, entra au
service en 1731, fit la campagne
d'Italie de 1733, sous le maréchal
de Villars, assista à la bataille de
Parme en 1734, et se distingua
dans toutes les occasions par son
courage et son intelligence. Dans la
campagne de 1742, qu'il fit sous le
duc d'Harcourt, il défendit, pendant treize heures, Landau sur l'Isère,
contre l'avant-garde de l'armée ennemie, forte de 10,000 hommes.
Dans les pourparlers, Crillon dit
qu'il avait un nom à soutenir, et
une réputation personnelle à faire :
«Monsieur, lui répondit le général
»ennemi, nous vous connaissons et
»estimons depuis le commencement
»de la campagne ; mais *pends-toi*,
»*brave Crillon*, tu seras pris [1]. »
Obligé de se rendre prisonnier, il
fut échangé au bout de huit jours.
Il était à la bataille de Fontenoy
(1745), et commandait, en qua-

[1] Ces mots font allusion à ceux qu'écrivit
Henri IV à Louis de Balbe Crillon son ami,
un de ses plus fameux généraux, et ancêtre du
celui dont on parle dans cet article. « Pends-
» toi, brave Crillon, disait ce monarque, nous
» avons combattu à Arques, et tu n'y étais pas.»
(*Voyez* CRILLON, Feller, tome 3.)

X.

lité de brigadier, les quatre bataillons qui soutinrent si long-temps
le choc de 8,000 ennemis (le 10
juillet 1745) dans l'affaire de Mesle.
Crillon présenta au roi les deux premiers rangs des régimens de Crillon
et de Laval (ce seigneur avait contribué à l'honneur de cette journée),
en bonnets de grenadiers anglais. Il
avait obtenu la croix de Saint-Louis
en 1744, et le roi lui offrit alors la
pension de 3,000 liv. attachée au
cordon rouge, avec la permission de
le porter, en attendant la première
vacance. Crillon refusa ces honneurs, dans l'espérance du cordon
bleu, qu'il ne put jamais obtenir.
Après le siége de Namur, où il se
signala, il fut nommé maréchal de
camp, et se trouva à la bataille de Ro-
coux, le 11 octobre 1746. Dans la
guerre de sept ans, il surprit Lip-
stadt. Crillon commandait dans
Weissenfelds, lorsque Frédéric II
s'y présenta. «Je fus, dit à cette oc-
»casion le roi de Prusse, arrêté à la
»tête de mon armée, par la valeur
»de dix-sept compagnies de grena-
»diers français. » A la malheureuse
journée de Rosbach, Crillon fut
blessé et eut un cheval tué sous lui.
Nommé lieutenant-général, il prit
Gottingue, et à la bataille de Lut-
zelberg (10 octobre 1758) il commandait la réserve, et fut chargé de
poursuivre l'ennemi. Il était alors
question de faire une descente en
Angleterre, et Crillon eut le commandement de la Picardie, de l'Artois et du Boulonais. Il présenta
alors le projet de construire des
chaloupes canonnières, marchant à
la voile et à la rame, et portant chacune un canon de 24 à l'avant, et
un autre à l'arrière : mais ce projet
fut rejeté à la pluralité des voix.
Crillon apprit qu'on voulait donner
son gouvernement au prince de

Beauveau, en même temps que le duc de Fuentes, au retour de son ambassade de Londres, l'engageait à entrer au service d'Espagne, qui était en guerre avec le Portugal. Le duc accepta la proposition ; on lui accorda, d'après le pacte de famille, le même grade qu'il avait en France. Il arriva à l'armée espagnole peu de jours avant la conclusion de la paix, et il se trouva à la capitulation d'Almeida. Lors de la guerre de l'indépendance de l'Amérique, il s'empara, en 1782, de l'île de Minorque. Il fut alors nommé capitaine général des armées espagnoles, grand d'Espagne, avec le titre de duc de Mahon. Crillon commanda le siége de Gibraltar, mais il fut contraint de se retirer. Il fut ensuite nommé capitaine-général des royaumes de Valence et de Murcie. Il ne prit aucune part à la guerre de la république française, en 1793, et mourut à Madrid en juillet 1796. Il a laissé des *Mémoires militaires*, Paris, 1791, in-8, qui ne sont qu'un long panégyrique ou apologie de l'auteur. Il les avait fait traduire en espagnol, et comptait les faire imprimer à Madrid, lorsqu'il fut surpris par la mort.

CROIX. *Voy.* JEAN DE LA CROIX.

CRUIKSHANK (Guillaume), célèbre anatomiste, chirurgien et chimiste, naquit à Edimbourg en 1746. Il passa à Londres, où il fut disciple de Guillaume Hunter, qui lui légua son superbe muséum, à condition qu'au bout de trente ans, il le livrerait à l'université de Glascow. Cruikshank a laissé plusieurs ouvrages très-recherchés ; mais il doit principalement sa réputation à celui intitulé *Anatomy of absorbing vessels*, etc., ou *Anatomie des vaisseaux absorbans du corps humain*, Londres, 1786, in-4, fig.

réimprimé en 1790; trad. en français par Philippe Petit-Radel, Paris, 1787, in-8 fig. Ce savant anatomiste mourut à Londres le 27 juin 1800.

CUBERO (Pierre), missionnaire espagnol, le premier qui ait fait le tour du monde d'occident en orient. Gemelli Carreri ne parcourut cette même route que plusieurs années après. Le P. Cubero naquit près de Calatayud, en Arragon, en 1645. Il voyagea en France, en Italie ; visita Constantinople, gagna la Transylvanie, parvint à Varsovie, où le roi Jean Sobieski lui donna une lettre pour Châh-Soliman, sofi de Perse. Arrivé à Moscou, il fut présenté au czar Iwan Waziliewitz, partit avec un ambassadeur que ce prince envoyait en Perse, et descendit le Volga jusqu'à Astracan. Ayant traversé la mer Caspienne, il arriva à Derbent, et, en 1674, à Casbin, où il remit ses lettres au sofi, dont il obtint la même protection accordée par ses prédécesseurs aux missionnaires catholiques. Quelques jours après, il reçut un *calaat* ou habit d'honneur, et puis il alla, par Ispahan, Schiras et Laar, à Bender-Abassi, faisant dans sa route un grand nombre de conversions. Dans cette dernière ville, il prit une barque qui le conduisit à Bender-Congo, sur le golfe Persique. S'étant embarqué sur une flotte portugaise qui allait croiser dans la mer Rouge, il aborda à Diu, vit Surate, Daman, Goa, doubla le cap Comorin, toucha à Ceylan et à Saint-Thomé, et passa à Malacca, où les Hollandais le mirent en prison pour avoir enfreint, par inadvertance, leurs réglemens de police. Délivré bientôt de sa captivité, il alla à Manille, employa six mois dans la traversée du grand Océan jusqu'à Acapulco; il partit de Mexico en 1679, et, profitant de la flotte de la Vera-Cruz, destinée pour Cadix, il revint en Europe après neuf ans d'absence. Il publia la relation de son voyage, à Madrid, en 1680, in-4. Cette relation, quoique peu étendue, est exacte et intéressante. Il y donne des détails curieux des stepps d'Astracan, des déserts de la Perse, sur Manille, sur les cours qu'il a visitées, et les différens personnages qu'il y a connus. Le style est simple, clair, et parfois élégant.

CUDENA (Pierre), voyageur espagnol, né à Villena en 1602. Il publia une *Description du Brésil dans une étendue de* 1038 *milles*, etc. Cudena avait parcouru pendant longtemps cette partie de l'Amérique, et en donne des détails exacts. Son livre, anciennement traduit en allemand, était oublié dans la bibliothèque de Wolfenbuttel, et reparut, corrigé avec l'original, par les soins de Leiste, sous ce titre : *Description de l'Amérique portugaise, par Cudena*, Brunswick, 1780, in-12.

CUGNOT (Nicolas - Joseph), ingénieur français, naquit à Void en Lorraine le 25 septembre 1725, et a laissé les ouvrages suivans : I *Elémens de l'art militaire ancien et moderne*, 1766, 2 vol. in-12. II *Fortification de campagne*, etc., 1769, in-12, traduit en allemand, Berlin, 1773, in-8. III *Théorie de la fortification, avec des observations sur les différens systèmes qui ont paru depuis l'invention de l'artillerie, et une nouvelle manière de construire des places*, 1778, in-12. Ruiné par la révolution, Cugnot dut son existence à une dame de Marseille, et ensuite Mercier, auteur du *Tableau de Paris*, lui obtint une pension de 1,000 fr. Il mourut à Paris le 2 octobre 1804.

CUGOANO (Ottobah), nègre, né à Agimaque dans le district de Fantin, sur la Côte-d'Or, en Guinée. Enlevé de son pays avec plusieurs enfans des deux sexes, il servit successivement plusieurs maîtres. Lord Holb lui rendit la liberté, et l'emmena en Angleterre. Il était au service de Coswey, premier peintre du prince de Galles, lorsqu'il mourut en 1790. Il a écrit un ouvrage, traduit en français, sous le titre de *Réflexions sur la traite et l'esclavage des Nègres*, Paris, 1788, in-12. Quoique ce livre soit écrit sans méthode, il annonce dans l'auteur des talens auxquels une éducation soignée aurait fait faire des progrès rapides.

CUMBERLAND (Richard), écrivain anglais, naquit à Cambridge en 1732. Il était arrière petit-fils de l'évêque de Peterborough, et neveu du savant Richard Bentley. Il occupa différens emplois, et cultiva avec succès la littérature et la poésie. Dès l'âge de 12 ans il avait composé une petite pièce intitulée *Shakespeare parmi les ombres*. Il publia depuis : I *Pleurs de la religion chrétienne*. II *Le Calvaire* ou *la Mort du Christ*, poëme en vers blancs. III *L'Observateur*, qui forme aujourd'hui 8 volumes. IV *Jean de Lancaster*. V *Henri*, 4 vol. VI *L'Amant à la mode*, comédie. VII *La bataille d'Hasting* et *la Carmelite*, tragédies, et plusieurs romans. Après avoir respecté dans ses ouvrages les règles d'une saine morale, Cumberland, par une contradiction qui ne lui fait pas beaucoup d'honneur, publia un roman où il fait l'apologie de l'infidélité conjugale. Il est mort le 7 mai 1811.

CUNEGO (Dominique), habile graveur italien, naquit à Vérone en avril 1727. Il excella dans les ouvrages à l'eau-forte, et il est consi-déré, en général, comme le meilleur graveur de nos jours, après Morghen, Bartolozzi, Volpato, et Bervic. Il étudia le dessin et la peinture sous François Ferrari; mais il choisit de préférence l'art qu'il a exercé depuis. Ses principaux ouvrages sont : *Les Vues des antiques édifices et des ruines fameuses de Rome*, d'après les dessins de Clérisseau et autres. Les plus fameux tableaux de Michel-Ange, Raphael, Carrache, etc. Il grava, à Berlin, d'après Cuningham, tous les *portraits de la famille royale*, dont la plupart sont exécutés avec un talent supérieur. Ses estampes, en matière noire, sont très-estimées, et parmi les gravures à l'eau-forte, on remarque le *Jugement dernier*, d'après Michel-Ange. Cunego était d'un caractère bienfaisant et de mœurs simples et pures. Il avait fixé sa résidence à Rome, et avait son atelier au pied de *Sainte-Trinité-des-Monts*, colline sur laquelle est placé un riche couvent habité par des religieux français. Il mourut à Rome, en octobre 1794. Ses deux fils Joseph et Aloisio suivirent l'art de leur père. Le second est mort à Livourne en 1798 ; et Joseph, à l'âge de 24 ans, quitta tout à coup la gravure pour entrer dans l'ordre des Pères hospitaliers de l'Ile [1] à Rome.

CURTI (Pierre), savant jésuite, né à Rome en 1711, entra dans la société fort jeune, et s'y distingua par son érudition et l'étendue de ses connaissances. Il choisit pour objet de ses études particulières, la métaphysique et les langues savantes, et réussit également dans l'une et l'autre de ces entreprises. Il passait pour un des plus profonds métaphysiciens

1 Cette île est formée par le Tibre, dans le quartier appelé *Transtevere*.

de son temps, et pour l'un des savans les plus versés dans la langue hébraïque, dont il était, et demeura jusqu'à sa mort, professeur dans le collége romain. Parmi les savantes dissertations qu'il a publiées, on en distingue trois très-curieuses ; savoir : I *Christus sacerdos*, Rome, 1751. II *Sol stans*, Rome, 1754. III *Sol retrogradus ad* v. 8, cap. XXXVIII *Isaiæ*, Rome, 1756. Dans cette dernière, qui a pour objet la rétrogradation du soleil de dix degrés sur le cadran d'Achaz, pour servir à Ezéchias de signe de sa prochaine guérison, le P. Curti entreprend de prouver que le jour fut plus long qu'il ne devait l'être, d'environ trois heures, et que cette rétrogradation eut lieu à trois heures après midi. A la science, le P. Curti alliait la piété à toutes les vertus d'un bon religieux. Il mourut à Rome le 4 avril 1762.

CUSTINE (Adam-Philippe, comte de), naquit à Metz en 1740. Il avait à peine atteint sa septième année quand il fit, en qualité de sous-lieutenant, la campagne des Pays-Bas en 1748, sous le maréchal de Saxe. Réformé d'abord, il entra depuis dans d'autres régimens, et commanda, en 1758, une avant-garde en Westphalie sous le prince de Soubise. Il s'y distingua, et Frédéric le cite dans ses *Mémoires*. Le ministre Choiseul fit créer pour lui, en 1762, un régiment de dragons du nom de Custine. Il entra quelque temps après dans celui de Saintonge, qui passait en Amérique, où il se signala à la prise d'York-Town, qui lui valut, à son retour, le grade de maréchal de camp, et le gouvernement de Toulon. La noblesse de Lorraine le nomma en 1789 député aux états généraux. Dès les premières séances il se réunit à la minorité de son ordre, et il se déclara dans l'assemblée nationale pour l'établissement des gardes nationaux, pour la déclaration des droits de l'homme, et surtout contre l'indiscipline militaire, à l'égard de laquelle il proposa les mesures les plus violentes et les plus arbitraires ; aussi il lui arriva en 1792, lorsqu'il commandait l'armée du Rhin, de faire fusiller, de sa propre autorité, des soldats qui s'étaient livrés au pillage. Peu avant l'invasion de la Belgique par Dumouriez, et tandis que le général Kellermann poursuivait les Prussiens dans la Champagne, Custine se porta sur le Rhin, s'avança sur Spire et Worms, obtint quelques avantages et s'empara de magasins considérables. Sur une simple sommation, il se rendit maître de Mayence par la lâcheté du gouverneur et la trahison du chef de génie. Malgré les ordres du ministre de la guerre, et l'avis des autres généraux qui voulaient qu'il se dirigeât vers Coblentz, Custine se porta vers la Franconie, et s'empara de Kœnigstein et de Francfort, qui fut mis à contribution. Cette dernière ville tomba bientôt au pouvoir des Prussiens. Après plusieurs échecs, Custine se vit obligé de se renfermer dans Mayence, où, ne pouvant se soutenir, il se retira derrière les lignes de Weissembourg, essuyant à chaque pas des pertes considérables, et notamment sur la Nahe, où il fut attaqué par les Prussiens, qui s'emparèrent de Mayence. La révolution du 31 mai n'étant pas arrivée, la convention nationale conservait encore quelques idées de modération. Custine put ainsi s'excuser de sa retraite précipitée, et accuser, sans se compromettre, le commandant de l'armée de la Moselle, le ministre de la guerre, et même les représentans que la convention avait envoyés pour le surveiller. Il avait de puissans amis dans le parti des *girondins*, et c'est par leur médiation que l'armée de la Moselle, et ensuite celle du Nord, furent réunies à son commandement. Mais ce parti s'affaiblissant de jour en jour, les journaux de Marat et autres démagogues commencèrent à signaler Custine comme un traître et un contre-révolutionnaire. Pendant ce temps il cherchait à réparer ses pertes, et le 17 mai il fit tous ses efforts pour délivrer Mayence. Une affaire générale s'étant engagée sur tous les points à la fois, le corps de Custine, qui arriva le premier, fut entièrement écrasé ; les autres furent repoussés, ou ne combattirent pas. Le nombre des ennemis de Custine s'augmenta alors, et tous lui attribuèrent les malheurs de cette journée. Sur ces entrefaites, les *girondins* furent renversés par les *montagnards*, et les journaux attaquèrent Custine avec un nouvel acharnement. Il s'en plaignit à la convention, et, dans l'espoir de conjurer l'orage, il envoya aux *montagnards* les lettres qui lui avaient été adressées par Wimpfen et le parti de la Gironde. Se croyant rassuré par ces démarches, il osa quitter l'armée du Nord, où il n'avait fait que paraître, et qui n'était pas en état d'exécuter les ordres de combattre que son général avait reçus. Sur une invitation du conseil exécutif, il eut l'imprudence de venir à Paris, et de se montrer dans tous les lieux publics, où il affectait un air de sécurité, tandis que les journaux, les tribunes de tous les clubs, et même celle de la convention, retentissaient d'injures et d'accusations dirigées contre lui. Enfin, arrêté le 29 juillet, il fut le même jour traduit devant le tribunal révolutionnaire. Il se défendit avec calme ; quelques-uns de ses officiers, et entre autres le général Baraguay-d'Hilliers, qui avait été son aide de camp, vinrent témoigner à sa décharge. Parmi différentes accusations dont on l'accablait, nous citerons la suivante pour donner une idée des connaissances militaires de ses accusateurs. Un membre du club mayençais l'accusa de s'être laissé battre en plaçant sa troupe au bas d'une montagne : « Tout le monde sait, »s'écria-t-il, que c'est sur les sommets des montagnes qu'une armée »doit être placée ; eh bien! lui est »resté en bas. » L'accusateur public, Fouquier - Tinville, ne manqua pas de rappeler ce témoignage dans ses conclusions. Custine fut jugé dans la même séance ; il demanda un confesseur, montra beaucoup de faiblesse, causée sans doute, non par manque de courage, mais par les remords qu'il devait sentir d'avoir servi une mauvaise cause et abandonné son roi. Il fut exécuté le 28 août 1793. Jaloux de son autorité, et envieux des autres généraux, il montra toujours un caractère dominant et orgueilleux. Il était un bon officier général, et excellait dans les manœuvres de cavalerie ; mais il n'avait pas les connaissances nécessaires à un général en chef. On a publié : *Mémoires du général Custine*, rédigés par un de ses aides de camp, 2 vol. in-12, Hambourg, Francfort (Paris), 1794.

CUSTINE (Renaud-Philippe), fils du précédent, naquit en 1768, et suivit la carrière diplomatique. En 1792, sous le ministère de M. de Narbonne, quelques personnes alors marquantes, et qui admiraient les talens militaires du duc de Brunswick, conçurent le projet absurde de le mettre à la tête de la révolution, en lui offrant le commandement général des armées françaises. Custine fils fut chargé de cette mission ; mais elle échoua, comme on aurait dû s'y attendre. Il fut ensuite à Berlin, en qualité de ministre plénipotentiaire ; mais la Prusse s'étant déclarée contre la France, il se rendit à l'armée, où il servit en qualité d'aide de camp de son père, qui l'envoya à Paris, en janvier 1793, pour suivre ses réclamations auprès des comités et des ministres. Lors du procès de ce général, son jeune fils n'omit aucune démarche pour le soustraire au sort qui l'attendait. Cela, la noble franchise avec laquelle il s'expliqua dans cette occasion, et ses liaisons avec Condorcet et quelques députés de la Gironde, éveillèrent les soupçons inquiets de Robespierre, qui le dénonça à la tribune, et le fit traduire devant le même tribunal qui avait condamné son père à mort. Il se défendit avec tant de présence d'esprit, que l'auditoire attendri s'écriait : *Il est sauvé !* mais il avait eu le courage de relever, pendant son interrogatoire, la mauvaise foi du président, qui, en lisant sa correspondance avec le duc de Brunswick, en altérait le sens, de manière à aggraver les prétendus crimes de l'accusé. Il fut donc condamné à mort, et exécuté le 3 janvier 1794. Avant de mourir, il écrivit des lettres fort touchantes à sa femme, et jusqu'au dernier moment il montra beaucoup de fermeté.

DAGOBERT (Louis-Auguste), général français, né à Saint-Lô vers 1750. Dès sa plus tendre jeunesse, il fut nommé sous-lieutenant dans le régiment de Tournaisie, fit les premières campagnes de la guerre de sept ans. Il embrassa les principes de la révolution, et, parvenu au grade de maréchal de camp, il fut employé à l'armée d'Italie, en 1792, sous les ordres du général Biron. Dagobert se distingua en plusieurs rencontres, et notamment auprès de Nice et du Col-de-Negro. Nommé général en chef de l'armée des Pyrénées orientales, en 1793, il la trouva dans un tel état de faiblesse, qu'il vint lui-même à Paris pour demander des secours. Ces législateurs orgueilleux qui voulaient délivrer les peuples du despotisme et de la tyrannie, étaient les despotes les plus tyrans envers ceux qui souffraient leur domination, et surtout envers les généraux, qui, souvent privés des secours nécessaires, devaient ou vaincre ou mourir. Ses réclamations furent donc mal reçues, et on le mit en prison. Il put recouvrer sa liberté, à condition qu'il retournerait à son armée. Dagobert s'empara du Puycerda, défendit Mont-Louis, battit les Espagnols à Olette et à Campredon, et remporta une victoire décisive près d'Urgel (10 avril 1794), dont il se rendit maître. Le combat avait été long et sanglant, et Dagobert y avait reçu plusieurs blessures qui l'entraînèrent au tombeau dix jours après. La convention nationale fit inscrire le nom de Dagobert sur une des colonnes du Panthéon : c'est par ces honneurs que l'on encourageait d'autres victimes à se livrer à la mort, en défendant la cause de l'anarchie. On a de ce général : *Nouvelle méthode d'ordonner l'infanterie, combinée d'après les ordonnances grecques et romaines, pour être particulièrement l'ordonnance des Français*, 1793, in-8. Cet ouvrage eut peu de succès.

DAGUET (Pierre - Antoine - Alexandre), jésuite, né à Baumes-les-Dames le 1er décembre 1707, survécut à la société dont il était membre. Lors de sa suppression, il se retira à Besançon, et y mourut en 1775, y laissant la réputation d'un homme estimable et d'un ecclésiastique édifiant. On a de lui les ouvrages suivans, tous composés pendant qu'il était encore jésuite : I *Considérations chrétiennes pour chaque jour du mois*, Lyon, 1758, in-12. II *Exercices du chrétien*, Lyon, 1759, in-12. III *La Consolation du chrétien dans les fers*, ou *Manuel des chiourmes*, Lyon, 1759, in-12. IV *Exercices chrétiens des gens de guerre*, Lyon, 1759, in-12.

DAIGNAN (Guillaume), médecin, né à Lille en 1732. Après avoir fait ses études à l'université de Montpellier, il entra, à l'âge de 25 ans, au service des hôpitaux militaires. Il se fixa ensuite à Paris, où il acheta une charge de médecin ordinaire du roi, qu'il perdit à l'époque de la révolution. Sous la convention nationale, il fut nommé membre du conseil de santé des armées, et obtint ensuite sa retraite comme premier médecin des armées. Il est mort à Paris le 16 mars 1812, et a laissé un nombre considérable d'ouvrages dont les principaux sont : I *Remarques et observations sur l'hydropisie*, Paris, 1776, in-8. II *Mémoires sur les effets salutaires de l'eau-de-vie de genièvre dans les pays marécageux*, Saint-Omer, 1777, in-4 ; Dunkerque, 1778, in-8. III *Réflexions sur la Hollande*, Paris, 1778, in-12 ; 1812, in-8. Il parle dans ce livre des établissemens publics, des mœurs, de l'état des sciences et des arts, et des productions de la Hollande. IV *Adnotationes breves de febribus*, avec le français en regard ; Paris, 1783, in-8. Ces remarques sont adressées à Colombier, sur les fièvres qui ont régné en France pendant les automnes de 1780 et 1781. V *Ordre du service des hôpitaux militaires*, Paris, 1785, in-8. VI *Tableau des variétés de la vie humaine*, Paris, 1786, 2 vol. in-8. Cet ouvrage est principalement consacré à la conservation des enfans. VII *Gymnastique des enfans convalescens, infirmes, faibles et délicats*, Paris, 1787, in-8. VIII *Nouvelle administration politique et économique de la France*, Paris, 1791, in-8. IX *Conservatoire de santé*, et *Supplément au conservatoire de santé*, Paris, 1802, in-8. X *Mémoires sur les moyens d'extirper la mendicité en France*, Paris, 1802, in-8. X *Plan général pour remédier aux principales causes qui nuisent à la constitution de l'homme*, Paris, 1802, in-8. XI *Relation d'un voyage en Normandie et dans les Pays-Bas*, Paris, 1806, in-8. XII *Centuries médicales du 19e siècle*, Paris, 1807, 1808, 2 vol. in-8. XIII *Echelle de la vie humaine*, ou *Thermomètre de santé*, Paris, 1811, in-8.

DAIMBERT, appelé par quel-

ques historiens *Dagobert*, était évêque de Pise vers la fin du 11e siècle. Il sut se mettre dans les bonnes grâces d'Urbain II, à quoi il fut aidé par la fameuse comtesse Mathilde. La première faveur qu'il obtint de ce pape fut le titre d'archevêque, quoique Pise ne fût encore alors qu'un évêché. Urbain lui donna ensuite la souveraineté de l'île de Corse, à la charge de payer tous les ans au palais de Latran la somme de 50 livres, monnaie de Lucques. Daimbert assista au concile de Clermont, tenu le 18 novembre 1095, où Urbain prêcha la première croisade. Il se croisa, et se rendit dans la Palestine, à la tête des Pisans et des Génois qu'il commandait. Cependant il ne contribua point à la conquête, Godefroy était maître de Jérusalem lorsqu'il arriva dans la Terre sainte avec ses troupes. Le pape le nomma patriarche latin de Jérusalem. A la mort de Godefroy, il voulut lui succéder au nom du saint-siége ; mais l'autorité demeura à Baudouin, frère de Godefroy. Baudouin prit le titre de roi que Godefroy n'avait jamais voulu porter, et l'ambitieux patriarche, qui avait aspiré au trône, se vit forcé de le couronner. Par la suite ils eurent ensemble différens démêlés. Baudouin, qui avait la force en main, obligea le patriarche de se retirer. Celui-ci se réfugia à Rome, et eut recours au saint-siége. Il obtint de Pascal II un jugement favorable. Il retournait à Jérusalem pour le faire mettre à exécution : il n'y arriva point, étant mort en Sicile au mois de juin 1117.

DAIMBERT, archevêque de Sens, d'une famille noble, fut élu à cet évêché en 1097. Son élection s'étant faite un peu tumultueusement, Ives de Chartres lui refusa la consécration épiscopale, et cependant consulta l'archevêque de Lyon sur cette affaire. L'archevêque approuva Ives, et cependant lui permit de sacrer Daimbert, à condition qu'il reconnaîtrait sa primatie. Cette clause ne plut point à Ives, et la cérémonie de la consécration fut suspendue. Daimbert prit le parti de se rendre à Rome près d'Urbain II, qui l'ordonna évêque et lui donna le *pallium*. Daimbert, de retour, s'accommoda avec l'archevêque de Lyon, et reconnut la primatie de cette église. Il faut que dans ce temps elle ne fût pas bien établie, au moins sur l'église de Sens, puisque Louis le Gros la contesta, et prétendit qu'à cet égard Daimbert n'avait pu lier ses successeurs. Daimbert fit en 1108, à Orléans, la cérémonie du sacre et du couronnement de ce prince, contre l'usage établi de la faire à Reims, Louis n'ayant pas voulu être sacré par Rodolphe qui en était archevêque, et qui, élu par le clergé, avait pris possession de son siége, sans attendre le consentement du roi. Daimbert mourut en 1122.

DAIRE (Louis-François), bibliothécaire des Célestins, né à Amiens le 6 juillet 1713, entra dans cet ordre à l'âge de 19 ans. Après avoir professé la philosophie et la théologie pendant quelques années, il alla à Rouen, où il s'appliqua à la littérature et à la connaissance des livres. Il occupait dans la maison des célestins de Rouen la place de sous-prieur. Depuis il fut prieur d'Hesclimont en Beauce. Il le fut aussi de la maison de Metz. Il était question de la suppression des célestins. Il fut rappelé à Paris, et chargé de choisir, pour la Bibliothèque du roi, dans celles des différentes maisons de l'ordre, les livres qu'il croirait mé-

riter de passer dans ce précieux dépôt. La bulle de suppression ayant été fulminée, le P. Daire, rendu à l'état séculier, se retira à Amiens, puis à Chartres, où il resta jusqu'à sa mort, arrivée le 18 mars 1792. Il descendait de Jean Daire, un des héros de Calais. On a de lui : I *Relation d'un voyage de Paris à Rouen*, Rouen, 1740, in-12. II *Almanach de Picardie, pendant plusieurs années*. III *Histoire civile et ecclésiastique de la ville d'Amiens*, 1757, 2 vol. in-4. Cette histoire embrasse les temps modernes jusqu'à l'année 1752. Il s'y trouve quelques erreurs que relève le *Journal des savans* de novembre 1757. IV *Histoire civile, ecclésiastique et littéraire de la ville et du doyenné de Mont-Didier*, 1765, in-12. V *Tableau historique des sciences, des belles-lettres et des arts dans la province de Picardie, depuis les premiers temps jusqu'aujourd'hui*, 1769, in-12. VI *Dictionnaire des épithètes françaises*, Lyon, 1758, in-12, ouvrage de patience. VII *Vie de Gresset*, 1779, in-12. VIII *Histoire littéraire de la ville d'Amiens*, 1782, in-4. IX *Histoire civile, ecclésiastique et littéraire de la ville et du doyenné de Doulens*, 1784, in-12, avec une *Notice sur Michel Fresnoy*, né à Amiens. X *Histoire d'Encre, aujourd'hui Albert, et du bourg de Grandvilliers*, chacune une petit volume in-12. XI *Vie de Joseph Vallart*, insérée dans le *Magasin encyclopédique* de juillet 1812. Voici le jugement que porte un critique des ouvrages du P. Daire : « Ses pièces fugitives ne prouvent pas qu'il ait du talent pour la poésie ; ses histoires particulières de quelques villes prouvent son travail et son érudition, pas toujours son goût et sa méthode ; mais son dictionnaire des épithètes françaises prouve invinciblement sa patience [1]. »

DALAYRAC (Nicolas), habile compositeur, né à Muret en Cominges le 13 juin 1753. Destiné au barreau par son père, et placé ensuite dans les gardes du comte d'Artois (1774), il abandonna tout pour se livrer à l'étude de la musique. Il en apprit les premiers élémens sous Langlé, et débuta en 1781, au théâtre de l'Opéra - Comique (pour lequel il travailla pendant 28 ans), par *le Petit souper* et *le Chevalier à la mode*. Il a composé cinquante - six opéras, comme : *Nina*, *les Deux petits savoyards*, *Azémia*, *Raoul*, *sire de Créqui*, *Camille ou le souterrain*, *Roméo et Juliette*, *Adolphe et Clara*, *le Château de Montenero*, *Gulistan* (1805), *Lina* (1807), etc. Tous les opéras de ce compositeur obtinrent un grand succès : il mourut à Paris le 27 novembre 1809.

DALRYMPLE (David), jurisconsulte écossais, né à Edimbourg en 1726. Il fut nommé en 1766 l'un des juges de la cour de session, et lord-commissaire du justicier en 1776. Il se distingua par ses connaissances, ses mœurs, et par la douceur de son caractère, et mourut en 1792. Il a laissé : I *Remarques sur l'histoire d'Ecosse*, 1773. II *Annales d'Ecosse*, 1776 et 1779, 2 vol. in-4. Cet ouvrage, qui est très-estimé, comprend depuis l'avénement de Mancolm, en 1057, jusqu'à la mort de David II, en 1333. L'auteur s'était proposé de porter ces annales jusqu'au règne de Jacques Ier ; mais des circonstances inconnues l'empêchèrent de remplir ce plan. III *OEuvres du mémo-*

rable M. *Jean Hailes d'Eton*, recueillies pour la première fois ensemble, Glascow, 1765, 3 vol. IV *Histoire des martyrs de Smyrne et de Lyon dans le 2e siècle, avec des notes explicatives*, Edimbourg, 1776. V *Restes d'antiquités chrétiennes*, Edimbourg, 1778, 3 vol. VI *Recherches concernant les antiquités de l'église chrétienne*, Glascow, 1783. VII *Recherches sur les causes secondaires auxquelles Ch. Gibbon a attribué les rapides progrès du christianisme*, 1786, in-4. Dans ces deux ouvrages Dalrymple réfute victorieusement plusieurs opinions erronées de Gibbon sur l'établissement de la religion chrétienne. Il était attaché à la révélation, et on remarque dans ses ouvrages beaucoup d'exactitude et d'impartialité.

DALRYMPLE (Alexandre), frère du précédent, célèbre géographe, naquit à Edimbourg en 1737. Il entra d'abord au service de la compagnie des Indes, et refusa, en 1759, l'emploi de secrétaire du gouvernement de Madras. Ayant le projet de relever le commerce de cet établissement avec les îles de l'archipel des Indes, dont les Hollandais profitaient, il obtint de la compagnie le commandement d'un petit vaisseau destiné à l'expédition qu'il avait projetée. Il fit ainsi plusieurs voyages dans l'archipel oriental des Indes, et en observa avec soin les côtes. Ses cartes, les plus exactes qu'on connaisse, se trouvent dans le *Neptune oriental* de d'Après. La compagnie des Indes le nomma son hydrographe ; il obtint ensuite le même emploi auprès de son gouvernement ; mais l'ayant perdu au mois de mai 1808, il en mourut de chagrin le 19 juin suivant. On a de lui : I *Traité sur les décou-*

---

[1] *Les trois siècles de littérature.*

vertes faites sur l'océan Pacifique, 1767, in-8. II *Mémoire sur la formation des îles*, inséré dans les *Transactions philosophiques* de 1768. III *Collection historique de divers voyages et découvertes dans l'océan Pacifique du Sud*, qui contient, presque entièrement, une traduction littérale des écrivains espagnols, 1770, 2 vol. in-4, traduite en français, et abrégée par Freville, Paris, 1774, 1 vol. in-8. IV *Collection de voyages faits principalement dans l'océan Atlantique méridional, et publiés d'après des manuscrits originaux*, 1775, in-4. V *Mémoires sur les passages que l'on peut pratiquer pour aller à la Chine et en revenir*, 1783, in-8. VI *Journal historique de l'expédition faite par terre et par mer au nord de la Californie en 1768, 1769, 1770, lors du premier établissement des Espagnols à Saint-Diégo et à Monterey*, traduit d'un manuscrit espagnol, par Reveley, 1790, in-4. VII *Plan pour étendre le commerce de ce royaume et de la compagnie des Indes*, 1769, in-8. VIII *Répertoire oriental, publié aux frais de la compagnie des Indes*, 1791, 1794, 2 vol. in-4. C'est un recueil d'un grand nombre de cartes marines, et de mémoires très-utiles pour la navigation dans la mer des Indes, etc.

DALRYMPLE HAMILTON MAGGIL (sir John), né vers 1726, a publié *Mémoires de la Grande-Bretagne et de l'Irlande* Londres, 1771, 2 vol. in-4. Le chevalier Dalrymple étant venu à Paris, obtint la permission de consulter, au dépôt des affaires étrangères, la correspondance de Barillon, ambassadeur de France en Angleterre sous Charles II. Il y trouva des preuves que plusieurs membres du parlement, et particulièrement le célèbre et malheureux Algernon Sidney, recevaient des pensions de Louis XIV, pour servir les vues politiques du gouvernement français. Ces renseignemens donnent à l'ouvrage de Dalrymple un grand intérêt, et servent à éclaircir les affaires de ces temps.

DAMILAVILLE (N.), ami de Voltaire, son complaisant et son correspondant, et, s'il est permis de se servir de ce terme, le colporteur fidèle et empressé de ses pamphlets irréligieux, avait été garde du corps de Louis XV. Il quitta l'état militaire pour une place de premier commis au bureau des vingtièmes. Il paraît que cette place fut l'occasion de son intimité et de ses liaisons avec le patriarche de la moderne philosophie. Il avait le contre-seing du contrôle-général, et il s'en servait pour faire parvenir à Voltaire, francs de port, les paquets, pièces et lettres qui lui étaient adressés, et pour recevoir et remettre à leur adresse les réponses et brochures qu'il envoyait, et même faire circuler celles-ci dans le public. Damilaville lui mandait, en outre, les nouvelles littéraires et politiques du jour, bonnes ou mauvaises, vraies ou fausses, et lui faisait passer tout ce que la presse fournissait de curieux ou d'intéressant pour lui. En relation avec tous les amis de Voltaire, et par conséquent avec tous les philosophes du temps, Damilaville était aussi, ou se croyait philosophe; il faut que ce fût avec peu de moyens, puisque le baron d'Holbach, qui sans doute se connaissait en *philosophie*, ce mot pris dans l'acception moderne, l'en appelait *le gobe-mouche*. La *Biographie universelle* le peint sous des traits assez défavorables : « Sans

» grâce ni agrément de l'esprit, et » manquant de cet usage du monde » qui y supplée. » Grimm n'en parle pas d'une manière plus avantageuse, et remarque, qu'entouré, durant sa maladie, de ce que les lettres comptaient de personnages les plus illustres, il n'a été regretté de personne. Il voulut néanmoins payer aussi son tribut à la philosophie, ou plutôt à l'impiété, honorée de ce nom qui lui convient si peu. C'était répondre à l'appel que Voltaire lui faisait presque dans chacune de ses lettres par l'exécrable imprécation trop connue, et si fréquente dans sa correspondance avec d'Alembert. *Le gobe-mouche de la philosophie* écrivit donc, et s'il était au-dessous de ses maîtres en talent, il ne leur céda pas en impiété. On eut de lui : I dans l'*Encyclopédie*, les articles *Vingtième* et *Population*, où, à propos d'impôts et d'économie politique, dans de longues excursions, il attaque toutes les religions, et plus particulièrement le christianisme. Il mit cet écrit sous le nom de Boulanger. II *L'Honnêteté philosophique*, donnée pour être de Voltaire, et que le public crut un moment être son ouvrage; c'était une satire amère et cynique, dirigée contre Coger et l'abbé Riballier, en faveur de Marmontel. III *Le Christianisme dévoilé, ou Examen des principes et des effets de la religion chrétienne*, Londres (Nancy), 1767, in-12, qui parut aussi sous le nom de Boulanger, et qui fut attribué au baron d'Holbach, production si révoltante, que Voltaire lui-même en fut indigné, et écrivit ces mots à côté du titre de son exemplaire : *impiété dévoilée*, outre beaucoup de notes qu'il mit de sa main sur la marge des pages, et dans lesquelles il s'élève avec

force contre l'auteur [1]. On n'est pas d'accord sur la manière dont se termina une vie entièrement consacrée à la guerre contre toute religion. Suivant les uns, Damilaville, à la suite d'une maladie longue et cruelle, voulut être averti du temps qu'il pouvait avoir encore à vivre. Instruit par son médecin que sa fin approchait, il fit, dit-on, venir un tapissier avec lequel il traita de ses meubles, les vendit et s'en fit remettre le prix; puis il invita ses amis à un grand dîner, à la fin duquel il voulut boire avec eux un verre de vin de Champagne, le but, ajoute-t-on, et expira. (*Bibliographie universelle.*) Selon d'autres [2], et l'autorité dont ils appuient cette version est la correspondance de Voltaire et de d'Alembert, qui ne peut être suspecte, l'*esprit fort* faiblit, et fut confessé à la mort. Dieu veuille que ç'ait été utilement. C'est le 13 décembre 1768 que Damilaville cessa de vivre, à l'âge de 47 ans. Laharpe dit qu'il n'avait d'autre mérite que de professer beaucoup de respect et d'admiration pour Voltaire et Diderot, dont il répétait les sarcasmes contre la religion.

DAN (Pierre), supérieur des

1 Au moment où ceci s'imprime paraît un *Nouveau Supplément au Cours de Laharpe*, par M. Barbier. Dans son *Dictionnaire des Anonymes*, il attribue le *Christianisme dévoilé* au baron d'Holbach. Sur l'assurance qu'en donne Laharpe, *Cours de littérature*, tome 16, on crut ce livre de Damilaville; et c'est d'après cette persuasion que dans la *Biographie universelle*, aux articles DAMILAVILLE et HOLBACH, et peut-être dans d'autres ouvrages, on l'a mis au nom du premier. M. Barbier, dans le *Nouveau Supplément*, persistant dans son opinion, et assurant que le *Christianisme dévoilé* fut la première production du baron d'Holbach, qui peut-être préludait ainsi à son trop fameux *Système de la nature*, les profondes connaissances en bibliographie de l'auteur du *Nouveau Supplément*, doivent, ce semble, lever tous les doutes. V. *Biographie universelle*, art. DAMILAVILLE et HOLBACH.

2 *Mémoires pour servir à l'Histoire ecclésiastique*, tome 4, page 330.

mathurins de Fontainebleau, désigné, en 1731, pour aller en Barbarie travailler à la rédemption des captifs ; il s'embarqua à Marseille en juillet 1634, arriva à Alger après quatre jours de traversée, et revint en mars 1635. Il ramena 42 esclaves qu'il conduisit à Paris. Le P. Dan a publié : 1 *Histoire de Barbarie et de ses corsaires*, Paris, 1637, in-4, traduite en hollandais en 1684, par S. de Vries, qui y ajouta une seconde partie. Elle avait reparu en français sous ce titre : *Histoire des royaumes et villes d'Alger, de Tunis, de Salé et de Tripoli, augmentée de plusieurs pièces*, Paris, 1649, in-fol. Ce livre contient une histoire générale des pirates depuis les temps anciens, et des notions sur les habitans de la Barbarie. Il *Trésor des merveilles de la maison royale de Fontainebleau, contenant son antiquité, les singularités qui s'y voient*, etc., Paris, 1642. Le P. Dan mourut en 1649.

DANEDI (Jean-Etienne, dit *Montalte*, et Joseph), frères, et peintres renommés, eurent pour patrie la ville de Trévise. Le premier, né en 1608, fut élève de Marazoni de Milan, et le second, né en 1611, apprit son art sous le célèbre Guido Reni. Ils ont exécuté plusieurs ouvrages, dont une grande partie se trouvent dans différentes églises de Milan, et qui les placent au rang des grands maîtres. Jean-Etienne et Joseph moururent dans cette ville la même année, en 1689.

DANIELE (François), historien et antiquaire napolitain, naquit à Saint-Clément près de Caserte, le 11 avril 1740. Le marquis Dominique Caracciolo l'ayant engagé à venir à Naples, le fit nommer officier de secrétairerie. Danièle avait déjà composé son *Codice Federiciano*, qui contenait toute la législation de Frédéric II. La connaissance de cet ouvrage en manuscrit, le fit nommer, en 1778, historiographe royal. En 1782 il le fut de l'ordre de Malte. Ses *Forche Caudine*, et autres ouvrages intéressans, lui méritèrent, en 1787, l'emploi de secrétaire perpétuel de la fameuse académie *Ercolanese*, instituée en 1755 par le roi Charles III, et destinée à publier les découvertes faites à Herculanum et à Pompéia. La magnifique édition que publia cette savante société est due principalement aux soins et aux lumières de Danièle. Elle accrut sa renommée, et un grand nombre d'académies, comme la Cosentine, celles de la Crusca, des sciences et belles-lettres de Naples, les sociétés royales de Londres et de Pétersbourg, le reçurent parmi leurs associés. Lors de l'invasion de Naples par les Français, il ne prit aucune part aux affaires, et se retira dans sa patrie ; mais, au retour du roi dans sa capitale en 1799, il voulut prendre la défense de quelques-uns de ses amis, croyant pouvoir ainsi les soustraire au châtiment dont ils étaient menacés. Cela le rendit suspect, et il se vit bientôt privé de ses dignités et de ses emplois. Il vécut dans une espèce d'indigence jusqu'à ce que Joseph Napoléon vînt régner à Naples en 1806. Se voulant faire des créatures, il lui accorda des pensions et de nouvelles places, dont il ne jouit pas long-temps. Danièle souffrait d'un mal commun aux habitans de la Campanie, qui l'appellent *salsedine*, et qui paraît être celui qu'Horace désigne sous le nom de *morbus campanus*, et qu'on attribue aux alimens de ce pays, imprégnés de sels volcaniques. Il alla respirer l'air salubre de Saint-Clément, sa patrie ; mais, son mal ayant augmenté, il y mourut en août 1812. Voici ses ouvrages les plus remarquables: I *Le Forche Caudine illustrate*, Caserte, 1778, in-fol., avec cinq planches, belle édition, mais inférieure à celle que l'auteur donna avec des additions à Naples en 1812. II *Osservazioni sulla topotesia delle Forche Caudine*. C'est une dissertation qui parut dans le journal de Pise en 1779, dans laquelle il détermine la situation des Fourches Caudines, et qui est une réponse à la critique de Letieri, insérée dans sa *Storia dell' antica Suessola*. III *I regali Sepolcri del duomo di Palermo riconosciuti ed illustrati*, Naples, 1784. IV *Monete antiche di Capua*, Naples, 1802 (1803), in-4. Cet ouvrage contient la description de dix-huit médailles antiques et des notices assez curieuses sur le culte de plusieurs divinités du paganisme. Il fut éditeur de différens ouvrages savans qu'il enrichit d'intéressantes préfaces.

DANNENMAYER (Mathieu), né en 1741 à Œpsingen en Souabe, recteur et doyen de l'université de Fribourg en Brisgaw, y professait la théologie au temps des réformes de Joseph II. Ce prince le trouvant favorable à ses systèmes, l'appela à Vienne en 1786, et l'y nomma professeur de théologie et d'histoire ecclésiastique. Il y mourut le 8 juillet 1805 à 64 ans. Il a laissé : I *Introductio in histor. ecclesiæ christianæ universam, usibus academicis accommodata*, Fribourg, 1778, in-8. II *Institutiones historiæ ecclesiasticæ : novi Testamenti periodus prima, à Christo nato usque ad Constantinum*, Fribourg, 1783, in-8. III *Institutiones historiæ ecclesiasticæ novi Testamenti, pars prima et secunda*. Elles remportèrent le prix proposé par Joseph II pour le meilleur ouvrage élémentaire sur l'histoire ecclésiastique à l'usage des écoles. Malgré les éloges donnés à cet ouvrage, les principes que l'empereur Joseph voulait qu'on professât à cette époque, doivent le rendre un peu suspect.

DANTON (George-Jacques), fameux révolutionnaire, né à Arcis-sur-Aube le 28 octobre 1759. A l'époque de la révolution il était avocat du conseil du roi, et il devint l'ennemi le plus acharné de celui à qui il devait son existence et un rang dans la société. Mirabeau avait besoin d'un homme comme Danton pour effrayer la cour en provoquant les troubles, et il s'en servit, dit un auteur contemporain, « comme d'un » soufflet de forge, pour enflammer » les passions populaires. » Son physique ainsi que son caractère semblaient le rendre propre à remplir ce projet. Doué d'une force extraordinaire, jointe à une taille colossale, il avait la figure couturée par la petite-vérole, le nez aplati et retroussé, les yeux petits, mais le regard ardent et audacieux ; les lèvres grosses et saillantes : sa voix rude faisait retentir les salles publiques, et ses discours, pleins de figures ampoulées et d'apostrophes violentes, effrayaient toujours quand ils n'entraînaient pas. Il se connaissait assez lui-même quand il disait : « La nature m'a » donné en partage les formes athlé- » tiques et la physionomie âpre de la » liberté. » Lors de la division de la capitale en districts, il fut choisi pour présider celui des *Cordeliers*. Cette portion de Paris devint bientôt le rendez-vous des hommes de tous les partis ; mais la tribune du district étant accessible à tous les citoyens, il s'en trouvait parfois quelqu'un qui osait ouvertement le contredire, et imposer silence à son insolente élocution. Il imagina alors l'établissement du club des *Cordeliers*, auprès duquel celui des *jacobins* n'était alors qu'une réunion de gens modérés et raisonnables. Le district n'avait encore attaqué que la monarchie ; le nouveau club entreprit de renverser toutes les institutions et jusqu'aux bases morales et politiques de la société. Non content de proclamer le désordre et la rébellion dans les assemblées locales ou dans les clubs, il haranguait dans les rues et les places publiques une multitude ignorante, tantôt en l'égayant par des plaisanteries grossières, tantôt en lui inspirant les fureurs dont elle donna si souvent le funeste spectacle. Ne pouvant suffire à lui seul à tous ses projets, il prit sous sa protection Marat, dont le *journal* contribua beaucoup à pervertir la populace ; ce qui le fit souvent poursuivre par les tribunaux. (*Voyez* MARAT, *Supplément.*) Danton lui donna un asile, et s'en servit dans la suite, soit pour répandre des dénonciations qui lui étaient utiles, soit pour exciter des mouvemens séditieux. Ce n'est cependant ni par opinion ni par philosophie, que Danton avait embrassé la cause de la révolution ; il ne vit en elle qu'un moyen sûr de faire sa fortune ; et c'est d'après ce principe qu'il dit un jour à un certain individu : « Jeune homme, » venez travailler avec nous ; quand » vous aurez fait votre fortune, vous » pourrez embrasser plus à votre » aise le parti qui vous conviendra. » L'assemblée constituante n'avait jusqu'alors regardé Danton que comme un énergumène qu'il fallait laisser consumer dans ses propres fureurs. Il ne commença à devenir redouta-

ble qu'après le voyage à Varennes de Louis XVI. Il se mit alors à la tête des factieux du Champ-de-Mars, qui voulurent forcer l'assemblée à mettre ce prince en jugement. Cet essai n'ayant pas réussi, Danton fut décrété d'arrestation : il était en outre poursuivi pour dettes ; mais cela ne l'empêcha pas de se présenter aux élections et de briguer des suffrages. Un huissier, nommé *Damien*, voulant le faire arrêter, fut arrêté lui-même par le peuple, et il manqua être assommé. Danton fut nommé substitut de la commune de Paris, malgré l'assemblée constituante, et même la constitution, qui excluait des charges les prévenus d'arrestation. Les conseillers constitutionnels de Louis XVI voulurent acheter Danton. On croit assez généralement qu'il se vendit pour des sommes considérables, qu'il employait, non pour seconder les vues de la cour, mais pour exciter contre elle de nouveaux ennemis. Il eut cependant l'audace de dire devant la commune qu'il avait refusé ses services aux conseillers de Louis XVI, parce qu'il les avaient mis à un prix au-dessous de ses prétentions. Pendant ce temps, sa haine contre la royauté ne fit qu'augmenter. Dans les premiers jours d'août, Pétion, maire de Paris, avait fait loger dans la maison des *Cordeliers* cette horde de forcenés, connus sous le nom de *Marseillais*, qui, au nombre de six cents, traversèrent la France, disant qu'ils allaient à Paris pour tuer le roi. Le maire de Paris les recommanda à Danton, qui les reçut, les fêta, leur donna de nombreux auxiliaires, et combina avec eux l'attaque des Tuileries, exécutée le 10 août, et dont il fut le principal auteur : ainsi une bande de brigands fit écrouler la plus ancienne monarchie de l'Europe. Après cette funeste journée, Danton fut nommé ministre de la justice par l'assemblée législative, qui n'avait plus de pouvoir, et rendait tous les décrets qu'on exigeait d'elle. Robespierre n'osait paraître encore, et Danton était alors seul et tout-puissant dans les clubs et à l'assemblée. Il commença par faire fermer les barrières, et fit décréter les visites domiciliaires, qui eurent lieu pendant la nuit. On encombra alors les prisons de tous ceux qui appartenaient à des classes distinguées, et qu'on soupçonnait attachés au parti de la cour. A cette même époque on institua l'affreux tribunal appelé de *salut public*, dont les membres appartenaient au club des Cordeliers, qui envoya les premières victimes à l'échafaud. Ce système sanguinaire devint encore plus terrible lorsqu'on apprit dans la matinée du 2 septembre que les Prussiens, commandés par le duc de Brunswick, accompagné des deux frères du roi de France, et un grand nombre d'émigrés, étaient entrés dans le territoire français, et s'étaient emparés de Longwy et de Verdun. La consternation se répandit dans la capitale. Après avoir conféré avec le comité de salut public, Danton fit ôter aux prisonniers tous les instrumens et tous les meubles qui pouvaient servir à leur défense : on rendit la liberté aux détenus pour dettes, et à quelques autres qui purent intéresser leurs persécuteurs. Danton se rendit ensuite à la barre de l'assemblée nationale, et rendit compte des progrès de l'ennemi. Il ordonna qu'un armement général fût aussitôt décrété, qu'on sonnât le tocsin, et que tous les citoyens en état de porter les armes fussent réunis au Champ-de-Mars pour s'y former en cohortes militaires, et marcher contre les *tyrans et leurs satellites*. Le député Vergniaud rappela les menaces du duc de Brunswick, et convertit en motion la demande du ministre, qui fut décrétée à l'unanimité. Le son lugubre du tocsin, le bruit de la générale, augmentèrent la fureur de la multitude, qui criait aux armes, parcourait les rues en menaçant tous ceux qui ne partageaient pas son délire. Les émissaires des clubs et du comité de salut public déclarèrent hautement qu'il fallait auparavant exterminer les *scélérats* de l'intérieur, et désignaient principalement les prisonniers. Ces malheureux supplièrent l'employé chargé de la surveillance des prisons, de leur sauver la vie. L'employé se rendit auprès des ministres, qui s'étaient alors réunis à l'hôtel de la marine. Il s'adressa à Danton, lui rendit compte du sort qui menaçait les prisonniers, et réclama son assistance en sa qualité de ministre de la justice. « Danton, dit madame Roland dans ses » *Mémoires*, importuné de la pro-»position malencontreuse de l'em-»ployé, s'écria avec sa voix beu-»glante et un geste approprié à »l'expression : Je me *moque* bien » des prisonniers; qu'ils deviennent » ce qu'ils pourront; » et il passa son chemin avec humeur. Les portes des prisons furent enfoncées, et on commença alors les terribles massacres de septembre. M. A...., président du tribunal établi à Versailles, vint prier le farouche ministre de prendre des mesures pour sauver les personnes envoyées à la haute cour d'Orléans, qu'on avait transportées à Versailles. « Que vous im-»porte? lui répondit Danton; rem-»plissez vos fonctions et ne vous »mêlez pas de cette affaire : le peu-

»ple demande vengeance. » Elle fut cruellement remplie, et ces malheureuses victimes furent toutes massacrées à Versailles. Des circulaires du comité de salut public, munies du contre-seing de Danton, parcourrurent les départemens en invitant les patriotes à répéter dans les provinces les exécutions de septembre. Partout on répandit du sang, et d'un bout à l'autre de la France on n'entendait que des cris de douleur et de mort. Ces massacres produisirent l'effet que leurs auteurs en avaient attendu ; la terreur glaça tous les esprits. A Paris et dans presque tous les départemens, les fonctions publiques furent remplies de factieux, ennemis du trône et de l'autel. Après avoir raffermi par la terreur les bases de l'anarchie, Danton quitta le ministère de la justice pour être député à la convention, place à laquelle l'avaient appelé les électeurs de Paris. Il espérait y exercer le même ascendant que sur les clubs et sur le peuple. A cette époque, Robespierre fixait déjà sur lui les regards, et comptait un grand nombre de partisans. Soit que certains hommes sanguinaires, semblables aux bêtes féroces, après un long carnage, aient besoin de repos ; soit que la popularité de Robespierre commençât à éveiller la jalousie de Danton, ou que celui-ci, devenu riche par ses rapines, crût enfin que le crime ne fût plus nécessaire à ses projets, il sembla pour un moment calmer ses fureurs démagogiques. Dès la première séance de la convention, il demanda que toutes les propriétés fussent garanties par un décret solennel : il disait « qu'il ne fallait pas »rendre la liberté haïssable par une »application trop rigoureuse des »principes philosophiques. » Roland, son collègue au ministère, pour

prouver qu'il n'avait pas pris part aux dilapidations qui avaient eu lieu à la suite des derniers événemens, rendit compte de sa gestion et fit afficher les pièces au coin des rues : il croyait, en agissant ainsi, se rendre agréable au peuple. Mais Danton, qui ne pouvait pas prouver son désintéressement, prétendit « que »les ministres étaient solidaires et »ne devaient des comptes que col- »lectivement. » Cette doctrine devait plaire aux gens en place : aussi elle fit fortune, et Roland succomba. Lors du procès de Louis XVI, un de ses familiers lui représenta que la convention avait tort de juger ce prince. Danton reprenant tout à coup son caractère de férocité, répondit : « Vous avez raison ; aussi »nous ne le jugerons pas, *nous le* »*tuerons.* » Il vota en conséquence la mort du roi ; mais ce nouveau crime ne put calmer les inquiétudes que lui causaient le trouble et la discorde qui agitaient déjà la nouvelle république. Il prévoyait de terribles catastrophes, sous lesquelles il craignait de succomber. « Le métal »bouillonne, disait-il, mais la statue »de la liberté n'est pas encore fon- »due ; si vous ne surveillez le four- »neau, vous serez tous brûlés. » Il fut envoyé en Belgique avec Lacroix (*voyez* LACROIX), pour suivre les armées et révolutionner le pays. Pendant ce temps, plusieurs de ses créatures l'abandonnèrent pour former des factions indépendantes, et devinrent dès lors ses plus grands ennemis. A son retour il fut accusé de dilapidation, et notamment par Marat. Il traita ce dernier avec mépris, et put imposer silence à ses accusateurs. Les armées venaient de recevoir un échec à Aix-la-Chapelle. La terreur, les levées en masse furent encore les moyens de défense qu'il employa. Il fit demander par Chaumette, qui lui était resté fidèle, la formation d'un tribunal révolutionnaire, qui renouvela bientôt les massacres de septembre. Peu de temps avant la chute des *girondins*, les inquiétudes de Danton ne firent qu'augmenter de plus en plus. Il balança un moment sur le parti qu'il devait prendre. La popularité de Robespierre l'alarmait, et encore davantage les réclamations des républicains les plus modérés, qui demandaient la punition des auteurs des massacres de septembre. Voyant qu'une crise terrible s'approchait, il réclama, mais inutilement, la vengeance des lois contre Henriot, qui outrageait la convention et menaçait même de la dissoudre. (*Voy.* HENRIOT, *Supplément.*) Après le 31 mai, jour où les députés de la Gironde furent proscrits, Danton demanda que le comité de salut public fût érigé en gouvernement provisoire, et il refusa en même temps de faire partie de ce gouvernement. Cela fit soupçonner à quelques-uns qu'il voulait donner à la France un nouveau roi. Il provoqua toutes les lois du *maximum* et surtout la taxe des grains. La terreur et le besoin de travail avaient éloigné des assemblées des sections la plupart de leurs membres. Danton fit décréter que tout citoyen qui se rendrait à ces assemblées recevrait une indemnité de quarante sous. Il ne voulait pas tenir le peuple en repos, de crainte qu'il ne s'aperçût des malheurs qui l'accablaient, et qu'il perdît de son enthousiasme pour une *liberté* dont il était loin de jouir. Dès lors les assemblées furent inondées d'une populace à qui l'on fit dire et exécuter tout ce qu'on jugea à propos. Il s'éleva contre les fêtes extravagantes de la *Raison*, que Chaumette, de-

venu son ennemi, à la tête des cordeliers scissionnaires, célébra dans le sein de la convention. « Quand ferons-nous cesser, dit-il, ces mascarades? Nous n'avons pas voulu détruire la *superstition* pour établir l'athéisme. » Comme si le renversement de la religion, appelait superstition, ne devait nécessairement conduire à l'impiété absolue. Robespierre se réunit à Danton pour détruire un parti qui les menaçait tous les deux, et les principaux instituteurs des fêtes de la Raison périrent sur l'échafaud. Mais cette intelligence ne fut pas de longue durée, et Robespierre et Danton revinrent bientôt aux sentimens de jalousie et de haine qu'ils nourrissaient l'un envers l'autre. Il y avait déjà quelque temps que, sous le despotisme du premier, la terreur avait de nouveau plongé la France dans le deuil. Dans un pamphlet intitulé le *Vieux Cordelier*, composé par Camille Desmoulins, ami de Danton, le premier avait osé comparer les mesures violentes qu'on prenait alors, à celles employées par l'empereur Tibère, et avait rapporté à ce sujet divers passages de Tacite qui venaient à l'appui de cette comparaison. Robespierre s'en offensa grièvement, et l'abandonna à la vengeance des chefs de son parti. Danton voulut prendre la défense de Desmoulins; il prit ensuite celle de Fabre d'Eglantine, qu'on accusa de malversation; mais il ne put sauver aucun de ses deux amis, et cet échec devait l'avertir que sa chute était prochaine. Pour éviter des suites funestes, on tâcha de rapprocher les deux rivaux; ils dînèrent ensemble. Danton, en adressant la parole à Robespierre: « Il est juste, lui dit-il, de comprimer les royalistes; mais il ne faut pas confon-

» dre l'innocent avec le coupable, » et nous ne devons frapper que des » coups utiles à la république. » (Et c'était Danton qui parlait.) « Eh! » qui vous a dit, répliqua Robespierre en fronçant le sourcil, qu'on » ait fait périr un innocent ? » Le geste de Robespierre n'était pas équivoque; Danton en prévit toutes les conséquences, et dit en sortant : « Il faut se montrer; il n'y a pas un » instant à perdre. » Mais, au lieu d'agir, il hésita, tandis que son rival alla préparer sa ruine. Westermann, son principal agent, le pressa de frapper le coup décisif; il se contenta de répondre, avec un air d'ambiguïté : « Il n'oserait. » Enfin le géant qui avait fait crouler le trône fut arrêté dans son lit (la nuit du 31 mars 1794) sans faire la moindre résistance. Lacroix, son ami, subit aussi le même sort : on conduisit l'un et l'autre dans les prisons du Luxembourg. Les nombreux détenus qui s'y trouvaient accoururent en foule pour les voir. Danton les salua et leur dit : « Messieurs, j'a- » vais l'espoir de vous faire bientôt » sortir d'ici; mais m'y voilà moi- » même avec vous, et je ne sais com- » ment cela finira. » Plusieurs députés, ses amis, réclamèrent contre son arrestation; Robespierre parut à la tribune, et demanda avec arrogance « quels étaient ceux qui osaient » prendre le parti du conspirateur, » de l'homme immoral dont le peu- » ple allait connaître les crimes. » La conspiration dont Robespierre accusait Danton pouvait figurer parmi celles qu'on imaginait dans ces temps de haine, quand on voulait perdre son ennemi; et les crimes de Danton étaient presqu'au même nombre et de la même espèce que ceux que son rival avait à se reprocher. Danton et Lacroix furent enfermés

au secret, mais dans deux chambres voisines. Celui-ci reprocha au premier sa paresse et son insouciance. « C'est, dit-il, ce qui nous a per- » dus. » En effet, ce terrible révolutionnaire, qui avait dit devant le comité de salut public : « Si nous ne pou- » vons pas vaincre tous nos ennemis, » effrayons-les par nos crimes, » était devenu inactif et timide, lorsqu'un puissant ennemi cherchait ouvertement à le perdre. Quatre jours après leur arrestation, Danton et Lacroix furent traduits au tribunal révolutionnaire. Ils daignèrent à peine répondre aux interrogations du président. Ils insultaient les jurés. « Mon » individu, leur dit Danton, sera » bientôt dans le néant, mais mon » nom est déjà dans la postérité. » Leur imperturbable audace effraya le tribunal. On les mit hors des débats, c'est-à-dire on les condamna sans aucune forme de procédure ou d'interrogatoire. Cette décision mit Danton en fureur : il se répandit en imprécations contre ses juges et ceux qui l'avaient proscrit. On l'emmena avec son ami dans la chambre des condamnés. « C'est moi, s'écria-t-il » en y entrant, qui ai fait instituer ce » tribunal infâme; j'en demande » pardon à Dieu et aux hommes. » Je laisse tout dans un gâchis épou- » vantable; il n'y en a pas un qui » s'entende en gouvernement ; au » surplus, ce sont tous des frères » Caïn; Brissot m'aurait fait guillo- » tiner comme Robespierre. » Il fut conduit au supplice le 5 avril 1794. Il y monta avec assurance; son regard était fier et semblait commander encore à la populace. Cependant, peu avant le coup fatal, il sembla s'attendrir un instant. « Oh! » ma femme, s'écria-t-il, je ne te » verrai donc plus !.... » Puis, s'interrompant tout à coup : « Allons,

»Danton, point de faiblesse...... Tu
»montreras ma tête au peuple, dit-
»il au bourreau, elle en vaut bien
»la peine.» Ainsi mourut cet homme sanguinaire et pervers, toujours
égal à lui-même, et sans avoir voulu
demander les secours de la religion.

DANZER (dom Jacques), bénédictin, né en Souabe en 1743, avait
embrassé l'institut de Saint-Benoît à Isny. Il fut, en 1784, nommé professeur de théologie à Saltzbourg. On prétendit qu'il était imbu
des erreurs de Pélage, et qu'il les
enseignait; il fut déféré aux autorités ecclésiastiques. Soit que l'archevêque de Saltzbourg crût l'accusation peu fondée, ou qu'il voulût
arrêter un scandale, il fit défendre,
en 1788, aux autorités de passer
outre. Cet ordre n'empêcha pas que
Danzer ne fût l'objet de beaucoup
de tracasseries. Il parvint à se faire
séculariser, et fut pourvu d'un canonicat à Burgaw. Il y mourut le 4
septembre 1796, âgé de 53 ans. On
a de lui : I Introduction à la morale chrétienne, Saltzbourg, 1791,
deuxième édition. II Dix-huitième
siècle de l'Allemagne, 1782. III
Esprit tolérant de Joseph II,
1783. IV Influence de la morale
sur le bonheur de l'homme, Saltzbourg, 1789. V Esprit de Jésus et
de sa doctrine, 1793. VI Idées sur
la réforme de la théologie, en particulier de la dogmatique chez les
catholiques, Ulm, 1793. VII Histoire critique de l'indulgence de la
Portioncule, Ulm, 1794. Dans ces
écrits, Danzer s'est dirigé d'après
les principes que l'empereur Joseph
s'efforçait de faire prévaloir en Allemagne.

DANZER (Joseph-Melchior),
théologien catholique, né en 1739 à
Ober-Aibach, près de Landshut, en
Bavière, joignit aux fonctions du

ministère ecclésiastique l'étude de la
physique et des mathématiques, et
professa ces deux sciences à Munich
et à Straubing : on lui doit quelques inventions utiles. On a de lui :
I Essai sur la théologie morale et
pratique, Augsbourg, 1777, in-8.
II Principes du droit naturel,
Augsbourg, 1778, in-8. III Application de ces principes aux circonstances particulières de la vie,
Munich, 1780. IV Traité élémentaire sur les mathématiques, à l'u-
sage des lycées, Munich, 1780-
1781. Il mourut le 10 mai 1800.

DARET (Pierre), graveur au burin, né à Pontoise en 1610, séjourna long-temps à Rome, et, de retour dans sa patrie, il grava, de
concert avec Louis Boissevin, un
grand nombre de portraits des personnages les plus illustres du 16e
siècle et du commencement du 17e,
qu'il publia dans un recueil intitulé :
Tableaux historiques, 1 vol. grand
in-4, 1652-1656. Il grava ensuite
les estampes pour l'ouvrage intitulé : La Doctrine des mœurs, par
Gomberville, et écrivit une Vie de
Raphaël, traduite de l'italien, Paris,
1651, 1 vol. in-12. Cet ouvrage,
où l'on traite de l'origine de la gravure en taille-douce, fut reproduit
par Bambourg sous ce titre : Recherches curieuses sur les dessins de
Raphaël, où il est parlé de plusieurs
peintres italiens, Lyon, 1707. Daret
mourut à Dax en 1675.

DARONATSI (Paul), théolo-
gien arménien, né en 1043 dans la
province de Daron, acquit, par un
travail assidu, des connaissances fort
étendues en philosophie et en théologie, et professa ces deux sciences
avec une grande réputation. Il mourut en 1123 dans un monastère
dont il avait été fait abbé. Ses ouvrages sont : I une Lettre contre

Théopiste, philosophe et théologien grec, qui vivait de son temps, Constantinople, 1752, 1 vol. in-fol. II *Traité contre l'église grecque.* III Un *Commentaire sur Daniel,* et quelques autres *traités* qui se trouvent en manuscrit dans la bibliothèque du roi.—DARONATSI (Khatchadour), docteur arménien, né en 1161 dans la même province de Daron, fut abbé du monastère de Hoghavzny, et se trouva en 1204 à un concile tenu à Lory, dans la partie orientale de l'Arménie. Il est auteur d'un grand nombre de *discours* et de *cantiques* restés manuscrits, et passe pour avoir introduit en Arménie l'usage de noter la musique d'église.

DARQUIER (Augustin), astronome, naquit à Toulouse le 23 novembre 1718. Il fut associé de l'Institut national, et a publié : I *Uranie,* ou *Contemplation du ciel à la portée de tout le monde,* Paris, 1771, in-16. Lalande dit que ce petit ouvrage est très-commode pour apprendre à connaître le ciel. II *Observations astronomiques faites à Toulouse,* Avignon, 1777, in-4 ; le second volume, Paris, 1782. III *Observation de l'éclipse du soleil du 24 juin 1778,* etc., traduite de l'espagnol, Toulouse, 1780, in-8. IV *Lettres sur l'astronomie pratique,* 1786, in-8. V *Lettres cosmologiques sur la construction de l'univers,* traduites de l'allemand de Lambert, Amsterdam, 1801, avec les notes de M. Utenthove, qui fut l'éditeur. Darquier est mort le 18 janvier 1802.

DAUBENTON (Louis – Jean-Marie), naturaliste et anatomiste, plus particulièrement connu sous la première qualité, naquit à Montbard en Bourgogne, le 29 mai 1716. Buffon, qui était son ami et son compatriote, l'attira à Paris, et lui

fit donner, en 1745, la place de garde et de démonstrateur du cabinet d'histoire naturelle. Il enrichit d'un grand nombre de faits la grande *Histoire naturelle des animaux ;* et les articles de descriptions et d'anatomie qu'il a fournis aux quinze premiers volumes in-4 de cette même histoire, sont une partie absolument nécessaire à l'intelligence du texte de Buffon. Il obtint en 1778 la chaire d'histoire naturelle, la première qui jusqu'alors eût été établie en France. Il fut professeur de minéralogie, en 1794, au Muséum d'histoire naturelle, nom que la convention donna au Jardin du roi. En 1799, Daubenton fut nommé membre du sénat, et mourut d'apoplexie le 1er janvier 1800. On remarque parmi ses ouvrages un *Tableau méthodique des minéraux,* 1784, in-8, et son *Instruction pour les bergers,* Paris, 1782, un vol. in-8, avec 52 planches. C'est un livre consacré à proposer les moyens de conduire et de propager les moutons de race espagnole.

DAUBERMENIL (F.-A.), né dans le département du Tarn, vers 1744, fut député à la convention. Il ne vota pas dans le procès de Louis XVI, et resta chez lui, en disant qu'il était malade. Chassé de la convention sous le règne de la terreur, il y fut rappelé en 1795, devint ensuite membre du conseil des cinq-cents, d'où il sortit le 20 mai 1797, et y fut réélu l'année suivante. S'étant opposé à la révolution du 18 brumaire, il fut exclu du corps législatif, et surveillé pendant quelque temps dans le département de la Charente-Inférieure. Il se retira ensuite dans son département, où il mourut en 1802. Il avait un caractère romanesque, et il donna dans la folie étrange de se regarder comme un disciple des anciens mages, dont il voulait faire revivre la doctrine et les cérémonies superstitieuses. Il publia à cet objet une brochure sous ce titre : *Extraits d'un manuscrit intitulé le culte des adorateurs de Dieu, contenant les fragmens de leurs différens livres sur l'instruction du culte, les observances religieuses, l'instruction, les préceptes et l'adoration*. Cet ouvrage donna naissance à la société des *théophilanthropes*, ou déistes. « Le livre de » Daubermenil, dit un écrivain moderne, qui est à la fois *eucologe* et » *rituel*, se compose de prières et de » mauvaises poésies, à travers lesquelles on rencontre fort peu d'idées morales ». Daubermenil se proposait d'établir des costumes particuliers, des cérémonies, des funérailles pour les théophilanthropes, dont il forma à Paris une association de sept à huit personnes. Ils se réunissaient dans un local, rue du Bac. Au milieu de l'appartement, sur un trépied, était un brasier dans lequel chacun jetait un g.... d'encens en entrant, et cette cérémonie se répétait de temps à autre pendant la durée de la séance. Daubermenil voulait que les sectateurs s'appelassent *théandrophiles ;* et leur manuel fut d'abord imprimé en vendémiaire 1797, avec cette qualification, qu'ils changèrent ensuite, pour en faire des *théophilanthropes*. Mais ces *amis de Dieu et des hommes*, et cependant ennemis du catholicisme, eurent si peu de confrères, qu'on vit naître et expirer en même temps leur société, qui n'était en rigueur qu'une mascarade ridicule.

DAUBIGNY (J. L. Marie Villain), démagogue révolutionnaire,

né à Saint-Just en Picardie. D'abord procureur au parlement de Paris, il devint ensuite membre de la municipalité de cette ville, et fut l'ami et un des agens de Danton. Sa conduite et ses mœurs le rendaient digne de servir sous un tel maître. Lorsque celui-ci combina avec les brigands du midi et ceux de la capitale l'attaque des Tuileries, le 10 août 1792, Daubigny, dans la matinée du même jour, posté aux Champs-Elysées, y fit arrêter plusieurs personnes qui s'étaient réunies et semblaient vouloir porter secours au roi. Quelques heures après il donna le signal pour les massacrer, et leurs têtes, promenées dans les rues au bout de piques et de baïonnettes, répandaient la terreur parmi les habitans les mieux intentionnés. Après cet exploit, Daubigny fut nommé membre du comité de salut public, institué par Danton le même jour qu'il fit écrouler la monarchie. Il prit une part très-active aux tristes événemens de septembre ; mais, tout en répandant le sang français, Daubigny n'oubliait pas de faire sa fortune. Il n'était pas homme à s'arrêter sur les moyens, et, dans le pillage général du 10 août, il fit, avec d'autres complices, un vol considérable dans le garde-meuble de la couronne. Le ministre Roland l'en accusa devant l'assemblée nationale ; mais, à l'aide de ses protecteurs, s'il ne détruisit pas les soupçons, il put au moins arrêter les poursuites. Il était adjoint de Bouchotte, ministre de la guerre, lorsqu'en 1793, Bourdon de l'Oise l'accusa d'un nouveau vol, et le fit traduire devant le tribunal révolutionnaire. Mais comme dans ce tribunal il se trouvait des gens de la même espèce que Daubigny, il fut acquitté à la pluralité des voix. A cette époque, la grande influence de Danton commençait à diminuer ; il se rangea au parti de Robespierre, qui devint son protecteur. Plus heureux que lui, il ne fut pas compris dans les exécutions qui suivirent le 9 thermidor (27 juillet 1794) ; on se contenta de le mettre en arrestation. Traduit devant le tribunal criminel d'Eure-et-Loir par Bourdon de l'Oise, son mortel ennemi, il obtint sa liberté par l'amnistie du 4 brumaire (25 octobre 1795). Il fut enfin impliqué dans l'affaire de la *machine infernale* (23 janvier 1801), dont l'explosion devait être dirigée contre Buonaparte, alors premier consul. Arrêté de nouveau, il échappa encore au supplice. On le déporta aux îles Sechelles, où il est mort vers 1808.

DAVILA Y PADILLA (Augustin), Espagnol et profès de l'ordre de Saint-Dominique, était né au Mexique, et y fut prieur du couvent de la Puebla. C'était un religieux de mérite, renommé pour son éloquence, et qui avait acquis de la célébrité par ses sermons. Philippe III l'honora du titre de son prédicateur ordinaire, et récompensa ses talens et ses services en le nommant archevêque de Santo - Domingo. Il gouverna son diocèse avec sagesse, et mourut en 1604. On a de lui : *Historia de la provincia de Sant-Iago de Mexico de la orden de Predicadores*, Madrid, 1590, in-4; Bruxelles, 1625, in-fol. Il en parut une troisième édition avec ce titre : *Varia historia de la Nueva España y Florida*, Valladolid, 1634, in-fol. On trouve dans cet ouvrage des choses curieuses et d'intéressans documens sur les premiers temps de la conquête.

DAZILLE (Jean-Barthélemy), médecin - chirurgien, né en 1730.

A l'âge de vingt-cinq ans il fut nommé chirurgien-major de la marine royale, et parcourut la Guiane, le Canada, les îles de France, de Bourbon, de Cayenne, de Saint-Domingue. Dazille pratiqua son art pendant 28 ans dans les colonies, et reçut, en 1776, le brevet de médecin honoraire du roi à l'île de Saint-Domingue. De retour en France, il publia ses observations sur les maladies des pays chauds. Ses ouvrages sont : I *Observations sur les maladies des nègres*, Paris, 1776, 1792, 2 vol. in-8. II *Observations générales sur les maladies des climats chauds*, Paris, 1785, in-8. III *Observations sur les tétanos, sur la santé des femmes enceintes et sur les hôpitaux d'entre les tropiques*, Paris, 1788, in-8, réimprimées en 1792, et formant le tome 2 des *Observations sur les maladies des nègres*. Ce médecin éclairé, et qui prodigua en toute occasion des secours gratuits aux pauvres, mourut à Paris en juin 1812.

DEFFAND (Marie de Vichy Chamroud, marquise du), naquit de parens nobles à Auxerre, en Bourgogne, en 1797. Jolie et spirituelle, mais peu partagée des biens de la fortune, elle se vit contrainte d'épouser le marquis de Deffant, homme âgé et dont l'humeur et les habitudes ne sympathisaient nullement avec les siennes. A peine furent-ils arrivés dans la capitale, que s'apercevant, mais un peu tard, qu'ils ne pouvaient guère se convenir, ils se séparèrent d'un commun accord. Cela produisit du scandale. Quelque temps après ils essayèrent de se réunir, mais leurs vaines tentatives excitèrent alors le rire et la médisance du public. Enfin madame du Deffant demeura seule et maltresse absolue de sa volonté, que son époux n'avait pu parvenir à diriger. Si l'on en croit une autre femme célèbre de ce temps (madame Aïsse), madame du Deffand ne s'était mariée que par calcul, et elle n'avait quitté son époux que pour le sacrifier à un amour illégitime. Quoi qu'il en soit, sa maison devint le rendez-vous de tout ce qu'il y avait d'illustre dans Paris, parmi les Français et les étrangers. Née avec un cœur froid, une raison parfois trop calme, et un caractère peu confiant, elle avait en outre un mortel ennemi qui empoisonna toute sa vie. Fêtée, aimée, recherchée partout, avec des principes peu sévères, elle portait partout avec elle un invincible ennui, dont elle se plaignait hautement, et demandait des remèdes à tout le monde. Rien ne pouvait le chasser loin d'elle; et les hommages d'un prince aimable (le régent) ne firent qu'augmenter les inquiétudes de ce cruel ennui dont elle était toujours poursuivie. Son état devint encore plus pénible, lorsqu'après une longue ophtalmie elle se vit menacée de perdre la vue. C'est à cette époque qu'elle fit la connaissance de mademoiselle de l'Espinasse. (*Voy.* ce nom au *Supplément.*) Cette femme, non moins célèbre dans les fastes de la galanterie, avait un caractère ardent, une âme passionnée, et une imagination extrêmement vive; cependant, malgré la différence d'humeurs des deux nouvelles amies, elles semblèrent d'abord s'aimer d'une affection réciproque. Madame du Deffant avait alors 54 ans et était devenue aveugle; ainsi, outre sa funeste maladie de l'ennui, elle avait encore le malheur de vivre, comme elle le dit elle-même, « plongée dans un éternel cachot. » La société de son

amie, pour qui elle avait eu toutes sortes de prévenances ██ servait à alléger ses peines; mais ██ perdit bientôt cette consolation. Mademoiselle de l'Espinasse voulait régner seule dans un cercle à part, afin d'acquérir une célébrité non partagée. Elle quitta donc brusquement madame du Deffant après une réunion de plusieurs années, et entraîna avec elle une partie de la société de sa bienfaitrice délaissée, qui, en lui supposant même quelques torts envers mademoiselle de l'Espinasse, avait toujours le droit de se plaindre d'aussi injustes procédés. Celle-ci se jeta dans le parti des philosophes, des encyclopédistes, de tous ceux enfin qui « faisaient et défaisaient les réputa- »tions. » Ils devinrent ses panégyristes et les détracteurs de madame du Deffant, qui, privée d'une compagnie qu'elle espérait conserver jusqu'à la fin de ses jours, trouva un dédommagement dans la connaissance de M. Walpole, à laquelle elle doit sa plus grande célébrité. Ses liaisons avec ce seigneur anglais donnèrent lieu à une correspondance dont nous parlerons ci-après, et qui, publiée dernièrement, a paru fixer l'attention générale. D'après l'anecdote suivante, on dirait que madame du Deffant avait un stoïcisme et une insensibilité rares dans une femme. Elle avait vécu d'une union qui paraissait intime avec Pont-de-Vesle, pendant plus de quarante ans, lorsqu'elle lui dit un jour : « Pont-de-Vesle, depuis que nous »sommes amis, il n'y a eu jamais »un nuage dans notre liaison. — »Non, madame. — N'est-ce pas »parce que nous ne nous aimons »guère plus l'un que l'autre? — »Cela pourrait bien être, madame.» Le jour de la mort de ce même

Pont-de-Vesle elle alla à un grand souper chez madame de Marchais; on lui parlait de la perte qu'elle venait de faire : « Hélas! dit-elle, il » est mort ce soir à dix heures; sans » cela vous ne me verriez pas ici; » et après ce propos, elle soupa de meilleur appétit que de coutume [1]. Son stoïcisme s'étendait également et sur les affections humaines, et sur les matières de religion. Elle n'était pas du parti des philosophes, mais elle vécut cependant dans une incrédulité entière. Quelques années avant sa mort, elle désira enfin chercher des secours dans la religion. Elle manifesta ce désir à M. Walpole. « Souvenez - vous, dit - elle, du » songe d'Athalie. J'ai cherché à » satisfaire cette inspiration. » Elle eut en effet des conférences avec un ex-jésuite, le P. Lenfant, célèbre prédicateur, qui périt sous la hache révolutionnaire. Se sentant près de mourir, elle fit appeler le curé de Saint-Sulpice, et elle expira le 24 septembre 1780, âgée de 84 ans. Jusqu'au dernier moment elle conserva toute sa présence d'esprit. Elle avait atteint sa quatre-vingtième année lorsqu'elle fut présentée à Joseph II, qui voyageait en France. « Vous faites des nœuds, lui dit » l'empereur. — Je ne peux faire » autre chose. — Cela n'empêche pas » de penser. — Et surtout aujour- » d'hui, où vous donnez tant à pen- » ser. » On a de cette dame : I *Correspondance avec M. Walpole*, et ses *Lettres à Voltaire*, Paris, 1811-1812, 4 vol. in-8. Dans sa correspondance, madame du Deffant juge les personnes, les choses, les livres, les auteurs, les gens du monde, et les hommes et les femmes de sa société avec une excessive sévérité. « J'ai acquis, dit-elle, un » *fonds très-profond* de mépris pour » les hommes; je n'en excepte pas les » dames; au contraire, je les crois » bien pires que les hommes.... Je ne » suis plus étonnée, dit-elle plus bas, » qu'il y ait si peu d'élus. » Par malheur, le tableau qu'elle présente de la société et des gens du monde, offre des portraits assez fidèles; et sa correspondance, pleine de maximes générales, fait connaître, quoique avec peu de réserve, sa façon de penser sur la société de son temps. Toutefois ses jugemens littéraires annoncent, la plupart, un goût fin et délicat. Dans ses *Lettres à Voltaire*, elle dément cette franchise, qu'elle porte jusqu'à la dureté dans sa correspondance avec M. Walpole. Mais madame du Deffant avait besoin des éloges du philosophe, qui l'appelait *l'aveugle clairvoyante*. Aussi elle affecte pour lui une amitié qu'elle n'a pas, et loue quelques-uns de ses ouvrages qu'elle avait traités avec le plus grand mépris en écrivant à M. Walpole. Du reste elle refusa constamment de partager les haines et le fanatisme irréligieux du patriarche de Ferney. II *Correspondance avec d'Alembert, le président Hénault, Montesquieu* [1], *la duchesse du Maine*, Paris, 1809, 2 vol. in-8. Ce recueil contient peu de lettres écrites par madame du Deffant : la plus grande partie sont de ses correspondans.

DEFORIS (dom Jean-Pierre), bénédictin de la congrégation de

---

1 Madame du Deffant était naturellement gourmande, et regardait en outre les soupers comme la distraction la plus efficace contre l'ennui qui la dévorait. « Les soupers, écrivait-elle » à M. Walpole, sont une des quatre fins de » l'homme; j'ai oublié les trois autres. »

1 Parmi les bons mots qu'on cite de madame du Deffant, nous rappellerons celui-ci : en parlant de Montesquieu, qui avait écrit l'*Esprit des Lois*, elle dit qu'il avait fait de l'*esprit sur les lois*; mot qui renferme de la profondeur et beaucoup d'exactitude.

Saint-Maur, né à Montbrison en 1732, fit profession dans l'abbaye de Saint-Allyre de Clermont le 28 août 1753, à l'âge de 21 ans. Après avoir perfectionné ses études dans la congrégation, il fut destiné par ses supérieurs à travailler à une nouvelle édition des *Conciles des Gaules et de la France*, commencée par dom Hervin et dom Nicolas Bourotte, et continuée par dom de Coniac et dom Pierre-Daniel de Labbat. Il paraît que d'autres desseins, ou une autre destination de la part de ses supérieurs, ne permirent point à dom Deforis de s'en occuper. Il fut un des onze religieux des Blancs-Manteaux qui réclamèrent, en 1765, contre la fameuse requête de quelques religieux de Saint-Germain-des-Prés, tendant à introduire du relâchement dans le régime de la congrégation. A la révolution, lorsque la constitution civile du clergé parut, dom Deforis fut traduit devant le public par quelques journalistes, comme en étant l'auteur. Il repoussa avec indignation cette imputation injuste. Sa réclamation fut le sujet d'une lettre de 28 p. in-8, adressée au rédacteur du *Journal de Paris*. Le temps étant devenu de plus en plus orageux, il fut arrêté et renfermé dans l'une des nombreuses maisons de détention qui couvraient la capitale. Il n'en sortit que pour paraître devant le tribunal révolutionnaire, et y être condamné. Le 25 juin 1794, il fut conduit à l'échafaud avec plusieurs autres victimes. Il demanda et obtint d'être exécuté après tous les compagnons de son supplice, afin de pouvoir leur offrir dans ce dernier moment les secours de son ministère, et présenta ensuite courageusement sa tête à la hache fatale. Dom Deforis a beaucoup écrit: ses principaux ouvrages sont : I *Réfutation d'un nouvel ouvrage de J.-J. Rousseau, intitulé Émile, ou l'Education*, Paris, 1762, in-8. Ce qui parut alors de cette réfutation n'en est qu'une partie. Dom Deforis y détruit les objections contre les miracles de Jésus-Christ, et établit l'autorité de ces miracles en faveur de la religion. La deuxième et la troisième partie parurent sous ce titre : *La Vérité de la religion chrétienne vengée des sophismes de J.-J. Rousseau*, Paris, 1763, in-12. Ces deux parties ne sont point en entier de dom Deforis. La première est de M. André, ci-devant de l'Oratoire. Dans l'une et dans l'autre on défend la vérité de la religion, et on la venge des imputations injustes et malveillantes des incrédules. Depuis, dom Deforis a ajouté à cet ouvrage une 4e partie intitulée : *Préservatifs pour les fidèles contre les sophismes et les impiétés des incrédules, où l'on développe les principales preuves de la religion chrétienne, et l'on détruit les objections formées contre elle ; avec une réponse à la lettre de J.-J. Rousseau à M. de Beaumont, archevêque de Paris*, 1764, in-12. Dom Deforis se proposait de donner une nouvelle édition de tout l'ouvrage, et d'y ajouter une cinquième partie. Ce projet n'eut point de suite. II *L'importance et l'obligation de la vie monastique, son utilité dans l'église et dans l'état, pour servir de préservatif aux moines, et de réponse aux ennemis de l'ordre monastique*, Paris, 1768, 2 vol. in-12. Cet ouvrage est le développement des motifs employés dans la réclamation des Blancs-Manteaux contre la requête des religieux de Saint-Germain-des-Prés. III *Pros-*

pectus de la nouvelle édition des Œuvres de messire Jacques-Bénigne Bossuet, évêque de Meaux, proposée par souscription, Paris, 1766, in–4. Trois écrivains devaient concourir à cette édition : l'abbé Lequeux, chanoine de Saint-Yves, dom Hippolyte-Augustin de Coniac, et dom Deforis. Il paraît que l'abbé Lequeux prépara les trois premiers volumes; mais il mourut avant qu'ils fussent publiés. Dom de Coniac eut beaucoup de part aux trois suivans. Le reste, jusqu'au dix-huitième inclusivement, est de dom Deforis seul; mais on ne fut point content de son travail. On lui reproche avec raison des notes prolixes, d'interminables préfaces, les unes et les autres souvent sans nécessité et presque toujours sans goût; l'insertion, sans choix et sans critique, de beaucoup de morceaux et fragmens propres tout au plus à grossir les volumes, et qu'il aurait dû rejeter. On se plaint de la partialité de ses jugemens, de l'âcreté de son style, de son manque d'égards et de ménagemens pour ceux qui ne pensent pas comme lui; de ses efforts pour faire prévaloir certaines opinions auxquelles il était attaché, etc. Les choses allèrent au point, que sur le rapport de l'abbé Chevreuil, l'assemblée du clergé de 1780 improuva d'une manière très-expresse la nouvelle édition, et en porta ses plaintes au garde des sceaux [1]. A côté de ces justes reproches, l'équité veut qu'on tienne compte à dom Deforis des peines et des soins qu'il s'est données pour rassembler des matériaux, dont quelquefois il a abusé, mais parmi lesquels il s'en trouve qui ne contribueront pas médiocrement à améliorer les édi-

[1] *Ami de la religion et du roi*, tome 3, pag. 86 et suiv.

tions suivantes. C'est à ses recherches qu'on doit la découverte des sermons, de plusieurs lettres précieuses, et particulièrement de l'exemplaire de la *Bible* de Vitré, sur lequel se trouvent, de la main de l'abbé Fleury, les savantes *notes* écrites sous la dictée de Bossuet dans les conférences auxquelles il avait été permis à Fleury d'assister. Une autre justice à rendre à dom Deforis, c'est que, mettant à part sa façon de penser, blâmable certainement, sur des matières au sujet desquelles l'église a prononcé, et une sorte d'âpreté de caractère qui fait qu'on n'est point aimable sans cesser d'être estimable, c'était un religieux attaché aux devoirs de son état, de mœurs austères, zélé pour le maintien de la discipline monastique, et un écrivain sinon correct et élégant, du moins très-laborieux.

DEJAURE (Jean-Élie Bedenc), poëte dramatique, né en 1761, n'offre dans sa vie aucun événement digne de remarque. Il a laissé plusieurs pièces de théâtre dont quelques-unes obtinrent du succès, et parmi lesquelles on cite : I *Les Epoux réunis*. II *L'Epoux généreux, ou le Pouvoir des procédés*, en un acte et en prose. III *L'Incertitude maternelle, ou le Choix impossible*. IV *Imogène ou la Gageure impossible* (imitation de la *Cymbelline* de Shakespeare), en trois actes et en vers libres. V *Lodoïska ou les Tartares*, opéra en trois actes, 1791. VI *Montano et Stéphanie*, opéra en trois actes, 1801, etc.; etc. Dejaure est mort le 5 octobre 1799.

DELAHAYE (Guillaume-Nicolas), graveur en géographie et en topographie, naquit à Paris en 1725. Il fut tenu sur les fonts de baptême par le célèbre Delille, et il a laissé plus de douze cents cartes ou plans, justement appréciés pour la netteté de l'exécution, la précision et l'effet. Parmi celles-ci on remarque *les Campagnes de Maillebois en Italie*, la *carte des Alpes*, celle *des limites de la France et du Piémont*, la *carte du diocèse de Cambray*, etc., etc. Cet artiste est mort de la gravelle en 1802.

DELAN (François-Hyacinthe), docteur de la maison et société de Sorbonne, et chanoine théologal de Rouen, était né à Paris en 1672. Il occupa avec distinction une chaire de théologie en Sorbonne. Il en fut privé en 1729 à cause de son attachement au parti de Port-Royal. Il avait été un des signataires du *cas de conscience*, et exilé pour cela à Périgueux. Par la suite il avait rétracté sa signature, et recouvré sa liberté. Il signa la consultation du 7 janvier 1735 contre les convulsionnaires. Il se prononça aussi contre les *Nouvelles ecclésiastiques*. On a de lui : I Contre ces *nouvelles*, 20 *lettres* sous le titre de *Réflexions judicieuses*, 1736 et 1737. II Deux *Examens du figurisme moderne*. (*V.* d'ETEMARE.) III *Dissertations théologiques sur les convulsions*. IV *Examen de l'usure sur les principes du droit naturel*, 1753, contre Formey. V La *Défense de la différence des vertus théologales*, d'espérance et de charité, 1744, au sujet de la dispute qui s'éleva à cette occasion entre les appelans. VI *L'Autorité de l'église et de sa tradition défendue*. Delan mourut le 30 avril 1754, âgé de 82 ans. Il aimait l'étude et la retraite, et s'il fut *appelant*, il le fut du moins avec modération.

DELBÈNE. *Voy.* ELBÈNE (d').

DELEYRE (Alexandre), naquit à Portret, près de Bordeaux, en

janvier 1726. Il entra très-jeune chez les jésuites, et il eut pendant quelques années une conduite exemplaire. Lors de l'expulsion de cet ordre, il vint à Paris, où il se lia avec Montesquieu, d'Alembert, Rousseau, Duclos, Diderot; et avec de tels amis il devint bientôt philosophe. Deleyre débuta dans la carrière littéraire par son *Analyse de la philosophie de Bacon*, Paris, 1755, 3 vol. in-12. Dans cet ouvrage l'auteur évite de rappeler l'attachement de Bacon à la révélation, et avoue lui-même qu'il a souvent substitué ses propres idées à celles du philosophe anglais. Après avoir travaillé au *Journal des savans* et au *Journal étranger*, il rédigea plusieurs articles pour l'*Encyclopédie*, parmi lesquels on remarque surtout l'article *Fanatisme*, écrit du ton le plus irréligieux, et qui est lui-même un modèle de *fanatisme philosophique*. Cet article lui attira beaucoup de désagrémens; et Rousseau lui-même lui écrivait le 5 octobre 1758 : « Je » tremble de vous voir contrister la re- » ligion dans vos écrits, cher Deleyre; » défiez-vous de votre esprit satirique. » Surtout apprenez à respecter la » religion ; l'humanité seule exige ce » respect : les grands, les riches, les » heureux du siècle seraient char- » més qu'il n'y eût point de Dieu; » mais l'attente d'une autre vie con- » sole de celle-ci le peuple et le » misérable. Quelle cruauté de leur » ôter encore cet espoir[1] !» Par malheur Rousseau ne suivait pas toujours les conseils qu'il donnait aux autres, mais aussi Deleyre fut bien loin d'en profiter. Pour rendre son apostasie plus complète, il voulut se marier ; mais les prêtres de sa paroisse lui refusèrent la bénédiction

1 *Œuvres de J.-J. Rousseau*, édition de Paris, tomes 31 et 33.

nuptiale. Le duc de Nivernais, qui le protégeait, parvint, de sa propre autorité, à lever tous les obstacles. Pour venger son ami Diderot qu'on accusait de plagiat, il publia, en 1758, ses traductions du *Père de famille* et du *Véritable ami* de Goldoni. Grimm, en se chargeant de l'édition, mit en tête de chacune de ces pièces deux épîtres dédicatoires, qui ressemblaient à des libelles, adressées à la princesse de Robecq et à la comtesse de la Marck. Ces dames, cruellement outragées, voulaient en faire punir l'éditeur ; mais Diderot déclara qu'il l'était lui-même, et fit tant de démarches qu'il put enfin conjurer l'orage. Palissot vengea alors ces dames par sa comédie des *Philosophes*. Deleyre ne fut cependant pas impliqué dans cette affaire, et fit paraître, en 1761, l'*Esprit de Saint-Evremont*, qui, par le moyen du duc de Nivernais, lui fit obtenir la place de secrétaire des carabiniers, et le même duc l'attacha ensuite à l'ambassade de Vienne. Quelque temps après son protecteur le fit nommer bibliothécaire pour l'éducation du duc de Parme, dont Condillac était le principal instituteur. Deleyre rédigea pour l'instruction de l'infant un *Cours d'histoire*, qui fut trouvé si hardi, que ce travail ne fut pas employé et n'a jamais paru. De retour à Paris, et jouissant d'une pension de 2,000 livres, il s'occupa d'abord à réunir des matériaux pour l'*Histoire philosophique du commerce des deux Indes*, que Raynal avait entreprise, et qu'il publia en 1770. Un homme du caractère et des principes de Deleyre ne pouvait manquer d'adopter ceux de la révolution. Il s'y montra parmi les plus enthousiastes. Nommé député à la convention, il vota pour *la mort* du roi et contre l'appel au peuple. Il prononça à cette occasion un discours qui fut imprimé, et qui est plein d'invectives amères contre les prêtres et les rois, et où il traite Louis XVI de Caligula et de Domitien. Il fut chargé en 1795 de la surveillance des écoles normales, combattit la division du corps législatif en deux chambres, et passa ensuite au conseil des cinq-cents. Il fut membre de l'Institut, dans la classe des sciences morales et politiques, et mourut le 10 mars 1797, âgé de 71 ans. Outre les ouvrages déjà indiqués, Deleyre travailla à la continuation de l'*Histoire générale des voyages*, dont il fit paraître en 1771 un volume in-4 qui forme le 19e de la collection. En 1791 il publia une *Vie de Thomas*, qui est remplie de déclamations, et manque d'ordre et de méthode.

DELILLE (Jacques), poëte célèbre, naquit près de Clermont en Auvergne, le 22 juin 1738. Il fut élevé à Paris, au collége de Lisieux, avec la modique pension viagère de cent écus, seule fortune que lui avait laissée son père. Après avoir fait ses études avec le plus grand succès, il accepta la place de professeur au collége de Beauvais, où il se vit réduit à enseigner la syntaxe à des enfans. Lors de la suppression des jésuites, il obtint l'emploi de professeur d'humanités au collége d'Amiens ; à cette même époque il entreprit la traduction des *Géorgiques*. Employé à Paris dans le collége de la Marche, il se fit d'abord connaître par quelques odes et par une *Epître à M. Laurent*, où il décrit avec élégance les procédés des arts. Il concourut pour le prix de poésie à l'académie française ; le sujet qu'il traita était la bienfaisance ; mais Thomas, son maître et son compatriote, remporta le prix. Encouragé par le fils du grand Racine, il publia la traduction des *Géorgiques*, qui eut le plus grand succès. C'est en vain que l'envie ressuscita des anciennes traductions sur le même sujet, de Martin, de Lefranc de Pompignan, du jeune Malfilâtre, et même l'épisode d'Aristée traduit par Lebrun; Delille triompha de tous ses ennemis, et offrit dans ses *Géorgiques* un modèle (comme traduction), digne monument de la littérature française. Voltaire en fut si content, qu'il écrivit à l'académie pour l'engager à recevoir dans son sein le jeune poëte. Il y fut nommé avec M. Suard en 1772; mais le roi, sur la représentation que lui fit le maréchal de Richelieu, que Delille n'avait pas encore atteint l'âge requis, et que Voltaire lui-même n'avait été admis dans ce corps qu'à l'âge de cinquante-cinq ans, ordonna à l'académie de faire une nouvelle élection. Cependant, deux ans après, S. M. confirma l'élection de Delille, qui remplaça la Condamine. Son poëme des *Jardins*, traduit en plusieurs langues, excita de nouveau l'envie. Un de ses amis, lui envoyant une brochure où son poëme était critiqué, lui écrivit: «Il faut avouer »que vos ennemis sont bien peu di- »ligens; ils en sont seulement à »leur septième critique, et vous en »êtes à votre onzième édition.» Delille suivit M. de Choiseul-Gouffier dans son ambassade à Constantinople. Il visita la Grèce, et admira les monumens antiques qu'il parcourait dans la patrie de Sophocle et d'Euripide. De retour à Constantinople, il passa l'hiver et une grande partie de l'été dans une charmante maison à Tarapia, vis-à-vis de l'embouchure de la mer Noire; et il trouvait un plaisir extrême «à déjeuner tous les jours en Asie, et à revenir dîner en Europe.» C'est au milieu de ces superbes prairies qu'il travailla à son poëme de l'*Imagination*. Quand il revint à Paris il reprit ses fonctions de professeur de belles-lettres à l'université, et de poésie latine au collège de France. Les vers d'Horace et de Virgile avaient un double charme prononcés par Delille; aussi ses élèves disaient que ces poëtes étaient expliqués lorsqu'il les avait lus. La révolution priva Delille de presque toute sa fortune, qui dépendait uniquement des bienfaits de la cour. Caché alors dans sa retraite, il se consola en faisant des vers sur la pauvreté. A l'occasion de la cérémonie bizarre qu'on appela la *Fête de l'Être suprême*, et qui succéda à celle plus bizarre encore que son instituteur Chaumette appela *Fête de la Raison*, Robespierre lui fit demander un hymne. Delille le refusa, et répondit aux menaces qu'on lui faisait, « que la guillotine était fort commode et fort expéditive. » Cependant, à la demande réitérée que lui fit le président de l'affreux tribunal révolutionnaire, il composa un dithyrambe, où, dans plusieurs strophes, il peint la « terrible immortalité du coupable et l'immortalité consolante de l'homme de bien. » En 1794 Delille se retira à Saint-Diez, patrie de son épouse, où il acheva sa traduction de l'*Enéide*, qu'il avait commencée depuis trente ans. Ne se croyant pas en sûreté, il se retira à Bâle, et de là à Glairesse, village situé au bord du lac de Bienne, vis-à-vis l'île délicieuse de Saint-Pierre. Le gouvernement de Berne lui accorda le droit de bourgeoisie dans cette même île d'où il avait chassé le fameux Rousseau. Delille y trouva toutes les beautés pittoresques de la nature, si propres à enflammer l'imagination ; il y acheva l'*Homme des champs* et le poëme des *Trois règnes de la Nature*. Il séjourna deux ans à Soleure, se rendit ensuite en Allemagne, où il composa le poëme de *la Pitié*, et de là il passa à Londres. Il y demeura deux ans, pendant lesquels il traduisit le *Paradis perdu*, qu'il acheva en dix-huit mois. A peine venait-il de traduire la belle scène des adieux d'Adam et d'Eve au Paradis terrestre, qu'il sentit la première attaque de paralysie dont les suites l'ont conduit au tombeau. En 1801 Delille revint à Paris, riche des fruits de ses travaux. Il entra dans l'Institut avec MM. Suard, Morellet, et plusieurs autres de ses confrères à l'académie française. Attaché de cœur à ses anciens maîtres qui l'avaient comblé de bienfaits, il n'encensa pas, comme bien d'autres, l'idole du jour. Sa muse ne fut point vénale ; et s'il avait vécu plus long-temps, il ne se serait point vu contraint de démentir des éloges qu'il ne prodigua jamais pour satisfaire son intérêt ou son ambition. Jusqu'aux derniers momens de sa vie, il conserva sa probité, sa gaieté, son esprit brillant, dont on retrouve les traces dans son poëme de la *Conversation*. Il s'occupait de son autre poëme, *la Vieillesse*, lorsqu'il fut frappé, pour la cinquième fois, d'une attaque d'apoplexie qui termina ses jours le 1er mai 1813, à l'âge de soixante-quinze ans. L'académie française en corps, et tout ce que la capitale avait de professeurs, de savans et d'hommes de lettres, assistèrent à ses funérailles, et on prononça à son éloge plusieurs discours éloquens. Cet homme estimable et cet excellent poëte a laissé les ou-

vrages suivans ; savoir : I *Les Géorg. de Virgile*, traduit en vers français, Paris, 1769, in-12. Elles ont eu plusieurs éditions, dont la dernière est de 1809. On les trouve dans tous les formats, avec des notes et des variantes [1]. II *Les Jardins*, ou *l'Art d'embellir les paysages*, poëme en quatre chants, 1780, Londres, 1800 ; Paris, 1802. III *L'Homme des champs*, ou *les Géorgiques françaises*, 1800, traduites en vers latins par M. Dubois, 1 vol. in-8, avec le texte en regard. IV *Poésies fugitives*, 1802. V *Dithyrambe sur l'immortalité de l'âme*, suivi du *passage du Saint-Gothard*, poëme traduit de l'anglais de madame la duchesse de Devonshire, 1802. VI *La Pitié*, poëme en quatre chants, Londres et Paris, 1803. Ce poëme a été tronqué dans la première édition qui parut en France. La police saisit une édition complète, faite en même temps, et mit un des éditeurs en prison. VII *L'Enéide de Virgile*, traduite en vers français, 1804, 2e édition, 1814. Cet ouvrage contient des morceaux dignes du talent de Delille ; mais il faut cependant avouer qu'en traduisant l'Enéide, Delille n'a pas toujours été pénétré des beautés inimitables de ce poëme immortel. On remarque même dans plusieurs endroits, et notamment dans le quatrième livre, que la verve, d'ailleurs très-féconde, du poëte français, languit, et que ses vers manquent de cette harmonie, et surtout de cette élégante facilité, qui font le principal charme de ses autres ouvrages poétiques. La mort de Tur-

---

[1] L'homme d'un véritable talent ne rougit pas d'avouer ses fautes. Tout en méprisant les injustes critiques des malveillans, lorsque cet excellent ouvrage parut, il profita des observations de Clément, et ne dédaigna pas de corriger quelques passages de ses *Géorgiques*.

nus, qui arrive à la fin du poëme, et qui produit tant d'effet dans l'original, n'en produisit aucun dans la traduction. VIII *Le Paradis perdu de Milton*, traduit en vers français, 1805. Dans cette traduction, ainsi que dans la précédente, on s'aperçoit que Delille s'écarte du véritable genre de son talent. Un poëte qui excelle dans les descriptions, qui peint si bien la nature, se trouve déplacé toutes les fois qu'il quitte les beautés simples des champs. Outre cela, il faut une étude trop approfondie de la langue anglaise pour espérer de saisir les sentimens profonds de Milton, et il faut avoir une verve éminemment épique pour suivre la rapidité de son vol. L'auteur des *Saisons*, l'inimitable Thompson, aurait lui-même cherché en vain de l'atteindre. IX *L'Imagination*, poëme en huit chants, 1806. X *Les Trois règnes de la Nature*, 1809. XI *La Conversation*, 1812. Tout en rendant justice aux talens supérieurs de Delille, nous n'oserons pas affirmer, comme l'a fait un littérateur d'ailleurs recommandable [1], « qu'aucun poëte de l'antiquité, ni parmi les modernes, n'a laissé un plus grand nombre de vers, *ni de si beaux vers*. » Homère, Voltaire, Lope de Véga, Pope, Klopstock, le Tasse, Guarini, Zappi, etc., et bien d'autres poëtes tant anciens que modernes, ont laissé beaucoup de vers et de très-beaux vers; le premier surtout est remarquable par sa rare fécondité. Delille a excellé dans la poésie descriptive; ses images sont toujours vraies, sa versification toujours élégante et soutenue; la sensibilité de sa belle âme, et la noblesse même de son caractère, se peignent avec des

[1] M. M.....d, auteur de cet article, dans la *Biographie universelle*.

couleurs touchantes dans son poëme de *la Pitié*. Toutes les grâces du style se trouvent réunies dans les poëmes des *Jardins*, de *l'Homme des champs*, et de *l'Imagination*; ces ouvrages et ses *Géorgiques* sont plus que suffisans pour immortaliser le nom de ce grand poëte. Les poëmes des *Jardins* et de *l'Homme des champs* ont été traduits, le premier en anglais, et le second en italien.

DELPUITS (Jean-Baptiste Bourdier), ancien jésuite, et, depuis le rétablissement du culte, chanoine honoraire de Notre-Dame, était né en Auvergne vers 1736. Il resta dans la société jusqu'au moment de sa suppression, et ne fut point soumis aux arrêts du bannissement contre les jésuites profès, parce qu'il n'avait point encore fait les derniers vœux. M. de Beaumont, archevêque de Paris, l'accueillit avec bienveillance, et lui donna un canonicat dans la collégiale du Saint-Sépulcre à Paris. Il donnait, pour se rendre utile dans le diocèse, des retraites, soit à des ecclésiastiques, soit à de pieux laïques, mais surtout à de jeunes gens, dans des maisons d'éducation. Il possédait parfaitement l'art de les intéresser. Ceux qui l'avaient une fois écouté, désiraient de l'entendre encore, et s'attachaient à lui. Il exposait les vérités de la religion avec simplicité, mais avec clarté et onction, et ce genre d'éloquence est le plus persuasif. La révolution dérangea ses plans et sa fortune. Il perdit ses bénéfices, fut emprisonné, et eut sa part de la persécution. Lorsque son feu se fut ralenti, l'abbé Delpuits reprit ses occupations, et forma des congrégations à l'imitation de celles qui étaient établies dans les colléges des jésuites. Bientôt il eut de nombreux auditeurs parmi la jeunesse de toutes les professions et de tous les rangs. Il n'eut pas néanmoins la consolation de continuer tranquillement cette œuvre de charité le reste de sa vie. Ces réunions, la doctrine qu'on y enseignait, déplurent à un gouvernement dont elles contrariaient les desseins : elles furent défendues. L'abbé Delpuits ne délaissa point ses élèves, mais il ne les vit que séparément. Il mourut le 15 décembre 1811, honoré des justes regrets de ses enfans dans la foi, qui assistèrent en grand nombre à ses obsèques, et suivirent son convoi jusqu'au lieu de l'inhumation. On a de l'abbé Delpuits un *Abrégé des vies des saints de Godescard*, 4 vol. in-12.

DEMACHY (Jacques-François), pharmacien, né à Paris le 30 août 1728, a laissé : I *Elémens de chimie suivant les principes de Becker et de Stahl*, par Junker, traduits en latin sur la 2ᵉ édition, 1757-61, 6 vol. in-12. II *Instituts de chimie*, ou *Principes élémentaires de cette science*, 1766, 2 vol. in-8. III *Procédés chimiques rangés méthodiquement et définis*, 1769, in-8, etc., etc. Demachy cultiva la poésie ; et l'*Almanach des Muses*, le *Mercure* et autres journaux ont publié beaucoup de ses pièces fugitives. Il a aussi composé le *Nouveau Dialogue des morts*, 1755.

DEMANET (A. B.), ecclésiastique français né vers 1723, fut aumônier à l'île de Gorée en Afrique en 1764. Il parcourut une partie de côtes, et, de retour en France, il publia les ouvrages suivans : I *Nouvelle histoire de l'Afrique française*, Paris, 1767, 2 vol. in-12, avec cartes. Dans cet ouvrage l'auteur s'est aidé de ceux du P. Labat, qu'il ne cite point (*V.* LABAT, *Dict.*).

Il y prétend que la couleur des nègres est due à la seule influence du climat, et que leur race a été, dans le principe, aussi blanche que la race européenne. II *Parallèle général des mœurs et des religions de toutes les nations*, 1768, 5 vol. in-12 ; ouvrage qu'il ne faut pas confondre avec le *Parallèle des religions* de l'abbé Brunet. Demanet mourut à Paris vers 1786.

DEMAUGRE (Jean), curé de Givet, puis de Gentilly près Paris, naquit à Sedan en 1714, et eut pour père un capitaine de la milice frontière. Après avoir fait ses études dans sa ville natale, chez les jésuites qui en tenaient le collège, il entra dans leur société. Il enseigna pendant quelques années les humanités à Metz. Rentré dans le monde, il embrassa l'état ecclésiastique, fut vicaire à Balan près Sedan, et curé de Chauvency-Saint-Hubert. C'est pendant qu'il était dans cette cure sous la domination de l'impératrice Marie-Thérèse, qu'il adressa à cette princesse une requête en vers pleine de gaieté et de sel, qui lui valut une réponse flatteuse et une gratification de cent ducats. Il avait une originalité d'esprit dont toutes ses productions prenaient la teinte, même les sermons qu'il prêchait à Givet, ville de garnison ; et il était parvenu à attirer tous les soldats par l'adresse piquante avec laquelle, sans en compromettre la gravité, il entremêlait les vérités chrétiennes de comparaisons prises dans l'art de la guerre, et de faits qui s'y rapportaient. Pourvu du prieuré simple de Chablis, dans sa vieillesse, il se retira après l'avoir résigné, à Yvoi-Carignan. Il y était pendant la révolution, et vit tuer à ses côtés dans une émeute à Sedan, son ami de Latude. Il mourut à Yvoi-Cari-

rignan en 1801. On a de lui : I
l'*Oraison funèbre de M. le maréchal de Belle - Isle*, Paris, 1741,
in-4. II *L'Oraison funèbre de dom
Mann - Erfleur*, abbé d'Orval,
1765, in-4. III *Discours sur le
rétablissement du culte catholique
dans la ville de Sedan*, Bouillon,
1785, in-4. IV *Le Militaire chrétien*, petit in-12. Ce sont des fragmens des sermons qu'il avait prêchés à Givet devant la garnison. V
Une *Épître* très-originale en vers
latins, où il décrit les jeux du wick
et du reversi, adressée à M. Seguin,
abbé de Quincy, son ami. VI Les
Psaumes de David, mis en vers
latins hexamètres et pentamètres, de
manière que chaque distique comprend un verset. Cette composition,
très-bien faite, quoique dans les
dernières années de sa vie, et dédiée
à Pie VI, est demeurée inédite.

DEMOUSTIER (Charles-Al-
bert),né à Villers-Coterets le 11 mars
1760, fit ses études à Paris, suivit
pendant quelque temps le barreau,
et ne s'occupa ensuite que de littérature. On a de lui : I *Lettres à Emi-
lie sur la mythologie*, qui eurent
un grand succès et un grand nombre
d'éditions, dont la première complète est de 1790, et la dernière
de 1812, 6 vol. in-12, avec des figures de Moreau. II *La Liberté du
cloître*, poëme, 1790, in-8. L'auteur, dans cet ouvrage, fait un hommage aux principes irréligieux de la
révolution. III *Cours de morale et
opuscules*, 1804, in-8, 1809, 3 vol.
in-18. On y trouve ses *Poésies fugitives*, ses *Consolations*, des fragmens de la *Galerie du dix-huitième
siècle*, etc. Il a donné en outre des
pièces de théâtre, au nombre de
quinze, tant comédies qu'opéras. La
plupart eurent du succès dans le
temps, et sont oubliées aujourd'hui.

Ses cinq comédies ont été réimprimées sous le titre de *Théâtre de
Demoustier*, 1804 - 1809, 2 volumes in-18, et contiennent *le Con-
ciliateur*, *les Femmes*, *le Misanthrope corrigé*, *l'Amour filial*, *le
Divorce*, etc. Cet auteur avait,
ainsi que Marivaux, un style affecté et prétentieux. Il est mort à
Villers-Coterets le 9 mars 1801.

DENESLE (A.........), né à
Maux vers 1698, a publié, entre autres ouvrages : *Le Curieux puni*,
poëme, 1737, in-12. II *La Présomption punie*, poëme, 1737. III
Les Adieux du poète aux Muses,
1737, in-12. IV *Les Préjugés du
public*, 1747, 2 vol. in-12. V *Les
Préjugés des anciens et des nouveaux philosophes sur la nature
de l'âme humaine*, 1765, 2 vol.
in-12. VI *Les Préjugés du public
sur l'honneur*, 1766, 2 vol. in-12.
VII *Examen du matérialisme*,
1754, 2 vol. in-12. VIII *Analyse
sur l'esprit du jansénisme*, 1760,
in-12, etc., etc. Le succès de ses
nombreux ouvrages ne délivra pas
Denesle de l'indigence : il était honnête homme, et ne savait pas intri-
guer. Il mourut le 2 novembre 1767.

DENINA (Charles-Jean-Marie),
célèbre littérateur italien, naquit à
Revel en Piémont en 1731, prit les
ordres en 1751, et en 1756 il reçut
le bonnet de docteur en théologie
aux écoles palatines de Milan. Denina occupa plusieurs chaires en
Piémont, et le roi le nomma en
1782 directeur de sa bibliothèque
honoraire. Dans cette même année il
se rendit à Berlin, à l'invitation de
Frédéric II, qui l'admit comme membre de son académie; mais il n'accorda pas sa faveur à Denina, dont
le caractère et même les opinions
ne pouvaient guère s'allier avec ceux
du monarque philosophe. Aussi les

ouvrages qu'il publia à Berlin n'eurent pas beaucoup de vogue. Il se trouvait à Mayence lors du passage de Napoléon, qui, à la recommandation de Salmatorys, le nomma son bibliothécaire. Denina vint alors se fixer à Paris, ainsi que l'avaient fait plusieurs hommes célèbres de l'Italie; et il mourut dans cette capitale le 5 décembre 1813. Cet auteur a donné 33 ouvrages qui obtinrent la plupart, un grand succès. On y remarque, outre un style mâle et pur, une saine critique, des idées neuves et profondes, et une vaste érudition. Les principaux sont : I *De Studio theologiæ et normâ fidei*, 1758, in-8. II *Discorso sopra le vicende della letteratura*, 1760; Berlin, 1785, 2 vol. in-8; Turin, 1792, 3 vol. in-12. Dans le 4ᵉ volume, qui parut à Turin en 1811 sous le titre de *Saggio istorico critico sopra le ultime vicende della letteratura*, on trouve différens opuscules; savoir : *De l'influence de la littérature française sur l'anglaise, et de l'anglaise sur l'allemande; sur l'état présent des sciences et des arts en Italie; et un discours de réception à l'académie de Berlin*. Le P. Livoy donna en 1767 une traduction de cet ouvrage; et Castilon donna la sienne sous les yeux de l'auteur en 1782. III *Lettera di N. Daniel Caro* (anagramme de *Carlo Denina*) *sopra il dovere*, etc., ou *Lettre sur le devoir des ministres évangéliques de prêcher, par les instructions et l'exemple, l'observance des lois civiles et des impôts*, etc., Lucques, 1761, in-8. IV *Delle rivoluzioni d'Italia libri venti-quattro*, 1769-71, 3 vol. in-4, traduites en français par Jardin, 1770 et suiv., 2 vol. in-12. C'est le plus important des ouvrages de De-

nina. L'abbé Costa, depuis cardinal, ami de l'auteur, a eu part aux corrections que celui-ci fit à son ouvrage avant de le publier. V *Dell' Impiego delle persone*, Florence, 1777; Turin, 1803, 2 vol. petit in-8. En parlant de l'emploi de différens sujets dans un état, Denina fait dans cet ouvrage quelques réflexions sur la multiplicité des ordres religieux, réflexions qu'il avait déjà énoncées dans le 6ᵉ chapitre du XXIIᵉ livre des *Révolutions d'Italie*. Cela lui attira des désagrémens, des critiques, et son livre fut, avec assez de justice, supprimé à la première édition. Dans la réimpression de ce même ouvrage, l'auteur y développa ses idées et proposa d'employer les prêtres réguliers à des ouvrages d'utilité temporelle, lorsqu'ils n'en avaient pas d'essentiels à leur état. VI *Storia politica e letteraria della Grecia*, Turin, 1781-82; Venise, 1783, 4 vol. in-8. VII *La Sibilla Teutonica*, Berlin, 1786. Cette esquisse en vers de l'histoire germanique fut réimprimée dans le 4ᵉ volume des *Vicende della letteratura*. VIII *Réponse à la question : Que doit-on à l'Espagne*[1] ? Berlin, 1786; Madrid, 1787, traduite en espagnol. C'est comme une continuation des *Observations* de Cavanillas, en défense des Espagnols; mais celui-ci ne parle que de ses contemporains, tandis que Denina fait l'apologie des anciens classiques de cette nation. Cet opuscule est traduit en français, et réimprimé à la suite des *Vicende*, Turin, 1792. Denina donna

[1] Ceux qui faisaient cette question ne connaissaient de la littérature espagnole que le *Don Quichotte* et les noms de Lope de Vega et de Quevedo. Ils en savaient presque autant des littératures des autres pays, même de ceux les plus limitrophes à la France; et c'est avec ce fonds d'instruction qu'ils méprisaient hautement ce qu'ils ne connaissaient pas, et disaient : *Que doit-on à l'Espagne ?*

un supplément à l'ouvrage précédent, sous le titre de : IX *Lettres critiques*, 1786, in-8. X *Discours sur le progrès de la littérature dans le nord de l'Allemagne*, Berlin, 1788. XI *La Prusse littéraire sous le règne de Frédéric II, etc.*, *depuis 1740 jusqu'à 1786, par ordre alphabétique*, 1790-91, 3 vol. in-8. XII *La Russiade*, 1799-1810, in-8, traduite en français sous le titre de *Pierre le Grand*, par MM. Sérieys et André, 1809, in-8. Denina publia une brochure anonyme contre cette traduction, où l'on s'est fait une étude particulière de défigurer l'original. XII *Essai sur la vie et le règne de Frédéric II*, 1788, in-8. XIII *Rivoluzioni della Germania*, Florence, 1804, 8 vol. in-8. XIV *La Clef des langues*, ou *Observations sur l'origine et la formation des principales langues qu'on parle ou qu'on écrit en Europe*, Berlin, 1805, 3 vol. in-8. XV *Discours historique sur l'origine de la hiérarchie et des concordats entre la puissance ecclésiastique et la puissance séculière*, 1808, in-8. Le cardinal Fesch, qui en avait d'abord accepté la dédicace, se rétracta après la mise en vente de cet ouvrage, qui fut supprimé aussitôt. XVI *Storia dell' Italia occidentale*, 1809, 6 vol. in-8. XVII *Histoire du Piémont et des autres états du roi de Sardaigne*, avec un *Aperçu des savans qui ont illustré le règne de Charles-Emmanuel* (1580-1630), traduite en allemand par Frédéric Strass, d'après le manuscrit italien de l'auteur, Berlin, 1800-1805, 3 vol. in-8, etc., etc. Denina était chanoine de Varsovie, et c'est en cette qualité qu'il portait à sa boutonnière un petit ruban violet qui avait fait croire à quelques-uns qu'il était de la Lé-

gion-d'Honneur. Il eût quelques démêlés avec Voltaire au sujet de son *Discours sur les vicissitudes de la littérature*, où Denina ne témoigne pas pour le philosophe de Ferney l'admiration et l'enthousiasme qu'il croyait mériter. Voltaire s'en vengea en lançant contre lui un trait amer dans *l'Homme aux quarante écus* (en 1767, chapitre dernier) ; mais Denina survécut quarante-six ans à ce trait satirique sans rien perdre de sa réputation. C'est le dernier des auteurs sur lesquels Voltaire ait exercé la causticité de sa bile.

DENIS DE GÊNES (le P.), capucin, né en 1636, historien de son ordre. On a de lui *Bibliotheca scriptorum ordinis minorum Sancti-Francisci capucinorum*, Gênes, 1680, in-4 ; ibid., 1691, in-fol., édition revue et beaucoup augmentée, Venise, 1747, in-fol. On doit cette quatrième édition au P. Bernard, de Bologne, du même ordre. Elle est fort supérieure aux précédentes, quoiqu'elle ne soit pas à beaucoup près sans défauts. Les écrivains dont il y est fait mention y sont rangés par ordre alphabétique, d'après leurs noms de religion. Les noms de famille ne s'y trouvent presque jamais, et les détails biographiques y sont courts et en petite quantité. Les titres des livres y sont traduits en latin et souvent tronqués. Plusieurs personnages y sont omis, quoique gens de mérite, et dont il aurait dû être fait mention. C'est pourtant un ouvrage indispensable dans une grande bibliothèque, pour compléter la bibliographie et la biographie des ordres religieux. Cet ordre d'ailleurs n'est pas si pauvre en écrivains de tous les genres et en hommes célèbres qu'on pourrait le croire. On y compte un grand nombre d'historiens, de biographes, plusieurs voyageurs, des géographes, des philologues, des grammairiens, des physiciens et mathématiciens, des poëtes, sans parler d'un plus grand nombre encore de théologiens, d'auteurs ascétiques, de prédicateurs, de controversistes, etc. Le P. Denis de Gênes mourut en 1695.

DENIS (Nicolas), naquit à Tours vers l'an 1598, fut gouverneur, lieutenant général pour le roi, et propriétaire d'une partie de l'Acadie et du Canada, depuis le cap Canseau jusqu'à Gaspé. Il partit en 1632 pour l'Amérique, où il demeura 40 années. Il publia à son retour : *Description géographique et historique des côtes de l'Amérique septentrionale, avec l'histoire naturelle de ce pays*, Paris, 1672, 2 vol. in-12. Il mourut vers 1684.

DENIS (Michel), savant bibliographe et poëte allemand, naquit en 1729 à Scharding en Bavière, entra chez les jésuites, où il resta jusqu'à la suppression de cet ordre. Il fut nommé successivement inspecteur des études dans l'école militaire de Marie-Thérèse en 1759, chef de la bibliothèque de Garelli en 1773, et premier conservateur de la bibliothèque impériale de Vienne en 1791. La vie d'un homme semble à peine suffisante pour écrire le grand nombre d'ouvrages qu'a laissés ce savant, dont voici les plus remarquables : I *Sancti Augustini sermones inediti, ex membranis sec. XII, bibliot. palat. vindob.*, Vienne. II *Codices manuscripti theologici bibl. pal. vindob., latini, aliarumque occidentis linguarum*, ibid., 1793-94, 2 vol. in-fol. III *Monumens de la foi chrétienne et de la morale dans tous les siècles*, ibid., 1795-96, 3 vol. in-8. IV *Introduction à la connaissance des livres*, par-

tagée en deux parties (dont chacune a eu plusieurs éditions): 1re *Bibliographie*, 2e *Histoire littéraire*, Bingen, 1782, 2 v. in-8. Les ouvrages qui suivent sont en vers allemands. V *Epître en vers à Klopstock*, Vienne, 1762, in-8; Augsbourg, 1776, 3 vol. in-8. VI *Tableau poétique des principaux événemens arrivés en Europe depuis l'an 1756 jusqu'en 1761*, ibid., 1761, 2 vol. in-8. VII *Poésies d'Ossian*, traduites de l'anglais, ibid., 1769, 3 vol. in-8. VIII *Ode donnée à Sa Sainteté pendant son séjour à Vienne*, en latin et en italien, 1782, in-8. IX *Carmina quædam*, ibid., 1794, in-8. X *Chants funéraires des anciens poëtes bucoliques*, traduits (dans le Magas. pour les sciences et la littér., 1785). Denis est mort le 29 septembre 1800. Ses *OEuvres posthumes* furent imprimées à Vienne en 1801, in-4. En 1799, Denis fit imprimer l'épitaphe suivante en l'honneur de Pie VI :

Papa Pius, patriâ Cesenas, Angelus ante
   Braschius, ingenio vividus, ore decens,
Casibus adversis in serum exercitus ævum,
   Jure peregrinus dictus apostolicus,
Post varios tandem vitæque labores,
   Ossa Valentino liquit in exilio.
Perdita sub sextis semper, testante poetâ,
   Hoc quoque sub sexto perdita Roma fuit.
Sed non crede Pii culpâ periisse, viator,
   Perdidit, heu ! Romam temporis impietas.

DENIS (Louis), géographe français, né vers 1725, fut d'abord graveur et ensuite géographe du duc de Berry (depuis Louis XVI), et a laissé : 1 *Plan topographique et raisonné de Paris*, en 42 petites feuilles, in-12, 1758. II *Cartes de France*, 1761, 7 feuilles in-4. III *Analyse de la France, ou Recueil des petites cartes des provinces, avec une explication par demandes et par réponses*, 1764. IV *Géographie des dames, ou Almanach géographique et historique.*, en 55 cartes, 1764, in-24. V *Mappe-monde physique, politique et mathématique*, trois feuilles d'atlas, 1764, avec une *Explication* en 23 pages in-12, et 6 petites cartes. VI *Guide royal*, ou *Dictionnaire topographique des grandes routes de France*, 1779, 2 vol. in-12, tout gravé, etc., etc. Ce géographe est mort vers 1794.

DEPARCIEUX (Antoine), habile mathématicien, né près de Nîmes, en 1703, de parens cultivateurs. Il dut son éducation à un homme sensible, protecteur de sa famille. Il avait un grand talent pour la mécanique. Voltaire adopta ses calculs dans l'*Homme aux quarante écus*, et crut l'honorer en lui donnant le nom de *citoyen philosophe*. Deparcieux a laissé : I *Tables astronomiques*, 1740, in-4. II *Traité de trigonométrie rectiligne et sphérique, avec un traité de gnomonique et des tables de logarithmes*, Paris, 1741, in-4. III *Essai sur les probabilités de la durée de la vie humaine*, 1746, in-4. Cet ouvrage un peu paradoxal attira à l'auteur plusieurs sages critiques ; il y répondit par : *Réponse aux objections contre ce livre*, 1746, in-4, et par ses *Additions à l'Essai*, etc., 1760, in-4. Il était censeur royal, membre de l'académie des sciences de Paris, de Berlin, de Stockholm, etc. Il mourut le 2 septembre 1768.

DEPERTHES (Jean-Louis-Hubert-Simon), avocat, naquit à Reims en 1730. On a de lui : *Traité sur l'utilité de l'histoire et les devoirs de l'historien*, suivi des tableaux de l'histoire ancienne et moderne, Reims, 1787, 2 part. in-8, fini par M. Née de la Rochelle, et réimprimé avec ce titre : *Guide de l'histoire*, Paris, 1803, 3 vol. in-8.

Deperthes est mort à Montfaucon en 1792.

DESAIX DE VOYGOUX (Louis-Charles-Antoine), général français, né de parens nobles à Saint-Hilaire-d'Ayat, en Auvergne, en 1768. A l'âge de 15 ans il entra dans le régiment de Bretagne en qualité de sous-lieutenant. Il fut nommé commissaire des guerres en 1791, et fut l'année suivante aide de camp du général Victor de Broglie. Il suivit les principes de la révolution, obtint un avancement rapide, et se distingua surtout à Lauterbourg. En 1796 il commandait une division de l'armée du général Moreau, enleva Offenbourg au corps du prince de Condé, fut chargé de la défense du fort de Kell, où il repoussa les attaques réitérées du prince Charles. Il fut de l'expédition d'Égypte, obtint une victoire sur les Mamelouks à Chebreïs, et défit leur chef Mourad-Bey dans une bataille décisive qui le rendit maître de toute la Haute-Égypte. Il gouverna ce pays avec assez de modération, et les habitans lui donnèrent le nom de *Sultan juste*. Abandonné, ainsi que toute l'armée, par Buonaparte, il revint en France après le traité d'El-Arish, lorsque le premier consul marchait contre l'Italie. Il se rendit à l'armée, où il commanda la réserve à la bataille de Marengo le 14 juin 1800. Les troupes françaises étaient presque en entière déroute lorsqu'il arriva avec son corps. On prétend qu'il dit à Buonaparte avant de commencer l'attaque : « Je vous cherche depuis »long-temps. Vous êtes tombé dans »une embûche ; mais puisque je suis »ici, je saurai vous en tirer. » On ajoute que Buonaparte, fort offensé de ces paroles, et craignant les charges que Desaix pouvait produire contre lui.par sa fuite d'Egypte, chercha à se défaire de ce général. On dit encore qu'il donna cette affreuse commission à un de ses affidés, le général Savary; commission que celui-ci aurait exécutée au moment que Desaix, en culbutant les Autrichiens, déterminait la victoire en faveur de l'armée française. D'autres nient ce fait, et supposent, comme invraisemblable, qu'on ait pu assassiner Desaix en plein jour et au milieu de ses soldats, dont il était sincèrement aimé. Quoi qu'il en soit, Desaix périt dans cette mémorable bataille; on embauma son corps, qui fut transporté à l'hospice du grand Saint-Bernard, où on lui éleva un monument. Deux autres monumens lui furent élevés à Paris, l'un sur la place Dauphine et l'autre sur la place des Victoires. Ce général passait pour être d'un caractère affable et d'un rare désintéressement.

DESAULT (Pierre-Joseph), habile chirurgien, né au Magny-Vernois, en Franche-Comté, vint à Paris en 1764, et fut élève du célèbre Antoine Petit. En 1766 il écrivit un cours public d'enseignement anatomique. On le nomma en 1782 chef de l'hôpital de la Charité. Il obtint en 1788 la même place dans celui de l'Hôtel-Dieu. Il proposa d'employer dans les amputations le couteau droit à la place du couteau courbe, dont on se servait ordinairement, le premier donnant l'avantage de couper avec plus de facilité les parties qu'il embrasse dans une étendue moins considérable. Au commencement de la guerre de la révolution, il fut élu au comité de santé des armées; mais ses principes le rendant suspect, il fut arrêté, par dénonciation du fameux Chaumette, le 28 mai 1793, et jeté dans un cachot. Les plaintes de ses malades, et les réclamations des nombreux élèves, déterminèrent le gouvernement d'alors à lui rendre la liberté au bout de trois jours. Desault n'avait aucune connaissance en médecine; il la méprisait même; aussi lorsqu'on résolut de réunir cet art avec la chirurgie, il en murmura hautement. Les maux dont il voyait sa patrie accablée l'affligèrent sensiblement, et après la funeste journée de prairial sa santé commença à dépér. Chargé de soigner le fils du malheureux Louis XVI, qui était malade au Temple d'une affection organique causée par les mauvais traitemens de l'homme brutal qui l'avait sous sa garde, Desault lui prodigua, quoique sans effet salutaire, tous les secours qui dépendaient de son art. Il était presque impossible de ne pas s'apitoyer sur le sort de ce jeune et infortuné prince; mais la plus juste sensibilité était un crime dans ces temps où ne régnaient que l'anarchie et le crime. Dans la nuit du 29 mai 1795, Desault fut atteint subitement d'une fièvre ataxique, qui débuta par un délire; et cet habile chirurgien expira le 1er juin suivant, lorsqu'il était à peine dans sa cinquante-unième année. Beaucoup de personnes, frappées d'une mort aussi inattendue, répandirent le bruit qu'il avait été empoisonné, parce qu'il avait refusé de prêter son ministère aux desseins criminels des meurtriers de Louis XVI. Cette opinion se fortifia par la mort presque subite de Choppart, qui avait succédé à Desault dans le traitement du jeune Louis XVII, et plus encore par celle de ce prince non moins malheureux que ses augustes parens.

DESBOIS DE ROCHEFORT (Éléonore-Marie), curé de Saint-André-des-Arcs, et fils d'un médecin de la faculté de Paris, naquit dans cette ville le 28 avril 1749. S'étant destiné à l'état ecclésiastique, il fit ses cours de théologie en Sorbonne, s'agrégea à cette maison, et en fut reçu docteur. L'évêque de la Rochelle le prit pour son grand vicaire. Il quitta cette place pour la cure de Saint-André-des-Arcs. Il y succédait à un homme d'un grand mérite, et difficile à remplacer. (*V*. LEGER, Claude.) Pendant qu'il était à la tête de cette paroisse, il y fit quelque bien. Il y avait établi une maison de charité, à laquelle il laissa par testament 300 francs de rente. Dans l'hiver rigoureux de 1784 à 1785, il avait fait de son presbytère un chauffoir, alimenté à ses frais, et ouvert jour et nuit à ceux qui s'y présentaient. On cite de lui d'autres œuvres de charité qui dans le temps ont honoré son ministère. Lorsque la révolution éclata, l'abbé Desbois, d'un caractère vif et ardent, en embrassa les principes avec une extrême chaleur. Il fut, en 1791, nommé membre de l'assemblée législative, et élu évêque du département de la Somme ; mais il vint un moment où les sacrifices qu'on avait faits aux idées du temps n'étaient plus une sauvegarde. L'évêque Desbois fut emprisonné, et, pour que cela lui fût plus sensible, renfermé avec ce que la société a de plus vil. Sorti de ce séjour immonde, il se fit imprimeur, et consacra ses presses au soutien du clergé constitutionnel. C'est chez lui que s'imprimaient tous les écrits composés en faveur de ce parti, et notamment un journal consacré à sa défense, sous le titre d'*Annales chrétiennes*, ou *Mémoires pour servir à l'histoire du 18ᵉ siècle, par une société d'amis de la religion et de la paix*, 1795-1803,

époque de sa suppression, 18 vol. in-8. Les collaborateurs étaient MM. *Grégoire*, *Mauvielle*, évêque des Cayes, *Saint-Marc*, *Pilat*, etc. Ces annales étaient comme la suite des *Nouvelles ecclésiastiques*, et rédigées dans le même esprit. En 1801 Desbois donna la démission de son évêché. Il n'avait guère été à Amiens, quoiqu'il y eût tenu un synode. Sa personne n'y jouissait d'aucune considération, et son autorité y était assez généralement méconnue. Il mourut le 5 septembre 1807. Il a laissé : I *Mémoire sur les calamités de l'hiver de 1788 à 1789*, lu dans une assemblée tenue à l'hôtel de ville de Paris, 1789, in-12. II *Lettre pastorale*, 1791, in-8. Elle a été suivie de quelques autres. III *Lettre d'indiction du second concile national*, 1800, in-8, en société avec les évêques *Grégoire*, *Saurine* et *Wandelincourt*. IV *Actes du synode du diocèse d'Amiens*, 1800. in-8. Desbois avait fourni plusieurs *articles* à l'Encyclopédie, par ordre des matières, notamment l'article *Cimetière*, dans lequel il s'élève contre les inhumations dans les églises. L'article *Hôpital* a été rédigé sur ses mémoires. Il fut envoyé par le gouvernement en Angleterre, pour y prendre des notes sur les différens établissemens de charité. Le résultat de ce voyage fut un ouvrage intitulé : *Recherches sur les monumens anciens et modernes*, 4 vol. in-4. Il est resté manuscrit.

DESCHAMPS (Claude - François), chapelain de l'église d'Orléans, naquit dans cette ville en 1745. Il se dévoua exclusivement à l'éducation des sourds-muets, d'après les procédés du juif *Pereira*, procédés qui lui paraissaient préférables à ceux que pratiquait dans cette même éducation l'abbé de l'Épée. Ce fut particulièrement à la classe du peuple qu'il offrit ses secours gratuits, et il donnait en même temps à ses élèves des leçons et du pain. Parmi les divers ouvrages qu'il a publiés sur l'éducation qu'il avait entreprise, nous citerons les suivans : I *Cours élémentaire d'éducation des sourds et muets*, Paris, Debure, 1779. II *De la Manière de suppléer aux oreilles par les yeux*, pour servir de suite au *Cours élémentaire*, Paris, 1783, in-12, avec une lettre qui sert d'introduction ou de préface. Cet estimable ecclésiastique est mort en janvier 1791.

DESESSARTS (Alexis), prêtre appelant, naquit à Paris en 1687, et concourut aux ouvrages publiés contre la bulle en 1713 et 1714. Ils étaient cinq frères, tous ecclésiastiques, et partageant les mêmes sentimens. C'était chez eux que se tenaient les conférences où Boursier, d'Etemare, Boullenois, etc., traitaient les intérêts du parti ; et leur maison était comme le bureau d'adresse. De là partaient des bulletins à la main sur tout ce qu'on croyait important de faire savoir ; et ce sont ces bulletins qui furent le premier germe des *Nouvelles ecclésiastiques*. Alexis Desessarts prit part à toutes les querelles de ce temps, et fut un des principaux partisans du *figurisme*. Il écrivit contre l'abbé Débonnaire, qui attaquait ce système avec vivacité. (*V.* E TEMARE.) Desessarts mourut le 12 mai 1774. On a de lui : I *Défense du sentiment des SS. PP. sur le retour futur d'Elie, et sur la véritable intelligence des écritures*, et la suite de cette défense, 1737 et 1740, 3 vol. in-12. II *Examen du sentiment des PP. sur la durée des siècles*, 1739, in-12. III *Dissertation où l'on prouve que saint*

Paul n'enseigne pas que le mariage puisse être rompu, lorsqu'une des parties embrasse la religion chrétienne, Paris, 1765 ; mise à l'index. IV *Difficultés proposées au sujet d'un éclaircissement sur les vertus théologales*, contre Petitpied, 1741. V *Doctrine de saint Thomas sur l'objet et la distinction des vertus théologales*, 1742. VI *Défense de cet écrit*, 1743.

DESESSARTS (Jean-Baptiste), plus connu sous le nom de PONCET DESESSARTS, l'un des frères du précédent et diacre appelant, naquit à Paris en 1681, et imita son zèle pour la cause janséniste. Il avait aussi étudié au séminaire de Saint – Magloire. Il fit en 1714 le voyage de Hollande, pour voir le P. Quesnel, et y retourna en 1726. Il soutenait de son argent et de ses soins l'église qui s'y établissait, achetant des maisons pour y loger les réfugiés, et y faisant différens autres établissemens. Il prit une part très-active à l'œuvre des *Convulsions*, et écrivit pour la défendre. On a de lui : I *Apologie de saint Paul, contre l'apologiste de Charlotte*, 1731. II *Lettres sur l'écrit intitulé : Vains efforts des mélangistes* (par Besoigne et d'Asfeld), 1738. III *Dix-neuf lettres sur l'œuvre des convulsions* de 1734 à 1737. IV *De la Possibilité des mélanges dans les œuvres surnaturelles du genre merveilleux*. V *Illusion faite au public par la fausse description que M. de Montgéron a faite de l'état présent des convulsionnaires*, 1749. VI *Autorité des miracles, et usage qu'on en doit faire*. VII *Traité du pouvoir du démon*. VIII *Recueil de plusieurs histoires très-autorisées, qui font voir l'étendue du pouvoir du démon dans l'ordre surnaturel*. IX *Observations sur le bref de*

Benoît XIV au grand inquisiteur d'Espagne, etc. Ces derniers écrits sont de 1749. Malgré ses services, Poncet Desessarts était en médiocre estime chez plusieurs de ceux de son parti, qui le regardaient comme un enthousiaste et un visionnaire entêté. Il se retira en Hollande en 1759, et vint mourir à Paris le 23 décembre 1762, après avoir consumé tout son bien au soutien de la cause à laquelle il s'était dévoué.

DESFAUCHERETS (Jean-Louis Brousse), poëte dramatique, né en 1742. Il débuta en 1784 par une comédie intitulée *l'Avare bienfaisant*, fort mal reçue du public. Il fut plus heureux dans ses autres productions théâtrales, et *le Mariage secret*, en trois actes et en vers, jouée en 1786, établit sa réputation littéraire. Outre les *Dangers de la présomption*, comédie en cinq actes et en vers, qui n'eut point de succès, et le *Danger de tout lire*, en 1 acte et en vers (1786), il donna plusieurs opéras comiques. En 1789 il était lieutenant de maire au bureau des établissemens publics, membre du directoire du département en 1792 ; mais, devenu suspect, il perdit sa place, et émigra. De retour en France en des temps moins orageux, il remplissait les fonctions de censeur au ministère de la police, lorsqu'il mourut le 18 février 1808.

DESFORGES (Pierre-Jean-Baptiste Choudard), comédien, poëte dramatique, et romancier, naquit à Paris le 15 septembre 1746. Il étudia d'abord au collège Mazarin, et ensuite à celui de Beauvais, où il eut pour maîtres l'abbé Delille, Lagrange, et Thomas. Dès l'âge de neuf ans, il s'essayait à faire des tragédies, et il avait choisi pour

sujet *Tantale et Pélops*, et *la mort de Jérémie*. La ruine de son père, riche marchand de porcelaines, le réduisit à un état voisin de l'indigence. A l'âge de dix-neuf ans il fut contraint, pour vivre, de traduire des ariettes italiennes, à douze francs la pièce. Il se fit comédien en 1769, et après avoir débuté à la Comédie italienne, il parcourut la province. Il donna à Bordeaux *Richard et d'Erlet* (1778), qu'on ne permit pas de jouer à Paris, et la *Voix du cœur*, divertissement en un acte, à l'occasion du passage de Monsieur, aujourd'hui Louis XVIII. Il épousa, en 1774, une actrice avec laquelle il s'engagea pour Pétersbourg, où il demeura quelques années. De retour à Paris, il se livra entièrement aux lettres, donna plusieurs pièces qui eurent du succès, et notamment celles intitulées : *Tom Jones à Londres*, en 5 actes et en vers (1782); *la Femme jalouse*, en 5 actes et en vers (1785); *Tom Jones et Fellamar*, en 5 actes et en vers (1787); *le Sourd*, ou *l'Auberge pleine*, en 3 actes et en prose (1790). Desforges fut un des chauds partisans de la révolution, aux maximes de laquelle il prostitua ses talens, en produisant sur la scène : *Alisbelle*, ou *les Crimes de la féodalité*, opéra en 3 actes (1794); *l'Egalité et la liberté rendues à la terre*, opéra en 3 actes, composé pour la république (1794); *les Epoux divorcés*, en 3 actes et en vers (1799), qui est un panégyrique du divorce : tandis qu'il composait cette comédie, il se sépara de sa première femme. Il donna aussi d'autres opéras comiques, tels que *Griséis*, *Joconde*, *Jeanne d'Arc*, etc., et plusieurs romans d'un style très-libre, et particulièrement celui intitulé *le Poëte*, ou *Mémoires d'un homme de lettres*, *écrits par lui-même* [1], 1798, 4 vol. in-12. Ce roman, où l'auteur a voulu peindre sa vie, et qu'on pourrait appeler *Mémoires d'un libertin*, n'est qu'une suite de tableaux dégoûtans de la licence la plus effrénée. Un auteur critique disait, en parlant de quelques écrits de Desforges, et de ce roman en particulier :

Fuis auteur dangereux, fuis écrivain obscène ;
Ton nom seul fait rougir la pudique beauté ;
Va porter ton encens à l'immoralité.

Desforges est mort à Paris le 13 août 1806. Il a laissé en manuscrit deux traductions en vers français de la *Jérusalem délivrée* du Tasse, et d'une grande partie du *Théâtre* de Métastase.   ◆

DESILLES (....), gentilhomme breton, né à Saint-Malo en 1767. Il était officier au régiment du roi, infanterie, lorsque l'insurrection de Nancy éclata. Le marquis de Bouillé avait marché contre cette ville avec 3,000 hommes de troupes nationales et de troupes de ligne restées fidèles à Louis XVI, après la fédération du 14 juillet 1790. Desilles fut de cette expédition. Voyant que les voies de douceur ne pouvaient pas ramener les factieux, qui, unis aux soldats de la garnison, avaient braqué le canon contre les royalistes, il s'élance au-devant des plus furieux, se précipite au-devant de la bouche du canon, arrache les mèches des mains des soldats, saute sur un autre canon de 24 qu'on se préparait à tirer, s'assied sur la lumière, et il est massacré dans cette position. Le feu est mis au canon qui était chargé à mitraille, et une soixantaine de soldats tombent morts. Leurs camarades les vengent aussitôt, et on

1 C'est une imitation immorale du roman italien du même titre, et en quatre volumes, publié par l'abbé Chiari, à Venise, en 1769.

parvient enfin à calmer la révolte. Le dévouement de Desilles fut célébré par l'assemblée nationale, il devint le sujet de plusieurs pièces de théâtre, tandis qu'on voyait partout son portrait et son buste. À cette époque il restait encore en France quelque sentiment de justice ; mais la terreur vint bientôt l'étouffer, et toute la famille de Desilles fut poursuivie et proscrite.

DESMASURES (Louis), en latin *Masurius*, naquit à Tournay vers 1523. Il cultiva la poésie latine et française, et fut lié avec les plus beaux esprits de son temps, tels que Salignac, Ramus, Bèze, Rabelais, etc. Il eut pour protecteur le cardinal Jean de Lorraine, et sous les auspices de ce seigneur il publia : 1 *Poésies latines*, Bâle, 1574, in-16. II *Borboniades, sive de Bello civili*, etc., poëme en 14 chants, Bâle, 1579. III *Les douze livres de l'Enéide de Virgile*, traduits en vers français, Lyon, 1560, in-4. IV *OEuvres poétiques*, en français, contenant des odes, des sonnets, des épigrammes, et la traduction de vingt psaumes. V *David combattant*, *David triomphant*, *David fugitif*, tragédies saintes, Genève (2e édit.), 1566, in-8, avec la *Bergerie spirituelle*, drame saint, et une *Eglogue spirituelle*. En considérant l'époque où ce poëte écrivait, on concevra aisément que ses productions et ses vers ne doivent plus offrir d'intérêt de nos jours ; cependant on lit encore avec plaisir quelques-unes de ses poésies latines. Desmasures mourut vers 1580.

DESMEUNIER ou DÉMEUNIER (Jean - Nicolas), né à Nozeroy, en Franche-Comté, le 15 mars 1751. Il vint à Paris, où il obtint la place de censeur royal, et à l'époque de la révolution il était

DES

secrétaire de Monsieur, aujourd'hui Louis XVIII. Il publia deux écrits intitulés : *Condition à la légalité des états généraux ; Avis aux députés qui doivent représenter la nation.* Nommé député du tiers état de Paris aux états généraux, il se trouva aussi membre de l'assemblée nationale, dite depuis constituante[1]. Il y parla très-souvent, et fut secrétaire président du comité de constitution. Il devint membre du directoire ; mais lorsque Pétion fut réinstallé maire de Paris, il donna sa démission. Cependant, en 1797, il fut un des candidats pour entrer dans le directoire, mais on donna cette place à Barthélemy. Après le 18 brumaire (9 novembre 1799), le sénat conservateur le nomma membre du tribunat. Il devint ensuite président de ce corps, qui le choisit pour candidat au sénat, où il entra en 1802, en qualité de titulaire de la sénatorerie de Toulouse. Un homme qui, en oubliant ses anciens maîtres, avait suivi presque toutes les époques de la révolution ; devait nécessairement se plier aux volontés de l'homme dominant ; et en effet, il vota toujours pour toutes les mesures que prit Napoléon, même lorsque le scrutin était secret. Il est mort à Paris le 7 février 1814. Outre les écrits déjà cités, Desmeunier a publié : I *Esprit des usages et coutumes de différens peuples*, 1776, 1780, 3 vol. in-8. Voltaire lui écrivit, au sujet de cet ouvrage, une lettre assez flatteuse qui se trouve dans sa correspondance. II *L'Amérique indépendante*, ou *les différentes constitutions des treize provinces*, Gand, 1790, 4 vol. in-8. Il a en outre publié un grand

[1] Les opinions qu'il émit se trouvent insérées dans la *Biographie moderne* et dans la table du *Moniteur*.

nombre de traductions de l'anglais, comme, III *Voyage au pôle boréal*, en 1773, par Constantin-Jean-Philipps, 1775, in-4. IV *Voyage en Sicile et à Malte*, par Brydone. V *Essai sur le génie original d'Homère, avec l'état de la Troade comparé à son état ancien*, par Wood, etc., etc.

DESMOND (Jeanne-Fitzgerald), épouse de Jacques, 14e comte de Desmond, naquit dans le comté de Waterford en Irlande, vers 1464. Cette dame présente un exemple rare de longévité. Elle vécut sous les règnes d'Edouard IV, Richard III, et Jacques Ier, qui monta sur le trône en 1603. A la mort de son mari, arrivée en 1483, elle quitta la cour et se retira à Inchiquin, domaine de son époux, dans le comté de Thosmond ; et à l'âge de 140 ans elle fit le voyage de Bristol à Londres pour réclamer des secours du gouvernement, après la ruine de la maison de Desmond, qui lui avait constamment payé son douaire. Sir Walter, qui avait connu cette femme extraordinaire, en parle dans son *Histoire universelle* ; et Bacon rapporte, dans son *Histoire de la vie et de la mort*, que la comtesse de Desmond avait trois fois renouvelé ses dents, et avait conservé sa force et sa vigueur jusqu'à une extrême vieillesse ; elle mourut sous le règne de Jacques Ier, vers l'an 1608. On a gravé son portrait dans le *Voyage en Ecosse*, d'après un tableau qui se trouve dans le château de Dupplin.

DESMOULINS (Camille), naquit à Guise en Picardie en 1762. Il était fils d'un lieutenant au bailliage de cette petite ville. Par la protection du chapitre de Laon, Camille obtint une bourse dans le collége de Louis le Grand, où, par un hasard assez singulier, il fut le condisciple et l'ami du trop fameux Robespierre. Il fit ses études avec succès, mais il commença à corrompre son esprit et son cœur par la lecture pernicieuse des philosophes du jour; et Desmoulins, ainsi que Robespierre et bien d'autres, étaient déjà factieux avant que la révolution éclatât. Dès l'ouverture des états généraux, le Palais-Royal avait commencé à devenir le rendez-vous des provocateurs les plus ardens du nouvel ordre de choses, ou plutôt de l'anarchie qu'on avait dessein d'établir. Desmoulins n'y manquait jamais, et quoiqué bégayant beaucoup, il était un des orateurs les plus enthousiastes des rassemblemens qui s'y formaient. Ses discours hardis, ses expressions exagérées plaisaient infiniment à une multitude ignorante qui se laisse toujours entraîner par celui qui sait flatter ses désirs ou exalter son imagination. La nouvelle du départ de Necker, qui eut lieu dans le mois de juillet 1789, mit en fermentation la plupart des habitans de la capitale. Desmoulins en étant aussitôt instruit, et ayant des instructions secrètes, sort d'un café, un pistolet dans une main et une épée dans l'autre, monte sur une chaise, annonce la nouvelle, et arrachant une feuille d'arbre, l'attache à son chapeau en guise de cocarde, crie aux armes et invite la foule à le suivre. Le Palais-Royal, les rues adjacentes, sont inondés d'un peuple furieux, parmi lequel on remarque un grand nombre de personnes dont l'état, l'éducation, et les places qu'elles occupaient, auraient dû tenir éloignées de ces rassemblemens séditieux. Desmoulins est à leur tête, il force les entrées des spectacles, et tout en criant: « Nous sommes » perdus! aux armes! » il en chasse une partie des spectateurs; une autre se joint à la foule qui le suit. Tous vont en tumulte chez le statuaire Curtius; ils enlèvent les bustes de Necker et du duc d'Orléans, qu'ils promènent dans les rues et les places publiques. Le rappel du premier calma pour un moment cette effervescence séditieuse. Desmoulins, ainsi que Carrier, Chaumette, etc., fut toujours un des agens les plus furieux et le plus utile des chefs de la révolution. Auteur d'un journal incendiaire intitulé: *Révolutions de France et du Brabant*, il s'y appelait *le procureur général de la lanterne*. Il fut le rédacteur des écrits anonymes qui menaçaient d'une insurrection populaire et d'incendier les châteaux des députés qui voulaient les deux chambres et la sanction absolue du roi aux décrets de l'assemblée. Malouet dénonça plusieurs fois Desmoulins, il obtint même qu'il fût traduit au Châtelet; mais, créature de Robespierre, il trouvait toujours en lui un zélé défenseur. Il fut ensuite poursuivi, mais inutilement, comme *instigateur*, de concert avec les *cordeliers* ses collègues, et Danton, de la révolte du Champ-de-Mars. Ennemi du parti de la Gironde et de Brissot, ce fut lui qui imagina avec le journaliste Morande la dénomination de *girondins* et de *brissotins*; parti qu'on pouvait plutôt appeler de républicains purs, comme visant à une république fédérative. Desmoulins était l'agent de tous ceux qui le payaient; il écrivit donc en 1792 pour le parti qui désirait faire passer le sceptre français à une autre branche des Bourbons. A cette époque, il n'existait que dans les têtes les plus ardentes le projet de détruire la monarchie. Provocateur immédiat de la révolution du 10 août, Desmoulins fut en récompense secrétaire de Danton (voy. DANTON, *Supplément*), et eut part aux massacres de septembre, qu'il annonça en quelque sorte dans son journal. Il en fit ensuite l'apologie, en disant que le peuple n'avait frappé que les contre-révolutionnaires. Nommé, député à la convention, il y vota la mort de Louis XVI. Ainsi qu'on l'a remarqué dans plusieurs révolutionnaires, et même parmi les plus ardens, Desmoulins devint tout à coup moins sanguinaire et plus modéré. Il défendit jusqu'au dernier moment le général Arthur Dillon, fut un des accusateurs des députés en mission dans la Vendée, et dénonça comme des crimes les horreurs qu'on y commettait. Pour faire cesser les proscriptions, il publia un pamphlet périodique intitulé *le Vieux cordelier*, 1794, dont il ne parut que six numéros. (*Voy.* DANTON, *Sup.*) Il n'y attaquait pas seulement le fond des choses, mais il y ridiculisait des chefs puissans, et ceux-ci jurèrent sa perte. Il fut dénoncé par MM. B. et Saint-Just, ses collègues et ses collaborateurs, comme contre-révolutionnaire : c'était l'accusation la plus forte qu'on pouvait faire dans ce temps de délire. Robespierre chercha cependant à le défendre, en disant qu'il fallait se borner à brûler son pamphlet : « Brûler, ce n'est pas répondre, » répliqua l'accusé : cette sortie déplut au tyran, qui l'abandonna à la vengeance de ses ennemis. Il fut renfermé dans le Luxembourg, où Danton et Lacroix étaient déjà détenus. Sa femme, dont il était aimé, venait tous les jours dans le jardin, sous les fenêtres de sa prison, recevoir ses adieux. Elle avait exigé qu'un ecclésiastique insermenté leur donnât la bénédiction nuptiale, et avait apporté en dot 6,000

francs de revenu. On dit que Desmoulins conserva en tout temps de la vénération pour cet ecclésiastique, qui avait été son professeur. Elle aura été apparemment une vénération d'habitude, car il mourut comme un incrédule. Traduit au tribunal révolutionnaire, le président lui demanda quel âge il avait : « Trente-trois ans, » répondit-il, l'âge du sans-culotte » Jésus, l'âge funeste aux révolu-»tionnaires. » Après sa condamnation, il se débattit de toutes ses forces contre les recors qui voulaient s'en assurer ; il écumait de rage, ses habits étaient en lambeaux : c'est dans cet état qu'il arriva au lieu de son supplice, ne pouvant encore se persuader qu'on fît mourir un homme qui avait tant fait pour la révolution. Il fut exécuté avec Danton et ses complices le 5 avril 1794. Quelques jours après, sa femme eut le même sort : elle montra plus de fermeté que son mari, et prédit aux misérables qui l'avaient condamnée, le sort qui les attendait. Après le 9 thermidor, Desmoulins fut considéré comme une des victimes de la tyrannie, et sa mémoire fut honorée par ceux qui sortirent vainqueurs dans cette journée, et qu'on désigna sous le nom de *thermidoriens.* On a de Desmoulins : I *Satires*, ou *Choix des meilleures pièces de vers qui ont précédé et suivi la révolution*, Paris, an 1er de la liberté (1792). C'est un pitoyable recueil des rapsodies les plus grossières. II *Opuscules de Camille Desmoulins*, Paris, 1790. III *Histoire des Brissotins*, ou *Histoire secrète de la révolution et des six premiers mois de la république*, 1793, in-8, traduite en anglais, Londres, 1794.

DÉSORGUES (Théodore), poëte lyrique, naquit à Aix en Provence vers 1759. Quoiqu'il fût contrefait et bossu comme Esope, il embrassa avec une espèce de délire les principes de la révolution, à laquelle il consacra plusieurs de ses ouvrages, qui fourmillent la plupart d'une impiété révoltante. Voyant que ses talens, qui n'étaient pas du premier ordre, ne lui attiraient pas assez de récompenses sous le gouvernement de Buonaparte, il fit une chanson (où d'ailleurs la vérité avait sa place) qui finissait par ces vers :

> Oui, le grand Napoléon
> Est un grand caméléon.

Cette plaisanterie lui valut d'être traité comme fou, et on le mit à Charenton, où il mourut en 1808. Nous n'oublierons pas un trait assez louable de la part de Désorgues. Le poëte Ponce - Denis Ecouchard Lebrun avait fait des vers en l'honneur d'un des monstres de la révolution ; Désorgues lui lança cette épigramme :

> Oui, le fléau le plus funeste
> D'une lyre banale obtiendra des accords :
> Si la peste avait des trésors,
> Lebrun serait soudain le chantre de la peste.

Pour désorienter les rieurs, qui trouvaient justement ridicule de voir un homme si difforme et si pusillanime professer les principes d'un démagogue, il avait sa chambre encombrée de magots de la Chine, au milieu desquels il couchait sur un hamac. On a de ce *Tyrthée* français : I *Rousseau, ou l'Enfance*, poëme, suivi des *Transteverins* et de *Poésies lyriques*, 1795, in-8. II *Epître sur l'Italie*, suivie de quelques autres poésies relatives au même pays, 1797. On y trouve une chanson italienne intitulée *la Primavera*, où, excepté quelques vers estropiés qu'il a pris de Métastase, dans la chanson du même titre ; le reste ne paraît qu'une traduction informe de

quelque pièce de vers français qu'il aura composée d'avance, pour lui servir d'original. Ce recueil contient en outre l'hymne que l'auteur composa par ordre de Robespierre, lors des *fêtes de l'Etre suprême*. III *Chant de guerre contre l'Autriche*, précédé des *Trois sœurs* (la Poésie, la Peinture et la Musique), in-8. IV *Voltaire, ou le Pouvoir de la philosophie*, 1799, in-8. Il faut avouer que ce pouvoir a été bien funeste pour l'humanité. V *Les Fêtes du génie*, 1800. VI *Mon Conclave*, suivi des *Deux Italies* (la Toscane et la Provence), où l'on remarque un chant funèbre pour les mânes de Pie VI. Le *Conclave* n'est qu'une satire virulente, et le *Chant funèbre*, aussi hideux que l'auteur lui-même, ne contient que des injures contre un pontife aussi respectable par ses vertus que par ses malheurs. VII *Hommages à la paix*, 1801, suivis d'une pièce intitulée *le Pape et le Mufti*, écrite dans le même esprit que les deux ouvrages précédens. Désorgues n'était tout au plus qu'un poëte du troisième ordre. Ses meilleurs ouvrages sont l'*Hymne à l'Etre suprême*, et son poëme sur les *Transteverins*. Les Transteverins sont ceux, parmi les habitans de Rome, qui demeurent dans un quartier au delà du Tibre (Trastevère), et qui prétendent être les véritables descendans des Troyens conduits en Italie par Enée. Lors des troubles de la capitale de l'église, les Transteverins se montrèrent les plus attachés à Pie VI, et par conséquent les ennemis les plus déclarés des républicains français ; ce qui ne pouvait nullement mériter les éloges de Désorgues.

DESORMEAUX (Joseph-Louis Ripault), prevôt de l'infanterie française et étrangère, historiographe de la maison de Bourbon, naquit à Orléans le 3 novembre 1724, fit ses études chez les jésuites, vint à Paris en 1750, obtint la protection du prince de Condé, dont il fut bibliothécaire, et publia les ouvrages suivans : I *Histoire des conjurations*, tomes 9 et 10. (Duport-Dutertre est auteur des huit premiers.) Désormeaux ne continua pas cet ouvrage. II *Abrégé chronologique de l'Histoire d'Espagne et de Portugal*, 1758, 5 volum. in-12. Ce livre, fait à l'imitation de l'Abrégé du président Hénault, eut un grand succès ; mais en le composant l'auteur n'a pas toujours consulté les historiens les plus impartiaux. III *Histoire du maréchal de Luxembourg*, *précédée de l'histoire de la maison de Montmorency*, 1764, 5 vol. in-12. IV *Histoire de Louis de Bourbon, prince de Condé*, 1766-68, trad. en allem., Postdam, 1783. V *Histoire de la maison de Bourbon*, 1772-1788, 5 vol. in-4. Le cinquième finit avec le règne de Henri III. La révolution arrêta la publication de la suite. Désormeaux mourut le 21 mars 1793. Les malheurs de ses augustes maîtres abrégèrent le cours de sa vie. Il était membre de l'académie des inscriptions et belles-lettres.

DESPAULX (dom Raymond), bénédictin de la congrégation de St.-Maur, né le 14 septembre 1726, à Miélan, bourg de Gascogne, département du Gers, fit ses études chez les jésuites. Ayant embrassé l'état monastique, il occupa dans sa congrégation des emplois importans. Les bénédictins, après la suppression des jésuites, ayant été chargés de plusieurs établissemens d'instruction publique, formèrent dans leur abbaye de Sorèze un collége qui de-

vint fameux. Dom Despaulx fut chargé de la direction de cette école, qui contribua à sa réputation par une méthode d'enseignement qu'il y introduisit, et par les soins qu'il prit pour y faire fleurir les études. Cette école continua d'avoir une grande vogue jusqu'à la révolution. Le 21 octobre 1808, après la formation de la nouvelle université, dom Despaulx fut nommé inspecteur général des études et conseiller ordinaire. Le 6 avril 1814, il adhéra à la déchéance de Buonaparte, et exprima son vœu pour le retour des Bourbons. Le roi lui conserva son titre d'inspecteur général. A sa rentrée en France en 1815, Napoléon ayant rétabli son université par décret du 31 mars de cette année, Despaulx fut de nouveau nommé au même emploi. Dans les dernières années de sa vie il demanda sa retraite ; il mourut en septembre 1818, âgé de 92 ans. Il était membre de la Légion-d'Honneur.

DESPRUETS (Jean), en latin *de Pruetis*, abbé général de Prémontré, né vers l'an 1525, entra jeune dans l'ordre de Prémontré, et fit profession à l'abbaye de la Grâce - Dieu, ou Saint-Jean de la Castelle, diocèse d'Aire. Etant venu étudier à Paris, dans le collége de l'ordre, il y fit ses cours de Sorbonne, et prit le bonnet de docteur. Il assista en 1561 au colloque de Poissy, et y prononça en latin un discours sur la nécessité d'une réforme dans l'église et du rétablissement de la discipline régulière dans les monastères. Ce discours est inséré dans la *Biblioth. Premonst.* du P. le Paige, page 958. L'abbaye de Prémontré ayant vaqué en cour de Rome par la mort du cardinal de Ferrare, et la collation par ce moyen se trouvant dévolue au pape, Grégoire XIII y nomma Despruets, et lui fit expédier ses bulles. Il prit possession le 11 juin 1573. Depuis plus de 30 ans l'ordre de Prémontré se trouvait sans supérieur général, les cardinaux de Pise et de Ferrare jouissant du titre d'abbé et des revenus de l'abbaye sans se mêler du spirituel. Le premier soin de Despruets fut de remédier aux abus qui s'étaient introduits pendant cette longue vacance. Il convoqua un chapitre général, fit la visite des abbayes, et rétablit la règle partout où l'on s'en était écarté. Le roi lui ayant donné une mission près de Grégoire XIII, Despruets se rendit à Rome, et obtint de ce pape la permission de faire célébrer la fête de saint Norbert, qui venait d'être canonisé. Lui-même il en composa l'office. Il fit aussi les premières démarches pour la translation des reliques du saint, restées jusque-là dans l'église de Ste.-Marie de Magdebourg, ancien chapitre de l'ordre, devenu luthérien par suite de la réformation. Il assista au concile de Reims, convoqué par l'archevêque Louis de Guise. Une maladie épidémique dont il fut attaqué, mit fin à sa vie et à ses utiles travaux le 15 mai 1596, après 23 ans de gouvernement et dans la 75ᵉ année de son âge. Il a laissé : I des *livres de controverse* imprimés à Paris vers 1672. Il y réfute François Perocel et Jean de Spina, calvinistes, qui avaient écrit contre la messe et la présence réelle. II Des *Sermons* et des *Discours*. III Un *Traité des sacremens*. IV De *Brefs commentaires sur la Bible*. V *Anti-Calvinus, seu calvinianæ pravitatis refutatio*. Ce dernier ouvrage n'était pas entièrement achevé quand l'abbé Despruets mourut.

DESTRÉE ou DESTRÉES (l'abbé Jacques), prieur de Neufville, était né à Reims dans les premières années du 18ᵉ siècle. On sait

qu'il était lié d'amitié avec l'abbé Desfontaines, et qu'il fut un de ses collaborateurs ; mais on n'a point d'autres renseignemens sur sa vie. Il a gardé l'anonyme sur la plupart des écrits qu'il a publiés. En voici la liste qui, toute nombreuse qu'elle est, n'est point complète. I *Observations sur les écrits modernes, avec Desfontaines, Fréron*, etc., Paris, 1735 et années suivantes, 34 vol. in-12. II *Jugement sur quelques ouvrages nouveaux avec les mêmes*, Avignon, 1745-1746, mentionné dans le Dictionn. des Anonymes, n° 3390. III *Contrôleur du Parnasse, par le Sage de l'Hydrophonie*, Berne, 1745, 3 vol. in-12, mentionné dans le même Dictionn., n° 8142. IV *Lettre de M. l'abbé ***, prieur de Neufville, à M. l'abbé d'Olivet*, pour servir de réponse à sa dernière *Lettre à M. le président Bouhier*, ou *Réfutation de ses fausses anecdotes, et de ses jugemens littéraires*, Bruxelles, 1739, in-12, mentionné ibid., n° 3536. V *Réponse, au nom de M. Desgronais, à la Lettre de l'abbé Desfontaines, insérée dans le 3ᵉ vol. des Jugemens de M. Burlon de la Busbaquerie*, Avignon, 1745, in-12. VI *Préface du second registre de l'Armorial général de France*, 1741, in-12. VII *Eloge historique de Raymond de Pavie, baron de Forquevals* (ou Fourquevaux), mort gouverneur de Narbonne en 1574, dans le 2ᵉ registre de l'Armorial de M. d'Hozier. VIII *Lettre sur la noblesse de la famille d'Amfrye de Chaulieu*, Bruxelles (Paris), 1745, in-12. IX *Requête du sieur Balthazar-François Wale, chevalier, seigneur de Mesme, ancien lieutenant au régiment des gardes françaises, et gouverneur de Ham en Picardie, pour faire* reconnaître sa noblesse, etc. , avec la généalogie dudit Balthazar-François Wale, 1747, in-fol. X *Extrait de l'histoire généalogique de la maison de Beaumont*, Paris, in-4, imprimé à petit nombre par les soins de M. l'archevêque de Paris, Christophe de Beaumont, et réimprimé depuis dans l'*Histoire généalogique de la même maison*, et dans le *Moréri* de 1759, presque en entier. XI *Généalogie historique et critique de la maison de la Roche-Aymon*, Paris, 1776, in-fol. XII *Histoire du marquis de Saint-Mégrin*, Paris, 1752, in-12. XIII *Almanach généalogique, historique et chronologique*, 1747 et années suiv., 3 vol. in-24. XIV *Mémorial de chronologie, généalogique et historique*, Paris, 1752, 1753, 1754, 1755, 4 vol. in-24. Les dames s'en plaignirent parce que leur âge s'y trouvait. XV *L'Europe vivante et mourante*, Bruxelles (Paris), 1759 et 1760. C'est la continuation du *Mémorial*. L'abbé Destrées tirait un fort bon parti de ces recueils, qui avaient la vogue et se vendaient assez chers. La France littéraire attribue à l'abbé Destrées le *Recueil de poésies galantes du chevalier* ***, *avec quelques pièces de l'abbé de Chaulieu*, 1744, in-8.

DEVIENNE (dom Charles-Jean-Baptiste d'Agneaux), bénédictin de la congrégation de Saint-Maur, né à Paris en 1728, entra dans la congrégation à l'âge de 17 ans, et prononça ses vœux à l'abbaye de Saint-Martin de Séez. D'heureuses dispositions, des premières études bien faites, et du goût pour le travail, annonçaient en lui un religieux digne d'être associé aux savans qui illustraient la congrégation. Il s'appliqua particulièrement à l'histoire. La ville de Bordeaux lui donna le titre de

son historiographe. On a de lui : I *Lettre en forme de dissertation contre l'incrédulité*, 1756, in-12. II *Lettres sur la religion, par un bénédictin*, Avignon, 1757, in-12 ; elles sont au nombre de 12. III *Eclaircissemens sur plusieurs antiquités trouvées à Bordeaux*, 1757, in-12. IV *Point de vue concernant la défense de l'état religieux*, 1757. V *Plan d'éducation et les moyens de l'exécuter*, 1769, in-12. VI *Histoire de la ville de Bordeaux*, tom. 1, 1771 ; il devait y en avoir 2 vol. in-4 ; le 2e n'a point paru. VII *Dissertation sur la religion de Montaigne*, 1773, in-8. Il avait déjà traité ce sujet dans son histoire de Bordeaux, mais avec moins d'étendue. Son but est de prouver que Montaigne ne doit point être mis au rang des incrédules ; mais qu'au contraire, il était sincèrement et franchement catholique ; il soutient l'attachement de ce philosophe aux principes orthodoxes. VIII *Eloge historique de Michel de Montaigne, et discours sur sa religion*, 1773, in-12. IX *Administration générale et particulière de France*, 1775, in-12. X *Lettres sur l'histoire de France*, 1782, in-12, 1787, in-12. XI *Nouvelle méthode pour apprendre à lire et à écrire correctement la langue française*, 1782, in-8 ; 1786, in-12. XII *Histoire d'Artois*, 1785-1787, 5 part. in-8. XIII *Le Triomphe de l'humanité, ou la Mort de Léopold, duc de Brunswick*, poëme qui a concouru pour le prix de l'académie française, Lille, 1787, in-8. XIV *Le Triomphe du chrétien* (Nuits d'Young), traduit de l'anglais, 1788, in-8. Tous ces ouvrages avaient été composés et imprimés avant la révolution, et la plupart montrent un religieux attaché à ses devoirs, ami de l'ordre et de la religion. On prétend qu'il vit avec plaisir le change-ment de choses qui s'opéra en 1789. Il fit même une *Histoire générale de France*, écrite d'après les prin-cipes qui ont opéré la révolution, 1791, 2 vol. in-12, ouvrage qu'on dit n'avoir pas fait grande sensation. Dom Devienne mourut en 1792, et par conséquent vécut assez pour voir l'effet des principes auxquels il était favorable. Le trône renversé, la religion avilie, lui-même et ses confrères arrachés à leurs vœux et aux paisibles asiles où ils comp-taient passer leur vie occupés d'u-tiles études; c'en était plus qu'il ne fallait pour le convaincre combien cruellement il s'était abusé.

DEVILLERS (Charles), né en 1724, vint très-jeune à Lyon, où il donna des cours de physique. On a de lui : 1 *Journées physiques*, 1761, 2 vol. in-8. Cet ouvrage est dans le même genre que les *Mondes* de Fontenelle, et les *Lettres à une princesse d'Allemagne*, par Euler. Il *Colosse aux pieds d'argile*, 1784, in-8, où il attaque le système du magnétisme animal. Il donna aussi une édition de l'*Antomologie* de Linnée, qu'il publia à Lyon en 1789, 4 vol. in-4. Devillers est mort en 1809. Il s'était formé un beau cabinet, qu'il vendit moyen-nant une rente viagère de 2,000 fr.

DEVONSHIRE (Georgine-Ca-vendish, duchesse de), dame anglaise, célèbre par sa beauté et par ses ta-lens poétiques, naquit à Londres vers 1746. Elle a laissé plusieurs com-positions très-estimées, parmi les-quelles il faut remarquer son poëme intitulé le *Passage du Saint-Go-thard*, traduit en vers par le cé-lèbre Jacques Delille, et qu'il a fait imprimer avec l'original, à Pa-ris, 1802, in-8. Cette dame réu-nissait aux agrémens de l'esprit et de la figure, un caractère noble et les vertus de son sexe. Elle mourut en mai 1806.

DIAS (Balthazar), poëte portu-gais, naquit à Madère au commen-cement du 17e siècle. Il était aveugle de naissance ; mais cela ne l'empêcha cependant pas de cultiver les lettres; il montra surtout du talent dans ces pièces dramatiques que les Espa-gnols appellent *Autos*, et qui roulent sur des sujets sacrés ou moraux. Il a laissé le *Jugement de Salomon* (1612), *la Passion* (1613), *saint Alexis*, *sainte Catherine*, *la Malice des femmes*, *Conseil pour se bien marier*, Lisbonne, 1613. Il donna, en outre, le *Marquis de Mantoue et l'empereur Charlemagne*, tragédies, Lisbonne, 1665 ; *Histoire de l'im-pératrice Porcine, femme de l'em-pereur Lodonius de Rome*, 1665. Dias mourut vers 1685.

DIAS GOMES (François), poëte portugais, naquit à Lisbonne en mars 1745. Il a laissé trois excel-lens discours, couronnés en 1792 par l'académie de Lisbonne. Le pre-mier est une analyse raisonnée du style de plusieurs classiques portu-gais, et notamment de celui du Ca-moëns ; le second est une comparai-son de deux célèbres historiens por-tugais, Freyre de Andrade et Paul de Lima ; et le troisième traite du bon goût en poésie. On a également de cet auteur deux tragédies, *Electre* et *Iphigénie*, l'une et l'autre imitées du grec, remarquables par la sagesse du plan et les beautés de style. Ses *OEuvres poétiques* contiennent sept élégies, douze odes et trois canti-ques. On y distingue un goût classi-que, un style élégant, correct, plein de chaleur. Les notes qu'il y a jointes renferment une vaste érudition. L'a-cadémie de Lisbonne fit imprimer ces œuvres en 1799 au bénéfice de la veuve et des enfans de Dias, mort en 1795.

DICQUEMARE (Jacques-François), naquit le 7 mars 1733 au Havre, où il fut professeur de physique et d'histoire naturelle. Il avait pris les ordres, vint à Paris en 1770, et se captiva bientôt l'estime des savans. Il fut membre de plusieurs académies, et ses utiles découvertes lui méritèrent le titre de *confident de la nature*. L'abbé Dicquemare cultiva aussi la géographie, l'astronomie, la nautique, le dessin et la peinture. On voit de lui dans l'église de l'hôpital du Havre cinq tableaux peints à l'huile, remarquables par la pureté du dessin. L'assemblée du clergé de France rendit en 1806, par l'organe de son président, un hommage public à son mérite. On a de lui : I *Idée générale de l'astronomie*, Paris, 1769, in-8, avec 24 planches. Cet ouvrage, plus étendu et augmenté d'un précis historique et chronologique des progrès de l'astronomie, fut réimprimé sous ce titre : *Connaissance de l'astronomie rendue aisée et mise à la portée de tout le monde*, 1771. II *Description du cosmoplane*, inventé et construit par l'abbé Dicquemare, dédié à l'abbé Nollet, in-4. Le cosmoplane est un instrument de géographie et de cosmographie. III Plus de soixante-dix mémoires insérés dans le *Journal de physique* depuis 1772 jusqu'en 1789. Il mourut le 22 mars de cette même année.

DIDOT (François-Ambroise), célèbre imprimeur, né à Paris en 1730, perfectionna l'art typographique, et donna des éditions très-recherchées en France et chez l'étranger. Ce fut dans son imprimerie qu'on fit, en 1780, les premiers essais, en France, d'impression sur papier vélin. Louis XVI le chargea de réimprimer, pour l'éducation du dauphin, un choix de classiques français dans les formats in-18, in-8 et in-4. Cette dernière édition a été continuée jusqu'à 31 volumes par son fils aîné. François Didot mourut le 10 juillet 1804. Il a laissé deux fils qui ont hérité du talent de leur père.

DIEREVILLE (......), voyageur français, né à Pont-l'Evêque en Normandie vers l'an 1670. Il se fit d'abord connaître par quelques poésies fugitives, insérées dans le *Mercure*. Il s'embarqua ensuite pour l'Amérique, et à son retour, en 1700, il publia son *Voyage d'Acadie*, ou *Nouvelle - France*, etc., dans lequel il parle de différentes nations sauvages, et donne une dissertation sur le castor, Rouen, in-12; Amsterdam, 1708, in-12.

DIESBACH (Jean), savant jésuite, naquit à Prague en 1729, fut professeur en différentes universités d'Allemagne, et enseigna les mathématiques à l'archiduc François, aujourd'hui François II. On a de lui plusieurs ouvrages, tels que : I *Institutiones philosophicæ de corporum attributis*, Prague, 1761, in-8, et 1764. II *Exegessis entomologica de Ephemerarum apparitione*, ibid., 1765, in-8. Il mourut le 2 décembre 1792.

DIETRICH, (Chrétien-Guillaume), habile peintre allemand, né à Weimar en octobre 1712. Il apprit les premiers rudimens de son art sous Thièle, et suivit, dans les grandes compositions, la manière de Both, de Wouvermans, et surtout, de Rembrandt ; et pour les paysages, celle de Berghem, Desjardins, Poëlembourg et d'Elzheimer. En 1745 il fit un voyage en Italie, où il étudia les grands maîtres. Ses tableaux les plus remarquables sont un *Christ* qu'on admire dans le cabinet de la reine de Pologne, et une *Adoration des mages*, qu'on a vue au musée à l'exposition de l'an 1801. Diétrich gravait à l'eau-forte et avec beaucoup de talent; son œuvre est composé de 160 planches. Il mourut en 1774.

DIÉTRICH (Philippe-Frédéric, baron de), minéralogiste, naquit à Strasbourg en 1748. Il fut membre de plusieurs académies, et occupa sous Louis XV et Louis XVI divers emplois, entre autres ceux de commissaire du roi pour les mines, bouches à feu et forêts du royaume, de secrétaire des Suisses et Grisons, etc. A travers mille contradictions au sujet de sa conduite dans les temps orageux, on ne sait rien de positif, sinon qu'en 1792 il était maire constitutionnel de Strasbourg, lorsque la municipalité de cette ville demanda l'inviolabilité du roi. Mandé à la barre, il s'enfuit en Suisse, et s'étant rendu à Paris en novembre, il se constitua prisonnier. Enfin, après avoir été traduit comme suspect devant plusieurs tribunaux, il fut condamné à mort par le tribunal révolutionnaire le 28 décembre 1793. On a de lui : *Vindiciæ dogmatis Grotiani de rescriptione*, et plusieurs traductions de l'allemand en français, sur différens sujets relatifs à la minéralogie et à la chimie.

DIMAS DE LA CROIX (le P.), carme déchaussé, dont le nom de famille était *Jacques Tonelli*, naquit à Monte-Leone en Toscane. Ayant été envoyé par ses supérieurs dans les missions de Perse, il s'y comporta avec tant de douceur et de zèle, qu'il s'y fit estimer même de ceux que leur religion rendait ennemis du nom chrétien. Il eut occasion d'y être utile à de pauvres Armé-

niens qui étaient débiteurs du gouvernement, et à qui on ne laissait d'alternative que la mort ou l'apostasie. Le P. Dimas et les carmes ses confrères trouvèrent le moyen de leur procurer une partie de l'argent qu'on exigeait, et parvinrent à leur obtenir la remise du reste. Dimas était vicaire à Ormus, sous la domination des Portugais, lorsque Chah-Abbas, aidé d'une flotte anglaise, en 1622, se rendit maître de cette ville. Le P. Dimas passa alors à Ispahan, pour remplir les mêmes fonctions qu'il avait à Ormus, et s'y attira la même considération. Le vicariat provincial de la mission ayant vaqué, il en fut pourvu, et demeura le reste de sa vie à Ispahan, chéri et vénéré du peuple, des grands, et du souverain lui-même. En 1634 le pape Urbain VIII ayant été instruit des vertus de ce Père, et des services qu'il rendait à la religion, le nomma évêque de Babylone, et, avec le bref de sa nomination, lui envoya les ornemens pontificaux et autres insignes de sa nouvelle dignité. L'humble religieux refusa ces honneurs. Il mourut à Ispahan le 23 décembre 1639. Adam Olearius, qui résida dans cette ville en qualité de secrétaire et de conseiller d'ambassade, et qui a écrit la relation de son voyage, parle du P. Dimas comme d'un modèle de piété, de charité et d'obligeance. Il se complaît a rapporter les services qu'il rendit à l'ambassade, et rendait journellement à tous les Européens que le commerce ou d'autres affaires amenaient en Perse. Dimas avait composé un *Vocabulaire persan-italien* qu'il donna à Imhof, chef des gentilshommes de l'ambassade. Celui-ci le traduisit en latin. Il avait promis de le faire imprimer : on ne sache point qu'il ait paru.

DINIZ DA CRUZ (Antoine), célèbre poëte lyrique, naquit à Castello-de-Vide, dans la province d'Alentejo, en 1730. Il étudia le droit à Evora ; mais les sérieuses occupations du barreau ne l'empêchèrent pas de cultiver la poésie. Aidé par les PP. oratoriens de Lisbonne, il y fonda une association littéraire sous le nom d'*Arcadie*, où il se fit d'abord connaître par une fameuse *ode* qu'il composa lors de l'attentat commis le 3 septembre 1759 contre la personne du roi Joseph, que les malveillans attribuèrent à quelques individus d'un ordre aussi respectable par ses lumières que par ses vertus. Cette ode, et celle qu'il fit ensuite pour la conception de la sainte Vierge, placent Diniz au rang des premiers poëtes portugais, et le firent regarder comme un digne émule de Pindare et d'Horace. Il donna ensuite un recueil d'*Héroïdes*, où il entreprit de célébrer les grands capitaines et les hommes d'état de sa patrie ; et un autre recueil de différens genres de poésies, sous le titre de *Métamorphoses*. Il composa en outre un poëme héroï-comique (*el Hisopo*), *le Goupillon*, qui n'a cependant aucune ressemblance avec *le Lutrin* de Boileau, mais qui est presque d'un égal mérite pour la composition, malgré la frivolité et le mauvais choix du sujet. Diniz, différent en cela du poëte français, parle toujours avec une espèce d'égard des ministres du culte. Plusieurs poésies de Diniz ont été imprimées à Paris en 1814. Il était contemporain du célèbre Garçam, et remplit plusieurs places importantes dans la magistrature. Il mourut à Rio-Janeiro vers 1798.

DIONIS DU SEJOUR (Achille-Pierre), conseiller de grand'chambre et magistrat estimé, était en même temps mathématicien et astronome. Il naquit à Paris le 11 janvier 1734, étudia sept ans chez les jésuites, et se fit connaître par les ouvrages suivans, qu'il composa de concert avec Goudin, son condisciple, intitulés, le premier : I *Traité des courbes algébriques*, Paris, 1756, 1 vol. in-12 ; et le second : II *Recherches sur la gnomonique, les rétrogradations des planètes, et les éclipses du soleil*, 1761, 1 vol. in-12. Ses autres ouvrages sont : III *Essai sur les comètes en général, et particulièrement sur celles qui peuvent approcher de la terre*, 1775. Lalande avait fait deux ans auparavant un mémoire sur le même sujet, qu'il ne put lire à l'académie ; mais le sujet en était connu, et donna lieu à l'ouvrage de Dionis. Le titre du premier répandit la terreur dans toute la France. Dionis fut un de ceux qui travaillèrent à rassurer les esprits, en signalant toutes les circonstances nécessaires du choc de la terre par une comète, et osa affirmer que la funeste rencontre, si elle doit pourtant arriver, ne peut avoir lieu pour un grand nombre de siècles. Cependant, lors de l'apparition de la comète de 1811, on oublia tout ce qu'avait dit Dionis sur ce sujet, et la frayeur fut telle, que les Parisiens surtout crurent voir dans cette comète l'avant-coureur de la fin du monde. On a aussi de Dionis : IV *Essai sur les phénomènes relatifs aux disparitions de l'anneau de Saturne*, 1776, in-8. V *Traité analytique des mouvemens apparens des corps célestes*, 1786, 1789, 2 vol. in-4. C'est un cours d'astronomie analytique, etc., etc. Il fut reçu conseiller au parlement en 1758, et à l'académie des sciences en 1765. Les éclipses n'avaient jamais été traitées avec tant de détails que par cet astronome laborieux. Les malheurs de son pays et la fin tragique de plusieurs de ses collègues au parlement, hâtèrent sa mort, arrivée le 22 août 1794. Dionis était membre des académies de Stockholm, de Gottingue, et de la société royale de Londres.

DIONISI (Philippe-Laurent), savant italien, bénéficier de la basilique du Vatican, naquit à Rome en 1711. Il était versé dans les langues latine, grecque et hébraïque, et dans tout ce qui appartient à l'érudition ecclésiastique. Il avait travaillé avec l'abbé Martinetti à la formation du *Bullario vaticano*, et la préface de ce grand ouvrage est de sa composition. Il a donné en outre : I *Sacrarum vaticanæ basilicæ cryptarum monumenta*, avec 83 planches, Rome, 1773, in-fol. II *Antiquissimi vesperarum paschalium ritûs expositio; de sacro inferioris ætatis processu dominicæ resurrectionis Christi, ante vesperas, in vaticanâ basilicâ usitato, conjectura*; sans nom d'auteur, in-fol., Rome, 1780. III Différens *mémoires* sur plusieurs bénéficiers de l'église vaticante, des *lettres*, des *notes* relatives à divers sujets. Dionisi mourut à Rome le 11 mars 1789, estimé et regretté des savans.

DITMAR (Théodore-Jacques), professeur d'histoire et de géographie à Berlin, y naquit en 1734. Ses principaux ouvrages sont : I *Description de l'ancienne Egypte*, Nuremberg, 1779, in-4. II *Sur l'état du pays de Chanaan, de l'Arabie et la Mésopotamie, depuis Abraham jusqu'à la sortie d'Egypte*, Berlin, 1786, in-8. III *Histoire des Israélites jusqu'à Cyrus, avec un supplément qui* contient *l'histoire ancienne des Assyriens, des Mèdes, des Babyloniens*, etc., ibid., 1788, in-8. IV *Sur les peuples anciens du Caucase, patrie des Chaldéens et des Phéniciens*, 1790 (2e édition). Il mourut en 1791.

DIXMAIRIE (Nicolas Bircaire de la) naquit à Motte-d'Attancourt, en Champagne, vers 1731, vint jeune encore se fixer à Paris, où il a publié les ouvrages suivans : I *Contes philosophiques et moraux*, 1765, 1769, 2 vol. in-12. II *Les deux Ages du bon goût et du génie sous Louis XIV et sous Louis XV*, 1769, in-8. C'est un parallèle entre le 17e et le 18e siècle „ où le premier, d'après les principes philosophiques du jour, est sans cesse sacrifié au dernier. II *L'Espagne littéraire*, 1774, 4 vol. in-12, dont M. de Cubières a donné une nouvelle édition augmentée, sous le titre de *Lettres sur l'Espagne*, 1810, 2 vol. in-12. Cet ouvrage, qui manque absolument de critique, est très-inférieur à l'*Histoire de la littérature espagnole* de Bouterweck (traduite en français, 1802), et à celle de M. Sismondi (*Histoire de la littérature du midi de l'Europe*, 1814). III *La Sibylle gauloise, ou la France telle qu'elle fut, telle qu'elle est, et telle qu'elle pourra être*, 1775, in-8. Il a écrit aussi un *Eloge* de Voltaire, un autre de Montaigne, plusieurs romans, comme *Toni et Clairette* (1773); un *Discours sur l'origine, les progrès et les guerres des Gaulois*, Paris, 1797, 4 vol. in-18. Il a eu part à l'ouvrage de Goguet sur l'*Origine des lois*, et a fourni quelques poésies à l'*Almanach des Muses*. Dixmairie est mort subitement le 26 novembre 1791.

DJAAFAR-KHAN était neveu

du célèbre Kerim, souverain de la Perse, et fils de Sadic, successeur de Kerim, qui le nomma gouverneur de Beiboun et de Chester en 1779. Ce dernier ayant été détrôné et assassiné par Aly-Moûrad-Châ, en 1781, Djaafar se soumit aussitôt à l'usurpateur. Après la mort de celui-ci, en 1781, il voulut monter sur le trône; mais il trouva un puissant compétiteur dans l'eunuque Aghâ-Mohammed, oncle de Fath-Aly, empereur actuel de la Perse, dont la domination était partagée entre les deux concurrens ambitieux. Contraint de fuir devant son ennemi, il ne put échapper au fer et au poison de deux conspirateurs qui le firent périr à Chyrâz le 14 mai 1788. Son fils mourut en combattant contre Aghâ-Mohammed, en 1794; et en lui finit la dynastie des Zends, fondée en Perse par le Vélil Kerim-Khan en 1750.

DJEZZAR (Ahmed), pacha d'Acre et de Saïde, surnommé le *Boucher*, nom dont il se vantait lui-même, et que lui méritèrent ses cruautés. Il était né en Bosnie, et s'était vendu dans sa jeunesse à un marchand d'esclaves qui le conduisit en Egypte où l'acheta le célèbre Aly Bey, et d'esclave mamelouck, il parvint à la dignité de gouverneur du Caire. Doué d'intelligence et de valeur, et la fortune lui étant toujours propice, il obtint les faveurs de la Porte, qui le nomma pacha d'Acre et de Saïde. Il acheva la ruine des rebelles, en réprimant les Bédouins de Sagr, en abaissant les Druses, en détruisant la famille du cheick, et presque tous les Montoûalis. Ces services lui valurent, en 1785, les trois queues, et le titre de visir. Il sut reculer les états qu'il gouvernait comme souverain, malgré tous les efforts de la Porte, de laquelle il ne voulut plus dépendre. Djezzar exerçait les plus horribles vexations sur les habitans de la Syrie, lorsque l'armée française arriva en Egypte. L'officier que Buonaparte lui envoya fut congédié sans réponse, et tous les Français qui se trouvaient à Acre furent mis dans les fers. La Porte, forcée de céder aux circonstances, l'ayant élevé à la dignité de pacha d'Egypte, Djezzar fit tous les préparatifs pour s'opposer aux Français. Battu et chassé de toutes les places, il se retira à Saint-Jean-d'Acre, où Sidney-Smith vint ranimer son courage, tandis que M. Phélippeaux, officier émigré français, s'étant chargé de la défense de la place, obligea les Français à lever le siége (le 21 mai 1799) après 61 jours de tranchée ouverte. Dans plusieurs sorties que fit Djezzar, il montra une rare valeur, et fit plier plusieurs fois les ennemis. Le grand visir arriva en Syrie vers la fin de la même année; mais des querelles si violentes s'élevèrent entre lui et le pacha, que leurs armées finirent par en venir aux mains. Lors du départ des Français de l'Egypte, Djezzar, malgré les rapports défavorables du grand visir auprès de la Porte, resta dans son gouvernement, dans lequel il exerça toujours un pouvoir despotique jusqu'à sa mort, arrivée en 1804. D'après le rapport d'un voyageur anglais qui visita Acre en 1801, « Djezzar était » à la fois son ministre, son chan- » celier, son secrétaire, souvent » même son cuisinier, et quelque- » fois encore juge et bourreau. » Il tenait ses femmes dans le plus dur esclavage; plusieurs de ses domestiques étaient mutilés de toutes les manières. Lorsque pour défendre Baïrout de l'invasion des Russes, il en fit reconstruire l'enceinte, il fit mourir de la manière la plus cruelle quantité de personnes du rite grec. Le gouvernement français, voulant rétablir ses rapports commerciaux avec le Levant, chargea le colonel Sébastiani d'un message auprès de ce pacha. Il portait le vêtement d'un simple Arabe, reçut fort bien le colonel français, et lui dit, entre autres choses : « On dit que Djezzar est » un homme cruel, mais, en atten- » dant, je n'ai besoin de personne, » et l'on me recherche. Je suis né » pauvre ; mon père ne m'a légué que » son courage. Je me suis élevé à » force de travaux ; mais cela ne me » donne pas d'orgueil ; car tout finit, » et aujourd'hui peut-être, ou de- » main, Djezzar finira.... parce que » Dieu l'a ainsi ordonné. Le roi de » France qui était puissant a péri ; » Nabuchodonosor, qui était le plus » grand roi de son temps, a été tué » par un moucheron. »

DOBRITZHOFFER (Martin), jésuite allemand, alla comme mis- sionnaire au Paraguay, où le général de la compagnie, en vertu d'une permission accordée par le roi Phi- lippe V, en 1735, pouvait envoyer un quart de religieux nés en d'au- tres pays qu'en Espagne. Après 22 ans de pénibles travaux, le P. Do- britzhoffer revint en Europe, et publia *Historia de Abiponibus, equestri bellicosâque Paraquariæ natione*, etc., Vienne, 1783-84, 3 vol. in-4, avec cartes et figures. Cet ouvrage parut en même temps traduit en allemand par A. Kreil, professeur à Pest. Il mourut en 1791.

DODSON (Michel), avocat an- glais, né à Marlborough, dans le comté de Wilts, en 1732, était re- nommé parmi ceux de sa profession, pour la sagesse de son conseil. Il fut nommé en 1770 l'un des commis- saires des banqueroutes. Il faisait son étude favorite des saintes Ecritures, et sous ce rapport, son nom appar- tient à la biographie ecclésiastique. Il était de la société biblique établie en Angleterre en 1783 pour pro- pager la connaissance des livres sacrés. Il publia en 1790 une *Nouvelle traduction d'Isaïe, avec des notes, pour faire suite à celles du docteur Lowth, et des observations sur quelques parties de la traduction et des notes de ce savant évêque par un laïque.* On a encore de lui la *Vie de sir Michel Forster,* son oncle, réimprimée dans la nouvelle édition de la *Biographia britannica,* in-fol. Son sentiment était que chacun a le droit d'interpréter l'Ecriture sainte à sa manière, et n'a besoin pour cela que de sa propre raison. Il mourut à Londres en 1799. On dit qu'il était unitaire.

DOEDELEIN (Jean-Alexandre), historien et antiquaire, né à Weis- sembourg, en Franconie, en 1675. Il était recteur du collége de cette ville, et membre de différentes aca- démies. Nous indiquerons ses prin- cipaux ouvrages, tous remarquables par les recherches et l'érudition. I *Commentatio historica de num- mis Germaniæ mediæ bractealis et cavis, accessit disquisitio de pecuniæ medii ævi valore nummo- rumque nostræ ætatis origine,* Nuremberg, 1729, in-4. II *De* Θηριομαχία, *Paulina;* dissertation écrite en grec, et le sujet d'une thèse qu'il soutint dans la même langue à Altorf, sur le passage dans lequel saint Paul dit qu'il combattit à Éphèse contre les bêtes. III *Pro- gramma de nummorum antiquo- rum maximè in omni re litterariâ usu aliorumque præ aliis prestan- tiâ,* Weissembourg, 1741, in-4,

IV *Traces existantes au centre de l'Allemagne, d'antiquités sacrées, russes-sclavones*, en allemand. Il mourut en 1745.

DOEDERLEIN (Jean-Christophe), ministre et professeur luthérien, né à Windsheim en Franconie le 20 janvier 1746, acheva ses études à l'université d'Altorf et y prit ses degrés. Il savait les mathématiques, les langues orientales, et il avait fait une profonde étude de la théologie. Choisi d'abord pour exercer à Windsheim les fonctions de diacre, il obtint ensuite à Altorf une chaire de théologie qu'il occupa jusqu'en 1782 [1]. Les succès qu'il y eut et un beau talent comme prédicateur, avaient commencé sa réputation; les savans ouvrages qui sortirent de sa plume l'achevèrent. L'université d'Iéna désira de se l'attacher; il y passa en 1782, et y succéda au célèbre docteur Griesbach, nommé à une autre chaire. Parmi les nombreux écrits qu'il a laissés, nous citerons: I *Esaias ex recensione textûs hebræi*, Altorf et Nuremberg, 1775, in-8. C'est une traduction latine de ce prophète, avec des notes critiques. Il y en eut deux autres éditions avec des additions, 1780 et 1789. II *Proverbes de Salomon*, traduits en allemand, aussi avec des notes, 1778, in-8, réimprimés avec des changemens. III *L'Ecclésiaste* et le *Cantique des Cantiques*, trad. en allem., avec des notes, 1784 et 1792, in-8. IV *Institutio theologi christiani*,

[1] Suivant la *Biographie universelle*, Doederlein aurait été attaché à l'université d'Altorf pendant vingt ans. Cette même Biographie cependant place en 1772 le temps où il commença à enseigner, et le fait passer en 1782 à l'université d'Iéna. Il faudrait donc réduire à dix ans le temps qu'il enseigna à Altorf. D'ailleurs il avait vingt-six ans lorsqu'il commença à enseigner, et il n'était âgé que de quarante-six quand il mourut à Iéna en 1792. S'il avait enseigné vingt ans à Altorf, il ne resterait rien pour son séjour à Iéna.

souvent réimprimée. V *Summa institutionis theologi christiani*, 1782, in-8; plusieurs autres éditions : il en a paru une nouvelle rédaction en allemand, sous le titre de *Doctrine chrétienne accommodée aux besoins de notre temps*, Nuremberg, de 1785 à 1802. Les six dernières parties n'ont été publiées qu'après la mort de Doederlein. VI *Opuscula theologica*, Leipsig, 1789, in-8. VII *Bibliothèque théologique*, en allemand, Leipsig, de 1780 à 1792, 4 vol. in-8. VIII *Journal théologique* en allemand, Iéna, 1792, 1 vol. in-8. IX *Biblia hebraica.... cum variis lectionibus*, Leipsig, 1793, in-8. X des *Sermons*, des *Dissertations* et divers autres écrits. Doederlein contribua à l'introduction du nouveau système théologique, qui prévaut aujourd'hui dans les universités d'Allemagne, et qui, détruisant les principes fondamentaux sur lesquels les premiers réformateurs avaient établi la croyance protestante, menace en même temps d'y renverser le christianisme. Doederlein ne tarda pas d'entrevoir les fatales conséquences de cette doctrine nouvelle. Il se repentit d'avoir contribué à sa propagation, et, s'il eût vécu, s'en repentirait vraisemblablement bien plus aujourd'hui, qu'il n'y a plus de doute sur les suites fâcheuses qu'il avait prévues. Il mourut à Iéna le 2 décembre 1792, âgé de 46 ans. Ses écrits, revêtus d'un style pur et élégant, portent l'empreinte d'une érudition vaste, d'une critique judicieuse, et d'une grande facilité de travail.

DOLOMIEU (Déodat-Guy-Sylvain-Tancrède GRATET, marquis de), généalogiste et minéralogiste, naquit à Dolomieu en Dauphiné le 24 juin 1750. Dès le berceau il fut admis dans l'ordre de Malte, et entra à 15 ans dans les carabiniers.

S'étant rendu à Malte il entreprit plusieurs voyages en Sicile et dans l'Italie, où il fit d'utiles découvertes relatives aux sciences qu'il professait. De retour en France, il se laissa entraîner par le torrent de la révolution, et fut de l'expédition d'Egypte. La flotte française s'étant arrêtée sur les côtes de Malte, il eut, pour le moins, l'imprudence de se charger d'une mission auprès du grand maître, dont le but était la remise de l'île aux Français. Ce procédé de la part d'un chevalier de Malte, contre l'ordre dont il était membre, et qu'il avait juré de défendre, lui attira le blâme de toute l'Europe. Après avoir séjourné quelque temps en Egypte qu'il parcourut en grande partie, faisant toujours de nouvelles découvertes, soit géologiques, soit minéralogiques, il s'embarqua, pour revenir en France, le 7 mars 1799. Une furieuse tempête l'obligea d'aborder à Tarente. La France était alors en guerre avec Naples. Pris avec les autres Français, il fut jeté dans une prison, d'où il sortit après vingt-un mois de captivité, en vertu du traité que la France avait conclu avec Ferdinand IV. Arrivé à Paris, il occupa au Muséum la chaire de minéralogie, vacante par la mort du fameux Daubenton. Dans un voyage qu'il fit en Savoie, il tomba dangereusement malade, et mourut d'une fièvre maligne le 26 novembre 1801, sans s'être lavé d'une tache qui, malgré ses talens, ternira toujours sa mémoire. Ses principaux ouvrages sont : I *Voyage aux îles de Lipari*, suivi d'un *mémoire sur une espèce de volcan d'air, et d'un autre sur la température du climat de Malte*, Paris, 1783, 1 vol. in-8. II *Mémoire sur le tremblement de la Calabre*, brochure in-8, Rome,

1784. III *Mémoire sur les îles Ponces, et Catalogue raisonné des produits du mont Etna*, Paris, 1788, 1 vol. in-8. IV *Mémoires sur les volcans éteints du Val-di-Noto* (en Sicile), *Précis d'un voyage fait à l'Etna en juin 1781, et Description des îles Cyclopes* ou *de la Trizza* ; dans l'édition italienne des œuvres de Bergmann, Florence, 1789, etc., etc. Il a donné, en outre, plusieurs dissertations intéressantes dans le *Journal de physique*, et des descriptions particulières de certaines localités, etc.

DOMAIRON (Louis), jésuite, né à Béziers le 25 août 1745. S'étant rendu à Paris, il fut nommé professeur de l'Ecole royale militaire, puis membre de la commission des livres classiques, et inspecteur de l'instruction publique. Outre un ouvrage intéressant sur la marine, imprimé en 1781, il a laissé : I *le Libertin devenu vertueux*, 1777, 2 vol. in-12. II *Principes généraux de belles-lettres*, 1785—1802, 3 vol. in-12. C'est de cet ouvrage que sont extraits, 1° *la Rhétorique*, 1812, in-12 ; 2° *la Poétique*, 1805, in-12. III *Atlas portatif, composé de vingt-huit cartes, augmenté des élémens de géographie*, 1786, 1802 ; in-8, etc. Il est mort le 16 janvier 1807.

DOMBAY (François de), orientaliste, conseiller de la chancellerie secrète, et interprète de cour de l'empereur d'Autriche, naquit à Vienne en 1758. On a de ce savant : 1 *Histoire des rois de la Mauritanie*, qui comprend depuis le milieu du 8e siècle jusqu'au commencement du 14e, Agram, 1795, 2 vol. in-8. II *Philosophie populaire des Arabes, des Persans et des Turcs*, Agram, 1797, in-8. III *Histoire des shérifs*, c'est-à-dire *des princes de la maison régnante de Maroc*, Agram, 1801, in-8. Tous ces ouvrages sont en allemand. Il a aussi publié une *Grammatica mauro-arabica*, 1800, et *Grammatica linguæ persicæ*, 1804. Dombay est mort le 21 décembre 1810.

DOMBROWKA, qu'on peut appeler la *Clothilde* des Polonais. Cette princesse, fille de Boleslas Ier, roi de Bohême, épousa Miecislas, duc de Pologne, à condition que lui et son peuple embrasseraient la religion chrétienne. Dombrowka se rendit à Gnesne, accompagnée d'un grand nombre de prêtres slaves, qui prêchèrent la foi aux Polonais. Miecislas reçut le baptême avec plusieurs seigneurs de sa cour, et fit publier un édit qui ordonnait, sous peine de mort, à ses sujets de quitter le paganisme. Elle eut de son mariage, entre autres enfans, Boleslas; dit l'Intrépide, premier roi de Pologne. Dombrowka mourut en 976.

DONADO (Hernan-Adrien), de l'ordre des carmes déchaussés, naquit à Cordoue en 1535. Il fut un des plus habiles peintres de l'Espagne, et exécuta plusieurs tableaux pour l'église de son couvent, où l'on admire encore un *Crucifiement* et une *Madeleine pénitente*, ouvrages qui ne seraient point indignes du Titien. Il mourut en 1630.

DONALD Ier, roi d'Ecosse, prince sage et vertueux, fut le premier souverain d'Ecosse qui embrassa la religion chrétienne (en 187); mais il ne put parvenir à déraciner entièrement le paganisme dans ses états. Il fut, ainsi que les Pictes, en guerre avec les Romains. Il conclut enfin la paix avec l'empereur Septime Sévère, et mourut en 216, après avoir régné 21 ans.

DOPPET (François-Amédée), né à Chambéry en mars 1753. Il fut d'abord militaire, et servit dans les gardes françaises; il étudia ensuite la médecine, et se fit recevoir docteur à Turin. S'étant rendu à Paris, il se fit connaître à la fois comme médecin, comme poëte et romancier. Doppet fut un des plus ardens partisans de la révolution. Il alla en prêcher les principes à Grenoble, où l'on imprima plusieurs de ses discours incendiaires. De retour à Paris, il y fonda le *club* des étrangers, et la fameuse *légion des Allobroges*, dont il fut nommé colonel. Il travailla aux *Annales patriotiques* de Carra et Mercier, depuis janvier 1792 jusqu'à la funeste journée du 10 août, à laquelle il prit une part très-active. Membre de l'assemblée nationale de la Savoie, il y provoqua la réunion de cette province à la France, et fut un des quatre députés qu'on envoya (1792) à la convention pour cet objet. Il servit sous Carteaux en qualité de général de brigade dans la guerre dite *du fédéralisme*. Nommé général de l'armée des Alpes, il dirigea le siége de Lyon, entra dans cette malheureuse ville le 9 octobre 1793. On assure ou l'on prétend qu'il fit tous ses efforts pour empêcher le pillage et les massacres. Il commença ensuite le siége de Toulon, d'où il passa à l'armée des Pyrénées orientales. Il repoussa d'abord les Espagnols; mais, étant tombé malade, le général Dugommier le remplaça dans le commandement. Après la mort de Dagobert, il fut mis à la tête des troupes qui étaient dans les deux Cerdagnes. Il entra alors en Catalogne, enleva plusieurs places, et eut à soutenir des combats très-sanglans. Battu à son tour sur plusieurs points par le général espagnol

Urrutia, il en accusa injustement les généraux Delâtre et Davoust, dans une lettre adressée à la convention, et signée *le sans-culotte* Doppet, titre dont ce général s'honorait le plus. Il quitta le commandement le 28 septembre 1794, peu de jours avant que le ministre espagnol Godoy conclût la paix avec les commissaires de la république, et au moment même où l'armée française allait être cernée par les Espagnols entre le Roussillon et la Catalogne. (*Voy.* UR- RUTIA, *Supp.*) La chute des jacobins le laissa long-temps sans emploi; mais en 1796 il fut nommé au commandement de Metz, qu'il ne conserva pas long-temps. Après le 18 fructidor il fut nommé au conseil des cinq-cents; mais la loi du 22 floréal annula cette élection. Depuis lors il est resté oublié; et il mourut à Aix, en Savoie, en 1801. Ce général était brave, mais sans talens militaires. Il ne fut point sanguinaire, et la faiblesse de sa tête fut la cause principale de cet enthousiasme républicain qu'il portait jusqu'au délire. Il publia plusieurs romans, des poëmes et autres ouvrages, parmi lesquels nous citerons : I *Traité théorique et pratique du magnétisme animal*, Turin, 1784, 6 vol. in-8. II *Oraison funèbre de Mesmer et son testament*, Genève et Paris, 1785, in-8. III *Le Médecin philosophe*, 1786. C'est une déclamation contre les vendeurs et distributeurs de remèdes secrets. IV *Des moyens de rappeler à la vie les personnes qui ont toutes les apparences de la mort*, Chambéry, 1787, in-8. V *Etat moral, civil et politique de la maison de Savoie*, Paris, 1791, in-8, traduit en allemand, 1793, in-8. VI *Mémoires politiques et littéraires du général Doppet*, Carouges, 1797, in-8.

C'est son meilleur ouvrage. Il a également publié plusieurs brochures sur la Vendée et sur la révolution.

DOTTEVILLE (Jean-Henri), né à Palaiseau, près de Versailles, le 22 décembre 1716, entra dans la congrégation de l'Oratoire, « où, dit » Bossuet, on obéit sans dépendre, on » gouverne sans commander. » Pendant la révolution il vécut obscur et tranquille dans les environs de Versailles, et il mourut le 25 octobre 1807. Il a laissé : I *Traduction de Salluste*, avec la vie de cet historien et des notes critiques. La cinquième édition est de 1806, in-12. Cette traduction, excellente par elle-même, est considérée comme le meilleur ouvrage du P. Dotteville. II *Histoire de Tacite*, en latin et en français, avec des notes sur le texte, 1772, 2 vol. in-12. III *Annales de Tacite, Règnes de Claude et de Néron*, 1774, 2 v. in-12; *Règnes de Tibère et de Caligula*, 1779, 2 vol. in-12. Il donna ensuite la traduction entière de Tacite; mais la vie de cet historien, celle d'Agricola et les mœurs des Germains sont de l'abbé de la Bletterie, 4e édition, 1779, 7 vol. in-8. Le P. Dotteville, n'ayant pu se déterminer à les traduire, a lié, par un supplément ou abrégé, les événemens décrits dans les annales, avec le commencement des histoires. Toutes ces traductions sont généralement très-estimées, et recommandables par le style, l'exactitude et les notes savantes qu'elles renferment.

DOUBLET (François), docteur régent de la faculté de médecine de Paris, et ensuite professeur à l'école de santé de la même ville, naquit à Chartres, en 1751; il fut reçu docteur de médecine à Paris, et ce fut par son conseil qu'on établit l'hospice de Vaugirard, destiné au traitement des enfans trouvés, et dont il fut nommé

médecin. Ses ouvrages les plus intéressans sont : I *Observations faites
dans les départemens des hôpitaux
civils*, Paris, 1788, 4 vol. in-8, quatrième édition. II *Nouvelles recherches sur la fièvre puerpérale*, 1791,
in-8, publiées par ordre du roi. III
*Mémoire sur la nécessité d'établir
une réforme dans les prisons, et
sur les moyens de l'opérer*, Paris,
1791, etc. Doublet mourut à Paris,
le 5 juin 1795, à peine âgé de 44
ans.

DOUGLAS (Jean), évêque de l'é-
glise anglicane, né l'an 1721 à Pit-
tenween en Écosse, fit ses études à
l'université d'Oxford. Attaché en
1744, en qualité de chapelain, au
troisième régiment des gardes à pied,
alors en Flandre avec l'armée des
alliés, il se trouva l'année suivante
à la bataille de Fontenoy. A son
retour en Angleterre, il occupa plusieurs emplois ecclésiastiques. Lord
Bath lui ayant proposé d'accompagner son fils dans ses voyages, il accepta cette charge, et s'en acquitta à
la satisfaction de ce seigneur, qui,
en récompense, lui fit avoir quelques
bénéfices. Il dut à la même protection
le canonicat de Windsor, qu'il obtint en 1762. Ce lord, en mourant, lui légua sa bibliothèque.
Douglas avait des connaissances assez
étendues en différens genres, et particulièrement dans les antiquités. Dès
1778 la société rurale de Londres,
et celle des antiquaires de la même
ville, se l'étaient agrégé. En 1787 il
fut nommé l'un des gardiens du musée britannique, et promu à l'évêché
de Carlisle, d'où il passa au siège de
Salisbury. Il mourut en 1806, âgé de
86 ans. On a de lui : I *Criterium mi-
raculorum*, 1753, in-8 ; c'est une dissertation en forme de lettre adressée à
un correspondant anonyme (le docteur Adam Smith), au sujet des mira-

cles dont M. Hume venait d'attaquer
l'autorité, dans ses *Essais philosophiques*. Douglas le réfute d'une manière victorieuse, et défend la cause de
la religion avec avantage et talent : ce
traité fut réimprimé en 1806. II *Milton vengé de l'accusation de plagiat
portée contre lui par M. Lauder*,
1760. Douglas examina attentivement
les citations de Lauder, et en découvrit la fausseté. Lauder fut obligé
de convenir du délit : on exigea de
lui la rétractation authentique de son
écrit. (*Voy.* LAUDER). Ce fut aussi
le docteur Douglas qui démasqua
Archibold Bower, d'abord jésuite,
et ensuite apostat. *Voyez* BOWER.

DOW (Alexandre) naquit en
Écosse vers 1720 ; il était fils d'un
négociant, et destiné à suivre l'état
de son père, lorsque par suite d'un
duel il fut contraint de s'expatrier.
Il servit en qualité de matelot dans
les vaisseaux de la compagnie des
Indes ; par sa conduite et ses talens,
il devint secrétaire du gouverneur
de Bencouler. Il était colonel lorsque lord Clive jetait les fondemens
de la puissance des Anglais dans
l'Inde. Dans la cruelle persécution
que souffraient les habitans, Dow fut
un de ces officiers qui se prononcèrent
toujours contre les mesures rigoureuses, sanctionnées par l'ambition
et la politique, mais réprouvées par
la justice et l'humanité. Dow était
versé dans plusieurs langues orientales. De retour en Angleterre, il
publia son ouvrage intitulé : *History of Hindoostan*, traduite du
persan, 1768-1770 ; il fit paraître
le troisième volume deux ans après
la dernière édition ; et c'est lui qui
a eu le mérite d'avoir donné en langue européenne la première histoire
authentique des principales dynasties
musulmanes dans l'Inde. Dans la dissertation placée à la tête de cet im-

portant ouvrage, on trouve des renseignemens exacts sur la langue, le caractère, les livres sacrés et la religion des Indous. Cette dissertation a été traduite en français par Berger, Paris, 1769, in-12; et l'*History of Hindoostan* fut réimprimée en 1793, 3 v. in-8. Il traduisit aussi des contes persans, sous le titre de *Tale of Inet Ullah of Dehly*, 1768, 2 vol. in-12, traduits en français et publiés en 1769, 2 vol. in-12. Dow mourut dans l'Inde en 1779.

DOYEN (Gabriel-François), peintre, naquit à Paris en 1726; il étudia d'abord dans l'école de Vanloo, se rendit à Rome en 1748, où il choisit pour modèles les chefs-d'œuvre des grands maîtres, et plus particulièrement Carrache, Cortone, Jules Romain, Michel-Ange, etc. Il parcourut ensuite l'Italie, et revint à Paris en 1755. Les ouvrages qu'il exécuta à Paris, sont: *la mort de Virginie*, tableau qui le fit agréer à l'académie de peinture en 1758; *la peste des ardens*, pour l'église de Saint-Roch; tableau qui est regardé comme le chef-d'œuvre de Doyen; *le triomphe de Thétis sur les eaux*, entrepris par ordre de la cour; *la mort de saint Louis*, pour la chapelle de l'École militaire. Au commencement de la révolution il passa en Russie, et la czarine le nomma professeur de l'académie de peinture de Pétersbourg. Il y exécuta plusieurs ouvrages, soit à l'huile, soit à fresque, dignes de sa réputation. Cet habile artiste se fit surtout remarquer par la beauté du coloris et l'expression des figures. Il mourut à Pétersbourg en 1806.

DRATSOU − BAGDHASAR, savant arménien, né vers 1640. Il était instruit dans les langues turque, persane et grecque; et ayant hérité de son ami Eremie Tchelebi plu-

sieurs manuscrits, il les avait mis en ordre, et allait les publier, lorsqu'il mourut vers 1720. Les deux premiers de ces écrits se trouvent à la Bibliothèque du roi, et sont intitulés: 1 *Histoire de la révolution de Constantinople*, en 1703. II *Vie d'Avedick, patriarche arménien, surnommé le Cruel*. III *Abrégé historique des rois d'Arménie, des dynasties haïkienne, arsacide, pacratide et péruvienne*.

DRENGOT. C'est le nom du premier des aventuriers normands qui fondèrent le royaume de Naples. Ayant éprouvé quelques vexations dans sa patrie, et se trouvant sans fortune, il partit vers l'an 1016, avec ses quatre frères, leurs fils et leurs petits-fils, et alla avec eux chercher fortune en Italie. Plusieurs de ses compatriotes se joignirent à lui; et quand il arriva au mont Gargano, où devait se terminer son pélerinage, il était déjà à la tête de cent cavaliers. Il s'engagea, avec cette petite troupe, au service de Melo de Bari, riche seigneur de l'Apulie, ancien ennemi de l'empereur de Constantinople. Malgré les nombreuses troupes des Grecs, Drengot remporta sur eux trois victoires signalées. Il avait alors sous ses étendards près de trois cents Normands, sans compter les soldats de Melo de Bari. Battu enfin à Cannes, le 1er octobre 1019, dix seulement de ses chevaliers restèrent en vie, et lui-même périt dans le combat. Reinolfe, son frère, rassembla de nouveaux pélerins normands, qui, chaque année, arrivaient en foule en Italie. C'est avec leur secours que Reinolfe fonda le comté d'Averse, et conquit la principauté de Capoue, qui fut depuis lors le centre où les Normands combinaient toutes leurs expéditions.

DROZ (Pierre - Jacques), habile mécanicien, né à la Chaux-le-Fond, dans le comté de Neufchâtel, le 28 juillet 1721. Tout en s'occupant de la résolution du problème chimérique du mouvement perpétuel, il inventa une pendule qui, au moyen de deux métaux inégalement dilatables, pouvait marcher sans être remontée, tant que les pièces n'en étaient pas détériorées par le frottement. Il alla présenter cette pendule au roi d'Espagne ; et ce monarque, d'après l'examen d'une commission d'artistes, l'acheta, et accorda une pension à l'ingénieux inventeur. Il exécuta ensuite une mécanique encore plus extraordinaire : c'est l'automate écrivain. L'articulation de la main et des doigts était sensible à l'œil, et assez régulière pour former des caractères agréables. Le mécanisme qui la faisait agir était dans l'intérieur. M. Maillarder a exécuté à Londres un automate à peu près semblabe. Droz travaillait à une pendule astronomique lorsqu'il mourut à Bienne en 1790.

DUBOIS (Jean), habile sculpteur, né à Dijon en 1626 ; ses principaux ouvrages se trouvent dans cette ville, et sont les statues de *saint Etienne* et de *saint Médard,* qu'on voyait au portail de la cathédrale ; le *tombeau* de Pierre Odelbert ; les statues de *saint André* et de *saint Yves,* à la Sainte-Chapelle ; le *mausolée* de Claude Boucher, intendant, aux Carmes ; le *tombeau* de Marguerite – Marie, aux Minimes, etc. ; le *buste* du chancelier Boucherat, à Paris, etc. Il mourut à Dijon le 29 novembre 1694.

DUBOIS (........), voyageur français, né vers 1640. Il partit de Port-Louis en 1661, revint en France en 1673, et publia l'ouvrage suivant : *Voyages faits par le sieur D. B. aux îles Dauphines ou Madagascar, et Bourbon ou Mascareigne, ès années* 1669, 1670, 1671, 1672, *où il est traité du Cap-Vert, de la ville de Surate, des îles de Sainte-Hélène et de l'Ascension, ensemble les mœurs, religions, forces, gouvernemens et coutumes des habitans desdites îles, avec l'histoire naturelle du pays,* Paris, 1674, in-12. Cette relation contient des choses intéressantes ; et si elles ont perdu en partie de leur nouveauté, elles servent au moins pour comparer ce qui était alors avec ce que nous connaissons aujourd'hui.

DUBOIS DE CRANCÉ (Edmond-Louis-Alexis), ardent révolutionnaire, né à Charleville en 1747, d'une bonne famille bourgeoise. Ayant entré dans les mousquetaires à l'aide de titres qu'on jugea insuffisans, il fut contraint de quitter ce corps, et obtint une place de lieutenant des maréchaux de France. Dès 1788 il se jeta dans la révolution par calcul et par la haine qu'il portait aux nobles, depuis l'aventure désagréable qui lui était arrivée. Rejeté par la noblesse de son pays, et nommé député par le tiers état du bailliage de Vitry aux états généraux (1789), Dubois se plaça parmi les plus factieux révolutionnaires, qu'on appelait le parti du Palais-Royal. On leur donna cette dénomination à cause de la place qu'ils occupaient dans la salle où ils se tenaient, et qui était à gauche du président. Quoiqu'ils ne fussent qu'au nombre de trente ou quarante individus, ils réussissaient presque toujours, par leur opiniâtreté et leurs manœuvres, à faire passer ou même rapporter les décrets d'après leurs vues et leurs principes démagogiques. Dubois montra cependant un certain modérantisme lorsqu'il proposa de proclamer le roi chef suprême de l'armée, et qu'il conservât le titre de roi de France; mais ses motions ne furent pas écoutées. On croit qu'il pensait comme plusieurs autres innovateurs de ces temps orageux, qui, tout en changeant l'ordre établi des choses, disaient qu'il fallait traverser la république pour revenir à la monarchie. Dubois fut élu membre de l'assemblée constituante : partisan des mesures les plus révolutionnaires, et malgré tous les efforts qu'il faisait pour se faire remarquer, il ne put obtenir qu'une réputation fort médiocre, même parmi ceux de son parti. Après la session il fut fait maréchal de camp; et ayant refusé de servir sous la Fayette, il servit en qualité d'officier dans la garde nationale parisienne, pendant l'année 1792. Appelé à la convention, il se rangea du parti de Danton, et eut part à toutes ses mesures atroces, qui lui firent enfin prendre un certain ascendant. Dans ses fonctions de commissaire de la convention, il destitua le général Montesquiou, qui commandait l'armée française sur les frontières de la Savoie, et qui s'enfuit à l'étranger au moment où Dubois avait fait porter un décret d'accusation contre lui. Il fut un des persécuteurs les plus acharnés de Louis XVI, et vota la mort de ce prince sans appel et sans sursis. Ce fut lui qui provoqua la première formation de l'armée républicaine, en faisant réunir les troupes de ligne aux bataillons de gardes nationales. Le mode d'avancement qu'il y fit établir par un décret, était tout en faveur de l'ancienneté, et non en faveur des talens : aussi, un vieux caporal qui

avait trente ans ou plus de service, devenait colonel en quinze ou vingt jours. Il fit ensuite décréter la première levée de 300,000 hommes. Envoyé pour réprimer l'insurrection de Lyon, ne pouvant rien obtenir des habitans, il résolut de faire le siége de cette ville. Il voulut en donner la direction à Kellerman; mais ce général s'en excusa, en prétextant que sa présence était nécessaire en Savoie pour repousser les ennemis qui menaçaient les frontières. Dubois fut obligé d'agir avec les troupes qui lui restaient, composées de divers bataillons de gardes nationaux, et de la garnison de Valenciennes, les Autrichiens s'étant rendus maîtres de cette place. Après avoir fait tirer quelque temps sur Lyon, Dubois de Crancé promit aux habitans une amnistie entière, s'ils voulaient lui livrer leurs administrateurs. Ceux-ci lurent eux-mêmes au peuple assemblé cette affreuse proposition, et la réponse, datée du 17 août 1793, fut un arrêté sanctionné par vingt mille signatures, dans lequel il était déclaré, au nom de la ville de Lyon, que ses administrateurs n'avaient jamais cessé d'avoir toute sa confiance. (Après la prise de Lyon, cette nomenclature devint une liste de proscription.) La convention fit de vifs reproches à Dubois de Crancé sur la lenteur du siége; celui-ci lui répondit en ces termes : « Le feu (des bombes) »a commencé hier à sept heures du »soir (24 août 1793), après trente »heures inutilement livrées à la ré- »flexion. Les boulets rouges ont »incendié le quartier de la porte »Saint-Clair. Les bombes ont com- »mencé leur effet à dix heures du »soir. A minuit il s'est manifesté de »la manière la plus terrible vers le »quai de la Saône; d'immenses ma-

»gasins ont été la proie des flammes ;
»et quoique le bombardement eût
»cessé à sept heures, l'incendie n'a
»rien perdu de son activité : on as-
»sure que Belle-Cour, la porte du
»Temple , la rue Mercière, la rue
»Turpin et autres sont incendiées :
»on peut évaluer la perte à deux
»cents millions. *Il en coûtera à la*
»*république une de ses plus impor-*
»*tantes cités et d'immenses acca-*
»*paremens de marchandises.* »
Cette dernière phrase ne plut pas
à la convention : on accusa Dubois
de *modérantisme ;* il fut rappelé
et arrêté : il recouvra cependant sa
liberté presque aussitôt, rentra dans
la convention et dans la société des
jacobins, où il continua à intri-
guer. Le club, craignant d'avoir des
ennemis dans son sein, résolut de
connaître les titres de ceux qui le
fréquentaient, et de faire quelques
questions aux jacobins. Dubois de
Crancé proposa celle – ci : *Qu'as-*
tu fait pour être pendu si la con-
tre - révolution arrive ? Ce sarcasme déplut infiniment à Robespierre, à Couthon et aux autres
terroristes, qui s'empressèrent de
renvoyer du club l'auteur de cette
question singulière. Mais on avait
besoin de militaires, ainsi il conserva quelque influence dans la convention, et il ne fut pas proscrit
avec Danton, quoiqu'il partageât ses
principes. A cette époque il fit décréter l'embrigadement des troupes.
Par une légèreté propre à certains
caractères, Dubois de Crancé s'en-
nuya d'être républicain, et après le
9 thermidor il commença à poursuivre les républicains et les fédéra-
listes avec le même acharnement
qu'il avait montré pour le malheureux Louis XVI. Il conserva cepen-
pant une haine implacable contre
les émigrés, et il les exclut de la

restitution qu'il proposa sur les
biens confisqués. Il revint bientôt à
son premier délire, intrigua partout, se mêla de tout, sans captiver
l'attention de personne. Il eut en
même temps quelques démêlés avec
Barrère, qui proclamait hautement
l'insuffisance active de son adversaire. Dubois de Crancé défendit
avec chaleur le directoire, qui le
nomma ministre de la guerre peu
avant le 18 brumaire. Il était alors
membre du conseil des cinq-cents.
Il se déclara contre Buonaparte, et
complota contre lui ; mais celui-ci
ayant triomphé, il se soumit, et se
présenta pour prendre ses ordres.
Le nouveau consul, qui n'ignorait
pas ses manœuvres, lui dit froidement : «*Je croyais que vous m'ap-*
»*portiez votre portefeuille ;* » et il
le renvoya. Dubois retourna alors
dans ses propriétés de campagne.
Les journaux français le firent mourir en 1800, et depuis en 1805 ;
mais sa mort n'arriva qu'en 1814,
le 29 juin, à Rethel, lorsqu'il
avait soixante-quatre ans. Outre
plusieurs brochures sur des affaires
relatives à la révolution, il publia : I
Observations sur la constitution
militaire, ou *Bases de travail*
proposées au comité militaire,
1789, in-8. II *Lettre,* ou *Compte*
rendu des travaux, des dangers
et des obstacles à l'assemblée na-
tionale, 1790, in-8. III *Tableau*
des persécutions que Barrère a
fait éprouver à Dubois de Crancé
pendant quinze mois, 1795, in-8.
IV *Réplique de Dubois de Crancé*
à Barrère, 1795. On le croit aussi
auteur du *Véritable portrait de nos*
législateurs, ou *Galerie de tableaux*
exposés à la vue du public le 5
mai 1789 jusqu'au 1ᵉʳ octobre 1791,
Paris, 1792, in-8. Dans cette brochure, en accusant plusieurs de ses

collègues, il ne pense pas qu'il fait une critique sévère de lui-même.

DUBUISSON (Paul-Ulric), naquit à Laval en 1753. Les renseignemens les moins incertains qu'on a de ce révolutionnaire, nous viennent d'une *Biographie moderne*, qui parle de lui en ces termes : « Il »embrassa la cause de la révolution »avec enthousiasme ; mais, désespé-»rant de pouvoir jouer un rôle en »France, il passa dans la Belgique, »alors en fermentation, s'y prononça »contre le parti de van der Noot, fut »incarcéré, et mis en liberté en 1790. »De retour à Paris, il s'affilia au club »des jacobins, et fut envoyé, vers »la fin de 1792, à l'armée du nord, »comme commissaire du pouvoir exé-»cutif. Il suivit Dumouriez dans la »conquête des Pays-Bas ; et lors de »sa défection, il eut avec lui une con-»férence dont il transmit le résultat »à la convention. Inculpé à ce sujet, »il provoqua lui-même sa mise en »jugement, et un décret du 6 avril »approuva sa conduite. Il continua »à figurer dans le parti révolution-»naire, parut tenir aux intrigues de »Gusman et de Proly, et fut accusé »par Robespierre comme ayant voulu »semer la discorde parmi les jacobins, »qui l'exclurent de leur société. Tra-»duit au tribunal révolutionnaire, »comme complice d'Hébert, il fut »condamné à mort le 24 mars 1794.» Il fut exécuté avec Hébert, Ronsin, Momoro, Vincent, Proly, Perreyra, Clootz, etc. Dubuisson avait cultivé la littérature, et on a de lui : I *Nadir* ou *Thomas Koulikan*, tragédie en cinq actes et en vers, 1780; mauvaise traduction d'une pièce italienne, très-médiocre elle-même, de l'abbé Chiari. II *Scanderberg*, tragédie en 5 actes et en vers, 1786. III *Trasime et Timagène*, tragédie, 1791. IV *Albert et Émilie*, tragédie tirée du théâtre allemand, 1785. V *Le Vieux Garçon*, comédie en 5 actes et en vers, 1783. Il a aussi donné un poëme assez libre et des opéras. VI *Abrégé de la révolution des états d'Amérique*, 1779, in-8; oublié depuis qu'a paru (1810) l'excellent ouvrage de M. Botta sur cette même révolution. VII *Lettres critiques et politiques sur les colonies et le commerce des villes maritimes de France*, adressées à G. T. Raynal, 1785, in-8. C'est le meilleur ouvrage de Dubuisson.

DUCHATEL (Gaspard), cultivateur des environs de Thouars, dans le département des Deux-Sèvres naquit en 1766. Député à la convention, il fut un des membres qui se firent remarquer par leurs efforts pour sauver le malheureux Louis XVI. Voyant un parti puissant se déclarer contre ce prince, il dut se borner à demander son abdication, et ensuite le bannissement. Après avoir émis son opinion, il tomba malade ; mais, apprenant que les votes pour et contre le roi se balançaient, il se fit conduire, quoique souffrant, à l'assemblée, et il y arriva quand le dernier appel venait d'être fermé. Chaque député était tenu d'énoncer son opinion à haute voix. La salle et les galeries publiques étaient remplies de brigands de tous les pays, qui brandissaient leurs sabres, et découvraient leurs ceintures garnies de pistolets, menaçant d'immoler ceux des votans qui oseraient s'opposer au meurtre cruel qu'ils voulaient consommer. Leurs vociférations et leurs menaces n'intimidèrent pas Duchâtel ; il vota pour le bannissement ; et, quoique le scrutin fût fermé, l'assemblée consentit à ce que ce vote fût compté : particularité remarquable, en considérant qu'il ne s'agissait pas d'un acte de justice, mais d'une proscription. Malheureusement le vote de Duchâtel ne put sauver l'innocent. Quelque temps après, Duchâtel fut nommé commissaire près de l'armée du nord, malgré l'opposition de Collot-d'Herbois, qui disait que ceux qui avaient voulu sauver la France ne pouvaient avoir la confiance du peuple. Il fut bientôt après accusé d'entretenir une correspondance secrète avec les insurgés de la Vendée, et après le 31 mai 1793, il fut proscrit avec les députés de la Gironde. Il s'enfuit à Bordeaux, où il fut arrêté ; de là conduit à Paris et livré au tribunal révolutionnaire. Le président lui ayant demandé, comme une action criminelle, si ce n'était pas lui qui était venu en bonnet de nuit à l'assemblée, pour voter en faveur de Louis Capet : « Comme je n'ai à rougir, répondit-il avec fermeté, d'aucune de mes actions, je déclare que c'est moi. » Il fut condamné à mort le 31 octobre 1793, avec 20 de ses collègues. Il n'avait alors que 27 ans.

DUCLOS-DUFRESNOY (Charles-Nicolas) naquit à Moncornet en 1733. Il embrassa l'état de notaire, et il obtint la réputation d'homme probe et intelligent. Il vint jeune à Paris, où il fut nommé syndic régent de la compagnie de ses confrères, et mérita la confiance de tous les contrôleurs de finance, tels que l'abbé Terray, Calonne, Necker, qui ne dédaignèrent pas son secours dans leurs opérations. L'embarras des finances tourna tout à coup son attention sur les affaires publiques, et, pour suppléer aux fonds qui manquaient au trésor royal, Duclos-Dufresnoy fit prêter six millions au roi par la compagnie des notaires. Il rappelle dans le discours qu'il prononça à ce sujet (imprimé en 1788, in-4) tous les titres du monarque à la con-

fiance et à l'amour de son peuple. Il discuta bientôt après la grande question de la représentation nationale, dans un écrit intitulé : *Jugement impartial sur les questions principales qui intéressent le tiers état.* Il y proposait assez judicieusement de laisser le clergé, la noblesse et le tiers état se former en assemblées séparées, et de compter leurs votes par ordres, mais de leur faire nommer des commissaires en nombre égal, pour accorder et refuser les subsides. Enfin en 1789 il soutint, et par ses écrits et par ses opérations, le crédit de la caisse d'escompte. Il s'opposa au projet de créer un papier-monnaie, par un écrit où il prévoyait tous les maux qui résulteraient de cette mesure, et qui a pour titre : *Observations sur l'état des finances*, 1790 ; et chercha à ranimer la confiance publique par deux autres écrits publiés successivement, sous le titre de *Réflexions sur l'état de nos finances*, à l'époque des 1er mai et 18 novembre 1789, in-4; et *Calcul du capital de la dette publique*, 1er août 1790. Mais tous les calculs de la science et de la raison étaient devenus inutiles contre des partis déjà formés, et qui travaillaient, en se nuisant les uns aux autres, à la perte totale de la monarchie et de l'état. Après avoir en vain cherché à opposer des digues au torrent révolutionnaire, Duclos-Dufresnoy devint la victime des factieux, et périt sur l'échafaud le 2 février 1794.

DUCREUX (Gabriel-Marin), chanoine d'Auxerre, né à Orléans le 27 juin 1743, fit ses études chez les jésuites de cette ville. S'étant voué à l'état ecclésiastique et ayant pris les ordres, il se livra à la prédication. Son mérite le fit connaître des principaux membres du clergé. La commission des réguliers, d'après l'édit de 1768, s'occupant de l'examen des statuts de chaque ordre religieux, et de leur révision dans des chapitres nationaux, l'archevêque de Toulouse, Brienne, l'un des commissaires, s'aida de l'abbé Ducreux, dans les chapitres des grands carmes et des carmes déchaussés. En 1770 Ducreux fut pris pour vicaire général par M. de Guernes, nouvellement nommé évêque d'Aleria en Corse, et partit pour cette île. Non-seulement il y remplit les fonctions de grand vicaire avec zèle et succès, mais il s'occupa encore, d'après le vœu du ministère, de la rédaction de mémoires sur ce pays, nouveau pour la France. Sa santé s'y étant altérée, il souhaita et obtint son retour. Le cardinal de la Roche-Aymon, alors ministre de la Suisse, récompensa ses services d'une pension de 1200 livres. Il fut d'ailleurs nommé à un canonicat d'Auxerre, et MONSIEUR, frère du roi, aujourd'hui Louis XVIII, le prit pour un de ses chapelains au palais du Luxembourg, ce qui le dispensait de la résidence à son canonicat. L'abbé Ducreux employa utilement son loisir, s'occupant d'une nouvelle histoire ecclésiastique et d'autres ouvrages utiles à la religion. Dans ses dernières années il quitta sa prébende d'Auxerre et se retira à Orléans, où il obtint un canonicat de Sainte-Croix. Il mourut dans cette ville, le 24 août 1790, léguant, par son testament, son bien aux pauvres; mais la révolution empêcha le legs d'avoir lieu. On a de lui : I *Les Siècles chrétiens, ou Histoire du christianisme dans son établissement et ses progrès depuis Jésus-Christ jusqu'à nos jours*, Paris, 1775-1777, 9 vol. in-12. L'auteur, en 1786, se proposait d'en donner une nouvelle édition et d'y ajouter l'*Histoire ecclésiastique du*

18ᵉ *siècle*. M. de Miromesnil, alors garde des sceaux, n'en permit point l'impression, le roi, dit-il dans une lettre en date du 10 février de cette année, étant dans l'intention de maintenir la loi du silence sur les questions alors agitées. Un critique, en rendant justice au plan bien conçu de cet ouvrage, et à la modération qui y règne dans les jugemens, lui reproche un peu de prétention dans le style, et lui voudrait plus de profondeur. L'ouvrage a été traduit en espagnol, Madrid, 1788. II *Poésies anciennes et modernes*, recueillies par l'abbé Ducreux, Paris, 1781, 2 vol. in-12; parmi ces pièces il en est plusieurs qui sont de l'abbé Ducreux lui-même. III *OEuvres complètes de messire Esprit Fléchier*, Nîmes, 1783, 10 vol. in-8; édition soignée et revue sur les manuscrits de l'auteur. L'éditeur y a joint des préfaces, des notes et des observations sur tous les endroits qui en étaient susceptibles. IV *Pensées et Réflexions extraites de Pascal, sur la religion et la morale*, 2 vol. in-16, 1785.

DUFRESNE (Bertrand) naquit à Navarreins en Béarn, de parens pauvres et obscurs, en 1736. Obligé de s'instruire et de se diriger par ses moyens naturels, c'est à lui seul qu'il dut sa fortune. Il commença par être commis de différens négocians de Bordeaux ; étant venu à Versailles, il fut employé dans les bureaux ministériels : de place en place il parvint à celle de premier commis des finances, sous Necker; et avant la révolution il était directeur du trésor public, receveur général des finances de Rouen, et conseiller d'état. Dans la première de ces places, se trouvant à même de travailler avec Louis XVI, il put connaître toutes les vertus et les bontés de ce malheureux prince : il n'en perdit jamais le souvenir. Naturellement modéré dans ses opinions, il fut proscrit sous le règne de la terreur, et dut sa liberté à la recommandation de Chénard, acteur de l'Opéra - Comique. Il était parmi les victimes que Robespierre inscrivait dans ses listes de proscription ; mais ce tyran fut décapité le 9 thermidor (27 juillet 1794) : Dufresne devait subir le même sort huit jours après. Il fut ensuite membre du conseil des cinq-cents et du corps législatif, qui le chargea de l'examen des finances. Ses rapports sévères déplurent au directoire : il fut compris dans la proscription du 18 brumaire ; mais il parvint encore à recouvrer sa liberté. Il se retira alors à sa campagne du Plessis-Piquet. C'est dans cet asile qu'il aurait dû depuis long-temps chercher le calme qu'il ne pouvait certainement trouver dans les orages révolutionnaires. Après le 18 brumaire Buonaparte le nomma conseiller-d'état et directeur du trésor public. Il refusa d'abord ces places ; mais croyant comme bien d'autres personnes que le projet de Buonaparte était de rétablir les Bourbons, il finit par les accepter. Ses intentions étaient louables, à en en juger par la lettre suivante que lui adressa S. M. Louis XVIII. « Je vous » sais gré, monsieur, d'avoir accepté » une place dans le conseil. Celui de » vos amis qui vous y a décidé n'a pas » sûrement entendu séparer les in- » térêts de la France de ceux de son » légitime souverain. Votre résis- » tance en cette occasion commandait » mon estime ; votre dévouement » vous assure toute ma reconnais- » sance. » Dufresne est mort le 22 février 1801.

DUGOMMIER (Jean-François

Coquille), général français, naquit dans la Basse-Terre, dans l'île de la Guadeloupe, en 1736. Il entra au service à l'âge de treize ans, obtint quelque avancement, et fut décoré de la croix de Saint-Louis. Au milieu de sa carrière il fut réformé, accident assez ordinaire, qu'il attribua à une injustice de la part du gouvernement. Il se retira à la Martinique, où il avait des propriétés considérables. Il embrassa la révolution avec ardeur, et fut nommé en 1789 commandant de la garde nationale de cette île, et commit l'imprudence d'armer les nègres. Il défendit pendant sept mois le fort Saint-Pierre contre M. de Béhage. Contraint de céder, et placé entre les colons qui étaient restés fidèles au roi, et les nègres qui ne connaissaient plus de frein, il s'enfuit pour sauver sa vie, et vint se réfugier dans la métropole en 1792. Il fit connaître alors, dans une lettre intitulée *Ma Profession de foi* ; les motifs de son amour pour *la liberté et l'égalité*, motifs aussi déraisonnables que l'étaient ses principes. Il fut nommé député de la Martinique, mais il préféra suivre de nouveau la carrière des armes. Il dirigea avec succès, en 1793, le siége de Toulon ; mais il paraît qu'il fut étranger aux massacres affreux qui suivirent la reddition de cette place. Il obtint bientôt après le commandement de l'armée des Pyrénées orientales. Les Espagnols, commandés par le général Ricardos, étaient alors aux portes de Perpignan. Dugommier les attaqua au mois d'avril 1794, les battit, et, après plusieurs combats sanglans, s'empara du fort Saint-Elme et de Collioure, d'où la garnison espagnole fut renvoyée sur parole. La convention ayant accusé le cabinet de Madrid d'avoir manqué à la capitulation, ordonna qu'on ne fît plus de prisonniers ; mais le général empêcha que cette loi barbare fût mise à exécution. Il réduisit le fort de Bellegarde à capituler, après un combat opiniâtre, qu'il livra à l'armée qui venait secourir cette place. Le général Mirabel mourut dans ce combat. Tous ces avantages sur les Espagnols étaient bien chèrement achetés. Dugommier voulut enfin livrer un combat décisif près de Saint-Sébastien ; mais, dans le fort de la mêlée, il fut tué par un éclat d'obus le 17 novembre 1794. La convention décréta que le nom de ce général serait inscrit sur une des colonnes du Panthéon. Ses deux fils périrent dans la suite de la guerre. Sa fille a épousé le général Dumoustier. M. de Châteauneuf a écrit la vie de Dugommier.

DUMAREST (Rambert), célèbre graveur en médailles, naquit à Saint-Etienne en Forez en 1750. Il commença par ciseler des gardes d'épée et des platines d'armes à feu, vint ensuite à Paris, et s'occupa d'ouvrages d'orfévrerie. Dumarest suivait en même temps les leçons de l'académie, et, habile dans le dessin, il se perfectionna dans son art. M. Boulton l'emmena en Angleterre, en qualité de graveur de la belle manufacture qu'il a créée à Soho, près de Birmingham. Dans les premières années de la révolution française, une loi, remarquable dans ces temps orageux, appelait tous les arts à un grand concours, où l'on devait décerner beaucoup de travaux et de récompenses. Le but de cette loi était d'attacher les artistes à un sol rendu inhabitable par des crimes de toute espèce, et que plusieurs d'entre eux s'étaient empressés d'abandonner. Dumarest, at-

tiré par cette loi revint en France, et sur l'empreinte de Brutus, on lui décerna une médaille de 6,000 fr., avec le choix du sujet. Il fut quelque temps après membre de l'Institut. Les principaux ouvrages de ce graveur sont les médailles suivantes, représentant *la tête de Jean-Jacques Rousseau*, *le buste du premier des Brutus*, *le Poussin* ; *une figure en pied d'Apollon*, pour le conservatoire de. musique ; *Esculape*, *la paix d'Amiens*, etc. Cet habile artiste mourut le 4 avril 1806.

DUMAS (R.-F.), un des hommes les plus cruels que la révolution ait enfantés, naquit en Franche-Comté, en 1757. Il était avocat au commencement des troubles de la France. Son état et ses lumières devaient lui faire prévoir les suites de la funeste anarchie qui se préparait ; mais, ainsi que bien d'autres hommes éclairés, il suivit les innovations du jour par cupidité, par ambition, et par amour du désordre. Lors de la formation des administrations départementales, Dumas fut nommé à celle du Jura. Admis dans le club des jacobins, il s'y signala par la violence de ses discours et par son zèle à toujours proposer le premier les mesures les plus atroces. Il obtint la récompense de ses dignes travaux, et fut nommé vice-président, et bientôt président en titre du tribunal révolutionnaire : car on crut devoir multiplier les autorités, ou pour mieux dire les bourreaux, en proportion du grand nombre de crimes qu'on voulait commettre. Dumas, un des plus sanguinaires parmi ceux qui siégeaient à ce tribunal horrible, joignait la dérision à la barbarie, et se plaisait à insulter les malheureuses victimes qu'il envoyait à l'échafaud. Le fait suivant le fera mieux connaître. La maréchale de Noailles, n'ayant d'autre crime que sa naissance, fut conduite devant le tribunal révolutionnaire. Elle était âgée de plus de 80 ans, et entièrement sourde. Dumas avait beau l'interroger, à chaque question, elle répondait : « Qu'est-ce que vous » dites ? — Tu ne vois pas qu'elle est » sourde ? lui dit un de ses voisins. » Eh bien ! répliqua Dumas, elle a » conspiré *sourdement.* » Cette plaisanterie atroce fut un arrêt de mort pour la maréchale. Il rendait régulièrement à la société des jacobins un compte exact des opérations du tribunal, nommait les principaux personnages qu'il avait frappés de proscription, indiquait ceux qu'il se proposait d'immoler encore, recevait les instructions et les dénonciations des jacobins, et allait ensuite reprendre le cours de ses assassinats. Dumas fut un des partisans les plus fidèles de Robespierre, et un de ceux qui le défendirent avec le plus d'opiniâtreté la veille et le jour de l'arrestation de ce dernier. Il avait été son ami et son émule dans les crimes qu'il avait commis ; il était donc juste qu'il partageât son sort. Il fut mis hors la loi ainsi que Robespierre, et exécuté avec lui le 27 juillet 1794.

DUMAS (Charles-Louis), doyen de la faculté de médecine de Montpellier, professeur de médecine, recteur de l'académie, conseiller de l'université, membre de la Légion-d'Honneur, correspondant de l'Institut, etc., naquit à Lyon en 1765. On a de lui plusieurs ouvrages intéressans, tous relatifs à son art, dont les plus remarquables sont : I *Système méthodique de nomenclature et de classification des muscles du corps humain*, Montpellier, 1797, in-4. II *Principes*

de physiologie, ibid., 1800, 1806, 4 vol. in-8. III *Doctrine des maladies chroniques*, Paris, 1812, in-8. Il mourut le 3 avril 1813, âgé de 47 ans.

DUMESNIL (Marie-Françoise), célèbre actrice, née à Paris en 1713, débuta sur quelques théâtres de province, et fut reçue à la Comédie française le 8 octobre 1737. Son talent contribua beaucoup au succès de plusieurs tragédies de Voltaire ; elle se fit surtout remarquer dans les rôles de Marguerite d'Anjou, d'Agrippine, d'Athalie, etc. Laharpe, en parlant de cette actrice, disait : « Elle a des momens si » beaux, qu'elle fait oublier toutes ses » fautes, c'est-à-dire, les inégalités, » la trivialité de ses gestes, et quelques » momens d'exagération ; » et Dorat, dans son poëme de la *Déclamation*, dit de cette même actrice :

. . . . Melpomène elle-même
Ceignit son front altier du sanglant diadème ;
Dumesnil est son nom. L'amour et la fureur,
Toutes les passions fermentent dans son cœur ;
Les tyrans, à sa voix, vont rentrer dans la
          poudre ;
Son geste est un éclair, ses yeux lancent la
          foudre.

Elle se retira du théâtre dans un âge très-avancé, et mourut à Boulogne-sur-Mer, le 20 février 1803, dans sa quatre-vingt-dixième année. On a publié sous son nom : *Mémoires de M.-F. Dumesnil*, en réponse aux mémoires d'*Hippolyte Clairon*, an VIII (1800), in-8. Ces mémoires, qui roulent sur la déclamation théâtrale, ont été rédigés par M. Coste.

DUPERRET (Claude-Romain-Louis) naquit en 1747. Selon ce qu'en dit son fils, qui, après la mort de son père, s'est fait connaître par plusieurs ouvrages, Claude-Romain était gentilhomme ; mais il se déclara agriculteur dans l'assemblée législative, et ensuite à la convention, dont il fit partie comme député du département des Bouches-du-Rhône. Dans ces deux assemblées, il s'attacha au parti de la Gironde; cependant, quoique républicain exalté, il ne se déshonora par aucun crime odieux. Dans le procès de Louis XVI, il vota pour l'appel au peuple et le simple bannissement. Il fut constamment l'ennemi des jacobins, et par conséquent des *montagnards*. Il n'était pas orateur, et dans les grands tumultes, qui étaient très-fréquens, il se portait toujours au milieu de la salle, menaçait la faction opposée, ou l'accablait de sarcasmes. Un des montagnards le menaçant d'un pistolet le 10 avril 1793, Duperret mit l'épée à la main, et brava dans cette attitude ceux qui demandaient à grands cris qu'on l'enfermât à l'Abbaye. Il ne fut pas compris dans le décret de proscription lancé le 2 juin 1793 contre les chefs des girondins, et dut ce bonheur au défaut de talens oratoires qui ne le rendait redoutable à aucun parti. Il conservait néanmoins des liaisons avec quelques-uns des députés proscrits qui s'étaient réfugiés en Normandie. La fameuse Charlotte Corday, en venant à Paris, avait reçu de Barbaroux, un des réfugiés, une lettre de recommandation pour Duperret, qui l'avait conduite chez le ministre de l'intérieur, dans les bureaux duquel, disait-elle, des affaires pressantes l'appelaient. Chabot dénonça ce fait, et il s'en servit pour accuser Duperret comme complice dans l'assassinat de Marat. Il put cependant se laver pour lors de cette terrible accusation. Ne pouvant le perdre par ce seul moyen, ses ennemis eurent recours à un autre non moins efficace. Soixante-treize de ses collègues avaient protesté contre les violences du 31 mai et du 21 juin, et Duperret avait été le rédacteur de cet écrit. Ils rappelèrent cette circonstance ainsi que son entrevue avec Charlotte Corday. Décrété d'accusation, il fut traduit devant le tribunal révolutionnaire. Malgré toutes ses protestations contre ce jugement inique, il fut condamné à mort et exécuté avec vingt-un de ses collègues le 31 octobre 1793.

DUPONT Louis. *Voy.* PONTE (Louis de).

DUPORT (Adrien), conseiller au parlement dans la chambre des enquêtes. Il était un des plus jeunes magistrats de sa compagnie, et un de ceux qui contribuèrent le plus à paralyser l'autorité royale dans la lutte terrible qui, en 1787 et 1788, s'établit entre les parlemens et le gouvernement. C'est chez lui, qu'avant la réunion des états, se rassemblaient les plus dangereux adversaires du pouvoir monarchique. Dans le lit de justice tenu le 8 mai 1788, le roi ordonna au parlement de transcrire sur les registres les droits bursaux qui faisaient pousser tant de clameurs. A ce que rapporte M. Ferrand [1], Duport était à côté de lui dans cette mémorable séance, et avait été témoin de ses efforts pour résister à la volonté du roi. En sortant, M. Ferrand lui dit : « *Eh bien, voilà* »*ce grand secret!* » Sur quoi, Duport reprit tout à coup : « *Ils* »*viennent d'ouvrir une mine bien* »*riche; ils s'y ruineront, mais* »*nous y trouverons de l'or.* » La révolution, qui avait toujours été dans son cœur, était déjà dans sa tête. Député aux états généraux, il se prononça bientôt pour les changemens déjà projetés, et se

---

1 Ministre d'état sous S. M. Louis XVIII. *Voyez* la quatrième note sur la seconde partie de l'*Eloge de madame Elisabeth.*

réunit au tiers état, avec quarante-six de ses collègues. Dans
l'assemblée nationale, il se plaça
parmi les plus ardens révolutionnaires, qui se tenaient, au nombre
de trente ou quarante, à l'extrémité
de la salle, à gauche du président,
place qu'on désigna par le nom de Palais-Royal. Duport se lia particulièrement avec Barnave, dont les talens
oratoires servaient puissamment ses
projets; avec la Borde-Méréville, le
plus opulent propriétaire de France;
avec le duc d'Aiguillon et autres
importans personnages qui étaient
le plus en état, par leurs lumières et
leurs richesses, de combattre la cour
et ses partisans. Les chefs de la révolution s'étaient engagés trop avant,
et ils croyaient ne voir d'autre parti
pour se soustraire au juste ressentiment de la cour, si elle eût pu recouvrer sa première puissance, qu'une
insurrection générale. Pour y parvenir, et mettre en défaut la pré-
voyance du gouvernement, il fallait,
tout en forçant les Français à s'armer,
prendre aux yeux du peuple les intérêts du monarque lui-même. Duport imagina alors de faire répandre
dans toute l'étendue du royaume que
de nombreux brigands, ennemis du
gouvernement, arrivaient en même
temps de tous les points de la France.
On crut à ce faux bruit, et chacun
s'arma pour repousser les prétendus
brigands; et quoiqu'il ne s'en présentât aucun, tout le monde resta
sous les armes. Ces nouveaux soldats devinrent des brigands réels qui
portèrent partout le désordre et la
destruction. Tous les jours on se plaignait à l'assemblée de ces cruelles
vexations; tous les jours on proposait
de nouvelles mesures pour les faire
cesser; mais ces mesures n'étaient
jamais portées à exécution, tandis
que le danger devenait tous les jours

plus alarmant. Duport avait proposé
de former un comité de quatre membres seulement, dans le sein de l'assemblée, qui serait chargé de lui
rendre compte de toutes les affaires
sur lesquelles elle croirait devoir
porter son attention. Il s'était flatté,
en créant cette institution, de la diriger à son gré, et de maîtriser ensuite les délibérations de l'assemblée,
dont ce comité serait devenu comme
l'arbitre : mais ses projets furent dé-
joués par la perspicacité de Dandré,
conseiller au parlement d'Aix : ce
député proposa que le nouveau comité fût composé de membres de
tous les partis, afin d'inspirer plus
de confiance; et sa proposition fut
adoptée. Cet échec ne déconcerta pas
Duport; il fut un des premiers qui
parurent dans la nuit du 4 août, et il
se déclara en faveur des curés de
campagne. Il montra la même activité lors des funestes événemens des
5 et 6 octobre 1789. On complo-
tait à Paris une nouvelle insurrection, et la cour préparait à Versailles
des moyens pour la repousser. Pendant ce temps, les gardes du corps
donnèrent un repas au régiment de
Flandre qui venait d'arriver à Versailles. Duport dénonça ce banquet,
où il prétendait qu'on avait pris la
cocarde blanche, après avoir foulé
aux pieds la cocarde tricolore, et proféré *les plus criminelles imprécations* contre l'assemblée nationale.
Son collègue Pétion et d'autres députés se joignirent à lui pour porter la
même dénonciation. La fermentation
devint alors extrême à Versailles, où
la populace était au moins aussi mal
disposée pour la famille royale que
celle de Paris, dont les bandes for-
cenées ne tardèrent pas à arriver
(*voy.* LOUIS XVI, *Supp.*) d'après
le plan combiné par les chefs de cette
émeute. On assure que le soir on

vit l'un des conspirateurs, ce même Duport, parcourir les rangs du régiment de Flandre, haranguer les soldats, qui abandonnaient leurs officiers pour se réunir aux rebelles. Il portait à un tel point l'enthousiasme de l'égalité politique, qu'il demanda que le bourreau même jouît de tous les droits de citoyen [1]. Il vota contre la sanction royale, *même suspensive*. Duport fut un des députés chargés de recevoir les déclarations de Louis XVI après son retour de Varennes. L'air de bonté et la triste situation de ce monarque lui inspirèrent de l'intérêt. Duport changea tout à coup de système, et lui et ses amis se déclarèrent en faveur du bon souverain dont ils avaient détruit l'autorité. Il provoqua même la révision des articles les plus populaires de la constitution. Il s'y prenait cependant trop tard, et son retour, quel qu'en fût le motif, ne pouvait plus être utile à ce bon roi qu'il avait tant persécuté. Sous l'assemblée législative, il fut appelé plusieurs fois auprès de Louis XVI, avec Barnave et d'autres, pour aider le monarque de ses conseils; mais le roi écoutait aussi les avis opposés d'autres conseillers qui n'avaient pas des reproches à se faire; et quoique ceux de Duport et de Barnave fussent peut-être les meilleurs à suivre, Louis XVI préférait les conseils de ces hommes qui, par leur conduite, avaient mérité le plus sa confiance. Ces différens avis lui firent prendre souvent de fausses mesures qui ne contribuèrent que trop à ses malheurs. On prétend que Duport donna au roi, avant la révolution du 10 août, des conseils qui l'eussent peut-être sauvé, mais

dont la violence l'épouvanta; et il aima mieux être victime de ses sujets que de répandre le sang de quelques-uns d'entre eux. Duport était devenu président au tribunal criminel de Paris; il prit la fuite après la funeste journée du 10 août. Arrêté à Melun, il y fut mis en prison. Danton, qui lui avait des obligations, et qui n'osait le favoriser ouvertement, organisa une émeute contre les prisonniers, pour favoriser son évasion, qui eut lieu le 2 septembre 1792. De retour à Paris, il en repartit encore après la journée du 18 fructidor, et mourut sous un nom supposé à Appenzel en Suisse, au mois d'août 1798. Légiste habile, éloquent, actif, ses moyens auraient pu être d'une grande utilité à la cause légitime, mais il ne s'en servit que pour s'en déclarer l'ennemi. Quand il voulut la défendre, ces mêmes moyens étaient désormais devenus insuffisans, et il avait perdu tout droit à la confiance de son souverain.

DUPUIS (Charles - François) naquit à Trie-le-Château, entre Gisors et Chaumont, le 26 octobre 1747. Il était fils de parens pauvres, et dut son éducation à la protection du duc de la Rochefoucauld, qui lui donna une bourse au collége d'Harcourt. A l'âge de 24 ans il fut nommé professeur de rhétorique à celui de Lisieux. Il étudiait en même temps le droit, et se fit recevoir avocat au parlement, le 11 août 1770. Son père, qui était instituteur, lui avait appris les mathématiques, et, dans les momens de loisir que lui laissait sa nouvelle place, elles devinrent l'objet de sa plus sérieuse occupation. Il allait se rendre à Berlin, à l'invitation de Frédéric II, auquel le fameux Condorcet l'avait recommandé, lorsque ce monarque mourut. Il obtint, presque à la même

[1] Bien considérée, sa demande n'était pas déplacée. Il y avait bien des bourreaux révolutionnaires qui jouissaient dans toute leur plénitude des droits de citoyen.

époque, la chaire d'éloquence latine, restée vacante par la mort de Bejot, et fut nommé ensuite un des quatre commissaires de l'instruction publique. Au commencement des orages révolutionnaires, il alla chercher un asile à Evreux. En 1792, il fut nommé par le département de Seine-et-Oise membre, de la convention, où il se fit remarquer par sa modération. Lors du procès de l'infortuné Louis XVI, il vota pour la détention, comme mesure de sûreté, puis pour le sursis, et il eut le courage de dire, au milieu des brigands qui environnaient la salle, et tout en refusant aux députés la qualité de juges : «Je souhaite que l'o-»pinion qui obtiendra la majorité des »suffrages, fasse le bonheur de tous »mes concitoyens; et elle le fera si »elle peut soutenir l'examen sévère »de l'Europe et de la postérité qui »jugera le roi et ses juges. » Elu membre du conseil des cinq-cents, il le devint ensuite du corps législatif, dont il fut président. En 1788, il avait été reçu dans l'académie des inscriptions et belles-lettres, et lors de la création de l'Institut, il fut un des 48 premiers membres de cette assemblée. Sous le gouvernement de Buonaparte, il obtint la croix de la Légion-d'Honneur, et mourut à Is-sur-Thile le 29 septembre 1809. On a de lui: I *Mémoire sur l'origine des constellations et sur l'explication de la Fable par l'astronomie*, Paris, 1781, in-4. Dupuis, en examinant les signes du zodiaque, crut y observer que le ciel avait peuplé la terre de cette multitude d'êtres imaginaires que l'ignorance avait métamorphosés en princes, en guerriers, en héros, et que la simple théorie des levers et des couchers d'étoiles, représentées dans le planisphère sous la figure d'hommes et d'animaux, était l'origine de ce nombre immense d'aventures chimériques qui remplissent la mythologie. On retrouve ce système bizarre, dont Dupuis prétend être l'auteur, dans les ouvrages de plusieurs auteurs de l'antiquité, et particulièrement dans les *Saturnales* de Macrobe, où on rapporte au soleil, à la lune et aux autres astres, la plupart des divinités des païens. Il semble cependant bien plus vraisemblable que la superstition humaine ait plutôt cherché à diviniser ces êtres qui, ayant vécu parmi des peuples sauvages, excitèrent par leurs exploits, leurs vertus et leurs utiles découvertes, l'admiration des hommes assez reconnaissans pour les placer ensuite dans le ciel, afin de les rendre l'objet de leur culte et de leur souvenir éternel. Quoi qu'il en soit, l'ouvrage précédent ne fut que la base de celui que Dupuis publia sous le titre de : II *Origine de tous les Cultes*, ou *la Religion universelle*, Paris, 3 vol. in-4 et un atlas, ou 12 vol. in-8. Ce livre, paradoxal d'un bout à l'autre, et qui sans les lourdes absurdités dont il abonde à chaque page semblerait destiné à saper les fondemens de la religion chrétienne, souleva contre l'auteur, non-seulement les gens pieux, mais tous les amis de la vérité historique et de l'érudition. L'ouvrage de Dupuis devint d'abord un livre de parti; et comme on le réfuta avec avantage, il tomba bientôt dans l'oubli, faute d'éloges et de partisans. En vain l'auteur chercha-t-il à le reproduire avec le titre d'*Abrégé de l'origine des cultes*, 1798, 1 vol. in-8; autre production indigeste, sans méthode et sans suite, qui manqua de lecteurs aussitôt qu'elle parut. Cependant, malgré le peu de succès de ces deux ouvrages, Dupuis crut nécessaire de leur donner une introduction, en publiant un nouveau livre in-8, intitulé : *Des Cultes qui ont précédé l'idolâtrie*, où il adopte les mêmes paradoxes que dans les deux premiers. Dupuis aimait à traiter tous les sujets nouveaux, quelque extravagans qu'ils fussent. C'est d'après ce principe qu'il lut à la troisième classe de l'Institut un long *Mémoire sur le phénix* : il avait cru voir dans cet oiseau fabuleux le symbole de la grande année composée de 1460 années vagues, et appelée période sothiaque ou caniculaire, parce que la canicule en ouvrait et en fermait la marche. Dupuis passait pour être un homme instruit et probe ; mais on aurait souhaité aussi qu'il eût choisi des sujets moins abstraits et plus utiles aux lettres, et qu'il n'eût pas fréquenté les philosophes, afin d'être plus estimable et moins irréligieux.

DUQUESNE (Arnaud-Bernard d'Icard), docteur de Sorbonne et vicaire général de Soissons, né à Paris vers 1732, entra dans l'état ecclésiastique et s'y distingua par sa piété et son savoir. Choisi pour aumônier de la Bastille, il trouva dans ce poste de fréquentes occasions d'exercer son zèle et sa charité envers ceux qu'on y renfermait ; il s'y lia avec le chevalier de Launay, qui alors en était gouverneur, et qu'on vit périr si misérablement dans les premiers temps de la révolution. Il rend justice au caractère de cet officier, et a toujours assuré que les prisonniers détenus dans cette forteresse y étaient traités avec égards et beaucoup d'humanité. L'abbé Duquesne sut aussi se concilier l'estime et la confiance de M. de Beaumont, archevêque de Paris, qui se servait quelquefois de sa plume, et voulait bien écouter ses conseils dans les affaires qui concer-

naient là religion. Il est éditeur ou auteur de plusieurs ouvrages pieux, dont les principaux sont : I *l'Evangile médité et distribué pour tous les jours de l'année*, 1773, 13 vol. in-12, réimprimé en 1778, 8 vol. in-12, et plusieurs fois depuis. En 1818 il s'en est fait à Lyon une jolie édition. Cet ouvrage jouit d'une réputation méritée, et de bons juges le regardent comme également utile aux fidèles et aux pasteurs chargés de les instruire. C'est au P. Giraudeau, jésuite, qu'en est dû le plan ; il en avait même rassemblé les principaux matériaux ; sa santé ne lui ayant pas permis d'en faire l'emploi, M. de Beaumont les remit entre les mains de l'abbé Duquesne, qui voulut bien s'en occuper. II Une édition de *l'Ame unie à Jésus-Christ dans le saint Sacrement de l'autel*, ouvrage posthume de madame Poucet de la Rivière, veuve Carcado, précédé de l'éloge de sa vie. III *L'Année apostolique, ou Méditations pour tous les jours de l'année, tirées des Actes des apôtres et de l'Apocalypse de saint Jean, pour servir de suite à l'Evangile médité*, 12 v. in-12, Paris, 1791, Liége, 1804 ; cette dernière édition passe pour plus correcte. Il y a une édition en 8 vol. in-12. Le succès de l'Evangile médité inspira à des personnes pieuses le désir que l'on fît sur les Actes et les Epîtres des apôtres à peu près le même travail qui avait été fait sur les Evangiles, afin de compléter par-là l'explication du nouveau Testament. L'abbé Duquesne se chargea de cette entreprise et l'exécuta avec succès. C'est le même plan, la même distribution des matières ; on y trouve la même solidité de raisonnement, les mêmes sentimens affectueux ; seulement le style y est un peu moins soigné. Ces deux ouvrages ont été traduits en italien. IV Les *Grandeurs de Marie*, 2 vol. in-12, achevés seulement la veille de la mort de l'auteur, arrivée le 20 mars 1791, à l'âge de 59 ans. Il avait été administré quelques jours auparavant, et avait continué de travailler à ce livre, qu'il désirait ardemment de pouvoir finir. Son vœu fut rempli.

DUQUESNOY (E.-D.-E-J.), né à Bouvigny-Boyeffles en 1748, avait embrassé l'état monastique : mais il fut bientôt renvoyé du couvent, où sa conduite avait révolté contre lui ses supérieurs et ses confrères. Digne d'appartenir à la révolution, il s'y jeta avec ardeur, et se signala parmi les hommes les plus féroces. Nommé député à l'assemblée législative, en 1791, et en 1792 à la convention, par le département du Pas-de-Calais, il débuta par dénoncer, le 30 mai, un prétendu dépôt de six mille habits des gardes du roi qu'il supposait exister aux Invalides. Cinq jours après la funeste journée du 10 août, où le trône fut renversé, il provoqua le premier la loi des suspects, que son compatriote Merlin donna treize mois plus tard pour la désolation de la France. Dans le mois d'octobre 1792, il fut envoyé dans le département du Nord pour y élever les esprits *au niveau de la nouvelle révolution*, c'est-à-dire pour le préparer au sacrifice barbare qu'on voulait consommer dans l'auguste personne de Louis XVI. Pendant le procès de ce monarque, il alla jusqu'à insulter quelques membres de l'assemblée qui demandaient qu'on accordât au moins à ce malheureux prince la faculté de préparer sa défense. Il s'expliqua en termes si peu mesurés, que la majorité de l'assemblée, quelque coupable et exagérée qu'elle fût elle-même, crut devoir le censurer et lui imposer silence. Il demanda ensuite

que les votes sur les trois questions posées dans ce terrible procès fussent prononcés à haute voix, afin, disait-il, qu'on pût connaître les amis du tyran. Il vota la mort, et négativement sur l'appel au peuple et sur le sursis. Ami et partisan de Robespierre, il était en correspondance avec tous les satellites de ce tyran, et surtout avec Lebon, qui, malgré les horreurs qu'il commit en Picardie et en Artois, passait pour être moins cruel encore que Duquesnoy ; celui-ci l'excitait et le soutenait dans l'affreuse carrière qu'il parcourait. « Courage, lui mandait-il, va toujours ferme ; nous deviendrons Saint-Just et Lebas : et ça ira bien plus *roide*. » Lorsqu'il fut envoyé à l'armée du nord comme représentant du peuple, il soutint ce redoutable titre en répandant la désolation et la terreur partout où il passait. Dans une autre mission, il fit fusiller un malheureux conducteur de convois militaires, parce qu'il aperçut une fleur de lis sur son sabre. Il n'épargnait pas même ses proches parens. Une de ses cousines, plus sensible que lui, lui demanda un jour la liberté de quelques prisonniers injustement détenus, Duquesnoy, irrité de cette demande, l'accabla de coups et la laissa pour morte. Après le 9 thermidor, il dénonça aux jacobins ceux qui avaient abattu Robespierre, et les accusa de n'avoir agi ainsi que pour se mettre à sa place. Se voyant sur le point d'être dénoncé lui-même comme un des complices du tyran, pour affaiblir cette circonstance accablante pour lui, il sembla vouloir tout à coup se ranger du parti de ceux qui l'avaient fait périr. Il eut cependant l'imprudence de prendre part à l'insurrection du 1er prairial (20 mai 1795) : arrêté avec les principaux chefs de cette émeute, il fut livré avec eux à une commission militaire, et condamné à mort le 16 juin 1795. Quand son arrêt lui fut annoncé, il dit avec un grand calme : «Je désire que le sang que je vais »répandre, soit le dernier *sang. in-* »*nocent* qui sera versé.» Il tira aussitôt un poignard et se fit plusieurs blessures mortelles. On le transporta cependant à la prison, où il expira quelques minutes après. — Duquesnoy eut un frère qui fut général pendant la révolution, et qui s'appelait lui-même le *boucher de la convention*. Il fut employé à l'armée de Sambre-et-Meuse, et ensuite dans la Vendée. Il battit dans plusieurs rencontres le général Charette, et il rivalisait en cruauté avec son frère. Dans différens pays de la Vendée, où il entra comme vainqueur, il fit massacrer jusqu'aux femmes et aux enfans. Après le 9 thermidor (27 juillet 1794), il fut destitué et admis dans l'hôtel des Invalides, en considération de ses nombreuses blessures; il y mourut en 1796.

DURAMEAU (Louis), professeur de l'académie de peinture, peintre de la chambre et du cabinet du roi, garde des tableaux de la couronne, naquit à Paris en 1733 : on cite parmi ses meilleurs ouvrages les tableaux suivans : *la continence de Bayard; un passage de la vie de saint Louis; Herminie sous les armes de Clorinde; le retour de Bélisaire dans sa famille.* Il est mort à Versailles le 4 septembre 1796.

DURANTE (François), célèbre compositeur italien, naquit à Naples en 1693, fut élève d'Alexandre Scarlatti, et maître de Pergolèse, Traetta, Sacchini, Guglielmi, Paesiello, et autres fameux compositeurs. Il réforma la musique, et on le regarde comme le fondateur de l'école moderne. Durante se livra presque uniquement à la musique d'église. Son style est sévère, son harmonie pure, ses modulations savantes et naturelles. Le conservatoire de Paris conserve une copie de ses œuvres, qui consistent en *messes, psaumes, antiennes, motets,* etc. Il mourut à Naples en 1755.

DURANTON (A.-B.), naquit à Massidon, en 1736, fut avocat à Bordeaux, et lors de la première formation des nouvelles administrations (1790) on le nomma procureur - syndic de la Gironde. Les députés de ce département le firent appeler en 1792 à la place de ministre de la justice auprès de Louis XVI : il succéda à Duport - Dutertre. Sans beaucoup de moyens, et quoique soutenu par un parti assez puissant, il fut bientôt contraint de quitter ce ministère. Il se retira à Bordeaux, où il tâcha de faire oublier qu'il avait dû un moment d'élévation à un parti qui avait été proscrit le 3 mai 1793. Mais les terroristes, qui poursuivaient partout les girondins, n'oublièrent pas Duranton. On forma contre lui l'accusation la plus injuste, et en même temps la plus honorable à sa mémoire; et la commission révolutionnaire le condamna à mort comme « convaincu »d'avoir, pendant son ministère, »partagé les principes contre-révolu-»tionnaires de Louis XVI.» Il périt sur l'échafaud le 20 décembre 1793.

DUREAU DE LAMALLE (Jean-Baptiste-Joseph-René) naquit à St.-Domingue le 21 novembre 1742. A l'âge de cinq ans on l'amena en France, où il fit d'excellentes études au collège du Plessis. Il était très-versé dans les langues anciennes et modernes, et doué d'une vaste érudition. S'étant établi à Paris, il s'y lia avec les hommes les plus remarquables par leur savoir. Il fut membre de l'Institut et du corps législatif, et mourut dans sa terre de Perche le 19 septembre 1807. On a de lui : I *Traité des bienfaits de Sénèque*, 1776, 1 v. in-12. II Une *traduction* de Tacite, 1790-1808, 5 v. in-8, avec le texte latin. Cette traduction, très-estimée, est bien supérieure à celles inutilement tentées par J.-J. Rousseau, d'Alembert, la Bletterie et Dotteville. III Une *traduction* de Tite-Live, 1810, 15 vol. in-8, avec le texte en latin. La première décade, les trois premiers livres de la troisième, et les deux premiers de la quatrième, sont de Dureau de Lamalle; le reste de cette excellente traduction appartient à son continuateur, M. Noël.

DURIVAL (Nicolas), lieutenant de police à Nancy, né à Commercy le 12 novembre 1723. Il a écrit plusieurs ouvrages sur la Lorraine, dont les principaux sont : I *Mémoires sur la Lorraine et le Barrois, suivis de la Table alphabétique des villes, bourgs, etc.*, Nancy, 1753, in-4. II *Introduction à la Description de la Lorraine et du Barrois*, Nancy, 1774, in-8. III *Description de la Lorraine et du Barrois*, Nancy, 1778-79-83, 4 vol. in-4. C'est l'ouvrage qui a établi à juste titre la réputation de Durival. Ayant perdu sa place en 1790, il fut nommé administrateur municipal, et mourut à Heilcourt, près de Nancy, le 21 décembre 1795.

DUROSOY (Barnabé-Firmin de Rozoy, connu sous le nom de), naquit à Paris en 1745. Il cultiva presque tous les genres de littérature, mais avec peu de succès. En 1770, il fut mis à la Bastille pour deux ouvrages qui étaient, dit-on, *les Jours*, et *l'Ami des hommes*, dont on attribue le premier à l'abbé Remi. Durosoy recouvra sa liberté le 21 juillet de la même année. Quelques efforts qu'il fît pour s'élever au-dessus des écrivains ordinaires, il ne put jamais franchir les bornes de la médiocrité. Toutes ses productions furent l'objet des critiques les plus sévères; et l'abbé Sabatier, Laharpe, Palissot, etc., ne les lui épargnèrent pas dans leurs écrits. Il faut cependant convenir, puisqu'il trouvait des libraires qui imprimaient ses ouvrages multipliés, et des comédiens qui jouaient ses nombreuses pièces, qu'on remarquait quelque mérite dans les uns et dans les autres; et les critiques qu'il essuyait pouvaient être ou trop rigoureuses, ou l'effet d'une habitude *littéraire*, ou de l'animosité. Quoi qu'il en soit des talens de cet auteur, nous aimons à rapporter de lui un trait qui honore et ses principes et sa mémoire. Lorsque la révolution arriva, il ne balança point sur le parti qu'il devait choisir, et se mit dans les rangs des royalistes. Cette opinion, d'ailleurs la plus juste et la plus noble, ne fut pas en lui l'effet d'un sentiment passager. Il soutint son caractère jusqu'au dernier moment, et il donna un exemple digne d'être imité par tous ceux qui aimaient la patrie, le souverain et l'honneur. Dès les premiers symptômes révolutionnaires, il rédigeait la *Gazette de Paris* (qu'il ne faut pas confondre avec le *Journal de Paris*), et l'on ne peut faire mieux l'éloge de cette feuille qu'en disant qu'elle était écrite dans un esprit diamétralement opposé à celles rédigées successivement par Carra, Camille Desmoulins, Méhée, etc. Lorsqu'il apprit, après le malheureux voyage de Varennes, que le roi était prisonnier au milieu de son peuple et dans son propre palais, il eut l'idée généreuse d'engager les partisans du roi de s'offir pour otages. Un assez grand nombre de personnes se présentèrent, dont il commença à donner la liste dans sa feuille, qui s'offraient à se constituer prisonniers et cautions solidaires de Louis XVI, à condition que ce prince obtiendrait sa liberté. Cette démarche, comme on devait le craindre, n'ayant pas eu d'heureux résultats, et les temps devenant de jour en jour plus orageux, pour ne pas compromettre ces personnes estimables, il cessa d'en citer les noms. Mais les malveillans ne les oublièrent pas, et après la funeste journée du 10 août, plusieurs d'entre eux furent arrêtés, et Durosoy lui-même fut traduit devant le tribunal révolutionnaire, et condamné à mort le 25 août 1792. On était si *altéré* de son sang, qu'il fut exécuté le même jour aux flambeaux. Il laissa une lettre cachetée, où, entre autres choses, il disait : « Un royaliste comme moi »est digne de mourir pour son roi et »pour sa religion le jour de la Saint-»Louis.» Il monta sur l'échafaud avec une grande fermeté, priant le ciel que sa mort fût utile à sa patrie et à son souverain. Nous citerons quelques-uns des ouvrages de Durosoy. 1 *Annales de la ville de Toulouse*, 1771 et suiv., 4 vol. in-4. « Cette histoire *bigarrée* (comme le dit l'abbé Sabatier) de différens styles, *farcie* de réflexions parasites, *exprimées* avec emphase et pesanteur,» n'a pas toujours tous ces défauts, et on y remarque une de ces qualités qui constituent un bon historien, l'exactitude. Ce mérite rare aurait pu faire excuser auprès de M. l'abbé Sabatier certaines fautes que sa critique a exagérées. II *Le Joyeux événement*, poëme, 1764, in-8. III *Le Génie, le Goût et l'Esprit*, poëme en quatre chants, 1766, in-8. IV *OEuvres mêlées* (en vers et en prose), 1769, 2 vol. in-8.

V Plusieurs tragédies, comme *le Décius français ou le Siége de Calais* (1765) ; *Azor ou les Péruviens* (1790). Ces deux pièces n'ont pas été jouées. *Richard III*, jouée et imprimée en 1781. VI *Henri IV ou la Bataille d'Ivri*, drame lyrique en trois actes, joué en 1771 avec succès, et repris en 1814, etc. VII Différens opéras, tels que *le Mariage des Samnites*, 1776, qui eut beaucoup de succès, *l'Amour filial*, etc., etc. VIII *Dissertation sur Corneille et Racine, suivie d'une Épître en vers*, 1773, in-8. IX *Le vrai Ami des Hommes*, Amsterdam, 1772, in-12; réimprimé en 1776, in-8, etc, etc.

DUSCH (Jean-Jacques), professeur de belles-lettres et ensuite de philosophie et de mathématiques au collége d'Altona, naquit à Zell, dans le Lunebourg, en 1725. Il s'essaya avec succès dans plusieurs genres de poésie, et il s'est surtout distingué dans le genre didactique. Il n'a écrit qu'en allemand, et ses ouvrages les plus remarquables sont : I *Mélanges dans les différens genres de poésie*, Iéna, 1754, in-8. On y distingue surtout *les Sciences*, poëme en huit chants. II *Lettres pour former le cœur*, Leipsig, 1759-1772, 2 vol. in-8, traduites en français, hollandais, danois, hongrois et suédois. III *Lettres pour former le goût d'un jeune homme*. C'est l'ouvrage qui a fait le plus d'honneur à Dusch; on en a fait plusieurs éditions; la dernière est de Breslau, 1779, 6 vol. in-8. Cet auteur est mort le 18 décembre 1783.

● DUSSAULX (Jean), littérateur français, naquit à Chartres le 28 décembre 1728. Il fit ses études à Paris au collége de Louis le Grand. Il servit dans la guerre de sept ans, sous le maréchal de Richelieu, en qualité de commissaire de la gendarmerie. De retour à Paris, il se livra entièrement aux lettres. Sa traduction des *Satires de Juvénal* lui ouvrit les portes des académies de Nancy, des inscriptions et belles-lettres, et ensuite de l'Institut. Le duc d'Orléans le nomma, peu de temps après, secrétaire de ses commandemens. On dit que le P. Menou voulait lui faire confier l'éducation de quelques jeunes princes destinés à régner ; mais la simplicité de mœurs et l'extrême bonhomie de Dussaulx ne pouvaient guère convenir aux manières empruntées d'une cour : le P. Menou s'en aperçut à la première entrevue qu'il eut avec Dussaulx : il lui accorda toute sa bienveillance ; l'encouragea à conserver cette belle simplicité, et à ne pas courir le risque de la perdre pour des honneurs trop pénibles ou trop dangereux. Dussaulx était l'homme le moins propre à figurer dans la révolution ; il fut cependant député suppléant de Paris à l'assemblée législative (1792), et ensuite membre de la convention; mais il se rangea toujours du côté des plus modérés. Dans la séance du 22 août 1792, il parla fortement contre la destruction des monumens de l'art, au moment où les Vandales modernes allaient abattre le bel arc de triomphe vulgairement appelé la porte Saint-Denis. Dans l'horrible journée du 2 septembre, où, après avoir égorgé deux cents prêtres dans l'église des Carmes, le peuple voulait enfoncer les portes des prisons, Dussaulx s'offrit lui-même pour être du nombre des six commissaires qui allèrent rétablir le calme. Le lendemain il fut encore un des six membres nommés par l'assemblée et destinés à contenir la populace qui menaçait le Temple, où cette même assemblée avait enfermé le malheureux Louis

XVI. Le 5 janvier 1793, il défendit l'arrêté du département de Haute-Loire, qui ordonna la formation d'une garde départementale pour protéger la convention contre l'influence des sections de Paris. Lors du procès de Louis XVI (le 15 du même mois, 1793), il vota en ces termes : «Du fond de ma conscience, je vote »pour l'appel au peuple ;..... je de-»mande que le ci-devant roi soit dé-»tenu pendant la guerre et banni à »la paix. » Il se prononça pour le *sursis*. Dussaulx s'opposa le 31 mai à la proscription des *girondins;* et sur l'accusation qu'en forma contre lui Billaud-Varennes, il fut arrêté le 3 octobre, mais il rentra à la convention avec les soixante-treize députés proscrits. Sa modération irritant le parti contraire, le comité de salut public voulut l'envoyer à l'échafaud. Il est assez étonnant que ce fut Marat qui obtint sa grâce, en le dépeignant comme un vieux radoteur dont on n'avait rien à craindre. Le 6 avril 1795, Dussaulx demanda qu'il fût élevé un autel en expiation du sang français qu'on avait répandu injustement. En 1796, il fut président du conseil des anciens, et en janvier 1797, il proposa de modifier le serment de *haine à la royauté*, en y ajoutant *en France* : il se prononça ensuite contre l'établissement des loteries. Le 27 avril 1798, il prit congé du conseil, d'où il sortit le mois suivant, après avoir fait un discours dont ce même conseil ordonna l'impression. « Depuis neuf ans, disait-il, »que je suis dans les fonctions pu-»bliques, ennemi des factieux, étran-»ger à tous les partis, je n'ai plaidé »qu'en faveur de la justice et des »mœurs..... J'ai la douce satisfaction »de pouvoir dire que mes mains sont »aussi pures que mon cœur.» Quelque flatteuse que soit cette persuasion pour l'honnête homme, combien elle serait plus juste si Dussaulx eût pu dire à la France et à l'Europe entière : « Au milieu des troubles de »mon pays, des manœuvres infâmes »des démagogues et des scélérats, »au milieu de mille dissensions pour »se disputer un pouvoir usurpé, »j'ai toujours été fidèle à mon roi et »au trône, et ne pouvant les défen- »dre, j'ai pleuré en secret sur les »maux de l'état et de son chef, et »je n'ai jamais siégé sur les bancs »de l'anarchie. » C'est alors qu'avec un titre plus honorable il aurait pu affirmer avec plusieurs de ses collègues que ses mains étaient aussi pures que son cœur. Il mourut le 16 mars 1779, dix mois après sa retraite. Il a laissé : 1 *Satires de Juvénal*, traduites en français, Paris, 1779; 4e édition, 1803, 2 vol. in-8, avec le texte latin : c'est la meilleure traduction en prose que nous ayons de Juvénal. II *De la Passion du jeu depuis les temps anciens jusqu'à nos jours*, 1779, in-8, traduit en hollandais, 1791, in-8. Cet ouvrage serait assez bon si le style en était plus soigné et s'il y avait plus d'ordre et de méthode. On y trouve un curieux fragment d'un édit de l'empereur de la Chine (*Yong-Tching*) contre les jeux de hasard, pour lesquels ce peuple est si passionné, que dans les *nécessaires* de poche, il porte presque toujours deux petits dés dont le couvercle de l'étui sert de cornet. III *De mes rapports avec J.-J. Rousseau, et de notre correspondance*, Paris, an 6 (1798), in-8. Dans cet ouvrage, où l'on trouve des anecdotes piquantes, Dussaulx juge parfois avec assez d'impartialité le fameux philosophe genevois.

DUTEMS (Jean-François Hugues, plus connu sous le nom de), docteur de la maison et société de Sorbonne, naquit à Reugney en Franche-Comté le 6 août 1745, et fit ses premières études à Besançon. Ayant embrassé l'état ecclésiastique, il vint faire ses cours en Sorbonne, et s'agrégea à cette maison, où il fit sa licence d'une manière brillante; il la finit lorsqu'à peine il avait 23 ans. Dès qu'il fut prêtre et eut reçu le bonnet de docteur, le prince Ferdinand de Rohan, archevêque de Bordeaux, et ensuite de Cambray, le prit pour son grand vicaire, et lui donna un canonicat de son église. Il obtint aussi une chaire au collège royal, de laquelle il prit possession en 1782. Privé par la révolution de cette chaire ainsi que de ses bénéfices, et justement effrayé par les massacres de septembre, dont il faillit à être victime, il prit le parti de quitter la France. Quoiqu'il fût muni d'un passe-port, il fut arrêté à Dôle comme ecclésiastique insermenté. Ayant néanmoins obtenu la permission de poursuivre son voyage, il se retira en Suisse. Il revint à Paris à la fin de 1801, ne voulut aucune place, quoique dénué de toutes ressources, et il ne vécut que de sa plume. On le rencontrait quelquefois à la promenade vêtu plus que simplement. Il était fort retiré, et ne voyait qu'un petit nombre de personnes qui partageaient ses opinions. Le reste de son temps était consacré au travail. Atteint d'une maladie douloureuse et qui fut longue, il la supporta avec courage et résignation. Il en mourut le 19 juillet 1811, à l'âge de 66 ans. Il a laissé : I un *Éloge de Pierre du Terrail*, appelé *le Chevalier sans peur et sans reproche*, Paris, 1770, in-8. II *Panégyrique de saint Louis, prononcé devant les membres de l'académie française*, Paris, 1781, in-8. III *Le Clergé de France, ou Tableau* *historique et chronologique des archevêques, évêques, abbés et abbesses* du royaume, Paris, 1774-1775, 4 vol. in-8. C'est un bon extrait du grand ouvrage intitulé : *Gallia christiana*, fait avec une critique judicieuse. Non-seulement l'abbé Dutems a continué jusqu'en 1774 la liste des personnages qui y sont mentionnés, mais il a rectifié plusieurs erreurs échappées dans cet immense travail aux savans qui l'avaient entrepris. Il y a aussi ajouté quelques pièces jusqu'alors inédites. Il est à regretter que l'abbé Dutems n'ait pu finir cet utile ouvrage. IV *Histoire de Jean Churchill, duc de Marlborough*, Paris, de l'imprimerie impériale, 1808, 3 vol. in-8, avec figures, plans et cartes. Il n'est peut-être pas hors de propos de rapporter ce qui a donné lieu à cette histoire. En 1802 Napoléon, premier consul, souhaita qu'on traduisît la *Vie de Marlborough*, par Lediard. On en chargea M. Madgets, interprète de la marine et des colonies ; il s'adressa à l'abbé Dutems pour revoir sa traduction; mais, d'après l'examen qu'en fit l'abbé, et ses observations, il fut convenu entre lui et le traducteur qu'il vaudrait mieux traiter le sujet à neuf. L'abbé Dutems l'entreprit du consentement de M. Madgets, qui depuis a revendiqué l'ouvrage. Dutems et un de ses neveux ont repoussé ces prétentions. V *Histoire de Henri VIII*, restée manuscrite. Dutems a fait beaucoup d'articles pour le *Journal des Débats* et pour le *Répertoire de jurisprudence*.

DUVOISIN (Jean-Baptiste), docteur de la maison et société de Sorbonne, évêque de Nantes, naquit à Langres le 16 octobre 1744. Il fit ses premières études dans cette ville, et y soutint à l'âge de 14 ans, en présence de M. de Montmorin, évêque de Langres, des thèses de philosophie avec tant de talent, que le prélat en fut frappé. Ayant su que le jeune écolier avait de l'inclination pour l'état ecclésiastique, il se chargea de son éducation, et l'envoya à Paris, à la petite communauté de St.-Sulpice, pour y faire ses cours de philosophie et de théologie. Lorsqu'il les eut achevés et soutenu sa tentative, il entra au séminaire de Saint-Nicolas-du-Chardonnet, en qualité de maître de conférences, et fut, après les épreuves ordinaires, agrégé à la maison et société de Sorbonne. Il commença son cours de licence en 1768, et le fit d'une manière si brillante, qu'il fut nommé *premier de licence*, honneur disputé ordinairement par des rivaux d'un mérite peu commun. Quelque temps après, l'abbé Duvoisin obtint une chaire de Sorbonne, et devint successivement promoteur de l'officialité de Paris, chanoine d'Auxerre, chanoine et grand vicaire de Laon, prieur de Gabart, censeur royal, etc. Il était à Laon lorsque la révolution éclata. Il quitta cette ville au mois de septembre 1792, et s'embarqua pour l'Angleterre, d'où il revint à Bruxelles, trouver M. l'évêque de Laon. Obligé de chercher un nouvel asile lors de l'invasion de la Belgique par les Français, il se retira à Brunswick, où l'emploi de ses talens le fit subsister d'une manière honorable et indépendante. Il y reçut des témoignages flatteurs d'estime de la part du duc. De retour en France en 1801, après la signature du concordat, il fut nommé à l'évêché de Nantes, et cette nomination fut généralement applaudie. Un voyage que Napoléon fit à Nantes lui donna occasion d'en connaître l'évêque, resté jusque-là dans une sorte d'oubli; il fut frappé de son mérite. Dès lors l'évêque de Nantes fut un de ceux qu'il consulta le plus dans les affaires qui concernaient la religion. Il fut deux fois envoyé à Savone, près du pape ; il fit partie d'une commission composée de cardinaux et d'évêques chargés de donner leur avis sur des questions relatives à la discipline ecclésiastique, et y tint la plume. On lui impute d'y avoir montré une extrême condescendance, d'avoir trahi les intérêts de la religion, d'avoir suivi le même système dans le concile ; et on dit que plusieurs de ses collègues l'y regardaient comme un agent et un espion de la cour. Ces torts, s'ils ont eu lieu, sont graves ; mais plus ils sont graves, plus il faut de preuves pour les faire croire. Ceux qui ont connu particulièrement l'évêque de Nantes, auront peine à le reconnaître dans ces rôles si peu dignes d'un évêque. Celui qui écrit ceci a beaucoup vécu avec l'abbé Duvoisin, avant la révolution, et depuis son élévation. Il n'entreprend point de le justifier, et ce n'en est pas le lieu ; mais il regarde comme un devoir que lui imposent la justice et la vérité, de dire qu'il n'a jamais aperçu, ni dans le caractère ni dans les conversations de l'évêque de Nantes, rien qui puisse donner le moindre fondement à de pareilles imputations. Il l'a au contraire souvent entendu blâmer les mesures violentes prises contre le chef de l'église ; et une lettre que, dans ses derniers momens, l'évêque de Nantes adressa à Napoléon, prouve que ce n'était pas la première fois qu'il faisait des remontrances à ce sujet. « J'ai eu l'honneur de vous dire plusieurs fois, y lit-on, combien cette captivité (celle du pape) affligeait toute la chrétienté, et combien il y avait d'inconvénient à la prolon-

ger. » Dans le courant de juin 1813 l'évêque de Nantes retourna dans son diocèse. Une fluxion de poitrine l'y enleva en 60 heures, le 9 juillet suivant. On a de l'évêque de Nantes : I *Dissertation critique sur la vision de Constantin*, Paris, 1774, in-12. II L'*Autorité des livres du nouveau Testament contre les incrédules*, Paris, 1775, in-12. III L'*Autorité des livres de Moïse établie et défendue contre les incrédules*, Paris, 1778, in-12. L'auteur y prouve que Moïse est le véritable auteur du Pentateuque, et qu'il fut législateur inspiré. IV *Essai polémique sur la religion naturelle*, Paris, 1780, in-12. L'auteur en démontre l'insuffisance, et la nécessité d'une religion révélée. V *De verâ religione, ad usum theologiæ candidatorum*, Paris, 1785, 2 vol. in-12. Ce sont les leçons que l'abbé Duvoisin avait dictées en Sorbonne. VI *Examen des principes de la révolution française*, 1795, in-8. VII *Défense de l'ordre social contre les principes de la révolution française*, Londres, 1798, in-8 ; livre rare en France, et remarquable par le talent et la logique pressante qui y règnent. VIII *Démonstration évangélique*, in-12, imprimée deux fois à Brunswick en 1800, réimprimée à Paris en 1802 ; 4ᵉ édition en 1805, à la suite de laquelle se trouve un *Traité sur la tolérance*. L'abbé Duvoisin avait été chargé par le clergé de France de compulser les conciles et synodes tenus dans les Gaules, pour en extraire ce qui concerne la discipline de l'église gallicane ; il paraît que ce projet n'eut point de suite, du moins aucun travail à cet égard n'a été publié.

DYEHEBY (Mohamed ben Ahmed), Turkoman d'origine, né

à Damas le 6 octobre 1274 (3 de rébi 2ᵉ, 673), fut un des plus célèbres écrivains qu'ait produits l'islamisme. Il étudia à Damas, voyagea dans l'Orient, dirigea l'école de traditions fondée par Thaher. Parmi ses nombreux ouvrages on distingue une *Chronique de l'islamisme* : c'est un dictionnaire historique des écrivains musulmans, divisé par siècles; il commence à l'an 1ᵉʳ de l'égire, et finit en 744 de la même ère. La Bibliothèque royale en possède deux volumes parmi ses manuscrits arabes, et celle de l'Escurial en Espagne conserve une copie de l'ouvrage, avec le supplément fait à ce dictionnaire par le cadi Chohbah. Dyéhéby mourut à Damas en 1347.

E.

ECKHELL (Joseph-Hilaire), célèbre numismate, né à Entzesfeld, dans l'Autriche supérieure, le 13 janvier 1737. Il entra chez les jésuites, étudia les langues savantes, et fut professeur d'éloquence dans l'université de Vienne. Son penchant l'entraînait à l'étude de l'antiquité, et surtout à celle de la numismatique. Nourri de la lecture de Jobert, du P. Zaccaria, de Spanheim, et des trois célèbres numismates français, Vaillant, Pellerin, et l'abbé Barthélemy, il se proposa de former une collection la plus complète qu'il était possible, et exempte de ces monnayeurs apocryphes que la soif du gain avait introduits dans cette vaste science. Cette entreprise devenait d'autant plus difficile, que les peuples anciens ont eu aussi leurs faux monumens ; et on en a vu parmi les modernes de très-habiles à contrefaire les monumens numismatiques. Le P. Eckhell ne se découragea cependant pas, et ayant obtenu en 1772 la permission de voyager en Italie, il y visita les nombreux cabinets qui s'y trouvent épars, même dans les villes les moins considérables; il s'arrêta à Florence, où le grand-duc Léopold le reçut avec bonté, et lui fit ouvrir le cabinet des Médicis. Le docteur Cocchi, alors directeur de la magnifique galerie de Florence, facilita au savant jésuite tous les moyens de faire l'essai de son nouveau classement sur une des plus belles et des plus riches collections de l'Europe. Pendant son séjour en Toscane, le grand-duc l'avait recommandé à sa mère, l'impératrice Marie-Thérèse ; aussi, à peine le P. Eckhell fut de retour à Vienne, en 1774, qu'il se vit nommé par sa souveraine directeur des médailles, et professeur d'antiquités. Quelques mois avant son arrivée, la suppression de son ordre avait eu lieu dans les états de l'impératrice. Il se fixa cependant à Vienne, où il se livra entièrement à son étude favorite. On a de ce laborieux antiquaire : I *Numi veteres*, Vienne 1775, 2 part.; in-4. On trouve dans cet excellent recueil plus de quatre cents médailles inédites, la plupart autonomes. Les explications du P. Eckhell, quoique moins abondantes et moins détaillées que celles inscrites dans les médaillons de Ph. Buonaroti, prouvent cependant une connaissance plus profonde des langues anciennes;

et sa critique n'est pas moins sûre que celle du numismate florentin. Il *Doctrina numorum*, Vienne, de 1792 à 1798, 8 vol. Ce bel ouvrage comprend la numismatique toute entière, et mit le comble à la gloire de l'auteur; mais il n'eut pas le temps d'en jouir, car il mourut le 16 mai 1798, peu de temps après la publication de son premier volume. Eckhell a publié plusieurs opuscules, tels que, 1° *Sylloge prima numorum, anecdotorum thesauri Cæsarei*, Vienne, 1786, in-4, qui n'est qu'un appendice à l'ouvrage intitulé : *Numi veteres anecdoti.* 2° *Traité élémentaire de numismatique allemande, à l'usage des écoles*, 1786, in-8, en allemand. 3° Deux *odes* latines pour le mariage de Joseph II, 1765. 4° Un poëme en allemand sur le départ de la princesse Marie-Charlotte, et un discours, dans la même langue, sur le voyage de Joseph II en Italie.

EDWARDS (Bryan ou Briàn), écrivain anglais, naquit à Westbury, dans le Wiltshire, en 1743. Il demeura long-temps à la Jamaïque, où il possédait en 1784 une plantation de sucre. De retour en Angleterre, il devint membre du parlement, et publia l'*Histoire civile et commerciale des colonies anglaises dans les Indes occidentales*, Londres, 2 vol. in-4, dédiée au roi d'Angleterre. Cette même histoire a été réimprimée en 1801, à laquelle on a ajouté une *Description de Saint-Domingue*, et un *Voyage dans les diverses îles des Barbades, Saint-Vincent, Antigoa, Tabago, et la Grenade, dans les années 1791 et 1792*, par sir William Young, etc., et les trois premiers chapitres d'une *Histoire de la guerre dans les Indes occidentales, depuis son origine*

en février 1793. Dans cette dernière histoire, l'auteur, trop prévenu contre les Français, semble éviter toutes les occasions où il pourrait leur rendre plus de justice. La mort, qui le surprit le 16 juillet 1800, l'empêcha de donner la suite de cet ouvrage. Sa *Description de Saint-Domingue*, qui avait paru séparément, fut traduite en français, Paris, Blanchard, 1813, in-8 : elle contient un *Récit des calamités* qui ont désolé ce pays depuis 1789.

EGEDE (Jean), fondateur des missions danoises du Groënland, naquit en Danemarck en 1686. Il était pasteur de Vogen en Norwége, lorsqu'il conçut le projet de répandre la lumière de l'Evangile dans le Groënland. Il dressa à cet effet un plan d'instruction et de conversion, et il le soumit aux évêques de Drontheim et de Berghen, qui envoyèrent la proposition au roi de Danemarck, Frédéric IV. Ce monarque, alors en guerre avec Charles XII, ne prêta pas d'abord beaucoup d'attention au projet d'Egède. Le roi de Suède ayant péri devant Frederikshall, Egède se transporta à Copenhague, et ayant obtenu une audience du roi, des ordres furent aussitôt envoyés aux magistrats de Berghen, pour proposer aux négocians de cette ville, auxquels Egède s'était déjà inutilement adressé, la formation d'une compagnie du Groënland, à laquelle on accordait des priviléges et toute l'assistance possible. Egède souscrivit pour trois cents écus; son exemple décida les négocians de Berghen, qui équipèrent trois navires. Egède partit pour le Groënland le 3 mai 1721, et après bien des dangers il arriva dans ce pays sauvage, avec le titre de directeur des missions, et un traitement de trois cents écus que le

roi lui assigna. Il aborda à Baalsre-
vière, et s'occupa aussitôt de la
conversion de ces peuples idolâtres,
sans négliger les intérêts de la compagnie. Ses travaux eurent le succès le plus heureux. Enfin Christian
VI, qui avait voulu dissoudre cet
établissement, se décida enfin d'y
envoyer un vaisseau chargé de provisions, avec un renfort de nouveaux colons. Christian consacra
dans la suite une somme fixe à cet
établissement, où le commerce commençait à prospérer, tandis que la
foi faisait de jour en jour des progrès rapides. Egède partit pour Copenhague en 1736, dans un âge très-
avancé, après avoir laissé pour son
successeur au Groënland, son fils
Paul, non moins zélé que son père.
En 1740, Egède fut nommé surintendant des missions du Groënland,
et chargé de proposer au collége de
la Propagande les sujets les plus convenables pour les remplir. Il mourut
dans l'île de Falster, le 5 novembre
1758. Il a publié en danois : 1 *Nouvelle recherche de l'ancien Groënland*, ou *Histoire naturelle et descriptive de la situation, de l'air,
de la température et des productions de l'ancien Groënland*, Copenhague, 1729, in-4; 1741, avec
fig. Cette histoire a été traduite en
différentes langues, et en français,
par Partheney-des-Roches, sous ce
titre : *Description ou Histoire naturelle du Groënland*, Copenhague
et Genève, 1763, in-12. Il *Journal tenu durant la mission au
Groënland*, Copenhague, 1738,
in-8, traduit en allemand, Hambourg, 1740, in-4.

EGGS (Jean-Ignace), capucin,
plus connu sous le nom du P.
Ignace de Rheinfeld, né dans cette
ville en 1618, se consacra aux missions d'Orient ; il avait d'abord été

aumônier d'un des vaisseaux de la
flotte vénitienne, qui s'empara sur
les Turcs des îles Mételin et Sta-
limène ; après la victoire rempor-
tée, il s'attacha avec tant de zèle à
instruire les musulmans qui avaient
été faits prisonniers, qu'il en convertit un grand nombre. Il se rendit ensuite dans les missions de l'Asie mi-
neure, fit le voyage de Jérusalem,
passa plusieurs mois dans la Ville
sainte, et s'y fit recevoir chevalier
du Saint-Sépulcre. Le P. Ignace
tenait un journal fort exact, et y no-
tait tout ce qu'il trouvait de remarquable; il emportait même des échan-
tillons des choses curieuses qui lui
tombaient sous la main ; en sorte
qu'il revint en Europe avec de bons
mémoires, et riche de curiosités, de
médailles, de reliques même qu'il
répandit dans les bibliothèques et les
églises de son ordre. Il a publié le
résultat de ses observations et l'histoire des missions de son ordre, sous
le titre de *Jorosolynitanische reise
beschreibung des PP. Ignatii von
Rheinfelden, etc.*, ou *Relation du
voyage de Jérusalem, et description
de toutes les missions apostoliques
de l'ordre des Capucins*, Constance,
un vol. in-4 ; ouvrage intéressant
qui eut beaucoup de débit; et deux
autres éditions ; savoir, l'une en
1666, à Fribourg en Brisgaw, et
l'autre en 1699, à Augsbourg. Le
P. Eggs ne borna pas là ses travaux ; il continua de se livrer à la prédication et à l'œuvre des missions
dans les pays protestáns. Il mourut
à Lauffenbourg en 1702, avec la réputation d'un religieux instruit et
utile.

EGGS (Richard), jésuite, né à
Rheinfeld en 1621, d'une noble famille de ce nom, fit ses études chez
les jésuites, sous les PP. Bald, Bi-
derman, etc., et entra dans la société

l'âge de vingt ans. Il avait apporté en naissant un talent pour la poésie qui se développa de bonne heure, et que ses habiles maîtres se plurent à cultiver. Dès quatorze ans, il avait fait un poëme sur saint Ignace, martyr et évêque d'Antioche, où brillaient des beautés qu'on n'attendait point d'un poëte aussi jeune. Il fut employé à l'enseignement, et professa les belles-lettres et la rhétorique à Munich et à Ingolstadt avec tant de succès, que son nombreux auditoire trouvait avec peine place à ses leçons. Il ne réussissait pas moins dans la prédication et dans la composition de comédies et de tragédies spirituelles, où lui-même prenait un rôle qu'il remplissait aux grands applaudissemens des spectateurs; chose insolite, choquante même aujourd'hui parmi nous, mais qui en Allemagne et en Flandre était admise il n'y a pas encore un demi-siècle. Entre autres pièces de sa composition, on cite celle de *Léonide*, père d'Origène, qu'on regarda comme un chef-d'œuvre dans ce genre, et qu'il représenta à Munich devant l'électeur de Bavière. Ce Père mourut de phthisie en 1659, à l'âge de 38 ans, victime, dit-on, de son ardeur pour l'étude. Il a laissé: I *Poemata sacra.* II *Epistolæ morales.* III *Comica varii generis.*

EGGS (Léon ou Léonce), de la même famille que le précédent, et aussi jésuite, naquit à Rheinfeld le 19 août 1666; il fit ses études à Porentruy dans le collège du prince évêque de Bâle, et s'y distingua parmi ses condisciples. Il cultiva le même genre de littérature que le P. Richard Eggs, son parent, dont il vient d'être fait mention. Il déclamait avec grâce, et composait des pièces de théâtre en allemand, en latin, en français, en prose et en vers,

qui furent jouées dans différentes villes d'Allemagne, et dans plusieurs desquelles il parut comme acteur; il savait le grec parfaitement, et avait enseigné la grammaire, la poésie et la rhétorique dans divers collèges de la société. En 1714, l'électeur de Bavière le choisit pour accompagner en qualité d'aumônier les deux princes électoraux, Charles Albert et Théodore, qui se rendaient à l'armée du prince Eugène. Le P. Eggs mourut le 16 août 1717, au siége de Bellegarde, et fut inhumé dans le camp impérial. Ses écrits sont: I *Compositiones morales et asceticæ;* bon choix de morceaux tirés d'ouvrages français et latins: elles ont eu plusieurs éditions. II *Opera moralia* pour tous les jours de l'année. III *OEstrum ephemericum poëticum,* sous le nom de *Genesius Gold,* anagramme du sien: ce sont des élégies spirituelles dont le sujet est tiré des psaumes de David; elles sont au nombre de 365, autant qu'il y a de jours dans l'année, Munich, 1712. On a remarqué que dans ce grand nombre d'élégies il n'y avait aucune élision. Il a laissé manuscrits: IV *Epigrammata.* V *Elogia.* VI *Inscriptiones.* VII *Exercitationes scholasticæ theatrales,* etc. Il a aussi composé la *Vie du P. Richard Eggs,* son parent.

EGGS (George-Joseph), de la même famille, né à Rheinfeld vers 1670, docteur en théologie, chanoine, custode et sénieur de l'église collégiale de Saint-Martin de Rheinfeld, ecclésiastique instruit et laborieux, est auteur des ouvrages suivans, qui prouvent son érudition: I *Pontificium doctum et purpura docta,* Munich, 1714, 4 vol. in-fol.: c'est la vie des évêques et cardinaux qui se sont le plus distingués par leurs écrits. II *Tractatus de qua-*

tuor novissimis. III *Tractatus de morte sanctè obeundá.* IV *Elogia præclarorum virorum.* V *Inscriptiones variæ.* VI *Rhythmi de passione Domini cum figuris æneis.* VII *Vita Patris Ignatii capucini missionarii.* VIII *Vita Patris Leontii ab Eggs, Soc. Jesu, elegiacè scripta,* etc. La plupart de ces écrits ont été imprimés en allemand. Le chanoine Eggs mourut vers 1750.

EHLERS (Martin), professeur de philosophie à Kiell, naquit à Nortfort dans le Holstein, en 1760, et a publié plusieurs ouvrages utiles pour l'éducation et l'enseignement, tels que : I *Recueil de petits traités sur l'enseignement des écoles publiques, et l'éducation en général,* Ilensbourg, 1776, in-8. II *Quelques portraits pour les bons princes et ceux qui se consacrent à l'éducation des enfans des rois,* Kiell et Hambourg, 1786, 2 vol. in-8. III *Considérations sur la moralité de nos jouissances et de nos plaisirs,* Ilensbourg, 1790, 2 vol. in-8 ; c'est le plus estimé de ses ouvrages. Il mourut à Kiell le 9 janvier 1800.

EHRARD ou ERHARD (dom Thomas-d'Aquin), savant bénédictin allemand de la congrégation des Saints-Anges, vivait au commencement du 15e siècle ; il était profond théologien, avait fait profession dans le monastère de Weissbrunn, en Bavière, et jouissait d'une grande réputation d'érudition ; il prit part à la dispute qui s'éleva entre les bénédictins et les chanoines réguliers au sujet du livre de l'*Imitation.* On a de lui : I une édition latine de l'*Imitation,* avec une préface apologétique pour Gersen, Augsbourg, 1724. II Une défense de la même opinion, sous ce titre : *Polychrates Gersennensis, in quo quatuor libri de Imitatione Jesu-Christi Joannis Ger-*

sennensis, abbatis ordinis Sancti-Benedicti vindicantur; ce livre est dirigé contre le *Scutum Kempense* d'Amort, Augsbourg, 1729. (*Voy.* AMORT, *Dict.*) III *Ars memoriæ, sive clara et perspicua methodus excerpendi nucleum rerum, ex omnibus scientiarum monumentis,* Augsbourg, 1715, 2 vol. in-8. IV *Gloria sanctissimi protoparentis benedicti, in terris adumbrata, seu Vita, virtutes, prodigia, gesta et cultus sancti Benedicti,* Augsbourg, 1719, 6 vol. in-4. V *Isagoge et commentarius in universam sacram Bibliam vulgatæ editionis Sixti v et Clementis* VIII, *pontif. rom., auctoritatem recognitam,* Augsbourg, 1735; ib., 1729, 3 vol. in-8 ; à quoi il faut ajouter diverses éditions de la Bible, dont l'une avec une traduction en langue allemande ; une édition de la règle de saint Benoît, distribuée par versets ; une concordance de la même règle, sur le modèle de celle de la Bible, et plusieurs traités.—EHRARD (dom Gaspard), bénédictin de la même congrégation, en Bavière, a donné : *Dulcis memoria in sancta Evangelia, seu vita, doctrina et mysteria Jesu-Christi, per brevem commentarium in sancta Evangelia, explicata,* Augsbourg, 1719, 1 vol in-8.

ELBENE (Alphonse d'), évêque d'Alby, né à Lyon, vers 1538, de Barthélemy d'Elbène, patrice de Florence, que les troubles qui agitaient cette ville avaient forcé d'en sortir, embrassa l'état ecclésiastique, et s'y avança encore plus par son mérite que par sa naissance. Il était docteur en droit, et avait étudié sous Cujas. Aux connaissances qu'il avait acquises sous ce maître habile, et à celles qui convenaient à son état, il avait joint une profonde étude de l'histoire. Le duc de

Savoie le fit son historiographe, et lui donna l'abbaye d'Haute-Combe, située dans ses états. Il attacha même en sa faveur au titre d'abbé d'Haute-Combe, celui de sénateur-né du sénat de Savoie, et voulut que ce titre passât aux abbés ses successeurs. Par la suite, d'Elbène permuta avec Sylvestre de Saluces l'abbaye d'Haute-Combe pour celle de Mézières, diocèse de Châlons-sur-Saône. En 1508 Henri III le nomma à l'évêché d'Alby. D'Elbène aimait la poésie et l'avait cultivée dans sa jeunesse; il était en correspondance avec les beaux esprits de son temps. Ronsard, alors le prince de la poésie, lui avait dédié son *Art poétique*, et Juste Lipse son *Auctuarium veterum inscriptionum*. Il était de l'académie florimontane d'Annecy. Il mourut le 8 février 1608 âgé de 70 ans. On a de lui : I *De principatu Sabaudiæ et verâ ducum origine à saxoniæ principibus simulque regum Galliæ è stirpe Ugonis Capeti deducta, liber primus*, Haute-Combe, 1581, in-4, rare, et cité par Lenglet du Fresnoy, t. 3, page 316 de sa *Méthode pour étudier l'histoire*. II *De gente et familiæ Ugonis Capeti origine, justoque progressu ad dignitatem regiam*, Lyon, 1595 et 1605, cité par le même auteur; ibid., tom. 4, pag. 48 et 340. III *De regno Burgundiæ transjuranæ et arelatis libri tres*, Lyon, 1602, in-4. IV *Tractatus de gente et familiâ marchionum Gothiæ, qui posteà comites sancti Ægidii et Tolosates dicti sunt*, Lyon, 1592, 1607, in-8. C'est la généalogie des comtes de Toulouse. V *De familiæ cisterciance nec non Altæ-Combæ sancti Sulpitii ác Stamedii cœnobiorum origine*. VI L'*Amédéide*, poëme historique. On trouve du même quelques vers imprimés avec le *Tombeau d'Adrien Turnabe*, 1565, in-4. On lui attribue des *Lettres à d'Epernon*, mais elles ne sont pas de lui.

ELBÈNE (Alphonse d'), neveu du précédent et son successeur sur le siége d'Alby, accusé d'avoir eu part aux troubles du Languedoc en 1632, et d'être entré dans la révolte du duc de Montmorenci, fut obligé de sortir de France. Il y revint après la mort du cardinal de Richelieu, fut rétabli sur son siége en 1645, et fait conseiller d'état. Il mourut à Paris le 9 janvier 1651 à 71 ans, et fut enterré dans l'église du Temple.

ELBÈNE (Alphonse d'), évêque d'Orléans et neveu de celui-ci, était le cinquième évêque de sa famille, y en ayant eu un de Nismes, deux d'Alby et un d'Agen. Alphonse d'Elbène fut nommé au siége d'Orléans en 1646, sacré en 1647, et fit en 1648 son entrée solennelle dans sa ville épiscopale. Il signala cette entrée par la délivrance de 368 prisonniers. Elle est remarquable par un autre événement singulier. Une rixe s'étant élevée pendant la cérémonie, pour la préséance entre les gens des seigneurs et barons obligés d'y assister, le nouvel évêque descendit de sa chaire épiscopale, puis, retroussant sa chape sur ses épaules, et tenant sa mitre d'une main, de l'autre il saisit au collet l'un des plus mutins, l'envoie en prison, et rétablit ainsi le calme [1]. En 1651, il assista à l'assemblée générale du clergé. Dans un de ses synodes, il défendit la lecture de l'*Apologie des casuistes*; et, dans celui de 1664, il publia pour son diocèse des *Statuts synodaux* qui sont

[1] *Gallia christiana*, tome 8, col. 1494.

regardés comme un modèle en ce genre. Il avait achevé à ses frais la construction du palais épiscopal. Il mourut le 20 mai 1665.

ELIOTT (George-Auguste, lord HEATHFIELD), baron de Gibraltar, né en 1718. Ayant embrassé la carrière des armes, il servit avec distinction dans les guerres d'Allemagne (1740 à 1748), se trouva à la prise de la Havane, vaillamment quoique inutilement défendue par le général espagnol don Louis de Velasco. Eliott donna dans cette occasion des preuves non équivoques d'intelligence et de courage, et il en reçut dans la suite des récompenses honorables de la part de son souverain. Les Anglais furent bientôt chassés de la Havane par les Espagnols, et, quelques années après la conclusion de la paix, Eliott fut envoyé commandant général en Irlande; mais il n'y resta pas long-temps, son caractère ne pouvant sympathiser ni avec celui des habitans, ni avec celui des autres chefs. Le rocher de Gibraltar, que la trahison avait mis entre les mains des Anglais lors des guerres de la succession [1], était depuis long-temps l'objet des vues politiques du cabinet de Madrid. Décidée de mettre en usage tous les moyens pour recouvrer cette place, l'Espagne s'allia avec la France, et leurs flottes combinées vinrent assiéger Gibraltar. Mais que pouvaient toutes leurs forces réunies contre une montagne escarpée, hérissée partout de batteries formidables, et si bien défendue de la nature et de l'art? Cette forteresse ne présente aucun point sûr d'attaque, et, bien différente de la position où est Alger, on ne peut pas l'investir, même en bravant tous les dangers, qu'à une distance considérable; tandis que les Anglais, sans presque aucun péril, pouvaient du haut des créneaux foudroyer leurs ennemis. La place était d'ailleurs munie d'avance d'abondantes provisions, sans compter celles qui y entraient souvent par le moyen de barques d'une forme plate et d'un mince volume, à la faveur d'une nuit obscure et orageuse. Après plusieurs inutiles tentatives, les armées combinées résolurent de livrer une attaque générale le 13 septembre 1782. Elle fut des plus sanglantes, et Eliott déploya dans ce jour tous les talens d'un général habile. Malgré la supériorité que leur position locale donnait aux Anglais, la victoire parut incertaine pendant quelque temps; mais enfin ce feu dévorant et inextinguible qui devrait être banni des nations civilisées, rangea la victoire du côté des Anglais. La plupart des vaisseaux des alliés furent la proie des flammes, et, après une résistance opiniâtre et des pertes considérables, les assiégeans furent contraints de se retirer. Cette défense valut à Eliott le titre de chevalier du Bain et de baron de Gibraltar. Il mourut d'une attaque d'apoplexie auxe aux d'Aix-la-Chapelle le 6 juillet 1790.

ELISABETH (Philippine-Marie-Hélène de France, MADAME), sœur de Louis XVI, née à Versailles le 3 mai 1764. Elle était le dernier enfant du dauphin, fils de Louis XV, et resta privée de ses augustes parens avant même qu'elle eût pu les connaître. Son enfance fut confiée aux soins de la comtesse de Marsan, dame estimable, et pour qui la princesse reconnaissante conserva toujours la plus tendre vénération, ainsi que pour son digne instituteur, l'abbé de Montegut, mort à Chartres en 1794. Le caractère de madame Elisabeth, différent de celui de son auguste sœur

___

1 Ce fut le commandant de cette forteresse qui la vendit aux Anglais en 1711, moyennant une somme très-considérable.

madame Clotilde, sembla d'abord offrir plusieurs traits de ressemblance morale avec le duc de Bourgogne, élève de Fénélon. Mais, de même que ce prince, ce caractère, peu flexible et peu communicatif, devint par l'éducation et une piété exemplaire, le plus doux et le plus docile. Madame Elisabeth conserva cependant une fermeté et une vigueur d'âme qu'elle déploya ensuite avec tant d'héroïsme dans les malheurs qui accablèrent son auguste famille, dont elle partagea les souffrances et la mort. Jeune, belle, aimable, environnée de tous les prestiges d'une cour brillante, elle n'y paraissait que comme un ange de paix, de bienfaisance et de vertu. Alors, objet d'admiration de la France entière, elle en recevait des hommages publics dont son extrême modestie relevait encore le prix. M. de Bausset, évêque d'Alais, célébra les rares qualités de cette princesse dans un discours qu'il lui adressa en 1786, au nom des états de Languedoc. Malgré les soins qu'elle mettait à cacher ses bienfaits, la reconnaissance en publiait toujours une partie, tandis qu'un grand nombre de familles bénissaient en secret leur auguste protectrice. Quel jour de joie était pour la sensible Elisabeth celui où elle parvenait à découvrir et à consoler le malheur! Un seul trait, digne de sa belle âme, peut servir à la caractériser. Elle honorait de sa bienveillance une jeune personne sans fortune, à qui S. A. voulait procurer un honnête établissement. Elle obtint du roi son frère d'employer pendant plusieurs années le présent annuel de diamans qu'il lui faisait aux étrennes, en une dot qu'elle donnait à sa protégée, et ne voulut jamais consentir que ce présent fût remplacé, malgré les instances de son auguste frère. Lorsque

la cour crut devoir réformer ses dépenses, la princesse Elisabeth exigea de son écuyer que les premiers chevaux supprimés dans les écuries du roi fussent les siens, quoique ce sacrifice la privât d'un exercice favori qui lui devenait en même temps salutaire. Etrangère aux intrigues de cour, et ne se mêlant jamais des affaires du gouvernement, elle ne refusait cependant pas son appui à des personnes qui en étaient dignes, et réclamait en leur faveur la bonté naturelle du roi, pour qui elle avait autant de respect que de tendresse. De quel éclat tant de vertus auraient brillé sur un trône! mais la Providence en disposa autrement, et les réserva à ces dures épreuves où le cœur d'Elisabeth souffrit toute espèce de tourmens, mais où elle porta au plus haut degré la piété et la résignation chrétiennes. Il paraît certain qu'un prince de Portugal, que le duc d'Aoste et l'empereur Joseph II demandèrent successivement la main d'Elisabeth; mais des raisons politiques, ou plutôt des intrigues de cour, mirent des obstacles à ces diverses unions, qu'elle ne parut pas regretter. La sincère affection qu'elle portait à sa famille lui tenait lieu de tout. Une conscience pure rendait ses jours heureux, et ses récréations étaient aussi innocentes que ses pensées; son plus grand plaisir était lorsqu'elle se rendait à St.-Cyr, dont elle encourageait les pensionnaires les plus recommandables; quelquefois elle allait à sa maison de Montreuil, où elle recevait ses plus intimes amies, et où elle se livrait, sous la direction du savant Lemonnier, à l'étude de la botanique, science qu'elle cultivait avec succès. C'est ainsi qu'Elisabeth avançait dans sa carrière, que la vertu lui parsemait de fleurs, quand l'orage qui depuis quelques années grondait sur la France, s'amoncela bientôt autour du trône; et le 14 juillet 1789 commença la grande lutte dans laquelle devait triompher le coupable et périr l'innocent. Dès lors, madame Elisabeth jugea avec sagacité tous les divers événemens qui se passaient devant elle, en prévit les résultats, et résolut de ne pas séparer son sort de celui du roi, de la reine et de leurs enfans. Malgré les alarmes terribles dont son âme était agitée, elle épuisa, dans le rigoureux hiver de cette année (1789) tous ses moyens pour voler au secours des malheureux. La sensibilité de son cœur ne nuisait pas à la fermeté de son caractère, et elle conjura souvent le roi, mais en vain, d'user de son autorité et d'opposer une digue au torrent révolutionnaire. Le 5 octobre, lorsqu'une populace effrénée se porta sur Versailles, S. A. insista pour que le roi se dérobât aux insultes qu'on lui préparait. Exposée elle-même à tous les dangers, madame Elisabeth sauva plusieurs gardes du corps de la rage populaire, tout en leur témoignant toute sa reconnaissance pour leur dévouement. Avec quelle douleur dut-elle acquérir alors la certitude d'un avenir encore plus affreux! Conduite à Paris avec la famille royale, son noble courage imposa silence aux prétentions séditieuses de la garde nationale, et aux cris menaçans des factieux. Le roi venait d'engager ses tantes de s'éloigner de ces scènes tumultueuses ; il aurait voulu que sa sœur les accompagnât. Madame Elisabeth, dans une entière abnégation d'elle-même, eut la force héroïque de s'y refuser. Elle assista, depuis ce moment, aux conseils secrets de la famille royale, fut initiée dans le projet de départ pour Montmédy, et partagea tous les dangers de ce malheureux voyage.

(Voyez LOUIS XVI, Supplément.) De retour au milieu de ses geôliers, madame Elisabeth trouva le moyen d'entretenir une correspondance avec les princes ses frères, sortis de France à diverses époques. Dans la terrible journée du 20 juin 1792, elle se tint constamment auprès du roi. Le peuple effréné avait pénétré dans les appartemens des Tuileries et l'avait prise pour la reine. Le fer de ces monstres la menaçait déjà sans qu'elle songeât à les détromper. Un de ses écuyers, le chevalier de St.-Pardoux, se jette au-devant de ces cannibales, en s'écriant : « Non, ce n'est pas la » reine. — Pourquoi les détromper? » dit madame Elisabeth ; vous leur » auriez épargné un plus grand crime.» Pendant trois heures elle partagea les dangers du roi. Le jour du 10 août vint augmenter les alarmes de la princesse. Au milieu du carnage et de l'incendie, elle suivit la famille royale, qui se rendit à l'assemblée. C'est là que, renfermée dans la loge des journalistes, elle entendit prononcer la déchéance de Louis XVI; et de là elle fut transférée, avec les augustes captifs, dans les prisons du Temple. Les outrages, les vexations, les reproches portaient sur elle comme sur les siens; on lui refusait les secours que réclamait sa santé; et l'aspect de tant de vertus ne désarmait pas le cœur de ces tigres, qui épiaient non-seulement ses discours, mais ses moindres actions et ses regards. Cependant ces mêmes vertus lui offraient encore quelques consolations dans les soins qu'elle donnait aux enfans de son auguste frère. Destinée à passer par toutes les transes de la douleur, madame Elisabeth but jusqu'à la lie le calice d'amertume, et se vit successivement arrachée des bras de son frère, de la reine, et du jeune et infortuné dauphin. Séparée entièrement du roi pendant son exécrable procès, elle ne le revit que pour recevoir ses derniers adieux. Dans cette séparation cruelle, accablée par l'excès du malheur, elle tomba évanouie aux pieds de son auguste frère, qu'elle ne devait plus revoir. Au mois de juillet 1793, on lui ôta le dauphin, et cette scène déchirante se renouvela le 2 août 1793, lorsque la reine fut transférée du Temple à la Conciergerie, et de là traînée sur l'échafaud. Une circonstance de cet abominable procès obligea madame Elisabeth de subir les interrogatoires des bourreaux de son frère et de sa belle-sœur; et la pudeur d'une digne fille de saint Louis se vit forcée de répondre aux obscènes questions du crime et aux cris de la fureur. Restée seule avec MADAME, fille du roi, elle nourrit le cœur de sa nièce de ces vertus qui furent toujours le but de toutes ses actions. Mais l'heure fatale approchait où, pour mettre le comble à tous leurs forfaits, des scélérats en commirent encore un pour lequel ils manquaient même de prétexte. Après vingt-un mois de la plus affreuse captivité, on vint arracher (le 9 mai 1794) la princesse Élisabeth des bras de MADAME. Accablée d'injures, traînée dans un fiacre, elle est conduite à la Conciergerie, le lendemain jugée et condamnée à mort. En marchant au supplice, Elisabeth ne cessa d'exhorter à la résignation et au repentir les malheureuses victimes qui devaient périr avec elle. Par un raffinement de barbarie, on la força de voir le supplice des femmes qui partageaient son triste sort. En passant devant la princesse elles la saluèrent avec respect; madame Elisabeth les embrassa avec une bonté touchante. Le moment funeste arriva; mais l'âme d'Elisabeth était déjà détachée

de la terre, et en recevant la couronne du martyre, elle vola à la demeure des justes; c'est là que lui était réservé le prix de tant de souffrances et de vertus. Cette intéressante et malheureuse princesse avait alors trente ans. M. Ferrand, ministre de Louis XVIII, a écrit l'*Eloge historique* de cette princesse (Paris, 1814, 1 vol. in-8), à la suite duquel on trouve quatorze lettres de madame Elisabeth: monumens précieux où brillent la candeur de son caractère et de ses vertus, la fermeté de son âme, et l'excellence de son jugement.

ELLEVOOD. (Thomas), un des premiers quakers qui aient répandu par leurs écrits la doctrine de cette secte. Il naquit au village de Crowell, dans le comté d'Oxford, en 1639, et était fils d'un juge de paix assez pauvre pour que l'éducation de Thomas fût négligée. A l'âge de vingt-un ans, ayant assisté à une assemblée de quakers, il en adopta aussitôt les opinions. Il les professait publiquement, malgré les punitions que lui infligeait son père, qui ne pouvait s'entendre tutoyer par son fils, ni le voir se tenir devant lui le chapeau sur la tête, selon l'usage des quakers. Le premier écrit qu'il publia attira sur lui la surveillance du gouvernement. Mis en prison à plusieurs reprises, il en sortit aussitôt. Une fois entre autres ayant refusé de donner caution, selon les principes de sa doctrine, il fut cependant laissé en liberté sur sa simple promesse. Pour se mettre en état de défendre la cause qu'il avait embrassée, et remédier par conséquent à son défaut d'éducation, il se plaça pour lecteur auprès du célèbre Milton, alors aveugle, et qui, tandis qu'Ellevood lui lisait les classiques, lui expliquait les passages les plus difficiles, et l'instruisait en même temps dans les rudimens des sciences et des lettres. Ellevood prétend que c'est à une observation qu'il fit à Milton sur le *Paradis perdu*, que ce poëte a dû l'idée du *Paradis reconquis*. En pareil cas, ni Milton ni les lettres ne lui ont une grande obligation. Il quitta ce poëte par raisons de santé, et fut quelque temps précepteur des enfans d'un personnage distingué parmi les quakers. Il se maria en 1669; et comme il avait contracté ce mariage selon le rite bizarre établi dans sa secte, son père le déshérita. Il publia plusieurs ouvrages de controverse et autres, dont voici les plus remarquables : I *Alarme donnée aux prêtres*, ou *Message du ciel pour les avertir*, 1660. II *Histoire sacrée*, première partie, qui contient l'ancien Testament, 1705; *Histoire sacrée*, 2ᵉ partie, contenant le nouveau Testament, 1709 : l'une et l'autre renferment les parties historiques de la Genèse. III *La Davidéide*, poëme en cinq livres, 1712. Ellevood mourut en 1713.

ELLYS (Antoine), évêque anglican, né en 1693, fit ses études à l'université de Cambridge. Il fut en 1724 vicaire de Saint-Olave Jewry, et recteur de Saint-Martin-Iron-Monger-Lane. L'année suivante il obtint une prébende dans la cathédrale de Glocester. Sa réputation d'ecclésiastique zélé, et ses écrits en faveur de l'église anglicane, lui valurent l'évêché de Saint-David, dont il prit possession en 1752. Ses ouvrages sont : I *Défense de l'examen sacramentel, comme étant une juste sécurité pour l'église établie*, 1736, in-4. Il y soutient les dogmes de l'église anglicane contre les *dissenters*, et combat les opinions de ceux-ci. II *Traité sur la liberté spirituelle et temporelle des protestans en Angleterre*.

Il est divisé en deux parties : dans la première, Ellys s'efforce d'établir le droit qu'avaient eu les protestans de changer leur doctrine, contre ce qu'il appelle les prétentions de l'église romaine ; la seconde traite de la liberté religieuse des sujets dans leurs rapports avec le gouvernement. Ce livre, estimé des protestans, ne parut qu'en 1763, et l'auteur était mort en 1761. III *Remarques sur un essai de David Hume concernant les miracles*. Ellys a aussi laissé des sermons.

EMERSON (Guillaume), mathématicien anglais, naquit à Hurtworth, dans le comté de Durham, en 1701. Avec des talens distingués, il avait des manières assez bizarres, et visait à la singularité. C'est par cette manie qu'on le vit porter les mêmes habits et la même perruque pendant vingt années de suite. Ses délassemens favoris étaient de travailler à la terre, de pêcher, enfoncé dans l'eau jusqu'à la ceinture, et d'aller au cabaret boire et causer avec le premier venu. Il avait un cheval qu'il ne montait jamais, et qu'il conduisait par la bride quand il allait au marché faire ses provisions. Le duc de Manchester, qui faisait avec lui de petites promenades champêtres, ne put jamais obtenir qu'il montât dans sa voiture. Il s'amusait à jouer du violon, auquel il avait appliqué des innovations qui rendaient presque impossible de l'accorder dans aucun ton; et cela causait un des tourmens de sa vie. Quand il voulait faire imprimer un de ses ouvrages, il le portait à l'imprimeur, et lui laissait tout le soin de corriger les épreuves : négligence impardonnable, et plus encore lorsqu'il s'agit de livres élémentaires. Emerson a publié plus de seize ouvrages, qui tous ont mérité les éloges des savans. Les

principaux sont : I *Elémens de tri-*
gonométrie, 1749, in-8. II *Traité*
d'algèbre, 1765, in-8. III *Méca-*
nique ou doctrine du mouvement,
avec les lois des forces centripète
et centrifuge. IV *Elémens d'op-*
tique, 1768, in-8. V *Système d'as-*
tronomie, 1769, in-8. VI *Principes*
mathématiques de géographie, de
navigation et de gnomonique,
1770, in-8. VII *Cyclomathesis, ou*
Introduction facile aux diverses
branches des mathématiques, 1770,
10 vol. in-8. VIII *Petit Commentaire*
sur les élémens de Newton, avec
une défense de Newton contre les
objections faites sur différentes
parties de ses ouvrages, 1770, in-8,
réimprimé en 1803 dans la traduction en anglais des *Elémens* et du
Système du monde de Newton. Malgré une certaine rudesse dans le
style, on trouve dans les ouvrages
d'Emerson une connaissance approfondie des sujets qu'il traite, de
la clarté, de la concision; malheureusement, la précipitation avec laquelle
il écrivait l'a fait parfois tomber
dans quelques inexactitudes. Il mourut de la pierre le 26 mai 1782.

EMERY (Jean-Antoine-Xavier)
naquit à Beaucaire en 1756. Il était
conseiller à la cour des aides de
Montpellier lorsque la révolution
éclata. Loin de se laisser entraîner
par le torrent dévastateur qui bou-
leversait toute la France, il ne sortit pas de sa tranquille sphère, où il
conserva toujours les principes de
fidèle sujet et de chrétien. Il put
vivre ignoré pendant quelques années; mais ceux qui poursuivaient
l'innocence et la vertu, le signalèrent
enfin pour leur victime, fondés sur
l'accusation aussi barbare qu'absurde, qu'il avait des opinions contre-révolutionnaires. Traîné dans les prisons de Nismes, il y mourut le 30 juil-

let 1794 : deux jours après il devait
être livré à l'échafaud. On a de lui :
Traité des Successions, etc., contenu dans les 3e et 4e livres des *Ins-*
titutes de Justinien, avec un grand
nombre d'arrêts récens du parlement de Toulouse, 1787, in-8. Cet
ouvrage est un témoignage non
équivoque de la solidité et du savoir d'Emery, en matière de jurisprudence.

EMERY (Jacques-André), 9e
supérieur général de la congrégation
de Saint-Sulpice, né à Gex, le 26
août 1732, du lieutenant général
criminel de cette ville, fit ses premières études à Mâcon chez les jésuites. Il entra vers 1750 à la petite
communauté de Saint-Sulpice à
Paris, y prit les ordres et s'attacha à cette congrégation. Vers 1759
on l'envoya professer le dogme au
séminaire d'Orléans; bientôt après
il alla à Lyon professer la morale;
en 1764 il se fit recevoir docteur en
théologie à l'université de Valence;
en 1776 il fut fait supérieur du séminaire d'Angers, et grand vicaire
du diocèse. Enfin, M. le Gallic,
supérieur général de la congrégation
de Saint-Sulpice, s'étant démis de
sa place en 1782, M. Emery fut élu
pour lui succéder. Il gouverna sa congrégation et son séminaire comme
l'un et l'autre depuis leur établissement l'avaient toujours été sous
une suite de supérieurs d'un mérite
rare, c'est-à-dire avec zèle et sagesse. Il fut, en 1784, nommé par
le roi à l'abbaye de Bois-Gros-
land, diocèse de Luçon, grâce presque toujours plus honorifique que
lucrative, qu'il était d'usage d'accorder aux supérieurs de Saint-Sulpice, mais qui n'en convenait que
mieux à des hommes que l'intérêt
ne guidait point. A la révolution,
la congrégation et le séminaire de

X.

Saint-Sulpice subirent le sort de tant d'autres établissemens utiles. Ceux qui en étaient membres durent se disperser. M. Emery fut arrêté et mis d'abord à Sainte-Pélagie. Il eut à subir une seconde arrestation qui pouvait lui devenir plus funeste. On l'envoya à la Conciergerie, d'où communément on ne sortait que pour aller au tribunal révolutionnaire. Il fut, dans cette prison, utile à plusieurs condamnés; il soutint le courage des uns, releva la faiblesse des autres, fit abjurer à quelques-uns leurs écarts et leurs erreurs. Il y reçut, dit-on, l'expression des regrets et du repentir des évêques constitutionnels Lamourette et Fauchet. Des jours plus calmes vinrent, et l'abbé Emery fut rendu à la liberté. M. de Juigné, archevêque de Paris, absent, l'avait nommé son grand vicaire. Il s'acquitta de cette fonction avec la prudence et les mesures qu'exigeaient les circonstances. Il était trop instruit pour être exagéré, et trop attaché aux principes pour ne point les maintenir. Il fut condescendant et modéré autant qu'il fallait l'être ; il s'arrêta où il fallait s'arrêter. Au moment du concordat on lui offrit l'évêché d'Arras ; il le refusa, persuadé qu'il pourrait être plus utile dans un poste qui offrait moins d'éclat, mais le mettait à portée de mieux servir l'église de France, où il y avait tant à réparer. Il acheta de ses propres deniers une maison pour y établir un séminaire, rassembla les membres de sa congrégation, et recommença l'éducation ecclésiastique qui avait absolument cessé. Lors de l'établissement de la nouvelle université, il en fut fait conseiller. En 1809 et 1810 il fit partie de plusieurs commissions ecclésiastiques, et y vota avec assez

de fermeté contre des projets funestes à la religion, pour se faire donner l'ordre de quitter le séminaire. Il y rentra néanmoins, et y mourut le 28 avril 1811. Après ses obsèques, faites avec la pompe convenable, et honorées d'un grand concours de prélats et d'ecclésiastiques de tous les grades, sa dépouille mortelle fut portée par les séminaristes dans la maison du séminaire à Issy, où il est inhumé. « Esprit d'ordre, coup d'œil juste, »connaissance des affaires, discer- »nement des hommes, mélange heu- »reux de douceur et de fermeté, »un savoir étendu, fruit de lon- »gues études, un jugement sain, un »tact sûr ; » telles sont les qualités qu'attribue à M. Emery un écrivain qui l'a bien connu, et il les avait en effet à un haut degré. On a de lui les ouvrages suivans : I *l'Esprit de Leibnitz*, Lyon, 1772, 2 vol. in-12. Cet ouvrage reparut en 1803, sous le titre de *Pensées de Leibnitz sur la religion et la morale*, 2 vol. in-8. II *Le Christianisme de Bacon*, an 7 (1799), 2 vol. in-12. III *Pensées de Descartes*, Paris, 1811, un vol. in-8. Le but que s'était proposé l'abbé Emery dans la publication de ces trois ouvrages et de quelques autres qu'il méditait, était de prouver que la religion chrétienne n'est pas, comme le prétendent les beaux esprits de ce temps, le partage seulement du préjugé et de l'ignorance, et n'est bonne qu'à contenir le peuple ; mais que des philosophes qui valaient bien ceux qui sont venus depuis, l'ont professée sincèrement, et se faisaient gloire de la pratiquer. A ces trois grands hommes, il joignit Euler, le plus illustre géomètre de son siècle, et comptait y ajouter Newton, dont il devait exposer les sentimens sur le même objet. IV. *L'Esprit de sainte Thérèse*, Lyon, 1775 - 1779, in-8. V *Conduite de l'Église dans la réception des ministres de la religion qui reviennent de l'hérésie et du schisme*, 1797 et 1801. VI Une *édition* de la *Défense de la révélation d'Euler*, *contre les objections des esprits forts*, suivie des *pensées de cet auteur sur la religion*, supprimées dans les dernières éditions de ses lettres à une princesse d'Allemagne [1], Paris, 1805, in-8. VII *Nouveaux opuscules de Fleury*, *avec des corrections et additions*, Paris, 1807, un vol. in-12. Ils renferment des éclaircissemens sur l'assemblée du clergé de 1682, et de judicieuses réflexions sur les 4 articles qui y furent dressés. Outre ces écrits, l'abbé Emery a été l'éditeur de plusieurs *ouvrages de M. de Luc*, et des *Lettres à un évêque sur divers points de morale et de discipline*, par M. de Pompignan, 2 vol. in-8. On lui doit aussi des articles dans les *Annales philosophiques*.

EMON, en latin *Emo*, premier abbé de Wérum, monastère de l'ordre de Prémontré, près Groningue dans la Frise, autrement nommé le Jardin fleuri, *Hortus floridus*, vivait à la fin du 12ᵉ siècle et au commencement du 13ᵉ. Dom Rivet [2] rapporte « qu'aidé de son » frère, il copia tous les auteurs des » arts libéraux, et les livres de théo- » logie et de droit qu'ils avaient vus » à Paris, à Orléans et ailleurs dans » le cours de leurs études. » Il ajoute : « que dans la suite, le désir » d'enrichir sa bibliothèque le porta » à y employer des religieuses, ayant

» pourtant l'attention de ne leur faire » transcrire que les livres de la Bi- » ble et les écrits des saints Pères, » comme étant plus à leur portée. » Emon, persuadé qu'un monastère sans livres est comme un arsenal sans armes [1], parvint par ce moyen, non-seulement à fournir la bibliothèque de son abbaye d'un grand nombre d'ouvrages, mais encore à en procurer à d'autres maisons de son ordre. L'abbé Emon mourut subitement en 1237. Lui-même a écrit sur plusieurs sujets. Nous ne citerons de lui que sa *Chronique*, depuis 1203 jusqu'en 1237, continuée par Menko, 3ᵉ abbé de Werum, et ensuite par un anonyme, jusqu'en 1292; inédite jusqu'en 1700, elle fut insérée par Antoine Mathieu dans ses *Analectes*, tom. 3, et réimprimée par l'abbé Hugo, avec des notes dans le 1ᵉʳ tom. des *Sacræ antiquitatis monumenta*, p. 429, Etival, 1725, 2 vol. in-fol. Il ne faut point confondre l'abbé Emon avec un autre Emon, son cousin germain, qui dota de ses biens l'abbaye de Werum, où il prit aussi l'habit de l'ordre de Prémontré, et mourut en 1215.

EMSER (Jérôme), théologien allemand, né à Ulm en 1477, reçut sa première éducation à Tubingen, et alla étudier à Bâle le droit, la théologie et l'hébreu. Devenu en 1500 chapelain et secrétaire du cardinal Raymond de Gurk, il l'accompagna en Allemagne et en Italie. Dans la suite il enseigna à Erfurt et à Leipsig, où il se fit recevoir membre de l'université et prit ses licences. Devenu conseiller de George, duc de Saxe, et son orateur à Dresde, il fut invité par ce prince à écrire contre le lutheranisme qui com-

---

1 On ne s'en étonnera pas en apprenant que M. de Condorcet dirigeait celle de 1789.

2 *Histoire littéraire de France*, t. 9, p. 159.

1 Claustrum sine armario, quasi castrum sine armamentario.

mençait à s'étendre. Il avait connu Luther, et avait même été en liaison avec lui. Ils eurent d'abord ensemble quelques conférences amicales; mais Emser n'ayant pu rien gagner sur le sectaire dans ces entretiens, se déclara son adversaire. Ce fut entre les deux champions un combat à outrance. Leur première dispute eut pour objet la traduction allemande que Luther avait faite de la Bible pour l'usage de ceux de son parti. Emser en fit la critique. Ses observations parurent en 1523; Emser ensuite y opposa une nouvelle traduction du nouveau Testament qu'il publia en 1527, réimprimée en 1630. En 1524 il avait eu une autre dispute avec Luther, au sujet de la canonisation de saint Bennon, évêque de Misnie, faite cette année, et contre laquelle Luther avait publié un livre intitulé: *L'Idole et le Diable de Misnie.* Emser lui fit une réponse vigoureuse. Il mourut subitement au milieu de cette lutte le 8 novembre 1527. Il a laissé les ouvrages suivans: I *Motifs pour lesquels la traduction du nouveau Testament,* par Luther, *doit être défendue au commun des fidèles,* Leipsig, 1523, in-4, réimprimés avec augmentation, sous le titre d'*Annotations sur la traduction du nouveau Testament*, etc., Dresde, 1524, in-4. II *Traduction allemande du nouveau Testament, pour être opposée à celle de Luther.* III *Assertio missæ;* c'est une défense de la messe. IV *De canone missæ.* Il y traite le même sujet. V *Histoire de la vie et des miracles de saint Bennon*, Leipsig, 1512, réimprimée à Dresde, 1594, in-4. VI Beaucoup d'autres *écrits de controverse.*

ENAMBUC (Vaudrosques-Diel

d'), fondateur des colonies françaises dans les Antilles. Ayant équipé à ses frais un brigantin armé de quatre canons, et monté par quarante marins déterminés, il partit en 1625 pour aller faire des prises sur les Espagnols dans les mers des Antilles. Arrivé aux îles du Caïman, il soutint avec avantage l'attaque d'un galion espagnol. Il aborda quinze jours après à Saint-Christophe, où il trouva quelques Français qui étaient en bonne intelligence avec les sauvages. Le sol et l'air salubre de l'île lui parurent propres à y former un établissement. Pendant ce temps, les Anglais, débarqués dans une autre partie de l'île, s'y établissaient de leur côté. Les deux nations résolurent alors d'en faire le partage. Les Anglais et les Français, dans leurs établissemens respectifs, vivaient en harmonie, lorsque les sauvages du pays, excités par un de leurs *boyez* ou médecins, résolurent de massacrer tous les étrangers. Une femme sauvage révéla ce complot aux colons, qui punirent sévèrement les Indiens. D'autres sauvages vinrent encore attaquer les Européens; mais ils furent contraints de se rembarquer. L'île fut dès lors tranquille. D'Enambuc, pendant un séjour de huit mois, avait fait cultiver du tabac, et abattre du bois d'acajou. Il chargea de ces objets un navire sur lequel il s'embarqua, et arriva heureusement à Dieppe. De là il se rendit à Paris, et fut présenté au cardinal de Richelieu, qui approuva ses projets. Ce ministre, en sa qualité de surintendant du commerce de France, délivra à d'Enambuc et à son compagnon Durossey, une commission qui les autorisaient à établir une colonie française dans l'île de Saint-Christophe, ou dans toute autre île; depuis le 11e jusqu'au

18e degré de latitude septentrionale. Ils retournèrent à Saint-Christophe en 1627 avec deux vaisseaux. Leur traversée fut malheureuse, et arrivés dans l'île, ils trouvèrent que les Anglais s'étaient emparés d'une partie de leurs terres; mais le cardinal de Richelieu envoya à leur secours six vaisseaux, qui défirent la flotte anglaise, et bientôt la paix fut conclue entre les deux nations. Peu de temps après, les Espagnols vinrent y faire une descente, et obligèrent les Français à évacuer la colonie. D'Enambuc erra long-temps sur la mer, aborda à l'île d'Antigue et de Sainte-Marguerite, d'où Durossey partit sur un des vaisseaux avec quelques officiers qu'il avait débauchés. Mais à peine fut-il arrivé en France, que le cardinal de Richelieu le fit enfermer à la Bastille. D'Enambuc ranima le courage de ceux qui lui étaient restés fidèles, et les ramena à Saint-Christophe : les Espagnols en étaient partis depuis long-temps. D'Enambuc s'occupa alors à faire prospérer sa colonie. Avant que les Anglais ne se missent en possession des îles voisines, il résolut d'y former des établissemens. Un de ses lieutenans, à qui il avait confié ses projets sur la Guadeloupe, le supplanta, et alla fonder cette colonie; mais elle reconnut bientôt d'Enambuc pour son chef. Pendant ce temps, ayant pris avec lui cent bons cultivateurs, il alla en 1635 les installer à la Martinique, où il bâtit le fort Saint-Pierre. Il laissa dans cette île un gouverneur, et retourna à Saint-Christophe. Ce gouverneur tomba quelques mois après au pouvoir des Espagnols, tandis qu'il venait conférer avec d'Enambuc. Celui-ci envoya alors à sa place son neveu du Parquet, qui, élevé sous ses yeux, fit prospérer ce nouvel établissement. Celui de Saint-Chris-

tophe devenait de jour en jour plus florissant par le zèle actif d'Enambuc, qui, succombant à ses fatigues, mourut vers la fin de 1636. Le P. Bouton peint ce marin comme un homme d'esprit et de jugement, « et »fort entendu à faire de nouvelles »peuplades, et établir des colonies.» — « Les habitans l'ont pleuré comme »leur père, dit le P. du Tertre, les ec- »clésiastiques, comme leur protec- »teur, et les colonies de St-Christo- »phe, de la Guadeloupe et de la Mar- »tinique, l'ont regretté comme leur »fondateur. » Le cardinal de Riche- lieu, en apprenant sa mort, s'écria : «Le roi a perdu un de ses plus fidèles »et de ses plus utiles serviteurs.»

ENDELCHIUS ou SEVERUS SANCTUS, rhéteur et poëte, né à Bordeaux dans le 4e siècle. Il em- brassa le christianisme à l'imitation de saint Paulin, évêque de Nole, avec qui il était lié depuis son enfance. Il passa ses derniers jours dans la re- traite, après avoir embrassé l'état ecclésiastique. Saint Paulin cite avec éloge les hymnes d'Endelchius, composés sur la parabole des dix vierges de l'Evangile; mais il ne nous est parvenu de lui qu'une églogue intitulée De mortibus boum, écrite vers 377, à l'occasion des ravages que causait une maladie contagieuse dans la Turquie, l'Illyrie et la Flan- dre. Les interlocuteurs sont un païen qui se livre au désespoir pour avoir vu périr tous ses troupeaux, et un chrétien qui, en lui parlant des vé- rités de sa religion, lui fait espé- rer les consolations de la Providence. Cette pièce parut pour la première fois dans les Epigrammata et poemata veterum, tome 2, page 448. Elle a été aussi insérée dans la Bibliotheca Patrum, et dans différens recueils de poésies chrétiennes, et a été impri- mée séparément à Francfort, 1612, in-8, avec les notes de Weitz; et à Leyde, 1714, avec les notes de Weitz et de Seber. L'abbé Longchamp place la mort d'Endelchius à l'année 409.

ENFIELD (Guillaume), théologien anglais, né à Sudbury, en 1741, a laissé : I *Sermons de divers auteurs sur les principaux sujets de la religion et de la morale, choisis et corrigés*, 1773. II *Sermons biographiques, ou suite de discours sur les principaux personnages de l'Écriture sainte*, 1777, in-12. III *Observations sur la propriété littéraire*, 1774, in-4. IV *L'Orateur* (the Speaker), 1775, in-8; c'est un choix de morceaux tirés des meilleurs écrivains anglais. V *Exercice d'élocution*, pour servir de suite à l'ouvrage précédent, 1780, in-12, etc. Il mourut le 3 novembre 1797.

ENGAU (Jean-Rodolphe), célèbre jurisconsulte allemand, professeur à l'université d'Iéna, conseiller de la cour de Saxe-Weimar et d'Eisenach, naquit à Erfurt le 28 avril 1708. On a de lui : I *Elementa juris criminalis germanici civilis*, Iéna, 1756, 4e édition, 1752, in-8. II *Elementa juris criminalis germanico-carolini*, Iéna, 1738, 7e édition; 1777, in-8, avec des observations. III *Elementa juris canonico-pontificio-ecclesiastici*, Iéna, 1739, 5e édition, 1765, in-8, avec les additions de Schmidt. IV *Traité du droit des chefs de l'église sur les docteurs qui occupent des chaires*, Weissembourg, 1787, 3 vol. in-8. Cet ouvrage avait d'abord été écrit en allemand, mais en 1752, l'auteur lui-même le mit en latin et l'augmenta de beaucoup. Engau mourut le 18 janvier 1753, âgé de quarante-sept ans.

ENGEL (Arnold), jésuite, nommé par Sotwel *Arnoldus Angelus*, traduction latine de ces nom et prénom, était né à Maestricht en 1620. Il embrassa l'institut jésuitique en Bohême, l'année 1640, âgé de vingt ans, et professa pendant huit ans la rhétorique dans les colléges de la société. Il y fut pendant cinq autres années préfet des études. Il se voua ensuite à l'œuvre des missions avec un grand zèle, et y fit beaucoup de fruit. Il mourut à Prague vers l'an 1676, et laissa les ouvrages suivans : I *Consignati de omni statu homines etiam principes, hoc seculo ad fidem romanam conversi*, in-4. II *Indago monocerotis, ab naturâ humanâ deitatis sagacissimâ venatrice, per quinque sensuum desideria amanter adornatæ*, Prague, 1658, in-4. III *Plenilunium Marianum, sive Oratio de beatâ Virgine*, ibid., 1657. IV *Elegantiarum, libri duo*. On y trouve l'épitaphe de saint François-Xavier en vers, ibid. V Un *Eloge* du même saint, ibid. VI L'*oraison funèbre de l'empereur Ferdinand III*, ibid. Ces cinq derniers ouvrages sortirent des presses de l'université de Prague. VII *Virtutis et honoris œdes in heroibus, et poematibus XXV græco-latinis illustrata*, Prague, 1671.

ENGEL (Samuel), géographe, naquit à Berne en 1702. Il occupa plusieurs places importantes dans son pays, et a laissé : I *Mémoires et observations géographiques et critiques sur la situation des pays septentrionaux d'Asie et d'Amérique*, etc. Lausanne, 1765, in-4, avec cartes. Engel prétendait dans cet ouvrage (inséré d'abord dans le *Journal helvétique*, et traduit ensuite en allemand) qu'il était possible de pénétrer dans le grand Océan en naviguant par le nord. Le capitaine Philipps voulut en faire l'essai; mais le résultat de cette expédition parut démentir les assertions d'Engel. II *Essais sur cette question: Quand et comment l'Amérique a-t-elle été peuplée d'hommes et d'animaux ? par E. B. D. E.* ; Amsterdam, 1767, in-4, ou 5 vol. in-12. Parmi différentes hypothèses qu'il soutient dans ce livre, il prétend que l'Atlantide des anciens était située entre l'Afrique et l'Amérique, et servait à rapprocher les deux continens. Il entre ensuite dans beaucoup de discussions relatives à l'éclaircissement de la Bible ; et, au milieu de ces dissertations, il perd de vue l'objet principal, et semble s'occuper de toute autre chose que de ce qu'il annonçait par le titre de son ouvrage. III Il a écrit en assez mauvais français un *Mémoire sur la navigation dans la mer du Nord*, 1779, où il revient toujours sur la possibilité de la navigation dans l'océan boréal. IV *Remarques sur la partie de la relation du capitaine Cook qui concerne le détroit entre l'Asie et l'Amérique*, avec une carte, Berne, 1781, 1 vol. in-4. Engel a contribué à faire établir dans sa patrie le système des greniers d'abondance, et favorisa, avec le célèbre Haller, la fondation de l'hôpital économique de la même ville. Il est mort le 28 mars 1784.

ENGELGRAVE (Henri), jésuite, né à Anvers en 1610, entra dans la compagnie de Jésus à 18 ans. Il sut allier, avec l'étude des belles-lettres, dans lesquelles il fit de grands progrès, une autre étude plus nécessaire encore à un religieux : il lut avec soin l'Écriture sainte et les auteurs sacrés; de sorte qu'il n'était pas moins bon théologien que littérateur habile. Sotwel dit qu'on l'appelait un magasin de science, *officina scientiarum*. Pendant plusieurs années il professa les humanités et la rhétorique dans

divers colléges. Il fut recteur à Oudenarde, à Calais, à Bruges et à Anvers ; il partageait son temps entre la chaire et le confessionnal, et à tant d'occupations joignait encore la direction d'une de ces congrégations que les jésuites avaient établies presque partout, et qui étaient si propres à entretenir dans les classes moyennes les bonnes mœurs et le goût des pratiques religieuses. Il mourut à Anvers le 8 mars 1670, et laissa divers ouvrages de sa composition. Les principaux, sont : I *Lux evangelica in omnes dominicas, duobus tomis.* La première partie parut à Anvers en 1648, et la seconde en 1651. L'ouvrage fut ensuite réimprimé dans son entier sous différens formats, et eut sept éditions. C'est une suite de sermons qu'il avait prêchés dans différentes églises. II *Cœleste pantheon in festa et gesta sanctorum*, Cologne, 1647, réimprimé à Anvers, 1658, in-4. C'est la continuation et une troisième partie de l'ouvrage précédent. III *Cœleste empyreum in festa per annum, et in omnes ordinum patriarchas et particulares tutelares*, Cologne, 1668, in-fol., réimprimé ib., in-4, et Amsterdam, in-8. IV *Cœlestis empyrei pars altera*, Cologne, 1669, in-fol., réimprimé ibid., et à Amsterdam. Ces divers ouvrages forment une jolie collection de six volumes, ornés d'emblèmes ingénieux et de vignettes en taille douce, gravés avec soin. V *Des Méditations sur la Passion*, en langue flamande, Anvers, 1670, in-8. VI *Des pièces de poésie*, in-4. Il avait commencé des *Commentaires sur les évangiles du carême* : sa mort, survenue à un âge où il reste encore de l'espérance, ne lui laissa pas le temps de les achever. — EN-GELGRAVE (Jean-Baptiste), frère aîné du précédent, aussi jésuite,

était né à Anvers en 1601. Il s'était engagé dans la société en 1619, et y avait fait les derniers vœux. Il fut recteur du collége de Bruges, et provincial de Flandre. Il assista en cette qualité au neuvième chapitre général de l'institut, tenu à Rome, et devint, à son retour, recteur de la maison professe d'Anvers. C'était un religieux extrêmement attaché aux devoirs de son état, ami de la pauvreté évangélique, plein de piété et de zèle, et repoussant toutes les commodités de la vie, au point que, dans l'état de maladie, il ne se permettait d'autres mets que ceux de la table commune. Il a composé, en latin, des *Méditations pour tous les dimanches et toutes les fêtes de l'année.* Il mourut le 3 mai 1658. — ENGELGRAVE (Assuérus), frère des précédens, entra dans l'ordre de St-Dominique, et prit le degré de bachelier en théologie. Il se distingua dans la prédication, et laissa des sermons qui sont restés manuscrits dans les bibliothèques des couvens de son ordre, à Bruges et à Anvers. Il mourut jeune, le 21 juillet 1640.

ENGELHUSEN (Thierri d'), né dans le duché de Hanovre, supérieur d'un monastère à Wittemberg, est auteur d'une *chronique* en latin, qui comprend depuis la création du monde jusqu'à l'année 1420. Cette chronique a été continuée par Matthias Doriny. Joachim-Jean Mader l'a publiée à Helmstadt, 1671, in-4. Il en avait revu le texte sur quatre manuscrits différens. Engelhusen mourut en 1430.

ENGHIEN (le duc d'). *Voyez* LOUIS-ANTOINE DE BOURBON.

ENS (Gaspard), historien, né à Lorch, dans le Wurtemberg, vers 1570. Il est un des plus féconds écrivains de l'Allemagne, et il a publié jusqu'à dix volumes dans une

année, sur des objets entièrement opposés. Ses ouvrages les plus connus s'élèvent au nombre de vingt-deux, tous en latin, et roulant sur différens sujets d'histoire, de politique, de critique, de poésie, etc. Nous citerons les plus remarquables, tels que : I *Mercurius gallo-belgicus*, Cologne, 1604, et suiv. Ens en publia 6 volumes, depuis le 4e jusqu'au 9e: II *Annales sive Commentaria de bello gallo-belgico*, ibid., 1606, in-8. III *Belli civilis in Belgio per XL annos gesti historia, usque ad annum 1609, ex belgicis Meterani commentariis concinnata*, ibid., 1610. IV *Mauritiados libri VI, in quibus belgicæ describitur civilis belli causa, illustris Mauritii natales et victoriæ explicantur*, ibid., 1612, in-8. V *Rerum hungaricarum historia libris IX, comprehensa*, ibid., 1604, in-8. Les biographes hongrois, tout en louant l'élégance du style d'Ens, lui reprochent plusieurs inexactitudes. VI *Thesaurus politicus ex italico latinè versus*, ibid., 1613-18-19, 3 vol. in-4. VII *Morosophia, sive stultæ sapientiæ et sapientis stultitiæ libri duo.* C'est une imitation de l'ouvrage de Spelto, publié avec le même titre en italien, Pavie, 1606, in-4, ibid.; 1620-21, in-8. VIII *Heraclitus, de miseriis vitæ humanæ*, ibid., 1622, in-12, etc. Ens a publié aussi des poésies latines, dont une partie a été insérée dans les *Deliciæ poetarum germanorum*, tom. 2, pag. 1236 et suiv. Et, pour prouver qu'il n'oubliait aucun genre de littérature, il a donné une traduction latine du roman de *Gusman d'Alfarache*, sous le titre de *Proscenium vitæ*, 1623, in-8. Ens est mort vers 1640.

ENTIUS, roi de Sardaigne, fils de Frédéric II, surnommé *Barbe-*

rousse, et d'une des nombreuses concubines de cet empereur. Son véritable nom était *Hans*; les Italiens l'appelaient et l'appellent encore *Enzio* (*il re Enzio*), et non pas *Enzo*, comme on le dit dans une biographie moderne. Il épousa à 14 ans, en 1238, Adélaïde, marquise de Massa, veuve d'Ubaldo Visconti de Pise, et héritière de Gallará et d'Oristagni, en Sardaigne, dont les deux tiers étaient soumis à Entius. Son père l'employa dans ses guerres injustes contre l'église, où Entius acquit une malheureuse célébrité. En 1239, il ravagea toute la province de la Marche d'Ancône, ce qui lui mérita l'excommunication de Grégoire IX. Il commandait en 1241 la flotte sicilienne et pisane, avec laquelle il battit, le 3 mai, celle des Génois, et fit prisonniers les prélats appelés au concile par Grégoire IX, pour prononcer sur la conduite de Frédéric II. Il porta ensuite ses armes dans la Lombardie, et fut complétement battu par les Bolonais, alliés du saint-siége, et fait prisonnier dans la bataille de Fossalto, le 26 mai 1247. Il avait alors 25 ans. Entius fut conduit en triomphe à Bologne, et condamné à une prison perpétuelle, malgré les menaces et les offres que fit l'empereur Frédéric pour faire cesser sa captivité. Les Bolonais firent bâtir pour lui, sur la place dite de *Saint-Pétrone*, un magnifique palais surmonté d'une belle tour, soutenue par un seul arc, dans laquelle le roi Entius couchait tous les soirs. Dans l'intérieur de ce palais, qui existe encore, on avait placé tout ce qui peut contribuer aux plaisirs de la vie, et même un théâtre, où l'on jouait la comédie pour dissiper la tristesse du prisonnier [1].

Malgré la surveillance sous laquelle on le tenait, il sut, par de grandes promesses, intéresser à son sort un *brentadore* ou porteur de vin, que son état appelait souvent dans ce palais. Il le cacha dans sa *brenta* [1], et le prit sur ses épaules. Ils étaient déjà près d'une des portes de la ville, lorsque la chevelure du roi Entius flottant par-dessus ses épaules, fut aperçue par une vieille femme. Les cheveux d'Entius, extrêmement blonds, étaient une des marques qui pouvaient le faire reconnaître. La vieille donna aussitôt l'alarme; on arrêta le porteur de vin, qui fut exécuté le même jour. Le *gonfaloniere*, ou magistrat suprême, donna ordre qu'on rapetissât les *brenta*, autorisant indistinctement tous les citoyens à visiter, quand bon leur semblerait, les *brenta* de tous les porteurs de vin, de crainte de quelque nouvelle surprise. Entius, rendu à sa magnifique prison, y languit vingt-deux années, jusqu'à sa mort, qui arriva le 26 mai 1272. Pendant une captivité de 25 ans, il apprit les malheurs et la mort de son père, de ses frères, et de Conradin, dernier descendant de sa famille. Le poëte Tassoni lui à consacré quelques chants dans son poëme héroï-comique de *la Secchia rapita* (le *seau enlevé*). Le sujet de ce poëme n'est pas l'exposition des exploits d'Entius, comme on semble l'indiquer dans la *Biographie moderne* déjà citée, mais la guerre des Bolonais contre les Modenais. (*Voyez* TASSONI, *Dictionn*, tom. 8.)

ENTRAIGUES (Emmanuel-

opéras comme dans un théâtre public. Le palais fut depuis appelé le palais du *Podestà*. Ce magistrat occupait alors celui qu'on agrandit pour servir de demeure aux légats du saint-siége.

[1] La *brenta* est une espèce de baril prolongé, encore en usage à Bologne, convexe d'un côté, dont l'orifice ouvert est plus spacieux que sa base, et où un homme d'une taille moyenne pouvait se cacher en se tenant accroupi.

[1] On a démoli ce théâtre en 1768. Jusqu'à cette époque on y a joué des comédies et des

Louis-Henri de Launay, comte d'.), naquit dans le Vivarais, vers 1750. Il était neveu du comte de Saint-Priest, un des derniers ministres de Louis XVI, et eut pour précepteur le fameux abbé Maury, depuis cardinal. Quoique son nom l'appelât dans la carrière des armes, il n'aima jamais cet état. Son précepteur lui avait inspiré du goût pour l'étude, et il conserva ce goût jusqu'aux derniers momens de sa vie. Il parlait avec facilité, et même avec éloquence; avait des talens et de l'érudition; mais son imagination ardente, et son caractère violent, lui firent commettre des erreurs dont il connut trop tard les funestes résultats. Le marquis d'Entraigues fut de ceux qui, dans le commencement des troubles de la France, en préparèrent les malheurs, en proclamant des principes destructeurs de tous les gouvernemens. Du moment que le roi eut annoncé le projet funeste de convoquer les états généraux, le comte d'Entraigues s'attira l'attention du public par son ouvrage intitulé : *Mémoire sur les états généraux, leurs droits et la manière de les convoquer,* par M. le comte d'Ant......[1], 1788, in-8. L'épigraphe de cet écrit (*sinon, non*) suffirait seule pour faire connaître l'esprit dans lequel il était rédigé. Il l'avait prise de la formule jadis employée par le grand justicier d'Aragon, lorsqu'il prêtait le serment au roi au nom des *cortès*. «Nous qui valons chacun *autant que »vous,* et qui tous ensemble som- »mes plus puissans que vous, nous »promettons d'obéir à votre gou- »vernement, si vous maintenez nos »droits et nos priviléges; *sinon, »non.*» L'ensemble de l'ouvrage n'est que le développement de ce

texte : il paraissait cependant, dans ce même écrit, que la monarchie constitutionnelle n'était pas encore le gouvernement qu'Entraigues aurait préféré. Et les républicains et les anarchistes, c'est-à-dire, les girondins, les jacobins mêmes, auraient pû trouver dans les principes de l'auteur des argumens assez forts pour justifier leurs systèmes. « En »Angleterre, disait-il, l'insurrec- »tion est permise; elle serait sans »doute légitime, si le parlement vou- »lait détruire lui-même une constitu- »tion que les lois doivent conser- »ver.» Après avoir déclaré la guerre à tous les ministres et à tous les souverains, il livrait à la haine publique la noblesse héréditaire, qu'il appelait « le présent le plus funeste »que le ciel irrité ait pu faire à l'es- »pèce humaine.» Nous citerons quelques-unes de ses réflexions. « Ce fut »sans doute pour donner aux plus »héroïques vertus une patrie digne »d'elles, *que le ciel voulut qu'il exis- »tât des républiques;* et peut-être, »pour punir l'ambition des hommes, »qu'il permit qu'il s'élevât de grands »empires, *des rois et des maîtres;* »mais, toujours juste, même dans »ses châtimens, Dieu permit qu'au »fort de leur oppression *il existât »pour les peuples asservis des »moyens de se régénérer;* et re- »prendre l'éclat de la jeunesse en »sortant des bras de la mort.» Ces maximes incendiaires, qu'on peut considérer comme l'extrait de tout ce qu'ont dit les philosophes du dix-huitième siècle, furent une des premières étincelles jetées au milieu de la France, et qui produisirent le vaste incendie qui finit par tout dévorer. Si le comte d'Entraigues eût persisté dans son dangereux système, il eût été un des hommes les plus dangereux pour la France; mais heu-

[1] Il signait et écrivait souvent son nom d'Antraigues au lieu d'*Entraigues*.

reusement, celui qui s'était déclaré l'ennemi de la noblesse et du trône, en devint tout à coup le plus ardent défenseur. Nommé député aux états généraux par la sénéchaussée de Villeneuve-de-Berg, il y soutint avec vigueur les intérêts de ses commettans, et de cette noblesse héréditaire qu'il avait proscrite quelques mois auparavant. Il fit rendre un arrêt portant que la séparation des ordres, ayant le *veto* l'un sur l'autre, était un des principes constitutifs de la monarchie, et que la noblesse ne s'en départirait jamais. Pendant le peu de temps qu'il fut dans l'assemblée constituante, il resta toujours fidèle à son nouveau système; et lorsqu'il s'agit de la déclaration de droits qui devait précéder la constitution, il défendit l'autorité royale et les prérogatives qui y sont attachées. D'Entraigues quitta l'assemblée sur la fin de 1789, et partit bientôt après pour la Russie, dont le cabinet l'employa dans diverses missions secrètes. Il alla ensuite à Vienne, où il jouit d'une pension de 36,000 francs que lui faisaient différentes cours. Et ces mêmes souverains, contre qui il s'était jadis prononcé avec une sorte d'animosité, semblaient se disputer à qui emploîrait ses talens. Pendant tout le temps de son émigration, il ne s'occupa plus dans ses écrits que de la défense de la cause des Bourbons. Il se tint cependant toujours éloigné d'Hartwell, alors séjour de Louis XVIII ; ce prince ayant de fort bonnes raisons pour ne pas lui accorder une entière confiance. D'après ce qu'on trouve dans la correspondance d'un sieur Lemaître, publiée après la journée du 13 vendémiaire (8 octobre 1795), il paraît que d'Entraigues cherchait à opérer une contre-révolution, et qu'à cet

effet il voulait attirer dans ses intérêts les révolutionnaires les plus importans, et entre autres le député Cambacérès. Sur le bruit qui courut qu'une conspiration tramée par le comte d'Entraigues, et dont, disait-on alors, on avait trouvé les preuves dans son portefeuille, Buonaparte le fit arrêter à Milan en 1797. Il réclama en vain le droit des gens en sa qualité de sujet de l'empereur de Russie, où il s'était fait naturaliser; et il ne dut son salut qu'à l'adresse de la dame Saint-Huberti, devenue son épouse, qui parvint à le faire évader. Il résida long-temps en Allemagne; puis en Russie, où il avait obtenu, en 1803, le titre de conseiller de l'empereur. Dans une mission à Dresde, il publia un écrit violent contre Buonaparte, qui exigea qu'on le renvoyât de cette ville et de toute la Saxe. Il retourna en Russie, où il eut connaissance des articles secrets de Tilsit. Muni de cette riche confidence, il se rendit à Londres, et en fit part au ministère anglais, qui lui assura, en récompense, une pension très-considérable. Il demeura quelques années en Angleterre; il y jouissait d'une belle existence, lorsqu'il fut assassiné au village de Barne, près Londres, le 22 juillet 1812, au moment qu'il allait monter en voiture, par un Italien à son service, nommé *Lorenzo*. Son épouse fut aussi mortellement blessée par le même scélérat, qui, un instant après, se tua lui-même d'un coup de pistolet. Le jury anglais déclara constant l'assassinat du comte et de la comtesse d'Entraigues, et en déclara seul auteur le suicide Lorenzo [1]. On a prétendu que le comte avait à Paris des relations suivies avec

1 Quelques personnes qui se trouvaient alors à Londres, assurent que le domestique italien ayant été fort maltraité par le comte, résolut

de grands personnages avec lesquels il avait préparé les changemens arrivés en 1814; mais cette supposition est entièrement absurde. D'abord ce serait attribuer de grands changemens à de trop petites causes ; outre cela, les gens les plus clairvoyans ne pouvaient nullement prévoir, avant l'an 1812 (époque de la mort du comte), que ces grands changemens auraient eu lieu à trois ans de là : car, après les batailles d'Austerlitz et d'Iéna, après le mariage de Buonaparte avec une archiduchesse d'Autriche dont il avait eu un fils (en 1811), c'était choisir une époque peu favorable pour préparer une révolution contre celui qui, victorieux de tous ses ennemis, était dans l'apogée de sa fortune. Quoi qu'il en soit, on a vu le comte d'Entraigues jouer deux rôles bien différens. Lorsqu'il se prononça comme un des premiers démagogues, ambitionnait-il de devenir chef de parti? N'y ayant pu réussir, et en embrassant ensuite la cause de la noblesse et du trône, aspirait-il à s'attirer les regards et les récompenses de la cour? Trompé encore dans cette espérance, préféra-t-il l'émigration, uniquement pour aller chercher fortune ailleurs?..... Un seul fait est constant parmi ces incertitudes. Furet de presque tous les cabinets de l'Europe, il leur vendait indistinctement ses services, et s'attachait plus particulièrement à celui qui le payait mieux. Il parvint ainsi à jouir d'une fortune à laquelle l'esprit et les conseils de son épouse contribuèrent pour quelque chose. Avec des connaissances assez étendues, et le talent surtout de les faire valoir, il passa dans les pays étrangers pour un habile politique,

et il ne manqua pas de profiter de cette réputation. On a de lui : I le *Mémoire* déjà indiqué. II *Quelle est la situation de l'assemblée nationale?* 1790, in-8. III *Exposé de notre antique et seule règle de la constitution française, d'après nos lois fondamentales,* 1792, in-8. IV *Mémoire sur la constitution des états de la province de Languedoc.* V *Sur la régence de Louis-Stanislas-Xavier,* 1793, in-8. VI *Lettre à M. de L. C. sur l'état de la France,* 1796, in-8. VII *Dénonciation aux Français catholiques des moyens employés par l'assemblée nationale pour détruire en France la religion catholique,* 1791, in-8; 4ᵉ édit., 1792, in-8. VIII *Discours d'un membre de l'assemblée nationale à ses co-députés,* 1789, in-8, suivi d'un autre discours, même année. IX *Observations sur la conduite des princes coalisés,* 1795, in-8. X *Réponse au coup d'œil de Dumouriez; des Réflexions sur le divorce;* une *Adresse à la noblesse française sur les effets d'une contre-révolution,* et des *Poésies fugitives,* répandues dans différens recueils.

ENTRECASTEAUX (Joseph-Antoine Bruny d') naquit à Aix vers 1740, et était fils d'un président du parlement de Provence. Il entra au service de la marine, où ses talens et sa bravoure lui firent faire un rapide avancement. Il était capitaine de vaisseau, lorsque le maréchal de Castries le choisit pour être directeur-adjoint des ports et des arsenaux de la marine. En 1785 on lui confia le commandement des forces navales dans l'Inde, et pendant cette campagne il alla à la Chine, à contre-mousson, en s'avançant d'abord à l'est par le détroit de la Sonde, et en passant à travers les

de s'en venger, et que n'espérant pas se sauver par la fuite, il avait préféré périr de sa propre main.

îles de la Sonde et les Moluques. Il pénétra dans le grand océan d'Asie, et après avoir fait le tour des îles Mariannes et Philippines, il arriva à Canton. Les talens qu'il avait montrés dans cette navigation dangereuse le firent choisir pour aller à la découverte de la Peyrouse : il avait déjà été nommé gouverneur de l'île de France. Il partit pour cette mission au mois de septembre 1791 ; et quoiqu'elle n'eût pas tout le succès qu'on en pouvait espérer, les nombreuses découvertes que fit cet habile marin augmentèrent sa réputation. Il reconnut en entier la côte occidentale de la Nouvelle-Calédonie, celle de l'île de Bougainville, et le nord de l'archipel de la Louisiade. Le contre-amiral d'Entrecasteaux parcourut près de trois cents lieues des côtes au sud-ouest de la Nouvelle-Hollande, c'est-à-dire toute la terre de Leuwin, et presque la totalité de celle de Nuyt. Il constata l'existence des îles Salomon de Mindana, avec les terres vues par Surville et le lieutenant Shortland, indiquées par Fleurieu dans son ouvrage intitulé : *Découvertes des Français au sud-est de la Nouvelle - Guinée*, Paris, 1793. Il se dirigeait vers l'île de Java, lorsqu'il mourut du scorbut, le 20 juillet 1793. M. Rossel, qui servait sous ses ordres depuis huit ans en qualité de capitaine de pavillon, a rédigé ce dernier voyage, imprimé à Paris, 1818, avec un atlas par M. Beautemps-Beaupré, ingénieur - hydrographe de l'expédition.

ENZINA (Jean de la), né dans la Vieille-Castille, d'une famille illustre, vers l'an 1446, est considéré comme le premier qui, après l'auteur de *Calixte et Mélibée*, jeta les fondemens de l'art dramatique en Espagne, ne comprenant pas dans cette catégorie les pièces appelées *Autos sacramentales*, dont les sujets étaient tirés de l'Ecriture, et qu'on représentait depuis long-temps dans les églises et dans les fêtes solennelles. La première comédie de la Enzina fut jouée en 1469, lors du mariage de Ferdinand le Catholique et d'Isabelle de Castille ; et les autres qu'il donna dans la suite furent représentées chez les principaux seigneurs de la cour. Un *Art poétique* (*Arte de trovar*) qu'il dédia au prince don Jean, mort en 1497, augmenta de plus en plus sa réputation. Dans cet ouvrage, le second (sur le même sujet) qui paraissait en Espagne, et qu'il faut placer entre ceux que composèrent le marquis de Villena (1420) et le Princiano (1532), il réunit les principaux préceptes des auteurs grecs et latins, dans lesquels il était très-versé ; et quoiqu'il n'eût pas le mérite de ceux que, dans le siècle suivant, publièrent Salas, Espinel, Cascales, etc., on le regarda comme une production aussi utile qu'agréable. La Enzina était surnommé le *Poëte par excellence*, et obtint dans son temps la réputation dont jouit Lope de Vega sous les règnes de Philippe III et de Philippe IV. Il remplit aussi plusieurs missions diplomatiques auprès du saint-siège et de la cour de Naples, et mourut, comblé d'honneurs et de richesses, vers l'an 1532. Ses ouvrages, comprenant plusieurs volumes, furent imprimés à Salamanque en 1507. Ils contiennent son *Art poétique*, des poëmes, des odes, des chansons, etc., et douze comédies : celle qui a pour titre *Placida y Victoriano* fut considérée alors comme un chef-d'œuvre de l'art dramatique.

EON DE BEAUMONT (Charlotte-Geneviève - Louise - Auguste-André-Thimothée d') naquit à Tonnerre le 5 octobre 1728. Il paraît que dans sa naissance il fut jugé du sexe féminin; son extrait de baptème portait le nom de Geneviève, et jusqu'à sa mort l'Europe entière a été dans cette même persuasion. Quoi qu'il en soit, il fit ses cours d'études sous des habits d'hommes, fut reçu docteur en droit, et fit partie du corps des avocats au parlement de Paris. Peu satisfait de cette profession, il se livra à l'étude des belles-lettres et de la politique. Deux ouvrages *sur les finances de la France* et *sur l'administration des peuples anciens et modernes*, engagèrent le prince de Conti son protecteur, directeur en chef du ministère secret de Louis XV, de le proposer au roi pour remplir une mission délicate à la cour de Russie. D'Eon fut attaché au chevalier de Douglas, et son esprit et ses manières insinuantes lui méritèrent la bienveillance de l'impératrice Elisabeth. Il fut chargé pendant cinq ans de la correspondance secrète entre cette souveraine et Louis XV, et parvint à conclure un traité d'alliance entre la France et la Russie. Dans ce traité, la Russie s'engageait à renoncer aux subsides qu'elle recevait de l'Angleterre, à faire marcher ses troupes en faveur des cours de France et de Vienne contre celles de Prusse et d'Angleterre, et ratifia en même temps le traité de Versailles du 1er mai 1756. Non content d'une alliance aussi avantageuse, il réussit à faire disgracier et arrêter le grand chancelier Bestucheff : ce ministre fut remplacé par le comte Woronzow, qui était dans les intérêts de la France. En récompense de ces services, le roi lui fit présent d'une tabatière d'or ornée de son portrait, le nomma lieutenant et ensuite ca-

pitaine de dragons dans le Colonel-général, secrétaire de l'ambassade de Russie, et lui accorda une pension de 2400 livres. Le mauvais état de sa santé l'obligea de quitter la Russie. Lorsqu'il alla prendre congé du comte Woronzow, ce ministre lui dit: « Quoique votre premier voyage »ici avec le chevalier de Douglas ait »coûté plus de deux cent mille »hommes et de quinze millions de »roubles à ma souveraine, je n'en suis »pas moins fâché de vous voir partir. »— Eh, quoi! répondit le chevalier, »l'impératrice et votre excellence »pourraient-elles regretter les sacri-»fices qu'elles ont faits pour acqué-»rir une réputation et une gloire qui »dureront autant que le monde? » Le chevalier d'Eon se présenta à Versailles avec la ratification de l'impératrice Elisabeth au nouveau traité du 30 décembre 1758, et à la convention maritime faite avec la Russie et les couronnes de Suède et de Danemarck. Voyant que sa carrière politique était interrompue, il se jeta dans celle des armes. Les exploits par lesquels il se signala à Hoxter, Utrop, Eimbech et Osterwick, redoublèrent l'admiration de l'Europe où l'on avait toujours la persuasion qu'il n'était qu'une femme sous des habits d'homme; et on crut ainsi voir se renouveler en lui la fable des anciennes Amazones. Aussitôt après la paix il quitta l'épée pour la plume, et fut envoyé à Londres en qualité de secrétaire d'ambassade du duc de Nivernais. Etant parvenu à s'emparer de plusieurs papiers intéressans, il en envoya une copie à Versailles par un courrier extraordinaire : il reçut en récompense la croix de Saint-Louis. Au retour du duc de Nivernais, en France le chevalier d'Eon fut nommé résident auprès du roi de la Grande-Bretagne, et ensuite ministre plénipotentiaire. Ce fut là l'apogée de sa fortune. Une paix honteuse fut signée; soit qu'il y eût eu part, soit que ceux qui l'avaient négociée, le sachant en correspondance directe avec Louis XV craignissent qu'il ne dévoilât leur secret, ils parvinrent à le perdre auprès du monarque. Cependant Louis XV lui assigna douze mille livres d'appointemens, « jus- » qu'à ce que je juge, disait le roi » dans le brevet qu'il lui avait fait ex- » pédier, de lui donner quelque poste » dont les appointemens soient plus » considérables que le présent traite- » tement. A Versailles, le 1er avril » 1766. *Signé* LOUIS. » Quelque temps après, des lettres de rappel lui furent expédiées; mais ses ennemis avaient déjà employé avec lui les menaces et même les voies de fait, afin qu'il ne profitât pas de ce rappel. Outre cela, tout en protestant de son innocence, et s'obstinant à ce qu'elle fût publiquement reconnue, il ne jugea pas à propos de quitter l'Angleterre. Il y resta pendant quatorze ans dans une espèce de proscription. Pendant ce temps, des discussions, des paris énormes avaient lieu à Londres sur son sexe, sans que d'Eon semblât y prêter aucune attention. A la mort de Louis XV, arrivée en 1774, les comtes de Maurepas et de Vergennes le rappelèrent de nouveau en France; mais ils partageaient, sur son sexe, l'opinion générale, que d'Eon voulait démentir, et ils appelaient cela une opiniâtreté de sa part. Le 25 août de l'année suivante, Louis XVI signa une permission par laquelle il lui promettait assistance et protection, faisant défense de le troubler dans son honneur, sa personne et ses biens, sous condition qu'il garderait le silence le plus absolu sur le passé, et qu'il prendrait les habits de

femme. Ce dernier ordre empêcha d'Eon de profiter des faveurs du roi. Enfin deux ans s'écoulèrent encore, au bout desquels M. de Vergennes lui écrivit une lettre dans laquelle il l'invitait à rentrer dans sa patrie, en renouvelant les conditions ci-dessus indiquées, lui enjoignant en outre d'éviter la rencontre de ces personnes qu'il croyait la cause de ses malheurs, et où, en lui ordonnant de prendre les habits de son sexe, le ministre s'exprimait ainsi : «La publicité qu'on » vient de lui donner en Angleterre » ne peut plus vous permettre d'hé- » siter. Vous n'ignorez pas sans » doute que vos lois ne sont guère » tolérantes *sur ces sortes de dégui-* » *semens.* » Encouragé par cette lettre, le chevalier d'Eon partit d'Angleterre, et, le 31 août 1777, il arriva à Versailles, où le ministre l'accueillit avec une distinction particulière. Il vécut pendant quelques mois à Tonnerre; et ce ne fut qu'au second voyage qu'il fit dans la capitale qu'il se décida à prendre les habits de femme et à paraître dans le monde sous le titre de *chevalière d'Eon.* Sa complaisance à cet égard doit paraître bien extraordinaire, puisque s'il était du sexe auquel il prétendait appartenir, rien n'était plus facile que de le faire constater; au cas contraire il n'aurait jamais dû se prêter à l'espèce de mascarade qu'on lui imposait. Elle lui attira une vive querelle à l'Opéra. On l'envoya au château de Dijon pour calmer, disait-on, sa juste colère; mais on aurait dû, en tout cas, y envoyer celui qui l'avait injustement provoquée. Son exil fini, il se retira à Tonnerre, et se rendit à Londres en 1783. Lorsque la révolution éclata, il vint offrir ses services au gouvernement, mais il fut refusé. D'Eon avait alors repris les habits d'homme. Il retourna en

Angleterre, et pendant son absence il fut mis sur la liste des émigrés. Privé de sa pension, il tira quelques ressources de son habileté dans l'escrime, en faisant publiquement assaut avec le fameux St.-Georges. Accablé par l'âge et les infirmités, il aurait péri de misère sans les secours de quelques amis généreux, et notamment du P. Elysée, premier chirurgien de S. M. Louis XVIII. Cet ecclésiastique recommandable assista d'Eon jusqu'à sa mort, arrivée le 21 mai 1810, et fut présent à l'inspection et à la dissection de son corps. A un témoignage aussi irrécusable, nous ajouterons l'attestation suivante traduite de l'anglais : *Je certifie par le présent, avoir inspecté le corps du chevalier d'Eon en présence de M. Adair, M. Wilson et le P. Elysée, et avoir trouvé les organes masculins parfaitement formés. May, 23, 1810, Golden - Square. Th. Copeland* (médecin). Cette attestation, avec une autre à peu près égale, se trouve au bas d'une gravure représentant le corps du chevalier d'Eon, et qui est au pouvoir de M. Marron, ministre protestant et littérateur distingué. Nous ne pouvons pas révoquer en doute ces témoignages respectables. Cependant il paraît certain que le chevalier d'Eon, outre qu'il fut baptisé sous le nom de fille, en porta les habits jusqu'à ce qu'il entreprit le cours de ses études, et qu'il les reprit par ordre de Louis XVI. Dans le premier cas, plusieurs exemples pourraient expliquer ce phénomène de la nature ; mais l'étonnement est encore plus juste en voyant un diplomate, un militaire, un chevalier de Saint - Louis, forcé d'adopter ce même costume par ordre de son gouvernement. Les motifs politiques qui ont pu exiger ce déguisement ne sont

pas encore connus de nos jours, et nous chercherions en vain à soulever un voile impénétrable. Le chevalier d'Eon a laissé plusieurs ouvrages qu'on a recueillis en 1775, en 13 vol., in-8, sous le titre de *Loisirs du chevalier d'Eon*. Ils contiennent, entre autres choses: I une *Histoire des Papes*, qui n'est pas exempte de critique. II Une *Histoire politique de la Pologne*. III Des *Recherches sur les royaumes de Naples et de Sicile*. IV Des *Recherches sur le commerce et la navigation*. V *Pensées sur le célibat et les maux qu'il a occasionés en France*. VI *Mémoires sur la Russie et son commerce avec les Anglais*. VII *Observations sur le royaume d'Angleterre, son gouvernement*, etc. VIII *Détails sur l'Ecosse et sur les possessions de l'Angleterre en Amérique*. IX *Détails sur toutes les parties des finances en France*, etc. M. de la Fortelle, officier, a publié à Paris, en 1779, 1 vol. in-8 intitulé *la Vie politique, militaire et privée de mademoiselle Charles - Geneviève d'Eon de Beaumont, écuyer, chevalier*, etc., *connue jusqu'en 1777 sous le nom de chevalier d'Eon*. Ce n'est qu'une espèce de roman, qu'on a traduit en diverses langues, où l'on a entassé des aventures extravagantes.

EPICHARIS, femme célèbre par sa fermeté. Elle était affranchie, et d'origine grecque. Les crimes de Néron avaient indigné contre lui les principaux personnages de Rome. Ils formèrent une conspiration à la tête de laquelle était le patrice Pison. Les conjurés semblaient balancer, lorsqu'Epicharis excita leur courage. Elle s'attacha Volusius Proculus, un des commandans de la flotte, complice du meurtre d'Agrippine, et mal récompensé par Néron. Celui-ci, de crainte de châtiment, alla avouer tout à son maître. Epicharis fut arrêtée; mais comme elle n'avait pas dit à Proculus les noms des conjurés, elle fit tomber la délation faute de preuves. On la retint cependant en prison. Une nouvelle délation fut faite par un affranchi de Natalis, ami de Pison. Les conjurés, ainsi qu'Epicharis, furent amenés devant Néron. Les sénateurs Scevinus et Quintianus, avec Lucain et Senacion, avouèrent tout, et chargèrent leurs principaux amis, tandis que le fouet, le feu et les plus cruelles tortures ne purent arracher un seul mot de la bouche d'Epicharis. Le lendemain on lui préparait de nouveaux tourmens. Elle avait pu d'avance passer son cou dans le cordon d'un mouchoir qu'elle avait détaché de son sein, et qui tenait au siége où elle fut apportée, ses membres étant disloqués; aidée du poids de son corps mourant, elle s'étrangla, et expira aussitôt. Une chrétienne, digne de ce nom, n'aurait pas conjuré, et aurait laissé à la Providence le soin de punir le tyran; accusée, elle n'aurait pas attenté à ses jours, et aurait reçu, avec la même fermeté, la couronne du martyre. Le marquis de Ximenès a donné en 1753, une tragédie d'*Epicharis*, qui n'eut point de succès. Legouvé en a fait représenter une autre sous le même titre.

EPIPHANE (le P.), religieux capucin, né au commencement du 17e siècle, à Moirans, près de Saint-Claude en Franche-Comté, fut envoyé par ses supérieurs aux Indes, pour y travailler dans les missions desservies par les Pères de cet ordre. Plein de zèle et d'ardeur pour la propagation de la foi, il y prêcha l'Evangile avec fruit. On sait qu'il existait encore en 1685, mais on ignore

l'époque de sa mort. Il a laissé divers écrits sur la théologie et les controverses. Ceux qu'on connaît le plus, sont : I une *Explication littérale de l'Apocalypse*, et la *clef* du même livre. II Les *Annales historiques de la mission des Pères capucins dans la nouvelle Andalousie*. III *Ars memoriæ admirabilis, omnium nescientium excedens captum*, etc.

EPPENDORF (Henri d'), gentilhomme allemand, né à Eppendorf, bourg de Misnie, vers 1300, fut un des hommes les plus éclairés de son siècle. Il eut des démêlés avec le célèbre Erasme au sujet d'une lettre qui contenait des injures contre lui. Eppendorf l'en accusa devant le duc de Saxe, qui était son protecteur; et sous les auspices de ce souverain il publia un écrit intitulé : *Ad D. Erasmi Roterodami libellum, cui titulus : Adversus mendacium et obtrectationem utilis admonitio, justa querela*, Haguenau, 1531, in-8. Cet écrit fut réimprimé à Leipsig en 1745. On a aussi d'Eppendorf quelques traductions allemandes, savoir : I les *Apophtegmes de Plutarque*, Strasbourg, 1554, in-fol. II *OEuvres de Plutarque*, 1551. III *Abrégé de l'histoire romaine*, extrait des meilleurs auteurs, 1536, in-fol. IV *Histoire naturelle de Pline*, 1543, in-fol. V *Chroniques suédoise et danoise* de Krantz, 1545, in-fol. Il mourut vers l'an 1572.

ÉPRÉMENIL (J.-J. Duval d'), naquit à Pondichéry en 1746. Son père était membre du conseil de cette colonie, et fut depuis président de celui de Madras, pendant le peu de temps que les Français possédèrent cette place. D'Eprémenil vint à Paris en 1750 avec son père, fit ses études avec succès, devint avocat du roi au Châtelet, et acheta ensuite une charge de conseiller au parlement, où il se fit bientôt remarquer par ses talens. Une cause mémorable commença sa réputation. Le comte de Lally, commandant dans l'Inde, venait d'être condamné à mort par le parlement de Paris, comme traître à sa patrie. Plusieurs personnes s'étant récriées contre cet arrêt, qu'on avait exécuté peut-être avec trop de précipitation, le comte de Lally-Tolendal, fils du général, entreprit de réhabiliter la mémoire de son père, demanda la cassation de l'arrêt, et accompagna sa requête d'écrits aussi éloquens que pleins de sensibilité. L'affaire fut renvoyée au parlement de Normandie. D'Eprémenil avait à plaider à la fois, et pour l'honneur de sa compagnie, et pour celui de Duval de Leyrit, son oncle (dont il était héritier), intendant de Pondichéry, et l'un des accusateurs du général condamné. Il parla donc en faveur de l'arrêt et sortit triomphant. A cette époque il avait déjà fait paraître un esprit ami des réformes et des innovations, en même temps qu'il était un défenseur enthousiaste des priviléges des parlemens; priviléges qui devinrent des abus funestes, puisqu'ils entraînèrent la ruine de l'état et de la monarchie. Le *déficit* qui pesait sur la France exigeait des remèdes prompts et efficaces. Pour parvenir à les opérer, M. de Brienne, archevêque de Toulouse, contrôleur des finances, et successeur de Calonne (*v.* CALONNE, *Suppl.*), insistait sur l'établissement de deux impôts, sur la subvention territoriale, que les privilégiés devaient payer comme tous les autres contribuables, et une augmentation de taxe sur les papiers timbrés. Le parlement, dont les membres étaient nécessairement compris dans ces impôts,

résista avec une constante opiniâtreté à tous les édits du roi, et pour n'être pas contraint de céder dans cette lutte scandaleuse, demanda la convocation des états généraux. D'Eprémenil, s'il ne proposa pas cette demande, ne manqua pas de l'appuyer par tous les moyens qui étaient en son pouvoir. On assure, qu'afin de tout concilier, il eut une longue conférence avec M. de Lamoignon, garde des sceaux; mais cette entrevue, que chacun expliqua suivant son opinion, n'eut aucun heureux résultat. Louis XVI fit convoquer une séance solennelle du parlement, pour le 24 novembre 1787. Il s'y rendit avec ses ministres, les princes et les pairs du royaume, et ordonna que la délibération sur les deux édits eût lieu en sa présence. Plusieurs magistrats, et, entre autres, Robert de Saint-Vincent, mort depuis chez l'étranger, se déclarèrent hautement contre l'adoption des édits du roi; mais, parmi tous ces orateurs, d'Eprémenil fut celui qui produisit le plus d'effet par son éloquence persuasive, la force ou plutôt l'adresse de ses argumens, et insista sur la convocation des états généraux. Après cette séance, le parlement, voyant l'inutilité de ses efforts, ne garda plus de mesure. D'Eprémenil embrassa alors leur cause avec plus de chaleur, et se porta à une action indigne d'un honnête homme, et qu'on pouvait taxer de crime de lèse-majesté. Il avoua depuis, lui-même, que cette action était digne d'un supplice infamant. Instruit qu'on imprimait les édits créateurs de la cour plénière, il séduisit, à prix d'argent, les imprimeurs, en obtint les épreuves de ces lois, et les lut au parlement, toutes les chambres assemblées, sans cacher les moyens qui les lui avaient procurées. La cour ayant donné ordre de l'arrêter, il se réfugia au parlement, qui était en séance permanente nuit et jour. La lettre de cachet portait l'ordre de s'emparer de sa personne au milieu du parlement même. Le marquis d'Agoust, chargé de cette importante arrestation, somma le président de lui indiquer son prisonnier : il s'y refusa. Le marquis ayant réitéré à plusieurs reprises ses interpellations, plusieurs voix répondirent : « Arrêtez-nous tous, car nous »sommes tous M. d'Eprémenil. » Un officier de robe courte, à qui M. d'Agoust s'adressa en dernier ressort, répondit qu'il ne voyait pas M. d'Eprémenil. Cette scène durait depuis plusieurs heures, lorsque d'Eprémenil, voyant qu'il ne pouvait pas éviter son sort, se livra lui-même, et fut transféré à l'île Sainte-Marguerite, accompagné des bénédictions du peuple, qui, peu d'années après, devait le traiter comme son plus mortel ennemi. Il avait été en tout temps un des frondeurs les plus déterminés de la cour, sans épargner même la reine. Cette princesse, qui n'ignorait point les propos qu'il se permettait à son égard, dit un jour à sa marchande de modes, qui lui présentait une coiffure nouvelle : « Je la prendrais »volontiers ; mais il me faudrait aupa- »ravant obtenir de M. d'Eprémenil »l'agrément de le porter. » Dans son exil il eut le temps de réfléchir sur sa conduite passée, et de s'en repentir. La bonté inépuisable de Louis XVI, bonté qui lui devint si funeste, permit à d'Eprémenil de revenir à Paris en 1789, où la noblesse le choisit pour son député à ces mêmes états généraux qu'il avait si instamment provoqués. Il se ré-

concilia avec le comte de Lally-Tolendal, et montra dans la défense du pouvoir monarchique et des priviléges de l'autorité royale, la même énergie qu'il avait manifestée dans ses attaques contre les ministres et les édits du souverain. Il se prononça aussi pour les parlemens de Bretagne et de Languedoc, poursuivis par l'assemblée pour avoir désobéi à ses décrets. Avant la réunion des ordres, il prononça, dans la chambre de la noblesse, un discours dans lequel il comparait la conduite du tiers état, à celle des communes d'Angleterre sous Charles Ier ; mais, après la réunion, il prononça peu de discours suivis. Ennemi de Mirabeau, et avec une opinion toute différente, il n'osa cependant pas se mesurer avec lui. En 1790 il s'opposa à la création des assignats, et demanda que le clergé fût rétabli dans ses biens. Au milieu des huées et des menaces des factieux, il réclama, avec fermeté, pour que l'assemblée priât le monarque de rentrer dans toute la plénitude de sa puissance ; la haine du peuple se déclara aussitôt contre lui. L'année suivante il quitta l'assemblée, après avoir protesté, ainsi que plusieurs de ses collègues, contre tout ce qu'elle avait fait depuis la réunion des ordres. Il resta à Paris jusqu'au 10 août 1792. Quelques jours avant cette terrible journée, il eut la hardiesse d'aller braver les furieux qui se préparaient à l'attaque du château des Tuileries. Il fut reconnu et frappé de plusieurs coups de sabre. La populace voulait le mettre en pièces ; un garde national l'arracha de leurs mains, et le maire Pétion le fit porter tout sanglant dans un lieu de sûreté, où d'Eprémenil lui dit ces paroles : « Comme »vous, monsieur, je fus l'idole du

»peuple. »Après le 10 août il se retira dans une terre qu'il avait près du Havre; mais il y fut découvert par les agens des chefs de la révolution, et traduit comme *suspect* dans la prison du Luxembourg; de là on le transféra à la Conciergerie, et il fut enfin livré au tribunal révolutionnaire. Il disait dans sa prison qu'il méritait toutes les humiliations, et que si Louis XVI l'eût puni du dernier supplice, il l'aurait puni justement. Condamné à mort, on le mit dans la même charrette où se trouvait son collègue Chapelier, qui avait suivi un système opposé dans l'assemblée constituante. Peu avant de partir, il s'établit entre eux une courte conversation. « Monsieur, dit Chapelier, on nous donne dans nos derniers momens un terrible problème à résoudre. — Quel problème, répondit d'Eprémenil ? — C'est de savoir, quand nous serons sur la charrette, auquel de nous s'adresseront les huées. — A tous les deux, répondit d'Eprémenil. » Ils furent exécutés le 23 avril 1794. Il est auteur des écrits suivans : I *Nullité et despotisme de l'assemblée nationale et de l'état actuel de la France*, 1790. II *Discours dans la cause des magistrats qui composaient ci-devant la chambre des vacations du parlement de Bretagne*, 1790. On lui attribue aussi les *Remontrances* publiées par le parlement au mois de janvier 1788. Actif, instruit, éloquent, d'Eprémenil aurait pu se rendre un des plus utiles défenseurs du trône; mais il ne fit qu'en affaiblir les prérogatives et l'autorité. Quand il reconnut son erreur, il s'efforça en vain de la réparer; il avait lui-même aidé le torrent à déborder : c'était trop tard pour tenter d'y opposer une digue. Aussi, au mi-

lieu des remords, il périt victime de ce même peuple aux suffrages duquel il avait sacrifié et ses devoirs et son souverain.

ERIC Ier, dit *le Bon*, premier roi de ce nom de tout le Danemarck, vers 1063. Il était très-religieux : à sa demande, le pape Pascal II donna au Danemarck un primat qui obtint le titre d'archevêque, et résida dans la ville de Lunden, en Scanie. Il fit une expédition contre les Vandales, et s'empara de leur capitale, nommée Jullin ou Jombsbourg. Eric était aimé de ses sujets et craint de ses ennemis. Il fit deux voyages à Rome, et permit aux moines de Cîteaux de s'établir dans ses états. Il se rendit cependant coupable d'un meurtre; et, pour se réconcilier avec l'église, il entreprit un pèlerinage à Jérusalem; mais il mourut en route, dans l'île de Chypre, en 1103.

ERLACH (Charles-Louis d'), naquit à Berne en 1726. Il avait servi en France avant la révolution, et il était maréchal de camp, lors de l'invasion du pays de Vaud par les Français. Le gouvernement de Berne lui conféra le commandement de son armée, qu'il devait faire agir au moment où finirait l'armistice conclu avec le général Brune. Lorsqu'il allait commencer les attaques, il reçut l'ordre de suspendre les hostilités : le gouvernement avait abdiqué ses pouvoirs. A la nouvelle de la prise de Berne, Erlach fut massacré par ses propres soldats, qui le soupçonnèrent d'avoir des intelligences avec les Français.

ERMANN (Jean-Pierre), né en 1733 à Berlin, où il fit ses études dans le collége français de cette ville. Il devint successivement pasteur de la colonie française de Berlin, principal du collége de cette nation, directeur du séminaire de théologie, conseiller du directoire supérieur, et membre de l'académie des sciences et belles-lettres. Ermann a composé, en société avec le pasteur Reclam, les *Mémoires pour servir à l'histoire des réfugiés français dans les états du roi de Prusse,* Berlin, tome 1, 1782; tome 8, 1794, in-8. Les deux derniers volumes sont entièrement d'Ermann. Il mourut en 1814.

ERNESTI, (Jean-Auguste), savant critique, surnommé le Cicéron de l'Allemagne, né à Tenstadt, en Thuringe, le 4 août 1707. Outre plusieurs éditions très-estimées des classiques latins et grecs, il a laissé : I *Opuscula philologico - critica,* Amsterdam, 1762, in-8. II *Opuscula oratoria, orationes, prolusiones et elogia,* 1762, in-8. III *Opuscula, orationes, nova collectio,* Leipsig, 1791, in-8. IV *Archeologia litteraria,* Leipsig, 1768, in-8. L'auteur y développe l'origine et l'histoire de l'écriture et de la gravure, des inscriptions et médailles, etc., chez les anciens. V *Initia doctrinæ solidioris.* Cet ouvrage, dont le style est parfait, et qui est un excellent cours de littérature, a eu sept éditions à Leipsig, de 1736 à 1783, in-8. VI *Institutio interpretis novi Testamenti,* ibid., 1775, in-8; 3ᵉ édition, Abo et Leipsig, 1792, in-8 : livre considéré comme classique par les théologiens allemands. VII *Opuscula theologica,* Leipsig, 1773-1792, in-8. VIII *Nouvelle bibliothèque théologique,* en allemand, Leipsig, 1760 - 1779, 4ᵉ édition, 10 vol. in-8, etc. L'auteur des *Mémoires pour servir à l'histoire ecclésiastique du 18ᵉ siècle* s'explique ainsi au sujet de ce théologien: « Il avait »comme philosophe, comme cri-

»tique et comme écrivain, beaucoup »de réputation en Allemagne ; dans »la *Biographie universelle,* on le »cite comme un des premiers qui »aient séparé en Allemagne la théo- »logie de la religion ; distinction »que l'on regarde comme la source »des innovations subséquentes. Er- »nesti ne les eût peut-être pas ap- »prouvées, mais il y donna lieu..... »On dit que le zèle d'Ernesti n'était »pas toujours modéré, lorsqu'il »avait affaire soit à ceux qu'il appe- »lait des superstitieux, soit aux »incrédules de mauvaise foi. Teller a »publié une brochure sur les services »qu'Ernesti a rendus à la religion »et à la théologie : il paraît qu'il en »fait un partisan de la nouvelle »exégèse. » Tome 4, page 429. Ernesti mourut le 11 septembre 1781.

ERNESTI (Auguste-Guillaume), savant allemand, né à Trohndorf en Thuringe, le 26 novembre 1733, fut professeur d'éloquence dans l'université de Leipsig. On a de lui : I *Titi Livii historiarum libri qui supersunt omnes,* Leipsig, 1769, 3 vol. in-8 ; 1804, 5 vol. in-8. II *Quinti Fabii Quintiliani de institutione oratoriá liber decimus,* ibid., 1769, in-8. III *Ammiani Marcellini opera ex recens. valesio-gronovianâ,* ibid., 1773, in-8, etc., etc. Il est mort en 1801.

ERXLEBEN (Dorothée-Chrétienne Léporin), dame médecin, née à Quedlinbourg le 13 novembre 1715. Le mauvais état de sa santé lui donna du goût pour l'étude de la médecine, et elle prit avec son frère des leçons du docteur Chrétien Léporin, leur père. Elle étudiait assidûment les médecins les plus célèbres, tels que Stahl, Hoffmann, Boberhaave,

Werlhof, Alberti, Junker, Heister, et fit de rapides progrès. En 1742, Dorothée épousa Jean Erxleben, ministre protestant à Quedlinbourg, et, le 12 juin 1754, elle obtint solennellement le doctorat à l'université de Halle. Cette cérémonie, autorisée par Frédéric II, dit le Grand, n'avait jamais eu lieu en Allemagne, ainsi que l'annonce le professeur Boehmer, dans un éloge en style lapidaire, qu'il fit en l'honneur de madame Erxleben... *Stupete. nova. litteraria. in. Italiâ. nonnunquam. in. Germaniâ. nunquam. visa. vel. audita. at. quò. rariùs. eò. cariùs.*, etc. Lors de sa réception, le candidat discuta avec beaucoup de talent une question très-importante : *Quod nimis citò ac jucundè curare sæpius fiat causa minùs tutæ curationis.* Elle a laissé un opuscule allemand, intitulé *Examen des causes qui éloignent les femmes de l'étude*, dans lequel on prouve qu'il leur est possible et utile de cultiver les sciences, Berlin, 1742, in-8. La préface est du père de l'auteur. Quoique nous croyions que la science la plus utile pour une femme est de remplir les devoirs que la Providence et la nature ont imposés à son sexe, nous avouerons en même temps que, malgré une application constante, madame Erxleben sut remplir tous ses devoirs, et comme fille, et comme épouse, et comme mère. Elle mourut le 13 juin 1762, et laissa quatre enfans.— ERXLEBEN (Jean-Chrétien), né en 1744, fut à la fois médecin, chirurgien, naturaliste, minéralogiste, et publia différens ouvrages sur ces sciences, qui furent très-bien accueillis, et entre autres ses *Elémens d'histoire naturelle* (en allemand), qui ont eu plusieurs éditions, dont la dernière est de Gottingue, 1791,

in-8. *Introduction à la médecine vétérinaire* (en allemand), Gottingue, 1769, in-8, traduite en hollandais, la Haye, 1770. Jean-Chrétien mourut en 1777, à peine âgé de 33 ans.

ESCALANTE (Jean-Antoine), peintre espagnol, né à Cordoue en 1630. Il a suivi la manière du Tintoret et du Titien avec un tel succès, que les connaisseurs ont souvent confondu ses ouvrages avec ceux de ces deux célèbres artistes. On voit dans les églises de Madrid plusieurs beaux tableaux d'Escalante, parmi lesquels on remarque une *sainte Catherine*, un *Christ*, et surtout une *Rédemption des captifs*, qui est dans le réfectoire du couvent du Saint-Esprit de la même ville. Les dix-huit tableaux qui décorent le même réfectoire sont tous de la main d'Escalante, excepté celui du *Passage de la mer Rouge*, excellent ouvrage de Jean Montero de Rosas. Escalante mourut à Madrid en 1670, à peine âgé de quarante ans.

ESCHELS-KROON (Adolphe), voyageur danois, naquit à Nieblum, dans le duché de Sleswick, en 1736, et passa dix-huit ans dans les Indes orientales, où il fut, de 1782 à 1784, agent du Danemarck. On a de lui, en allemand : I *Description de l'île de Sumatra, considérée principalement sous le rapport du commerce et de tout ce qui y est relatif*, Hambourg, 1782, in-8, avec une carte, traduite en hollandais par G. B. Schirach, Harlem, 1785, in-8. II *Relation authentique de l'état actuel des principales îles de l'Océan, surtout de Borneo*. III *Description de Pégu et de l'île de Ceylan*, renfermant des détails neufs et exacts sur le climat, etc., par W. Hunter, C.

Wolf, et Eschels-Kroon, traduite de l'anglais et de l'allemand par L. L. (Langles), Paris, 1795. Eschels-Kroon est mort à Kiell, le 18 octobre 1793.

ESCHIUS (Nicolas), prêtre pieux, né à Nordwik, près Bois-le-Duc, en 1507; vint à Cologne, après avoir pris les ordres, et s'y fit tellement remarquer par son savoir et la régularité de sa conduite, qu'on lui offrit de se charger de l'éducation du jeune duc de Juliers. Son humilité et le contraste de la vie des cours avec celle qu'il avait menée jusqu'alors, lui firent préférer à cet honorable emploi la direction d'une modeste école. Il eut le bonheur d'y former des élèves utiles à l'état et à l'église, parmi lesquels on compte le jésuite Pierre Canisius et le chartreux Surius. Les liaisons d'Eschius avec ce dernier et avec d'autres religieux du même ordre, lui inspirèrent le désir d'embrasser leur institut; mais la faiblesse de son tempérament s'y opposa. Il résolut au moins d'en imiter la vie solitaire autant qu'il le pourrait. Il obtint une cellule dans une chartreuse, et y vécut exemplairement. Les supérieurs ecclésiastiques crurent qu'un prêtre si édifiant serait mieux ailleurs, et pouvait en faisant son salut, contribuer à celui d'autrui. Ils le nommèrent archiprêtre de Diest, et le chargèrent de la direction du béguinage de cette ville. Eschius le gouverna avec beaucoup de fruit jusqu'à sa mort. Il forma divers autres établissemens pieux, et vit se terminer paisiblement, en 1578, une carrière qu'il avait sanctifiée par la pénitence et les bonnes œuvres. Il était âgé de 70 ans. Arnould de Jeans, son successeur dans la direction du béguinage de Diest, a écrit sa vie. On a d'Eschius : 1 *Exercices de piété*,

en latin, Anvers, 1563, in-8; 1569, in-16. Ils ont été traduits en flamand, et réimprimés en 1713, avec la *Vie d'Eschius*, aussi traduite dans la même langue. II *Isagoge ad vitam introversam capescendam*, à la tête d'un livre intitulé *Templum animæ*, publié par Eschius, Anvers, 1563, in-8. III La traduction du flamand en latin d'un livre de spiritualité, connu sous le titre de *Margarita evangelica* (*la Perle évangélique*), 1545. Le *Templum animæ* et cet ouvrage sont d'une sainte fille dont le nom est ignoré. Le chartreux Loërius avait déjà traduit la *Margarita*, et en avait donné une édition, mais elle était défectueuse, et même l'ouvrage était tronqué. Eschius qui estimait beaucoup ce livre, et en croyait la lecture propre à inspirer des sentimens pieux, jugea à propos de le traduire de nouveau. Il a été plusieurs fois réimprimé en latin, en français, en flamand et en allemand.

ESKIL ou ESCHIL, archevêque de Lunden, en Scanie, et primat de Danemark, était né au commencement du XIIe siècle. Quelques-uns le disent fils de Suénon, évêque de Wiborg. Il fit ses études à l'abbaye d'Hildesheim, et y fut attaqué d'une maladie dangereuse, pendant laquelle il fit le vœu de bâtir cinq monastères, s'il recouvrait la santé. Revenu en Danemarck, il embrassa l'état ecclésiastique, fut d'abord chanoine et archidiacre de la cathédrale de Lunden, puis évêque de Roschild, et enfin élevé par le peuple de Scanie sur le siége archiépiscopal et primatial. Il se souvint alors de son vœu; il écrivit à saint Bernard, qui lui envoya Guillaume, l'un de ses religieux, lequel présida à la fondation du monastère d'Esrom, de l'ordre de Cîteaux.

Sans doute les quatre autres monastères furent aussi fondés. Ces actes pieux et les soins de l'épiscopal n'avaient point ôté à Eskil, né avec de l'ambition, le penchant à la satisfaire. Il entrait dans toutes les discussions politiques, et, suivant les divers intérêts, prenait parti tantôt pour, tantôt contre son souverain. Olaüs, fils d'Hérald, s'étant fait élire roi par une partie du peuple, et marchant contre Eric, souverain légitime, l'archevêque de Lunden leva des troupes, et défendit quelque temps la Scanie contre l'usurpateur. Sous son pontificat, il se tint à Lunden un concile national, auquel les évêques de Danemarck, de Suède, de Norwége, et Theodignus, légat du saint-siége, assistèrent. Eskil avait pour saint Bernard une vénération particulière; il fit plusieurs voyages en France pour le voir. Flottant entre Dieu et le monde, il prenait quelquefois la résolution de se fixer dans la solitude de Clervaux; mais de trop forts liens l'attachaient encore aux choses terrestres. Il fit un voyage à Rome, pour y visiter Adrien IV, qu'il avait eu occasion de connaître lors de sa légation dans le Nord. Le schisme qui s'éleva à la mort de ce pape fut pour Eskil un nouveau sujet de se jeter dans les affaires. Valdemar, qui régnait alors, se déclara pour Victor III, tandis qu'Eskil tenait pour Alexandre. De là une violente lutte entre le monarque et le sujet, dans laquelle celui-ci succomba. Il fut obligé de fuir, et fit le voyage de la Terre sainte. De retour, et réintégré dans sa dignité, après quelques nouveaux embarras il sentit enfin le néant des grandeurs humaines. Il se démit solennellement de son siége, recommandant Absalon pour son successeur; et quoique saint Bernard ne fût plus, il vint finir à Clervaux une vie qui n'avait été que trop agitée. Il y mourut le 8 septembre 1187 dans un âge très-avancé. On a de lui le *Droit ecclésiastique de Scanie*, Copenhague, 1505, avec le *Code civil* de la même province; depuis, cet ouvrage a été inséré en danois et en latin dans le *Recueil des lois ecclésiastiques de Danemarck*, dû aux soins de G. J. Torkelin, 1781.

ESMÉNARD (Joseph-Alphonse), littérateur français, naquit à Pelissane en Provence en 1770, et fit ses études chez les Pères de l'Oratoire de Marseille. Très-jeune encore il entreprit deux voyages en Amérique, et de retour dans sa patrie, il en repartit en 1790 pour se rendre dans la capitale. Il paraît qu'il était alors du parti de la cour, et que ce fut pour dépopulariser le républicain Brissot (*voy.* BRISSOT, *Supplém.*) qu'il rédigea la feuille périodique intitulée *le Chant du coq*; mais ce journal, au lieu d'être nuisible à Brissot, ne fit qu'attacher les regards sur lui, et lui donner plus d'importance auprès du peuple et des moteurs de la révolution. Esménard n'eut, en substance, aucune opinion déterminée, et sembla toujours balancer entre tous les partis. Frappé de proscription après le 10 août, il se retira en Angleterre, et après avoir voyagé dans la Hollande, l'Allemagne, l'Italie, il se rendit à Constantinople, où il fit connaissance avec l'ambassadeur russe Kotschubey, et avec M. le comte de Choiseul-Gouffier. Il passa ensuite à Venise, et offrit, dit-on, à Monsieur (aujourd'hui Louis XVIII) ses services, on ne sait pas à quel titre; mais on croit qu'ils ne furent pas acceptés. En 1797 il revint à Paris, suivit le cours des événemens, et fut attaché à l'ambassade de Hollande. Il fournit quelques articles au journal de la *Quotidienne*, et après la révolution du 18 fructidor, il fut enfermé pendant plusieurs mois dans les prisons du Temple, comme attaché au parti succombant. Ayant recouvré sa liberté, il quitta de nouveau la France, où il revint encore après le 18 brumaire 1799, époque de la chute du directoire, et de la création du consulat. Croyant à la stabilité de ce gouvernement, c'est alors qu'il manifesta ouvertement ses opinions, s'attacha au char du vainqueur, et fut un des premiers apologistes, et un des chantres les plus féconds de Buonaparte. Il avait travaillé avec Laharpe et M. de Fontanes au *Mercure*, dans lequel parurent plusieurs morceaux de son poëme de la *Navigation*, dont nous parlerons ci-après. Il accompagna le général Leclerc, beau-frère de Buonaparte, dans son expédition de Saint-Domingue, et fut témoin des désastres de l'armée française. De retour à Paris, il fut nommé chef du bureau des théâtres au ministère de l'intérieur; mais, d'un caractère aussi inquiet que ses opinions étaient versatiles, il quitta bientôt cet emploi pour suivre l'amiral Villaret-Joyeuse à la Martinique, d'où il revint en 1805. Nommé censeur des théâtres, il le fut ensuite de la librairie, et devint enfin chef de la troisième division de la police générale. Dans ces trois emplois il eut le talent de s'attirer beaucoup d'ennemis, dont le nombre s'accrut lorsqu'on le nomma, en 1810, membre de la 2ᵉ classe de l'Institut. Ses panégyristes eux-mêmes avouent que les épigrammes qu'on lança contre lui à cette occasion, attaquaient encore moins ses titres littéraires que son carac-

tère particulier. On lui attribuait des fautes qui touchent de près à l'honneur, tandis qu'on semblait embarrassé de parler en sa présence. Jusqu'alors la fortune d'Esménard s'était accrue presque en proportion des éloges qu'il avait prodigués au pouvoir. Il devait s'en tenir là; mais il crut deviner les intentions de son maître, et le flatter assez adroitement en faisant imprimer dans le *Journal des Débats*, dont il avait la censure, une satire virulente contre un envoyé de l'empereur Alexandre. Esménard, qui ne se connaissait guère en politique, eut en cela le tort de devancer les époques. Buonaparte ne voulait pas encore se brouiller avec la Russie, et il ne feignit pas de se fâcher, ainsi qu'on le prétend dans une biographie moderne, mais il se fâcha sérieusement contre Esménard, qui semblait, en quelque manière, dévoiler ses projets ambitieux. Moins heureux en prose qu'en vers, il se vit exilé par celui-là même dont il avait chanté les *vertus* et les exploits. Il se retira en Italie, et se fixa à Naples. Quelques amis puissans qu'il avait au ministère de la police intercédèrent pour lui, et il fut rappelé de son exil. Il revenait en France, lorsque, sur le chemin de Fondi, des chevaux fougueux l'entraînèrent vers un précipice, et il se brisa la tête contre un rocher. Il mourut peu de jours après, le 25 juin 1811. Il a laissé: I la *Navigation*, poëme en huit chants, Paris, Giguet et Michaud, 1805, 2 v. in-8; 2ᵉ édition, en six chants, ibid., 1806, 1 vol. in-8. Ce poëme, auquel l'auteur a travaillé 14 ans, n'eut pas le succès qu'il en attendait; aussi il crut devoir en retrancher deux chants, et même avec ce retranchement, l'ouvrage est diffus, généralement froid, peu intéressant, et ne paraît pas une production assez heureuse pour un si long travail. On y trouve cependant des vers assez bien tournés, et quelques jolies descriptions. II *Trajan*, opéra en 3 actes, 1807, qui eut cent représentations, grâce à plusieurs beaux morceaux de musique de le Sueur, aux brillantes décorations qui l'embellissent, et à celles surtout de la scène du triomphe de Trajan. Cet opéra est resté au théâtre au moyen de plusieurs changemens faits par M. Vieillard en 1814. III *Fernand Cortez* (en société avec M. de Jouy), opéra en trois actes, musique de M. Spontini, représenté en 1809. Il n'eut aucun succès. M. de Jouy l'a refait presque entièrement en 1807, et il eut alors plusieurs représentations, ainsi qu'en 1818. IV *Recueil de poésies extraites des ouvrages d'Helena - Maria Williams*, traduites de l'anglais par MM. de Boufflers et Esménard, 1808, in-8. V Plusieurs pièces de vers dont la plus grande partie a été imprimée dans la *Couronne poétique de Napoléon*, Paris, 1807, 1 vol. in-8. Dans cette *couronne*, les fleurons, sinon les plus beaux, au moins les plus riches, sont d'Esménard.

ESPINASSE (Julie-Jeanne-Eléonore de l'), naquit en 1732 à Lyon; quoique dans son extrait de baptême elle soit désignée comme enfant légitime d'un bourgeois de cette ville, il est à présent constaté qu'elle est née d'une dame d'un grand nom, qui vivait depuis longtemps séparée de son mari. Jusqu'à l'âge de quinze ans elle ignora le secret de sa naissance. Sa mère, pour lui faire un sort indépendant, lui avait laissé, peu avant de mourir,

une cassette contenant des effets précieux. Il paraît que mademoiselle de l'Espinasse la remit, pour la convertir en espèces, entre les mains d'un homme peu délicat, qui abusa de sa confiance. Privée de toute ressource, elle fut reçue en qualité de gouvernante d'enfans dans un château en Bourgogne, habité précisément par la famille du mari de sa mère. Elle y demeurait depuis quatre ans, non autrement que comme une étrangère, lorsqu'elle fit la connaissance, en 1752, de madame du Deffant. (*V.* DEFFANT, *Supplément.*) Celle-ci, désirant se l'attacher, lui fit des propositions très-honnêtes, que mademoiselle de l'Espinasse accepta. Elles s'établirent ensemble en 1754, à Paris, dans la rue Saint-Dominique; et pendant dix ans madame du Deffant ne cessa jamais de lui donner des preuves d'intérêt, de confiance, et de la combler de bienfaits auxquels elle ne répondit qu'avec ingratitude. Madame du Deffant réunissait dans sa maison tout ce qu'il y avait de plus distingué dans Paris, les seigneurs de la cour, des hommes aimables, des savans, et l'on distinguait parmi ces derniers, d'Alembert et le président Hénault. Mademoiselle de l'Espinasse avait de l'esprit, de la vanité, et voulait briller seule et être indépendante. Les bienfaits de sa protectrice, et une pension que celle-ci, par le moyen de ses amis, lui avait fait obtenir du roi, pouvaient lui assurer cette indépendance. Elle la quitta donc brusquement, lorsqu'âgée, infirme, et devenue aveugle, madame du Deffant avait le plus besoin des secours de l'amitié et de la reconnaissance. Mademoiselle de l'Espinasse, marquée de la petite-vérole, et avec des traits peu réguliers, et nullement jolie, avait cependant l'art de plaire, assez d'instruction, et ce tact fin, cet esprit saillant et parfois satirique qui fait toujours fortune dans les nombreuses sociétés. En peu de jours madame du Deffant se vit abandonnée de presque tous ses amis. Tous coururent offrir leurs hommages à la nouvelle Ninon, et parmi ceux-ci on comptait le philosophe d'Alembert et le grave président Hénault. Le premier surtout se lia avec mademoiselle de l'Espinasse d'une union intime, et finit par venir demeurer dans la même maison. La présence de d'Alembert ne fit qu'augmenter l'affluence des concurrens. Les ambassadeurs, les philosophes de toutes les sectes, les dames les plus distinguées, et notammeut celles qui, par *bon ton*, se piquaient d'admirer, de rechercher tout ce qui était *esprit*, et surtout esprit philosophique, venaient embellir le cercle où se commentaient, se développaient avec une sagacité admirable toutes les nouvelles maximes, le plus souvent incompatibles avec les mœurs et la religion. Mais le Socrate français, avec moins de talens et de vertus que le grec, n'avait pas trop à se louer de la fidélité de son Aspasie; et le gymnase où elle occupait la première place, n'était pas le plus propre à lui inspirer des goûts assez constans. Les lettres de mademoiselle de l'Espinasse, publiées assez indiscrètement par un de ses amis, ont découvert à ceux qui les ignoraient, les secrets de son cœur, ou pour mieux dire de ses caprices. Un jeune seigneur espagnol, aimable, et parfois trop sensible, le comte de Mora, frappé des agrémens de mademoiselle de l'Espinasse, conçut pour elle une vive passion. Elle, de son côté, sut si bien profiter de cet avantage, et lui inspirer un si grand intérêt pour sa situation éphémère, pour ne pas dire équivoque, qu'il promit de

lui donner son nom; mais la cour d'Espagne, qui n'avait pas assez de philosophie pour regarder ce mariage comme bien régulier, rappela le comte, qui fut contraint de retourner dans sa patrie. Lorsqu'il revenait à Paris remplir sa promesse, il mourut, dans la fleur de l'âge, à Bordeaux, en 1774. Après avoir donné les premiers momens aux larmes et au désespoir, mademoiselle de l'Espinasse pensa que son cœur était encore susceptible de quelques consolations. Elle les trouva en effet auprès de M. Guibert, militaire distingué, écrivain, et surtout homme aimable, connu encore plus par des conquêtes galantes qu'il ne cachait pas, que par sa bravoure, cependant bien constatée, et des talens que personne ne lui refusait. Après de si rudes épreuves, la philosophie de d'Alembert, ou, si l'on veut, son amour-propre, se crut vivement blessé. Il se fâcha: on prit d'abord la peine de l'apaiser: il fit des reproches; on leur opposa alors une froideur désolante. Quel triste état pour un philosophe qui, malgré son stoïcisme, ne se piquait pas d'être platonicien! aussi il appelait mademoiselle de l'Espinasse, d'un ton assez dramatique, *son injuste et cruelle amie.* La protection des personnes puissantes qui fréquentaient sa maison, et l'amitié de d'Alembert, ne contribuaient nullement à avancer la fortune de mademoiselle de l'Espinasse. Elle éprouva des momens de gêne, d'où la tirèrent les secours de madame Geoffrin (autre Ninon de cette époque); qu'elle connut quelques années avant sa mort. Pendant ce temps, l'amitié du président Hénault pour mademoiselle de l'Espinasse arriva au point, qu'oubliant et sa naissance et sa conduite, il se détermina à l'épouser : détermination assez excusable dans un philosophe du 18ᵉ siècle, mais non dans un grave magistrat qui était déjà parvenu à sa soixante-dixième année. Cependant, pour sauver certaines convenances, cette union ne fut pas rendue publique. Mademoiselle de l'Espinasse ne survécut que de six ans au président Hénault. Au lit de la mort, la première chose dont elle s'occupa, fut de demander pardon à d'Alembert des torts qu'elle avait envers lui, après seize ans d'intimité, ou au moins d'habitation commune. Elle le nomma son exécuteur testamentaire, et le chargea de payer les dettes qu'elle avait contractées avec madame Geoffrin. Mademoiselle de l'Espinasse expira comme elle avait vécu (le 23 mai 1776), entourée de tous ceux qui avaient flatté sa vanité, et ayant au chevet de son lit, non un ministre de la religion, mais un philosophe. Sa correspondance a été publiée par un anonyme, sous le titre de *Lettres de mademoiselle de l'Espinasse, écrites depuis 1775 jusqu'à l'année 1776*, Paris, 1809 - 1811. Ces lettres, nullement favorables à la réputation de leur auteur, sont comme les dépositaires de ses pensées les plus secrètes ; elle y a tracé en caractères indélébiles ses opinions, ses sentimens, et l'histoire de ses amours galantes. On y trouve surtout cet esprit de philosophisme, où elle avait été de si bonne heure initiée par les sectaires de l'incrédulité, et notamment par un de leurs apôtres. A la fin de ses lettres adressées à M. de Guibert, on trouve deux chapitres ajoutés au *Voyage sentimental de Sterne*, qui ne sont pas sans mérite, en ce qu'ils rappellent, en quelques endroits, le style pittoresque, original et concis de l'auteur

anglais. On a dit que mademoiselle de l'Espinasse ne vivait que *pour aimer ;* mais, en considérant son inconstance, on devait dire qu'elle ne vécut que pour *se faire aimer.* Sa conduite envers madame du Deffant, sa bienfaitrice, ne fait pas l'éloge ni de sa sensibilité, ni de la solidité de ses affections. Aussi on pourrait dire qu'elle eut des inclinations illégitimes, et qu'elle n'éprouva jamais le sentiment d'une amitié pure et durable. Madame du Deffant, qui lui survécut de quatre années, reçut la nouvelle de sa mort avec la même indifférence qu'elle avait montrée lors de la perte de son plus ancien ami. Laharpe assure que mademoiselle de l'Espinasse ne parlait jamais de sa vieille amie qu'avec respect et considération : c'est le moins qu'elle pouvait faire, et par convenance, et pour son propre honneur.

ESPINOSA (Jean), poëte espagnol, né à Bellovado vers 1540, suivit la carrière des armes, et fut secrétaire de dom Pedro Gonzalès de Mendoza, vice-roi de Sicile. Il écrit plusieurs ouvrages en vers, qui eurent beaucoup de succès ; et on cite entre autres son *Traité à la louange des femmes*, Milan, 1580, in-4. Il mourut vers 1596.

ESPINOSA (Antoine), autre littérateur espagnol, naquit à Antequera, en Andalousie, en 1582, et fut un des bons poëtes de son siècle. Il suivit constamment l'école de Boscan et de Garcilasso, qui avaient introduit le bon goût dans la poésie espagnole. On a de lui : I une excellente traduction en vers des *Psaumes pénitentiaux*, imprimés, avec un *Eloge du duc de Médina-Sidonia*, à Malaga, 1625, in-4. II *Le Trésor caché*, Madrid, 1644, in-8. III *Art de bien mourir*, ibid., 1651. IV *Trésor de poésies*, ibid., 1653. C'est une collection des morceaux les plus intéressans des meilleurs poëtes qui avaient paru jusqu'alors. Espinosa mourut en 1650.

·ESPINOSA (Hyacinthe-Jérôme), un des peintres les plus célèbres de l'école espagnole, naquit à Cocentena, village dans le royaume de Valence. Il étudia sous son père, et prit ensuite des leçons de Borras et de Ribalta. A l'âge de vingt-trois ans il fit paraître son premier tableau; c'était un *Christ*, qui excita l'admiration des connaisseurs. Sans compter les *fresques* et les *portraits*, on attribue à Espinosa plus de quarante tableaux, parmi lesquels on distingue une *Madelaine*; *l'apothéose de saint Louis*; *saint Joachim*, « tableau excellent d'Es-»pinosa (dit M. de la Borde dans »son *Itinéraire de l'Espagne*); un »*saint Pierre*, martyr; une *naissance du Sauveur; la nativité de »saint Jean-Baptiste*, une cène, di-»gnes de la réputation de ce peintre,» ajoute le même auteur. Quoiqu'il eût appris son art sous de bons maîtres espagnols, il paraît qu'il se perfectionna en Italie : il se distingua par son clair-obscur, la correction du dessin, la grâce et l'expression des figures. Il mourut à Valence en 1680. Il était extrêmement pieux, et peignait gratuitement des ouvrages pour les églises dont la modicité des fonds ne permettait pas qu'elles fissent de dépenses extraordinaires.

ESQUIVEL DE ALVA (Diego de), prêtre espagnol et théologien distingué, florissait au 15ᵉ siècle vers l'an 1492. Il était né à Victoria, et y avait fait ses études ; il entra dans l'état ecclésiastique. Versé dans les langues latine et grecque, il s'appliqua à l'étude des Pères et des conciles, remarquant, dans ses nombreuses lectures, avec un soin par-

ticulier ce qui concernait la discipline ecclésiastique, et les changemens qui s'y étaient introduits. De ce travail et de ses propres réflexions résulta un ouvrage auquel il donna pour titre : *De Comitiis universalibus ac de iis quæ ad religionis et reipublicæ christianæ reformationem instituendam apta videntur*, Grenade, 1583, in-fol. Esquivel mourut à Victoria en 1562, et n'eut pas la satisfaction de voir son livre imprimé. On y trouve des vues utiles sur la réformation, et il fut bien accueilli du public.

ESQUIVEL (Hyacinthe), religieux dominicain, né en 1591, en Biscaye, d'une famille noble, professa d'abord la philosophie et la théologie dans les maisons de son ordre. Animé ensuite du désir de travailler aux missions, il choisit le Japon pour y aller exercer son zèle. Ayant obtenu de ses supérieurs la permission de s'y rendre, il s'embarqua pour Manille en 1625; il s'y arrêta pour apprendre le japonais, et passa de là à Formose, où il eut le bonheur de faire de nombreuses conversions. Il se présenta enfin une occasion de passer au Japon sur un bâtiment de ce pays, dont le capitaine consentait à le recevoir. Il s'y embarqua avec un frère mineur; mais tous deux furent tués dans la traversée par le capitaine du vaisseau, en 1635. On a du P. Esquivel : 1 *Vocabulaire japonais et espagnol*, Manille, 1630. II *Vocabulaire de la langue des Indiens de Tanchuy*, en l'île de Formose, et traduction en cette langue de toute la doctrine chrétienne, Manille, 1691.

ESSEX (Robert d'Evreux, comte d') naquit en 1592. Il était fils de Robert, comte d'Essex, favori d'Elisabeth, décapité à Londres, le

25.janvier 1601. (*Voyez* ESSEX, *Diction.*, tom. 3.) l'année suivante Jacques Ier rétablit le jeune comte dans tous les honneurs héréditaires de sa maison. Il n'avait que dix ans et faisait déjà paraître cette fierté si remarquable dans son père. Il jouait un jour à la paume avec Henri, prince de Galles, lorsqu'une dispute s'étant élevée entre eux, le prince l'appela fils de traître : celui-ci lui répondit par un coup de raquette, et le roi fut obligé d'interposer son autorité pour rétablir la paix. Il fut marié à quatorze ans à lady Françoise Howard, célèbre par son inconduite avant et après son mariage. Elle entama contre son époux un procès qui le couvrait d'une honte personnelle, et dans lequel le roi intervint pour faire prononcer le divorce. Le comte, piqué de cet arrêt, se retira dans ses terres, et quelque temps après il fit la guerre en Hollande, dans les armées de l'électeur palatin, gendre de Jacques Ier. De retour en Angleterre, il figura au parlement dans le parti de l'opposition, ce qui le fit mal recevoir de là cour. Le comte d'Essex s'attacha alors de nouveau au service étranger. A l'avénement de Charles Ier au trône, il fut employé comme vice-amiral dans une expédition infructueuse contre les Espagnols. Après avoir fait en 1625 une autre campagne dans les Pays-Bas, il se maria pour la seconde fois; mais les mauvais procédés de sa femme le forcèrent de recourir au divorce, après deux ans d'une union aussi mal assortie que la première. Charles Ier l'employa dans plusieurs occasions importantes, comme dans l'armement qui eut lieu en 1635, et dans la campagne contre les Ecossais en 1639. Dans l'une et dans l'autre le comte d'Essex se distingua par sa bravoure et son intelligence; il en attendait quelque reconnais-

sance de la part de la cour; mais il fut froidement remercié, quand on n'eut plus besoin de ses services. D'Essex chercha alors à se rendre populaire, à capter l'attachement des principaux officiers de l'armée et des ministres puritains. Il resta cependant fidèle à Charles Ier; mais ce monarque, mal conseillé sans doute, lui faisait essuyer toujours de nouveaux désagrémens. Le comte signa en 1640, avec onze autres pairs, une pétition pour prier ce prince de terminer les discussions qui s'élevaient, et de convoquer un parlement. (*Voyez* CHARLES Ier, *Diction.*, t. 2.) C'est à l'ouverture de ce long parlement, qui le précipita ensuite du trône et le conduisit à l'échafaud, que le roi, croyant se rendre populaire, admit Essex dans son conseil et le nomma grand chambellan. Charles Ier, dont les malheurs ont une funeste ressemblance avec ceux de Louis XVI, avait, comme ce prince infortuné, un caractère faible, indécis, et ne fut jamais capable d'arrêter la malveillance par un coup d'autorité que les circonstances rendaient légitime et nécessaire. Il paraît cependant qu'il aurait pu conserver son armée en lui donnant pour général le comte d'Essex; mais il ne voulut pas écouter sur ce point les exhortations de ses sujets les plus dévoués. Malgré sa répugnance, obligé de recourir aux services d'Essex, il le nomma, avant de partir pour l'Ecosse, lieutenant-général de ses forces au sud de la Trent; tandis que les pairs s'étant ajournés pour un certain temps, le choisirent pour présider à un comité permanent. Au retour du roi, la chambre des communes proposa de créer dans la cité une garde pour la sûreté de sa personne et du parlement insultés par la populace que les meneurs excitaient. On voulait donner le commandement de cette garde au comte d'Essex, qu'on avait jusqu'alors considéré comme fidèle au monarque et à l'état; mais Charles Ier ne voulut pas accepter cette proposition. Avant de quitter Londres, il ordonna à Essex de le suivre. Celui-ci, piqué du refus du monarque, refusa à son tour de l'accompagner, alléguant son devoir qui le retenait à la chambre des pairs. Cette désobéissance dut justement paraître un acte de rébellion; c'était le premier qu'Essex commettait, et il ne devait plus connaître de bornes. Il perdit toutes ses places à la cour; mais, en dédommagement, il accepta le commandement de l'armée levée, disait-on, pour la sûreté du roi, mais plus précisément pour la défense des deux chambres du parlement; celles-ci le remercièrent en jurant de vivre et de mourir pour lui. Tant qu'Essex eut de l'influence dans les affaires politiques, il sut faire respecter l'autorité de la chambre des pairs, et protégea constamment dans celle des communes le parti presbytérien ou modéré. A peine le roi eut-il appris la levée des troupes parlementaires, qu'il rassembla une armée autour de lui. Essex lui fit sur-le-champ proposer des conditions de paix; mais Charles Ier ne voulut pas en entendre parler, et déclara Essex traître à son roi et à son pays. Les deux armées se rencontrèrent à Edge-Hill le 23 août 1642. On se battit avec acharnement, et chaque parti s'attribua la victoire. Cependant le parlement vota des remercîmens à Essex, et lui accorda une gratification de 5,000 liv. sterling : l'année suivante il reprit Reading. Si l'on en croit les historiens anglais, ce fut l'indolence aussi naturelle dans le roi que dans le comte d'Essex, qui les empêcha d'en venir à un accommodement qui aurait fait cesser les troubles. Après quelques démêlés avec le parlement, qui n'eurent pas de résultats fâcheux pour le comte, celui-ci, renforcé par de nouvelles troupes, fit lever le siège de Glocester, surprit Cirencester, où étaient les magasins de l'armée royale, livra bataille au roi à Hewbery le 23 septembre 1643, et parvint à couvrir Londres que le roi menaçait. Mais, persuadé que dans la Cornouailles il trouverait de nombreux partisans, il se dirigea vers cette province. Le roi le suivit de près, et lui écrivit enfin pour lui proposer un traité. Celui-ci lui répondit qu'il ne pouvait rien accepter parce qu'il n'était pas le maître. Se voyant abandonné d'une grande partie des siens, il s'embarqua pour Plymouth, d'où il passa à Londres. On le reçut dans la capitale avec beaucoup de marques d'honneur et d'estime; mais les communes balançaient déjà l'autorité du parlement, et le fameux Cromwel n'oubliait rien pour parvenir à renverser le trône sur les débris duquel il voulait s'élever. Essex, qui pénétra ses projets, proposa, dans un conseil assemblé chez lui, d'attaquer Cromwel en plein parlement comme un incendiaire. Cela ne fit qu'augmenter la haine que Cromwel lui avait jurée. L'ordonnance du *self-denying*, ou de renoncement à soi-même, publiée en 1645, en excluant les membres du parlement de toutes sortes de charges, lui fit perdre le commandement, dont il se démit avec des marques visibles de plaisir. Le parlement vota qu'il serait élevé au rang de duc, et qu'on lui accorderait une pension annuelle de dix mille livres; mais une mort subite ne lui permit pas de jouir de ces nouveaux honneurs. On soupçonna, avec assez de fondement, qu'il avait perdu la vie par le poison, ainsi que son aïeul.

Il expira le 14 septembre 1646. Le parlement lui décerna des funérailles publiques, et il fut enterré avec magnificence dans l'abbaye de Westminster. Plusieurs historiens, peu favorables à la cause des républicains, ont regardé sa mort comme funeste à l'Angleterre. Hume, entre autres, semble intimement convaincu qu'Essex, instruit par une triste expérience, n'aurait plus songé qu'à ramener les deux partis à faire la paix, en remédiant ainsi aux maux auxquels il avait contribué « plus par »erreur que par mauvaise volonté. » Il paraît évident que le comte d'Essex voulait maintenir la balance entre les deux partis ; mais rien ne saurait l'excuser d'avoir pris les armes contre son souverain, ni de s'être placé, de son autorité, entre le monarque et ses peuples. La mort d'Essex fit perdre à la chambre des pairs un faible reste d'autorité, et les communes devinrent plus insolentes de jour en jour. Charles Iᵉʳ fut délivré par la mort d'Essex d'un puissant ennemi, mais il succomba sous un autre bien plus redoutable : l'ambitieux, le farouche Cromwel.

ESTAING (Charles-Hector, comte d'), d'une illustre famille du Rouergue, naquit au château de Rewel en Auvergne en 1729. Il commença sa carrière militaire par le grade de colonel dans un régiment d'infanterie. Il servit ensuite comme brigadier dans les grandes Indes, sous le comte de Lally, et fut pris en 1759 au siège de Madras ; les Anglais lui rendirent la liberté sous parole d'honneur, mais il y manqua et reprit les armes. Fait prisonnier une 2ᵉ fois, on se contenta de l'amener à Portsmouth et de le jeter dans un cachot. Dès lors il voua une haine éternelle aux Anglais, qui cependant, suivant les lois de la guerre, ne l'avaient pas traité avec trop de rigueur. A la paix de 1763 il sortit de captivité, vint à Paris, se présenta à la cour, et obtint la protection de la reine, qui s'intéressait à sa famille. Nous verrons dans la suite quelle était la reconnaissance qu'il réservait à cette malheureuse princesse. On le vit aussitôt nommer lieutenant général des armées navales, non sans le grand étonnement de tous ceux qui le voyaient passer avec un grade aussi important du service de terre à celui de la marine. En 1778 il fut envoyé avec douze vaisseaux, et en qualité de vice-amiral, pour agir en faveur de l'indépendance américaine. Il se présenta devant Rhode-Island, au milieu d'une furieuse tempête, et fut contraint, ayant son vaisseau démâté et rasé, de combattre plusieurs vaisseaux ennemis, dont il parvint à se dégager par son courage et sa présence d'esprit. Ayant reçu à la Martinique les renforts que lui amenaient de Grasse et Lamotte-Piquet, il reprit la mer avec vingt-cinq vaisseaux de ligne, s'empara de l'île de Saint-Vincent, débarqua à la Grenade, qu'il prit d'assaut, marchant lui-même à la tête de sa petite armée. A peine eut-il fait arborer le pavillon français, qu'il sortit avec 17 vaisseaux pour aller combattre l'amiral Biron qui parut devant Grenade avec 20 vaisseaux. Les Anglais furent complétement battus. Dans diverses expéditions, d'Estaing fit des prises considérables, et il revint en France en 1780. L'année suivante il eut le commandement d'une flotte qu'il ramena de Cadix à Brest, et en 1783 il se trouvait dans la première de ces villes à la tête des flottes combinées de France et d'Espagne, prêt à partir pour une expédition, lorsque la paix le fit revenir à Paris. Lors des orages de la révolution, il fut appelé à l'assemblée des notables. Comblé des bienfaits de la cour, il se jeta néanmoins dans le parti qui se déclarait contre elle. Comme il n'avait pas assez d'ascendant sur la noblesse, il ne fut pas député aux états généraux. Il s'en dédommagea en se rendant populaire ; mais tous ses efforts ne lui donnèrent jamais d'influence sur aucun des partis qu'il suivait ou quittait selon les circonstances. Afin de sortir de cette espèce d'obscurité, il brigua et obtint le commandement de la garde nationale de Versailles, où régnait alors assez généralement un esprit très-révolutionnaire. Dans le mois de septembre, il se permit de donner, par écrit, des conseils à la reine, en l'invitant à oublier l'étiquette, à se montrer plus populaire, et à détourner le roi de s'éloigner de sa résidence. Mais ce fut dans les funestes journées des 5 et 6 octobre qu'il se rendit bien coupable ; car, quoique commandant de la garde nationale, il ne donna aucun ordre, laissa la populace se mêler avec les bandits qui étaient arrivés de Paris et commettre toutes les horreurs dont ces deux journées offrirent le spectacle désolant. D'après le ressentiment qu'il conservait contre la reine, ainsi que depuis il l'a dit lui-même, sa conduite, dans cette circonstance, semblerait annoncer qu'il ne voyait pas avec une assez vive douleur le danger qui menaçait les jours de cette princesse. Après ces événemens, il s'empressa de s'éloigner d'une cour dont il s'était justement attiré le mépris, et revint dans la capitale. Pour marquer encore plus sa popularité et son adhésion aux maximes du jour, il s'enrôla dans la garde de Paris comme simple grenadier. L'intention du comte d'Estaing était de se

mettre à l'abri de tout orage, se réservant de quitter son parti aussitôt que l'autre deviendrait vainqueur. Courtisan consommé, prompt à flatter le pouvoir dominant, lors du voyage de Varennes il se présenta devant l'assemblée pour l'assurer de son dévouement. On ne lui sut cependant aucun gré de cette démarche humiliante. Dans les journées des 20 juin et 10 août 1792, personne ne s'occupant de lui, il crut plus prudent de se tenir éloigné du danger. Cependant il avait su se ménager la protection du député Rouyer, par le moyen duquel il fut nommé amiral dans la même année de 1792. Mais sa conduite affectée ne pouvait tromper les yeux inquiets et pénétrans des républicains, qui haïssaient tous les nobles, excepté le petit nombre de ceux qui s'étaient distingués par des talens malheureusement trop célèbres, en défendant la cause de la révolution. Frappé de la loi absurde et barbare des *suspects*, il fut enfermé dans la prison de Sainte-Pélagie, d'où il fut conduit au tribunal révolutionnaire pour déposer comme témoin dans le procès de la reine, qu'on savait bien qu'il n'aimait pas. Le comte d'Estaing déclara, il est vrai, n'avoir rien à dire contre cette princesse infortunée ; mais il ajouta qu'il avait personnellement à s'en plaindre, et s'expliqua d'une manière équivoque sur sa conduite pendant la révolution. Un journaliste, qui prenait des notes sur cette odieuse affaire, crut devoir, par égard peut-être pour le nom illustre que portait le témoin, adoucir la dureté de sa déposition. Le comte d'Estaing réclama vivement contre cette officieuse infidélité, et fit afficher au coin des rues sa véritable déposition. On prétend même qu'il la rendit plus défavorable encore à l'auguste victime ; mais cet excès d'ingratitude ne put pas le sauver. Le comte, d'ailleurs haï pour sa naissance, était devenu trop riche ; et on n'avait aucune confiance ni dans son caractère, ni dans ses moyens. Traduit devant le tribunal révolutionnaire, il y fut condamné, et périt sur l'échafaud le 28 avril 1794.

EST (Hercule-Renaud III d'), dixième et dernier duc de Modène, de Reggio et de la Mirandole, naquit en 1727. Il était fils de François III, descendant du marquis Bosso, premier duc de Ferrare et de Modène, qui tirait son origine d'Oberto II, de la maison souveraine des marquis de Toscane, et qui en 972 régnait dans la Luigiana, et fut la tige de la maison d'Est. Hercule III épousa en 1741 Marie-Thérèse Cibo-Malaspina, qui lui apporta en dot les duchés de Massa et de Carrara ; et il eut de ce mariage une seule fille, Marie-Béatrix. François III, père du duc Hercule et grand vassal de l'Empire, avait d'abord servi l'empereur Charles VI en qualité de général dans la guerre contre les Turcs. Mais lorsque toute l'Europe prit les armes contre Marie-Thérèse, il accepta le commandement des armées espagnoles en Italie, et fit à leur tête la guerre dans l'état pontifical, le royaume de Naples, le Milanais, la Ligurie et le Piémont. Par un des articles de la paix conclue en 176., il donna sa petite-fille, la princesse Béatrix, en mariage à l'archiduc Ferdinand d'Autriche, qu'on nomma à cette occasion gouverneur des duchés de Milan et de Mantoue : ce mariage fut célébré le 20 novembre 1771. Hercule III succéda à son père le duc François en 1780. Son premier soin fut de rétablir les finances et la police dans ses états, presque ruinés par suite de la guerre. Après avoir réformé la

petite armée qu'avait levée son père, dont il ne se réserva que mille hommes, il s'occupa d'introduire la plus stricte économie dans son propre palais. Un grand nombre de domestiques et de courtisans furent congédiés. Au lieu d'appointemens, il ne donnait souvent que des emplois distingués ; aussi il avait plus de chambellans que n'en comptent les souverains les plus puissans de l'Europe. Il vivait avec une telle parcimonie qu'il ne voulait pour sa table que quatre plats, et qu'il resta pendant plusieurs années sans maître d'office. Il changeait rarement d'habit, et ne se permettait aucune dépense extraordinaire. Avec cette conduite, il amassa d'immenses trésors ; mais il faut dire aussi qu'il n'augmenta pas les charges, ni les impôts, et que ses peuples vivaient heureux et dans l'abondance. Il ne donnait rien, mais il ne demandait rien ; et s'il imposait quelque contribution de circonstances, elle pesait uniquement sur les juifs les plus riches, qui jouissaient en revanche de plusieurs avantages dans ses états. Il fut cependant inconséquent et injuste avec la duchesse son épouse, princesse d'une extrême bonté et d'un rare mérite. Il conservait depuis sa jeunesse une inclination pour une dame de Modène, dont il eut un enfant qui mourut dans les armées impériales. La duchesse, voyant qu'elle ne pouvait rien obtenir par la patience et la douceur, se retira à Reggio, où elle mourut en 1790, regrettée autant pour sa piété que pour sa bienfaisance. Sa rivale, madame Béatrix, ne s'enrichit pas par la protection du duc, qui ne lui donnait pour son entretien que le strict nécessaire. A l'approche des armées françaises, au mois de mai 1796, Hercule III s'enfuit à Venise, où il avait déjà fait transporter ses trésors. Le traité de Campo-Formio (17 octobre 1797) dépouilla la maison d'Est des duchés de Modène et de Reggio, qui avaient été compris, dès le 19 juillet, dans la confédération cisalpine. Le Brisgaw fut promis par l'Autriche en dédommagement au duc Hercule; mais ce prince mourut à Trieste en 1802, avant d'être installé dans sa nouvelle souveraineté. L'archiduc Ferdinand d'Autriche, oncle de l'empereur actuel, était son successeur par le chef de sa femme. Son fils, l'archiduc François d'Autriche, possède maintenant les duchés de Modène et de Reggio, auxquels il fut appelé le 9 juin 1815. Hercule III était très-affable, et notamment avec les étrangers. L'auteur de cet article le rencontrant un jour, sans le connaître, qu'il se promenait dans les jardins de sa superbe *villa* (lieu de plaisance) de Colorno, entama conversation avec le duc, qui paraissait avoir une instruction peu ordinaire. Un chambellan qui vint à passer et qui s'inclina devant le duc en l'appelant *altezza* (altesse), le tira d'erreur. Il voulait se retirer; mais le duc lui dit avec beaucoup de grâce : *Ebbene ! perchè mi chiamano altezza, non sono uomo come gli altri? Seguitiamo, seguitiamo..* « Eh bien ! »parce qu'on m'appelle altesse, ne »suis-je pas un homme comme un »autre? Poursuivons, poursuivons.» Et il continua sa conversation pendant encore un quart d'heure.

ESTEVE (Pierre-Jacques), célèbre médecin espagnol, naquit à Valence vers 1512. Il publia plusieurs ouvrages, dont le plus remarquable est une traduction latine des *Épidémiques d'Hippocrate*, avec des commentaires très-étendus. Valence, 1550, 1 vol. in-fol. La vaste érudition qu'on trouve dans cet ouvrage fit supposer à Éloi qu'il appar-

tenait à Galien; mais cette prétention est dénuée de toute vraisemblance.

ESTEVE (Pierre), membre de l'académie de Montpellier, naquit dans cette ville vers 1725, et a laissé : I *Nouvelle découverte des principes de l'harmonie*, Paris, 1752, in-8. II *Essais des beaux-arts*, Paris, 1753, 2 vol. in-12. III *Histoire générale et particulière de l'astronomie*, Paris, 1755, 3 vol. in-12. IV *Dialogue sur les arts*, Paris, 1756, in-12 : cet ouvrage n'est pas exempt de critique. On lui attribue aussi : V *Origine de l'univers*, 1758, in-12. VI *La Toilette du philosophe*, 1751, in-12.

ETEMARE (Jean-Baptiste LE SESNE DE MENILLES d'), prêtre appelant, né en 1682, au château de Menilles en Normandie, entra dans l'état ecclésiastique, et fit son séminaire à Saint-Magloire, où le célèbre Duguet professait alors la théologie. Il puisa dans les leçons de ce maître, auquel on ne peut refuser d'ailleurs beaucoup de savoir et de vertus, les principes de Port-Royal. (*Voyez* DUGUET, *Diction.*) On détruisait alors cette abbaye, berceau du jansénisme. On dit que d'Etemare eut encore la dévotion et le temps de la visiter. Ce qui est vrai, c'est qu'il fut un des plus ardens défenseurs de cette cause. Il alla à Rome en 1725, dans l'espérance d'y obtenir une bulle *doctrinale*, qui lui fut favorable; mais il n'y réussit point. On le regarde comme auteur et comme l'un des principaux promoteurs du *figurisme*, espèce de système qui fait voir partout, dans l'Écriture sainte, des figures et des prédictions des temps présens ou à venir, et que d'Etemare poussa jusqu'à la manie. Il participa aux *convulsions* qui paraissent en avoir été les suites. On sait jusqu'à quel point on porta ces absurdes folies, qu'on prétendait donner pour une *œuvre divine*. Les bons esprits du parti les désavouèrent, et d'Etemare, qui en avait été un des plus chauds partisans, finit par en être un peu honteux. Il se voua à la retraite. Il avait connu le P. Quesnel en Hollande en 1714. Il y avait fait plusieurs voyages, et pris part à l'établissement d'un épiscopat en ce pays. Il y avait aussi assisté à l'assemblée de 1763. Il alla s'y fixer dans les dernières années de sa vie. Il y mourut dans le séminaire de Rhynwick, le 29 mars 1770, âgé de 88 ans. On a de lui : I des *lettres théologiques contre une instruction pastorale du cardinal de Bissy*. Il y laisse entrevoir son système de figures. II Neuf *mémoires*, en 1714 et 1715, contre la bulle *unigenitus*. III *Essai de parallèles des temps de Jésus – Christ avec les nôtres*. IV *Explications de quelques prophéties*. V *La Tradition de l'église sur la future conversion des juifs*, etc.

EUGENIOS-BULGARIS. *Voyez* BULGARIS.

EUPHRANOR, peintre et sculpteur grec, surnommé l'Isthmien, à cause de la situation de Corinthe, sa patrie. Il florissait dans la 104ᵉ olympiade, 364 ans avant Jésus-Christ. Selon Pline il exerça ses talens à Athènes, où il établit une école. Il excellait dans tous les genres, et travaillait également dans le marbre et dans le bronze. Euphranor fut un des plus grands artistes dont la Grèce s'honorait, et le premier qui parvint à donner aux figures des héros la dignité et le caractère convenables. Il fit une foule d'ouvrages en tableaux, statues et ciselures. Parmi les premiers on distinguait les *douze grands dieux*, ouvrage dont il fut chargé

par les Athéniens ; *le combat de la cavalerie athénienne à Mantinée ;* les figures de *Thésée avec la démocratie et le peuple ;* une *Junon ; Apollon Patroüs ; Ulysse* contrefaisant l'insensé, etc. Pausanias, en décrivant un de ces tableaux, ajoute pour dernier éloge, « Et le grand peintre qui l'a fait, c'est Euphranor. » Il surpassait dans le coloris le fameux Parrhasius. Ayant concouru avec cet artiste pour une figure de Thésée, dont le coloris était plus sévère que celui de son rival, « Parrhasius, dit-il, »a peint un Thésée qu'il a nourri »de roses; le mien est nourri de chair »vive. » Les principales sculptures d'Euphranor étaient un *Pâris*, une *Minerve*, qu'on surnomma depuis *Catulienne*, parce qu'ayant été transférée à Rome, Q. Luctatius Catulus la dédia au Capitole; une *Latone* tenant Diane et Apollon dans ses bras; ce groupe fut placé à Rome dans le temple de la Concorde; *des chars* à deux et à quatre chevaux; les figures colossales de la *Grèce*, de la *Vertu*, celles d'*Alexandre* et de *Philippe*, sur des *quadriges*, etc. Euphranor forma des élèves habiles, tels qu'Antidote, maître de Micon, Carmanides et Léonides d'Anthédonie.

EURIC ou **EVARIC**, septième roi des Visigoths, né vers l'an 420. Il fut à la fois grand capitaine, habile politique et sage législateur; mais il ternit toutes ces qualités par une action atroce, où l'entraîna son ambition démesurée. Il monta (465) sur le trône souillé du sang de Théodoric son frère, qu'il fit assassiner à Toulouse. Il s'empara d'une partie des Gaules ; mais il échoua devant Bourges. Profitant de la division des Romains en Espagne, il passa les Pyrénées, surprit Pampelune et Saragosse, et fit raser Tarragone qui lui avait opposé une vive résistance. De conquête en conquête, il se vit en peu de temps maître de toute l'Espagne, à l'exception de la Galice, occupée par les Suèves. Il repassa les Pyrénées, ravagea de nouveau la Gaule, et s'empara de Bourges et de Clermont. Eric devint le plus puissant monarque de l'Europe; les souverains lui envoyaient des ambassadeurs pour solliciter son alliance. Après avoir contraint Odoacre, qui occupait alors le trône des derniers Césars, de lui abandonner ses droits sur l'Espagne et sur les Gaules, il entra en Provence à la tête de cent mille hommes, prit Marseille, Arles et toutes les villes des bords du Rhône. Son ambition ainsi satisfaite, il s'occupa de la civilisation de ses peuples, et, à cet effet, il ajouta de nouvelles lois aux anciennes, dont il fit un recueil. Telle était la prépondérance qu'il avait sur les monarques ses contemporains, que le puissant roi de Perse envoyait le consulter sur les affaires les plus importantes, et se dirigeait d'après les conseils d'Eric. Rome, jadis si superbe, mit tout en usage pour se concilier sa faveur. Eric suivait l'arianisme, et mourut à Arles en 484, douze ans après avoir conquis l'Espagne. L'histoire, qui rappelle les qualités brillantes de ce conquérant législateur, lui reproche avec raison, outre l'assassinat de son frère, l'acharnement avec lequel il persécuta les catholiques fidèles aux décisions du concile de Nicée. Cette persécution injuste, son fratricide et son usurpation, ne sont certainement pas des titres à sa gloire.

EWALD (Jean), poëte danois, né dans le duché de Sleswick, en 1743, a laissé plusieurs tragédies, parmi lesquelles on cite *la Mort de Balder*, dont le sujet est tiré de la mythologie scandinave; *Rolf* ou *Rollon*, tirée de l'histoire du Danemarck; elle est écrite en prose: *Adam et Eve*, ou *la Chute de l'homme*; composition bizarre, mais qui renferme de beaux morceaux: deux pastorales, *les Pêcheurs* et *Philémon et Baucis*; plusieurs *odes* et des *élégies*. Celle qui est intitulée *l'Espérance et le Souvenir* « peut » être comparée, dit son compatriote M. Malte - Brun, à ce que » les modernes ont de plus beau dans » ce genre.» Selon ce même écrivain, Ewald ne souilla jamais sa plume par un écrit immoral; « et a toujours » chanté de préférence la religion, la » vertu et la patrie. » On a fait une très-belle édition de ses œuvres complètes en 4 vol. in-8. Ewald est mort en 1781, à peine âgé de 38 ans.

EWALD (le général), frère du précédent, lieutenant général des armées danoises, et officier de la Légion-d'Honneur, naquit en 1725. Il fit ses premières campagnes en Amérique, au service du landgrave de Hesse, et y perdit un œil. Il entra ensuite au service du Danemarck, et il poursuivit, avec un corps de troupes danoises et hollandaises, le fameux major Schill, qui faisait la guerre, en son propre nom, contre la France. Ce vaillant partisan, ennemi déclaré de Buonaparte, malgré le désaveu de son souverain le roi de Prusse, allié de Napoléon, se mesura souvent contre les Français et contre les troupes qu'on envoya pour le soumettre. Cerné enfin de toutes parts, il s'enferma dans Stralsund, qu'il n'eut pas le temps de fortifier. Ewald l'attaqua par ordre du roi de Danemarck, un des alliés de Buonaparte, et prit la place d'assaut. Le brave Schill et la plupart de ses officiers, presque tous nobles prussiens', périrent dans le combat, en defendant l'honneur de leur souverain et de leur patrie. On a d'Ewald un ouvrage très-estimé *sur la guerre des troupes légères.* Il mourut à Kiell le 28 mai 1813.

EXIMENO (D. Antoine), savant jésuite espagnol, naquit à Balbastro, dans l'Aragon, en 1732. Il enseigna les mathématiques à Salamanque dans le collége de son ordre, et fut nommé professeur de cette science à Ségovie, lors de la création de l'école militaire en 1762. Il fit l'ouverture des classes par un discours *sur la nécessité d'étudier l'art de la guerre par principes.* A la suppression des jésuites, il alla s'établir à Rome, où ses talens le firent bientôt connaître avantageusement, et fut admis dans la plupart des sociétés littéraires d'Italie. Ses principaux ouvrages sont: I *Historia militar de España,* Ségovie, 1769, in-4. C'est une histoire des grands capitaines espagnols aussi exacte que bien écrite. II *Manual del artillero,* 1772, in 8, ouvrage très-estimé. III *Dell' origine e delle regole della musica, colla storia del suo progresso, decadenza e rinuovazione,* Rome, 1774, in-4. Dans cet ouvrage, qui a fait le plus d'honneur à Eximeno, il établit que le but de la musique étant de flatter l'oreille, il est inutile de chercher les principes de cet art dans des combinaisons mathématiques. Il combat avec autant de force que de goût les faux systèmes d'Euler, Rameau et d'Alembert, en fondant le sien sur une prosodie applicable à toutes les langues de l'Europe, où Eximeno a trouvé de nombreux partisans. Peu de temps après la publication de cet ouvrage, le célèbre Martini, fran-

ciscain, fit paraître son *Essai fondamental et pratique de contrepoint,* dans lequel il prit pour base de cette science, le canto-fermo (plain-chant), et attaqua l'opinion d'Eximeno sur le contre-point des anciens Grecs. Eximeno y répondit par un autre ouvrage intitulé : IV *Doute de dom Antoine Eximeno sur l'Essai fondamental,* etc., du révérend P. Martini, etc., Rome, 1775, in-4. L'auteur dit dans sa préface, que le *doute* qu'il se propose est de savoir si le P. Martini a publié l'*Essai fondamental* comme un contre-poison du sien, ou comme un témoignage authentique en sa faveur. Sous le voile de cette ironie, il réfute son adversaire sur tous les points de doctrine musicale, en défendant le fait qu'il avait avancé sur le contrepoint des Grecs. V *Lettre sur l'opinion de M. Andrès sur la littérature ecclésiastique des siècles barbares,* Mantoue, 1783. Eximeno qui écrivit cet ouvrage pour la défense de l'abbé Andrès, son compatriote et son ami, y combat victorieusement toutes les critiques qui s'élevèrent contre celui-ci au sujet de l'article [1] sur la littérature ecclésiastique qu'on trouve dans son livre intitulé *Origine di tutte le letterature.* (*Voyez* ANDRÈS, *Supplément.*) Eximeno, ainsi qu'Andrès, Lampillas, Arteaga et plusieurs autres jésuites, ses compatriotes, écrivait l'italien avec élégance et pureté. Quoiqu'il ne s'occupât pendant toute sa vie qu'à écrire sur des sujets profanes, il passait pour un bon canoniste et un théologien instruit. Doux, bienfaisant, il fut toujours d'une piété exemplaire,

1 C'est un des articles d'un ouvrage d'Andrès, et non un ouvrage séparé, comme semble l'annoncer une biographie moderne.

et mourut, respecté et aimé de tous ceux qui l'avaient connu, à Rome, le 3 décembre 1798.

EYMAR (Etienne), prêtre de l'Oratoire, né vers 1697, est auteur des ouvrages suivans : I *Lettres à l'évêque de Poitiers sur la théologie de ce diocèse.* II *Lettres à l'évêque d'Angers sur les conférences de ce nom.* III *Lettres à M. Lafiteau* (évêque de Siste-ron) *sur ses entretiens d'Anselme et d'Isidore.* IV *Lettres d'un Bordelais sur la vie de la sainte Vierge, par ce prélat, avec l'abbé Barthélemi de Laporte.* (*Voyez* LAPORTE.) V *Réplique au mandement du même évêque, du 8 septembre 1760.* (*Voyez* LAFITEAU Pierre-François, *Dict.*) Le P. Eymar mourut à Forcalquier le 26 janvier 1767, âgé de 70 ans.

FABER (Jean - Ernest), savant orientaliste saxon, naquit à Simmershausen en février 1745, fut professeur de langues orientales et de philosophie dans l'université de Kiell en 1770, et de celle d'Iéna en 1772. Il a laissé les ouvrages suivans : I *Descriptio commentarii in septuaginta interpretes*, Gottingue, 1768-69, 2 part. in-4. II *Historia mannæ inter Hebræos*, sect. 1, Kiell, 1770; sect. 2, Iéna, 1773. III *Programma novum de Messiâ, exactis 490 annis post exilium Hebræorum Babylonicum, nascituro exZachariâ*, cap. III, v. 8, 9, 10. *Repetitum vaticinium 70 hebdomadum, Dániel*, cap. VIII, v. 24. *Iisdem natalibus præfinitio novam lucem affundens*, Kiell, 1772, in-4. IV *Jesus ex natalium opportunitate Messias*, Iéna, 1772, in-8. V *Archéologie des Hébreux* (en allemand), 1re partie, Halle, 1773, in-8. Faber mourut à Iéna en 1774.

FABRE D'EGLANTINE (Philippe-François-Nazaire), né à Carcassonne le 28 décembre 1755, d'une famille bourgeoise. Son éducation ayant été très-négligée, il se livra dès sa première jeunesse à toutes sortes de dissipations. Il fut successivement comédien, littérateur et démagogue révolutionnaire, et, ainsi que bien d'autres écrivains, il prostitua souvent sa plume, en prêchant l'anarchie et en excitant les persécutions. Quoique son esprit ne fût pas cultivé, il possédait des talens d'agrément : il peignait en miniature, gravait, jouait de plusieurs instrumens, et composait de la musique et des vers. Fabre était né poëte, et la nature suppléait en lui au défaut d'instruction.

A l'âge de 16 ans il publia l'*Etude de la nature*, épître qui concourut au prix de l'académie française en 1771. Deux ans après il s'enrôla dans une troupe de comédiens. Une autre *épître* lui obtint le prix de l'églantine aux jeux floraux de Toulouse, et il ajouta dès lors à son nom celui de cette fleur. Fier de ce succès, il quitta l'état de comédien et se consacra aux lettres. Il vint à Paris avec dix ou douze comédies dans son portefeuille, dont quelques - unes furent jouées de 1787 à 1789 avec assez de succès, et lui donnèrent une certaine vogue littéraire. Mais cette vogue n'améliora pas beaucoup sa fortune, et il désirait s'enrichir à quelque prix que ce fût. Né avec un caractère turbulent et ambitieux, à peine se fut-il aperçu des premiers symptômes de la révolution, qu'il s'y lança avec toute la fureur d'un énergumène. Il commença par se lier avec les hommes les plus fameux dans ces temps de désordre, tels que Lacroix, Camille Desmoulins, Danton, etc. Ennemi déclaré de la monarchie et du roi, il décriait la première et calomniait le meilleur des princes, soit dans des pamphlets, soit dans le journal incendiaire des *Révolutions de Paris*, dont il était un des rédacteurs. Cette feuille périodique, publiée par Prudhomme de 1789 à 1793, était digne de figurer parmi celles intitulées le *Père Duchesne*, l'*Orateur du peuple*, l'*Ami de la révolution*, etc., qui toutes n'avaient d'autre but que d'insulter la cour, d'égarer et d'exciter la populace. Après avoir provoqué dans ses écrits la révolution du 10 août, il y prit une part très-active, ainsi qu'à tous les excès auxquels se livrèrent les hommes de son parti. Nommé d'abord membre de la commune qu'on installa aussitôt après la chute du trône, il devint ensuite secrétaire de Danton. On l'accusa, avec assez de fondement, d'avoir été un des principaux moteurs des massacres des prisons du 2 septembre 1792. Il avait eu cependant la précaution d'en faire sortir d'avance sa cuisinière, détenue pour dettes. La ville de Paris l'ayant nommé député à la convention nationale, il y débuta par une motion qui aurait pu faire croire qu'il revenait à des principes plus modérés. Le général Caffarelli du Falga avait refusé devant toute l'armée du Rhin, de reconnaître les décrets du 10 août 1792, par lesquels l'assemblée législative prononçait la déchéance du roi. Accusé devant cette même assemblée, Fabre prit sa défense et parla en sa faveur. Mais cette modération, que les amis du général avaient peut-être achetée, ne fut que très-passagère, puisqu'on vit bientôt Fabre, d'après son premier système, devenir partisan ou provocateur des mesures les plus révolutionnaires. Il vota *la mort* de Louis XVI, sans appel et sans sursis. Il fut aussitôt après nommé membre du comité de salut public, et figura dans cet affreux tribunal comme un des hommes les plus sanguinaires : aussi il avait coutume de dire qu'il sentait *un suspect* d'un quart de lieue. Il provoqua et appuya le décret qui ordonnait de ne pas faire de prisonniers anglais et hanovriens. Il se déclara contre le parti de la *Gironde*, et le 31 mai il déposa contre Brissot et ses collègues, fit successivement décréter le *maximum*, l'arrestation de tous les Anglais qui se trouvaient en France, et fit adopter le fameux ca-

lendrier républicain composé par le mathématicien Romme. Dans son rapport sur ce calendrier bizarre, rapport qui fourmillait de mille fautes grammaticales, il fit paraître la plus grande ignorance non-seulement sur l'astronomie, mais sur les premiers élémens de la sphère. A cette époque, Fabre était parvenu à une grande fortune par une route souillée du sang des victimes qu'il avait fait immoler. Si les troubles et le brigandage avaient favorisé ses projets lorsqu'il était pauvre, ces mêmes moyens pouvaient lui devenir funestes lorsqu'il était possesseur de richesses qu'il n'aurait pu conserver dans un état de confusion et de désordre ; mais ses collègues, dont la plus grande partie avait embrassé la révolution moins par opinion que par un principe de cupidité, commençaient à voir sa fortune avec un œil envieux. Fabre avait tout à coup embrassé un système modéré. Il dénonça en conséquence aux jacobins et fit arrêter le secrétaire de la guerre Vincent et le général Mazuel, protégés par Hébert, dont il qualifiait le parti *d'ultra-révolutionnaire.* Ce parti, alors très-puissant, se déchaîna contre Fabre et lui suscita de redoutables ennemis. Biroteau l'accusa le premier d'avoir demandé un roi, *d'une manière détournée*, dans le comité de salut public, et d'avoir presque désigné ce roi dans la personne du fils de Louis XVI. Les sociétés des *cordeliers* et des *droits de l'homme* le firent déclarer *chef du modérantisme* et *traître à la patrie*. Il fut contraint de se justifier devant ses accusateurs, qui interrompirent son discours par des menaces et en criant, *à la guillotine!* De nouvelles charges vinrent peser sur lui, et la convention elle-même le décréta d'accusation, comme complice de la conspiration de l'étranger, et comme falsificateur d'un décret relatif à la compagnie des Indes. Tout le parti d'Hébert demandait son supplice et ne cessait de l'accuser de *royalisme* et de *concussion*. Il comptait en outre parmi ses ennemis le farouche Robespierre; il perdit alors tout espoir de se sauver. Fabre parut enfin devant le terrible tribunal, avec Delaunay d'Angers, Danton et autres députés en butte à la haine du parti dominant. Danton, se voyant avec Fabre et Delaunay, se plaignit hautement de ce qu'on l'eût *accolé à des voleurs*. Condamnés tous à mort, ils furent exécutés le 5 avril 1794. Fabre d'Eglantine avait alors trente-neuf ans. Mercier, qui était son collègue, en parle ainsi dans son *Tableau de Paris* : « Il fut promoteur »du régime révolutionnaire, et son »panégyriste; l'ami, le compagnon, »le conseiller des proconsuls qui »portèrent dans toute la France le »fer, le feu, la désolation et la mort. »Je ne sais si ses mains furent souil-»lées de dilapidations, mais je sais »qu'il fut provocateur d'assassinats... »Pauvre avant le 2 septembre 1792, »il eut ensuite hôtel, voitures, gens, »maîtresses; et son ami Lacroix lui »aida à se procurer ce train. » Fabre est auteur de plusieurs ouvrages, et entre autres de dix-sept comédies, dont le plus grand nombre n'a dû un succès, d'ailleurs éphémère, qu'aux événemens de la révolution, dont elles propageaient les maximes. Nous en citerons quelques-unes, en marquant les époques où elles furent jouées. I *Augusta*, tragédie, 1787. II *Le Collatéral*, ou *l'Amour et l'intérêt*, 1789. III *Les Gens de lettres*, ou *le Poète provincial à Paris*, en 5 actes et en vers, 1787. IV *Le Présomptueux*, ou *l'heureux Imaginaire*, 1790. Collin-d'Harleville avait traité des sujets analogues à

cette pièce dans *l'Optimisme* et *les Châteaux en Espagne*. Cela suffit pour établir une espèce de rivalité entre les deux auteurs. Fabre attaqua son adversaire d'une manière digne de lui, c'est-à-dire par une satire virulente (*mes Souvenances*), et ensuite par des propos calomnieux insérés dans la préface de sa comédie du *Philinte*, imprimée en 1793, à une époque où les jours de Collin-d'Harleville pouvaient être compromis. V *Le Philinte de Molière*, ou *la suite du Misanthrope*, en 5 actes, en vers, 1790; comédie presque entièrement sans action, où l'on trouve à chaque pas des fautes grossières de style, qui n'a tout au plus qu'un seul caractère, et au sujet de laquelle Laharpe s'exprime en ces termes : «..... C'est calomnier ridiculement »Molière que de faire du complaisant »Philinte un homme dénué de toute »morale et de toute humanité..... »Quand le règne des bienséances sera »rétabli l'on effacera cette insulte »publique à la mémoire de Molière, et »la pièce sera intitulée ce qu'elle est: »*Philinte* ou *l'Egoïste*.... Enveni-»mé de haine (*Fabre*), comme tous »les esprits de la même trempe, »contre tout ce qui avait dans la so-»ciété un rang qu'il n'avait pas et ne »pouvait avoir, il eût bien voulu »faire croire que toute la société »était en effet composée de méchans »et de fripons; et cette espèce de »haine était bassement envieuse, et »pas plus morale que politique. Mais »enfin il eut le mérite de tracer un »caractère très-prononcé et trop »commun dans la *corruption philosophique* de notre siècle, l'é-»goïsme de principes et de calcul, »sujet essayé deux fois en peu d'an-»nées sans succès. » VI *Le Convalescent de qualité*, ou *l'Aristocrate moderne*, en deux actes et en vers.

C'ést une des nombreuses pièces dont il fit hommage aux principes du jour. VII *L'Intrigue épistolaire*, en cinq actes et en vers. « Ce n'est, dit » encore Laharpe, qu'un vieux ca- » nevas rapiécé de l'ancien théâtre » italien et espagnol, qu'assurément » la broderie du style de Fabre n'était » pas propre à relever. » VIII *Les Précepteurs*, en cinq actes et en vers, jouée en 1799, cinq ans après la mort tragique de l'auteur. Laharpe juge cette pièce, malgré le succès qu'elle obtint, comme au-dessous de la critique; et en effet on ne critique plus quand il y a tout à critiquer. On a imprimé les ouvrages de cet auteur sous le titre d'*OEuvres mêlées et posthumes de Fabre-d'Eglantine*, 2 vol. in-8. Ces œuvres, outre celles déjà indiquées, contiennent un petit poëme, des romances, des pamphlets et des vers de tous les genres; productions qui se ressentent toutes du peu d'instruction de l'auteur, et qui sont remplies de fautes de langue et de style impardonnables même au plus médiocre écrivain. Cependant Fabre ne manquait pas de naturel; il avait de la verve, quelques inspirations heureuses; on trouve dans ses pièces des situations dramatiques; mais ces qualités se perdaient souvent au milieu de fautes grossières que le bon goût ne saurait pardonner.

FABRICIUS (Théodore), théologien protestant, et l'un des apôtres de la réformation en Allemagne, était à Anholt sur l'Yssel, dans le comté de Zutphen, le 2 février 1501, de parens pauvres. Loin d'en recevoir des secours pour son éducation, il était obligé de recourir à la charité publique pour aider sa mère. Il avait dix-sept ans lorsqu'il commença ses études à Emmerick; mais son zèle et son amour pour le travail lui firent faire des progrès rapides. Il passa à Cologne, et y acheva son éducation. De là il alla à Wittemberg, où il connut Luther et Melanchton, qui l'initièrent dans la nouvelle doctrine. Il apprit l'hébreu avec eux, et devint un de leurs plus chauds prosélytes. Il revint à Cologne, où il ouvrit des cours de cette langue; mais comme on s'aperçut que, sous le prétexte de l'enseignement, il répandait par des insinuations secrètes le venin des nouvelles erreurs, on le chassa de la ville. Le landgrave de Hesse, Philippe le Magnanime, celui même que Luther avait autorisé à épouser deux femmes, l'accueillit, en fit son aumônier, et le nomma curé à Allendorf sur la Werra: mais Fabricius, mauvais courtisan, s'avisa dans un sermon de blâmer la polygamie, et se brouilla ainsi avec son protecteur, qui le fit mettre en prison et confisqua ses biens. Fabricius ayant recouvré sa liberté retourna à Wittemberg en 1543, et y devint professeur d'hébreu et de théologie. En 1544 il obtint la principale cure de Zerbst, et il n'y fut pas plus tranquille qu'ailleurs. Il avait des ennemis que peut-être il s'était attirés. On l'accusa d'hétérodoxie dans sa secte; et en effet il penchait vers le calvinisme : il fut plusieurs fois obligé de se justifier. Enfin, quoiqu'avec du talent et du savoir, après avoir passé une partie de sa vie dans le besoin, et l'autre dans l'agitation, il mourut le 15 septembre 1550. On a de lui : I *Institutiones grammaticæ in linguam sanctam*, Cologne, 1528, 1531, in-4. II *Articuli pro evangelicâ doctrinâ*, ibid. III *Tabulæ duæ de nominibus et de verbis hebræorum*, Bâle, 1545. IV Des *homélies, des sermons et des discours*, en allemand. V Un *Abrégé de sa vie*, que Théodore de Hase a inséré dans le premier fascicule de sa *Bibliot. brem*

FABRICIUS (Samuel), né à Eisleben, en Saxe, fut ministre à Zerbst. Il s'est fait connaître par un ouvrage intitulé *Cosmotheoria sacra*, Francfort sur le Mein, 1625, in-8 ; réimprimé à Bâle en 1675, avec des considérations sur les bienfaits de Dieu. Ce sont des réflexions sur le psaume 104, *Confitemini Domino, et invocate nomen ejus*, etc., dans lequel le prophète rappelle tout ce que Dieu a fait en faveur des Israélites. J. Fabricius dit que ces réflexions durent naissance à des discours ou sermons du même auteur sur ce psaume, lesquels sont divisés en sept livres, et traitent du monde en général, du ciel, des nuages et de l'air, des anges, de la terre et des eaux, de la pluie, des fruits, du soleil, de la lune, des étoiles et de la mer. — FABRICIUS (Etienne), ministre à Berne au 17ᵉ siècle, a publié : I *Conciones in prophetas minores*, 1641, in-fol. II *Conciones sacræ in Decalogum*, 1649, in-4. III *Conciones sacræ in festivitatibus annuis habitæ*, 1656, in-4. IV *In CL psalmos Davidis et aliorum prophetarum conciones sacræ*, 1664, in-fol.

FABRICIUS (Frédéric), premier pasteur de l'église de Saint-Nicolas, à Stettin, et docteur en théologie de l'université de Wittemberg, étudia les langues orientales à Leyde et à Utrecht, et y devint fort habile. Il a traduit de l'hébreu le *Commentaire* du rabbin David Kimchi sur Malachie. Il a aussi publié en allemand des *sermons* et divers *traités de théologie polémique*. Il est mort le 11 novembre 1703, âgé de 61 ans.

FABRICIUS (Christophe-Gabriel), ministre protestant, né le 18 mai 1684 à Schacksdorf, dans la basse Lusace, fit ses études de théologie à l'université de Wittemberg et fut envoyé dans la haute et basse Lusace pour y prêcher l'Evangile en langue slave. Il mourut dans le cours de cet apostolat, le 12 juin 1757. On a de lui : I un *Catéchisme* en langue slave. II En allemand, *Herrenhuth démasqué*, Wittemberg, 1743. III *L'Esprit de secte des Herrenhuthers découvert*, Wittemberg, 1749, in-8, aussi en allemand. Ces deux ouvrages sont dirigés contre l'hernutisme, qui s'établissait alors en Allemagne. Christophe-Gabriel Fabricius s'élève contre cette secte, et s'attache à prouver dans ces deux écrits qu'elle est extrêmement dangereuse pour le christianisme ; que les dehors de dévotion qu'elle offre n'ont rien de solide ; que ces sectaires ne sont pas ce qu'on veut les faire croire ; enfin que cette association nouvelle est réprouvée par les lois de l'Empire. Cela n'a pas empêché l'hernutisme de se propager avec une rapidité étonnante, et d'étendre ses branches non-seulement en Bohême et en Moravie, mais encore en Hollande, et même en Amérique. (*Voy.* ZINZENDORF, *Diction.*)

FABRICIUS (Jean-Chrétien), célèbre entomologiste, élève de Linnée, naquit à Tundern, dans le duché de Sleswick, en 1742. Il est auteur de plus de trente ouvrages, dont nous indiquerons les principaux : I *Systema entomologiæ*, Flensbourg, 1775, in-8. II *Philosophia entomologica*, Hambourg, 1778, in-8. III *Entomologia sys-*

tematica , Copenhague , 1792 à 1796, 7 vol. in-8. IV *Supplementum entomologiæ systematicæ* , ib. , 1778 , in-8. V *Considérations sur l'ordre général de la nature,* Hambourg , 1781 , in-8. VI *Recueil d'écrits sur l'administration,* Kiell, 1786, 1790, 2 vol. in-8. VII *Voyage en Norwége* , Hambourg, 1779 , in-8 , traduit en français par MM. Millin et Winkler , 1803 , in-8. VIII *Lettres sur Londres,* Leipsig, 1784, in-8. IX *Résultat des leçons sur l'histoire naturelle* , Kiell, 1804 , in-8. X *Elémens d'économie politique, à l'usage des étudians* , Ilensbourg , 1775 ; Copenhague , 1783 , in-8. XI *Remarques sur le Danemarck* , en anglais , publiées par Pinkerton dans la *Géographie moderne* , tome 1er, édition de 1807. Plusieurs *systèmes* sur différentes plantes, des *mémoires savans*, etc., tous ouvrages très-estimés, et dignes des vastes connaissances de Fabricius. Il avait fait divers voyages en différentes parties de l'Europe , et il se trouvait à Paris en 1807 , lorsque le Danemarck était en guerre avec la Grande-Bretagne. Les malheurs de sa patrie l'affectaient sensiblement. Des savans , ses amis , l'avaient engagé à rester en France , lorsque les papiers publics annoncèrent le bombardement de Copenhague par les Anglais. « Mon roi est »malheureux , disait-il , et il faut »que je retourne auprès de lui. » Il partit en effet ; et peu de temps après on apprit sa mort , arrivée dans la même année 1807.

FABRICY (Gabriel), dominicain et bibliographe célèbre , naquit à Saint-Maximin , près d'Aix en Provence , vers 1725 , et fit ses vœux dans le couvent de cette ville. Devenu provincial de son ordre, il dut, en cette qualité , faire le voyage de Rome. Les ressources qu'il y trouva pour les études de son choix l'y arrêtèrent, et les connaissances qu'il avait en littérature lui valurent une place dans l'académie des Arcades. Il en eut bientôt une autre qui le flatta plus encore par le goût qu'il avait pour les livres. Il fut nommé un des docteurs théologiens de la fameuse bibliothèque *Casanata,* léguée au couvent de la Minerve par le cardinal de ce nom. Il mourut à Rome en 1800. On a de lui : I *Recherches sur l'époque de l'équitation et l'usage des chars chez les anciens, où l'on montre l'incertitude des premiers temps historiques des peuples, relativement à cette date,* 2 parties en un gros vol. in-8 , Marseille (Rome), 1764 et 1765. II *Mémoires pour servir à l'histoire littéraire des deux PP. Ansaldi, des PP. Mamachi, Patuzzi, Richini et de Rubeis,* avec un autre concernant les ouvrages de M. Cornet, et l'explication d'une loi de Moïse, portant défense de faire amas de chevaux, etc., imprimés dans le *Dictionnaire universel des sciences ecclésiastiques* du P. Richard , tomes 5 et 6. III Une *lettre* sur l'ouvrage du P. Mamachi , *De animabus justorum in sinu Abrahæ , ante Christi mortem expertibus beatæ visionis,* inséré dans le *Journal ecclésiastique* de l'abbé Dinouart, novembre 1768. IV *Des titres primitifs de la révélation,* ou *Considérations critiques sur la pureté et l'intégrité du style original des livres saints de l'ancien Testament ,* 2 vol. in-8 , Rome, 1772 , l'un des plus importans et des meilleurs ouvrages de l'auteur. V *Censoris theologi diatribæ quá bibliographiæ antiquariæ et sacræ criticæ capita aliquot illustrantur*, Rome, 1782, in-8. On le trouve à la suite du *Specimen variarum lectionum sacri textûs*, de J.-B. de Rossi. Le P. Fabricy a aussi travaillé avec le P. Audifredi, son confrère, au magnifique *Catalogue de la bibliothèque Casanata*, que le célèbre abbé de Saint-Léger regardait comme un chef-d'œuvre, mais dont malheureusement il n'y a que quatre volumes, et qui ne va que jusqu'à l'L.

FABRONI (Ange), célèbre biographe italien, naquit à Marradi le 7 septembre 1732 [1]. Il fit ses premières études dans sa patrie, et en 1750 il obtint à Rome une place dans le collège Bandinelli, fondé dans le 16e siècle par un boulanger de ce nom, pour l'éducation d'un certain nombre de jeunes Toscans dont les familles seraient pauvres. Outre l'enseignement que les élèves recevaient dans ce collège, ils étaient admis aux cours de celui des jésuites, dit *del Nazareno;* et ainsi un élève studieux pouvait profiter de deux leçons chaque jour. Elles ne furent point perdues pour Fabroni, qui fit de rapides progrès. Son application lui mérita l'estime des jésuites, qui prirent un soin tout particulier de son éducation, et chez lesquels on peut dire qu'il se forma. Il parut d'abord reconnaissant de ces bienfaits; mais il les oublia dans la suite. Après avoir étudié la philosophie, la métaphysique, les mathématiques, il apprit les lois et fut reçu docteur à Césène. Fabroni joignit à ses études celle de la théologie; il s'appliqua plus spécialement à la jurisprudence ecclésiastique, et choisit pour principal guide le *Jus ecclesiasticum* de van Espen. Il avait pris les ordres

en 1758; mais, se trouvant sans fortune, il lui fallait un appui pour s'ouvrir une carrière dans l'état qu'il avait embrassé. Il fut présenté à monseigneur Bottari, qui avait alors assez de crédit. Ce prélat était un de ces hommes religieux dont la vertu peu conciliante offre toujours le Dieu qui tonne, et jamais le Dieu qui sait pardonner. Monseigneur Bottari était janséniste, et un des plus forts soutiens de ce parti. (*Voyez* BOTTARI.) Cependant ce prélat avait des connaissances très-étendues, surtout dans les antiquités; et c'est sous ce dernier rapport qu'il jouissait d'une grande faveur à la cour de Rome. Fabroni reçut de lui un fort bon accueil, mais il lui fallut renoncer à son attachement pour les jésuites. Ces religieux jouissaient encore du temps de Fabroni de la plus haute considération, tandis que leurs enmis ou leurs envieux commençaient depuis ce même temps à tramer leur ruine [1]. Monseigneur Bottari exigea que Fabroni fît une nouvelle étude approfondie des canons, et qu'il traduisît en italien les ouvrages des plus fameux jansénistes, tels que *la Préparation à la mort*, du P. Quesnel; *les Principes et règles de la vie chrétienne*, de le Tourneux; et les *Maximes* de la marquise de

---

[1] La petite ville de Marradi est dans cette partie de la Romagne qui fut réunie à la Toscane en 1486.

[1] Les querelles des jansénistes ne peuvent être aujourd'hui d'aucun intérêt pour personne. Quelques sectaires, peu formidables à la vérité, s'essaient à les renouveler; mais leurs coups ne portent pas, ou ils ne tombent que sur le vide. Et malgré les efforts d'un M. de S....d, un M. de....., etc., malgré la *force de leurs raisonnemens*, la *pureté de leurs opinions*, la *concision* et l'*élégance* de leur style, la cause de Jansénius n'aura désormais que des avocats bien subalternes, dont les principes iront se perdre dans le chaos des idées qui les ont enfantées. Des défenseurs bien plus habiles ont pu plaisanter, dans le temps, avec beaucoup d'esprit, et même de logique, sur les opinions de leurs adversaires; mais ridiculiser n'est pas convaincre, et en dépit de l'éloquence d'une haine mal cachée, les gens sages et impartiaux ont su toujours à quoi s'en tenir.

Sablé. Cette dernière traduction était accompagnée d'amples commentaires fournis par monseigneur Bottari. Ce même prélat venait de publier des écrits assez violens contre les PP. de la compagnie. Une *Vie de Clément XII*, que Fabroni publia peu de temps après, lui procura la connaissance du cardinal Neri-Corsini, qui le présenta au maître du sacré palais; celui-ci le choisit pour prononcer dans la chapelle pontificale, et devant Benoît XIV, un discours en latin sur l'Ascension. Malgré la protection de monseigneur Bottari, et son dévouement aux maximes de Port-Royal, Fabroni n'avançait pas dans la carrière ecclésiastique. Cédant enfin aux instances de ses amis, il se rendit à Florence en 1767, et le grand-duc Léopold lui conféra la place de prieur du chapitre de la basilique de Saint-Laurent. Il fut nommé quelque temps après provéditeur de l'université de Pise. Dans cet intervalle il fit un voyage à Rome, où Clément IV, à la recommandation du grand-duc, le nomma prélat de la chambre pontificale. Il voyagea ensuite en Italie, en Allemagne, en France et en Angleterre; fit un assez long séjour à Vienne, Dresde, Berlin, Paris, Londres, et se lia avec les principaux savans de l'Europe. De retour en Toscane, il fixa sa résidence à Pise, où il ne s'occupa que de littérature et des devoirs de son emploi. Il établit, de concert avec plusieurs gens de lettres, le *Journal des letterati*, dont ils publiaient quatre volumes par an, et qui est composé de 105 volum. in-12. Ses autres ouvrages sont: I *Vita Italorum doctrinâ excellentium, qui seculis XVII et XVIII floruerunt*, Pise, de 1778 à 1799, 18 vol. in-8. Le 19ᵉ et le 20ᵉ parurent à Lucques en 1804 et 1805. Cette collection renferme 154 vies, y compris celle de l'auteur, écrite par lui-même: ces vies, excepté vingt-une, sont toutes de la plume de Fabroni. Cet ouvrage est fort estimé, et par l'exactitude et par le style. II *Laurentii Medicis Magnifici vita*, Pise, 1784, 2 vol. in-4. III *Magni Cosmi Medicis vita*, Pise, 1789, 2 vol. in-4. IV *Leonis X, pontificis maximi vita*, Pise, 1797. Pour rendre cette histoire, d'ailleurs digne d'éloges, plus intéressante et plus exacte, il aurait fallu que l'auteur eût consulté les archives du Vatican, plutôt que celles de Florence; mais on n'ouvre pas les premières sans une permission expresse du pape, et Fabroni n'aura peut-être pu l'obtenir. V *Historia lycei pisani*, Pise, 1791, 1793, 1795, 3 vol. in-4. Cette histoire commence de la création de l'université de Pise, jusqu'à la fin du règne des Médicis. VI *Elogj d'illustri Italiani*, Pise, 1786, 1789, 2 vol. in-8. VII *Elogj di Dante, di Poliziano, d'Ariosto e del Tasso*, Parme, Bodoni, 1806. Fabroni a donné aussi les *Vies* de *Pétrarque* (en latin, 1797), de *Clément IX*, et d'*Apostolo Zeno*. Dans ces deux dernières, il ne se borne pas seulement à montrer sa partialité ou son enthousiasme pour la doctrine de Jansénius, mais il se permet des injures grossières contre les jésuites, injures d'ailleurs assez communes parmi les gens de son parti: on trouve surtout dans la *Vie d'Apostolo Zeno* des expressions, à ce sujet, peu dignes, non-seulement d'un chrétien et d'un littérateur distingué, mais d'un homme honnête et délicat. Cela lui attira de sévères critiques; et il aggrava encore ses torts en dédiant

ce dernier ouvrage au célèbre Tiraboschi, jésuite lui-même, très-
attaché à son ordre, et qui pouvait
prendre cet honneur comme une insulte. L'abbé Andrès, aussi jésuite,
laissant de côté les querelles de parti,
fut bien plus honnête que Fabroni,
lorsque, dans son *Histoire générale
de la littérature*, il dit que « si dans
»l'histoire littéraire l'Italie peut re-
»garder Tiraboschi comme son
»Tite-Live, elle peut aussi se vanter
»d'avoir son Plutarque dans Fa-
»broni. » Nous ne devons pas
omettre de citer un excellent *Abrégé
d'Anacharsis*, que Fabroni publia
en 1791, et qui lui mérita les éloges
du savant auteur de cette belle production. « Rien n'est omis dans
»votre ouvrage, lui écrivait l'abbé
»Barthélemi ; j'admire le choix et la
»liaison des faits, la propriété des
»termes, et la rapidité du style. »
Vers les dernières années de sa
vie, il sembla désapprouver son peu
de ménagement pour les jésuites, et
il eut des amis parmi eux. Leur ordre avait été supprimé depuis plusieurs années ; et s'il s'était montré
leur ennemi déclaré lorsqu'ils jouissaient de la faveur des monarques,
dès qu'il les vit malheureux, il mo-
déra ses attaques, et finit par plaindre ceux-là même qu'il avait si
amèrement censurés. Lorsque Fabroni sentit que sa fin approchait,
il se retira dans le couvent des franciscains de *Saint-Cerbon*, situé
dans une solitude auprès de Lucques.
C'est là qu'il se prépara à la mort.
De retour à Pise, il vécut encore
quelques mois, et expira le 22 septembre 1803 en des sentimens religieux.

FAESI (Jean-Conrad), naquit
à Zurich en 1717, et fut curé de
Flach, village près de Schaffouse.
Il a laissé plusieurs ouvrages histo-

riques écrits en allemand, parmi
lesquels on distingue lès suivans :
I *Description géographique et statistique de la Suisse*, de 1765 à
1768, 4 vol. in-8. II *Mémoires sur
divers sujets de l'Histoire ancienne
et moderne*, 1765, 2 vol. in-8. III
Histoire de la paix d'Utrecht,
1770. Il a donné aussi une traduction de l'*Histoire d'Afrique et
d'Espagne*, de Cordoue, etc. Il
est mort en 1790.

FAGGI ou DE FAGGIIS (Ange),
bénédictin de la congrégation du
Mont-Cassin, doit être rangé parmi
les personnages qui ont fait le plus
d'honneur à l'ordre de Saint-Benoît.
Il était né vers 1500 au château de
Sangro dans le royaume de Naples,
ce qui fait qu'il est quelquefois nommé *Sangrino*. Il fit ses vœux dans
le monastère du Mont-Cassin, le
16 avril 1519, et y devint l'exemple de la communauté, par son
exactitude à y observer la règle, par
la douceur de son caractère, par la
pratique des vertus religieuses, et
par son amour du travail. Il donnait à l'étude tout le temps que ne
prenaient point les offices. Il possédait les langues grecque et latine,
comme la sienne propre. Il avait lu
avec fruit l'Ecriture sainte et les
Pères de l'église ; il écrivait avec
facilité, et traitait sur-le-champ,
soit en prose, soit en vers, quelque
sujet qu'on lui présentât. A ces rares
qualités, il joignait du génie et le
talent des affaires. Chargé de la supériorité de diverses maisons, il
s'acquitta de cet emploi avec succès.
Il ne montra pas moins de sagesse
dans le gouvernement du Mont-Cassin dont il fut élu abbé, et dans celui de la congrégation, dont la présidence lui fut déférée à deux reprises différentes. Pie VI l'avait en
grande estime, et lui avait conféré

la charge d'inquisiteur de la foi. Parvenu à un âge avancé, don Faggi se démit de toutes ses places, pour ne plus songer qu'à Dieu. Il mourut au Mont-Cassin le 17 mars 1593; il avait 93 ans. On dit que son corps exhumé un an après, fut trouvé sans aucune corruption. Il est auteur d'un grand nombre d'ouvrages, dont les principaux sont : I *In Psalterium Davidis regis et prophetæ clarissimi, paraphrasis vario metri genere exculta*, Venise, in-4, 1575. II *Poesis christiana in quatuor libros distincta*, Padoue, in-4, 1565. III *Speculum et exemplar christicolarum, seu vita beati Patris sancti Benedicti, monachorum patriarchæ sanctissimi*, Florence, in-4, 1626. IV *Traité sur l'oraison des 40 heures*, Florence, 1583. V *Vita sanctæ Virginis Mariæ, carmine elegiaco*, Vérone, 1649. VI *Officium 40 horarum, vario metri genere*, 1583. VII *Sentimens d'un pécheur en présence du très-Saint-Sacrement*, en vers héroïques, Florence, 1583. VIII *Psautier de la sainte Vierge en prose et en vers saphiques*. IX *Eloge en vers du P. dom Paul Picco de Pavie*, imprimé parmi ceux de Paul-Prosper Martinengo. X *Dialogue sur les noms donnés à Dieu dans les livres saints*. Enfin des *hymnes*, des *éloges*, des *vies des saints*, des *sermons*, etc.

FAINI (Diamante), dame poëte, née vers 1725, à Savallo, village de la vallée de Sabbio, dans le Brescian. Elle était fille d'un médecin appelé Antoine Medaglia qui, voyant dans sa fille des dispositions pour l'étude, lui enseigna le latin, qu'elle écrivit avec pureté et élégance. La jeune Diamante apprit ensuite la rhétorique, la philosophie, les mathématiques. Elle possédait assez bien

l'astronomie, et même les matières théologiques. Madame Faini parlait et écrivait le français et plusieurs autres langues modernes; elle cultiva aussi la poésie avec beaucoup de succès, sans que cette occupation ni celle d'autres études plus sérieuses l'empêchassent de remplir les devoirs et d'épouse et de mère. Madame Faini était aussi admirée pour ses talens, que respectée pour ses vertus. Elle passa la plupart de sa vie dans la petite ville de Salo, située sur les bords enchanteurs du lac de Garde, séjour ordinaire de son époux. A l'âge de 40 ans elle renonça à toute espèce de lecture profane, ne s'occupa plus que de livres saints, et mourut avec les sentimens d'une chrétienne, le 13 juin 1770. Les *OEuvres en prose et en vers* de madame Faini furent imprimées à Salo par Pontara, en 1762 et 1771, 1 vol. in-8. Elles contiennent des lettres familières, écrites dans un excellent style. Cette même qualité distingue ses vers, qui, presque tous, roulent sur des sujets sacrés ou moraux. Elle en a aussi composé, d'après l'usage en Italie, pour des noces, des réceptions de docteurs, etc. On a inséré la *Vie* de l'auteur dans la 2e édition. Un homme de lettres, le chevalier Brognoli, publia son *Eloge* à Brescia, en 1785, et il le termine par cet hémistiche d'Horace : « *Petimus damusque vicissim.* »

FAKHR-EDDYN-RAZY, historien arabe, qui vivait, d'après l'assertion de M. de Sacy, au commencement du 8e siècle de l'égire (vers 1300 de J.-C.). Il a laissé : *Histoire chronologique des dynasties*, qui se trouve parmi les manuscrits arabes conservés dans la Bibliothèque royale. Cet ouvrage, divisé en deux parties, parle, dans la pre-

X.

mière, du gouvernement et des qualités nécessaires à un prince. La seconde est un abrégé de différentes dynasties, et commence par les premiers califes. M. Silvestre de Sacy, savant orientaliste, en a donné des extraits dans sa *Chrestomathie arabe*, et entre autres le chapitre intitulé : *Des droits des souverains sur leurs sujets*. Il ne faut pas confondre cet historien avec le docteur du même nom, né en 1150, et qui a écrit sur la théologie mahométane.

FAKHR-ENNISA (Chohd'eh), fille célèbre, qui mérita le nom ci-dessus cité, et qui signifie *la gloire des femmes*. Elle naquit à Bagdad vers l'an 1088 de J.-C., professa la jurisprudence et la théologie, compta parmi ses disciples les hommes les plus distingués et les docteurs les plus fameux de ce siècle. Elle passa sa vie dans le célibat, uniquement occupée de ses études, et mourut le 1er juillet 1178 de J.-C., ou 574 de l'égire.

FALBAIRE (Charles-George Fenouillot de), poëte dramatique, naquit à Senlis le 16 juillet 1727. Il occupa dans les finances une place qui lui permettait de cultiver la littérature. On a de lui : I *l'Honnête criminel*, drame en cinq actes et en vers, joué à Versailles en 1778, et à Paris en 1770. On a prétendu que Falbaire tira le sujet de cette pièce d'un événement réel; mais le biographe qui paraît assurer ce fait, avoue en même temps que Falbaire l'ignorait lorsqu'il écrivait ce drame, et qu'il ne sut que plusieurs années après qu'il existait un certain *Fabre*, qui paraît en être le héros. Ce même biographe suppose en outre qu'un passage de la Poétique de Marmontel a fourni l'idée de ce drame. Parmi ces incertitudes , dont il ne résulte

aucun fait positif, nous croyons pouvoir avancer que *l'Honnête criminel* de Falbaire n'est autre chose qu'une imitation du drame espagnol de Jovellanos, qui porte le même titre (*el Delinqüente honrado*), et qu'on jouait à Paris, en 1814-1816 au théâtre de l'Odéon. Le *Dictionnaire universel* se trompe en avançant que la pièce française n'a rien de commun avec le drame espagnol, si on n'en excepte pas les longueurs et deux actes de plus que Falbaire y a ajoutés. Les autres ouvrages de cet auteur sont : II *les deux Avares*, opéra en deux actes, production fade, justement critiquée par Grimm dans sa *correspondance*. III *Le Fabricant de Londres*, en cinq actes et en prose, 1771, pièce froide et mal conduite, qui tomba dès la première représentation. Au cinquième acte, lorsqu'on vint annoncer la banqueroute du fabricant, un homme du parterre s'écria : *J'y suis pour vingt sous* (prix de son billet). IV *L'École des mœurs*, drame en cinq actes, en vers, qui n'est qu'une école d'ennui, fut joué sans succès en 1776, et 1790. V *Les Jamabos ou les Moines japonais*. Cette tragédie en cinq actes, dirigée contre les jésuites (qui n'avaient rien à redouter d'un si faible adversaire), a le même mérite que toutes les autres pièces de cet auteur, célèbre par ses chutes : un plan mal combiné, nulle action , un dialogue insipide, un style froid et incorrect, et pas une situation dramatique. Son ouvrage le moins mauvais est *l'Honnête criminel*, qui ne lui appartient pas pour le fond, et qui ne dut qu'aux circonstances une espèce de succès. *Les deux Avares* et le *Fabricant de Londres*, qui sont au-dessous de tout ce que Kotzbue a écrit de plus médiocre, furent cependant traduites en allemand, peut-être à cause des détails minutieux et fatigans que ces pièces renferment. Elles le furent en italien par mademoiselle Gaminer-Turra, qui avait pris à tâche de traduire tout ce qui paraissait de nouveau sur les théâtres d'Europe. Falbaire mourut le 23 octobre 1800, âgé de 73 ans.

FALCKENSTEIN (Jean-Henri de), antiquaire allemand, né en 1682, a laissé plusieurs ouvrages dont les plus remarquables sont : I *Antiquitates et memorabilia Marchiæ Brandeburgiæ*, Bayreuth, 1751, 3 vol. in-4. II *Histoire du duché, ci-devant royaume de Bavière*, Munich, 1763, 3 vol. in-fol. Il était résident à Erfurt pour le margrave d'Anspach, lorsqu'il mourut en 1760, dans la petite ville de Schwabach.

FALCONBRIDGE(Alexandre), chirurgien à bord des bâtimens anglais qui font le commerce avec l'Afrique, naquit vers 1736, et a laissé : *Précis de la traite des nègres sur la côte d'Afrique*, 1789, in-8. Après sa mort, arrivée à Sierra-Leone, en 1792, sa femme, Anne-Marie, qui l'avait suivi en ce pays, écrivit et publia ses deux voyages à Sierra-Leone; dans les années 1791-92-93, dans une suite de lettres; Londres, 1793, in-8 : c'est un précis historique de cette contrée et de la colonie qu'on y établit pour abolir le commerce des esclaves.

FALCONET (Etienne-Maurice), sculpteur, allié à la famille des médecins célèbres de ce nom, naquit à Paris en 1716. Il fut élève de Lemoine. Sa statue de *Milon de Crotone* terrassé par le lion, le fit admettre en 1754 à l'académie, où il fut dans la suite professeur et adjoint au recteur. Divers autres ouvrages lui ayant acquis de la réputa-

tion, il fut appelé en 1766 en Russie, par Catherine II, pour exécuter la statue équestre de Pierre le Grand. Falconet avait un esprit cultivé, et se captiva bientôt la bienveillance de l'impératrice. Il était né de parens fort pauvres; aussi lorsque Catherine lui conféra le titre de *vache vy vysokovodre* (de haute naissance), il répondit : « Madame, ce titre me convient à merveille, car je suis né dans un grenier. » Son projet pour la statue de Pierre Ier était vraiment grandiose. Il représente ce conquérant législateur franchissant à la course un rocher escarpé, en même temps qu'il écrase sous les pieds de son cheval un serpent, symbole des obstacles qu'il a dû surmonter pour opérer la civilisation de la Russie. La base de ce monument est un bloc de granit, d'un seul morceau, qu'on trouva dans un marais à quelques milles de Saint-Pétersbourg, et qui a trente-sept pieds de long sur vingt-deux de hauteur, et vingt-un de largeur, le tout pesant près de trois millions de livres. Falconet travailla à ce monument pendant douze années; mais ce qu'on trouve d'assez extraordinaire, c'est que depuis le moment qu'il fondit la statue de Pierre Ier, il perdit les bonnes grâces de Catherine, qu'il ne lui fut plus possible de revoir. Les malveillans supposèrent que le motif de cette froideur inattendue étaient les énormes frais que ce monument avait produits, ou bien le peu de satisfaction de l'impératrice et de sa cour pour l'exécution de l'artiste; ce qu'il y a de certain, c'est que la fonte de la statue manqua, et ne put être coulée du même jet. A son départ de Pétersbourg, Catherine ne voulut point le recevoir, et il n'obtint aucune récompense de ses travaux, excepté le prix convenu d'avance. Falconet séjourna quelques mois en Hollande, et revint à Paris en 1778. Il se disposait à faire un voyage à Rome, lorsqu'il fut frappé d'un coup violent de paralysie, et après avoir souffert pendant huit ans, il mourut le 24 janvier 1791. Ses principaux ouvrages sont: *Milon de Crotone*, *Pygmalion*, *la Baigneuse*, *l'Amour menaçant*, un *Christ agonisant*, pour l'église de Saint-Roch; *l'Annonciation*, un *Moïse*, *le roi David*, pour la même basilique; et enfin la statue en bronze de *Pierre le Grand*. Cet artiste, qui ne manquait pas de talent, avait un caractère dur, hautain, et une grande opinion de lui-même, quoiqu'il fût très-inférieur à Pujet. Il prétendait que dans son art il pouvait produire autant d'illusion que la peinture. « En ce cas, » lui dit un jour le peintre Dumont, son ami, « fais-nous donc un clair de »lune. » Il s'occupa aussi de littérature, et a laissé : I *Réflexions sur la sculpture*, 1761. II *Observations sur la statue de Marc-Aurèle*, 1771. III Une *traduction des 34e, 35e et 36e livres de Pline*, des *lettres*, des *réponses à des critiques*, etc. Ses œuvres furent imprimées en 6 vol., Lausanne, 1781. Il y a aussi *Œuvres diverses de Falconet*, Paris, Dentu, 1800, 3 vol. in-8, où l'on trouve une notice sur l'auteur, par Levêque.

FALKNER (Thomas), Anglais et missionnaire jésuite, naquit à Manchester, et était fils d'un habile chirurgien. Il étudia la chirurgie sous son père, et alla se perfectionner à Londres. Devenu lui-même très-expérimenté dans son art, il s'embarqua en qualité de chirurgien pour la côte de Guinée, et après ce voyage en fit un autre au Brésil. Étant tombé malade à Buenos-Ayres, il reçut dans sa maladie tant de soins des PP. jésuites, qu'il s'attacha à eux et s'engagea dans leur société. Chargé de travailler aux missions parmi les Indiens du Chaco, du Paraguay et des contrées adjacentes, et devenu cher à ces nations au moyen des services que son habileté dans l'art de guérir lui donnait occasion de leur rendre, ses prédications eurent parmi eux un succès incroyable. Il séjourna avec eux près de 40 ans, et ne quitta le pays qu'à l'époque où les jésuites eurent ordre d'en sortir. Il revint alors dans sa patrie, où il devint le chapelain d'un de ses compatriotes catholiques. Il a donné en anglais la *description de la Patagonie et des pays voisins dans l'Amérique méridionale*, Herford et Londres, 1774, 1 vol. in-4, avec des cartes. On en a fait en allemand une *traduction abrégée*, Gotha, 1775, 1 vol. in-8. Il y en a aussi une traduction française sous ce titre : *Description des terres magellaniques et des pays adjacens*, trad. de l'anglais par M. B***, Genève et Paris, 1788, 2 vol. in-16; ouvrage intéressant et qui donne sur des peuples qui nous sont peu connus, sur leurs mœurs, et sur l'histoire naturelle de leur pays, des renseignemens qu'on ne trouverait point ailleurs. Le P. Falkner mourut en 1780. Il avait vu des Patagons qui lui ont paru avoir sept pieds et quelques pouces, et même quelques-uns d'une taille plus haute; mais il n'a point entendu parler de cette race gigantesque dont quelques voyageurs ont prétendu que ce pays était peuplé.

FALLET (Nicolas), littérateur, naquit à Langres en 1753, et a laissé: I *Mes Prémices*, 1773, in-8; recueil de poésies où il y a du goût et une versification facile. II *Le Phaéton*, poëme héroï-comique en 6 chants, imité de l'allemand de Jachaire, 1775-76, in-8. III *Les Aventures de Chœréas et de Callirhoé*, trad. du grec, 1775-76. IV *De la Fatalité, épître, précédée d'un discours sur quelques objets de littérature et de morale*, 1779, in-8. V *Tibère et Sevenus*, tragédie en 5 actes, jouée et imprimée en 1782; elle n'eut que dix représentations. Grimm et Laharpe la critiquèrent assez sévèrement. Fallet a travaillé dans plusieurs journaux de Paris, et au *Dictionnaire historique et critique des mœurs, lois, etc*. Il est mort dans cette ville le 22 décembre 1801.

FANTONI (Jean), célèbre médecin et anatomiste, naquit à Turin en 1765. On a de lui plusieurs ouvrages très-estimés, tels que : I *Opuscula medica et physiologica*, Genève, 1738; in-4. II *Commentarius de quibusdam aquis medicatis, et historica dissertatio de febribus continuis*, Turin, 1747, in-8. De savantes *dissertations anatomiques*, etc. Il est mort à Turin en juin 1758.

FANTUZZI (Jean), noble bolonais, dernier rejeton de l'illustre famille de ce nom, naquit en août 1742, et eut pour la littérature le même goût que ses ancêtres, qui remplirent des places importantes dans le barreau, dans le sénat de Bologne, et dont plusieurs se distinguèrent dans les sciences et la poésie. Le chevalier Jean Fantuzzi a laissé un ouvrage qui a pour titre : *Notizie*, etc., ou *Notices sur les écrivains bolonais*, Bologne, 1794. L'exactitude, la bonne critique qui règnent dans cet ouvrage, écrit d'un style élégant et correct, doivent le faire considérer comme classique

dans son genre. Fantuzzi avait servi pendant plusieurs années dans les gardes du corps du roi d'Espagne, où il s'était marié. De retour à Bologne en 1789, avec le grade de colonel, il y mourut dans un âge avancé en décembre 1801.

FARIA (Manuel-Severin de), écrivain portugais, naquit à Lisbonne en 1581. Après avoir été reçu docteur en philosophie et en théologie, il fut chantre et chanoine de la cathédrale d'Evora, et a laissé : I *Noticias de Portugal*, 2 vol. in-8. II *Varios discursos politicos*, 1 vol. in-8. Ces deux ouvrages ont été imprimés en même temps à Lisbonne en 1624 et 1791. Le premier traite de l'origine des titres et des armoiries des familles nobles de Portugal, des monnaies anciennes, soit portugaises, soit gothiques, arabes et romaines, et il en donne les empreintes. Il établit ensuite les époques des différentes universités d'Espagne, parle de la propagation de la foi dans la Guinée, de la navigation des Portugais aux Indes orientales, et donne les vies de vingt cardinaux portugais. Ici finit son second volume. Ses *Discours politiques*, qu'il ne faut pas confondre avec ceux écrits par Faria de Sousa, contiennent les vies de quelques Portugais illustres, dont les plus intéressantes sont celles de l'historien Couto, et du poëte Camoëns. Ces deux ouvrages, remplis d'érudition, sont écrits avec une grande pureté de style. Faria mourut à Evora le 16 décembre 1655.

FARINELLI (François), célèbre chanteur italien, dont le véritable nom était Charles Broschi, naquit à Naples en 1705. Après avoir parcouru plusieurs capitales de l'Europe, il fut appelé à Madrid, pour distraire, par la douceur de sa voix, l'extrême mélancolie qui accablait depuis plusieurs années le roi Philippe V de Bourbon. Les sons mélodieux de Farinelli apportèrent quelque adoucissement à l'infirmité du monarque, qui admit le musicien italien à son service, et le combla de bienfaits. Son successeur Ferdinand VI (*voyez* ce nom au *Supplément*) n'eut pas moins de bienveillance pour Farinelli, qui de jour en jour acquit une influence que les ministres eux-mêmes ne pouvaient pas égaler. Il fut nommé directeur du théâtre royal du *Buen-Retiro*, créé chevalier de l'ordre de Calatrava, et admis dans les secrets les plus importans de l'état. La reine, qui avait toujours été sa plus constante protectrice, eut beaucoup de part à tous ces honneurs. Farinelli était le dispensateur des grâces de la cour, mais il ne les accorda jamais qu'à des gens d'une conduite irréprochable et d'un mérite réel. Incapable d'orgueil, et bien différent du fameux Rizzio, favori de Marie, reine d'Ecosse, il se faisait aimer des grands par sa modestie, et des pauvres par les secours qu'il leur prodiguait. Il ne se vengea jamais de ses ennemis qu'en répandant sur eux les faveurs du roi. Plusieurs ecclésiastiques respectables lui durent des places importantes. Il fut lié d'une amitié intime avec le supérieur du collége des jésuites de Madrid, qu'il présenta à Ferdinand VI. Ce monarque et son auguste épouse étant morts dans la même année, il se retira en 1762 à Bologne, et demeura toujours dans une maison de campagne qu'il avait fait bâtir non loin de la ville. Il fournit au P. Martini, religieux des conventuels réformés, des moyens pécuniaires, et des documens pour écrire son fameux ouvrage intitulé *Histoire de la musique.* Farinelli mourut le 15 juillet 1782, âgé de soixante-dix-huit ans.

FARNÈSE (Antoine), 8e et dernier duc de Parme, de la maison Farnèse, naquit en 1679, succéda à son père François en 1727, et l'année suivante épousa Henriette d'Est, fille du duc de Modène; mais, n'ayant point eu d'enfans de ce mariage, ses états, après sa mort, arrivée en 1731, tombèrent en partage à l'infant don Charles de Bourbon, du chef de sa mère Elisabeth Farnèse, sœur des ducs François et Antoine, et femme de Philippe V, roi d'Espagne; mais Charles ayant été appelé au trône des Deux-Siciles, l'infant don Philippe, son frère germain, lui succéda en 1748 dans les duchés de Parme et de Plaisance. (*Voyez* Charles III, roi d'Espagne, et Louis Ier, roi d'Etrurie, au *Supplément.*)

FASOLO (Jean), *Fasolius*, né à Padoue dans le 16e siècle, fut professeur d'éloquence dans l'université de cette ville, et succéda, en 1567, à Rabortel, célèbre humaniste. On lui doit la première traduction latine des *Commentaires de Simplicius sur le Traité de l'Ame d'Aristote*, Venise, 1543, in-fol. Il a écrit aussi plusieurs lettres en latin, d'un style pur et élégant. Il est mort à Padoue en décembre 1571.

FASSONI (Libérat), savant et modeste clerc régulier des écoles pies, était en 1754 professeur de théologie et de littérature grecque au collége de Sinigaglia et au séminaire de cette ville. En 1755 il fut appelé à Rome par ses supérieurs, pour y enseigner la théologie dans le collége qu'on venait d'y donner à son ordre. En 1758 il fut nommé membre de la congrégation des conciles, et associé à l'académie de

Cortone. Il est auteur d'un grand nombre d'écrits, parmi lesquels on a particulièrement remarqué les suivans : I *De Leibnitiano rationis principio*, Sinigaglia, 1754; in-fol. II *De græcd sacrarum litterarum editione à LXX interpretibus*, Urbin, 1754, in-4, réimprimé à Rome avec corrections et additions, 1758. III *De miraculis adversus Benedict. Spinosa*; une 2ᵉ édition augmentée; Rome, 1755, in-fol. IV *De voce homousion*, Rome, 1755, in-4; il y prouve que le concile d'Antioche n'a point rejeté ce mot. V *De cultu Jesu-Christo à Magis adhibito, adversus Rich. Simonium et Samuel Basnagium*, Rome, 1756, in-fol. VI *De puellarum monasteriis canone XXXVIII, Epaonensis concilii celebratis*, 1757, in-fol. VII *De cognitione sancti Joanni-Baptistæ in matris utero exultantis, adversus Sam. Basnagium*, Rome, 1757, in-4. VIII *De veritate atque divinitate historiæ magorum, quæ est apud Matthæum, cap. II, v. 11-13, adversus Collinsium*; Rome, 1758, in-fol. Le P. Fassoni mourut à Rome en 1767.

FAUGÈRES (Marguerite BLEEKER), dame poëte, naquit dans les États-Unis en 1771, dans un village près d'Albany. Elle reçut une éducation soignée; mais, ayant perdu ses parens, elle alla s'établir à New-York, où elle épousa un médecin qui dissipa sa fortune. Après la mort de celui-ci, en 1798, Marguerite se consacra à l'éducation des jeunes demoiselles; mais, succombant à ses malheurs, elle mourut en 1801. Elle a écrit de nombreuses poésies, qui se trouvent dans le *Muséum américain* et dans le *Magasin de New-York*. Elle donna aussi une tragédie, *Bélisaire*,

jouée en 1795, qui eut du succès. Sa mère s'était également occupée de littérature; Marguerite en publia les œuvres en 1793, les fit précéder d'une biographie de cette dame, et y inséra plusieurs de ses compositions poétiques.

FAVART (Charles-Simon), poëte dramatique, naquit à Paris le 13 novembre 1710. Il était fils d'un pâtissier qui s'amusait à faire des chansons assez passables sur les mœurs du temps. Afin de donner une bonne éducation à son fils, il le mit au collège de Louis le Grand. Charles fit connaître de bonne heure sa facilité à faire des vers, en publiant un *Discours sur la difficulté de réussir en poésie*; essai qui fut bientôt suivi d'un poëme intitulé : *La France délivrée par Jeanne d'Arc*, qui obtint un prix aux jeux floraux. Il travailla ensuite pour le théâtre de l'Opéra-Comique, auquel il a donné plus de soixante pièces, qui presque toutes furent bien accueillies par le public, et parmi lesquelles on cite *la Fête du château*, *la Belle Arsène*, *l'Astrologue de village*. Sa femme et l'abbé Voïsenon eurent part à quelques-unes de ces pièces. Favart a aussi donné deux comédies intitulées : *Soliman II*, dont le sujet est tiré d'un conte de Marmontel, et *l'Anglais à Bordeaux*, en un acte et en vers. Le théâtre de l'Opéra-Comique ayant été supprimé en 1745, Favart accepta la direction de la troupe ambulante qui suivait en Flandre le maréchal de Saxe. Il devint alors le chantre des batailles et le *Thersite* des Français; et, par ses chansons, tantôt il célébrait la victoire, tantôt il excitait aux combats. Il eut à souffrir de cruels désagrémens de la part du maréchal de Saxe. Ce général, justement célèbre, mais de mœurs assez relâchées, chercha à lui enlever l'af-fection de sa femme, Marie-Justine Favart, habile comédienne, qui, avec plus de moralité que bien d'au-tres, ne voulut point céder aux ins-tances ni aux promesses du vain-queur de Fontenoy; celui-ci, irrité d'une vertu qu'il croyait incompa-tible avec l'état qu'elle suivait, se livra à des violences indignes non-seulement d'un grand capitaine, mais d'un homme délicat. Quand la per-sécution fut passée, Favart revint à Paris, et put se réunir à sa femme. Il travailla encore plusieurs années pour le théâtre, et mourut le 12 mai 1792, ayant survécu vingt ans à sa femme. Le *Théâtre de Favart* a été imprimé à Paris, 1763, 8 vol. in-8; 1772, 10 vol. in-8; et le *Théâtre choisi*, ibid., en 1809, 3 vol. in-8.

FAVRAS (Thomas MAHI, mar-quis de) naquit à Blois en 1745, entra dans les mousquetaires, et fit la campagne de 1761. Il de-vint ensuite lieutenant des Suisses de la garde de Monsieur, frère du roi, charge dont il se démit en 1775, pour aller à Vienne y faire reconnaître sa femme comme fille unique et légitime du prince d'An-halt-Schauenbourg. Lors de l'insur-rection contre le Stathouder, en 1787, Favras commandait une lé-gion en Hollande, et se trouva à Paris dès le commencement de la révolution. Il avait un esprit ar-dent, et une tête très-fertile en projets. Il osa en présenter un sur la politique, qui, dans ces momens de troubles, le rendit suspect aux révolutionnaires, et notamment à Bailly, un de leurs chefs. Arrêté en dé-cembre 1789, par ordre du fameux *comité des recherches*, et traduit au Châtelet, il fut accusé « d'avoir »tramé contre la révolution; d'a-

»voir voulu introduire, la nuit, dans »Paris, des gens armés, pour se dé-»faire des trois principaux chefs de »l'administration, d'enlever le sceau »de l'état, d'attaquer la garde du »roi, et l'entraîner avec sa famille »à Péronne. » Ces accusations fu-rent encore aggravées par la dépo-sition de ses trois accusateurs Mo-rel, Tourcati et Marquié, qui dé-clarèrent avoir reçu de Favras la communication de son plan conçu, disaient-ils, de la manière suivante: « 12,000 Suisses et 12,000 Alle-»mands devaient se réunir à Mon-»targis pour marcher sur Paris, en-»lever le roi, et assassiner MM. »Bailly, la Fayette et Necker. M. de »Favras devait se servir en même »temps des chevaux des écuries du »roi, pour monter un corps de ca-»valerie. » Favras déclara que dans tous ces faits, dont il nia la plu-part, il n'existait de positif que la levée d'une troupe, non destinée à appuyer des projets contre-révo-lutionnaires, mais à favoriser une révolution prête à éclater dans le Brabant. Il combattit la dernière accusation en alléguant pour sa dé-fense, « que le 5 octobre, se trou-»vant à Versailles, et voyant la »consternation où était la cour sur »la nouvelle qu'il arrivait des fem-»mes de Paris avec du canon, il »avait engagé M. de Saint-Priest »à lui donner les chevaux des »écuries du roi, afin d'aller avec »les plus zélés serviteurs de leurs »majestés, enlever le canon à ces »femmes; mesure qui n'eut pas »lieu, puisque M. de la Fayette ve-»nait avec 6,000 hommes au se-»cours du château. » M. de Saint-Priest constata l'exactitude de ce récit; mais une lettre de M. Fou-cault, qu'on avait su se procurer, rendit la position de M. de Favras encore plus terrible. Dans cette lettre, M. Foucault lui demandait : « *Où sont vos troupes ? par quel* » *côté entreront-elles à Paris ?* Je » désirerais y être employé, etc. » Ce fut en vain que Favras demanda à l'assemblée de connaître son dénonciateur ; et elle refusa même d'entendre les témoins à décharge. Pendant la procédure, Favras se défendit avec calme et une grande présence d'esprit. Prudhomme lui-même lui rendit cette justice dans son journal, où il dit de Favras : « Il » avait de la douceur dans le carac- » tère, de la décence dans le main- » tien ; il était d'une taille avanta- » geuse, d'une physionomie noble... » Dans tout le cours de sa défense, » il ne perdit jamais cette attitude » qui convient à l'innocence, et il » répondit à toutes les questions » avec netteté et sans embarras. » L'avocat Thilorier le défendit avec beaucoup de zèle, et publia en sa faveur deux mémoires très-intéressans : efforts inutiles. Les factieux voulaient des victimes, et Favras devait succomber. Peut-être les juges, convaincus de son innocence, auraient voulu le sauver ; mais pendant tout le temps de la procédure, la populace ne cessa de les menacer, et de crier, par son mot favori : *A la lanterne !* Comme ces mêmes juges venaient d'acquitter M. de Bezenval dans une affaire à peu près semblable, ils craignirent de se compromettre, et se laissant intimider par les factieux, ils prononcèrent l'arrêt de mort contre le marquis de Favras, qui fut condamné à faire amende honorable devant la cathédrale, et à être pendu en place de Grève. En écoutant cet arrêt, il dit à ses juges, avec un grand sang-froid : « Je vous plains bien » si le témoignage de trois hommes

» vous suffit pour condamner. » Le rapporteur lui dit alors qu'il n'avait d'autre consolation à attendre que celle qu'il pouvait espérer de la religion. « Une de mes plus grandes » consolations, répondit Favras avec » fermeté, est celle que me donne mon » innocence. » Arrivé devant l'église de Notre-Dame, après avoir pris son arrêt de la main du greffier, il le lut à haute voix. Quand il fut à l'hôtel de ville, il dicta une déclaration à peu près en ces termes : « Prêt à paraître devant Dieu, je » pardonne aux hommes qui, contre » leur conscience, m'ont accusé de » projets criminels..... J'aime mon » roi ; je mourrai fidèle à ce senti- » ment ; mais il n'y a eu jamais en » moi ni moyen ni volonté d'em- » ployer des mesures violentes contre » l'ordre de choses nouvellement éta- » bli...... Je sais que le peuple de- » mande ma mort à grands cris. Eh » bien ! puisqu'il lui faut une vic- » time, je préfère que le choix » tombe sur moi, plutôt que sur » quelque innocent faible, peut- » être, et que la présence d'un sup- » plice non mérité jetterait dans le » désespoir. Je vais donc expier des » crimes que je n'ai pas commis. » Avec ce calme qui ne l'avait jamais abandonné, il corrigea les fautes d'orthographe faites par le greffier, dit adieu à l'ecclésiastique qui l'accompagnait, et à tous ceux qui l'entouraient, surpris de tant de résignation et de courage. Le juge rapporteur l'invita de nouveau à faire connaître ses complices. « Je suis » innocent, répondit-il ; j'en appelle » au trouble où je vous vois. » Quand il eut monté sur l'échelle, il fit encore une fois ses adieux à son confesseur attendri, et dit en se tournant vers le peuple : « Citoyens, je » meurs innocent ; priez pour moi le

»Dieu de bonté. » Et puis, en s'a-dressant au bourreau, il ajouta : « Faites votre office. » Il fut exé-cuté le 19 février 1790. Bailly, pour ôter à madame Favras tous les moyens d'être utile à son époux, l'avait fait enlever de chez elle, pendant la nuit, et transférer à l'Abbaye, où il la tint 26 jours au secret. Cependant; par le moyen du fermier général Augeard, détenu dans les mêmes prisons, elle put entretenir une cor-respondance avec Favras, qui mit les deux époux à même de ne pas se trouver en contradiction dans les interrogatoires qu'ils eurent à subir. Madame de Favras sortit de prison presque aussitôt la mort de son époux. Elle se plaignit alors des mauvais traitemens qu'elle avait en-durés, dans une de ses lettres adres-sée à Bailly, le 15 mai 1791, et semblait être extrêmement offen-sée qu'on l'eût taxée pour une *contribution patriotique*. Cette let-tre fut insérée dans plusieurs jour-naux. Le testament de Favras et sa correspondance avec sa femme fu-rent publiés peu de jours après sa fin tragique. Ils produisirent une vive sensation dans le public; mais le crime était déjà consommé. On a de Favras des *Mémoires* fort bien écrits sur les troubles de Hollande.

FAYETTE (Louise MOTIÉR DE LA), de la même famille que le ma-réchal de ce nom (*voyez* FAYETTE (la) *Feller*, t. 4), naquit vers 1618. Elle n'avait que dix-sept ans lors-qu'elle fut nommée dame d'honneur de la reine d'Autriche. Sa jeunesse, sa beauté et ses grâces, attirèrent sur elle les regards de toute la cour; et no-tamment ceux de Louis XIII; mais, élevée en des principes religieux, et préférant la tranquillité d'une con-science pure à toutes les grandeurs humaines, après avoir vainement

combattu le penchant du monarque, elle alla se renfermer en 1737 dans le monastère des religieuses de la Visitation, dans la rue St.-Antoine, et y fit profession en prenant le nom de sœur Angélique. Son nouvel état rassurant Louis XIII sur sa propre faiblesse, il lui fit plusieurs visites, dont la sœur Angélique sut tirer avantage et pour l'état et pour le monarque lui-même. Il y avait long-temps que Louis vivait séparé de la reine son épouse. Mademoiselle de la Fayette le détermina à retourner au-près de la reine; et le fruit de cette ré-conciliation fut la naissance de Louis XIV, premier et unique enfant qu'eu-rent les augustes époux après vingt-deux années de stérilité. Le duc d'Orléans naquit quelques années après. La reine voulut rappeler à la cour mademoiselle de la Fayette; mais celle-ci, entièrement dévouée à la religion et à la pénitence, s'excusa sur le bonheur dont elle jouissait loin du monde et de ses grandeurs. Mademoiselle de la Fayette avait fondé un couvent à Chaillot, où elle mourut en 1665.

FAZELLI (Thomas), historien, naquit à Sacca dans la Sicile en 1498. Il entra, jeune encore, dans l'ordre de St.-Dominique, et a laissé : I *De rebus siculis decades duæ*, Pa-lerme, 1558, in-fol.; 1560, in-fol. La première décade a été réimprimée par les soins de Rotella, à Catane, 1749, avec un supplément et des remarques critiques. L'ouvrage en-tier de Fazelli a été traduit en ita-lien par Remigio, Venise, 1574, in-8, et par Farina, Palerme, 1628, in-fol. Fazelli est mort le 8 avril 1558.

FEDELE (Cassandra), naquit d'une famille noble à Venise en 1465, et fut l'admiration de son siècle par l'étendue de son savoir. Elle était

instruite dans les lettres grecques et
latines, dans la philosophie, l'éloquence, l'histoire, la théologie, et
cultiva avec succès la musique et la
poésie. Cassandra fut en relation
avec plusieurs souverains, tels que le
pape Léon X, le roi de France
Louis XII, Ferdinand et Isabelle, rois
d'Espagne, etc. La reine de Castille
voulait l'attirer à sa cour, mais la
république de Venise ne voulut jamais consentir à perdre dans mademoiselle Fedele un de ses plus beaux
ornemens. Elle correspondait avec
les hommes les plus illustres de son
temps, comme Pico de la Mirandole, le poëte latin Augurello, etc.
Mademoiselle Fedele se maria à un
médecin de Vicence, et devenue
veuve, on la nomma, dans un âge
assez avancé, supérieure des hospi-
talières de St.-Dominique, qu'elle
gouverna pendant 12 ans. Elle mourut le 25 mars 1558, dans sa quatre-
vingt-treizième année. Tomasini a
publié une *Vie de Cassandra, avec
ses lettres et ses discours*, Padoue,
1636, in-8.

FELICE (Costanzo), médecin
et jurisconsulte, naquit à Castel-
Durante, dans la marche d'Ancône,
vers 1520. On a de lui : *de Con-
juratione Catilinæ, liber unus; de
exilio Ciceronis, liber unus; de
reditu Ciceronis, liber unus;* Rome,
1518, in-4. Il publia à Rimini en
1584 une traduction de l'ouvrage
intitulé : *Tractatus de magno animali quod alcem* (l'élan) *vocant,*
Milan, 1581, in-4. Felice mourut
vers 1588. Baillet l'a mis dans sa
liste des *enfans célèbres*, Felice
ayant publié ses premières productions à l'âge de dix-sept ans.

FERLONI (Severin-Antoine),
ecclésiastique italien et prédicateur
très-distingué, naquit dans les états
du pape, vers 1740. Ses talens, une
érudition profonde, de grands travaux littéraires, lui avaient fait prendre rang parmi les savans les plus
célèbres de l'Italie. Il s'était concilié
l'estime et la protection des cardinaux ; Pie VI lui-même l'honorait
de sa bienveillance. Il avait eu l'a-
vantage d'être promu à la dignité de
grand prieur de l'ordre Constan-
tinien ; rien ne paraissait manquer à
sa gloire. Une *Histoire des variations de la discipline de l'église*,
dont il était occupé depuis trente
ans, qui lui avait coûté d'immenses
recherches, et qui aurait formé 30
volumes, était prête à être publiée
en 1798, lors de l'invasion de Rome
par les Français. Il s'y commit d'affreux désordres, et le domicile de
Ferloni ne fut pas à l'abri des perqui-
sitions révolutionnaires. Son cabinet fut pillé, ses papiers enlevés ou
brûlés, les diverses parties de son
ouvrage, fruit de si pénibles veilles,
furent déchirées ou dispersées, lui-
même ruiné et resté sans ressources.
Tant de maux abattirent son courage.
Dans le dénûment où il était, il
crut n'avoir rien de mieux à faire
que de s'attacher à ses persécuteurs,
qui se trouvèrent heureux de mettre
dans leurs intérêts un homme de son
mérite. Il leur prêta sa plume pour
composer des homélies favorables à
leurs vues, il tordit des passages de
l'Écriture sainte dans le sens révolutionnaire. Il devint le théologien du
conseil du vice-roi, et c'est de lui
que sont les adresses adoptées par
quelques évêques complaisans, dont
retentirent en 1810 les journaux
de France et d'Italie. Ferloni fit
plus encore, il composa un ouvrage intitulé: *Dell' autorità della
chiesa, secondo la vera idea che
ne ha dato l'antichità, onde si
conosce l'abuso che se ne ha fatto,
e la necessità d'emendarlo,* 3 vol.

in-8. L'auteur y soutient les principes que le gouvernement français voulait faire prévaloir; mais les censeurs ayant courageusement refusé leur approbation, le livre ne parut point, et les événemens de 1814 l'ont probablement condamné à rester dans l'oubli pour toujours. Ferloni mourut à Milan le 23 octobre 1813, après s'être perdu de réputation, sans avoir même eu l'avantage d'améliorer sa fortune.

FERMIN (Philippe), médecin et voyageur, naquit à Maestricht vers 1720. Il demeura dix ans à Surinam, et a laissé : I *Tableau historique et politique de l'état ancien et actuel de la colonie de Surinam, et des causes de sa décadence*, Maestricht, 1778, 1 vol. in-8, traduit en allemand, Gottingue, 1788, in-8. II *Traité des maladies les plus fréquentes à Surinam, etc.*, avec une *dissertation sur le fameux crapaud de Surinam, nommé Pipa*, etc., Maestricht, 1764; Amsterdam, 1765, in-8. Il mourut vers 1790.

FERNANDEZ (Jean), voyageur portugais, naquit à Coïmbre en 1418, et fut de l'expédition envoyée en 1446, par l'infant don Henri de Portugal, sous le commandement d'Antoine Gonzalès, pour continuer les découvertes des côtes de l'Afrique. Jean Fernandez est le premier Européen qui ait pénétré dans l'intérieur de ce pays, et qui ait connu les nations qui l'habitent. Ses découvertes furent très-utiles à ses compatriotes. De retour dans sa patrie, il entreprit un nouveau voyage, et suivit en 1448 Diego Guilhomen au nord du cap de Nun, où ils devaient conclure une alliance avec les Maures de Meca qui mît les Portugais à même de soumettre les habitans de *Rio do Ouro* (Rivière de l'Or.) Fernandez descendit à terre;

et tandis qu'il s'avançait dans le pays, une bourrasque poussa le bâtiment loin de la côte : on ignore quel fut le sort du navigateur, qui resta seul et sans secours sur un sol étranger.

FERNANDEZ (Denis), autre voyageur portugais, naquit vers 1422, à une époque où la cour de Lisbonne était avide de découvertes. Protégé par l'infant dom Henri, Denis équipa en 1445 un bâtiment, et se dirigea vers les côtes d'Afrique, découvrit l'embouchure du Sénégal, qui sépare les Maures des nègres *Yalofs*, et à qui il donna le nom de *fleuve Portugais*. En longeant la côte, il parvint au promontoire le plus occidental de l'Afrique, auquel il donna le nom de cap Vert, à cause du grand nombre d'arbres verdoyans qui l'ombragent. Les brisans qui entourent ce cap obligèrent Fernandez à terminer là ses découvertes. Il mourut vers 1480.

FERNANDEZ (Jean), pilote espagnol, naquit à Carthagène en 1538. Il se fraya une nouvelle route pour aller du Pérou au Chili, en évitant les vents du sud qui étaient contraires à cette navigation. Dans un de ses voyages il découvrit en 1571 les îles qui portent son nom, visitées depuis par Dampier, Anson et autres navigateurs, qui en publièrent des descriptions assez exactes. Jean Fernandez demeura pendant quelques mois dans la plus grande de ces îles, l'abandonna ensuite, et y laissa quelques chèvres qui s'y multiplièrent prodigieusement. Dans un autre voyage, en 1574, il découvrit les îles de Saint-Félix et de Saint-Ambroise au nord des *îles Fernandez*. Voulant pousser ses découvertes encore plus loin, il partit du Chili en 1576, parcourut quarante degrés vers l'ouest et le sud-ouest, et après un mois de navigation, il rencontra une côte qu'il crut être un continent, dont les indigènes, d'une couleur assez blanche, qui étaient bien faits et habillés en toile, accueillirent parfaitement les Espagnols. Ceux-ci, contens de cette découverte, firent voile vers le Chili, déterminés à revenir dans le nouveau pays avec une expédition plus importante. Des raisons qu'on ignore firent long-temps différer ce projet, et Fernandez étant mort en 1597, on ne songea plus à le mettre à exécution. Plusieurs savans géographes ont conjecturé que la terre découverte par Fernandez se trouve située sous le parallèle du 40ᵉ degré austral. Jean-Louis Anas en parle avec assez de détail dans son ouvrage intitulé : *Mémoire pour recommander au roi la conversion des naturels des îles nouvellement découvertes*, Valladolid, 1609, traduit en anglais par Dalrymple, Edimbourg, 1773. Il en inséra un extrait dans sa *Collection historique*, dont Fréville a donné un abrégé dans l'ouvrage du même auteur, et qui a pour titre, *Voyages de la mer du Sud par les Espagnols et les Portugais*.

FERNANDEZ (Diego), historien et militaire espagnol, servit dans le Pérou en 1553, pendant les troubles excités peu de temps après la conquête par le rebelle Giron, et par Gonzalve et Pizarro, qui étaient la suite des différends nés entre François Pizarro et Diego Almagro, compagnon de ce conquérant. (*Voy.* GASCA, *au Sup.*) Il donna le récit de ces troubles dans un ouvrage intitulé : *Primera y segunda parte*, etc., ou *Histoire du Pérou, en deux parties*, Séville, 1671. Cette histoire est écrite d'un bon style et avec une grande impartialité. Fernandez mourut vers 1600. — Il y a eu plusieurs artistes du même nom, parmi lesquels on compte six bons peintres et quatre sculpteurs, dont le plus ancien vivait en 1370. Le fameux Fernandez Navarette, surnommé *el mudo*, le muet, peintre de Philippe II, était né en 1526, et mourut en 1579.

FERNANDEZ (Benoît), jésuite portugais, né à Borba, dans le diocèse d'Evora, entra dans la société en 1578 à l'âge de 15 ans, et enseigna pendant plusieurs années les belles-lettres et la philosophie. Sa charité suffisait à tout ; il prêchait, il confessait, visitait les hôpitaux et les prisons, catéchisait les enfans des Maures, et trouvait encore du temps pour composer d'utiles ouvrages. Il était fort dévot à la Vierge. Il mourut à Lisbonne le 8 décembre 1630, jour de l'immaculée Conception ; il avait 67 ans. Il a laissé : I. *Commentationes et observationes morales in Genesim*, Lyon, 1621, 1627 et 1631, 3 vol. II *Commentarii in lucem*, etc.

FERNANDEZ (Antoine), jésuite, né à Lisbonne en 1566, ou, selon Moréri, en 1549, passa aux Indes en 1602, et de Goa se rendit en Abissinie, déguisé en Arménien, pour se faciliter l'entrée de ce pays. S'étant insinué dans les bonnes grâces et la confiance de Socinios ou Malec. Segued, qui était monté sur le trône d'Éthiopie en 1607, et avait embrassé la religion catholique, il fut chargé par ce prince d'une mission près du roi d'Espagne Philippe IV, et du pape Paul III. Fernandez partit de Gojam au commencement du mois de mars 1613, avec Fecur-Egzy, personnage considérable d'Éthiopie, adjoint à l'ambassade, et fort attaché à la religion catholique. Les voyageurs choisirent la route de Naréa, qui était la plus longue, parce qu'elle leur parut offrir moins de danger. Cependant ils furent arrêtés dans l'Alaba, et mis en prison par ordre du roi du pays, prince mahométan. Ils ne recouvrèrent leur liberté qu'à condition qu'ils rebrousseraient chemin. Ainsi leur mission ne s'effectua point, et ils revinrent à Gojam, après 18 mois d'un voyage pénible où ils avaient plusieurs fois risqué leur vie. Fernandez resta en Éthiopie jusqu'en 1632, et après la mort du P. Paez, supérieur des missionnaires, il en remplit les fonctions. Socinios étant mort en 1632, et Fadillas, qui lui succéda, ayant chassé les catholiques, le P. Fernandez retourna à Goa et y mourut le 12 novembre 1642. On a de ce Père: I en éthiopien, un *Traité des erreurs des Éthiopiens*, Goa, 1642, in-4, impr. avec des caractères éthiopiens envoyés par Urbain VIII. II Dans la même langue, une *traduct. du Rituel romain*, 1626. III En dialecte amharique, une *Instruction pour les confesseurs*, avec d'autres ouvrages ascétiques. IV *Voyage à Gingiro, fait avec Fecur-Egzy, ambassadeur envoyé par l'empereur d'Éthiopie en 1613, contenant la route pénible et dangereuse du voyageur, sa captivité, sa délivrance, ainsi que la description des royaumes de Naréa, de Gingiro et de Cambate, avec des particularités curieuses.* Ce voyage a été inséré dans le tome 2 d'un recueil publié en hollandais par Vander-Aa, 1707, 2 vol. in-12, avec une carte bien gravée, mais peu exacte. Cette relation y est renfermée en 22 pages; elle est curieuse, mais laisse bien des choses à désirer. Moréri attribue à Fernandez un autre ouvrage en éthiopien, intitulé *Trésor*

de la foi, dans lequel il réfute un écrit dans la même langue, d'un Éthiopien schismatique, appelé Ras-Athanaté.

FERNANDEZ (Jean-Patrice), jésuite et missionnaire au Paraguay, était aussi Espagnol. Il a publié la *Relation historique de la mission chez la nation appelée Chiquitos*, Madrid, 1726, 1 vol. in-8; elle a été traduite en allemand, Vienne, 1729, 1 vol. in-8, et en latin, ibid., 1733, 1 vol. in-4; elle contient l'histoire des Chiquitos et celle de quelques nations voisines. On n'y trouve guère d'autres détails que ceux qui ont rapport à la mission. Le P. Jean-Patrice se disposait à en aller fonder une à Chaco, lorsqu'il mourut en 1772.

FERRAND (.....), médecin et voyageur français, naquit vers 1670. Après avoir parcouru plusieurs provinces de l'Asie, il s'arrêta en Crimée, où il devint médecin du kan des Tartares, et il accompagna le fils de ce prince dans une expédition en Circassie. Le mauvais état des chrétiens en Crimée excita son zèle en leur faveur, et dans un voyage qu'il fit à Constantinople en 1706, il entretint sur ce sujet les jésuites qui étaient dans cette capitale. Emu par le triste tableau que leur faisait Ferrand, le P. Dubon le suivit en Crimée et y établit une mission qui eut le plus grand succès. Ferrand resta toujours attaché à la cour des kans, et mourut vers 1720. Il a laissé: I *Voyage de Crimée en Circassie par le pays des Tartares Nogaïs*, fait en l'an 1702. II *Réponse à quelques questions faites au sujet des Tartares Circasses*. Ces deux morceaux ont été insérés dans le tome 10 du *Recueil des voyages au Nord*, et dans le tome 3 des *Lettres édifiantes*, nouvelle édition.

FERRAND (Marie-Louis), général de division, commandant de la Légion-d'Honneur, naquit à Besançon le 12 octobre 1753. Il suivit la carrière des armes, fit les campagnes de l'Amérique, et à son retour en France il entra dans un régiment de dragons dont le colonel le fit son secrétaire. Ferrand fut poursuivi et mis en prison sous le régime de la terreur, et ayant obtenu sa liberté après le 9 thermidor, il eut un avancement rapide et devint général de brigade en 1795. Il servit en cette qualité dans les armées de l'ouest, des Ardennes et de Sambre-et-Meuse. Après la paix d'Amiens, il fut successivement gouverneur de Valenciennes et commandant dans le département du Pas-de-Calais. Il fut aussi de l'expédition pour l'île de St.-Domingue, dont la partie espagnole, par le traité des Pyrénées en 1794, avait été cédée au gouvernement français. Après la mort du général Leclerc, qui avait soumis l'île au bout de quatre mois, Ferrand songea d'abord à mettre la partie française de l'île à l'abri des attaques des nègres, qui s'étaient révoltés sur tous les points depuis le mois de novembre 1802. Cependant leur armée, commandée par Dessalines, s'étant emparée du Cap, Ferrand se vit obligé de se replier sur Santo-Domingo, dont il obtint le commandement. Dans le mois de janvier 1805, Dessalines s'avança vers cette ville avec une armée de vingt-deux mille nègres, Ferrand, aidé des habitans qui l'aimaient, fit une vigoureuse défense. Sur ces entrefaites les secours de l'amiral Missiessy arrivèrent, et Dessalines, battu de toutes parts, abandonna tout nouveau projet d'attaque. La partie orientale de l'île jouit enfin d'une tranquillité parfaite jusqu'au mois d'août 1808, époque à laquelle on apprit dans l'Amérique l'invasion des Français en Espagne. Le gouverneur de Porto-Rico envoya alors une déclaration de guerre à Ferrand, tandis que la majorité des colons commençait à regarder de mauvais œil les Français. Plusieurs d'entre eux s'étant mis en état de révolte à quelques lieues de la capitale, Ferrand alla à leur rencontre avec cinq cents soldats, et les joignit le 7 novembre à Palo-Himado. Le combat fut long et opiniâtre, mais les Français succombèrent; et Ferrand, entouré de toutes parts et ne voulant point se rendre, s'ôta la vie d'un coup de pistolet; c'était le 7 novembre 1808. M. Gilbert Guillemin a donné un *Précis historique des événemens de la partie de l'est de St.-Domingue*; Paris, 1811, in-8.

FERRAND DE LA CAUSSADE (Jean-Henri BECAYS), général de division, naquit le 16 septembre 1736, d'une famille noble, fit très-jeune encore les campagnes de 1747 et 1748, et se distingua dans la guerre de sept ans. En 1767 il obtint la croix de St.-Louis, et il était major commandant de Valenciennes lorsque la révolution éclata. Il paraît qu'il en embrassa les principes, mais il ne figura que parmi le nombre des plus modérés. Dans la célèbre bataille de Jemmape, le 6 novembre 1792, le général Ferrand de la Caussade commandait l'aile gauche de l'armée, et eut une grande part à la victoire. Promu au grade de général de division, il fut chargé de la défense de Valenciennes. Il refusa d'y recevoir les troupes de Dumouriez, général en chef, qui s'était rendu suspect au gouvernement républicain. L'armée coalisée, forte de 130,000 hommes, et commandée par le prince de Cobourg, le duc d'York et le général Ferrari, vint attaquer Valenciennes. Après avoir soutenu quatre assauts, et la place ayant trois brèches ouvertes, le général français fut contraint de capituler le 28 juillet 1793. Il se rendit à Paris, où Robespierre l'accusa de plusieurs fautes commises dans la défense de Valenciennes, et le fit mettre en prison où il resta neuf mois, et ne recouvra sa liberté qu'après la chute de ce terroriste. Se voyant entièrement oublié, il sollicita et obtint sa retraite. En 1802 Buonaparte le nomma préfet de la Meuse-Inférieure. Il remplit ensuite quelques autres emplois, et s'étant retiré à la Planchette, il y mourut le 28 novembre 1805.

FERRAUD (A.), naquit dans la vallée d'Aine, en Armagnac, vers 1764, et fut nommé député à la convention par le département des Hautes-Pyrénées. Ennemi déclaré de la cour, il fit en novembre 1792 le rapport des opinions des sociétés populaires de la France contre Louis XVI. On n'ignore pas que ces sociétés, composées de factieux, étaient influées par Robespierre, Danton et leurs adhérens. Lors du procès du roi, Ferraud vota pour *la mort* sans appel et sans sursis. Après avoir servi pendant quelque temps dans l'armée des Pyrénées orientales, il revint à Paris et fut adjoint à Barras. Ferraud sembla s'être attaché au parti des *girondins*, et défendit même leur cause avec chaleur. Pour ne pas l'envelopper dans leur ruine, ses partisans parvinrent à l'éloigner de la capitale, et à le faire partir pour l'armée du nord. Rappelé à Paris, il eut ordre de marcher contre Robespierre, et contribua à son arrestation. Le 20 mai 1795 (1er prairial an 3) la populace, accoutumée depuis long-temps au désordre, se porta en foule à la convention et en força les portes. Ferraud voulant s'opposer à leurs efforts, reçut un coup de pistolet dont il mourut quelques momens après. Des furieux lui coupèrent la tête, et, après l'avoir placée sur une pique[1], ils poussèrent l'audace jusqu'à la porter sur le bureau du président Boissy-d'Anglas. La convention aussi cruellement outragée, poursuivit les auteurs de ce meurtre, et condamna à mort un serrurier qui avait porté la tête de Ferraud; mais tandis qu'on le conduisait au supplice, les habitans du faubourg St.-Antoine l'arrachèrent des mains de la force armée, et le crime resta impuni. La convention rendit à Ferraud les honneurs funèbres, et on prononça son éloge sur le tombeau qu'on lui avait érigé.

FERREIRA (Antoine), célèbre poëte portugais, naquit à Lisbonne en 1528. Il a laissé : 1 *Poemas lusitanos*, Lisbonne, 1598. II Plusieurs comédies imprimées avec celles de Sa de Miranda, ibid., 1622-1771. Digne imitateur de ce poëte, il traita avec succès l'épître et l'élégie, qu'il perfectionna. Ferreira enrichit la poésie portugaise de l'épithalame, de l'épigramme, de l'ode et de la tragédie. Son *Inès de Castro*, bien supérieure à celle de Lamotte, est la seconde tragédie régulière qui parut en Europe après la renaissance des lettres. On doit à l'Italie la première, et c'est la *Sophonisbe* du Trissin. Le plan, l'action et le style de la tragédie d'*Inès de Castro* ont immortalisé le nom de son auteur; les Portugais la considèrent comme un des beaux monumens de leur littérature, et comptent Ferreira parmi leurs poëtes classiques. Une mort prématurée l'enleva aux lettres le 28 avril 1569, à peine âgé de 41 ans.

1 Ce trophée barbare était l'oriflamme ordinaire qui ralliait et excitait à de nouveaux crimes un peuple qui n'avait plus ni mœurs, ni lois, ni religion.

FERREIRA (Christophe), jésuite et missionnaire portugais, né à Torras Vedras, diocèse de Lisbonne, en 1580, entra dans la société en 1596, âgé de 16 ans. En 1609 il s'embarqua pour le Japon, et prêcha l'Evangile dans différentes provinces de cette contrée ; il eut à y souffrir plusieurs persécutions, et fut souvent obligé de se cacher. Ayant été découvert et arrêté avec plusieurs autres, il eut à opter ou de mourir ou de renoncer à sa foi. Sur son refus, il fut suspendu dans une fosse, la tête en bas ; ce qui fit que des bâtimens qui partaient pour l'Europe, y rapportèrent que lui et plusieurs autres avaient souffert le martyre. Cependant, après quatre heures de tourmens dans cette cruelle situation, le courage lui manqua, et, vaincu par la douleur, il eut la faiblesse de céder ; mais presque aussitôt, déplorant amèrement cette faute, il la répara, et fut reconduit au supplice, où il expira vers l'an 1652, en confessant J.-C. On a de lui : *Annuæ litteræ è Japoniâ*, 1627.

FERREIRA (Gaspard), autre jésuite portugais, né à Castro-Journo, entra dans la société en 1588, à l'âge de 17 ans, et partit en 1593 pour les Indes : il y enseigna les belles-lettres pendant 4 ans, et fut pendant 6 autres années maître des novices. En 1608, les supérieurs l'attachèrent à la mission de la Chine, et l'associèrent aux travaux du P. Ricci dans le palais impérial de Pékin. Mis ensuite à la tête de divers collèges ou résidences de son institut, il travailla pendant près de 40 ans aux missions. Il savait parfaitement le chinois ; il a fait imprimer dans cette langue : 1 une *Vie des Saints, avec des passages tirés de l'Ecriture sainte* et *des Pères, pour l'usage des néophytes*. Il *Un Recueil de Méditations sur les quinze mystères du rosaire*. Il mourut à Pékin le 27 décembre 1649.

FERREIRA DE VERA (Alvaro) naquit à Lisbonne vers 1590. Il a laissé les *Vies* de plusieurs princes et souverains de Portugal, et un ouvrage intitulé : *Origine de la noblesse politique, des blasons, charges et titres*, Lisbonne, 1631.

FERRERI (Zacharie), bénédictin, chartreux, puis évêque de Guardia, était né à Vicence en 1479. Il étudia le droit canon à Padoue, puis embrassa, encore fort jeune, la vie monastique au Mont-Cassin. Il avait du goût pour la poésie ; il aimait les livres, et il en avait ramassé un assez grand nombre dans sa cellule. Soit qu'ils ne fussent pas conformes aux études auxquelles il devait s'appliquer, soit que la règle et l'usage de la maison ne permissent pas une propriété qui était particulière, le président de la congrégation les lui fit ôter. Ferreri supplia vainement pour qu'on les lui rendît. Dans son chagrin, il prit la résolution de se retirer chez les chartreux ; ses supérieurs ne voulurent pas le lui permettre. Malgré leur refus, il passa outre ; mais on le réclama, et il fut obligé de revenir dans son monastère. On l'envoya étudier à Rome : il y passa docteur en théologie et en droit civil et canon, il y obtint même la couronne poétique. Il effectua alors son dessein de se faire chartreux : il entra au noviciat sous le nom de *frère Zacharie ;* mais il éprouva de nouveaux obstacles, et ne fut point admis à la profession. Quelques protections lui firent avoir l'abbaye de Subbachio, où il recouvra son indépendance. Ferreri assista en qualité d'abbé au concile de Pise, convoqué en 1511 contre le pape Jules II, et il en fut secrétaire. Léon X étant parvenu au souverain pontificat après la mort de Jules II, le nomma évêque de la Guardia, et le chargea de différentes missions en Allemagne. Il revint en Italie après la mort de Léon X, et pendant la tenue du conclave il fut nommé gouverneur de Faënza. De retour à Rome, il y mourut vers 1526 ou 27. On a de lui : I *Sancti-Carthusiensis ordinis origo*, Mantoue, 1509. C'est une vie de saint Bruno, suivie de diverses poésies et de l'apologie de l'auteur ; elle est insérée dans la *Collection des œuvres de saint Bruno*, Paris, 1524. II *Promotiones et progressus sacro-sancti pisani concilii inchoati anno 1511, nec non acta et decreta sacro sanctæ generalis pisanæ synodi*, in-fol. III *Apologia sacri pisani concilii moderni*, Pise, 1511. IV *Acta scitu dignissima constantiensis concilii*, Milan, 1511, in-fol. V *Decreta et acta concilii basiliensis*, 1511, in-fol., rare ; 1512, in-8. VI *Lugdunense somnium de divi Leonis X pontificis maximi, ad summum pontificatum divinâ promotione, carmen*, Lyon, 1513, in-4, inséré dans le tome IV des *Carmina illustrium poëtarum italorum*, Florence, 1721. On prétend que ce poëme, composé de plus de mille vers, fut achevé en trois jours. VII *Vita sancti Casimiri*, Cracovie, 1520, in-4, et insérée dans les *Acta sanctorum de Bollandus*. VIII *Oratio de eliminandis de regno Poloniæ erroneis traditionibus Lutheri*, Cracovie, 1521. IX *De reformatione ecclesiæ, suasoria oratio ad Beatum Patrem Hadrianum VI pontif.*

max., Venise, 1522, in-8. X *Hymni novi ecclesiastici, juxta veram metri et latinitatis normam*, Rome, 1525, in-4; ibid., 1549, in-8. Ces hymnes sont estimées. Il y a de Ferreri plusieurs autres ouvrages qui n'ont point été publiés.

FERRERI (Mathias), capucin, naquit à Cavaler-Maggiore en Piémont, au 17e siècle. Il professa la théologie dans divers couvens de son ordre, et fut élevé à la dignité de définiteur. Il avait du talent pour la chaire, et se rendit célèbre par ses prédications. Employé aux missions dans les vallées des Alpes, il eut le bonheur de s'y faire écouter, et on lui dut la conversion d'un assez grand nombre de protestans. Il a publié un ouvrage intitulé : *Jus regnandi apostolicum per missiones ecclesiasticas religiosorum totius ordinis hierarchici ab initio ecclesiæ, sive Rationarium chronographicum missionum evangelicarum ab apostolicis operariis, præsertim capucinis, in quatuor mundi partibus, signanter in Galliâ Cisalpinâ, exercitarum*, Turin, 1659, 2 vol. in-folio. Le premier volume donne un aperçu général des missions; on y trouve le texte de toutes les bulles des papes, et des édits des souverains qui y sont relatifs. Le 2e volume est consacré à l'histoire des missions faites par les capucins dans les vallées des Alpes habitées par les Vaudois ou Barbets. On peut reprocher à l'ouvrage quelques détails minutieux, rachetés par d'autres qui ne manquent point d'intérêt et peuvent servir à l'histoire.

FERRETTI (Jean-Baptiste), antiquaire italien, naquit à Vicence en 1639. On a de lui : *Musæ lapidariæ antiquorum in marmoribus carmina seu deorum donaria, hominumque illustrium obliterata mo-*

numenta et deperita epitaphia ;
Vérone, 1672, in-fol. Il dédia cet
ouvrage au dauphin, fils de Louis
XIV. Ferretti mourut en 1682.

FERRIER (Boniface), général
des chartreux, naquit à Valence en
Espagne l'an 1355. Il était frère
de saint Vincent Ferrier, religieux
de l'ordre de Saint – Dominique.
(*Voyez* VINCENT FERRIER, *Dict.*)
Il exerçait une charge de magistrature dans sa ville natale, était marié
et père de onze enfans. Devenu veuf
et ayant perdu sept filles et deux
fils, il résolut de renoncer au monde. Il communiqua son dessein à son
frère, qui l'y affermit. Après avoir
pourvu au sort des deux fils qui lui
restaient, il entra en 1396 chez
les chartreux, dans la maison de la
Porte du Ciel, prit les ordres, et se
dévoua tout entier aux devoirs de
son état. Guillaume Raynaud, général de l'ordre, étant mort en 1402,
Ferrier fut élu à sa place, et gouverna avec sagesse. L'église était alors
déchirée par le schisme. Urbain VI
et Benoît XIII se disputaient le souverain pontificat, et l'ordre des chartreux était partagé entre les deux
obédiences. Ferrier et ceux qui l'a-
vaient élu reconnaissaient Benoît
XIII. Urbain VI fit élire Etienne
de Sienne par les maisons qui suivaient son parti. Les deux généraux
eurent le bon esprit de se démettre,
afin que l'ordre pût procéder à une
nouvelle élection, et réunir tous les
monastères sous un seul chef; mais
Benoît XIII força Ferrier de reprendre le gouvernement. Ferrier
continua de lui être attaché, jusqu'à
ce que, voyant son obstination à
rejeter tous les moyens de rétablir
l'unité dans l'église, et à vouloir se
maintenir dans le souverain pontificat,
même malgré les décrets du concile
de Constance, il crut de son devoir

de l'abandonner. Sainte Marthe fixe
la mort de dom Ferrier au 27 avril
1417 ; d'autres prolongent sa vie
jusqu'en 1419. On a de lui : I
un *Traité* dans lequel il examine
pourquoi peu de religieux de l'ordre des chartreux ont été cano-
nisés, et pourquoi on cite de cet
ordre peu de miracles. II Une *Traduction de la Bible en espagnol.*
III Un *Traité* adressé à Boniface
religieux du même ordre. IV *De ap-
probatione ordinis liber unus.* Enfin des *sermons* et des lettres.

FERRIÈRE (Charles-Elie, marquis de), naquit à Poitiers le 27
janvier 1741. A l'époque de la révolution il servait dans les chevau-
légers, fut député aux états généraux et membre de l'assemblée constituante ; mais dans ces deux places
il paraît qu'il se prononça pour le parti
constitutionnel. Il consacra la plupart
de sa vie à l'étude et à la retraite, et a
laissé : I le *Théisme,* ou *Recherches
sur la nature de l'homme et sur ses
rapports avec les autres hommes
dans l'ordre moral et dans l'ordre
politique,* Paris, 1791, 2 vol. in-12,
deuxième édition. II *De la constitution qui convient aux Français,*
1789, in-8. *Opinion contre l'arrestation du roi à Varennes,* 1791,
in-8. III *Compte rendu à mes commettans,* 1791, in-8. IV *Mémoires
pour servir à l'histoire de l'assemblée constituante et de la révolution
de 1789,* an 7 (1798), 3 vol. in-8.
En parlant des états généraux, il
dit dans ces mémoires : « Je ne tar-
» dai pas à démêler les intrigues qui s'y
» préparaient. Chaque corps, chaque
» individu avait ses vues. Le parle-
» ment espérait s'accroître de tout ce
» que les états généraux ôteraient au
» roi ; la haute noblesse, secouer le
» joug auquel l'avait soumise le car-
» dinal de Richelieu ; les capitalistes

»et les rentiers voulaient assurer leur »créance et faire de la dette du roi »une dette de l'état. » Ferrière mourut le 30 juillet 1804.

FEUERLEIN (Jacques-Guillaume), fils de *Jean-Conrad Feuerlein*, dit *l'Ancien*, ministre luthérien, naquit à Nuremberg en 1689. Il fut successivement professeur de philosophie, et en 1737 de langues orientales à Altorf, et premier professeur de théologie à Gottingue. Il est auteur d'un grand nombre d'ouvrages presque tous en latin, la plupart consistant en dissertations, programmes et pièces académiques. Nous ne citerons que les suivans, comme ayant des rapports plus marqués avec les matières ecclésiastiques : 1 *De Regulis generalibus quibus scripta supposititia et interpolata dignoscuntur*, Altorf, 1726, in-4. II *De Confessione augustaná, eodem quo exhibita fuit anno* 1530, *septies impressá*, Gottingue, 1741, in-8. III *Compendium theologiæ symbolicæ*, 1745. On n'en a imprimé que les sept premiers feuillets. IV *Bibliotheca symbolica evangelica lutherana*, Gottingue, 1752, in-8; autre édition très-augmentée, Nuremberg, 1766, in-8. V *Lettre latine au cardinal Quirini, sur la première édition d'une partie du Testament grec donnée par Alde-Manuce*, Gottingue, 1748, in-4. La correspondance de Feuerlein avec le cardinal Quirini à ce sujet, se trouve dans les *Vicennalia Brixiensia*. Jacq.-Guillaume Feuerlein mourut le 10 mai 1766.

FEUERLEIN (Frédéric), de la même famille, né à Nuremberg le 10 juin 1664, embrassa l'état ecclésiastique, comme la plupart de ses parens, et fut dans cette ville diacre du nouvel hôpital du Saint-Esprit. On a de lui une dissertation *de Stre-*

nis Romanorum, Altorf, 1687, in-4, fig. Il mourut à Nuremberg le 14 décembre 1716.

FEUERLEIN (Conrad-Frédéric), fils du précédent, né en 1694, se consacra au ministère pastoral et professa les langues orientales à Nuremberg. Il était bon prédicateur, mais il n'a publié que quatre *sermons* et quelques *oraisons funèbres*. Il est en outre auteur d'une dissertation, *de Norimbergá orientali, seu de meritis Norimbergensium in philologiam orientalem, et linguam cumprimis hebræam*. Elle ne fut point imprimée de son vivant, mais seulement en 1760, Schwabach, en Franconie, in-4, par les soins de son fils, qui suit. Conrad-Frédéric Feuerlein était mort le 22 août 1742.

FEUERLEIN (Jean-Conrad), surnommé *le Jeune*, pour le distinguer de Jean-Conrad, dit *l'Ancien*, mentionné ci-dessus, était fils du précédent. Il naquit à Nuremberg en 1725. Après ses premières études il s'adonna à la jurisprudence, et exerça quelques emplois de magistrature. C'était un homme très-savant. Il composa un grand nombre d'ouvrages, dont les principaux sont : 1 *Dissertatio de Hadriani imperatoris expeditione*, Altorf, 1743, in-4. II *Catalogus dissertationum et tractatuum reformationem noricum illustratium*, Altorf, 1755, in-8. III *Catalogus candidatorum juris, et dissertationum juridicarum inauguralium academiæ altorfianæ, ab anno* 1624, Schwabach, 1762, in-4. IV *Supellex litteraria*, Nuremberg, 1768 et 1779, 2 vol. in-8. C'est le catalogue de sa bibliothèque, composée de dix-huit mille volumes choisis. Elle fut vendue après sa mort, et dans le catalogue de vente se trouve une *Notice* sur la vie et le caractère de cet homme érudit. Il mourut à Nuremberg le 28 janvier 1788.

FEUTRY (Amé-Ambroise-Joseph), avocat et littérateur distingué, naquit à Lille en 1720. Il avait beaucoup de talent pour la poésie, et écrivait avec grâce et facilité. On a de lui plusieurs ouvrages dont les principaux sont : I *Recueil de poésies fugitives*, 1760, in-12. II *Dieu*, ode, 1765. III *Les Ruines*, poëme, Londres, 1767, in-8. IV *Opuscules poétiques et philosophiques*, la Haye (Paris), 1771, in-8. V *Nouveaux opuscules*, 1779, in-8. Ils contiennent un *Traité sur l'origine de la poésie castillane*, et des *Recherches sur la poésie toscane*. Ce sont deux extraits très-exacts et fort bien faits, le premier de l'ouvrage de Tiraboschi, le second de celui de Velasquez, et qui prouvent que Feutry connaissait à fond les langues italienne et espagnole. Mais parmi les ouvrages qui ont établi sa réputation comme bon poëte, il faut distinguer : VI l'*Ode aux nations*, 1754. VII *Les Tombeaux*, poëme, 1755. VIII *Le Temple de la mort*, poëme, 1753. Il a traduit aussi différens ouvrages de l'anglais et du hollandais. Il mourut à Douay le 28 mars 1789.

FIALETTI (Odoard), peintre et graveur, naquit à Bologne en 1573, et fut successivement élève de Cremonini et du Tintoret. Le Boschino cite de lui trente bons tableaux qui ornaient différentes églises de Venise. Fialetti excellait dans les gravures à l'eau-forte. Il a publié deux livres de *Principes de dessin*, Venise, 1610, 1612, in-4. Un recueil de *Machines de guerre*, en 220 planches. Mais son ouvrage le plus remarquable est les *Habiti delle religioni*, Venise, 1626, in-4, qu'on a reproduit en France avec le titre de *Briève histoire de l'institution de toutes les religions, avec leurs habits*, gravés par Odoard Fialetti, Bolonais, par Dufresne, Paris, 1680. Fialetti est mort en 1638.

FIAMMA (Galvano), célèbre historien, naquit à Milan en 1283. Quoiqu'il appartenait à une famille riche et illustre, il préféra à tous ces avantages la tranquillité du cloître, et entra chez les dominicains de St.-Eustorg de Milan, où il se fit remarquer par ses talens et par une piété exemplaire. On a de lui : I *Manipulus florum, sive historia mediolanensis ab origine urbis ad annum 1336, ab alio continuatore producta ad annum usque 1371*. On a inséré cette histoire dans le tome 9 des *Rerum italicarum scriptores*, et l'on trouve aussi dans le tome 12 de ce même ouvrage son livre intitulé : II *De rebus gestis ab Azone Luchino et Jonue, vice comitibus, ad annum 1342*. On conserve dans la bibliothèque Casanate de Rome une *Chronica ordinis Predicatorium* du P. Fiamma. Il mourut vers 1344.

FIARD (Jean-Baptiste), prêtre du diocèse de Dijon, naquit dans cette ville le 28 novembre 1736. Il entra jeune chez les jésuites et y professa. Il était régent de rhétorique à Alençon, lorsque cet institut fut supprimé en France. Obligé d'en quitter l'habit, et n'étant point encore dans les ordres, il vint au séminaire de St.-Nicolas-du-Chardonnet à Paris, faire sa théologie. Rappelé dans le diocèse de Dijon par son évêque, il y fut employé dans le ministère, d'abord en qualité de vicaire dans la paroisse de St.-Philibert de cette ville, puis en la même qualité à St.-Pierre. Le 22 octobre 1775, il dénonça à l'assemblée du clergé l'existence d'un grand nombre de magi-

ciens et de sorciers dont il prétendait que la France était infestée. Il
leur attribuait des obsessions, des
sortiléges et beaucoup d'autres crimes ; à l'en croire, ils étaient les
auteurs d'une infinité de maux qu'on
attribuait à d'autres causes. A la révolution l'abbé Fiard refusa le serment. Il fut condamné à la déportation et conduit en 1793 à Rochefort,
avec un grand nombre de prêtres
dont la plupart périrent en peu de
temps, victimes d'une maladie épidémique et du traitement barbare qu'on
leur faisait endurer. L'abbé Fiard fut
un de ceux qui échappèrent. Il revint dans sa patrie en 1795, et y
mourut le 30 septembre 1818. Il est
auteur d'un grand nombre d'ouvrages
tous composés d'après sa manière
de voir partout de la magie, des
sorciers et des ensorcellemens. Ces
livres sont : I *Lettres philosophiques sur la magie*, Paris, Caille et
Ravier, an 9 (1801), in-16. Elles
avaient paru dans les journaux en
1775 et 1776. Elles furent imprimées à part sous le titre de *Lettres
magiques*, ou *Lettres sur le diable*,
Paris, 1791 ; autre édition en 1797,
avec une sixième lettre adressée à
Laharpe; 4ᵉ édition, in-8, 1803. II *La
France trompée par les magiciens et
démonolâtres du 18ᵉ siècle*, Dijon.
On trouve communément cet ouvrage
à la suite du précédent. III *Le Secret
de l'état*. L'auteur y traite la même
matière avec la même crédulité. Tout
lui paraissait œuvre du démon, jusqu'à la moindre jonglerie. Il mettait
au nombre des *démonolâtres*, les
ventriloques, Mesmer, Cagliostro.
Il comptait à Paris presque autant
d'ensorcelés qu'il y avait d'hommes,
et range Louis XVI lui-même
parmi les victimes de l'ensorcelle-
ment. On ne peut douter qu'il ne
fût de bonne foi. L'exagération seule

suffirait pour décréditer, ses livres et
son système, si d'ailleurs ils n'étaient
dénués de preuves et de critique.

FICHET (Alexandre), savant
jésuite, né en 1588 au Petit-Bour-
naud, diocèse de Genève, entra
dans la société en 1607, âgé de 19
ans. Il enseigna les humanités à
Lyon pendant sept ans, et pendant
quatre ans la philosophie et les mathématiques. Il se livra ensuite à la
prédication avec un tel succès, que
les églises les plus vastes ne suffi-
saient pas à la foule d'auditeurs qui
se pressaient pour l'entendre. Le P.
Fichet fut recteur à Nismes et envoyé
à Rome en qualité de député, pour
assister à la huitième congrégation
de son ordre. Il avait un talent particulier pour tourner l'esprit de ses
disciples à la piété, et parmi ceux
qui furent confiés à ses soins, on en
compte au moins cent trente qui embrassèrent et ont illustré l'état religieux. On a du P. Fichet : I *Chorus
poëtarum lustratus et illustratus
cum musæo rhetorico et poëtico*,
Lyon, 1616, in-4, sans nom d'auteur.
C'est une édition *purgée* du *Corpus
poëtarum*. Le nombre des poëtes latins compris dans ce recueil est de
cinquante-huit. Il en manque quelques-uns que le P. Fichet se proposait d'y ajouter dans une autre
édition. II *Favus mellis ex variis
sanctis patribus collectus*, Lyon,
1615-1617, in-24, aussi sans nom
d'auteur. C'est un recueil des plus
éloquens morceaux des SS. PP. fait
avec choix et goût. III La *Vie de
saint Bernard de Menthon*, du diocèse de Genève. Ce saint vivait vers
l'an 700. IV La *Vie de la bienheu-
reuse mère de Chantal, fondatrice
de la Visitation*, Lyon, 1642, in-8.
V *Arcana studiorum omnium methodus, et bibliotheca scientiarum*,
Lyon, 1649, in-8 ; ouvrage écrit

avec élégance, qui suppose une immense lecture et contient d'excellens procédés pour faciliter l'étude et y profiter rapidement. VI *Le Triomphe du saint-siège contre un conseiller hérétique de Grenoble*, Grenoble, 1640. Le P. Fichet mourut à Chambéry le 30 mars 1659, âgé de 71 ans.

FIELDING (Sarah), sœur de Henri, auteur de *Tom - Jones*, naquit en 1714, et dédaignant, comme bien d'autres dames, les ouvrages propres à son sexe, elle se livra aux études classiques, et apprit le latin et le grec. Miss Fielding publia différens romans, appelés moraux, tels que celui intitulé *Adventures of David Simple, ou Aventures de David Simple, dans la recherche d'un ami fidèle*, 2 vol. in-12, 3e vol., 1752, traduit par Laplace, 1749, 2 vol. in-12. Son dernier ouvrage fut une traduction élégante de Xénophon, des *Choses mémorables de Socrate*, avec la *Défense de Socrate devant ses juges*, 1 vol. in-8, avec des notes de M. Harris. Elle est morte à Bath en 1768. — Son frère, John, juge de paix à Londres, né en 1716, et mort en 1780, a laissé le *Mentor universel, contenant des essais sur les sujets les plus importans dans la vie, composé d'observa, tions*, etc., Londres, 1762, 1781 - in-12.

FIGUEIREDO (Antoine Pereira de), savant Portugais, naquit à Macao le 14 février 1725. Il fit ses premières études dans un collège de jésuites, et prit ensuite l'habit religieux chez les PP. de l'Oratoire du Saint-Esprit de Lisbonne. A l'époque de la fameuse conjuration tramée contre le roi de Portugal, dans laquelle on se plut à impliquer le P. Malagrida, Figueiredo se pro-

nonça contre cet ordre, qu'il ménagea encore moins dans son livre *Rerum lusitanarum*. Ce savant avait déjà publié différens ouvrages sur la langue latine et portugaise, et avait professé dans son couvent la grammaire, la rhétorique et la théologie, lorsque des différends s'élevèrent entre la cour de Rome et celle de Portugal. Figueiredo parut d'abord vouloir soutenir les droits du saint-siège, mais ayant bientôt changé d'opinion, il se rangea du parti de la cour, et soutint publiquement les fameuses thèses du pouvoir des rois sur les personnes et les biens ecclésiastiques. Il publia peu de temps après son *Essai théologique*, où il défend la même cause. Ces travaux lui méritèrent les faveurs du ministre Pombal, qui le fit nommer à des emplois aussi lucratifs qu'importans. Obligé de vivre dans le grand monde, Figueiredo porta l'oubli des convenances jusqu'à quitter l'habit religieux. Il rendit publique son adulation servile envers son protecteur, dans un ouvrage intitulé *Prières ou vœux de la nation portugaise à l'ange de la garde du marquis de Pombal*, Lisbonne, 1775. Ce ministre fut disgracié deux ans après, mais Figueiredo sut conserver ses places de député dans le tribunal *du subside littéraire et de l'instruction publique* (de la censure), créé en 1768; et de premier interprète dans les bureaux des affaires étrangères et de la guerre. Il était membre de l'académie royale, qui en 1792 lui déféra le titre de doyen. Vers la fin de sa vie il sembla se repentir des erreurs où l'ambition l'avait entraîné, et obtint des PP. de l'Oratoire de porter encore l'habit de cet ordre. Il ne jouit que trois jours de cette faveur. Frappé d'une attaque d'apoplexie, il mourut le 14 août

1797, âgé de soixante-douze ans. Figueiredo a beaucoup écrit sur les langue latine et portugaise ; le nombre de ses ouvrages est porté à 169, dont 68 imprimés [1]. Les plus remarquables sont : I *Rerum lusitanarum ephemerides ab olisipponensi terræ motu ad jesuitarum expulsionem*, 1761, in-4. II *Doctrina veteris ecclesiæ de supremâ regum etiam in clericos potestate*, etc., 1765, in-fol. On réimprima ces thèses dans la *Collectio thesium in diversis universitatibus*, etc., Paris, 1768, in-8, Leipsig, 1774. Figueiredo publia aussi en portugais deux autres ouvrages sur le même sujet. III *Compendio das epocas*, etc., ou *Abrégé des faits les plus remarquables de l'histoire générale*, 1782, in-8. IV *Elogios*, etc., *Eloges des rois de Portugal, en latin et en portugais, avec des notes historiques et critiques*, 1785, in-4. V *La sainte Bible, traduite en portugais, d'après la Vulgate, avec des préfaces, notes et variantes*, 1778, 1790, 23 vol. in-8. Une 4e édition fut commencée en 1794, avec le texte latin et des corrections. C'est l'ouvrage qui a fait le plus d'honneur à Figueiredo.

FIGUEROA (François de), un des poëtes classiques de l'Espagne, naquit à Alcala-de-Henarès en 1538. L'harmonie, l'élégance de ses vers, et la pureté de son style, lui méritèrent le surnom de *Divin*. Près de son heure dernière, poussé par un sentiment religieux, il exigea qu'on brûlât devant lui ses poésies. On parvint cependant à en sauver quelques-unes, et on les

imprima avec le titre de *Obras de Figueroa*, Lisbonne, 1626, in-8. Il mourut en 1619.

FIGUEROA (Christophe Suarez de), littérateur espagnol, vit le jour à Valladolid en 1586. Il suivit d'abord le barreau, qu'il abandonna pour cultiver les belles-lettres. On a de lui : I *Espejo de juventud*, ou *Miroir de la jeunesse*, Madrid, 1607. II *La constante Amarillis*, Valence, 1609, traduite en français par Lancelot, Lyon, 1614, in-8. III *España defendida*, poëme héroïque, Madrid, 1612, in-8. IV *Historia*, etc., ou *Histoire de tout ce que firent et dirent les PP. de la compagnie de Jésus, pour la propagation de l'Evangile*, Madrid, 1614. On trouve dans cet ouvrage des notices assez curieuses des pays d'Orient, où les jésuites furent en mission pendant les années 1607 et 1608, etc. Figueroa mourut en 1650.

FILAMONDO (Raphaël-Marie), évêque de Suessa, né à Naples dans la 2e moitié du 17e siècle, était de l'ordre de Saint-Dominique, et avait embrassé la vie monastique dans le couvent de Sainte-Marie-*della-Sanità*. Il avait cultivé la littérature, et faisait des vers avec facilité ; mais c'était à la théologie qu'il s'était appliqué avec le plus de soin ; il l'avait professée avec succès, et avait obtenu le grade de docteur. Il paraît qu'il avait aussi rempli dans son ordre d'honorables emplois, lorsqu'il fut appelé à Rome par son supérieur général, et nommé l'un des conservateurs de la fameuse bibliothèque de la *Casanata*. Le pape Clément XI, instruit de son mérite, le nomma, en 1705, évêque de Suessa, dans la terre de Labour. Il mourut en 1716. On a de lui : I *Il genio bellicoso di Napoli ; Memo-*

---

[1] On cite, en outre, dans son catalogue, 43 manuscrits, 10 traductions, 20 inscriptions et 26 pièces de musique. Il avait été, dans sa première jeunesse, organiste dans le monastère de Sainte-Croix de Coïmbre.

rie istoriche d'alcuni capitani celebri napolitani, Naples, 1694, 2 part. in-fol. Il y en a des exemplaires qui portent la date de 1714. C'est l'histoire des célèbres capitaines du royaume de Naples. Elle est ornée de 56 portraits. II *Ragguaglio del viaggio fatto da' Padri dell' ordine de' Predicatori nella Tartaria minore, nell'anno 1662, con la nuova spedizione del padre Francesco, episcopo, in Armenia e Persia*, Naples, 1695, in-8. III *Theorhetoricæ idœa ex divinis scripturis, et politioris litteraturæ mystagogis, deducta*, Naples, 1700, 2 vol. in-4. C'est un cours d'éloquence sacrée à l'usage de ceux qui se destinent au ministère de la chaire.

FILLEUL (Nicolas), poëte français, naquit à Rouen vers 1530, et a publié : 1 *le Discours*, Rouen, 1560, in-4. Parmi les sonnets dont ce recueil est composé, on en trouve plusieurs qui ne manquent pas de mérite. II *Achille*, tragédie, 1564, in-4, représentée pour la première fois au collége d'Harcourt en 1563. III *Le Théâtre de Gaillon*, Rouen, 1566, in-4. C'est à Gaillon, en Normandie, que l'auteur fit jouer les pièces que contient ce recueil, devant Charles IX et toute sa cour. On distingue parmi ces pièces la tragédie de *Lucrèce*, qui n'est pas dénuée d'intérêt. Les autres, qu'on peut appeler plutôt églogues que comédies, se ressentent du mauvais goût du temps, où l'art dramatique était encore au berceau.

FINESTRES Y MONSALVO (Joseph), célèbre jurisconsulte espagnol, naquit à Barcelone le 11 avril 1688. Il fit ses études à l'université de Cervera, et y professa le droit pendant plusieurs années. Son profond savoir lui fit donner le surnom de *Covarrubias* catalan. (*Voyez* COVARRUBIAS, *Suppl.*) Il rétablit dans la province les études négligées pendant la guerre de la succession, et y introduisit les caractères grecs, faute desquels on ne pouvait imprimer aucun ouvrage dans cette langue, alors considérée comme indispensable pour tous ceux qui se consacraient à la carrière des lettres humaines et divines. Les principaux ouvrages de Finestres sont : 1 *Exercitationes academicæ*, XII, Cervera, 1745, in-8. II *In Hermogeniani jurisconsulti, juris epitomarum libros sex commentarius*, ibid., 1757, 2 vol. in-4. III *Sylloge inscriptionum romanarum quæ in principatu Cataloniæ vel extant vel aliquando extiterunt, notis et observationibus illustratarum*, Cervera, 1760, in-4. Il est mort le 17 novembre 1770.

FINO (Alemanio), naquit à Bergame vers 1520, et remplit pendant plusieurs années différentes places dans la magistrature. On a de lui : 1 *La Historia di Crema, raccolta dagli Annali di Pietro Terni*, Venise, 1766. Cette histoire, d'abord en sept livres, fut augmentée de deux autres dans sa 4ᵉ édition, Crême, 1711, et à laquelle on a joint deux autres ouvrages de Fino concernant la ville de Crême, et les hommes illustres qu'elle a produits. II *'La guerra d'Attila, flagello di Dio*, etc., Venise, 1572, in-8. Cette histoire d'Attila est tirée, ainsi qu'on le dit dans le titre, des archives des princes d'Est. Il a traduit du latin en italien la *Description de l'île de Madère*, par Jules Landi, 1574, in-8. Il est mort vers l'an 1586.

FIORAVANTI (Léonard), médecin, chirurgien et alchimiste, naquit à Bologne vers 1520. Quoi qu'en disent quelques biographes, il paraît qu'il avait des talens supérieurs dans son art, et qu'il opéra des guérisons difficiles, puisque l'université de Bologne le proclama unanimement docteur; que le pape le nomma chevalier, et qu'il reçut de l'empereur le titre de comte. Chacun de ses ouvrages eut de nombreuses éditions; ils furent traduits en allemand, en latin ou en français, et on consulte encore son *Reggimento della peste* (Méthode pour traiter les maladies contagieuses), et son *Specchio*, ou *Miroir de la science universelle*. Le premier de ces ouvrages eut quatre éditions, dont la dernière est de Venise, 1626; traduit en allemand, Francfort, 1632, in-8. Le *Specchio* en eut un égal nombre; la 4° est de Venise, 1609; traduit en latin, Francfort, 1625, in-8, et en français par Chappuis, 1584, in-8. Fioravanti fut bien accueilli des princes et des souverains, et mourut comblé de richesses le 4 septembre 1588.

FIQUET (Etienne), graveur, naquit à Paris en 1731. Il se livra au genre du portrait en petit, et a laissé une collection qui porte son nom, et qui est composée des portraits suivans : *Madame de Maintenon, Molière, Voltaire, Montaigne, Regnard, J.-J. Rousseau, Fénélon, Descartes, Lamothe-le-Vayer, Crébillon, Corneille, Eisen*, etc. Sa mort, arrivée en 1794, l'empêcha de finir le portrait de l'immortel Bossuet. On cite parmi ses autres petits portraits ceux de *Cicéron*, de *Louis XV*, de *Newton*, etc.

FIRMONT (Henri-Essex Edgeworth de), prêtre catholique et vicaire général du diocèse de Paris, naquit en 1745 à Edgeworth-Town en Irlande. Il était issu d'une famille considérée dans le comté de Middlesex. Son père, Robert

Edgeworth, ministre protestant et recteur d'Edgeworth, avait quitté ce bénéfice pour embrasser la religion catholique, et son exemple avait été imité de toute sa famille. Le jeune Henri, deuxième fils de Robert, fit ses premières études à Toulouse, où ses parens avaient d'abord fixé leur domicile. S'étant, lorsqu'il les eut finies, décidé à entrer dans l'état ecclésiastique, il vint à Paris, entra au séminaire des Trente-Trois, et suivit les cours de théologie en Sorbonne. Retiré aux Missions étrangères après avoir pris la prêtrise, il se livra à la direction des consciences. Vers 1777, madame Elisabeth de France s'étant adressée au supérieur des Missions étrangères pour lui demander un confesseur qui remplaçât celui qu'elle venait de perdre, cet ecclésiastique n'hésita pas de lui proposer l'abbé Edgeworth de Firmont [1], que cette princesse agréa. Il dut à cette circonstance le périlleux et non moins douloureux honneur d'assister Louis XVI dans ses derniers momens. On ne connaît que trop les détails de cette scène d'horreur qui souillera à jamais notre histoire. C'est en montant à l'échafaud avec l'infortuné et vertueux monarque, que l'abbé de Firmont prononça ces mémorables paroles : *Fils de saint Louis, montez au ciel* [2]. Il vit lever et montrer au peuple la tête sanglante de l'innocent, du martyr, et fut arrosé du sang qui en dégouttait [3].

[1] L'abbé Edgeworth, après son ordination, prit le nom de *Firmont*, qui était celui d'une des terres qui appartenaient à sa famille.

[2] Dans le récit de cette déplorable catastrophe de l'abbé de Firmont à son frère, il ne fait point mention de ces sublimes paroles, sans doute par modestie; mais elles passent pour constantes, et son épitaphe, composée par le roi Louis XVIII, les insinue.

[3] Lettre à M. Usscher Edgeworth, dans le *Recueil*, page 93.

Echappé au danger qu'il courait en se retirant, l'abbé de Firmont resta caché dans les environs de Paris. Deux choses l'y retenaient; M. de Juigné, archevêque de Paris, l'avait, en quittant la France, chargé de l'administration de son diocèse, et madame Elisabeth était toujours au Temple. Il communiquait avec elle malgré la soupçonneuse et extrême surveillance de ses farouches gardiens; il la consolait et pouvait lui rendre encore quelques services. Cependant lui-même était l'objet de beaucoup de recherches, et obligé de changer souvent d'asile. Le supplice ayant enfin terminé la vie de la princesse, et l'abbé de Firmont ne pouvant plus rien pour le diocèse, après avoir écrit à M. l'archevêque de Paris, il s'embarqua pour Londres. Il passa de là à Edimbourg, où était la famille royale de France, près de laquelle il avait à s'acquitter d'un message dont l'avait chargé madame Elisabeth peu de jours avant son emprisonnement. Il revint ensuite à Londres. Un ordre du roi Louis XVIII l'appela à Blankenbourg où ce prince était alors. Louis retint l'abbé de Firmont auprès de sa personne. Depuis ce temps l'abbé suivit le monarque dans les résidences successives où les événemens forçaient ce prince de se rendre. En 1800, l'abbé de Firmont fut chargé par Louis, qui alors habitait Mittau, de porter à Paul Ier, empereur de Russie, la décoration de l'ordre du Saint-Esprit. L'éditeur du recueil de lettres de l'abbé nous apprend [1] que l'humble prêtre ayant été introduit en présence de l'empereur, son intéressante et vénérable figure, le souvenir des événemens auxquels il avait dû prendre part, firent éprouver à Paul des sentimens de res-

pect et d'admiration. Il s'inclina dans la plus humble posture aux pieds de l'abbé, et lui demanda ses prières et sa bénédiction. Il paraît qu'il fut chargé d'une autre mission importante; mais sa modestie en a laissé ignorer le motif et les détails. En 1807, pendant la guerre du gouvernement contre la Russie, des soldats français étant tombés entre les mains des Russes, furent conduits à Mittau couverts de blessures, et dans un état de maladie presque désespéré. La famille royale en eut pitié, et le roi ordonna d'en prendre soin. L'abbé de Firmont, à qui aucune œuvre de charité n'était étrangère, se crut obligé de leur prodiguer les siens; il y gagna là maladie pestilentielle dont ils étaient attaqués, et y succomba au bout de cinq jours, le 17 mai 1807, aux grands regrets de la famille royale, et victime de la charité chrétienne. Ses funérailles furent honorées de la présence des princes; et le roi voulut bien prendre la peine d'informer lui-même M. Usscher Edgeworth de la mort de son frère; il daigna de plus composer l'épitaphe qui devait orner le tombeau de celui qu'il honora du nom de son ami [1].

1 *Epitaphe de l'abbé Edgeworth de Firmont, composée par S. M.* Louis XVIII.

D. O.-M.

Hic jacet
reverendissimus vir
Henricus Essex Edgeworth de Firmont,
sanctæ Dei ecclesiæ sacerdos,
vicarius generalis ecclesiæ parisiensis, etc.,
qui
redemptoris nostri vestigia tenens,
oculus cœco,
pes claudo,
pater pauperum,
Ludovicum XVI,
ab impiis rebellibusque subditis
morti deditum,
ad ultimum certamen
roboravit,
strenuoque martyri cœlos apertos
ostendit.
E manibus regicidarum
mirâ Dei protectione

Au mois de juillet de la même année, l'abbé de Bouvens prononça à Londres l'oraison funèbre de l'abbé de Firmont, depuis imprimée à Paris, 1814, in-8. On a de ce vertueux ecclésiastique une correspondance avec quelques personnes de sa famille et le docteur Moyland, évêque catholique de Kerry, publiée sous ce titre : *Lettres de l'abbé Edgeworth, confesseur de Louis XVI, à ses amis, écrites depuis 1777 jusqu'à 1807, avec des mémoires de sa vie, par le révérend Thomas R***,* traduites de l'anglais par madame Elisabeth de Bon, et Paris, Alexis Eymery, 1818, 1 vol. in-8.

FISCHER (Jean-Chrétien), savant philologue allemand, naquit en 1712 à Eisleben dans la principauté d'Altenbourg, fut d'abord professeur de philosophie à Iéna, et ensuite libraire et conseiller de commerce du duc de Saxe-Weimar. On a de lui : *De insignibus bonarum litterarum seculi XIV usque ad initium seculi XVI in Italiâ instauratoribus dissertatio,* Iéna, 1744, in-4. Il mourut le 21 mars 1793.

FISCHER (Chrétien-Gabriel), naturaliste prussien, professeur de philosophie à Kœnisberg, où il était

ereptus,
Ludovico XVIII,
eum ad se vocanti
ultrò accurrens,
ei per decem annos,
regiæ ejus familiæ
nec non et fidelibus sodalibus,
exemplar virtutum,
levamen malorum,
sese præbuit.
Per multas et varias regiones
temporum calamitate
actus,
illi quem solum colebat
semper similis,
pertransiit benefaciendo.
Plenus tandem bonis operibus
obiit
die 22° maii mensis,
anno domini 1807,
ætatis verò suæ 62.
Requiescat in pace.

né en 1690. Il soutint la doctrine de Wolf, ce qui lui attira les persécutions que cette philosophie essuyait dans les états de Prusse. Il a laissé : *Premiers fondemens d'une histoire naturelle de la Prusse souterraine,* Kœnisberg, 1714, in-4, en allemand; et autres ouvrages moins importans. Il est mort en 1751.

FIXLMILLNER (Placide), astronome allemand, naquit en 1721 au village d'Achleuthen dans la Haute-Autriche, entra dans l'ordre des Bénédictins en 1737, et étudia successivement la théologie, le droit, les langues orientales, l'histoire, les antiquités et la musique. On a de lui : I *Meridianus speculæ astronomicæ cremisanensis,* Steyr, 1765, in-4. II *Decennium astronomicum,* ibid., 1776, in-4. III *Acta astronomica cremisanensia, à Placido Fixlmillner,* ibid., 1791, in-4. Il est mort le 27 août de cette même année.

FLACHAT (Jean-Claude), négociant et voyageur français, naquit à Lyon vers 1720, parcourut l'Europe, s'arrêta à Constantinople, où il devint *baserginan-bachi,* ou marchand du grand-seigneur. Il entreprit ensuite de nouveaux voyages, et ayant observé que les Grecs conservent encore des procédés dans l'industrie commerciale qui nous sont inconnus, il emmena avec lui plusieurs ouvriers grecs, qu'il établit dans la manufacture de Saint-Chamond en Lyonnais, qui appartenait à son frère. Le roi, pour le récompenser des services importans que Flachat avait rendus à l'industrie française, accorda à son établissement le titre de manufacture royale. On a de lui : *Observations sur le commerce et sur les arts d'une partie de l'Europe, de l'Asie, de l'Afrique et même des Indes-orientales,* Lyon,

1756 ; 2 vol. in-12. Il est mort vers 1780.

FLEMING (Patrice), Irlandais et religieux mineur observantin, né dans le comté de Louth en 1599, d'une famille noble, vint faire ses études à Douay, sous la direction de Christophe Cusack, son oncle maternel, supérieur de colléges irlandais en Flandre. Il passa ensuite à Louvain, où il embrassa la règle de saint François dans le collége de Saint-Antoine de Padoue, occupé par des franciscains ; il y prononça ses vœux en 1618. Après y avoir fait ses cours de philosophie et de théologie, il partit pour Rome avec le P. Hugues Mac-Caghwel, définiteur-général de l'ordre, nommé depuis à l'archevêché d'Armagh. En passant à Paris, il forma le dessein, avec le P. Hugues Ward, de recueillir des matériaux pour composer les vies des saints d'Irlande ; et tous deux fouillèrent pour cet effet, avec un soin particulier et un succès satisfaisant, les bibliothèques et autres dépôts qui se trouvèrent à leur portée. Le P. Colgan, qui quelques années après publia un travail sur ces *vies*, reconnaît avoir tiré de grands secours de leurs recherches. Après avoir enseigné la philosophie à Rome dans le couvent de Saint-Isidore, et à Louvain au collége de Saint-Antoine, le P. Fleming fut envoyé à Prague pour y prendre la supériorité du couvent de l'Immaculée Conception, nouvellement fondé pour des franciscains irlandais. Cette ville était sur le point d'être assiégée par les troupes suédoises et saxones sous les ordres de Gustave, qui soutenait en Allemagne le parti protestant. Fleming, pour se mettre à l'abri des cruautés qu'elles exerçaient contre les catholiques, et surtout contre les ecclé-

siastiques et les religieux, en sortit avec le P. Mathias Hoar, son confrère. Ils tombèrent dans une embuscade de paysans luthériens, qui les massacrèrent impitoyablement le 7 novembre 1631, selon la date de Moréri. Wadding, historien de l'ordre de Saint-François, recule ce meurtre d'une année ; mais la ville de Prague ayant été prise en 1631, la première date est préférable. Fleming a publié : I *Collectanea sacra*, Louvain, 1667. On trouve dans ce recueil les actes et opuscules de saint Colomban et d'autres vies de saints, avec des notes et des commentaires. II *Vita R. P. Hugonis Cavelli* (Mac Caghwel), 1626. III Un *Abregé du Chronicon Consecrati Petri Ratisbonæ*.

FLEMING (Robert), théologien écossais, né en 1630 à Bathens, fit ses études à l'université de Saint-André. Il partageait les opinions des calvinistes. Dès l'âge de 23 ans il avait été pourvu de la cure de Cambuslang. En sa qualité de non-conformiste, il en fut expulsé peu de temps après la restauration, en exécution de l'acte publié à Glascow; il fut même arrêté. Ayant recouvré sa liberté, il passa à Roterdam, et y fut ministre de la congrégation écossaise. On a de lui: I le *Miroir de l'amour divin dévoilé*, 1691, in-8, recueil de poésies religieuses. II *L'Accomplissement des Ecritures*, ouvrage estimé, surtout des dissidens et des calvinistes. Il mourut le 25 juillet 1694.

FLEMING (Caleb), ministre presbytérien né en 1698, et pasteur à Londres d'une congrégation de cette secte, ne voulut ni recevoir l'imposition des mains, ni souscrire autre chose, sinon qu'il croyait à la révélation de l'Evangile. Il écrivit contre Chubb, et fit l'apologie de

Bolingbroke. On a de lui : I un *Commentaire sur l'alliance entre l'église et l'état* de Warburton. II *Survey of the search after souls*, examen du livre intitulé : *La recherche sur les âmes.* Ce livre, que Fleming croyait être du docteur Coward, auteur en effet d'un ouvrage qui a pour titre, *Pensées sur l'âme de l'homme*, est d'un écrivain nommé Henri Layton. II. Un écrit sous ce titre : *La Tentation du Christ dans le désert est la preuve d'une mission divine*, 1764, in-8, etc. Il mourut vers 1779.

FLEMMING *ou* FLEMMYNGE (Richard), évêque de Lincoln et docteur en théologie, naquit à Croston vers la fin du 14e siècle, et fit ses études à l'université d'Oxford. Imbu des erreurs de Wiclef, nouvellement répandues en Angleterre, il les défendait chaudement, et cherchait à grossir le nombre des sectateurs de cette hérésie nouvelle. Soit conviction, soit qu'il vît ce parti s'affaiblir, il devint aussi opposé à Wiclef qu'il lui avait été favorable. Henri V, en 1420, le nomma à l'évêché de Lincoln, auquel l'avait désigné Martin V. Ce pape, en récompense du zèle que l'évêque de Lincoln avait témoigné contre Wiclef au concile de Constance, et depuis, en faisant exhumer et brûler les os de cet hérésiarque, ayant voulu transférer ce prélat à l'archevêché d'York, Henri, qui dans cette translation crut voir sa prérogative blessée, s'y opposa, et Flemming fut obligé de rester à Lincoln. Il fonda à Oxford un collège, nommé encore aujourd'hui *collège de Lincoln*, pour de jeunes théologiens destinés à écrire et à prêcher contre les erreurs de Wiclef. Il mourut en 1430.

FLESSELLES (Jacques de), naquit vers 1730. Il étudia les lois et devint conseiller d'état et maître honoraire des requêtes. Au commencement des troubles, il était prevôt des marchands de la ville de Paris. Dès le 12 juillet 1789, jour où éclata la première insurrection, on établit à l'hôtel de ville deux autorités municipales, dont on forma bientôt un comité central présidé par le prevôt des marchands. De Flesselles crut devoir continuer dans cet emploi les relations avec la cour et avec le pouvoir militaire, sous la direction du baron de Besenval. Les factieux avaient déterminé d'attaquer la Bastille, et ne cachaient pas leur projet. Le baron de Besenval fit connaître à de Flesselles sa résolution de défendre cette forteresse jusqu'à la dernière extrémité. Le peuple en ayant été instruit, se porta en foule dans les salles de l'hôtel de ville. C'est devant cette multitude furieuse que Garan de Coulon, l'un des électeurs, eut l'imprudence ou le mauvais esprit d'interroger le prevôt sur ses relations avec la cour et la force armée, et notamment sur la défense qu'on voulait faire à la Bastille. De Flesselles tremblant, chercha à prouver son innocence; on lui signifia qu'il fallait aller au Palais-Royal, qui était le foyer de tous les factieux: *Hé bien*, dit-il, *allons au Palais-Royal.* » Il se leva de son siège et sortit de l'hôtel de ville entouré d'une foule qui allait toujours croissant. A peine fut-il arrivé au bas de l'escalier, qu'un jeune homme lui cassa la tête d'un coup de pistolet à bout portant. La populace se jeta aussitôt sur son cadavre, et après en avoir séparé la tête, on la plaça toute sanglante sur une pique, et on la porta au Palais-Royal. Ce trophée barbare fut reçu au milieu de mille cris e de transports de joie. L'impunité de cet attentat et de ceux qui le suivirent bientôt après, enhardit les factieux à en commettre de plus horribles encore à une époque où l'on n'osait plus les punir. De Flesselles fut une des premières victimes de la révolution, et fut assassiné le 14 juillet 1789, peu de temps avant la prise de la Bastille.

FLEURANGES (Robert de la Marck, seigneur de), maréchal de France, naquit à Sedan vers 1490, et fut un des plus braves guerriers de son siècle. Louis XII le plaça près du comte d'Angoulême, depuis François Ier. Il servit Louis XII dans les guerres en Italie, où il se distingua, et notamment à la prise de Vérone en 1511. Au siége de Novarre, les assiégés ayant fait une vigoureuse sortie, mirent en déroute l'armée française. Fleuranges combattit en héros, reçut quarante-six blessures, et fut trouvé dans un fossé confondu parmi les morts. Cette mémorable bataille obligea Louis XII d'évacuer le Milanez. François Ier, à son avénement au trône, renouvela ses prétentions sur ce duché, que les Espagnols occupaient. Fleuranges accompagna le monarque dans cette expédition malheureuse, et fut fait prisonnier avec lui à la bataille de Pavie (1525). Il défendit en 1536 la ville de Péronne, assiégée par le comte de Nassau, et après avoir repoussé quatre assauts, il obligea l'ennemi à se retirer. L'année suivante, tandis qu'il se rendait à Sedan, il tomba malade à Longjumeau, où il mourut en décembre 1537. Fleuranges avait épousé en 1510 la nièce du cardinal d'Amboise. Il a laissé une *Histoire des choses mémorables advenues du règne de Louis XII et de François Ier, depuis 1499 jusqu'en l'an 1521.* Dans cette histoire, écrite d'un style simple, mais correct, il prend le nom du *jeune adventureux.* Elle a été publiée par l'abbé Lambert avec des notes historiques et critiques, Paris, 1753, in-12.

FLEURIAU (Thomas-Charles), jésuite, vivait à la fin du 17e siècle : c'était lui qui était chargé de la correspondance avec les missionnaires de la compagnie dans le Levant ; il recevait leurs lettres et les mémoires qu'ils envoyaient, il les rédigeait et les publiait. On trouve dans le *Recueil de lettres édifiantes,* un grand nombre de ces lettres et mémoires qui lui avaient été adressés. Il a fait paraître en outre : I *Mémoires des missions de la Compagnie de Jésus dans le Levant* (avec le P. Monnier), Paris, 1712 et années suiv. II *Etat présent de l'Arménie,* Paris, 1694, in-12. III *Etat des missions de la Grèce,* Paris, 1695, in-12. — FLEURIAU (Bertrand-Gabriel), jésuite, né le 8 août 1693, a publié : I *Relation des conquêtes faites dans les Indes, par D. P. M. d'Almeida, marquis de Castel-Nuovo, comte d'Assomar,* traduite de l'italien, Paris, 1749, in-12. II *Vie du P. Claver,* Paris, 1751, in-12. (*Voy.* CLAVER, *Dict.*) III *Principes de la langue latine, mis dans un ordre plus clair et plus exact,* Paris, 1754, in-12, plusieurs éditions : la 6e a été retouchée par M. de Wailly, 1762, in-12, et la 9e entièrement refondue par le même, 1775, in-12. IV *Poésies d'Horace,* traduites en français par le P. Sanadon, avec des notes (de Fleuriau), Amsterdam, 1756, 7 vol. in-12. V *Dictionnaire alphabétique de tous les noms propres qui se trouvent dans Horace,* ibid., 1756, in-12. On joint le dictionnaire à l'ouvrage précédent, et il en forme le 8ᵉ volume. VI *Aer, carmen.* — FLEURIAU (Jean-François), jésuite, né à Reims le 2 février 1700, a donné un *Poëme latin sur la naissance de M. le dauphin*, 1752, in-4 ; des *vers grecs et français* sur le même sujet et sur la naissance de M. le duc de Bourgogne. Il était un des rédacteurs du journal de Trévoux.

FLEURIAU (Louis-Gaston), docteur en théologie et évêque d'Orléans, naquit à Paris en 1662. Il fut successivement chanoine de Chartres, abbé commendataire de Moreilles, et trésorier de la Sainte-Chapelle du Palais à Paris. Nommé à l'évêché d'Aire en 1698, il passa en 1705 à celui d'Orléans, et eut en même temps l'abbaye de Saint-Jean d'Amiens, ordre de Prémontré. C'était un prélat d'une charité admirable, et doué de toutes les vertus épiscopales. A son avénement à l'évêché d'Orléans, il délivra 854 prisonniers détenus pour dettes. La ville d'Orléans lui dut différens établissemens utiles, entre autres une maison pour les nouvelles converties. Il fit achever les bâtimens du séminaire, et réimprimer avec des corrections les livres liturgiques de son diocèse. Il avait assisté à l'assemblée du clergé de 1715. Il tenait de fréquens synodes, et veillait avec beaucoup de soin au maintien de la discipline ecclésiastique. Il a laissé des *Réglemens et avis synodaux*, extraits des procès verbaux des synodes qu'il avait tenus. Il mourut le 11 janvier 1733.

FLEURIAU (Jérôme-Charlemagne), plus généralement connu sous le nom de marquis de Langle, naquit en Bretagne vers 1742. Il cultiva la littérature, et a laissé : I *Voyage en Espagne, par L. M. de Langle*, sixième édition, seule avouée par l'auteur, Paris, Perlet, 1803, in-8. Cet ouvrage contient quelques détails intéressans ; mais la plupart des faits qu'on y trouve ne sont qu'un produit informe de l'imagination de l'auteur. II *Tableau pittoresque de la Suisse*, Paris, 1790 ; Liége, 1790, in-8. III *Mon voyage en Prusse, ou Mémoires secrets sur Frédéric le Grand, et sur la cour de Berlin*, 1806, in-8. Tous ces secrets nous avaient déjà été appris par plusieurs écrivains qui ont assez prolixement parlé de ce roi philosophe et conquérant. IV *Nécrologe des auteurs vivans*, 1807, in-18. Fleuriau ne s'y oublie pas, et il se reproche avec beaucoup de modestie *l'abus excessif de l'esprit*. Il avait promis de donner un volume tous les ans ou tous les six mois ; mais sa mort, arrivée le 12 octobre 1807, l'empêcha d'exécuter ce projet. Fleuriau publia aussi un roman intitulé : *Lettres d'Alexis et Justine* (1786); et un libelle sous le titre de *Paris littéraire* (1797), où il débite des injures sur ceux qu'il connaissait et qu'il ne connaissait pas. Mais le libelle ne se vendit point, ni même lorsqu'on le reproduisit avec le titre de *l'Alchimiste littéraire*. Cet auteur, dans tous ses ouvrages, écrits la plupart d'un style alambiqué, affecte un ton sentencieux qui ne décèle aucunement de l'esprit, mais qui ennuie le lecteur. Fleuriau, sans manquer cependant d'instruction, pouvait passer pour un charlatan en littérature.

FLEURIEU (Charles - Pierre CARET, comte de) naquit à Lyon en 1738. A l'âge de treize ans il entra dans la marine, et fit de rapides progrès dans toutes les études qui concernent cet état. Il devint en peu d'années lieutenant de vaisseau. Il avait beaucoup de talent pour la mécanique, et, de concert avec le célèbre Berthoud, il inventa les horloges marines dont Julien Leroi n'avait fait que donner un essai. Pour en faire l'expérience, il entreprit un voyage en 1768, par ordre de Louis XV, sur la frégate l'*Isis*, que Fleurieu commandait. Le résultat fut entièrement heureux, et les horloges marines devinrent depuis lors d'un usage général dans les vaisseaux du roi. En 1776 il fut nommé directeur général des ports et arsenaux de marine. Dans cette place il eut part aux plans des opérations navales de la guerre de 1778, et à ceux des découvertes de la Peyrouse et d'Entrecasteaux, dont Louis XVI avait donné le plan. Appelé au ministère de la marine en 1790, il n'y resta que sept mois à cause des entraves qu'éprouvaient tous les ministres dans ces temps difficiles. Le roi le plaça alors près du dauphin, en qualité de gouverneur; mais après la funeste journée du 10 août, Fleurieu se retira entièrement des affaires; il vécut dans l'oubli jusqu'en 1797, qu'on le nomma au conseil des anciens, et en 1800 il fut appelé au conseil d'état; il fut sénateur en 1806, et mourut le 18 août 1810. On a de lui : I *Voyage fait par ordre du roi en 1768 et 1769, pour éprouver les horloges marines*, Paris, 1773, 2 vol. in-4; avec figures. II *Découvertes des Français dans le sud-est de la Nouvelle-Guinée*, Paris, 1790, in-4. Dans cet ouvrage, Fleurieu prouve l'existence, jusqu'alors problématique, des îles Salomon, découvertes par l'Espagnol Mindana. III *Voyage autour du monde fait pendant les années 1790, 1791 et 1792, par Etienne Marchand*, ibid., 1798, 4 vol. in-4. On trouve à la tête de cet ouvrage intéressant une introduc-

tion sur l'histoire de toutes les navigations à la côte nord-ouest de l'Amérique. Le quatrième volume contient un grand nombre de cartes hydrographiques.

FLEURIOT - LESCOT (J.-A.-C.), satellite de Robespierre, naquit à Bruxelles vers 1760. Il quitta sa patrie lors des premiers troubles du Brabant, et vint à Paris, où il exerça la profession d'architecte, pour laquelle il n'avait pas des talens bien remarquables. Il vivait dans un état assez précaire, lorsque la révolution vint lui offrir un moyen d'améliorer sa fortune. Il s'y jeta en enthousiaste, comme tous les intrigans étrangers qui se trouvaient à Paris, et qui firent tout à coup cause commune avec ceux du pays. Pour acquérir de la popularité, et se distinguer parmi la foule, il suffisait alors d'avoir des idées exaltées, des poumons d'airain, une voix infatigable, de l'audace, et un acharnement déterminé contre la cour et les ministres. Fleuriot possédait ces qualités au degré le plus suprême. Ainsi que le fameux Chabot, Collot-d'Herbois et autres, il commença à haranguer les groupes dans les rues et dans les places publiques, et fut successivement admis dans les sections de la capitale et dans le club des jacobins. Devenu substitut de l'accusateur public du tribunal révolutionnaire, il rendit des services signalés à Robespierre, son ami et son protecteur. Il était commissaire aux travaux publics, lorsque ce tyran alla le chercher au club des jacobins pour le faire maire de Paris. Mais à peine avait-il pris possession de cette nouvelle place, que son protecteur, terrassé à son tour par un parti dominant, avait été arrêté, et allait subir le même sort qu'il avait fait subir à Danton, son digne émule. Quand Fleuriot-Lescot eut appris cette nouvelle, il courut à la maison commune, rassembla tous les officiers municipaux et les membres du conseil qu'il put trouver. Il fit sonner le tocsin et fermer les barrières, en même temps qu'il fit placer plusieurs canons à la porte de l'hôtel de ville. Il déploya dans toutes ces démarches une activité, une présence d'esprit et une fermeté de caractère qu'on souhaiterait d'avoir vu employés pour la défense d'une meilleure cause. Dans ces entrefaites, Robespierre arriva à l'hôtel de ville, au milieu des gendarmes qui le gardaient. Fleuriot le fit mettre en liberté, et asseoir dans son fauteuil, entouré du peu d'adhérens qui lui restaient. Il leur fait prêter le serment de mourir pour la défense de Robespierre, qu'il proclame en même temps *sauveur de la patrie.* Afin de lui trouver de nouveaux défenseurs, il envoie des agens aux sections, qui cherchent à ranimer son parti. Tout cela fut fait en moins de trois heures; cependant, quelque rapidité qu'il eût mis dans ces divers mouvemens, il était trop tard, et la convention avait décrété *hors la loi* Robespierre et ses principaux partisans. Effrayés par cet arrêt terrible, ils n'osèrent plus rien tenter pour défendre leur chef. Fleuriot-Lescot fut entraîné dans sa ruine avec treize de ses complices, et périt sur l'échafaud le 28 juillet 1794; il était alors à peine âgé de trente-trois ans.

FLEURY (Marie-Maximilien-Hector de Rosset de), de la même famille que le cardinal de ce nom, naquit vers 1770, et embrassa la carrière des armes, qu'il quitta peu de temps après le commencement de la révolution. Compris en 1793 dans la fameuse loi *des suspects*, il fut enfermé dans les prisons du Luxembourg. Dans les premiers mois, le comte de Fleury ne perdit pas de sa gaieté naturelle, et s'abandonnait à tous les plaisirs que sa captivité pouvait lui permettre; mais quand il vit proscrire sa famille, détenue avec lui dans la même prison, et conduire à l'échafaud plusieurs de ses parens, le désespoir s'empara de lui, et il écrivit à Dumas, président du tribunal révolutionnaire, le billet suivant : « Homme »de sang ! égorgeur ! cannibale ! »monstre ! scélérat ! tu as fait périr »ma famille, tu vas envoyer à l'écha-»faud ceux qui paraissent aujourd'hui »devant ton tribunal; tu peux me »faire subir le même sort, car je te »déclare que je partage leurs sen-»timens. » La manière dont cette lettre était écrite prouvait assez que le délire de la douleur en avait dicté les expressions; quelque justes d'ailleurs qu'elles fussent. Cette raison et l'extrême jeunesse du comte auraient dû trouver de l'indulgence auprès de gens moins cruels. Dumas, en la recevant, dit à Fouquier-Tinville : « Voilà le billet doux »qu'on m'écrit : je t'invite à en pren-»dre lecture. Que faut-il répondre »à celui qui me l'adresse ? » — «Ce »monsieur me paraît bien pressé, »répondit Fouquier : eh bien, nous »allons le satisfaire. » Des gendarmes vont aussitôt se saisir du comte de Fleury; il est amené devant le tribunal révolutionnaire; mais il fallait quelque prétexte pour le perdre : des magistrats bourreaux pouvaient-ils en manquer? On le met pêle-mêle avec cinquante accusés, et on le dénonce comme complice de l'assassinat de Collot-d'Herbois. Le comte eut beau protester de son innocence, et qu'il ne pouvait être de complicité avec des personnes qu'il n'avait pas connues, et avec lesquelles il n'aurait pu se concerter, puisqu'il était en prison depuis huit mois, et qu'il y en avait à peine un que Collot-d'Herbois avait manqué d'être assassiné. Ses protestations furent vaines. On l'habilla d'une chemise rouge comme tous ceux qui étaient condamnés pour ce prétendu crime, et il fut conduit au supplice et exécuté le 18 juin 1794.

FLINDERS (Mathieu), navigateur anglais, né à Donington dans le Lincolnshire, vers 1770, a publié les découvertes qu'il a faites dans le continent de la *Nostrasie* ou Nouvelle-Hollande, dans un ouvrage intitulé : *Voyage aux Terres Australes, entrepris pour compléter la découverte de ce grand pays, et exécuté pendant les années 1801, 1802 et 1803* (en anglais), Londres, 1814, 2 vol. in-4, avec un atlas. Flinders mourut le 19 juillet de la même année, peu de jours après avoir corrigé la dernière feuille de son ouvrage, et avant sa publication. On trouve dans les *Annales des voyages*, vol. 10, page 88 et suiv., une *Lettre* (de ce navigateur) *aux membres de la société d'émulation de l'île de France sur le banc du Naufrage et sur le sort de la Peyrouse.*

FLINS DES OLIVIERS (Claude-Marie-Louis-Emmanuel. Carlon de), littérateur français, naquit à Reims en 1757. Son premier essai fut une *ode* à l'occasion du sacre du malheureux Louis XVI (1775). Il acheta une charge de conseiller à la cour des monnaies, place qu'il perdit lors de la révolution. Il en embrassa les principes; et quoiqu'il ne se mêlât pas de gouvernement, le chantre de Louis XVI prostitua sa plume aux opinions anarchiques des ennemis de ce monarque. Malgré tous

ses efforts, se voyant oublié, il se retira au presbytère de Semiers, près de Reims, d'où il sortit en 1802, pour aller occuper la place de commissaire impérial au tribunal de Vervins, que M. de Fontanes lui avait procurée. Il mourut dans cette ville en 1806. On a de lui : I *Voltaire*, poëme, 1779, in-8. II *Fragmens d'un poëme sur l'affranchissement des serfs*, qui ont été lus à la séance publique de l'académie française, Paris, 1782, in-8. III *Les Voyages de l'opinion dans les quatre parties du monde*, ibid., 1789. C'était un journal de circonstances dont il ne parut que cinq numéros. IV Le *Réveil d'Epiménide à Paris*, ou *les Etrennes de la liberté*, comédie en un acte et en vers, jouée en 1791. V Le *Mari directeur*, ou le *Déménagement du couvent*, comédie en un acte et en vers, 1791. Cette pièce, digne du temps où elle fut jouée, n'est qu'un conte des plus libres de la Fontaine, mis en action. VI *La Papesse Jeanne*, comédie-vaudeville en un acte, 1793. Il a aussi donné *la Jeune hôtesse*, en 3 actes et en vers, 1793, qui est une imitation de la *Locandiera* de Goldoni.

FLIPART (Jean-Jacques), graveur, né à Paris en 1723, fut élève de Laurent Cars, et devint membre de l'académie de peinture. Il avait beaucoup de facilité de burin, et une grande correction de dessin. Il a exécuté une *Sainte-Famille* d'après Jules Romain; le *Paralytique servi par ses enfans*; l'*Accordée de village*; le *Gâteau des rois*; *Adam et Eve*; *Notre Seigneur à la piscine*, etc. Il est mort en 1782.

FLOR (Roger), templier espagnol, naquit à Tarragone le 14 juillet 1262. Dans les dernières croisades il passa, avec plusieurs chevaliers catalans, en Palestine, où il se signala par sa valeur. Ayant réuni une petite armée navale, il battit souvent les flottes ennemies, infestait leurs côtes, en même temps qu'il portait des secours et des vivres aux armées des chrétiens. Il alla ensuite se joindre à Frédéric d'Aragon, qui disputait la couronne de Sicile aux rois de la maison d'Anjou, et contribua à la conquête de cette île. Peu de temps après, en 1304, Roger passa à Constantinople avec 2000 Catalans, unit ses armes à celles de l'empereur Andronic contre les Turcs, qui faisaient de grands progrès dans l'Orient. Il les défit complétement, et rendit la paix à l'Empire. L'empereur récompensa ces services. Il donna sa nièce en mariage à Roger (il n'avait fait que des vœux simples), et lui accorda le titre de César. Il combla aussi d'honneurs les capitaines de Roger, et notamment le comte Entenca, qu'il éleva à la dignité de *magneduc*. Andronic, naturellement faible et ingrat, écouta les conseils de sa tante Eulogie, qui voyait avec chagrin l'élévation de ces étrangers. Elle lui fit accroire que Roger avait tramé un complot contre lui et sa couronne, et il le fit assassiner une nuit (le 23 avril 1306), tandis que celui-ci passait à l'appartement de sa femme. Le grand duc Entenca fut condamné à mort. Les Catalans se renfermèrent dans Gallipoli, et, indignés de la fin tragique de leur général, ils la vengèrent cruellement. Ce fut alors qu'ils causèrent beaucoup de dégâts dans l'Empire, et non pendant la guerre contre les Turcs, comme le prétendent quelques historiens.

FLOREZ (Henri), savant religieux espagnol, né à Valladolid le 14 février 1701, prit en 1715 l'habit monastique chez les augus-tins, et s'y distingua par sa piété et l'étendue de son savoir. Il enseigna pendant plusieurs années la théologie dans son ordre avec succès. Il avait étudié à fond l'histoire sacrée et profane, était versé dans les antiquités, et passait pour un excellent numismate. Il est auteur de nombreux ouvrages sur toutes ces branches des connaissances humaines. Il mourut à Madrid le 20 août, ou, selon d'autres, le 5 mai 1773. Il a laissé : 1 *Cours de théologie*, 5 vol. in-4. II *Clave historical*, Madrid, 1743, in-4; ouvrage dans le genre de l'*Art de vérifier les dates*, et remarquable par la méthode et l'exactitude qui y règnent. La huitième édition est de 1764. III *La España sagrada, o Teatro geografico historico de la iglesia de España*, Madrid, depuis 1747 jusqu'en 1779, 29 vol. in-4; continuée d'abord par le P. Bisco, qui donna le 30ᵉ vol. en 1775, et le 31ᵉ en 1786, et ensuite par le P. Fernandez, qui en publia trois autres, ce qui porte l'ouvrage à 34 vol. C'est une histoire complète de l'église d'Espagne, recommandable par la certitude des faits et une judicieuse critique. Les uns l'ont comparée à la *Gallia christiana*, les autres à l'*Histoire ecclésiastique* de Fleury; peut-être tient-elle de l'un et de l'autre genre. IV *España carpetana*. V *Medallas de las colonias, municipios y pueblos antiguos de España*, Madrid, 1757 et 1758, 2 vol. grand in-4, et un 3ᵉ en 1773; recueil précieux qui eut un grand succès et l'approbation de l'académie des inscriptions et belles-lettres de Madrid, qui nomma l'auteur son associé correspondant. VI *Disertacion de la Cantabria*, 1768, in-4. VII *Memorias de las Reynas catolicas*, Madrid, 1770, 2 v. in-4, 2ᵉ édit. VIII *Traité sur la botani-*

que et les sciences naturelles, etc.
Florez a été l'éditeur de la *Rela-*
cion del viage literario de Ambro-
sio Morales, Madrid, 1765, in-fol.,
etc.

FLORIAN (Jean-Pierre Claris
de), littérateur français, naquit au
château de Florian, dans les basses
Cévennes, le 6 mars 1755. Au sortir
de l'enfance il fut mis en pension à
Saint-Hippolyte, et de là il passa
chez son oncle le marquis de Florian,
qui avait épousé une des nièces de
Voltaire. Cette alliance lui donnant
occasion d'aller souvent à Ferney,
il obtint du philosophe la permission
de lui présenter son neveu. Voltaire
lui fit un gracieux accueil, sembla
fort content des heureuses dispositions du jeune Florian, et prit pour
lui beaucoup d'intérêt. En 1768,
celui-ci fut admis parmi les pages du
duc de Penthièvre, qui lui témoigna du
premier moment cette bienveillance
qui dura autant que sa vie. Franc,
gai, aimable, spirituel, Florian se
captiva bientôt l'amitié de toutes les
personnes distinguées qui composaient la petite cour du château d'An-
net. S'étant décidé pour la carrière
des armes, il entra d'abord dans l'artillerie; et quelque temps après son
protecteur lui accorda une lieutenan-
ce dans le régiment de dragons de
Penthièvre, et ensuite une compagnie. Florian aimait avec passion
l'étude des belles-lettres. Après avoir
passé quelques mois dans une garnison, il sollicita et obtint une réforme; mais, par une grâce spéciale,
son service comptait toujours. Il
put alors se livrer entièrement à son
goût pour l'étude, et produire des
ouvrages qui établirent sa réputation.
Il débuta à l'académie française par
son *Eloge de Louis XII*, qui ne
fut pas généralement goûté; il eut
plus de bonheur dans la suite; son

épître intitulée *Voltaire et le serf*
du mont Jura, et sa charmante
églogue de *Ruth*, lui méritèrent d'être
couronné deux fois dans cette même
académie, qui le reçut dans son
sein en 1788. Le duc de Penthièvre,
qui avait toujours pour Florian l'affection et la tendresse d'un père, le
nomma son gentilhomme ordinaire,
et le chargeait souvent de répandre
ses bienfaits, soit dans la capitale,
soit parmi ses vassaux. Toujours
fidèlement attaché à ses maîtres légitimes, il ne put voir leurs malheurs
sans une profonde affliction, que la
mort du duc de Penthièvre vint
augmenter encore. Jusqu'alors il
avait pu vivre sans danger au milieu
des désordres de la révolution; mais
en 1793 il fut compris dans le décret
qui exilait les nobles de la capitale.
Il croyait trouver la tranquillité à
Sceaux, où il alla s'établir; mais on
vint l'arracher de cet asile pour
l'enfermer dans les prisons de la
Bourbe, dite alors *Port-Libre*.
Après le 9 thermidor, il recouvra
sa liberté, et se retira de nouveau
à Sceaux. Un sentiment de frayeur
dont il avait été saisi pendant son
arrestation, et qu'il n'avait pu surmonter, abrégea le cours de sa vie,
et il expira le 13 septembre 1794 : il
avait alors trente-huit ans. Florian
avait eu pour mère une dame d'origine espagnole (Gillète de Salgues);
cela le décida de bonne heure à
apprendre la langue espagnole, qui
détermina son goût pour la littérature de cette nation. Ses principaux
ouvrages sont : I *Galatée*, 1783,
roman pastoral, dont les trois premiers livres sont imités de Cervantes, et le dernier est de sa composition. Cet ouvrage eut un grand
succès. II *Numa Pompilius*, 1786,
2 vol. in-16. Dans cet ouvrage,
Florian s'était proposé d'imiter le

Télémaque de l'immortel Fénélon ; mais la copie est bien au-dessous de l'original. III *Estelle*, roman pastoral, 1788, qu'on pourrait croire, avec assez de fondement, une imitation de la *Diane* de Monte-Mayor, et de celle de Gil Polo, dramatistes espagnols. Cet ouvrage, à l'époque où il parut, ne pouvait certainement pas avoir le même succès que la *Galatée*. L'effervescence où étaient les esprits dans les commencemens des troubles politiques, ne leur permettaient pas de se plaire à la lecture des amours pures et des mœurs simples des bergers de Florian. IV *Gonzalve de Cordoue*, 1791, 3 vol. in-16. Le héros de ce roman historique n'est point, comme on l'a prétendu, déguisé sous les couleurs d'un chevalier français. Il a la bravoure, la générosité, la franchise des anciens chevaliers de toutes les nations ; et celle à qui Gonzalve appartenait passait pour observer strictement ces premiers devoirs de la chevalerie. Et même les historiens accordent à Gonzalve ces qualités, autant qu'elles pouvaient s'unir avec la sévérité et la prudence d'un chef d'armée. La manière dont il traita son prisonnier, le brave la Palisse, prouve que Gonzalve, quand il n'agissait pas par l'impression de son maître, était franc et généreux. Quoi qu'il en soit, le meilleur morceau que contient cet ouvrage est le *Précis historique sur les Maures*, qui sert d'introduction, et qui fait honneur à la plume de Florian. V *Fables*, 1792. Cet ouvrage, d'après Laharpe, place l'auteur au rang de second fabuliste français. VI Son *Théâtre*; en 3 vol., est composé de petites pièces, comme le *bon Ménage*, le *bon Père*, *la bonne Mère*, etc., qui toutes eurent du succès. Il fit le sacrifice de plusieurs autres ouvra-

ges dramatiques à la piété de son illustre Mécène. Il a aussi donné des *Nouvelles*, des *Nouvelles nouvelles*, des *Contes*, deux poëmes fort médiocres, *Guillaume Tell* et *Eliézer et Nephtali*, qui se ressentent de la position désagréable où se trouvait l'auteur quand il les composait, ayant écrit le premier à la *Bourbe*, et le second lorsqu'il conservait les tristes souvenirs de sa captivité. Sa traduction du *Don Quichotte* de Cervantes ne parut que long-temps après sa mort. On y chercherait en vain le génie de l'auteur espagnol : quand on traduit un livre, et surtout un livre classique, on doit s'attacher surtout à en faire bien connaître l'esprit original ; et il n'y a, parmi tous les traducteurs de *Don Quichotte*, que Filleau de Saint-Martin qui ait su remplir ce but. La plupart des ouvrages de Florian pèchent du côté du plan, et n'ont pas un genre déterminé. On y trouve cependant un style pur, de belles situations, et surtout une extrême sensibilité. Un des principaux mérites de cet auteur est de n'avoir jamais insulté dans ses écrits ni à la morale ni à la religion.

FLORIDA-BLANCA, (François-Antoine Moñino, comte de), ministre de Charles III, roi d'Espagne, naquit à Murcie, en 1730, de parens pauvres, mais honnêtes. Son père, notaire de profession, put lui procurer une éducation soignée. Il reçut à Salamanque le bonnet de docteur, et bientôt, s'étant distingué comme avocat éloquent et habile publiciste, il fut appelé à remplir les charges les plus importantes de la magistrature. Le marquis d'Esquilache, alors ministre d'état, l'appela à Madrid, l'employa honorablement, et le nomma ensuite ministre à Rome. Moñino renouvela alors auprès de Clément XIV les sollicitations de la cour d'Espagne, pour la suppression des jésuites. C'est Moñino qui en concerta le plan, et qui obtint le fameux bref du 21 juillet 1773, qui portait cette suppression violente, dont l'exécution fut confiée par le ministre d'état au comte d'Aranda, gouverneur (président) du conseil de Castille. La réussite de cette affaire, discutée depuis long-temps, lui attira les faveurs de sa cour, et Charles III le nomma ministre d'état. Son activité infatigable, et ses vastes connaissances, rendirent au cabinet espagnol sa première splendeur. Il avait cependant un rival redoutable dans le célèbre Pitt; mais il parvint, malgré les efforts de cet habile ministre, à faire respecter dans les mers le commerce et le pavillon espagnol [1]. Le double mariage qu'il conclut de l'infante doña Charlotte avec le prince du Brésil (actuellement régnant), et de l'infant don Gabriel, frère de Charles III, avec une princesse portugaise, mit fin aux dissensions politiques qui existaient entre l'Espagne et le Portugal. Charles III récompensa Moñino en lui conférant le titre de Florida-Blanca. Le but que Moñino se proposait dans cette alliance, c'était de placer un prince espagnol sur le trône de Portugal; mais la postérité mâle du prince du Brésil exclut du trône l'infant don Pèdre, fils de don Gabriel, et mort au Brésil en 1810. Ce ministre favori de son maître, porta le dernier coup aux fameux *cortès*. Les députés, selon l'usage, s'étaient réunis à Madrid pour proclamer le suc-

cesseur immédiat à la couronne, sous le titre de prince des Asturies. Avant de prêter ce serment au nom des provinces, les députés exigeaient la promesse solennelle que le prince conserverait leurs anciens priviléges, et qu'il rendrait ceux qu'ils avaient perdus sous les règnes de ses prédécesseurs. Le ministre, par les dispositions où il voyait les députés, craignant les suites de cette cérémonie, employa menaces, présens, décorations, emplois, pour attirer dans ses vues les députés, qui finirent tous par prêter leur serment au prince des Asturies. On peut justement reprocher à ce ministre d'avoir entrepris deux guerres désastreuses (celle d'Alger en 1777, et celle de Gibraltar en 1782), où il n'employa que des généraux peu habiles, par la seule raison qu'ils étaient ses créatures; et si dans la seconde guerre, à l'attaque décisive, la victoire parut quelque temps incertaine (*voy.* ELIOT, *Suppl.*), ce fut moins par le talent du chef, que par la valeur des soldats. Florida-Blanca avait un ennemi assez à craindre dans la personne de Gardoqui, ministre des finances; le roi, pour terminer les différens qui existaient entre deux hommes qui lui étaient également nécessaires, fit conclure le mariage du neveu de celui-ci avec une nièce de Moñino. Emule du cardinal de Richelieu, il se plut toujours à humilier la haute noblesse, qu'il dépouilla d'une grande partie de ses priviléges. Quelques-uns crurent qu'une maladie de langueur dont il fut attaqué pendant deux ans, n'était que le résultat d'une dose de poison lent que ses ennemis lui avaient fait avaler. Son assiduité au travail en était plus vraisemblablement la cause. Il en guérit après un régime long et sé-

[1] Il parut à Londres, au sujet des démêlés politiques entre ces deux ministres, une caricature où l'on représentait Moñino une plume à la main, tenant de l'autre Pitt par le nez.

vère. La mort de Charles III, en 1788, mit le terme à la faveur de Florida-Blanca, qui resta encore quelques mois dans le ministère. Il s'était déclaré ouvertement contre les principes de la révolution française, et avait dit plusieurs fois que Louis XVI en serait victime. « Les Français, disait-il encore, »veulent planter un arbre qu'ils ar»roseront de leur sang. » On supposa, dans le temps, que les manœuvres de quelques agens français, réunies aux efforts de ses ennemis, causèrent sa disgrâce. Le bruit se répandit même qu'un chirurgien français avait tenté de l'assassiner. Ce qu'il y a de certain, c'est qu'un jour, au moment où il allait monter en carrosse pour se rendre à la cour, un inconnu, armé d'un couteau, se jeta sur lui, et lui fit plusieurs blessures dont aucune ne fut mortelle. De nouvelles persécutions le firent exiler encore de Murcie, et enfermer dans la citadelle de Pampelune. Il en sortit après plusieurs mois de détention, et se retira à Lorca. Lors de l'invasion des Français en Espagne, en 1808, il fut appelé par le vœu de la nation à présider ces mêmes cortès dont il avait jadis anéanti les priviléges. Il ne jouit pas long-temps de cette distinction honorable, et mourut à Séville, le 20 novembre 1808, âgé de 78 ans. Pendant son ministère il établit à Madrid une police exacte, et réforma parmi le peuple plusieurs usages qui n'étaient que des abus pernicieux. Il fut l'ami et le protecteur des lettres et des arts, institua des écoles gratuites de toutes les sciences, dont les professeurs étaient richement récompensés. Ce fut sous ses auspices que le cabinet d'histoire naturelle de Madrid devint un des plus beaux de l'Europe, et dans lequel les séries des *crustacées* et des *minéraux* sont, sans contredit, les plus riches que l'on connaisse. Il fit accorder des revenus fixes aux académies des arts de Madrid, de Valence, Barcelone, etc., et des récompenses aux élèves les mieux instruits. Le ministre prévoyant n'oublia pas d'embellir la capitale de belles promenades et d'édifices publics. Il fit creuser des routes magnifiques pour faciliter la communication des provinces avec la capitale. Il faut aussi avouer qu'un des principaux soins de Monino, fut d'enrichir et d'élever ses parens. Un seul se refusa à tous ses dons : son propre père. Etant devenu veuf, il s'était consacré à l'état ecclésiastique. C'est en vain que son fils le sollicita d'accepter un évêché et de riches prébendes. Il se contenta de vivre des revenus d'un modique bénéfice.

FLORIEP (Just-Frédéric), théologien allemand, de la confession d'Augsbourg, et savant orientaliste, naquit à Lubeck en 1745; il fit ses études dans cette ville et à l'université de Leipsig, où il prit des grades et obtint une chaire de professeur extraordinaire de théologie. En 1771 il fut professeur ordinaire de la même faculté dans la communion d'Augsbourg, et peu de temps après, professeur de langues orientales à l'université d'Erfurt. En 1781 il était surintendant et premier pasteur du temple luthérien de Buckeburg. Il paraît qu'il perdit ces places sans qu'on en sache la raison. Il se retira à Wetzlar, où il demeura sans emploi jusqu'en 1796, qu'il y fut nommé prédicateur. Il y mourut le 26 janvier 1800. Il est auteur d'un grand nombre d'ouvrages, dont Meusel donne la nomenclature, et parmi lesquels on distingue les suivans : I *De utilitate linguæ arabicæ in defendendis nonnullis locis sanctæ Scripturæ. Specimen primum*, Leipsig, 1767, in-4. II *Corani caput primum, et secundi priores versus, arabicè et latinè cum animadversionibus historicis et philologicis*, 1768, in-8. III *Arabische bibliotheck*, Francfort et Leipsig, tom. 1.er. IV *Sentimens sur les écrits théologiques les plus remarquables de notre temps*, en allemand. Les dernières parties du 2e et plus de la moitié du 3e vol. sont de lui, Lubeck, 1769, in-8. V *Bibliothèque des connaissances théologiques*, en allemand, 1er vol., 6 parties, Lemgow, 1771-1773; 2e vol., 6 parties, ibid., 1774-1787. VI *Dissertatio inaug. de novâ ratione conjungendi theol. dogmaticam cum theologiâ morali*, Helmstadt, 1772, in-4. VII *Discours sur les dogmes les plus importans de la religion chrétienne*, 1er vol., Erfurt, 1773; 2e vol., ibid., 1775, in-8. VIII *Dissertatio de emendandâ Lutheri versione Bibl.*, Erfurt, 1778. IX *Bibliothèque de littérature théologique*, 2e partie, ibid., 1779. X *Des Observations sur les prælectiones isagogicæ* de Gesner. XI *Des sermons.* XII Beaucoup d'articles dans les *Acta eruditorum*, et les gazettes de Leipsig. La femme de Floriep (AMÉLIE-HENRIETTE-SOPHIE), née à Rostock en 1762, cultivait la littérature, et a traduit quelques ouvrages français en allemand, notamment la *Correspondance de Rollin avec le roi de Prusse*. Elle est aussi auteur de quelques romans. Elle mourut à Gotha en 1784, à la fleur de son âge.

FLORUS (Julius), orateur gaulois. Il vivait au commencement de l'ère chrétienne, et fut disciple du célèbre Portius Latio. Il suivit le barreau, où il se distingua par son savoir et son éloquence. Quintilien (dans ses *Instit. orat.*, lib. 10, cap. 3, pag. 765, ed. varior.) dit de lui : *Is fuit in eloquentiâ galliarum princeps et alioqui inter paucos disertus.* Florus mourut dans les Gaules vers l'an 55 de J.-C.

FLOYER (Sir John), célèbre médecin anglais, naquit à Henters, dans le comté de Stafford, en 1649. On a de lui plusieurs ouvrages fort estimés et relatifs à son art, et entre autres : I l'*Art de conserver la santé des vieillards*, etc., avec une *Lettre sur le régime à suivre dans la jeunesse*, Londres, 1724. II *Essai de rétablir le baptême des enfans par immersion*, ibid., 1724. Ses ouvrages, écrits en anglais, ont été traduits en différentes langues. Floyer mourut en 1734.

FOGGINI (Pierre-François), savant prélat romain, et préfet de la bibliothèque du Vatican, naquit à Florence en 1713 d'un père célèbre dans l'architecture et la sculpture. Le jeune Foggini se destinant à l'état ecclésiastique, entra au séminaire de Florence, alla ensuite étudier à Pise, y prit le bonnet de docteur en théologie, et fut admis dans le collége des théologiens de cette ville. Le prélat Bottari, son concitoyen, et l'un des bibliothécaires du Vatican, lui ayant proposé de venir se fixer à Rome, il céda à cette invitation avec d'autant plus d'empressement, qu'il entrevoyait dans ce changement de domicile plus de moyens de perfectionner ses connaissances et de satisfaire son goût pour les études savantes. Il eut l'avantage de s'y faire connaître de Benoît XIV, qui lui donna une place dans l'académie d'histoire pontificale, nouvellement établie, et l'attacha à la bibliothèque Vaticane. Bientôt après le cardinal Neri-Marie Corsini le nomma à un bénéfice de Saint-Jean-de-Latran, et le prit pour son théologien. Sous Clément XIV il fut employé dans les affaires qui concernaient les jésuites, à qui on dit qu'il n'était point favorable. Pie VI, élevé au souverain pontificat, le prit pour son camérier secret, et le fit préfet de la bibliothèque Vaticane : la mort d'Etienne - Evode Assemani, archevêque d'Apamée, laissait cette place vacante. Les ouvrages dont Foggini est auteur sont extrêmement nombreux. Nous citerons les suivans : I des *Thèses historiques et polémiques contre les quatre articles du clergé de France*, *de* 1682, Florence, 1738. II *De primis florentinorum apostolis exercitatio singularis*, ibid., 1740, in-4. III *De Romano divi Petri itinere et episcopatu, ejusque antiquissimis imaginibus*, 1741, in-4. Il y réfute ceux qui prétendent que saint Pierre n'est jamais venu à Rome, et n'en a point été évêque. IV *La vera Istoria di san Romulo, vescovo e protettore di Fiesole*, 1742, in-4. V *Publii Virgilii Maronis codex antiquissimus à Rusio Turcio Aproniano distinctus et emendatus*, Florence, 1741, in-4. Cette édition est exécutée en lettres onciales, employées dans le manuscrit. VI *Des douze pierres précieuses du rational du grand prêtre des Hébreux*, 1743, avec une préface et des notes. VII *Instructions et prières à l'occasion du jubilé*, 1750. VIII *Accord admirable des Pères de l'église sur le petit nombre des adultes qui doivent être sauvés*, 1752; en latin. Lequeux en a donné une édition, Paris, 1759, et une

traduction française en 1760. Cet écrit est dirigé contre l'archevêque de Fermo, qui avait établi la doctrine contraire. IX *Traité sur le clergé de Saint - Jean - de - Latran*, 1748. X *Appendix à l'histoire byzantine*, 1777. XI *Verrii Flacci fastorum anni romani reliquiæ et operum fragmenta omnia*, Rome, 1779, in-fol., avec son neveu Nicolas Foggini. D'anciennes inscriptions trouvées à Palestrina, ont en grande partie fourni les matériaux de ce traité. On doit en outre au prélat Foggini différentes collections, et beaucoup de dissertations sur des sujets d'érudition et d'antiquités. Il était membre de plusieurs sociétés littéraires d'Italie. Il mourut d'apoplexie le 2 juin 1783, à l'âge de soixante - dix ans. On a publié à Florence son éloge, qu'on croit être l'ouvrage de son neveu.

FOLLEVILLE (Gabriel Guyot ou Guillot de), se disant *évêque d'Agra*, avait été vicaire ou curé à Dol en Bretagne. Lorsqu'on exigea des fonctionnaires ecclésiastiques le serment à la constitution civile du clergé, il le prêta; puis, s'en étant repenti, il le rétracta. Obligé de cacher, il vint à Paris, et se retira ensuite à Poitiers chez une parente. Il était de mœurs douces, avait des manières polies, assez d'usage du monde et l'air religieux. Connu pour un prêtre dans une société peu nombreuse, composée de religieuses chassées de leur cloître, et de personnes attachées à la religion, il leur inspira de la confiance et en fut recherché. Il les édifiait et les consolait. Pour se donner plus de relief, il imagina de se faire passer pour un ecclésiastique constitué en dignité. Il se dit évêque d'Agra, et chargé de pouvoirs du saint-siége en qualité de vicaire apostolique dans les départemens de l'ouest. Il ajoutait qu'il avait été sacré par des évêques insermentés. Cette fable s'accrédita parmi ses connaissances. Il n'avait peut-être alors d'autre idée que de s'attirer par ce mensonge un peu plus de considération ; mais ce fut pour lui, par la suite, la source d'un déluge de maux. Trouvé au mois de mai 1793, on ne sait comment, vêtu en soldat dans la ville de Thouars, dont l'armée vendéenne s'était emparée, il dit à des paysans qui l'avaient arrêté, qu'il était prêtre, et qu'on l'avait enrôlé de force à Poitiers dans un bataillon républicain. Il fut conduit à M. de Villeneuve, officier de l'armée vendéenne, qui avait étudié avec lui, et qui le reconnut pour son camarade de collége. L'abbé de Folleville eut l'imprudence de lui répéter le roman de son épiscopat, vraisemblablement sans autre intention que celle qui le lui avait fait inventer. Il pouvait être utile à l'armée vendéenne, qui prenait le titre de *catholique*, d'avoir avec elle un ecclésiastique revêtu du caractère épiscopal. On lui proposa de s'attacher au parti ; il s'en défendit ; ce qui prouve que dans sa tromperie il n'y avait aucun motif d'ambition. On parvint à vaincre sa répugnance. On le présenta à l'état-major, qui n'avait aucun motif de suspecter sa bonne foi. Il se trouva ainsi dans l'embarrassante alternative, ou de dévoiler son imposture, ou d'en soutenir le personnage. Après les premières imprudences, il était difficile de faire autrement. L'armée, composée de paysans attachés à leur religion, l'accueillit avec enthousiasme. Elle lui demandait et recevait sa bénédiction, assistait à sa messe célébrée pontificalement, et sentait son cou-

rage s'augmenter de la présence d'un prince de l'église. Il y avait dans l'armée un conseil supérieur composé d'ecclésiastiques et de gentilshommes avancés en âge ; on y fit entrer le faux évêque d'Agra en qualité de président. On s'était bien aperçu qu'il avait peu de capacité, mais on crut devoir cet égard à son titre. Cependant le pape avait été informé de la fraude. Par un bref du 31 juillet 1793, il fit savoir aux chefs vendéens qu'il n'y avait point d'évêque d'Agra, et que celui qui se donnait pour tel ne pouvait être qu'un imposteur. On se trouva fort embarrassé. L'armée vendéenne avait eu de mauvais succès. On craignit que cet événement, venant à transpirer, ne portât le deuil et le découragement dans l'esprit des bons et religieux Vendéens. On crut donc prudent de dissimuler ; mais l'abbé de Folleville, au changement de manières des chefs à son égard, s'aperçut bientôt que son imposture était découverte, et une profonde tristesse s'empara de lui. On prétend que l'abbé Bernier, depuis évêque d'Orléans, et alors dans l'armée vendéenne, ne fut point étranger aux moyens qui procurèrent cette révélation. Quoi qu'il en soit, l'abbé de Folleville se trouva encore à l'attaque de Granville, dont l'issue fut si fâcheuse pour les Vendéens. Il y redoubla de zèle ; il parcourait les rangs, animait les soldats, relevait les blessés, leur portait les secours qui dépendaient de lui, affrontant le feu de l'ennemi, et désirant peut-être d'en être atteint. Il suivit l'armée jusqu'à la déroute du Mans, où elle fut presque entièrement détruite. Alors il erra pendant quelque temps ; mais ayant été arrêté et conduit à Angers, il y fut reconnu pour celui qui se disait évêque d'Agra, et qui avait officié pontificalement dans cette ville, lorsqu'elle était tombée au pouvoir des Vendéens. Interrogé, il ne se défendit point. On le condamna à périr sur l'échafaud. Il y monta le 5 janvier 1794, et mourut avec résignation et courage, dans de grands sentimens de piété ; heureux d'expier ainsi une faute inexcusable sans doute, mais qui n'excluait pas d'assez bonnes qualités personnelles. On a voulu faire passer l'abbé de Folleville pour un prêtre fanatique qui excitait au carnage les soldats vendéens. C'est mal le connaître. Il est certain que son caractère était doux, humain et éloigné de toute violence ; et si on ne peut s'empêcher de le blâmer, on ne peut guère non plus s'abstenir de le plaindre.

FONSECA (Eléonore, marquise de), naquit à Naples en 1768, et consacra sa jeunesse à l'étude des lettres ; goût qui ne l'abandonna pas lors même qu'elle fut mariée au marquis de Fonseca, originaire d'une illustre famille d'Espagne. Elle poussa son amour pour les sciences jusqu'à en apprendre une que la décence au moins ne rend pas trop convenable aux personnes de son sexe, l'anatomie. La marquise Eléonore s'y livra avec une telle ardeur, qu'elle se trouva en état de communiquer ses observations au célèbre Spallanzani ; et on arrive même à assurer qu'elles ne furent pas inutiles à ce professeur pour sa fameuse découverte des *vaisseaux lymphatiques*. Son rang et sa naissance l'avaient placée auprès de Marie-Caroline, reine de Naples, en qualité de dame d'honneur. La marquise avait de l'instruction, beaucoup de vivacité, et, ainsi que la plupart des femmes savantes, elle aimait à faire de l'esprit, même sur les matières les plus délicates. S'étant permis quelques plaisanteries, parfois un peu trop piquantes, sur la reine et le ministre, elle fut congédiée de la cour. Depuis lors, la marquise Eléonore conçut pour la famille royale une inimitié qui finit par lui devenir funeste. Nourrie de la lecture des philosophes, elle n'en parlait jamais, et surtout de Voltaire, de d'Alembert et de Rousseau, sans une admiration qui tenait du délire ; et, lorsque la révolution éclata en France, elle en partagea aussitôt les principes. La marquise de Fonseca réunissait dans sa maison les personnes les plus remarquables de la capitale, soit par leur naissance, soit par leurs talens. On peut dire qu'elle était à Naples ce que furent à Paris madame du Deffand et mademoiselle de l'Espinasse (*voyez* ces noms au *Suppl.*) ; et ce n'est qu'avec assez de probabilité qu'on l'accusa d'entretenir une correspondance secrète avec les Français qui approchaient de Naples, et d'avoir ainsi eu une grande part aux troubles de ce royaume en 1799. Le roi et sa famille ayant été obligés de quitter la capitale, peu avant leur départ, les lazzaroni se livrèrent à toutes sortes d'excès contre les Français qui se trouvaient alors à Naples ; et comme la marquise ne s'était déjà que trop signalée par ses opinions, ils voulaient aller brûler son hôtel et exercer sur elle leurs vengeances. Mais la marquise avait déjà été avertie ; elle s'était formée une sorte d'association de plusieurs dames ennemies comme elle de la famille royale, et favorables à la cause des révolutionnaires français. Elle parvint à en réunir une grande partie, et, se mettant à leur tête, traversa les rues de Naples au milieu des lazzaroni, qui n'osèrent plus remuer, et les conduisit sous la protection du château Saint-Elme, que les Français avaient occupé. Quand ceux-ci firent leur entrée générale à Naples, la marquise publia un journal intitulé *le Moniteur napolitain*, qui, dans ces temps d'anarchie, eut beaucoup de succès, et dans lequel elle donnait l'essor à toute son indignation contre la cour, et surtout contre la reine, ses ministres, et la fameuse lady Hamilton. (*Voyez* ce nom, *Supplém.*) Ce journal incendiaire ne fit qu'augmenter les partisans du nouvel ordre de choses; mais le triomphe de la marquise fut de courte durée. Les Français ayant été chassés du royaume de Naples par les armées commandées par le cardinal Ruffo, plusieurs amis de la marquise de Fonseca lui donnèrent le salutaire avis d'éviter la colère du cardinal. Elle persista à rester à Naples, afin, disait-elle, d'être toujours à portée d'encourager son parti. A peine le cardinal Ruffo fut-il entré dans la capitale, qu'il la fit arrêter. Elle fut condamnée à être pendue le 20 juillet 1799, sans que ses parens ni les personnes les plus distinguées pussent obtenir de faire au moins commuer ce genre de supplice. La marquise avait alors 31 ans.

FONSECA FIGUEREIDO Y SOUSA (Joseph-Marie de), religieux franciscain et évêque de Porto, était né à Evora, en Portugal, le 3 décembre 1690, d'une famille noble. Il fit ses études dans l'université de cette ville, et y passa docteur en droit. Il accompagna à Rome le marquis d'Abrantès, envoyé en ambassade près de Clément XI. Attaqué d'une maladie dangereuse, il fit vœu d'embrasser la vie monastique dans l'ordre de Saint-François, s'il recouvrait la santé. Il accomplit ce vœu à Rome, en 1712, en entrant dans le couvent d'*Ara Cœli*. Il enseigna la philosophie et la théologie dans son ordre, et y parvint aux postes les plus importans, même à la dignité de général. Benoît XIII avait pour lui une bienveillance particulière. Ce pape le choisit pour son théologien au concile de Latran, et le fit consultant des congrégations sacrées. Il eut aussi la confiance de l'empereur Charles VI, dont il était conseiller aulique, et pour lequel il résida près des trois papes Benoît XIII, Clément XII et Benoît XIV, en qualité de ministre plénipotentiaire. Après avoir refusé plusieurs évêchés, il fut obligé de céder aux ordres de Jean V, roi de Portugal, qui le nomma évêque de Porto. Il se rendit dans son diocèse, où son savoir, sa piété et sa bienfaisance lui acquirent l'estime générale. Il avait cultivé les lettres avec soin, et écrivait en italien, en espagnol et en portugais avec goût et pureté. Il était orateur éloquent, bon poëte, et membre de plusieurs académies, notamment de l'académie royale portugaise. Il enrichit d'une belle bibliothèque le couvent d'*Ara Cœli*. Il mourut le 14 avril 1760. Il a laissé de savans ouvrages en latin, en espagnol et en italien. Les principaux sont : I *Jura romanæ provinciæ super ecclesiam Aracælitanam*, etc., Rome, 1719, in-fol. II *Privilegia terræ sanctæ, et facultas utendi pontificalibus*, ibidem, 1721, in-fol. III *P. Fra-Fratris Claudii Frassen philosophia et theologia correcta et emendata*, Rome, 1726, 16 vol. in-4. (*Voy.* FRASSEN, *Diction.*) IV *Eccelencias y virtudes del apostolo de las Indias, san Francisco Solano*, 1727, in-8. V *Arcadia festiva pell'innalzamento al trono dell'eminentissimo cardinale Cor-*

sini , col nome di Clemente XII , Rome, 1730 , in-4. VI *Tabulæ chronologicæ , in quibus sculptæ sunt effigies et gesta sanctorum pontificum , cardinalium , etc. , qui seraphicæ militiæ sunt adscripti*, Rome, 1737 , in-fol. VII Plusieurs autres écrits en prose et en vers, conservés dans la bibliothèque d'*Ara Cœli*, et dans celle de l'académie d'histoire de Lisbonne.

FONTAINE – MALHERBE (Jean), littérateur, né près de Coutances vers 1720. On a de lui : I Plusieurs pièces de théâtre fort médiocres, et qui ne furent jamais jouées. II La *Rapidité de la vie*, poëme, 1766, in-8, qui remporta l'*accessit* de l'académie française en 1766. III *Epître aux pauvres*, 1768, in-8. IV *Discours en vers sur la philosophie*, 1766, in-8. V *Fables et Contes moraux*, 1769, in-8, etc. M. l'abbé Sabatier de Castres reproche avec raison aux poésies et aux discours de Fontaine un *vernis philosophique*; mais malgré ce vernis, elles ne furent pas bien applaudies par ses contemporains, et n'iront pas sans doute à la postérité.

FONTANA (Félix), célèbre physicien et naturaliste italien, naquit à Pornarolo, bourg du Tyrol, le 15 avril 1730. Après avoir fait ses premières études à Roveredo, il les continua dans les principales universités d'Italie. L'empereur François I*er*, alors grand duc de Toscane, le nomma professeur de philosophie à Pise; et Pierre-Léopold, son fils et son successeur dans ce duché (depuis empereur), l'appela à Florence, où il le chargea de former le superbe cabinet de physique et d'histoire naturelle qui est, même aujourd'hui, un des plus beaux de l'Europe. Parmi les nombreux objets qui remplissent cette riche collection, on y remarque une immense quantité de préparations anatomiques en cire coloriée, qui représentent dans le plus exact détail toutes les parties du corps humain. Les artistes les exécutaient sous les yeux de la Fontana, qui en avait dirigé les dessins. L'empereur Joseph II lui commanda une collection pareille pour l'académie de chirurgie de Vienne, et le nomma chevalier. Napoléon lui en demanda en 1800 une autre pour la France, et elle existe à l'école de médecine de Montpellier. L'école de Paris en possédait déjà une faite par Laumorier. Vers la fin de sa vie, Fontana avait entrepris un ouvrage qui aurait fait l'admiration de notre siècle, s'il eût pu le terminer : il consistait en une statue de bois de grandeur colossale, susceptible de se démonter, et devant offrir toutes les parties du corps en état de se détacher et se rattacher dans leur ordre naturel, pouvant ainsi répéter la dissection d'un organe quelconque. Il avait déjà commencé cette statue; mais, après sa mort, en voulant la continuer, on a été arrêté par des obstacles que Fontana aurait vraisemblablement surmontés. Ce savant a publié plusieurs écrits importans sur la physique, la physiologie, la chimie; savoir : I sur *les phénomènes de l'irritabilité*, 1757. II Sur *l'iris*, 1767. III *Observations ou Recherches sur le poison de la vipère*, Lucques, 1767, in-8. L'auteur y établit, entre autres choses, que la morsure de la vipère d'Europe est insuffisante pour tuer un homme. IV *Recherches philosophiques sur la physique animale*, Florence, 1775, in-4. Il a inséré dans différens recueils, soit italiens, soit français, des *Lettres* sur les globules du sang, où il réfute l'opinion de *la Torre*, qui les croyait creux. V *Descrizione*, etc., ou *description et usage de quelques instrumens* (comme l'aéromètre), pour mesurer la salubrité de l'air. Plusieurs opuscules de Fontana ont été traduits en français par Gebelin, avec ce titre : *Observations physiques et chimiques*, Paris, 1785, in-8. Fontana avait fait plusieurs voyages en Italie, en France, en Allemagne, etc., et était lié avec les principaux savans de l'Europe. Il fit de bons élèves, parmi lesquels il comptait, dans la partie chimique, le grand duc Léopold, qui devint lui-même un excellent chimiste. Quand les armées françaises entrèrent en Italie, les généraux lui témoignèrent beaucoup d'égards; et il vécut avec eux en bonne intelligence. Cela le rendit suspect; et lorsque les Arétins, peuple turbulent de la Toscane, précédèrent à Florence les Autrichiens, ils le mirent en prison; mais n'ayant rien trouvé que de l'imprudence dans sa conduite, on lui rendit la liberté. Fontana mourut des suites d'une chute qu'il fit dans la rue, le 11 janvier 1811. Son tombeau est placé dans l'église de Sainte-Croix, près de ceux de Galilée et de Viviani.

FONTANA (le P. Grégoire), célèbre mathématicien italien, frère du précédent, naquit le 7 décembre 1753, à Villa di Nogarola, près de Roveredo, dans le Tyrol. Il finit ses études à Rome, où il entra dans l'ordre des écoles pies. Il professa la philosophie et autres sciences à Rome, Sinigaglia, Bologne et Milan. Il enseigna la logique et la métaphysique; et le comte Firmian le choisit pour directeur de la

riche bibliothèque qu'il légua à cette université. En 1768, il remplaça le fameux Boscovich dans la chaire des hautes mathématiques. Après la suppression des ordres religieux, il fut nommé membre du corps législatif de la république cisalpine, place que Fontana eut la faiblesse d'accepter. Il s'en démit cependant au bout de quelques mois, pour entrer en 1800 dans le collège électoral *de' Dotti* (des savans). Il mourut à Milan d'une fièvre ardente, le 24 août 1803. Ses principaux ouvrages sont : I sept *Dissertations ou opuscules académiques*, parmi lesquels on remarque ses *Analyseos sublimioris opuscula*, Venise, 1763, et ses *mémoires mathématiques*, Pavie, 1796. II Quarante-six *Mémoires* insérés dans la *Collection de l'académie de Sienne*, dans la *Société italienne des sciences*, dans la *Bibliothèque physique d'Europe*, et enfin dans le *Journal physico-médical de Pavie*, etc. Il a traduit plusieurs ouvrages du français, de l'anglais et de l'allemand, tels que, III *Hydrodynamique*, etc., de l'abbé Bossut, Sienne, 1779. IV *Dissertazione*, etc., ou *Dissertation de F.-Laurent Mosheim sur l'ouvrage d'Origène contre Celsus*, avec des notes du traducteur, Pavie, 1778. V *Sermone*, etc., ou *Sermon sur le martyre du roi Charles Ier*, prononcé dans l'église de Saint-Patrice de Dublin, le 30 janvier 1726, par le docteur Swift, Pavie, 1793. VI *L'Esempio*, etc., ou *l'Exemple de la France, avis et miroir pour l'Angleterre, d'Artur Young*, écuyer, avec des notes du traducteur, Pavie, 1794. Ces deux ouvrages furent faits et publiés à l'occasion de l'attentat atroce commis contre la personne de Louis XVI, etc. Le P. Fontana partagea toute sa vie entre l'étude et l'exercice de ses devoirs religieux. Après la suppression des ordres, il prit le costume de prêtre régulier, et fut un moment séduit par des désirs ambitieux; mais il revint bientôt en lui-même, et ne démentit en aucune circonstance, ni ses principes, ni la moralité de ses mœurs. Il mourut à Milan le 24 août 1803, et légua ses manuscrits à Félix son frère, qui le suivit de près au tombeau. Tous les deux moururent sans laisser de fortune; et une sœur qu'ils avaient et qui vivait de leurs secours, réduite à une extrême misère, dans un moment de désespoir, se jeta dans le canal navigable qui est dans l'intérieur de Milan.

FONTANA (le P. Mariano), mathématicien, naquit à Casalmaggiore le 18 février 1746. Il entra chez les clercs réguliers de Saint-Paul, appelés barnabites. Il se distingua par ses talens, et professa la philosophie et les mathématiques dans différentes universités d'Italie. Il possédait une riche bibliothèque, et passait pour être un habile bibliographe et un grand connaisseur en peinture. En 1801, il fut nommé membre de l'Institut des sciences, lettres et arts du royaume d'Italie et du collége électoral des *Dotti*. Le P. Mariano était pieux, et il eut toujours des mœurs pures et un cœur compatissant. Il mourut le 18 novembre 1808. Son ouvrage le plus remarquable est intitulé: *Corso*, etc., ou *Cours de dynamique*, Pavie, 1790-92-95, 3 vol. in-4. On trouve dans les *Atti, Actes de l'Institut d'Italie*, un *Mémoire* où le P. Mariano réfute le *Traité analytique de la résistance des solides d'égale résistance*, publié à Paris en 1798 par Girard.

FONTENAY (Louis-Abel Bo-nafons, connu sous le nom d'abbé de), naquit à Castelnau-de-Brassac en Languedoc, en 1737. Il entra chez les jésuites, et lors de la suppression de cet ordre, il vint à Paris, et fut un des rédacteurs des *Affiches de province* et du *Journal général de France*. Il s'expatria lors du règne de la terreur. De retour en France en 1798, il y mourut le 28 mars 1806 dans un extrême besoin, ayant été volé pendant le cours d'une maladie douloureuse. On a de lui: I *L'illustre destinée des Bourbons*, 1790, 4 vol. in-4. II *Dictionnaire des artistes*, 1777, 2 vol. in-8. III *Tables de l'histoire universelle*. IV Une grande partie du texte de la *Galerie du Palais - Royal*, 1786, 1788, cinquante - neuf livraisons. V *La suite du Voyageur français*, etc., etc. On lui attribua le *Traité du rétablissement des jésuites et de l'éducation publique;* mais ce livre est de l'abbé Proyart, dont les ouvrages ont été réimprimés et publiés en 1818-19 par Méquignon fils aîné.

FORBONNAIS (François Véron de), insp. général des manufactures, et membre de l'Institut, naquit au Mans en 1722. Il fut premier commis sous Silhouette, contrôleur des finances, et rendit de grands services à ce département. On a de lui: 1 *Extrait de l'esprit des lois, avec des observations*, 1750, in-12. 11 *Théorie et pratique du commerce et de la marine*, par D.-H. Ustariz, traduit de l'espagnol, 1753, in-4. On apprend dans cet ouvrage, entre autres choses intéressantes, que l'Espagne, depuis 1492, époque de la conquête de l'Amérique, jusqu'en 1724, a tiré du Nouveau - Monde 9 milliards 160 millions de piastres, qu'on pourrait évaluer aujourd'hui à plus de 50 milliards.

III *Considérations sur les finances d'Espagne relativement à celles de France*, Paris, 1753, in-12. IV *Principes et observations économiques*, Amsterdam, 1767, 2 vol. V *Analyse des principes sur la circulation des denrées et l'influence du numéraire sur cette circulation*, Paris, 1800, in-12, etc., etc. Forbonnais a publié en outre quelques poésies légères, des notes dans le Journal de M. Dupont de Nemours, et a fourni plusieurs articles à l'Encyclopédie. Il est mort à Paris le 20 septembre 1800.

FORDYCE (George), célèbre médecin anglais, naquit près d'Aberdeen en 1736. Il a laissé plusieurs écrits, tous en anglais, parmi lesquels on cite : I *Principes d'agriculture, et préceptes sur la végétation*, Edimbourg, 1765, 1771, in-8, traduits en allemand par le docteur Schwediauer. II *Elémens de médecine pratique*, Londres, 1768, 1784, quatrième édition, traduits en allemand par Michaélis. III *Traité de la digestion des alimens*, ibid., 1791, in-8, traduit en allemand par Michaélis, etc. Fordyce est mort le 25 juin 1802.

FORDYCE (Jacques), savant théologien écossais et célèbre prédicateur, naquit à Aberdeen, où il fit ses études, en 1720. Etant entré dans l'état ecclésiastique, il fut d'abord, et étant encore fort jeune, ministre de la paroisse de Brechin, dans le comté d'Angus, pendant huit ans; il passa ensuite à celle d'Alloa, près de Stirling, où il resta six ans. En 1760, il se rendit à Londres. Son nom, déjà connu avantageusement, l'y avait précédé, et lui fit obtenir la place de pasteur d'une congrégation de *dissenters*, fort considérable, établie dans Monkwell-Street. Il exerça

cet emploi pendant treize ans, après quoi il s'en démit et se retira dans le Hampshire. Avant de quitter l'Ecosse, il avait été fait docteur de l'université de Glascow. Il possédait parfaitement les anciens auteurs grecs et latins. Il avait cultivé la littérature française, et faisait de Fénélon sa lecture favorite. Il mourut à Bath le 1er octobre 1796, âgé de 77 ans. Quoique de principes bien opposés à ceux des docteurs Johnson et Price, il avait conservé et entretenait avec eux d'assez intimes liaisons. Il est auteur des ouvrages suivans : I *Essai sur l'action convenable à la chaire*, in-12; il est imprimé à la suite de *Théodore, ou Dialogue sur l'art de prêcher*; ouvrage de son frère, dont Jacques Fordyce donna une troisième édition in-12, en 1755. II *Le Temple de la Vertu*, songe allégorique, 1757; et avec des corrections, 1775, in-12. III *Sermons pour les jeunes dames et les jeunes demoiselles*. Cet ouvrage eut un grand succès. Il a été traduit en français par Robert Etienne, libraire, Maestricht, 1779, 2 vol. in-12. IV *Le Caractère et la conduite du sexe féminin; et les avantages que les jeunes gens peuvent recueillir de la société des femmes vertueuses; discours en trois parties*, 1779, in-8. Il y justifie le caractère des femmes contre les imputations de lord Chesterfield. V *Adresses aux jeunes gens*, 1777, 2 vol. in-12, réimprimées en 1796. VI *Adresses à la divinité*, 1785, 1 vol. in-12, réimprimées en 1787. VII Des *poésies*, 1786, 1 vol. in-12. Il y a, dit-on, dans ces poésies, plus de raisonnement que de verve.

FORFAIT (Pierre-Alexandre-Laurent), ingénieur-constructeur de la marine, naquit à Rouen en 1752. Nommé membre de l'assem-

X.

blée législative en 1791, il y montra des principes modérés, et s'opposa à toutes les mesures violentes dictées par les démagogues de ces temps calamiteux. Il fut arrêté au Havre lors du règne de la terreur; mais les travaux de cet arsenal nécessitant un homme habile, on lui rendit bientôt la liberté. En 1800, Buonaparte le nomma ministre de la marine, place dont il se démit un an après. Forfait fut alors créé commandant de la Légion-d'Honneur, et devint inspecteur général de la flotille destinée contre l'Angleterre, préfet maritime au Havre, et puis à Gênes. Disgracié en 1803, il se retira dans sa patrie, où il mourut le 8 novembre 1807. Il a laissé : I un *Mémoire en latin sur les canaux navigables*, que l'académie de Mantoue couronna en 1773. II *Traité élémentaire de la mâture des vaisseaux*, Paris, 1788; 1 vol. in-4.

FORGEOT (Nicolas-Julien), auteur dramatique, naquit à Paris en juillet 1758. On a de lui plusieurs opéras comiques qui obtinrent du succès, et quelques comédies, comme, I *la Ressemblance*, en trois actes et en vers, jouée en 1788. II *L'Amour conjugal*, ou *l'heureuse crédulité*, en un acte et en prose, 1781. III *Les deux Oncles*, en un acte, 1780, etc. Forgeot, infecté par les maximes révolutionnaires, comme bien d'autres littérateurs, paya son tribut aux mœurs dépravées du temps par sa comédie intitulée le *Bienfait de la loi*, ou le *double divorce*, en un acte, 1794. Il est mort le 4 avril 1798.

FORMAGE (Jacques - Charles César) naquit près de Lisieux à Coupésastre en 1749. Il étudia à Paris, et occupa à Rouen la chaire des langues orientales. Formage cultiva

avec succès les poésies latine et française, et a laissé les ouvrages suivans : I *In licentiam nostræ poëseos, carmen.* II *Ignis.* III *Stances sur la guerre présente* (de l'Amérique). Les deux poëmes latins et les *stances* furent couronnés par l'académie de l'Immaculée Conception de Rouen. IV *Fables mises en vers*, 1801, 2 vol. in-8, etc. Il est mort à Rouen le 11 septembre 1808.

FORMEY (Jean-Henri-Samuel), professeur et ministre protestant, né à Berlin le 31 mai 1711, était issu d'une famille de réfugiés français, originaire de Vitry en Champagne. Après de bonnes études, et encore fort jeune, s'étant destiné au ministère évangélique, il fut mis à la tête d'une paroisse à Brandebourg. Il n'avait alors que 20 ans. En 1731 il devint le collègue de Forneret, pasteur de l'église française de Berlin ; et lorsque celui-ci mourut, il lui succéda. En 1737 il fut nommé professeur d'éloquence au collége français de Berlin, et deux ans après il obtint la chaire de philosophie, vacante par la mort de la Croze. (*V.* LA CROZE, *Dict.*) Il était lié avec les personnages les plus distingués de Berlin. Son mérite et leur protection lui valurent diverses places honorables et lucratives. Il fut nommé secrétaire correspondant de la princesse Henriette-Marie de Prusse, retirée au château de Coepenick. Il obtint presque en même temps un emploi au grand directoire français, et le titre de conseiller privé. Il avait, à la fin de janvier 1744, assisté à l'inauguration de l'académie des sciences et des belles-lettres de Berlin ; il en fut secrétaire perpétuel, et vécut assez pour en devenir doyen. Il mourut le 8 mars 1797, âgé de 86 ans. Meusel a donné une liste des ouvrages de ce fécond écrivain. Les principaux sont : I *Mémoires pour servir à l'histoire et au droit public de Pologne*, contenant les *Pacta conventa d'Auguste III.* La Haye, 1741, in-8; Francfort, 1754, même format. II *La belle Wolfienne, ou Abrégé de la philosophie wolfienne*, la Haye, 1741-53, 6 volumes in-8: 1764, 6 volumes in-12. III *Conseils pour former une bibliothèque peu nombreuse, mais choisie*, 1746, in-12, réimprimés en 1750, 1751, 1755, 1756, 1775, et chaque fois avec des corrections, soit de lui, soit des éditeurs. IV *Pensées raisonnables opposées aux pensées philosophiques, avec un essai sur le livre intitulé* les *Mœurs* (de Toussaint). V *Le Philosophe chrétien*, Leyde, 1750-56, 4 vol. in-8; c'est un recueil d'une partie des sermons de l'auteur. VI *Discours moraux pour servir de suite au Philosophe chrétien*, 1765, 2 vol. in-12. VII *Sermons sur divers textes de l'Écriture sainte*, 1774, 2 vol. in-8. VIII *Mélanges philosophiques*, 1754, 2 vol. in-8, contenant diverses pièces de l'auteur, dont quelques-unes avaient déjà été imprimées. IX *Éloges des académiciens de Berlin et de divers autres savans*, 1757, 2 vol. in-12: ils sont historiques, au nombre de 46, et font bien connaître les personnages qui en sont l'objet. X *Principes élémentaires des belles-lettres*, 1758, in-8; 1763, in-12. XI *Abrégé de l'Histoire de la philosophie*, 1760, in-8. XII *Abrégé de l'Histoire ecclésiastique*, 1760, 2 vol. in-12. XIII *Émile chrétien, consacré à l'utilité publique*, Berlin (Amsterdam), 1764, 2 v. in-8. La confession du vicaire savoyard y est remplacée par un morceau où l'on établit une doctrine et des principes tout opposés. XIV *Epistola*

ad emin. cardinalem Quirinum, 1749, in-4. XV *Défense des réformateurs, et surtout de Luther, contre ce cardinal*, 1750. XVI *Examen de l'usure suivant les principes du droit naturel*, 1751, *réfuté par Delan.* (*Voyez* DELAN.) Formey travaillait en 1733 à la *Bibliothèque germanique*, avec Beausobre; après la mort de celui-ci, il la continua jusqu'au 25e vol. Il commença une autre collection sous le titre de *nouv. Bibliothèque germanique*, qui a aussi 25 vol. Il donna 2 vol. d'un *Journal littéraire de l'Allemagne*, travailla en 1740 au *Journal de Berlin*, ou *Nouvelles politiques et littéraires*, coopéra à la *Bibliothèque centrale*, année 1750 et suiv.; à la *Bibliothèque des sciences et des beaux-arts*, aux *Nouvelles littéraires*, au *Journal encyclopédique*, etc. Il paraît qu'il dirigea l'édition de l'Encyclopédie d'Yverdun avec Félice, Bertrand, Maclaine et autres protestans. Enfin il est éditeur ou traducteur d'un grand nombre d'ouvrages.

FORSKAL (Pierre), naturaliste et voyageur suédois, naquit en 1736. Il se fit connaître favorablement par une dissertation intitulée, *Dubia de principiis philosophiæ recentioris.* Son ami Linnée le recommanda à Frédéric Ier, roi de Danemarck, qui lui donna le titre de professeur, et le nomma pour accompagner Niébuhr, von Haven, et Cramer, dans leur voyage en Asie. Ayant débarqué à Marseille, il visita la plaine maritime de l'*Estac*, dont il a donné une *Flore.* Il alla ensuite à Malte, et parvint en Égypte, où, en remontant le Nil, il fut pris et dépouillé par les Arabes. Enfin, attaqué par la peste, il mourut à Djérim, en Arabie, le 11 juillet 1763, à peine âgé de 27 ans. Niébuhr recueillit ses papiers, dont il tira les ouvrages suivans : I *Descriptiones animalium, avium, amphibiorum, piscium, insectorum, vermium, quæ in itinere orientali observavit P. Forskal,* Copenhague, 1775, in-4. II *Flora egyptiaco-arabica, seu descriptiones plantarum,* etc. Ibid, 1775, in-4. III *Icones rerum naturalium quas in itinere orient. depingi curavit Forskal,* ibid., 1776, in-4.

FORSTER (Jean - Chrétien) naquit en 1735 à Halle, et fut professeur de philosophie dans cette université. Il y exerça ensuite différens emplois administratifs, et on le nomma en 1791 inspecteur du jardin botanique et économique. Il est auteur des ouvrages suivans : I *Disputatio de deliriis,* Halle, 1759, in-4. II *Comparatio demonstrationis Cartesii pro existentiâ Dei, cum illâ quâ Anselmus cantuariensis usus est*; Berlin, 1770, in-4. Ses autres ouvrages sont en allemand. III *Caractère des trois philosophes Leibnitz, Wolf et Baumgarten,* 2ᵉ édition, Halle, 1765, in-8. Cet ouvrage est bien écrit, et conçu en de bons principes. IV *Introduction à la politique,* d'après les principes de Montesquieu, ibid., 1765, in-8. V *Essai d'instruction à l'économie politique,* Berlin, 1771, in-8. VI *Aperçu de l'histoire de l'université de Halle, pendant le premier siècle de sa fondation,* ibid, 1794, in-8, etc., etc. Forster est mort le 19 mars 1798.

FORSTER (Jean-Reinhold), célèbre naturaliste et voyageur, naquit à Dirchau, dans la Prusse polonaise, le 22 octobre 1729. Il fit ses études avec succès, et acquit de vastes connaissances dans l'histoire générale la géographie physique et morale, dans l'histoire naturelle, et dans la théologie, et possédait les langues anciennes et modernes; mais un caractère fier et impétueux lui fit beaucoup d'ennemis et troubla le repos de ses jours. Il était ministre protestant, et se distingua d'abord dans la prédication. Marié et chargé d'une nombreuse famille, il accepta la proposition d'aller en Russie diriger les nouvelles colonies de Staratof. Il s'y trouva comme abandonné, et en partit bientôt, ainsi qu'il arrivait à bien d'autres colons, pauvre, malade, et sans avoir obtenu aucune récompense [1]. Il se rendit à Londres, où il se vit contraint, pour exister, de donner des leçons de langue française. Il accompagna ensuite Cook en qualité de naturaliste, dans le second voyage autour du monde que cet habile marin entreprit en 1772. Forster s'indisposa bientôt avec tout l'équipage, et Cook fut contraint de le mettre trois fois aux arrêts. A son retour en Angleterre, on lui accorda deux mille livres sterling pour les frais des gravures relatives à l'histoire naturelle, somme qu'il devait partager avec le capitaine Cook. On lui défendit en même temps de publier aucune relation sur son voyage. Forster contrevint à cet ordre, et perdit ainsi sa part de mille guinées. Pour se raccommoder avec le gouvernement, il envoya au muséum botanique une partie d'animaux empaillés, et présenta à la reine une autre partie d'animaux vivans qu'il avait rassemblés dans son voyage. Ces dons furent bien accueillis, mais il n'en retira que des remercîmens. Dans cet intervalle il s'était fait recevoir (en 1775) doc-

---

1 Sous le règne de Catherine II, époque de l'établissement de plusieurs colonies dans les pays déserts du vaste empire russe, plusieurs malheureux étrangers se trouvant sans aucune espèce de secours, livrés à leur triste sort, se pendirent, ou s'entre-tuèrent par un excès de désespoir.

teur en droit à l'université d'Oxford ; mais un nouveau désagrément le détermina à quitter l'Angleterre. Son fils publia en anglais et en allemand une relation du *Voyage autour du monde*, dans laquelle on accusa le père d'avoir eu une grande part, malgré l'engagement qu'il avait contracté de ne rien publier séparément de la relation officielle. Cette transgression indisposa de nouveau contre lui le gouvernement anglais ; en même temps ses nombreux créanciers le firent mettre en prison, dont le délivra la générosité de Frédéric II. Ce monarque le fit venir à Halle en 1780, le nomma professeur d'histoire naturelle et inspecteur du jardin botanique. Quelques mois après il reçut le degré de docteur en médecine. Il vécut à Halle dix – huit années. La mort de deux de ses fils accéléra la sienne : après une longue maladie il expira le 9 décembre 1798. Forster était en correspondance suivie avec Linnée et Buffon, et il fut le constant admirateur de ces deux grands hommes. Peu de savans ont possédé, comme Forster, des connaissances aussi variées. Il savait dix-sept langues mortes, et entre autres le copte et le samaritain : son érudition était aussi vaste que profonde. Par malheur il alliait à tant de talens des vices ruineux ; celui du jeu absorba toute la fortune qu'il avait acquise et par ses talens et par ses nombreux ouvrages : on les porte au nombre de vingt, dont voici les principaux : I *Introduction à la minéralogie*, Londres, 1768, in-8. II *Catalogue des animaux de l'Amérique anglaise*, etc., ibid., 1770, in-8. Ces deux ouvrages sont en anglais. III *Flora Americæ septentrionalis*, ou *a Catalogue of the plants of nort America*, ibid., 1771, in-8. IV *Characteres generum plantarum quas in itinere ad insulas maris Australis collegerunt, descripserunt, delinearunt, annis 1772, 1775, J.-R. Forster et G. Forster*, Gottingue, 1776. Cet ouvrage classique contient soixante-quinze nouveaux genres de plantes. V *Observations faites dans un voyage autour du monde, sur la géographie physique, l'histoire naturelle et la philosophie morale*, Londres, 1778, in-4, en anglais, traduit en plusieurs langues, et en français par Pingeron. Il forme le 5ᵉ volume de l'édition française in-4 du second voyage de Cook, et il est comme un résumé aussi instructif qu'intéressant de ce fameux voyage. VI *Tableau de l'Angleterre pour l'année 1780*, continué par l'éditeur jusqu'à l'année 1783, 1784, in-8, traduit en allemand par l'auteur, Dessau, 1784. On trouve dans ce livre le portrait des principaux personnages de l'Angleterre pendant la guerre de l'Amérique septentrionale. A travers plusieurs vérités historiques, on ne peut s'empêcher de remarquer que la plume de Forster était souvent guidée par son ressentiment contre le gouvernement anglais. VII *Histoire des découvertes et des voyages faits dans le nord*, Francfort-sur-l'Oder, 1784, in-8, en allemand, et traduit en anglais ; Londres, 1786, et en français par Broussonet, Paris, 1788, in-8. VIII *Projet pour détruire la mendicité*, etc., Halle, 1786, in-8. IX *Enchiridion historiæ naturali inserviens*, ibid., 1788, in-8. X *Magasin des voyages les plus récens, traduits de diverses langues*, etc., Halle, 1790-98, 16 vol. in-8, etc., etc.

FORSTER (J.-George-Adam) naturaliste, fils du précédent, naquit à Nassenhubem, près de Dantzig, en

1754. Il suivit son père en Russie, et, de retour à Saint-Pétersbourg, il y continua ses études; il les reprit à Londres, et les termina à Warrington, où il était allé joindre son père, qui l'emmena avec lui dans son voyage autour du monde. Il vint à Paris en 1777, et passa ensuite en Hollande et en Allemagne, où le landgrave de Hesse lui offrit une chaire d'histoire naturelle à Cassel. Il la quitta en 1784 pour aller occuper celle de l'université de Wilna, où l'appela le roi de Pologne, Stanislas-Auguste II, et dans laquelle il reçut le grade de docteur en médecine. Toujours jalouse de la gloire des autres nations, Catherine II avait voulu faire entreprendre en 1787 un nouveau voyage autour du monde. Elle avait nommé Forster historiographe de cette expédition, qui n'eut pas lieu à cause de la guerre contre les Turcs. Se trouvant sans emploi, Forster passa en Allemagne, où il publia, sur l'histoire naturelle et la littérature, différens *Mémoires* qui lui acquirent une nouvelle réputation. L'électeur de Mayence, auquel il avait été présenté, le nomma son premier bibliothécaire. Dès le commencement de la révolution française, Forster en embrassa les principes avec ardeur; et lorsque les républicains s'emparèrent de Mayence, oubliant tout ce qu'il devait à l'électeur son maître, il se rangea aussitôt de leur parti. On forma alors dans cette ville une espèce de gouvernement intrus qu'on appela convention nationale. Les factieux qui le composaient choisirent Forster pour aller à Paris demander leur réunion à la république. Forster accepta cette mission avec joie; mais il fut bientôt puni et de son ingratitude et de son imprudence. Pendant qu'il trahissait à Paris son auguste protec-

teur, les Prussiens reprirent Mayence; ses manuscrits et tout ce qu'il possédait tombèrent dans les mains du prince de Prusse; et une épouse qui lui était chère, séduite par un Français, l'abandonna lorsqu'il avait le plus de besoin de consolation. Désabusé de la révolution et des biens chimériques qu'elle promettait, il se décida d'entreprendre un voyage à l'Indostan et au Thibet; à cet effet, il commença à étudier les langues orientales; mais les pertes qu'il avait éprouvées avaient déjà altéré sa santé, et il mourut à Paris le 12 janvier 1794. Ses principaux ouvrages sont : I *Voyage autour du monde sur le vaisseau* la Résolution, *commandé par le capitaine Cook, dans les années* 1772, 1775. Londres, 1777, 2 vol. in-4, en anglais. Il le traduisit en allemand de concert avec son père, Berlin, 1779, 2 vol. in-4; 1784, 3 vol. in-8, 4ᵉ édition. Cette relation ne diffère pas, pour le fond, de celle de Cook, mais elle est écrite avec plus de soin, contient d'ailleurs des observations savantes et des détails curieux. Les déclamations de Forster contre les vices des Européens seraient plus justes si elles n'étaient pas multipliées. Cet écrit lui suscita des censures; et quoique très-jeune encore, il n'y répondit qu'avec modération. II *Florulæ insularum australium prodromus*, Göttingen, 1786, 1 vol. in-8. III *Mélanges ou essais sur la géographie morale et naturelle, l'histoire naturelle et la philosophie usuelle*, Leipsig et Berlin, 1789-1797, 6 vol. in-8, en allemand. IV *Tableaux de la partie inférieure du Rhin, du Brabant, de la Flandre, de la Hollande, de l'Angleterre, de la France*, etc., en 1790, Berlin, 1791-1794, 3 v. in-4. Hubert y ajouta un dernier volume avec une notice sur l'auteur. Ils ont été traduits en hollandais et en français avec ce titre : *Voyage philosophique et pittoresque sur les rives du Rhin, à Liége, dans la Flandre, le Brabant, la Hollande, fait en* 1790, Paris, 1795, 2 vol. in-8; et *Voyage philosophique et pittoresque en Angleterre, suivi d'un extrait sur l'histoire dès arts dans la Grande-Bretagne,* Paris, 1796, 1 vol. in-8, fig. V *Souvenirs de l'année* 1790, *tableaux historiques*, avec figures du célèbre Chodowiecki, etc., Berlin, 1 vol. in-8. Nous ne citerons pas plusieurs pamphlets de Forster, publiés à Mayence, par égard pour la mémoire de ce savant.

FORSTER (FROBEN, en latin *Frobenius*), abbé, prince de Saint-Emmeran à Ratisbonne, naquit à Kœgnigsfeld en Bavière le 30 août 1709, et embrassa en 1728 la vie monastique sous la règle de Saint-Benoît, dans l'abbaye princière de St.-Emmeran. Après y avoir fait de bonnes études, il y enseigna la philosophie depuis 1735 jusqu'en 1744; fonction qu'il remplit ensuite dans l'université de Saltzbourg. Rappelé à Saint-Emmeran, il y professa l'interprétation de l'Écriture sainte, devint prieur de son monastère en 1750, et en fut élu prince-abbé en 1762. Il avait de l'érudition; il aimait les sciences. Non-seulement il les cultivait, mais encore il les fit fleurir dans son abbaye. Il mit en ordre la bibliothèque de Saint-Emmeran, l'augmenta, en revit les manuscrits au nombre de 163, les collationna, les corrigea ou les fit corriger. Lorsque le savant dom Olivier Legipont, bénédictin de Cologne, fit l'établissement de l'académie bénédictine d'Allemagne, dom Forster le seconda de tout son pouvoir. (*Voyez* LEGIPONT.) Il

ranima l'amour des sciences et le goût de l'étude parmi les benédictins de Bavière, leur traça des plans d'instruction, et leur fournit des maîtres pour les langues grecque et hébraïque. Ce personnage illustre mourut le 12 octobre 1791. On a de lui : I six *Dissertations latines* sur divers sujets de philosophie et de théologie. II Une *Dissertation en allemand* sur le concile tenu en 1763 à Aschein dans la haute Bavière. Elle a été insérée dans le tome 1er des *Mémoires de l'académie des sciences de Bavière.* III Une édition d'*Alcuin*, sous ce titre : *Beati Flacci Albini seu Alcuini... opera.... de novo collata, multis locis emendata, et opusculis primùm repertis plurimùm aucta,* 2 parties, 1777, 4 vol. in-fol. Dom Catelinot, bénédictin de la congregation de Saint-Vannes, avait aussi travaillé à une édition d'Alcuin, de laquelle dom Forster tira beaucoup de sermons pour la sienne. (*Voyez* CATELINOT.) Il y joignit en outre soixante-onze lettres inédites, venues d'Angleterre, beaucoup de variantes et de corrections, fruits d'immenses recherches faites dans les bibliothèques d'Allemagne; un traité *de Saltu lunæ et bis-sexto;* un autre *de Orthographiâ;* et enfin un écrit intitulé *Libellus adversùs heresin Felicis (urgeliensis) ad abbates et monachos Gothiæ,* orné d'une préface du P. Foggini (*Voyez* FÉLIX, évêque d'Urgel, *Dict.*, et FOGGINI, *Supplément*), qui avait envoyé ce traité à l'abbé d'Emmeran d'après un manuscrit du Vatican.

FOUBERT (Jean), naquit à Saint-Benoît-sur-Loire en 1540. Il dut son éducation au cardinal Odet de Châtillon, et entra, dès sa première jeunesse, dans l'abbaye des bénédictins de sa ville natale, se fit remarquer autant par ses talens que par une conduite exemplaire. On a de lui : 1 *Histoire des Lombards*, traduite de. Paul Diacre, précédée d'une préface et de la vie de cet auteur, Paris, 1603. II *Supplément à l'Histoire des Lombards* de Paul Diacre, contenant depuis Hildebrand jusqu'à la prise de Pavie par Charlemagne, Paris, 1603, in-8. Dom Foubert mourut le 18 avril 1619.

. FOUCHY (Jean-Paul-Grandjean de), astronome, naquit à Paris en 1707. Après avoir fait ses études avec éclat, il acheta une charge d'auditeur des comptes. Il cultivait en même temps les lettres, et se fit bientôt remarquer par des essais qui lui méritèrent l'approbation des savans. En 1731, l'académie des sciences le reçut parmi ses membres comme astronome; et lorsque Mairan donna en 1743 sa démission, Fouchy lui succéda dans la place de secrétaire perpétuel de l'académie. Il la remplit avec honneur pendant trente années. Son âge et ses infirmités lui firent demander sa retraite; et ce fut le fameux Condorcet qui le remplaça. Quelques années après, Fouchy éprouva un accident assez extraordinaire. Saisi d'un étourdissement, il fit une chute; et lorsque le lendemain il eut repris sa connaissance, il s'aperçut qu'au moment où il voulait articuler un mot, sa bouche en disait un autre; et avec une netteté absolue d'idées, il ne pouvait prononcer que des paroles sans suite. Il détaille lui-même les symptômes de cet accident dans les Mémoires de l'académie. Il mourut à Paris le 15 avril 1788. Il avait alors quatre-vingt-un ans, et était le doyen des savans français. On trouve un grand nombre de ses *Mémoires* imprimés dans le recueil de l'académie des sciences; et on a inséré la description de quelques instrumens de son invention dans les tômes 5, 6 et 7 du *Recueil des machines de l'académie*. On a encore de lui des éloges de plusieurs académiciens ses confrères, Paris, 1761, in-12.

FOULCOIE, en latin *Fulcoius*, ancien poëte français, naquit à Beauvais vers l'an 1020. Il embrassa l'état ecclésiastique, mais il ne reçut que l'ordre de sous-diacre. Il était un habile grammairien et très-instruit dans les lois. Il ne dut cependant sa célébrité qu'à son talent pour les vers. Il les adressait aux personnages les plus remarquables : à Manassé, archevêque de Reims, son protecteur; aux papes Alexandre II, Grégoire VII, etc. Ses poésies sont divisées en trois tomes, qu'on conserve dans la Bibliothèque du roi, et qui ont des titres assez singuliers. D'après l'explication de l'auteur anonyme de la préface, Foulcoie a voulu expliquer par ces titres l'importance des compositions, qui va en augmentant dans chaque volume. Le premier est intitulé *Utrum*, et ne contient que des pièces de peu d'étendue ; le second, *Neutrum*, renferme des vies de saints du diocèse de Meaux, et des légendes mises en vers. Le troisième a pour titre *Utrumque*, parce qu'il renferme un poëme ou dialogue en sept livres, où Foulcoie parle du vieux et du nouveau Testament. Dans tous ces volumes, la versification est très-négligée, et on peut dire que Foulcoie ne dut sa grande renommée qu'à l'ignorance des temps où il écrivait. Il mourut à Meaux vers 1083.

FOULON (N.), né vers 1730, suivit la carrière de l'administration, et fut, sous le ministère de M. de Choiseul, commissaire des guerres, intendant des armées en 1756, et enfin conseiller d'état.

Lors de la retraite de Necker, le 12 juillet 1789, le roi le nomma contrôleur des finances; mais la révolution du 14 juillet l'empêcha de prendre possession de cette place. Parmi les projets qu'on inventait alors pour remédier au *déficit* qui pesait sur la France, Foulon manifesta à ce sujet une opinion fort singulière, et il la soutenait publiquement. Il disait que la banqueroute était le seul moyen pour rétablir le crédit. Cette opinion, qui avait d'abord effrayé Louis XVI, irrita contre Foulon tous les créanciers de l'état et ceux qui en dépendaient. Par surcroît de malheur le blé devint d'une cherté extrême, et on répandit parmi le peuple que Foulon avait dit à quelqu'un qui lui parlait de la misère de ce même peuple, et des excès auxquels il se livrait. « *Eh bien! si cette ca-* » *naille n'a pas de pain, elle man-* » *gera du foin.* » Ne pouvant ignorer la mauvaise disposition où était le peuple à son égard, Foulon alla se cacher au château de Viry, à quelques lieues de la capitale, et se fit passer pour mort. On découvrit bientôt cette ruse, et des paysans vinrent le chercher dans sa retraite, où il le trouvèrent déguisé. S'étant saisi de lui, ils lui attachèrent une poignée d'orties à la boutonnière, en forme de bouquet, et lui mirent derrière le dos une botte de foin avec un écriteau où était rappelé le propos qu'on lui attribuait. Il fut livré dans cet état aux émissaires de Paris, qui exercèrent sur Foulon toute sorte de violences, et le conduisirent à l'hôtel de ville. Là, au milieu des huées, mille accusations s'élevèrent contre lui. Pour empêcher un assassinat, M. de la Fayette proposa de le conduire en prison et de lui faire son procès, ainsi qu'à ses complices. Tout le monde applaudit; et Foulon

se croyant sauvé, eut l'imprudence d'applaudir lui-même; le peuple alors qui entourait la place de Grève et la salle de l'hôtel de ville, se croyant trompé, poussa des cris affreux. A peine Foulon parut sur les escaliers, que plusieurs voix s'écrient : « Qu'on » nous le livre, qu'on nous le livre » et nous en ferons justice. » On l'arrache à ses gardes, on le traîne par terre, et on le pend à une lanterne, où il expire au même instant. C'était le 22 juillet 1789; le malheureux vieillard avait alors soixante-douze ans. Après cette cruelle exécution, on lui coupe la tête, on lui met un bâillon et une poignée de foin dans la bouche, et on porte cette tête inanimée au Palais-Royal, en même temps que d'autres bourreaux traînaient le cadavre dans la fange. M. Bertier, gendre de Foulon, avait été arrêté à Compiègne le même jour. On l'amenait à Paris, et il était arrivé à la rue Saint-Denis. Pour mieux l'exposer aux insultes de la populace, on avait abaissé les stores de sa voiture. Il rencontre le fatal cortège; et depuis ce moment jusqu'à ce qu'il eut descendu sur la place, on ne cessa de lui présenter la tête défigurée de son malheureux beau-père. Peu de temps après il eut à subir un sort non moins cruel. Foulon et Bertier furent deux des premières victimes de la fureur populaire. (*Voyez* BERTIER, *Supp.*)

FOUQUART (Gabrielle), fondatrice en France des religieuses de Saint-François-de-Paule, ou *minimesses*, naquit à Abbeville en 1568 de François Fouquart, receveur des tailles dans cette ville. Pieuse dès son enfance, elle nourrissait dans son cœur le dessein d'embrasser la vie religieuse; mais son père étant mort, et se trouvant alors dans la dépendance d'un oncle, elle se vit, à l'âge de 26 ans, obligée de contracter un mariage que celui-ci avait conclu pour elle. Son mari l'ayant laissée veuve deux ans après, elle se trouva maîtresse de son sort, et résolut de renoncer au monde. Elle attendit néanmoins quelques années encore pour mûrir sa résolution; mais enfin elle prit l'habit de Saint-François-de-Paule, et en 1601, à l'âge de 33 ans, elle prononça ses vœux. Elle rassembla quelques dames séculières qui suivirent son exemple, et qui s'assujettirent à la règle de l'ordre dans un monastère qu'elle fonda à Abbeville sous le titre de *Jesus-Maria*, et qui en fut la première maison en France. Grégoire XV autorisa cet établissement par une bulle du 10 juin 1623. La mère Fouquart en fut la première supérieure ou *correctrice*. Elle mourut saintement en 1639, âgée de 71 ans.

FOUQUERET ou FOUQUERÉ (dom Antoine-Michel), bénédictin de la congrégation de St.-Maur, né à Châteauroux en Berri l'année 1640, entra dans la congrégation en 1657, et prononça ses vœux le 3 octobre de l'année suivante dans l'abbaye de St.-Augustin de Limoges. Au sortir de ses cours il fut chargé d'enseigner la rhétorique et le grec aux jeunes religieux ses confrères dans le monastère de Mauriac en haute Auvergne. Il fut ensuite employé dans différentes maisons en qualité de supérieur. Après en avoir rempli les fonctions pendant quinze ans, il sollicita sa retraite, qu'il obtint en 1693. Il choisit pour sa demeure l'abbaye de St.-Faron, dans la ville de Meaux. Il y mourut le 3 novembre 1709 âgé de 69 ans. On a de lui : I *Synodus Bethleemitica pro reali præsentiâ*, anno 1672 *celebrata græcè et latinè*, Paris, 1676, in-8. Ce sont les actes du concile tenu en 1672 à Jérusalem sous le patriarche Dosithée contre les calvinistes. Cette traduction n'ayant pas été trouvée assez exacte, dom Fouqueret en donna une seconde édition en 1678, aussi in-8, sous le titre de *Synodus hierosolimitana*. Il profita, pour ce travail, des lumières de M. Arnauld et du P. Combefis; et ce que la première édition avait de défectueux a totalement disparu. A la suite, dom Fouqueret a fait imprimer en grec et en latin un écrit intitulé : *Dyonisii patriarchæ constantinopolitani, super calvinistarum erroribus ac reali imprimis præsentiâ, responsio, anno 1672 edita*. Ces actes, dont l'authenticité est revêtue d'autorités suffisantes, prouvent la conformité de la croyance de l'église grecque sur l'Eucharistie avec le dogme catholique. II *Celebris historia monothelitarum*, Paris, 1678, in-8, sous le nom emprunté de *Jean-Baptiste Tagnamini*. L'ouvrage est dédié à M. l'évêque de Lavaur, et passe pour savant et profond.

FOUQUET (Jean-François) jésuite, fut envoyé en mission à la Chine. Il y arriva, dit-il lui-même dans une lettre écrite au duc de la Force, le 25 juillet 1699 [1]. Son premier soin fut d'apprendre la langue du pays, de laquelle on connaît les difficultés. Il y employa quelques années, et il paraît qu'il y devint fort habile. Les connaissances qu'il y avait acquises lui inspirèrent le dessein d'étudier et de soumettre à un examen sérieux les livres chinois. Il crut trouver dans le *Chou-King* des traces de nos traditions sacrées. Il se laissa éblouir de l'idée que cela pourrait puissamment servir son zèle dans l'esprit de ses néophytes, quand il leur montrerait dans leurs propres

---

1 La *Biographie universelle* dit à tort 1690. Voyez *Lettres édifiantes*, édition de Paris, 1781, tome 17, page 93.

livres les mystères et les dogmes qu'il avait à leur prêcher. On convient que plusieurs passages ne laissent point que d'offrir des rapprochemens avec ce qu'on trouve dans nos saints livres, et cela ne doit point étonner, puisque toutes les nations ont conservé quelques traditions des premiers temps, et que la mythologie païenne en offre des exemples assez frappans. Mais l'imagination du P. Fouquet lui fit pousser les choses beaucoup au delà des bornes : « Si le texte (chinois) indique une montagne, dit un écrivain aussi judicieux que savant, elle paraît lui représenter le calvaire ; les éloges donnés à *Wenvang* ou à *Tcheou-Koung*, doivent suivant lui s'appliquer au Sauveur. Il trouve dans l'analyse des caractères, la croix et les instrumens de la Passion ; les empereurs de la Chine sont les patriarches ; et la généalogie de ces derniers n'est pas plus clairement énoncée dans la Genèse qu'elle ne le semble à Fouquet dans le Chou-King. » En un mot, si on en croit le P. Fouquet, tous les livres sacrés des chinois n'offrent qu'une perpétuelle allégorie dont, avec un peu d'attention, il est aisé de reconnaître l'analogie avec les objets de notre foi. Malgré cet esprit systématique, on ne peut refuser au P. Fouquet beaucoup de mérite et de savoir. Il revint en France en 1720. On a de lui : I *Tabula chronologica historiæ sinensis.* C'est un tableau en trois feuilles où sont placés suivant l'ordre chronologique, les noms des princes chinois et les événemens les plus remarquables de leur règne. Il fut réimprimé en 1746 à Ausbourg en deux feuilles in-fol. II Une *Lettre au duc de la Force*, mentionnée ci-dessus, et datée de Nant-Tchang-Fou dans la province de Kiamsi, le 26 novembre 1702. Elle se trouve

tom. 5, pag. 129 de la première édit. des *Lettres édifiantes*, et tom. 17, pag. 95 de l'édition de 1781. Le P. Fouquet y rend compte des difficultés que les jésuites rencontrèrent quand ils voulurent s'établir dans cette province, des travaux des missionnaires, et des succès de leurs prédications.

FOUQUET (Henri), célèbre médecin, naquit en 1727 à Montpellier, et fut le premier qui enseigna dans les écoles de cette ville la médecine clinique. On a de lui plusieurs ouvrages dont voici les principaux : I *De fibræ naturâ, viribus et morbis in corpore animali*, Montpellier, 1759, in-4. II *Prælectiones medicæ decem in Ludoviceo Monspeliensi*, ibid., 1777, in-12. III *Essai sur le pouls considéré par rapport aux affections des principaux organes*, ibid., 1767, in-8. IV *Discours sur la clinique*, ibid., 1803, in-4. Il a, en outre, fourni à l'*Encyclopédie* les articles *vésicatoire, sensibilité, sécrétion, ventouse, ustion*. Fouquet est mort le 10 octobre 1806.

FOUQUIER-TAINVILLE, ou THINVILLE, ou DE TAINVILLE (Antoine-Quentin), homme fameux dans les fastes sanguinaires de la révolution, naquit à Héroué, village près de Saint-Quentin. Il était fils d'un riche fermier, qui avait acheté la seigneurie du lieu. Après avoir fait ses études, il vint à Paris, où il acheta une charge de procureur au Châtelet. Quoique cette place fût très-lucrative, les dépenses où ses vices l'entraînaient, l'obligèrent à la vendre et à faire banqueroute. Il composait alors des vers assez passables ; il en fit même en 1781 à la louange de Louis XVI [1], dont il

1 On trouve ces vers dans les notes du poëme de la *Pitié*, par Delille.

devint le plus implacable ennemi. Naturellement avide, ambitieux et cruel, la révolution vint lui offrir un moyen sûr de satisfaire toutes ses passions à la fois. Il ne figura d'abord que dans un rôle subalterne, mais qui ne l'empêchait cependant pas de développer dans les clubs toute sa haine contre les honnêtes gens, les riches, et surtout contre la cour et les ministres. La funeste journée du 10 août livra la France au pouvoir des chefs révolutionnaires, c'est-à-dire qu'elle tomba sous le glaive de ses bourreaux. A cette même époque, Robespierre institua le fameux tribunal appelé *comité de salut public.* Fouquier-Tainville fut d'abord reçu comme simple juré; et on remarqua que dans cette place son avis était toujours pour *la mort.* Robespierre connaissant de quelle importance était pour lui un tel homme, le fit nommer accusateur public auprès du même tribunal, qui jusqu'alors, dans les assassinats qu'il ordonnait, avait conservé quelques formes et une certaine réserve. Aussitôt que Fouquier fut installé, on ne s'y présenta plus que pour aller au supplice. Une des maximes sanguinaires des chefs de la révolution, était que pour établir la démocratie sur les principes d'égalité, il fallait supprimer de la France le tiers au moins de ses habitans; et ils renfermaient dans ce *tiers* les prêtres, les nobles, et ceux encore attachés à la monarchie. Cette maxime atroce et destructive était mise à exécution par Carrier à Nantes, par Collot-d'Herbois à Lyon, et par Fouquier-Tainville à Paris, d'après les ordres de Robespierre, de Danton, de Barrère, etc. Le premier procès où Fouquier montra toute la férocité de son âme, fut celui de la reine. Il ramassa dans son acte d'accusation toutes les horreurs et les infamies que l'histoire reproche aux Jézabel, aux Messaline et aux Frédégonde. Marie-Antoinette n'y répondit qu'avec le silence du mépris et le calme de l'innocence. Elle ne le rompit pas, et la pâleur ne parut sur son front que lorsqu'un reproche aussi injuste que barbare vint blesser ses affections maternelles. L'interpellation qu'elle fit alors entendre confondit pour un instant son inhumain accusateur. (*Voy.* MARIE-ANTOINETTE, *Suppl.*). Comme si ces crimes supposés n'étaient pas suffisans pour la vouer à la mort, tout en cherchant à ternir sa mémoire, il en accumula de plus graves encore, en ce qu'ils intéressaient le salut de l'état. Selon lui Marie-Antoinette avait déterminé à la guerre l'empereur Léopold, et ensuite son fils, François II [1]. Elle avait, en outre, fait passer des sommes immenses à ces deux monarques, ainsi qu'elle l'avait fait avec Joseph II (mort en 1790), afin qu'il pût soutenir la guerre contre les Turcs. C'était encore cette princesse qui avait excité les massacres du 10 août, où périrent précisément ses plus fidèles sujets. Semblable à ces serpens hideux, il pressait, il cernait de tous côtés sa victime, et, avant de lui donner le coup de la mort, il lui en faisait souffrir toute l'amertume. Ce procès, horriblement fameux, fut suivi de celui de 22 députés appartenant au parti des *brissotins* ou *girondins*, qui, le 31 mai, avaient été vaincus par la faction de Robespierre. Plusieurs d'entre eux, doués de beaucoup de talens, repoussèrent

---

[1] Et non son neveu, comme le dit une biographie moderne.

victorieusement toutes les attaques que leur livra l'accusateur public. Celui-ci et ses infâmes complices, saisis d'épouvante, demandèrent à la convention comment il fallait procéder dans une affaire aussi épineuse. La convention leur ordonna, d'après la motion de Billaud de Varennes, de juger les accusés *révolutionnairement*, c'est-à-dire, sans d'autres formalités; et cet ordre fut mis à exécution. C'est alors qu'on établit l'épouvantable *tribunal révolutionnaire*, qui inonda la France de sang, et fit périr tant de victimes dans les massacres et sur les échafauds. Fouquier, délivré par le dernier décret de la convention de toute espèce de contrainte, put dès lors s'abandonner à toute sa fureur. On lui envoyait des listes de proscription, auxquelles lui-même en ajoutait d'autres. Chaque semaine on discutait sur ces listes chez Lecointre, député à la convention, où il allait avec les juges et les principaux jurés; et c'était au milieu de la joie bruyante d'un dîner somptueux que ces Lucullus fixaient d'un cœur de Néron le nombre de victimes qu'ils devaient immoler. (*Voy.* LECOINTRE, *Suppl.*) Ces mêmes bourreaux se réunissaient tous les matins dans un café près de la Conciergerie, et causaient, en déjeunant, sur les assassinats qu'ils s'étaient proposé de commettre. Fouquier tirait même de la vanité de ces horribles exploits, et disait : « J'ai » fait gagner cette semaine tant de » millions à la république; la semaine » prochaine je lui en ferai gagner da- » vantage; je déc........ encore un » grand nombre de riches [1]. » Il donnait ses ordres d'avance, et dès le matin une quantité de charrettes ar-

rivaient dans les cours des prisons, pour conduire au supplice ceux qu'on avait condamnés le soir. Comme on les accusait indistinctement des mêmes crimes, ses actes d'accusation étaient imprimés d'avance; et on n'avait qu'à y mettre les noms des accusés qu'on laissait en blanc. Les jurés avaient le mot; c'était Fouquier-Tainville qui le prononçait; ce mot était *feu de file;* et en moins de deux heures 60 personnes étaient condamnées : c'est à peu près le nombre de victimes qu'on sacrifiait chaque jour. Pour donner une idée de la manière que Fouquier prononçait ses arrêts terribles, nous citerons les faits suivans. Un officier corse, d'un âge avancé, était dans les prisons du Luxembourg; on vint le demander de la part de Fouquier-Tainville; il ne répondit pas. Un jeune étourdi, qui jouait à la balle dans la cour, et qui avait un nom à peu près semblable, s'avisa de répondre. Le sbire l'emmena, et le jeune homme de 17 ans fut conduit à l'échafaud à la place du vieillard de 70 ans. Un détenu, appelé Gamache, fut conduit au tribunal; l'huissier fit observer qu'il n'était pas l'accusé qu'on avait demandé : « Peu im- » porte, répondit Fouquier; celui- »ci vaut autant qu'un autre; » et il fut envoyé à la mort. Fleury de Rosset (*voy.* ce nom, *Suppl.*) avait adressé à Dumas une lettre où il disait qu'il partageait les sentimens de sa famille, qu'on avait fait périr; Fouquier, après avoir parcouru cette lettre, dit : « Ce monsieur est bien »pressé; je veux le satisfaire; » et il le fit condamner. Une veuve Maillet fut présentée au tribunal, au lieu de la duchesse Maillé qu'on devait y traduire. Dans l'interrogatoire, Fouquier s'aperçut de l'erreur : « Ce »n'est pas toi, lui dit-il, qu'on vou-

[1] Il est inutile de dire qu'une partie des biens de ces *riches* était en outre partagée entre leurs bourreaux.

»lait juger ; mais c'est égal : autant »vaut aujourd'hui que demain. » Madame de Sainte-Amarante et sa fille avaient répondu avec fermeté dans l'interrogatoire que leur fit subir Fouquier, et écoutèrent sans pâlir leur arrêt de mort. Irrité de leur courage : « Voyez quel excès »d'effronterie, s'écria-t-il; il faut »que je les voie monter sur l'écha-»faud, pour m'assurer si elles con-»serveront leur caractère, dussé-je »ne pas dîner. » Un vieillard para-lysé de la langue ne pouvait répon-dre aux questions qu'on lui faisait ; Fouquier ayant appris la raison de son silence, dit avec une froide atrocité : « Ce n'est pas la langue »qu'il me faut, c'est la tête. » On fit observer à Fouquier qu'un autre vieillard qui se taisait de même était sourd et muet. « N'importe, dit-il ; »ne voyez-vous pas qu'il a conspiré »sourdement ?. » Le 9 thermidor ar-riva (27 juillet 1794), et Robes-pierre, son protecteur et le prin-cipal auteur de ces meurtres, fut ar-rêté. On en donna aussitôt l'avis à Fouquier, qui dit, sans se troubler : « Nul changement pour nous; il faut »que la justice ait son cours; » et ce même jour il envoya à l'échafaud 42 personnes, la plupart bourgeois de Paris. Chargé de faire guillotiner Robespierre et les autres proscrits, il s'acquitta de cette mission sans balancer un seul instant, et il alla jusqu'à se présenter à la barre pour féliciter la convention sur la vic-toire qu'elle venait de remporter. Barrère monta alors à la tribune, pour proposer qu'on continuât le même système de terreur, et qu'on admît Fouquier pour accusateur pu-blic auprès du nouveau tribunal ré-volutionnaire qu'on venait d'établir. Mille voix s'élevèrent contre lui. Le député Fréron (*voy.* Fréron,

Suppl.) dénonça Fouquier, fit l'é-numération de ses crimes, et finit son discours par ces mots terribles : « Je demande que Fouquier aille »cuver dans les enfers tout le sang »dont il s'est enivré. » Le 20 mars Lesage l'accusa d'avoir envoyé à l'é-chafaud, sans jugement, 42 per-sonnes du Luxembourg. Fouquier fut mis enfin en arrestation ; mais il ne fut jugé que le mois d'avril sui-vant. Un décret ordonna la per-manence du tribunal jusqu'à la fin de la procédure. « Placé devant le »tribunal, dit Mercier, où il avait »condamné tant de victimes, il écri-»vait sans cesse ; mais, comme un » Argus, il était tout yeux et tout »oreilles; et en écrivant pas un mot du »président, d'un témoin, etc., ne lui »échappait. Il affecta de dormir pen-»dant le résumé de l'accusateur pu-»blic, comme pour avoir l'air cal-»me, tandis que l'enfer était dans son »cœur. Son regard fixe, faisait mal-»gré soi, baisser les yeux ; lors-»qu'il s'apprêtait à parler, il fron-»çait les sourcils et plissait le front ; »sa voix était haute, rude et me-»naçante. Il niait d'une voix ferme »sa signature, et ne tremblait pas de-»vant le témoin accusateur..... etc. » Fouquier se défendit, tantôt en niant ses crimes, tantôt en disant qu'il ne les avait commis que par ordre du comité de salut public. Il aurait dû ajouter, quoique cela ne l'eût pas rendu innocent, que la convention elle-même les avait autorisés, ou par ses décrets, ou par une coupable tolérance. Quand on le conduisit au supplice, ses regards farouches inspi-raient encore de l'effroi; la popu-lace, dont il avait été l'idole, le chargeait de malédictions ; et se rap-pelant que Fouquier refusait à l'ac-cusé les moyens de se défendre, en lui disant, *Tu n'as pas la parole,* lui criait : « Fouquier, tu n'as pas la parole. » — « Va, canaille, répon- »dait-il, chercher tes trois onces de »pain à ta section [1]. » Néanmoins, pendant qu'on guillotinait douze de ses complices, on le vit frissonner, et il sembla éprouver des remords. Il fut exécuté le dernier, le 7 mai 1794. Fouquier - Tainville avait alors 48 ans.; il avait été arrêté cinq jours après son ami Robespierre.

FOURCROY (Antoine - François), chimiste, naquit à Paris le 15 juin 1755. Après la mort de Macquer en 1784, Buffon le nomma à la chaire de chimie du Jardin du roi, et il enseigna avec honneur pendant vingt-cinq ans. Avide de grâces et de distinctions, il se crut négligé par la cour, et, pour se venger, il se jeta dans la révolution. Fourcroy fut nommé en 1792 député suppléant à la convention nationale, et y succéda au fameux Marat: on assure cependant qu'il ne s'occupa que d'administration. Quand il proposa de rappeler plusieurs savans, il ne mit pas dans sa liste Lavoisier ; et lors de la fin tragique de ce célèbre chimiste, on accusa Fourcroy, peut-être sans fondement, de n'y être pas étranger. (Voyez LAVOISIER, Suppl.) En 1798 il entra dans le conseil des anciens, et l'année suivante, après le 18 brumaire, dans le conseil d'état. Nommé en 1801 directeur général de l'instruction publique, il contribua par ses soins à l'érection des trois écoles de médecine de Paris, de Montpellier et de Strasbourg, à douze écoles de droit, et à trente lycées, appelés aujourd'hui colléges royaux, tous placés dans les grandes villes. Il recommença vingt-trois

fois la rédaction des décrets pour l'établissement de l'université, sans que ce long travail pût jamais trouver la sanction du ministère. Ce contretemps l'affecta beaucoup ; il s'en plaignit hautement, ainsi qu'il le faisait toutes les fois qu'on ne récompensait pas à son gré ses services ou ses bonnes intentions. Fourcroy fut disgracié: il ne sut pas supporter ce malheur; il en tomba malade, et mourut d'apoplexie le 16 décembre 1809, âgé de 54 ans. Ses principaux ouvrages sont : I *Leçons d'histoire naturelle de chimie*, Paris, 1781, 2 vol. in-8; 1789, 4 vol. ; 1791, 5 vol. II *Système des connaissances physiques, et de leur application aux phénomènes de la nature et de l'art*, ibid., 1801, 6 vol. in-4, ou 11 vol. in-8. III *Philosophie chimique*, ibid., 1792, 1795, 1806, traduite en plusieurs langues, et même en grec moderne. Les grands progrès que font tous les jours les sciences naturelles ôtent beaucoup du mérite qu'auraient en d'autres temps les ouvrages de Fourcroy.

FOURCROY DE GUILLERVILLE (Jean-Louis de), frère du précédent, naquit à Paris en 1717. On a de lui : I *Lettres sur l'éducation physique des enfans du premier âge*, Paris, 1770, in-8. II *Les enfans élevés dans l'ordre de la nature*, ou *Abrégé de l'histoire naturelle des enfans du premier âge*, ibid., 1774, 1783, in-12. Cet excellent ouvrage a été traduit en allemand par K. J. Cramer, Lubeck, 1781, 2 vol. in-8. Fourcroy est mort en 1799.

FOURCROY DE RAMECOURT (Charles-René), ingénieur, naquit à Paris le 19 janvier 1715, servit dans la guerre de 1741, dans celle de sept ans, et en

1764 il se distingua au siége d'Almeida en Portugal. Il a laissé un
*Plan de communication entre l'Es-
caut*, *la Sambre*, *l'Oise*, *la Meuse*,
la Moselle et le Rhin, *pour réunir
les parties intérieures de la France*,
et autres ouvrages sur la fortification ; et il est mort avec le grade
de maréchal de camp, le 12 janvier
1791.

FOURNIER (Charles), dit
l'Américain, un des plus affreux
brigands de la révolution, naquit à
Saint - Domingue vers 1760. Il vint
en France peu avant le commencement des troubles politiques. Ses
nombreux crimes le retenaient dans
les prisons, lorsqu'on en ouvrit les
portes au nom de la *liberté* et de
l'égalité. Audacieux, sanguinaire,
il était un homme important pour
les chefs de la révolte, qui le choisirent pour un des *aboyeurs* de leurs
principes. Il s'acquitta si bien de cet
honorable emploi, qu'il fut reçu à
la pluralité des voix dans le club des
Cordeliers. La funeste réussite du
voyage de Varennes encouragea ce
club à organiser l'insurrection dite
du *Champ-de-Mars*, qui eut lieu le
17 juillet 1791. Deux malheureux
qui, pour éviter le soleil, s'étaient
placés sur un tertre où ils déjeu-
naient, furent les premières victimes
qu'on immola. On appelait ce tertre
l'*Autel de la patrie*. Les factieux le
croyant ainsi profané, pendirent les
deux prétendus coupables à une lanterne, à l'entrée du Gros-Caillou.
Selon l'affreux usage établi dans ces
occasions, on leur coupa la tête,
qu'ils portèrent en triomphe à Paris.
Presque en même temps, Fournier,
mêlé parmi les factieux, lâcha un
coup de pistolet à M. de la Fayette,
qui était arrivé avec un détachement
de gardes nationaux au plus fort du
tumulte, qu'il ne put cependant par-

venir à calmer. Ces mêmes gardes
ayant arrêté Fournier, le peuple
en fureur le retira de leurs mains ;
il prit alors la fuite ; mais, après
l'amnistie accordée à tous les grands
coupables, il revint à Paris. Fournier s'était déjà signalé dans la terrible révolution avignonaise, et
avait partagé les crimes de Jourdan,
dit *Coupe - tête*. Il avait eu aussi
une grande part aux massacres de
septembre. Dans la triste journée
du 10 août, il commandait la horde
de brigands dite des *Marseillais*,
venus dans la capitale pour y opérer
cette révolution à jamais mémorable.
Le palais de tant de rois devint le
théâtre du plus horrible carnage.
(*Voyez* LOUIS XVI, *Supplém.*)
Par une contradiction qu'on ne saurait pas trop définir dans un homme
comme Fournier, il sauva cependant
plusieurs malheureux qui sans son
secours auraient sans doute péri. Il
ne tarda guère à revenir à ses premiers sentimens. Chargé de conduire les prisonniers d'Orléans accusés de haute trahison, il les fit
tous massacrer à Versailles le 9 septembre 1792. Par un décret de la
Providence, ces bourreaux étaient
souvent punis de leurs crimes par
ceux-là même qui les y avaient
excités ; et cela arrivait, ou quand
leurs services devenaient inutiles,
ou lorsqu'on croyait devoir les remplacer par d'autres bourreaux. Ce
furent précisément Bourdon de
l'Oise et Marat qui, le 12 mars
1793, dénoncèrent Fournier ; et
entre autres charges celui-ci l'accusa
d'avoir tiré un coup de pistolet à
M. de la Fayette, qui heureusement
ne porta pas. Fournier fut mis en
prison et condamné à la déportation, après la révolution du 18 brumaire ; mais on se borna à le mettre
en surveillance. Se trouvant im-

pliqué dans l'affaire du 3 nivose (24 décembre 1800), il fut conduit aux îles Séchelles, où il est mort misérablement en 1803.

FOURNIER (Pierre-Nicolas), ingénieur et architecte, naquit à Paris en 1747. Il eut une jeunesse assez désordonnée, qui obligea son père à le mettre dans un couvent. Il paraît, d'après l'épitaphe qu'il se fit lui-même, qu'il porta l'habit religieux pendant quelques mois. Il le quitta pour suivre la carrière des armes, et jusqu'en 1783 il servit dans l'artillerie royale. Il embrassa les principes de la révolution; et en 1789, il fit cause commune avec les Nantais qui se rendirent à Rennes pour soutenir, disaient-ils, la liberté nationale. Il servit à Nantes après le 14 juillet, comme capitaine des compagnies armées, instituées avant la formation des gardes nationales; et il fut ensuite nommé commissaire civil à Paris de la force départementale de la Loire-Inférieure [1]. Fournier et ses soldats servirent dans l'affreuse guerre de la Vendée, où il acquit une bien misérable gloire. Ce fut lui qui, le 30 juin 1793, lorsque Nantes fut assiégé par les Vendéens, défendit son poste avec plus d'obstination. Peu de temps après il fut compris dans le nombre des mécontens ou des conspirateurs, et voué à la mort avec cent trente-deux Nantais. Ils devaient périr par ordre de Carrier, sur la route de Paris; mais ils durent la vie à Boussard, chef de l'escorte, et ensuite au général Danican, qui se refusèrent à cet ordre inhumain. Arrivé à Paris,

Fournier fût mis en prison avec ses co-accusés. Il y demeura plus d'un an. Pendant sa détention il publia un *Mémoire* où il détaillait tous les services qu'il avait rendus à la république, pour lesquels il croyait mériter des récompenses, et non des punitions. Ce mémoire, et le zèle de l'acteur Beaulieu, qui le défendit devant le tribunal révolutionnaire, lui rendirent la liberté. Il fut acquitté unanimement avec les cent trente-deux Nantais compris dans la même accusation. Il se retira à Nantes, et, désabusé enfin des résultats de la révolution, il ne s'occupa plus que des fonctions de sa place d'ingénieur. Plusieurs médailles romaines qu'il trouva en faisant creuser un aqueduc, lui inspirèrent du goût pour l'étude des antiquités. Il fit faire des fouilles dans plusieurs endroits, et découvrit des tombeaux antiques, des monnaies du commencement de la monarchie française, et des monumens romains. Il a écrit sur ces objets plusieurs *Mémoires*, qui se conservent à la bibliothèque publique de Nantes. Fournier était architecte-voyer, membre de la société des sciences, lettres et arts de cette ville, et correspondant de l'académie celtique. Il est mort dans cette ville le 20 septembre 1810.

FOX (Charles-Jacques), célèbre orateur et homme d'état d'Angleterre, naquit à Londres le 24 janvier 1748. Il était fils de Henri Fox, premier lord Holland, ministre de la guerre sous George II, antagoniste, dans la chambre des communes, de William Pitt, depuis lord Chatam; rivalité qui dans la suite s'établit entre leurs fils. Il paraît que Fox reçut de son père une éducation peu soignée, puisqu'aux bains de Spa, où il le mena, il lui donnait tous les jours cinq

1 Lors de la lutte qui s'établit entre la convention et la commune de Paris, plusieurs départemens envoyèrent des forces à Paris sous prétexte de défendre les représentans du peuple; mais la convention, craignant ces secours d'ailleurs assez suspects, se hâta, par un décret du 3 mars, de renvoyer toutes les forces départementales.

guinées (125 liv.) pour les risquer au jeu. Cette passion devint si forte dans le jeune Fox, qu'il finit par y sacrifier son patrimoine. Il fit ses études avec un grand succès au collége d'Eton ; montra de bonne heure une ardeur immodérée pour tous les plaisirs, et un grand désir de briller. Il entreprit un voyage dans le continent, qui lui donna un goût extraordinaire pour la parure ; goût qui, dans un âge plus mûr, se changea en une simplicité qui tenait de la négligence. Il n'avait que vingt ans lorsque son père le fit nommer (1768) membre des communes pour représenter le bourg de Midhurst en Sussex. Il débuta par un discours où il combattait la pétition de Wilkes, détenu dans la prison du Banc-du-Roi, et qui réclamait sa place au parlement comme représentant du Middlesex. Ce discours, qui annonçait des talens supérieurs, ne fut applaudi que du ministère et de ses adhérens ; et lord North, chancelier de l'échiquier, récompensa l'orateur en lui donnant la charge de payeur de la caisse des veuves et des orphelins, et le nomma ensuite un des lords de l'amirauté et de la trésorerie. Jusqu'en 1772 Fox vota pour les ministres, quand tout à coup il se lia avec Burke, célèbre orateur du parti des *whigs*, et plusieurs membres de l'opposition, et reçut fort mal les remontrances que le ministre lui fit sur ce sujet. Fox commença dès lors à devenir populaire ; c'est pourquoi, dans la discussion du bill, quoiqu'il fût lord de la trésorerie, il chercha à exempter une certaine classe de citoyens du serment du *test*. Le ministre le destitua ; et pour se consoler il se ruina en dépenses de toute espèce, et notamment au jeu et par ses *paris* dans les courses de chevaux. Depuis

ce moment il se lia encore davantage avec Burke, et devint un des champions de l'opposition. Il se fit surtout remarquer par son ardeur à défendre le droit que réclamaient les colonies anglaises de s'imposer une taxe elles-mêmes. Il déplorait l'aveuglement du ministère. « Alexandre le »Grand, disait-il, n'a pas conquis au- »tant de pays que lord North aura »eu le talent d'en perdre dans une »seule campagne. » La guerre de l'Angleterre contre ses colonies venait d'être déclarée. Un voyage que Fox fit en France lui ayant fait connaître les intentions hostiles du cabinet de Versailles, servit à le raffermir davantage dans son parti d'opposition ; aussi il se déclara contraire à toutes les mesures que le ministère prit, quoiqu'elles ne tendissent, en résumé, qu'à soumettre des rebelles. Fox était devenu le chef des *whigs*. Sa nouvelle conduite et un duel qu'il s'attira pour soutenir la cause de l'opposition, lui concilièrent de plus en plus la bienveillance du peuple ; et à l'élection générale de 1780, il fut nommé représentant de Westminster. Quand la cour se vit contrainte par la clameur des communes à créer une nouvelle administration sous la direction du marquis de Buckingham, Fox fut élu secrétaire d'état des affaires étrangères, où il n'oublia cependant rien pour conserver sa popularité. Il la perdit en grande partie lorsqu'en quittant son emploi il entra en négociation avec lord North, qu'il avait sévèrement censuré. Cependant il fut encore réélu secrétaire d'état. En 1783, l'Angleterre signa sa paix générale. On s'occupa bientôt après de la discussion du fameux bill dont le principal objet était de priver la compagnie des Indes de sa *charte*, pour prévenir, disait-on, la banqueroute où devaient la conduire ses malversations. Le discours que Fox prononça à cette occasion est considéré comme son chef-d'œuvre. Le bill, appuyé par la chambre des communes, passa malgré les attaques de Pitt et de Dunday, et les réclamations de la compagnie des Indes. A la nouvelle élection de Westminster, Fox réunit à peine les voix nécessaires, et on prétendit qu'il ne les dut qu'à plusieurs dames de haut rang qui sollicitèrent en sa faveur. Ce peuple, qui naguère l'adorait, était devenu son plus grand ennemi. Il se le réconcilia bientôt par son opposition aux taxes que demandait le ministère contre lequel il lutta durant toutes les sessions de 1784. Il fit ensuite un voyage en Italie; pendant ce temps le roi tomba grièvement malade. Aussitôt que Fox l'eut appris il se transporta de Bologne à Londres, en parcourant un espace de 500 lieues en neuf jours. Il reparut à la chambre des communes et plaida pour les droits qu'avait à la régence le prince de Galles, en sa qualité de successeur à la couronne. Le roi se rétablit, et Fox perdit alors tout espoir de devenir ministre. A son retour des eaux de Bath, où une maladie sérieuse l'avait appelé, il reprit son système d'opposition contre les ministres. Il se déclara en 1790 contre la guerre de l'Angleterre avec l'Espagne et la Russie. Catherine II fut si satisfaite du discours de Fox, qu'elle lui demanda la permission de faire sculpter son buste en marbre blanc, afin de le placer entre ceux de Démosthène et de Cicéron. Sa chaleur à défendre la révolution française l'indisposa avec Burke, qui ne le regarda plus qu'avec horreur (*voyez* BURKE, *Supplément*), et ses prières et même ses larmes ne purent lui reconquérir l'amitié de cet ancien et respectable

ami. Fox appuya fortement la motion de M. Wilberforce sur l'abolition de la traite des nègres. Les efforts qu'il fit en 1793 pour s'opposer à la guerre contre la France, déplurent à la chambre entière. Cependant, lors du procès de Louis XVI, il avait proposé au parlement d'agir en faveur de ce malheureux monarque. A cette même époque, sa passion dominante pour le jeu et les courses de chevaux avait tellement dérangé sa fortune, que les *whigs*, même ceux qui l'avaient abandonné, se réunirent pour lui former un revenu de 3,000 l. sterling. Depuis 1794 jusqu'à la mort de Pitt, il continua toujours à combattre ce ministre et ses partisans ; mais n'ayant rien pu obtenir de favorable à ses projets, il assistait rarement aux séances. Les murmures de ses partisans l'y rendirent plus assidu, et la faveur populaire le consolait des places qu'il ne pouvait pas obtenir. Le jour de l'anniversaire de sa naissance fut célébré par une immense réunion de *whigs*. Ils se rendirent à une taverne, et ils tinrent des discours fort injurieux pour le gouvernement. Fox porta lui-même un toast à sa *majesté* le peuple souverain. Le roi l'ayant appris, raya de sa main le nom de Fox de la liste de ses conseillers privés. L'orateur se retira à la campagne, où il s'occupa de son histoire de la chute des Stuarts. Les ouvertures de paix faites en 1800 par le gouvernement français rappelèrent Fox à Londres. Il opina sur ce qu'on devait accepter ces propositions ; mais les préliminaires de la paix ne furent signés qu'en 1801, et après que Pitt eut donné sa démission. Le traité d'Amiens ayant été conclu, Fox partit pour la France et fut fort bien accueilli du premier consul, qui avait peut-être des raisons pour croire que Fox n'était pas au nombre de ses ennemis. Il puisa dans cette occasion dans les archives des relations extérieures les renseignemens dont il avait besoin pour l'histoire qu'il écrivait. A peine fut-il de retour en Angleterre, que la guerre contre la France commença de nouveau. On crut alors que Pitt avait arrangé avec son adversaire un plan d'administration sous les auspices du lord Grenville; mais ce projet n'eut pas de suite, parce que, dit-on, le roi ne voulut pas entendre parler de Fox; et en effet, pleinement satisfait de sa vogue populaire, il ne s'était jamais montré favorable à la cause du monarque. Pitt mourut en 1806, et en même temps que Fox rendait hommage aux talens et à l'intégrité de son antagoniste, il combattit, peut-être par jalousie, la proposition de lui accorder les honneurs funèbres. Toujours attaché à son système de terminer la guerre avec la France [1], il avait entamé à Paris une négociation qui faisait espérer une paix prochaine ; mais, dans ces entrefaites, il mourut d'une hydropisie, dont il souffrait depuis plusieurs mois, le 13 septembre 1806. On lui décerna les honneurs funèbres, c'est-à-dire ces mêmes honneurs qu'il avait refusés à Pitt. Son corps fut transporté à l'abbaye de Westminster, sépulture des rois et des grands hommes de la nation. On employa pour son char funèbre près de 500 aunes de velours noir. Le concours, composé des personnes les plus distinguées, et suivi par des chefs de métiers, fut immense; on y déploya tout le luxe dont était capable le parti auquel il se dévoua pendant plus de trente an-

nées. On mit une demi-journée à se rendre de la maison que Fox habitait à Londres à l'église de Westminster. Ce ministre était doué d'une érudition vaste et profonde ; la force, la logique, l'éloquence de ses discours, entraînaient comme un torrent auquel rien ne peut résister. Il possédait les langues latine et grecque, et il était nourri de la lecture d'Homère, de Thucydide, de Démosthène et de Longin. Fox était lié avec les plus grands hommes de l'Europe, qui s'honoraient de son amitié. Véhément, impétueux à la tribune, il était doux, affable dans son intérieur et dans la société. On pourrait même citer de lui plusieurs traits de bienfaisance. Il rendit un tribut à la justice, lorsqu'en 1798 il parla contre le système de rigueur que le gouvernement avait adopté contre l'Irlande; et en 1803, il appuya la pétition des catholiques de ce pays, qu'il présenta lui-même à la chambre des communes. La même impartialité historique qui oblige de rappeler les talens et les qualités de Fox, fait un devoir de ne pas cacher ses erreurs et ses défauts. La criminelle indulgence de son père avait jeté dans son cœur les germes de toutes les passions, d'où naquit cette blâmable incurie par laquelle il méprisait l'opinion publique au point de ne prendre jamais la peine de cacher ni ses écarts ni ses vices [1]. Ses dépenses étaient énormes, et son patrimoine était dissipé du vivant même de son père, qui plusieurs fois paya ses dettes. Dans une seule occasion elles montèrent à la somme de 10,000 livres sterling (250,000 fr.). Ce père trop

---

[1] En 1802, lorsqu'il vint à Paris, il dîna avec Buonaparte. De retour à Londres, et lorsqu'il fut élu représentant de Westminster, il justifia devant les chambres Buonaparte, accusé d'ambition. C'était payer assez généreusement le bon accueil que celui-ci lui avait fait.

[1] Ses commis, pour lui faire signer les dépêches, étaient souvent obligés d'aller le chercher dans une maison de jeu, où, sans bouger de sa place, il donnait ses ordres, et signait la plume d'une main et les cartes de l'autre, et reprenait ensuite le jeu.

faible lui laissa en mourant une somme considérable, de vastes domaines, et un emploi d'un riche revenu en Irlande. Tout fut dévoré en peu d'années ; et lorsqu'il resta sans emploi, il serait tombé dans la misère, si les *whigs*, ses amis, n'eussent pas volé à son secours. Enivré de la faveur populaire, et cependant avec un vif désir d'occuper les grandes places à la cour, il fut tour à tour combattu et par ses opinions démocratiques et par l'appât des grandeurs ; ou, pour ainsi dire, il lutta toujours entre deux ambitions ; et tandis qu'il cherchait à abaisser l'autorité royale, il ne négligea rien pour se capter les applaudissemens de la multitude. C'est d'après ces principes qu'il approuva la révolution française, qu'il employa l'éloquence et même les injures pour porter le cabinet anglais à reconnaître cette république. C'est en suivant le même système qu'il s'opposa constamment à la guerre contre cette nation ; et lorsqu'il la vit définitivement asservie, il défendit et peut-être fit l'éloge de celui qui l'avait soumise à son joug. Aussi toutes les feuilles périodiques du parti de l'opposition parlaient dans le même esprit que l'orateur anglais. Bien des années s'écouleront avant que les communes d'Angleterre comptent parmi leurs membres un homme plus instruit, plus éloquent, plus démocrate, plus dissipateur et plus vicieux.

FRA-DIAVOLO, dont le véritable nom est Michel POZZA, fameux chef de brigands dans la Calabre, où il naquit vers 1760. Il fut l'effroi de ce pays jusqu'à l'entrée des Français dans le royaume de Naples. Il se dévoua alors à la cause du roi, combattit ses ennemis, et ayant obtenu en 1799 du cardinal Ruffo le pardon pour le passé, il employa tous ses moyens pour servir les vues du général napolitain. Il reçut un brevet de *chef de masse* (colonel), forma sa troupe, fit la campagne de Rome, et s'y distingua par son intrépidité. Après la conquête de Naples par Buonaparte, il se retira avec ses camarades à Gaëte ; mais ne pouvant tout-à-fait oublier son premier métier, il commit dans la ville des désordres qui l'en firent chasser par le prince de Hesse-Philippsthal. Il passa dans la Calabre, de là à Palerme, et prit part au soulèvement organisé par le commodore Sidney-Smith. Il se rendit aussitôt en Calabre, y fomenta l'esprit d'insurrection, délivra les détenus, et ayant formé une troupe assez considérable, il parcourut le pays, qu'il désolait par ses vols et ses assassinats, et se disposa à résister aux Français qui étaient à sa poursuite. Dans l'attaque qu'ils lui présentèrent, il se défendit jusqu'aux dernières extrémités, et parvint à s'échapper. On l'arrêta à Saint-Severino, par la trahison d'un paysan, et il fut conduit à Naples, et exécuté le 6 novembre 1806.

FRAGONARD (Nicolas), peintre, né à Paris en 1732. Il était un peu trop maniéré dans ses compositions et dans ses figures ; mais elles sont en général nobles, et ne manquent pas d'expression. Il passa plusieurs années à Rome, et on a de lui plusieurs tableaux, tels que : *Corésus et Callirhoé, la Visitation de la Vierge, le sacrifice de la rose, l'adoration des bergers*, etc. Il mourut en 1806.

FRANCIS (Anne), dame auteur, née à Londres vers 1740, a laissé : I *Traduction en vers du cantique de Salomon*, d'après l'original hébreu, avec un *discours préliminaire et des notes histori-*

ques, etc. , 1781, in-4. II *Les funérailles de Démétrius Poliorcète*, poëme ; 1785, in-4. III *Poésies mélées*, 1790, in-8. On trouve dans les vers d'Anne de la facilité, de la chaleur ; mais son style est parfois trop figuré, et rempli d'épithètes. Elle mourut en 1800.

FRANCO (Antonio), savant jésuite portugais, né à Montalvao, province de l'Allentajo, en 1662, entra dans la société à l'âge de 15 ans, et s'y distingua par sa piété, son humilité et son amour pour l'étude. Il parcourut avec honneur la carrière de l'enseignement, et fut appelé à remplir différentes places importantes dans son ordre. Son goût le portait aux recherches historiques ; et son amour pour la compagnie à laquelle il appartenait les lui fit diriger vers ce qui pouvait contribuer à sa gloire, en faisant connaître les hommes célèbres par leur sainteté ou par des services rendus à la religion et à l'état, qu'elle avait produits. Les ouvrages les plus remarquables qu'il ait composés, soit en latin, soit en portugais, sont: I *Annus gloriosus societatis Jesu in Lusitaniá, complectens sacras memorias illustrium virorum qui virtutibus, sudoribus, sanguine, fidem, Lusitaniam et societatem Jesu in Asiá, Africá, Americá et Europá felicissimè exornárunt*, Vienne, 1720, in-4. II *Synopsis annalium societatis Jesu in Lusitaniá, ab anno 1540, usque ad annum 1725*, Augsbourg, 1726, in-fol. III *Imagem do primeiro seculo da companhia de Jesus em Portugal*, 2 vol. in-fol. IV *Imagem do segundo seculo*, 1 vol. Dans ce dernier ouvrage, resté inédit, sont rangés par ordre chronologique les événemens les plus mémorables des premiers cent cinquante ans de la so-

ciété de Jésus, dans la province du Portugal. V Une *Syntaxe abrégée en langue portugaise*. VI Une *Traduction* en la même langue de l'*Indiculus universalis* du P. Pomey. (*Voyez* POMEY, *Dict.*) Le P. Franco mourut à Evora le 3 mars 1732, à l'âge de 70 ans.

FRANÇOIS (dom Claude et dom Philippe), que quelques rapports communs engagent à réunir dans le même article, pour éviter les redites, étaient tous deux de la congrégation de Saint-Vannes, et l'ont honorée par leurs vertus et leur savoir. Dom Claude naquit à Paris vers 1559, et fit profession dans l'abbaye de Saint-Vannes en 1589. La congrégation était encore à son berceau. Dom Claude fut envoyé au Mont-Cassin, déjà chef-lieu de congrégation, pour en étudier les réglemens sur lesquels la congrégation de Saint-Vannes voulait se modeler. Il revint avec dom Laurent Alberti, bénédictin du Mont-Cassin, qu'on crut propre à faciliter l'organisation de la congrégation qui se formait. Dom Claude en était président, et avait jeté les fondemens de la constitution qui devait la régir. Un des articles était que les supériorités vaqueraient après le terme de cinq ans. Quelques années d'expérience apprirent à dom Claude que cette vacance rigoureuse n'était pas sans inconvénient ; mais son avis ne fut point partagé par d'autres supérieurs, et notamment par dom Philippe François, attaché à la lettre du réglement. Cette diversité d'opinions donna lieu à beaucoup d'écrits de part et d'autre, jusqu'à ce qu'en 1630, le pape eût permis de continuer les supérieurs au delà de cinq ans, lorsque le bien de la congrégation l'exigerait. Cette contestation ne nuisit point à l'union entre les deux confrères ; et ni la charité ni la régularité n'en souffrirent. Dom Claude François mourut à l'abbaye de Saint-Mihiel le 10 août 1632, après avoir rendu de grands services à sa congrégation, et en avoir été douze fois président. — FRANÇOIS (dom Philippe), dont le vrai nom était Philippe COLLARD, naquit à Lunéville en 1579, et n'avait que 10 ans lorsque l'abbé de Senones Lignarius, son parent, le prit dans son monastère, lui donna l'habit religieux, et le plia à la règle de Saint - Benoît, dans l'intention d'en faire son coadjuteur. Après qu'il lui eut fait faire profession, il l'envoya à l'université de Pont - à - Mousson achever ses études. Il y fit sa philosophie et sa théologie, étudia avec soin la langue grecque, et y fit des progrès qui la lui rendirent très - familière. La réforme de Saint - Vannes s'établissait alors ; mais l'abbaye de Senones ne l'avait point encore reçue. Le jeune religieux avait si bien pris l'esprit de son état, qu'il désirait ardemment d'entrer dans un monastère où la règle fût en vigueur. Malgré les avantages qui devaient l'arrêter à Senones, il en partit secrètement en 1603, et se rendit à Saint-Vannes, où il fit un nouveau noviciat et s'engagea par des vœux l'année suivante. On l'envoya professer la philosophie et la théologie à Saint-Mihiel. Rappelé à Saint-Vannes, il y fut maître des novices. En 1609, on le nomma visiteur ; il était en 1612 prieur de Saint-Airy de Verdun, monastère dont il devint abbé. Il fut élu président de la congrégation en 1622, et mourut à Saint-Airy le 27 mars 1725 avec la réputation d'un excellent religieux. Sa vie a été écrite par Marie-Jacqueline [1] Bouette de

Blemure, religieuse bénédictine ; elle est insérée au deuxième volume des *Hommes illustres de l'ordre de Saint-Benoît*. Outre les écrits que dom Philippe François composa à l'occasion de son différend avec dom Claude, il est auteur des ouvrages suivans : I *Trésor de perfection tiré des épîtres et évangiles qui se lisent à la messe pendant l'année*, Paris, 1615, 4 vol. in-12. II *La guide spirituelle pour les novices*, Paris, 1616, in-12. III *Le Noviciat des bénédictins, avec un traité de la mort précieuse des bénédictins*, in-12. IV *Renouvellement spirituel nécessaire aux bénédictins*. V *La Règle de Saint-Benoît, traduite avec des considérations*, Paris, 1613 et 1620. VI *Occupation journalière des religieux*. VII *Enseignement tiré de la règle*. VIII *Courte explication de ce qui se dit dans l'office divin, contenant le sens littéral et mystique de chaque psaume, avec des affections*. IX *Les Exercices des novices*. Ils ont été traduits en latin, et étaient en usage dans presque toutes les congrégations de bénédictins.

FRANÇOIS (dom Jean), bénédictin de la congrégation de Saint-Vannes, né au petit village d'Acremont dans le duché de Bouillon, prononça ses vœux dans l'abbaye de Beaulieu en Argonne en 1740. Après ses cours, il fut chargé d'enseigner la théologie. Il se livrait en même temps au ministère de la chaire. Cela ne l'empêchait pas de s'occuper de l'histoire, pour l'étude de laquelle il avait un goût de prédilection. Non-seulement il rassemblait des faits et des dates, mais il les discutait et les soumettait à une

___

[1] Elle est nommée *Catherine* dans la Bibliothèque générale de l'ordre de Saint - Benoît ; c'est une erreur.

critique judicieuse. On lui donna dans sa congrégation plusieurs emplois dont il s'acquitta avec honneur. Il fut successivement prieur des abbayes de Saint-Arnould et de Saint-Clément dans la ville de Metz. Il enrichit la bibliothèque de cette dernière de plus de cinq mille volumes choisis. Il fit restituer à la congrégation deux riches prieurés, dont ses études lui découvrirent l'usurpation sur les bénédictins par des chapitres séculiers. Témoin des commencemens de la révolution, il vécut assez pour voir dissoudre les ordres religieux. Se voyant malgré lui rejeté dans le monde, arraché à un état qu'il aimait, à des travaux dont il s'était fait une douce habitude, aux goûts de toute sa vie, il se retira dans le hameau qui l'avait vu naître, et y mourut le 22 avril 1791, dans sa soixante-dixième année. Il a laissé : I *Histoire de Metz*, avec dom Tabouillot, Metz, 1769 et années suivantes, 4 vol. in-4, avec les preuves. II *Dictionnaire roman, wallon, celtique et tudesque, pour servir à l'intelligence des anciennes lois et contrats*, Bouillon, 1777, in-4. III *Bibliothèque générale de l'ordre de Saint-Benoît, patriarche des moines d'Occident, contenant une notice exacte des ouvrages de tout genre, composés par les religieux des diverses branches, filiations et réformes*, Bouillon, 1777, 4 vol. in-4. Il avait formé le projet d'un *recueil d'anciennes chartes*, qu'il devait donner sous le titre de *Chartes austrasiennes ;* il travaillait aussi à l'*histoire de Châlons-sur-Marne*, d'après le même plan qu'il avait adopté pour l'histoire de Metz; enfin il avait dressé un *Code régulier ou monastique*, à l'usage des religieux de quelque ordre qu'ils fussent. Sa mort et la révolution surve-

nues, ont empêché ces ouvrages de paraître.

FRANZ (Joseph), jésuite, naquit à Lintz en 1703, et fut professeur de physique expérimentale à l'académie de Vienne, et puis directeur de celle des langues orientales, fondée en 1754, dans la même ville, par Marie-Thérèse. Le P. Franz était généralement estimé, et par ses talens, et par la pureté de ses mœurs. On a de lui : I *Dissertatio de naturâ electri*, Vienne, 1751, in-4. II *Jeu de cartes géographiques*, ibid., 1759. On lui attribue un petit drame intitulé : III *Godefroi de Bouillon*, représenté par les élèves des académies des langues orientales, devant leurs augustes fondateurs, le 18 décembre 1757, Vienne, 1761, in-8. Les interlocuteurs s'expriment dans les langues turque et française ; cette dernière est écrite avec une grande pureté. Le P. Franz est mort le 13 avril 1776, trois ans après la suppression de son ordre.

FREMIN (René), sculpteur, naquit à Paris en 1673. Après avoir pris les premières leçons dans sa patrie, il alla à Rome où il étudia les meilleurs maîtres. De retour en France, il exécuta plusieurs ouvrages qui établirent sa réputation, au nombre desquels on compte *la Samaritaine* qui était au Pont-Neuf, *le bas - relief* de la chapelle de Noailles, *le maître - autel* de Saint - Louis, *la statue de sainte Silvie*, aux Invalides, etc. Mais les chefs - d'œuvre de Fremin existent au jardin de Saint - Ildefonse (la Granja); à quelques lieues de Madrid. Il y travailla depuis l'an 1722 jusqu'en 1729 ; et on y admire, dans la chambre du palais dite des Muses, *la statue d'Apollon ; les bustes* en marbre de *Philippe V* et de *la* reine, *de Louis I*er son fils, et de *son épouse ;* et dans les jardins, les *quatre élémens*, la *poésie lyrique, pastorale*, *héroïque et satirique*, *le groupe* en plomb de *la fontaine de Persée*, et surtout *la fontaine* dite *des grenouilles*, où se trouvent les statues de *Latone*, *Apollon, Diane*, et de différens moissonneurs, etc. Fremin mourut comblé de richesses à Paris en janvier 1745.

FRÉMONT (dom Charles), religieux de l'abbaye de Grammont, et réformateur de cet ordre, naquit à Tours en 1610, d'une famille honnête. Se sentant de la vocation pour l'état monastique, il entra à l'abbaye chef d'ordre de Grammont, et y prit l'habit. Il ne tarda point à s'apercevoir que la règle ne s'y observait pas comme il l'avait cru. Cela n'ébranla point sa résolution ; mais, sans blâmer autrui, il forma le dessein de remplir ses devoirs avec toute l'exactitude dont il était capable. Il fit son noviciat dans cet esprit, redoubla de ferveur lorsqu'il eut prononcé ses vœux, et, après avoir fait les études convenables, reçut les ordres sacrés. En 1635, lorsqu'à peine il était prêtre, son abbé, satisfait d'une conduite si édifiante, le nomma prieur de l'abbaye. Dom Fremont essaya, par son exemple, par ses discours même, de rappeler ses confrères à plus de régularité. Ses soins furent inutiles. Il conçut alors le dessein de quitter la maison. Il demanda à son abbé et obtint la permission d'aller achever ses études à Paris, au collége que l'ordre de Grammont avait dans l'université, et où les religieux allaient prendre des grades. Il avait dans l'idée un plan de réforme ; il parvint à le faire agréer par le cardinal de Richelieu, qui lui donna le prieuré d'Epoise, près Dijon. Aidé de dom Joseph Baboul,

son confrère, qui pensait comme lui, il y établit une communauté qui reprit l'institut tel que le pape Innocent IV l'avait mitigé. La réforme s'accrut en 1650 d'une maison à Thiers en Auvergne, lieu où était né saint Etienne, instituteur de l'ordre ; et quelques autres monastères s'y joignirent, sans se soustraire à la juridiction de l'abbé de Grammont, et sans former une congrégation particulière. Louis XIV approuva cette réforme par des lettres patentes. Elle ne prit point d'autre accroissement, mais la règle s'y soutint. Après avoir gouverné pendant trente ans le prieuré de Thiers, et y avoir été un modèle de toutes les vertus religieuses, dom Fremont y mourut saintement en 1689, dans sa 79e année. On a de lui : I *la Vie, la mort et les miracles de saint Etienne, confesseur et fondateur de l'ordre de Grammont*, dit vulgairement *des Bons-Hommes*, Dijon, 1647, in-8. A la suite se trouve la *Vie du bienheureux Hugues de Lacerta, disciple de saint Etienne.* II Quelques *livres de spiritualité* pour l'usage de ses confrères.

FRERON (Louis - Stanislas), fils du célèbre critique de ce nom, naquit à Paris vers 1755. Il n'hérita ni des talens ni des principes de son père, qui lui avait laissé de puissans protecteurs, parmi lesquels il comptait le roi de Pologne, Stanislas (qui lui avait donné son nom aux fonts de baptême), plusieurs seigneurs de la cour, et madame Adélaïde, tante de Louis XVI. Le roi lui avait accordé le privilége de l'*Année littéraire ;* mais, loin de profiter de tous ces avantages, il ne s'occupa pas même de la feuille périodique qui avait fait la réputation de son père, et dont les véritables rédacteurs étaient son oncle maternel, l'abbé Royou, et le professeur Geoffroi. (*Voyez* ce nom, *Suppl.*) Fréron passait sa vie au milieu des plaisirs, auxquels il se livrait sans aucune retenue. La révolution arriva : et malgré les bienfaits de la cour, l'exemple et les représentations de toute sa famille, il s'y jeta avec une telle ardeur qu'en peu de temps il fut digne de figurer à côté des plus démagogues. Emule de Marat, auteur du journal intitulé *l'Ami du peuple,* il en publia un autre non moins incendiaire, qui avait pour titre : *l'Orateur du peuple.* Il le faisait distribuer dans les rues, et on le répandait surtout parmi la classe ouvrière, dans les halles, et même dans les cabarets. On assure que Fréron n'était pas né avec de mauvaises inclinations ; cependant, dans sa carrière révolutionnaire, il fit tout pour démentir cette opinion. Il avait été au collège de Louis-le-Grand, condisciple de Robespierre ; lorsque celui-ci vint, comme député, aux états généraux, leur amitié devint plus intime, et depuis lors ils n'agirent l'un et l'autre que d'après les mêmes principes. Agrégé au fameux club des *Cordeliers,* il ne cessa d'exciter, et dans son journal et par ses discours, la fureur populaire contre les nobles, les riches, les gens en place, le roi et la religion. Il figura dans les terribles journées des 5 et 6 octobre 1789, lorsque la populace de Paris alla attaquer le château de Versailles. Après l'arrestation de Louis XVI à Varennes, sa rage ne connut plus de bornes, et demanda tantôt la suspension, tantôt la mort de ce monarque. Il eut une grande part à la conspiration dite du Champ-de-Mars, tramée par ses confrères les *cordeliers ;* et après que les orateurs dévoués aux jacobins eurent obtenu une amnistie pour les plus grands criminels, il reprit son journal, et recommença ses déclamations démagogiques. Elu membre de la municipalité dite du 10 août, il fut bientôt nommé député à la convention nationale. Il signala sa haine pour Louis XVI par ses calomnies contre ce monarque, et en vota la mort et l'exécution dans les vingt-quatre heures. Lors de la révolte de la ville de Marseille, qui, indignée des crimes qu'on commettait, voulait secouer le joug de la convention, ce fut Fréron que celle-ci choisit pour aller punir ceux qu'on appelait des rebelles. Barras et Salicetti, frère de Robespierre, l'accompagnèrent dans ce voyage ; mais Fréron eut la cruelle gloire de les surpasser en atrocité. Il fut l'auteur des mesures les plus violentes qu'on prit dans cette occasion. Il comprit dans les persécutions qu'il exerça contre les autorités locales proscrites par la convention, les négocians, les riches, et tous ceux qui jouissaient de quelque crédit, et il en fit périr un grand nombre sur l'échafaud. Il fit démolir les plus belles maisons, et celles qu'il crut devoir épargner, il les fit appeler *Ville ● sans - nom.* Il ne se signala pas moins dans les massacres de Toulon, lorsqu'il fut envoyé avec d'autres commissaires pour reprendre cette ville aux Anglais et aux Espagnols, qui furent contraints d'en sortir avec leurs flottes. Fréron, ainsi qu'il avait fait à Marseille, changea le nom de Toulon en celui de *Port-la-Montagne.* D'après l'ordre de la convention, les commissaires devaient faire raser la ville ; mais Fréron voulut qu'on commençât par la destruction des habitans. On leur intima, sous peine de mort, de se rendre au Champ-de-Mars, pour recevoir les instructions de la part des commissaires. Huit cents tombèrent dans ce piége affreux. A peine furent-ils arrivés qu'on fit approcher une batterie, et tirer sur eux à mitraille. Ceux que le canon n'atteignit pas se jetèrent par terre en feignant d'être morts. Mais Fréron, qui n'en voulait épargner aucun, par un raffinement de barbarie, dit à haute voix : « Que ceux » qui ne sont pas morts se lèvent ; la » république leur fait grâce...... » Ils se levèrent en effet, et ces malheureux furent tués à coups de sabre et de fusil. Dans sa correspondance avec son collègue Moïse Bayle, où il rendait compte à celui-ci des événemens de Toulon, il lui disait qu'il avait requis douze mille hommes pour raser la ville ; que tous les jours on y faisait tomber deux cents têtes, et qu'il y avait déjà huit cents Toulonnais de fusillés. Il ajoutait : « Toutes les grandes mesures ont été » manquées à Marseille par Albitte et » Carteaux, » qui étaient peut-être les moins scélérats parmi ces proconsuls. « Les fusillades, disait-il dans » une autre occasion, sont ici à l'ordre » du jour : la mortalité est parmi les » amis de Louis XVI ; et sans la » crainte de faire périr d'innocentes » victimes, telles que les patriotes » détenus, tout était passé au fil de » l'épée........ Demain et jours suivans » nous allons procéder au rasement ; » fusillade jusqu'à ce qu'il n'y ait » plus de traîtres. » Ces proscriptions cessèrent enfin, et la ville ne fut pas démolie. Cependant, de retour à Marseille, Fréron fit encore abattre un grand nombre de maisons, et fit périr quatre cents personnes. La convention crut devoir s'empresser de rappeler ses commissaires à Paris. Fréron se présenta aussitôt au club des *Cordeliers*. Jusqu'à ce moment

l'excès de son jacobinisme lui avait mérité le nom de *patriote pur* ; ses confrères lui décernèrent alors le titre de *sauveur du midi*. Malgré leur ancienne amitié, le moment arriva où Fréron sépara ses intérêts de ceux de Robespierre. Dans les clubs, et surtout dans celui des *Cordeliers*, il y avait des hommes non moins entreprenans, ni moins ambitieux que Robespierre, et qui l'égalaient même en cruauté. Il s'établit donc entre eux une rivalité qui avait pour but leur ruine réciproque. Robespierre poursuivit les athées (*voy.* ROBESPIERRE, *Supp.*), dont il avait tout à craindre, et parvint à faire périr leurs chefs Hébert, Cloots et Chaumette. Il triompha de Danton, rival redoutable, et il le fit mourir sur l'échafaud. Ayant ainsi déclaré la guerre au club des *Cordeliers*, dont Fréron était un des soutiens, ceux-ci, unis aux autres clubs, causèrent enfin sa perte. Après son arrestation, à laquelle Fréron contribua beaucoup, Robespierre fut amené à la maison commune, où le maire Fleuriot-Lescot le fit relâcher. La convention donna alors l'ordre à Fréron et à Barras d'aller attaquer l'hôtel de ville, et de s'assurer de Robespierre. Après qu'on l'eut arrêté de nouveau, Fréron proposa de démolir cet édifice : par bonheur sa demande fut rejetée par la convention. Ici se termine la carrière d'atrocités de Fréron. Devenu riche, il voulut jouir sans crainte et dans le repos des biens qu'il avait amassés par le sacrifice de tant de victimes. Il sembla alors désirer un nouvel ordre de choses. Pour y parvenir, il se déclara ennemi des jacobins et de ceux-là même dont il avait tantôt excité, tantôt partagé les forfaits. Il provoqua l'arrestation de Fouquier-Tainville ; et lorsque

Barrère demanda qu'il fût conservé dans son emploi d'accusateur public, «Tout Paris, s'écria-t-il, réclame »son supplice : je demande contre »lui le décret d'accusation, et que »ce monstre aille cuver dans les en- »fers tout le sang dont il s'est abreu- »vé. » Paroles mémorables dans la bouche de celui qui en avait été si prodigue : on poussait alors jusqu'à ce point l'imperturbabilité et l'audace du crime. Terroriste lui-même, il se déchaîna contre les *terroristes ;* et révolutionnaire effréné, il se fit chef d'un parti qui attaquait la révolution et ses véritables principes. Il lutta victorieusement contre tous ses adversaires, et sa feuille, l'*Orateur du peuple*, dont l'esprit était alors différent, et à laquelle il ne prêtait que son nom, mit dans son parti une foule de jeunes gens. Les jacobins furent détestés, poursuivis; on criait *haro* sur eux dans les rues, où l'on chantait une chanson alors en vogue, et dirigée contre les jacobins, appelée le *Réveil du peuple :* il faut avouer que sa léthargie avait été de bien longue durée ! Les clubs furent enfin fermés ; et la France respira pendant quelques mois, délivrée d'une horde d'assassins. Cependant, dans l'*Orateur du peuple*, Fréron fit l'éloge de Marat, et y invoqua souvent les mânes de ce scélérat qu'il avait si bien imité. Une émeute ayant eu lieu dans le faubourg Saint-Antoine (le 1er prairial, 20 mai 1795), un de ceux qui se signalèrent le plus dans les crimes révolutionnaires, Fréron fut envoyé avec Barras et Laporte, pour en désarmer les habitans. Ami déclaré des dévastations, il convint avec ses collègues d'incendier ce faubourg, sans songer aux dangers que cette mesure pouvait avoir pour les quartiers adjacens ; mais le gé-

néral Menou, à qui on donna cet ordre, refusa de l'exécuter. Il demanda ensuite la liberté de la presse, dont la suppression, selon lui, était la source de tous les crimes, puisqu'on ne pouvait pas les prévenir, ne connaissant pas les opinions différentes. Il insista enfin pour qu'on établît un gouvernement régulier. Tout dévoué à la convention, il partagea ses dangers dans la journée du 13 vendémiaire (5 octobre 1795). Dans la lutte sanglante de cette assemblée et des sections de Paris, il courut demander des secours à ce même faubourg que naguère il avait voulu livrer aux flammes. Mais Fréron réactif avait perdu toute sa popularité. La convention cessa ses fonctions le 5 brumaire an 4 (27 octobre 1795), et le nouveau tiers se réunit aux deux tiers restans. Dans l'espace de trois ans elle fit 11,037 lois, la plupart arbitraires ou insuffisantes. Fréron fit de vains efforts pour être du corps législatif. Pour s'en débarrasser, on l'envoya dans le midi, en qualité de commissaire extraordinaire du nouveau gouvernement. Il se présenta au milieu de la force armée, et y déploya un luxe révoltant. Ses ennemis voulurent encore le perdre, mais il sut déjouer leurs projets. Il avait connu Buonaparte à Toulon ; et lorsque celui-ci devint premier consul, il vivait en grande intimité avec la sœur de ce dernier, et sa main lui avait été promise [1] : mais il était marié; et les plaintes que sa femme porta à Buonaparte rompirent le mariage projeté. Afin de l'éloigner, on le nomma sous-préfet à Saint-Domingue ; il refusa d'abord, et se cacha : il partit enfin en 1802, avec

1 Cette sœur de Buonaparte épousa depuis Leclerc; et après la mort de ce général elle fut mariée au prince Borghèse.

l'armée sous les ordres du général Leclerc. Fréron mourut vers 1804, peu de temps après son arrivée dans cette île. Outre le journal l'*Orateur du peuple*, on a de Fréron : *Mémoire historique sur la réaction royale, et sur les massacres du midi,* avec des notes et des pièces *justificatives,* 1re et unique partie, an IV. (1795). En réponse à cette brochure, il en parut une autre intitulée *Isnard à Fréron*, qui commence ainsi : « Un homme qui, jeune encore, a atteint l'immortalité du crime, Fréron, etc. »

FRETEAU DE SAINT-JUST (Emmanuel-Marie-Michel-Philippe), né en 1745, conseiller de grand'-chambre au parlement de Paris. Il embrassa le parti de la révolution, sinon comme un démagogue ardent, au moins comme réformateur dangereux. Il paraît qu'il avait formé le désir d'être nommé lieutenant de police de la capitale. Trompé dans ses espérances, il se voua au parti d'Orléans, et se déclara contre les mesures proposées au parlement par les ministres. Arrêté par suite de ces différends, il obtint sa liberté après la disgrâce de Lamoignon et du cardinal de Brienne. La noblesse de Melun le nomma député aux états généraux en 1789, et il passa ensuite à la chambre du tiers état. Son empressement à se mêler de tout et à parler sur toutes les matières, lui attira, de la part de Mirabeau, le surnom de *commère Fréteau.* Ce fut lui qui, le 8 octobre, proposa de donner à Louis XVI le titre de roi des Français, et appuya toutes les mesures violentes contre la cour et la noblesse. Le 2 janvier 1790, il fut un de ceux qui demandèrent l'abolition des ordres religieux et la vente des biens du clergé. Flattant toutes les opinions, et caressant tous

les partis, il finit par être méprisé de tout le monde. Le 11 juin 1791, il fit un rapport si alarmant de la situation de la France, des intentions hostiles des puissances étrangères et des forces du prince de Condé, qui était alors à Woring, qu'il excita contre lui la haine générale. Cependant ce rapport, qui n'était pas bien exagéré, donna lieu au décret par lequel on ordonnait au prince de rentrer en France. Le 31 juillet, en rendant compte des armemens qu'on faisait en Allemagne, il demanda que les ministres comparussent à la barre. Après la session, Fréteau fut nommé juge du 2e arrondissement de Paris. Sa conduite incertaine et équivoque le rendant suspect à tous les partis, les jacobins le firent arrêter comme contre-révolutionnaire, et il périt sur l'échafaud le 14 juin 1794.

FREVIER (Charles-Joseph), jésuite, né à Rouen le 11 novembre 1689, entra jeune dans la société, et y parcourut la carrière de l'enseignement. Quoique né dans le siècle qui précéda la suppression de son institut, il vécut assez pour en être le témoin ; ainsi il existait encore au mois de juillet 1773 ; mais son décès précéda l'année 1778, puisque le *Supplément de la France littéraire,* imprimé cette année, le met au rang des auteurs morts. Il est connu par un différend qui s'éleva entre lui et les journalistes de Trévoux ses confrères. Un manuscrit de Bellarmin, conservé dans la bibliothèque du collége des jésuites de Malines, y donna lieu. Le P. Widenhoffer, jésuite allemand, passant par cette ville, remarqua ce manuscrit, qui contenait une dissertation sur la Vulgate ; il en fit un précis. De retour à Wurtzbourg, il lui vint en pensée de faire imprimer le manuscrit même. En ayant obtenu du P. Holvoët, bibliothécaire du collége de Malines, une copie collationnée, il la publia sous ce titre : *Apographus ex manuscripto autographo venerabilis Dei servi Bellarmini è societate Jesu, S. R. E. cardinalis, de editione Vulgatâ quo sensu à concilio tridentino definitum sit, ut ea pro authenticâ haberetur.* Le P. Berthier, qui rédigeait alors le journal de Trévoux, rendit compte de cet écrit. Il établit comme véritable sentiment du cardinal Bellarmin et même du cardinal Pallavicin, que le concile de Trente, en déclarant la Vulgate authentique, a bien prétendu qu'elle était exempte de toute erreur en matière de foi et de mœurs, et que seule elle devait être conservée dans l'usage public de l'église et des écoles ; mais qu'il n'a point défini qu'elle fût entièrement exempte de fautes. Le P. Frévier s'éleva contre cette opinion, qui lui parut dangereuse, et fit imprimer un livre intitulé : la *Vulgate authentique ; authentique dans son texte ; plus authentique que le texte hébreu, que le texte grec, qui nous restent ; théologie de Bellarmin ; son apologie contre l'écrit annoncé dans le journal de Trévoux*, art. 85, juillet 1750. Il y soutient que la Vulgate est le *seul* texte *pur*, que le concile de Trente l'a ainsi défini, et que ni le texte hébreu ni le texte grec n'ont cet avantage. Il soutient de plus que c'est et que ce fut toujours le sentiment des cardinaux Bellarmin et Pallavicin, et il en apporte en preuves des textes et des passages tirés de leurs écrits. Quant au manuscrit de Bellarmin, où ce cardinal paraît être d'un avis opposé, il pense qu'on ne peut en tirer aucune induction. Il le regarda comme une pièce sans

conséquence, comme une sorte de mémorial où Bellarmin, jeune encore, avait consigné le résultat de quelques lectures, et qu'il aurait ensuite abandonné ; qu'on aurait retrouvé par la suite, et que la célébrité du nom aurait fait recueillir ; en un mot il nie que ce puisse être un écrit où ce savant cardinal aurait, après un mûr examen, exprimé sa véritable opinion. Il serait fâcheux en effet d'avoir à penser qu'il n'existe dans l'église aucune source parfaitement pure de notre croyance ; et on ne peut se dissimuler l'abus que ferait l'irréligion d'un pareil aveu.

FRIEDEL (Adrien-Chrétien), naquit à Berlin le 31 mars 1753. Il vint à Paris dès sa première jeunesse, et fut professeur en survivance des pages du roi. Il publia plusieurs comédies traduites de l'allemand, comme la *Piété filiale*, d'Engel, 1781. *Le Page*, du même, 1781, etc. Il donna en outre le *Nouveau Théâtre allemand,* ou *Recueil des pièces qui ont paru avec succès sur les théâtres des capitales de l'Allemagne*, 1782-85, 12 vol. in-8. M. Bonneville a eu part à cette traduction. Le *Nouveau Théâtre* contient vingt-huit pièces des meilleurs auteurs allemands. A la tête du premier volume on trouve une histoire de leur théâtre. Friedel est mort en 1786.

FRISCH (Joseph - Léopold), ministre protestant, fut très-instruit dans les sciences naturelles et dans la philologie, et naquit à Berlin le 29 octobre 1714. On a de lui : I *Musei Hoffmaniani putrefacta et lapides*, Halle, 1741, in-4. II *Tableau systématique des quadrupèdes, distribués en ordres, genres et espèces*, Glogaw, 1775, in-4. III *Des avantages et des inconvéniens que présentent les quadrupèdes*, Bulaunz, 1776, in-8. Ces deux ouvrages sont écrits en allemand. Frisch mourut en 1787.

FRISI (l'abbé Paul), célèbre mathématicien, ex-physicien italien, naquit à Milan le 13 avril 1728. Il n'avait que quinze ans quand il entra chez les clercs de Saint-Paul, de l'ordre des barnabites. Il se livra de bonne heure aux sciences philosophiques. A l'âge de 22 ans il en occupa la chaire à Lodi, et successivement celles de Novara, de Milan dans le collége de Saint-Alexandre, de l'université de Pise, etc. Il était membre de toutes les académies savantes de l'Europe ; celle de Paris l'admit dans son sein en 1758. Le pape Clément XIII, l'empereur Joseph II, Catherine II, et les rois de Prusse et de Danemarck, le prince de Brésil (depuis roi), l'honorèrent de leur protection et lui firent de riches présens. Il voyagea en France, en Angleterre, en Allemagne, et fut accueilli partout avec distinction. Le P. Frisi était lié avec d'Alembert, Condorcet, Keralio, la Condamine, Watelet, Thomas, Algarotti, etc. Ses liaisons avec les deux premiers, quoique purement littéraires, et sa vie un peu mondaine lui attirèrent souvent des remontrances de la part de ses supérieurs. Le pape Pie VI, à la recommandation de son neveu, le cardinal Braschi, permit à Frisi de prendre l'habit de prêtre séculier. Il mourut à Milan en 1784. On a de lui plus de vingt-quatre ouvrages, dont les principaux sont : I *Disquisitio mathematica in causam physicam figuræ et magnitudinis telluris nostræ*, Milan, 1751. II *Nova electricitatis theoriæ*, Milan, 1755. III *De motu diurno terræ dissertatio, quæ à regiâ berolinensi scientiarum academiâ premium, anno 1756, propositum obtinuit.*

IV *De Gravitate universali libri tres,* Milan, 1768. V *Saggio,* etc., ou *Essai sur la philosophie morale.* Lucques, 1765. VI *Dell' Architettura statica e idraulica,* Milan, 1779. VII *Pauli Frisi operum,* ib., de 1782 à 1785, 3 v., etc. Il a écrit en outre plusieurs *éloges,* parmi lesquels il n'a pas oublié celui de son ami d'Alembert ; et un grand nombre de *dissertations* critiques et savantes. On en trouve dans les premières une où il cherche à prouver la *médiocrité des jésuites dans les sciences,* et ce n'est certainement pas l'ouvrage qui lui fit le plus d'honneur.

FRŒLICH (Erasme), jésuite allemand et célèbre numismate, né à Gratz en Styrie en 1700, fit ses études à Vienne en Autriche, et après les avoir achevées entra dans la compagnie de Jésus. Il enseigna les belles-lettres, l'histoire et les mathématiques, et fut nommé bibliothécaire du collége thérésien, où il fut chargé de donner des leçons d'archéologie. Mais l'étude à laquelle il se livra avec le plus d'assiduité et de succès, fut celle des médailles, et il y consacra sa vie : personne ne montra mieux que lui de quelle utilité elle était pour l'histoire. Il fixa la véritable époque d'où part l'ère des rois de Bohème ; et par la description des médailles des rois de Palmyre il en donne l'histoire entière. Il a publié plus de 18 ouvrages, dont voici les principaux : I. *Utilitas rei numariæ veteris, compendio proposita,* etc., Vienne, 1733, in-8. II *Appendicula ad numos Augustorum et Cesarum ab urbibus græcè loquentibus, cusos,* etc. III *Dissertatio de numis, monetariorum veterum culpas vitiosis,* Vienne, 1736, in-8. IV *Quatuor tentamina in re numariâ vetere,* etc., 1737, in-4; 2° édit., 1750, in-4. Ce sont les ouvrages précédens reproduits avec des augmentations, sous ce nouveau titre. V *Animadversiones in quosdam numos veteres urbium*, Vienne, 1738, in-8; nouvelle édidition, Florence, 1751, in-8. VI *Appendiculæ duæ novæ, ad numos Coloniarum altera, altera ad numos Augustorum et Cesarum, ab urbibus græcè loquentibus percussos*, Vienne, 1744, in-8. VII *Annales compendiarii regum et rerum Syriæ, numis veteribus illustrati*, etc., Vienne, 1744, in-fol., fig. Il mourut le 7 juillet 1758.

FUESI (Pie), dominicain hongrois, naquit en 1703 à Comaron en Hongrie. Ses parens professaient la religion protestante. S'étant fait catholique, il entra chez les dominicains. C'était un religieux instruit et qui cultivait la poésie avec succès. Il a laissé les ouvrages suivans : I *Otia poëtica*, Vienne en Autriche, 1744. II *Tribunale confessariorum et ordinandorum Martini Wigardt, in breve compendium collectum*, ib., 1745. III *Fasciculus biblicus, seu selecta Script. sacræ effata metricè pronuntiata*, Bude, 1746, IV *Vie de saint Vincent-Ferrier*, en hongrois, Œdenbourg, 1749. V *Catonis moralia disticha, ad hungaricos versus, magnâ elegantiâ redacta*, imprimés plusieurs fois, et la dernière fois à Bude. Le P. Fuesi mourut à Waitzen, en Hongrie, en 1769.

FUESSLI (Jean-Melchior), graveur et écrivain, naquit à Zurich en 1677. Il a exécuté plusieurs planches, parmi lesquelles on cite la cérémonie des sermens, qui repré-

sente l'alliance jadis stipulée entre la république de Venise et les cantons de Zurich et de Berne. Fuessli a aussi laissé un ouvrage estimé, et qui a pour titre : *Histoire des meilleurs peintres de la Suisse*, de 1755 à 1780, 4 vol., avec un supplément, et portraits. Fuessli mourut en 1736. Son fils aîné, Jean-Rodolphe, se fit un nom dans la gravure et dans la peinture, et mourut en 1806.

FUHRMANN (Mathias), religieux de l'ordre de Saint-Paul ermite, en Autriche, et définiteur général de sa congrégation, s'appliqua à l'histoire, et se distingua par son érudition. On a de lui plusieurs ouvrages qui attestent qu'il n'était pas moins savant que laborieux. Il a donné en allemand : I *l'Autriche ancienne et moderne*, Vienne, 1734-1737, 4 parties in-4. II *Vienne ancienne et moderne*, 2 part., 1738, in-8. III *Vie et miracles de Saint Severin, apôtre du Nordgaw ou de l'Autriche, et abbé de Heiligenstad, près Vienne*, ib., 1746, in-8. IV *Histoire générale, ecclésiastïque et civile des états héréditaires de la maison d'Autriche, depuis Auguste jusqu'à l'an 37 de Jésus - Christ*, ibid., 1769, in-4, avec 13 planches. V *Historia sacra de baptismo Constantini Max. Aug., colloquiis familiaribus digesta*, 1re partie, Rome, 1743; 2° partie, Vienne, 1747, in-4, fig.: ouvrage où brille une grande érudition. VI *Dux viæ angelicus ad urbem Romam*, ib., 1749, in-8. Il a été traduit en allemand. Le P. Fuhrmann mourut à Vienne en 1773.

G.

GABY (Jean – Baptiste), cordelier observantin et missionnaire, naquit vers 1640. Il était supérieur dans le couvent de Lochés, et en 1686 il fit un voyage au Sénégal, où il opéra plusieurs conversions. Il publia à son retour en France une *Relation de la Nigritie*, contenant une exacte description de ses royaumes, avec la découverte de la rivière du Sénégal , etc. , Paris, 1689, in-12. L'auteur fait dériver ce fleuve du lac de Bornou , et non du Nil, comme le prétendaient plusieurs géographes. Mais de nouvelles découvertes ont prouvé que ces deux fleuves ont leur source dans la même chaîne de montagnes. Quoique la relation du P. Gaby soit très-concise, on y trouve des détails intéressans sur la religion, les mœurs et les usages des nègres. Il est mort vers 1710.

GAGE (Jean – Bonaventure), comte de Dumont, naquit à Mons le 27 décembre 1682. Il suivit Philippe V en Espagne, et entra dans le régiment des gardes wallones. Il servait en 1740 en qualité de lieutenant - général sous le comte de Glimes , dans la guerre de l'Espagne contre l'Autriche pour la possession du duché de Parme. En 1742 il prit le commandement de l'armée espagnole, forte de 18,000 hommes, et se distingua dans la fameuse bataille de Campo-Santo, près de Bologne, où il défit les Autrichiens, quoique bien supérieurs en nombre, leur enleva plusieurs canons, 9 drapeaux, 180 chariots de blé, et obligea le prince de Lobkowitz à se retirer. Il prit Nocera, Lodi et autres places importantes , comme Alexandrie , Asti, etc., et entra dans Milan le 19 décembre 1745. Les succès brillans de cette campagne lui méritèrent le collier de la Toison d'or, que lui envoya Philippe V. Au commencement de l'année suivante, il força le prince de Lichtenstein de se replier derrière la Secchia ; mais l'infant don Philippe et le duc de Modène, commandant en chef de l'armée poursuivie par les Autrichiens, ayant repassé le Pô, Gage perdit le fruit de ses campagnes. Il exécuta cependant une savante retraite après la perte de la bataille de Campo-Freddo, et au passage du Tidon, où il battit le marquis Botta. L'ennemi laissa dans cette occasion plus de six mille hommes sur le champ de bataille. Philippe V étant mort en 1746, le comte de Gage remit le commandement au marquis de las Minas, général digne de lui succéder. Il revint à Madrid, et le roi Ferdinand VI lui conféra les commanderies de Vittoria et de Pozuelo : la première appartenant à l'ordre de Saint - Jacques, et la seconde à celui de Calatrava. Le grand âge et les infirmités empêchèrent le comte de Gage d'entreprendre la campagne de 1748. Le roi l'avait nommé capitaine-général de la Navarre, et on lui doit les routes qui conduisent à ce royaume. Il mourut à Pampelune le 31 janvier 1753. Quinze ans après, Charles III, roi d'Espagne, lui fit élever dans l'église des Capucins de cette ville un monument superbe, sur lequel on sculpta une épitaphe composée par le monarque lui-même.

GAGLIARDI (Paul), savant chanoine de la cathédrale de Brescia, né dans cette ville en 1695, se ren-

X.

25

dit célèbre par son ardeur à recueillir tous les monumens qui pouvaient avoir rapport à l'histoire de sa patrie, et par l'usage qu'il en fit. Sa réputation d'érudit ne se borna point à son pays, où néanmoins il jouit de la considération due à son talent et à ses travaux. Apostolo Zeno et Tiraboschi l'ont comblé d'éloges, et Fontanini le croyait capable plus que personne de donner une bonne édition des *Memorie bresciane* d'Ottavio Rossi. On a de lui : I *Oratio pro adventu J. F. Barbadici ad episcopatum brixianæ ecclesiæ*, Venise, 1715, in-12. II *Parere intorno all' antico stato de' Cenomani e a' loro confini*, Padoue, 1724, in-8, réimprimé dans les *Memorie istorico-critiche intorno all' antico stato de' Cenomani*, par Sambuco, Brescia 1750, in-fol. Il entreprend d'y prouver que Brescia était la capitale des Cénomanes. III Les œuvres de saint Philastre et de saint Gaudence, évêques de Brescia, au 4e siècle, Brescia, 1738, in-4. A la tête se trouve la *vie* des deux saints évêques et une *réfutation* de la critique que Dupin a faite de leurs écrits. IV Une édition des sermons de saint Gaudence, sous ce titre : *Sancti Gaudentii sermones, cum opusculis Ramperti et Adelmanni, Brixiæ episcoporum*, avec des notes, Padoue, 1710, in-4. V Des *notes* savantes sur la liste des évêques de Brescia, publiées dans l'*Italia sacra* d'Ughelli, et insérées à la suite de cette liste dans la 2e édition de l'ouvrage. Paul Gagliardi mourut à Brescia en 1742.

GAILLARD (Gabriel-Henri), littérateur et historien français, naquit à Ostel en Picardie en 1726. Destiné au barreau il le quitta pour se livrer entièrement aux lettres, et dès l'âge de 19 ans il y débuta avec honneur : I par sa *Rhétorique fran-*

çaise à l'usage des demoiselles, Paris, 1745, et qui a eu un grand nombre d'éditions. Ses autres ouvrages sont : II *Poétique française à l'usage des dames*, ib., 1749. III *Parallèle des quatre Electre*, ib., 1750. IV *Mélanges littéraires*, 1756, où l'on trouve une lettre sur l'épopée française, et une vie de Gaston de Foix. Après ces premiers essais, Gaillard s'occupa d'études plus sérieuses, et publia : V *Histoire de Marie de Bourgogne, fille de Charles le Téméraire, femme de Maximilien, premier archiduc d'Autriche, depuis empereur*, Paris, 1757 - 84. VI *Histoire de François Ier*, ibid., 1766, 4 v., 1769, 3 v., en tout 7 v. Ce livre est excellent et par le style et par l'exactitude des faits ; mais on reprocha justement à l'auteur d'avoir suivi dans l'exposition de ces faits un ordre absolument chronologique. Gaillard a divisé son ouvrage en histoire civile, politique, militaire, ecclésiastique et littéraire, vie privée, etc. Tous ces morceaux, quoique fort bons par eux-mêmes, forment un ensemble défectueux, et ne contribuent souvent qu'à confondre les époques et l'ordre des matières. Il paraît que Gaillard ne pouvait, par son genre de talent, embrasser un plan vaste et suivi, qui, dans un seul tableau, réunît la série non interrompue des différens événemens ; travail difficile et qui constitue le principal mérite d'un bon historien. Il adopta la même méthode dans son VII *Histoire de Charlemagne*, publiée en 1782, en 4 vol., où, indépendamment de ce défaut, il fait presque oublier le principal sujet par ses *considérations* assez diffuses sur la première et sur la seconde race. Cependant cet ouvrage offre beaucoup d'intérêt et obtint les éloges de l'anglais Gibbon et de Hegewisch, qui a écrit lui-même, en allemand, une Histoire de Charlemagne. VIII *Histoire de la rivalité de la France et de l'Angleterre*, 1771, 1774, 1777, 7 vol. in-8. Cette histoire, où l'on trouve les plus grands détails sur tout ce qui concerne les deux nations, est le meilleur ouvrage de Gaillard. La vie d'un roi de France et d'un roi d'Angleterre forme le sujet de chaque chapitre. IX *Histoire de la rivalité de la France et de l'Espagne*, 1801, 1 vol. in-12. L'introduction placée à la tête de cet ouvrage est un excellent morceau ; mais dans celui-ci comme dans son histoire, on pourrait reprocher à l'auteur une partialité que l'amour de la patrie peut à peine rendre excusable dans un historien. On donna une nouvelle édition de ce dernier ouvrage en 1807, avec une notice biographique et littéraire de Gaillard. Il est aussi auteur du *Dictionnaire historique* qui se trouve dans l'*Encyclopédie méthodique*, 6 vol in-4. Lié d'une amitié intime avec Malesherbes, il publia un *Eloge* ou *Vie historique* de ce magistrat en 1805, et, conduit par les mêmes sentimens d'amitié, il donna en 1779 une édition des *OEuvres* de Belloy, accompagnée d'une vie de l'auteur et de remarques sur chaque tragédie. On critique, dans les ouvrages de Gaillard, le grand nombre de dissertations et de citations la plupart inutiles ; mais on ne peut pas leur refuser le mérite de la clarté, la concision et l'élégance. Il avait été reçu en 1760 à l'académie des inscriptions, à l'académie française en 1771, et à l'Institut en 1794. Gaillard est mort à Saint-Firmin, près Chantilly, où il s'était retiré, le 13 février 1806.

GAINSBOUROUGH (Thomas), peintre anglais, naquit à Sudbury, dans le comté de Suffolk, en 1727. Il s'acquit une réputation méritée dans la peinture du paysage, et dans le portrait. Dans le premier de ces genres, on cite de lui *le petit berger*, *le combat des petits garçons et des chiens, la petite bergère qui garde les cochons* (on donna cent guinées pour ce tableau), *le bûcheron surpris par l'orage*, qui est le chef-d'œuvre de Gainsbourough. Tous ses portraits étaient de la plus parfaite ressemblance ; mais il ne put jamais saisir les physionomies des comédiens Garrick et Foote : « Ces » hommes-là, disait-il, ont la figure » de tout le monde, excepté la leur. » Cet artiste mourut à Londres le 2 août 1788.

GALFRID ou **GEOFFROI DE WINESALF**, célèbre poëte latin, né en Angleterre vers 1170. Après avoir visité plusieurs villes de la France, dont il était originaire, il suivit en 1190 le roi Richard à la Terre sainte. A son retour en Europe, il passa à Rome, où le pape Innocent IV lui fit un bon accueil. D'après l'avis du P. Fattorini et de Tiraboschi, Galfrid enseigna les belles-lettres à Bologne, ce qui ferait croire qu'il se fixa en Italie. L'époque de sa mort est incertaine, et on ne peut guère la fixer que vers l'an 1250. Il a laissé : I *Poetica nova, sive Carmen de arte dictandi, versificandi et transferendi*, publiée par Leyser dans son *Historia poematum medii ævi*, Halle, 1721 ; réimprimée séparément à Helmstadt, 1724, in-8. Il dédia cet ouvrage, d'un rare mérite pour le temps, à Innocent IV. On en conserve un manuscrit dans la bibliothèque Vaticane. II *Historia seu itinerarium Richardi Anglorum regis in Terram sanctam ab anno 1177 ad 1190*, insérée dans les *Script. hist. angl.* de Th. Gale.

III _De plantatione arborum et conservatione fructuum_, etc., dont une copie est conservée dans la bibliothèque de Cambridge. On attribue à Galfrid une élégie intitulée : _De statu curiæ romanæ._ Dom Mabillon la considérant comme une apologie de l'église romaine, l'a insérée dans le tome IV de ses _Analecta._ Francowitz, au contraire, qui était protestant, n'avait vu en elle qu'une satire de cette même église, et l'avait placée d'avance dans son recueil _De corrupto ecclesiæ statu,_ Bâle, 1557. Nous aimons mieux nous fier aux lumières du savant Mabillon.

GALINDO (Béatrix), appelée la _Latine,_ naquit à Salamanque en 1475. Dès l'âge de neuf ans elle s'occupa de la lecture de livres scientifiques, se livra ensuite à l'étude, apprit le latin, les humanités, la philosophie, la géométrie, etc.; et, très-jeune encore, elle étonnait par la profondeur de son savoir. On lui donna le surnom de _Latine,_ par sa facilité à parler cette langue, dont elle expliquait les passages les plus obscurs dans les auteurs classiques. Isabelle de Castille l'appela à sa cour, la nomma sa demoiselle d'honneur, et en 1495 la maria à don François Ramirez, secrétaire de Ferdinand V. Devenue veuve, et se trouvant sans enfans et héritière d'immenses richesses, elle fonda plusieurs maisons religieuses, dont l'une fut consacrée à l'éducation des jeunes demoiselles sans fortune. Il existe encore à Madrid un hôpital qui conserve le nom de l'hôpital de _la Latina,_ et que la piété de cette dame fonda en 1506. Béatrix, dont les mœurs avaient toujours été pures, passa le reste de ses jours à diriger sa maison d'éducation, et à servir et consoler les malades, qui, en sortant des hospices, recevaient d'abondans secours. Elle mourut à Madrid le 25 novembre 1735. Béatrix a composé plusieurs ouvrages poétiques et philosophiques, que le temps a fait oublier.

GALITZIN (Démétrius), un des descendans de Basile Galitzin, dit _le Grand,_ qui tirait son origine d'un kan de Tartarie. (_Voy._ GALITZIN, _Feller,_ t. IV.) Démétrius, naquit à Pétersbourg vers 1735, et vint à Paris en qualité d'ambassadeur en 1765. Pendant son séjour dans cette capitale, il connut les hommes les plus célèbres. Il se lia plus particulièrement avec Voltaire, avec lequel il entretint une correspondance pendant plusieurs années. Voltaire le loue sur son esprit de _tolérance;_ et en effet, le prince de Galitzin suivit toujours dans ses opinions la doctrine des philosophes, qu'il ne cessa d'admirer. En 1773 il passa à l'ambassade de Hollande; et ayant acquis le manuscrit original du _Traité de l'homme et de ses facultés intellectuelles,_ d'Helvétius, il le publia à la suite des œuvres de ce métaphysicien philosophiste, dont il donna une magnifique édition. Aux premières étincelles de la révolution française, il se retira en Allemagne, et se livra à l'étude de l'histoire naturelle et de la minéralogie. Il mourut à Brunswick le 17 mars 1803. On a de lui plusieurs ouvrages, dont les plus remarquables sont : I _Description physique de la Tauride_ (la Crimée), _relativement aux trois règnes de la nature,_ traduite du russe en français, la Haye, 1788, in-8. II _Traité de Minéralogie,_ ou _Description abrégée et méthodique des Minéraux,_ Maestricht, 1792, in-4; Helmstadt, 1796, in-4. III _L'Esprit des Économistes,_ ou les _Éco-_

nomistes justifiés d'avoir posé par leurs principes les bases de la révolution française, Brunswick, 1796, 2 vol. in-8. Cette justification n'est pas toujours bien fondée, et l'auteur, en parlant des résultats de la révolution, n'a pas su remonter aux véritables causes. Le prince de Galitzin avait des connaissances fort étendues ; il était membre des académies de Pétersbourg, Stockholm, Berlin et Bruxelles, et fut président de la société-minéralogique d'Iéna, à laquelle il laissa son riche cabinet de minéraux.

GALLARD (Germain), docteur de la maison et société de Sorbonne, naquit en 1744 à Artenay, près d'Orléans, et vint étudier à Paris. Après sa licence, qu'il fit avec beaucoup de distinction, il alla remplir à l'Ecole militaire les fonctions de directeur spirituel près des élèves de cet établissement ; places qui étaient attachées à la maison de Sorbonne. Quatre ans après, M. de Roquelaure, évêque de Senlis, se l'attacha en qualité de grand vicaire et d'official, et lui donna un canonicat dans son église. L'abbé Gallard avait de l'esprit, des connaissances en littérature, et une aménité de caractère qui le faisait rechercher dans la société. On ne trouvera pas étonnant que les succès qu'il y avait l'engageassent à s'y livrer. Il était d'ailleurs d'une santé délicate ; il en résulta qu'ayant été chargé par l'assemblée du clergé de 1782 de donner une édition des *OEuvres de Fénélon*, il ne put suffire à cette entreprise ; il fallut lui adjoindre le P. de Querbeuf, ancien jésuite et écrivain laborieux, qui fit la plus grande partie du travail. A la révolution l'abbé Gallard fut obligé de se cacher. Il avait été lié intimement avec l'abbé de Beauvais, évêque

de Senez. Il crut devoir à l'amitié de donner une édition de ses ouvrages, et il la prépara. Elle devait être précédée d'un éloge de ce célèbre prélat, dont en effet l'abbé Gallard composa la première partie. Les mêmes raisons qui l'avaient arrêté dans l'édition de Fénélon, l'empêchèrent d'achever ce discours. L'édition parut en 1807, et l'éditeur suppléa à l'éloge non achevé, par une Notice sur l'évêque de Senez, extraite des *Mélanges de philosophie, d'histoire et de littérature*. En 1809 on offrit à l'abbé Gallard la chaire d'éloquence sacrée dans la nouvelle faculté de théologie. Un travail qui devait être continu ne s'accordait ni avec son état de santé, ni avec ses habitudes. Il la refusa, et se contenta d'une petite place dans une des commissions de l'université, dite *impériale*. Il mourut à Paris le 11 mai 1812, à la suite de longues infirmités, supportées avec la patience que donnent les principes religieux. Quoiqu'il fût capable de beaucoup de choses, on n'a de lui que le fragment cité ci-dessus, imprimé sous ce titre : *Eloge de messire Jean-Baptiste-Marie de Beauvais, ancien évêque de Senez*, Paris, 1807, in-12 de 60 pages. Il paraît que ce discours n'était pas seulement destiné à orner l'édition des sermons de l'évêque de Senez, mais encore à être prononcé dans une réunion d'amis de ce prélat, et il le fut en effet en présence de M. de Juigné, archevêque de Paris, qui avait eu l'évêque de Senez en grande estime. Cette première partie fait vivement regretter que cette œuvre soit restée incomplète. Les phrases suivantes, qui en sont extraites, et où l'orateur dépeint la puissance de la parole de Dieu, prouvent combien ces regrets sont justes. « La parole de Dieu, dit l'abbé Gallard, est immuable comme Dieu même; mais elle prend diverses formes, soit pour éclairer nos esprits, soit pour toucher nos cœurs; tantôt elle répand le jour le plus doux, comme l'aurore qui dissipe les ombres de la nuit; tantôt elle jette une lumière éclatante, comme le soleil au milieu de sa course. Ici elle descend des cieux, comme la rosée qui rafraîchit la terre brûlante; là elle s'élance comme une mer dont les flots suspendus sur nos têtes menacent de nous engloutir. Elle gronde comme la tempête qui brise les cèdres du Liban. Le pécheur tremble jusque sur le trône, et le juste même n'est pas exempt de frayeur. » Quels fruits n'eût-on pas recueillis d'un aussi beau talent, si la possibilité du travail y eût répondu!

GALLICCIOLI (Jean-Baptiste), ecclésiastique italien et savant orientaliste, naquit à Venise en 1733. Il était profondément versé dans les langues orientales; il savait l'hébreu, le grec, le syriaque, le chaldéen, le latin. Les langues vivantes ne lui étaient point étrangères. Il parlait et écrivait le français et l'anglais avec facilité. Il était savant dans l'antiquité profane et sacrée. Il professa l'hébreu et le grec dans les écoles publiques de Venise. Il avait éminemment le talent d'enseigner; et à quelque heure, dans quelque lieu que ce fût, il était toujours disposé et prêt à donner à quiconque la lui demandait, la solution des difficultés qu'on avait à lui proposer. Simple dans ses habits et dans ses manières, d'autant plus humble qu'il avait plus de titres pour se dispenser de l'être, il joignait à tant de qualités une charité ardente envers les pauvres, et jamais l'indigence n'avait imploré son secours vainement. Cet estimable savant mourut à Venise en 1806. Les ouvrages qu'il a publiés sont : I *Dizionario latino-italiano della sacra Biblia*. II *Dissertazione dell' antica lezione degli Ebrei, e dell' origine de' punti*. III *Pensieri sulle LXX settimane di Daniele*; livre plein d'érudition, et qui eut un grand succès. IV *Memorie venete antiche, profane ed ecclesiastiche*, 8 tomes. V *Approssimazione della sinagoga alla nostra religione*. L'abbé Galliccioli mourut avant d'avoir pu livrer au public cet ouvrage, qui lui avait coûté vingt ans de travail. On lui doit, en outre, diverses traductions italiennes d'ouvrages religieux, et la *grande table* des 32 vol. in-fol. du *Thesaurus antiquitatum sacrarum* d'Ugolini. Il fit achever l'édition des *Saints Pères*, entreprise par Gallando; il contribua à l'édition vénitienne de *saint Grégoire le Grand*, 17 vol. in-4; enfin il travailla au *Dictionnaire des sept langues*.

GALSUINTE (¹), fille d'Athanagilde, roi des Visigoths d'Espagne, et sœur aînée de Brunehaut. Elle se maria à Chilpéric en 566; mais ce roi, épris de la fameuse Frédégonde qui lui avait déja fait répudier Audovère, sa première femme, se lassa bientôt des grâces et des vertus de sa nouvelle épouse. Cette princesse, justement indignée contre sa rivale, et ne pouvant en détacher le roi, lui demanda la grâce de retourner en Espagne, offrant de lui laisser la riche dot qu'elle avait apportée. Chilpéric parvint à l'apaiser; mais quelques jours après on trouva cette malheureuse princesse morte dans son lit. Grégoire de Tours assure que ce fut le roi qui la fit étrangler, ayant été conduit à ce crime par les

---

¹ Les anciennes chroniques espagnoles donnent à cette princesse le nom de *Galesuinta*.

instigations de Frédégonde, qu'il plaça sur le trône après la mort de Galsuinte.

GALVANI (Louis), célèbre anatomiste italien, naquit à Bologne le 9 septembre 1737. Il se destinait à l'état monastique, et avait appris pour cet effet les sciences sacrées ; mais des raisons de famille le détournèrent de ce projet. Galvani se consacra alors à l'étude de la médecine et de la chirurgie, et fut reçu docteur à l'université de sa ville natale en 1761. Il acquit bientôt de la réputation comme chirurgien, comme physiologiste, et dans l'art des accouchemens. Cependant il dut sa plus grande célébrité à sa découverte du *galvanisme*, qui ne fut que le simple effet du hasard. Son épouse étant tombée malade, c'était lui-même qui préparait les bouillons de grenouilles qu'elle prenait pour le rétablissement de sa santé. On en avait posé quelques — unes écorchées sur une table où se trouvait une machine électrique. Un des aides pour les expériences approcha, sans y songer, la pointe d'un scalpel des nerfs cruraux internes d'une de ces grenouilles, et tous les muscles des membres furent aussitôt fortement agités. Madame Galvani, qui se trouvait présente, crut s'apercevoir qu'à l'approche du scalpel une étincelle électrique s'était échappée au moment du contact. Elle en avertit son mari, qui, après diverses expériences, et après en avoir multiplié les essais, ne put plus douter de l'existence de ce rare phénomène. Il en conclut donc que « tous les animaux sont doués d'une électricité particulière inhérente à leur économie et abondamment répandue dans le système nerveux, sécrétée par le cerveau et distribuée par les nerfs aux différentes parties du corps. »

Galvani pensa également que les réservoirs principaux de l'électricité animale sont les muscles. Le célèbre physicien Vassali avait déjà présumé que certains organes recélaient une électricité particulière, et propre à leur destination ; et l'anatomiste Cotugno avait annoncé qu'un de ses élèves ayant touché avec la pointe du scalpel le diaphragme d'une souris qu'il disséquait, avait éprouvé une commotion subite. La découverte de Galvani lui procura un grand nombre de disciples, parmi lesquels Valli, Jowler, Humboldt, Aldini n'ont vu, ainsi que l'inventeur lui-même, dans le galvanisme, qu'un phénomène dépendant des parties animales ; tandis que Crève, Ackerman, Pfaff, et Volta, célèbre professeur de Pavie, ont considéré les contractions galvaniques « comme un effet de la nature non subordonné à l'action vitale et au mouvement des muscles. » D'autres savans, tels que Nicholson, Carlisle, Ritter, Fourcroy, Monge, Pételin, etc., ont obtenu des effets nouveaux et curieux, et ont cherché à perfectionner la découverte de Galvani. Plusieurs physiciens ayant attaqué son système, il publia, pour le défendre, cinq *Mémoires* dédiés à Spallanzani, qui, à son tour, avait découvert les *vaisseaux lymphatiques*. Simple dans ses goûts comme dans ses mœurs, Galvani passait une vie tranquille auprès d'une épouse (Lucie Galeazzi) digne de son choix. Il eut la douleur de la perdre en 1790 ; et il la pleurait encore lorsqu'une nouvelle infortune vint augmenter ses chagrins. Galvani était sincèrement attaché à la religion, dont il observait rigoureusement les préceptes. Il occupait la chaire d'anatomie à l'université de Bologne, lorsque la république cisalpine exigea de tous les employés un serment qui répugnait aux principes de Galvani. Il se refusa à le prêter, et, malgré les instances de ses amis et les sollicitations des autorités, il consentit à perdre les émolumens de sa place, c'est-à-dire toute sa fortune, plutôt que de trahir sa conscience. Réduit presque à l'indigence, il se retira chez son frère (Jacques), où bientôt après il succomba à une maladie de langueur le 4 décembre 1798. Peu de jours avant sa mort, la république cisalpine, par égard pour sa célébrité, décréta qu'il serait rétabli dans sa chaire sans qu'il fût obligé de prêter le serment qu'elle avait exigé. Le docteur Jean-Louis Alibert à fait son *Eloge historique*, où il a résumé avec un rare talent le système de Galvani. Il est inséré dans le 1er vol. de la 4e ann. des *Mémoires de la société médicale d'émulation*. Les travaux de Galvani, peu nombreux, mais très-intéressans, sont consignés dans les *Mémoires* de *l'Institut de Bologne*. Ils sont intitulés : I *De renibus atque ureteribus volatilium*. II *De volatilium aure*. III *De viribus electricitatis in motu musculari commentarius*, publié en 1791 dans le tome 7 des *Mémoires de l'Institut*. Cet opuscule, de 54 pages seulement, a servi lui seul pour immortaliser le nom de Galvani. Qui souhaiterait d'amples détails sur le *galvanisme*, qui a déjà enfanté plus de 2000 volumes, peut consulter le *Manuel du galvanisme*, par Jos. Izarn, Paris, 1704, 1 vol.; et l'*Histoire du galvanisme*, par Pierre Sue, Paris, 1803, 4 vol. in-8.

GAMA (Ant. de Léon), astronome et géographe, naquit au Mexique en 1726. Il publia différens *Mémoires sur les satellites de Jupiter*; sur *l'almanach* et la *chronologie des anciens Mexicains*, et sur le *cli-*mat de la *Nouvelle-Espagne*; mémoires qui, suivant l'opinion du savant Humboldt, «annoncent une »grande justesse dans les idées, et »de la précision dans les observa-»tions.» Gama concourut avec d'autres astronomes à déterminer la longitude du Mexique; travail dans lequel les observateurs eux-mêmes avouent qu'ils restèrent incertains de près d'un quart de degré pour avoir calculé sur des tables anciennes. Gama publia le résultat de ces opérations dans une brochure en espagnol intitulée : *Description orthographique de l'éclipse de soleil du 24 juin 1778*, dédiée à don Joachim Velasquez de Léon, Mexico, 1778, in-4. Ce savant astronome naquit pauvre, vécut dans la misère, malgré les recommandations du célèbre navigateur Malaspina, qui tâcha en vain d'intéresser la cour d'Espagne en sa faveur.

GARCIA ou GARCIAS II, roi de Navarre, naquit à Tudéla en 958; il succéda à son père, Sanche II, en 994. Il fut appelé le *Trembleur*, parce qu'il tremblait en effet lorsqu'on l'armait pour aller aux combats. «Mon corps tremble, disait-»il, des périls où mon courage va »le porter.» Il remporta plusieurs victoires sur les Maures; et lié avec don Bermudo, roi de Léon, et le comte de Castille, il gagna, en 998, la fameuse bataille de Calacanazor, où le terrible Almanzor, vaincu pour la seconde fois, laissa sur le champ de bataille 50 mille des siens. Garcia fit de nombreuses fondations, protégea le clergé, et mourut en 1001, trois ans après la défaite d'Almanzor.

GARCIA Ier, ou GARCIAS FERNANDEZ, comte de Castille, né à Burgos en 938, succéda à son père Fernand-Gonzalès en 970. Il était un prince juste et pieux. Il signala les commencemens de son règne par un trait de générosité, en pardonnant aux comtes de Vela, famille turbulente, ancienne ennemie de la maison de Castille, et coupable de plusieurs rébellions. Garcia se couvrit de gloire à la bataille d'Osma, en 984, où il défit complétement Almanzor. Ce monarque, qu'on peut appeler le fléau des chrétiens d'Espagne, venait de remporter une victoire signalée sur les chrétiens dans les plaines d'Alarcon. Garcia eut la douleur de voir son fils don Sanche révolté contre lui, par les manœuvres de ces mêmes comtes de Vela, auxquels il avait si généreusement pardonné. Don Sanche osa livrer bataille à son père; mais il fut fait prisonnier. Touché du repentir de ce fils ingrat, Garcia lui rendit toute sa bienveillance. Se voyant forcé à s'opposer de nouveau aux progrès d'Almanzor, le comte de Castille alla à sa rencontre; entraîné par sa valeur, il tomba au pouvoir des infidèles, et peu de jours après il mourut de ses blessures, en 990. Tous ses sujets pleurèrent sa mort.

GARCIA II, comte de Castille, petit-fils du précédent, succéda à son père, don Sanche, lorsqu'il avait à peine atteint sa 14e année. L'implacable famille des Vela excita de nouveaux troubles peu après son avénement. Le roi de Navarre, oncle de don Sanche, parvint à les apaiser. Les comtes de Vela semblèrent alors entièrement dévoués aux intérêts de leur jeune maître; mais, par la plus noire perfidie, l'ayant attiré chez eux, ils le poignardèrent, et firent prisonniers tous les gens de sa suite. Don Sanche, roi de Navarre, vengea son neveu, et ravagea les terres des comtes de Vela, qu'il fit mettre à mort. Le comte de Castille fut assassiné le 15 juin 1032; il avait alors 24 ans.

GARCIA DE MASCARENHAS (Blaise), militaire et poëte portugais, naquit à Avo, dans la province de Beyra, en 1596. Il passa en 1614 au Brésil, où il se distingua dans la guerre contre les Hollandais. Lors du couronnement du duc de Bragance (Jean IV), il revint en Portugal, et obtint le gouvernement d'Alfajates, place qu'il défendit courageusement contre les Espagnols. Accusé d'avoir entré dans un complot formé par le ministre espagnol Olivarès, il fut traduit en prison, où il languit plusieurs mois. Ayant enfin prouvé son innocence, il rentra dans les bonnes grâces du roi, qui le nomma chevalier de l'ordre d'Avis, et lui rendit son gouvernement d'Alfajates. Il y mourut le 8 août 1656. Il a laissé plusieurs compositions poétiques, estimées par les littérateurs portugais. L'ouvrage cependant qui lui fait le plus d'honneur, c'est son *Viriate*, poëme en 20 chants, dont le P. de los Reyes et autres gens de lettres distingués font beaucoup d'éloges. A travers quelques défauts, on admire dans ce poëme la sagesse du plan, la pureté et la chaleur du style, et la beauté des images. Un discours où Viriate détaille à ses soldats toutes les injures qu'ils ont à venger sur les Romains, ne serait désavoué, ni par le Tasse, ni par le Camoëns.

GARCIAS Y MATAMOROS (Alphonse), savant espagnol, naquit à Cordoue en 1490. Il a laissé plusieurs ouvrages, dont un seul est parvenu jusqu'à nous; il est intitulé: *De academis et doctis viris Hispaniæ*, inséré dans l'*Hispania illustrata*, Alcala., 1555, in-8, et qui a fourni beaucoup de lumières à Nicolas Antonio pour composer sa *Bibliotheca hispana*. Garcias avait embrassé l'état ecclésiastique. Il se fit chérir autant par ses talens que par ses vertus.

GARDAZ (François-Marie), né à Oyonnax en Bugey vers 1777. Il fut reçu avocat à Paris, et cultiva les langues anciennes et la littérature. Il était lié avec Panthouax, son compatriote, auquel il devait en grande partie son éducation et son existence ; mais il ne partagea pas les principes de ce fameux révolutionnaire. Attaché à ses anciens rois, il vit avec une véritable joie le jour mémorable de la restauration (1814) : aussi, quand au mois de mars 1815, Buonaparte remonta sur le trône des Bourbons, il en fut si affecté, que, saisi vers la fin de septembre d'une fièvre violente, il tomba en démence, et avala sa langue au milieu d'affreuses convulsions. Il mourut dans ce pitoyable état le 27 septembre 1815. Il a laissé un *Essai sur la vie et les ouvrages de Linguet*, qui lui attira de fortes critiques, et où on l'accusa de plagiat ; et *Vœux prophétiques et réalisés à l'occasion de l'heureux rétablissement des successeurs de saint Louis sur le trône de France, par M. l'abbé Delille, suivis de quelques considérations sur les effets du fatalisme et de l'irréligion,* avril 1814, in-8.

GARDIN DUMESNIL (Jean-Baptiste), naquit à Saint-Cyr, en basse Normandie, en 1720. D'abord professeur au collège de Lisieux à Paris, il fut en 1764 nommé directeur du collège de Louis le Grand. Dans les temps de trouble il émigra, et quelques années après

il rentra dans sa patrie, où il mourut en 1802. Il avait consacré à l'enseignement presque sa vie entière, et avait fondé à Saint-Cyr, à ses frais, une école gratuite pour les habitans pauvres. On a de lui les *Synonymes latins*, 1777, in-12 ; 1788, in-8 ; 1815, in-8. Cette édition est augmentée de 400 synonymes. L'ouvrage ne mérite pas moins d'éloges que celui des *Synonymes français* de l'abbé Girard.

GARNIER (Jean-Jacques), historiographe de France, naquit à Goron, bourg dans le Maine, en 1729. On a de lui : I *l'Homme de lettres*, 1764. II *Traité de l'éducation civile*, 1765. Ce n'est qu'une suite de l'ouvrage précédent. III *Origine du gouvernement français*, 1765, in-18. Chargé de continuer l'histoire de France de l'abbé Velly, il écrivit la moitié du règne de Louis XI, et a terminé la moitié de celui de Charles IX. On lui attribue aussi *le Commerce remis à sa place*, 1756, in-12. On cite de lui un beau trait. Il vendit une maison de campagne, pour secourir un négociant de ses amis qui mourut insolvable. On le pressait de se présenter avec les autres créanciers ; il répondit alors : « Puisque quelqu'un doit »perdre, la préférence appartient à »ses amis ; je la réclame à ce titre ». Réponse d'autant plus admirable, en ce qu'on voit très-ordinairement demander la préférence, non pour perdre, mais pour usurper. Garnier fut admis à l'Institut en 1801, et mourut le 21 janvier 1805.

GARNIER-DESCHENES (Edme-Hilaire), né à Montpellier le 1er mars 1727. Il fut notaire à Paris, et puis administrateur de l'enregistrement et des domaines. On a de lui : I *la Coutume de Paris mise en vers, avec le texte à côté,*

Paris , 1768-1787, in-8 , troisième édition. II *Traité élémentaire de géographie astronomique , naturelle et politique* , Paris , 1798 , in-8. III *Formules d'actes à joindre au traité élémentaire* , 1512 , in-4. IV *Recherches sur l'origine du calcul duodécimal* , 1800 , in-8, etc. Il est mort le 6 janvier 1812.

GARVE (Christian) , moraliste allemand , naquit, à Breslau le 7 janvier 1742 , et fut un des écrivains les plus féconds de l'Allemagne. Parmi ses nombreux ouvrages on remarque : I *Dissertatio de nonnullis, quæ pertinet ad logicam probabilium* , Halle , 1766 , in-4. II *Dissertation, sur l'union de la morale et de la politique* , etc. , Breslau , 1788 , in-8 (en allemand ainsi que les suivans) , traduit en français , Berlin , 1789. III *Recherches sur divers objets de la morale , de la littérature et de la politique* , Breslau , 1792 , 1797 , 3 parties in-8. IV *Tableau des principes les plus remarquables de la philosophie morale , depuis Aristote jusqu'à nos jours.* Ce tableau est en tête de sa traduction de l'*Éthique d'Aristote* , et imprimé séparément, Breslau , 1798 , in-8. V *Quelques considérations sur les principes les plus généraux de la morale* , ibid. , 1798 , in-8 , etc. , etc. Outre ces ouvrages , et diverses *traductions* du grec, du latin et de l'anglais, il a donné plusieurs productions sur la politique , l'histoire, la biographie , parmi lesquelles nous citerons les *Fragmens d'un tableau de l'empire, du caractère et du gouvernement de Frédéric II* , Breslau , 1798 , 2 vol. in-8. Garve avait de vastes connaissances , des idées profondes ; et les principes de morale qu'on trouve dans ses traités seraient assez purs , s'il ne s'y montrait parfois admira-

teur de la doctrine de Kant. Il mourut le 1er décembre 1798.

GARZIA. Il y a eu en Espagne plusieurs peintres célèbres de ce nom, du 17e au commencement du 18e siècle ; ces artistes sont : Garzia-Hidalgo , dont on cite à Valence le tableau de la *bataille de Lépante* ; Garzia de Miranda , appelé le Manchot, peintre de Philippe V ; Garzia Reynoso ; Garzia Salmeron. On compte parmi les bons sculpteurs du nom de Garzia , Fernand , François, Jean , et deux frères, François et Jérôme , chanoines de Saint-Sauveur de Grenade.

GARZONI (Pierre) , sénateur et historiographe de Venise , naquit vers 1660. Par ordre supérieur, il continua l'histoire de la république, que le sénateur Foscarini avait conduite jusqu'en 1690. C'est Isabellico, noble vénitien , qui commença cette histoire en 1466 ; Navagero la continua : mécontent de son ouvrage , il le brûla peu avant de mourir. Le cardinal Bembo le reprit , et son travail est un modèle de pureté et d'élégance. Paruta , son continuateur , fut le premier qui écrivit cette histoire en italien ; Morosini préféra de la continuer en latin ; et après lui, Nani, Foscarini et Garzoni y employèrent successivement la langue italienne. Garzoni publia son ouvrage sous le titre d'*Istoria della republica di Venezia , in tempo della sacra lega contro Maometto IV , et tre suoi successori* , etc. , Venise , Maufré , 1705 , 1re partie (divisée en 16 livres) ; *Istoria della republica di Venezia , ove insieme narrasi la guerra per la successione della Spagna a Carlo II* , 2e part. , ib. , id. , 1706, 1719, in-4. Cette histoire , devenue classique , eut un succès si prodigieux , qu'en peu d'années elle eut quatre éditions, et on en distribua plus de huit mille exemplaires. Garzoni mourut vers 1730.

GASCA (Pedro de la) naquit à Plasencia, en juin 1485. Après avoir appris les sciences sacrées à Alcala, il embrassa l'état ecclésiastique, et en 1525 fut nommé conseiller de l'inquisition. Charles V ayant été instruit par le grand inquisiteur des talens de la Gasca pour les affaires, envoya celui-ci à Rome en 1527, afin de détacher Clément VII de l'alliance avec la France et l'Angleterre. Cette entreprise ne réussit point. La Gasca fut plus heureux dans sa mission en Angleterre en 1542 ; et il parvint à déterminer Henri VIII à conclure avec l'Espagne une alliance offensive et défensive contre François Iᵉʳ, roi de France. Quatre ans après (1546), Charles V le choisit pour aller apaiser les troubles du Pérou, excités par Gonzalès Pizarro, frère du fameux conquérant. Gonzalès ayant vaincu tous les partisans d'Almagro, compétiteur de son frère François, s'était mis à la tête d'une faction puissante, qui voulait le couronner roi du Pérou. La Gasca y arriva en août, avec le titre de président de l'audience de Lima, que Charles V lui avait conféré. Il débarqua à Panama, où était la flotte de Gonzalès, et publia d'abord une amnistie générale. Ses paroles de paix, son adresse, firent qu'il eut une forte armée sous ses ordres, et qu'il marcha vers la capitale. Gonzalès avec les siens l'attendit au passage sur les plaines de Xaguyana. Au lieu de courir les hasards d'une bataille, la Gasca pratiqua des intelligences avec les principaux officiers de ce chef ; et par les promesses et les menaces il les attira presque tous dans son parti. L'armée de Gonzalès

se dispersa bientôt, et la Gasca, après avoir puni de mort les plus rebelles, accorda à tous les autres un pardon général. Il rétablit l'ordre, les lois, fit de sages réformes dans l'administration, et, de retour en Espagne (en 1549), l'empereur lui donna l'évêché de Plasencia, où il mourut à l'âge de soixante-quinze ans, le 20 août 1560.

GASMANN (Florian-Léopold), célèbre compositeur allemand, naquit à Brux en Bohême en 1729, et prit les premières leçons de musique chez les jésuites de Cometeau. Il se perfectionna en Italie, où il fit plusieurs voyages. En 1762 il entra au service de la cour de Vienne, et rédigea le catalogue de la bibliothèque impériale de musique. Avec les secours de l'impératrice Marie-Thérèse et de plusieurs personnages distingués, il fonda en 1772 une caisse au bénéfice des veuves des musiciens, dont chacune reçoit 400 florins par an. Gasmann a travaillé pour la chambre, le théâtre, et encore plus pour l'église. Dans ce dernier genre, on admirera toujours son *Dies iræ*, et son oratorio de *Betullia liberata*. Il mourut le 22 janvier 1774.

GAST (Jean), historien irlandais, naquit à Dublin en 1716. Il était fils d'un officier français réfugié en Irlande, et d'une parente du président Montesquieu. Il embrassa l'état ecclésiastique, et fut à la fois archidiacre de Glandelah, et curé de Saint-Nicolas à Dublin. On a de lui : I *Rudimens de l'histoire grecque*, en forme de dialogues, Dublin, 1754, in-8. II *Histoire de la Grèce, depuis l'avénement d'Alexandre de Macédoine, jusqu'à sa soumission définitive à la puissance romaine*, 1782, in-4. Ces deux ouvrages eurent avec justice un grand succès. Le second a été traduit en français (par madame Villeroi). On le trouve dans l'*Histoire de la Grèce*, traduite de plusieurs auteurs anglais par Leuliette, Paris, 1807, 2 vol. in-8. III *Lettres d'un ministre de l'église d'Irlande à ses paroissiens catholiques romains*. Gast mourut en 1788.

GATTEL (Claude-Marie), philologue, naquit à Lyon en 1743. Il a laissé : I *Mémoires du marquis de Pombal*, traduit de l'italien, 1785, 4 vol. in-12. II *Nouveau Dictionnaire espagnol - français et français - espagnol, avec l'interprétation latine*, Lyon, 1790, 2 vol. in-8. III *Nouveau dictionnaire portatif de la langue française*, 1792-1803, 2 vol. in-8, réimprimé avec le titre de *Dictionnaire universel portatif de la langue française, avec la prononciation figurée*, 1813, 2 vol. in-8. IV *Dictionnaire espagnol-anglais et anglais-espagnol*, 1803, 2 vol. obl. V *Grammaire italienne de Véneroni*, entièrement refondue, 1800, in-8. Cette grammaire et les dictionnaires de Gattel sont assez estimés. Il mourut le 9 juin 1812.

GAUCHAT (Gabriel), abbé commendataire de Saint-Jean de Falaise, ordre de Prémontré, et prieur de Saint-André, était né à Louhans en Bourgogne en 1709. Il était docteur en théologie, et avait pendant quelque temps fait partie de la société des prêtres des Missions étrangères. Il avait de la littérature et écrivait avec facilité. Il consacra sa plume à combattre les philosophes de son temps, et s'opposa autant qu'il fut en lui aux progrès de l'irréligion. Il était de l'académie de Villefranche. Ses ouvrages sont : I *Rapport des chrétiens et des Hébreux*, 1754, 3 petits vol. in-12. II *Lettres critiques, ou Analyse et*

réfutation de divers écrits contraires à la religion, de 1755 à 1763, Paris, 19 vol. in-12. C'est le plus considérable de ses écrits, et celui qui eut le plus de succès. Elles valurent à leur auteur son abbaye. III *Retraite spirituelle*, 1755, 1 vol. in-12. IV *Le Paraguay, conversation morale*, 1756, 1 vol. in-12. V *Catéchisme du livre de l'esprit*, 1758, 1 vol. in-12. VI *Recueil de piété, tiré de l'Écriture sainte*, 3 vol. in-12. VII *Le temple de la Vérité*, Dijon, 1748, 1 vol. in-12. VIII *Harmonie générale du christianisme et de la raison*, 1766, 4 vol. in-12. IX *Extrait de la morale de Saurin*, 2 vol. in-12. X *La Philosophie moderne analysée dans ses principes*, 1 vol. in-12. XI *Le philosophe du Valais*, 2 v. in-12. Souvent l'abbé Gauchat emploie contre ses adversaires l'ironie avec assez d'adresse pour faire retomber sur eux le ridicule qu'ils aiment à déverser sur les défenseurs de la religion et des bons principes. Son style est clair, sa manière de s'exprimer décente; il distribue ses matières avec méthode, et on ne lui reproche qu'un peu de diffusion. Il mourut en 1779 ou au commencement de 1780.

GAUCHER (Charles-Etienne), graveur, élève de Basan et de Lebas, naquit à Paris en 1740. Il grava de petits portraits in-8, comme celui de *Marie Leczinska*, épouse de Louis XV, et de petits sujets d'histoire pour la galerie du Palais-Royal. Celui des ouvrages de Gaucher qu'on estime le plus, c'est sa petite estampe représentant *les adieux de Louis XVI à sa famille*. Il cultivait aussi la littérature, faisait d'assez jolis vers, et a laissé plusieurs ouvrages sur les beaux-arts, dont les principaux sont: un *Traité d'anatomie à l'usage des* artistes, et une *Iconologie*, ou *Traité complet des allégories ou emblèmes*, 1796, 4 vol. in-8, etc. Gaucher est mort à Paris en 1804.

GAUDENZI (Pellegrino), poëte et littérateur italien, naquit à Forli, dans la Romagne, en 1749. Il étudia la rhétorique sous le célèbre Romanzini, et apprit les langues savantes et les mathématiques. Il se rendit à Padoue en 1775, où il connut le célèbre Césarotti, qui fut son protecteur et son ami. La lecture d'Ossian et de Klopstock lui firent connaître qu'il était né poëte. Il voulut consacrer les prémices de sa muse à chanter les mystères de la religion, et il devint un digne émule de Milton et de Mendoza [1]. Son poëme de *la Nascita di Cristo* (la naissance du Christ), imprimé à Padoue en 1781, et en 3 chants, suffit pour établir sa réputation de grand poëte. Tout y est beau, le plan, le style, les images, les descriptions. Gaudenzi, ainsi que le Tasse et les poëtes classiques italiens, a su atteindre au véritable sublime, si bien décrit par Longin. On citera toujours avec éloge sa description du palais du péché, le discours que Satan lui adresse, et la peinture de la crèche. Mais les morceaux qu'on admire encore davantage, ce sont les chants prophétiques de David sur l'histoire de J.-C., et celle du christianisme jusqu'à Constantin. Gaudenzi a encore donné : II *La Campagne*, poëme dithyrambique, 1779, qui lui mérita d'être admis dans l'académie de Padoue. III *Examen critique de la vie de Cicéron*, mémoire posthume de Gaudenzi, inséré dans le second volume des *Essais de l'académie de Padoue*. Cet excel-

lent morceau est précédé d'une notice, écrite par Césarotti, sur la vie et les écrits de Gaudenzi, qui succomba à une longue maladie nerveuse le 27 juin 1784; il n'avait alors que trente-cinq ans. Les œuvres de ce poëte, dont les lettres déplorèrent la perte, furent imprimées à Nice en 1786; elles ont en tête une vie très-étendue de l'auteur.

GAUDIN, ou plus proprement GODIN (Louis-Pascal), théologien et peintre espagnol, naquit à Villafranca, près de Barcelone, en 1556. Après avoir été reçu docteur dans l'université de Cervera, il passa à Cagliari, où il enseigna la théologie pendant plusieurs années. De retour dans sa patrie, il entra dans la chartreuse de *Scala-Dei*, et il fit sa profession en 1595. Ses études ne lui avaient cependant pas empêché de cultiver la peinture, et il devint dans cet art un des premiers maîtres de l'Espagne, si féconde en bons peintres. Presque toutes les provinces de ce royaume possèdent des tableaux du P. Gaudin. Le pape Grégoire XV l'invita à venir à Rome pour travailler à la basilique de Saint-Pierre et au palais de Monte-Cavallo; mais, sur le point de partir, il tomba malade et mourut le 20 août 1621. Ses principaux ouvrages sont : huit tableaux de la *vie de saint Bruno*, pour la grande Chartreuse, et dont on conserve copie dans le monastère de *Scala - Dei*; six grands tableaux de la *vie de la Vierge* dans le couvent de Sainte-Marie de las Cuevas, près de Séville; un *saint Pierre* et un *saint Paul* dans l'église de *Porta-Cœli*, à Valence, etc. Un savant espagnol a écrit la vie du P. Gaudin, et, entre autres éloges, il le nomme *Vir quidem picturæ arte præclarus, theologiâ præclarior, virtuteque*

---

[1] Ce poëte espagnol vivait en 1612, et a laissé un poëme sur la Vierge, qui renferme des beautés classiques.

(patrum qui cum eo vixerunt testimonio.) præclarissimus.

GAUDIN (Jean), né en Corse en 1740. Il entra chez les Pères de l'Oratoire ; et après avoir été abbé et vicaire général de Nebbio, entraîné par les principes de la révolution française, il quitta l'habit religieux, et oublia tous les sermens du sacerdoce. Il devint un des *préconiseurs* de cette même révolution, et se livra à toute sorte de vices. Non content de son apostasie et du pernicieux exemple qu'il avait offert, il voulut, en quelque sorte, en faire l'apologie dans un écrit intitulé : *Inconvéniens du célibat des prêtres, prouvé par des recherches historiques*, Genève, 1781 ; ouvrage reproduit dans la même année sous le titre de *Recherches historiques sur le célibat ecclésiastique.* Il est inutile de dire que ces *inconvéniens* sont mal prouvés ; que ces *recherches historiques* ne sont nullement puisées dans les bonnes sources, et que la mauvaise foi règne éminemment dans l'un et l'autre ouvrage. Il devait cependant être bien accueilli par les ennemis du bon ordre et de la religion ; aussi l'auteur en fut récompensé par différens emplois distingués et lucratifs. Il obtint, entre autres, celui de juge et bibliothécaire de la Rochelle, où il mourut le 30 novembre 1810. Parmi ses autres productions, on cite les suivantes : I *Traduction de différens traités de morale de Plutarque*, Paris, 1777, in-12. II *Voyage en Corse (en vers et en prose), et vues politiques sur l'amélioration de cette île*, Paris, 1788. III *Gulistan ou le Jardin de roses*, traduit du poëme de Saadi, 1789-91, in-8, etc.

GAUFFIER (Louis), peintre français, naquit à la Rochelle en 1761, et fut élève de Taraval. Il se perfectionna à Rome, où il étudia les grands maîtres. En 1784, il remporta le premier prix dans l'académie de Paris, où il fut reçu vers 1788, en qualité d'agrégé. Ce peintre vécut la plupart du temps en Italie, où il composa le plus grand nombre de ses ouvrages. Les principaux sont : *la Cananéenne ; Alexandre mettant son cachet sur la bouche d'Ephestion ; les dames romaines faisant don de leurs bijoux au sénat dans un temps de calamité publique ; les trois anges apparaissant à Abraham ; Jacob et Rachel ; Achille reconnu par Ulysse, la Vierge servie par les anges*, etc. Gauffier est mort à Florence le 20 octobre 1801, âgé de quarante ans. Son épouse et son élève, Pauline Chatillon, avait beaucoup de talent pour la peinture. Plusieurs de ses tableaux ont été gravés par Bartolozzi. Elle mourut à Florence, trois mois avant son mari.

GAUHE (Jean-Frédéric), théologien protestant, et généalogiste, naquit à Walterdorff en Saxe en 1681. Il a laissé : I *Commentatio historica de ecclesiæ mismensis olim archidiaconalibus et archidiaconis specialim Lusatina*, insérée dans les *Fragmenta lusatica*, pag. IV, n° 3 ; et on trouve du même auteur, dans la continuation du *Recueil des affaires théologiques anciennes et modernes* (en allemand 1729), II une *Biographie abrégée de Godefroy Ornold* ; une *Notice de son Histoire de l'église et des hérétiques* ; une autre *Notice sur le fameux apostat Juste-Paul Boening*, etc., etc. Mais les ouvrages qui firent le plus d'honneur à Gauhe, sont les deux suivans : III *Dictionnaire historique des héros et des héroïnes, contenant l'histoire des* officiers de terre et de mer de toutes les nations , des temps les plus reculés jusqu'à nos jours, etc., Leipsig , 1716 , in-8. III Dictionnaire généalogique - historique de la noblesse de l'empire germanique , etc., ibid. , 1719 , 1774 , 3ᵉ édition , 3 vol. , contenant près de dix mille articles. Cet écrivain mourut à Freyberg en décembre 1755.

GAULTIER (l'abbé Louis), instituteur et maître de pension , s'est fait une réputation en inventant diverses méthodes pour faciliter aux enfans les moyens d'apprendre, et leur épargner tout ce que la première éducation peut avoir de pénible. Il prétendit instruire le premier âge en l'amusant. La collection de ses *Jeux* , dits *instructifs*, se compose de 21 volumes in-12 ou in-18, avec deux atlas. Chacun de ces jeux est une espèce de *loto*. Il en a., dit-on, fait l'épreuve à Londres et à Paris avec succès. Qu'on ait retenu quelque chose par la pratique de ces jeux , on le conçoit ; mais les connaissances ainsi acquises ne sont-elles pas nécessairement superficielles? et le but de l'instruction n'est-il pas bien autant d'accoutumer de bonne heure l'esprit à l'attention , et de lui faire méditer le sujet dont il s'occupe , que de fixer par des moyens mécaniques quelques faits dans la mémoire ? Quoi qu'il en soit, on a de l'abbé Gaultier : I *Leçons de grammaire suivant la méthode des tableaux analytiques*, 1787 , in-8. II *Leçons de géographie , par moyen de jeu* , 1788 , in-8 ; 10ᵉ édition , en 1811 , in-12. III *Leçons de chronologie et d'histoire* , 1788 , in-8 ; troisième édition , 1811, 3 vol. in-12. IV *Jeu raisonnable pour les enfans*, 1791 , in-8. V *Exposé du cours complet des*

jeux instructif, 1802, in 8. VI *Méthode pour analyser la pensée et la réduire à ses principes élémentaires*, in-8. VII *Méthode pour apprendre grammaticalement la langue latine , sans connaître les règles de la composition*, 1804, 2 vol. in-8. VIII *Méthode pour faire la construction des phrases , sans rien changer à l'ordre de la diction latine*, 1805, in-fol. ; nouvelle édition , 1808, même format. IX *Méthode pour exercer les jeunes gens à la composition française , et pour les y préparer graduellement*, 1811, 2 vol. in-12. X *Traits caractéristiques d'une mauvaise éducation , ou actions et discours contraires à la politesse, et regardés comme tels par les moralistes tant anciens que modernes*, 1812, in-18. C'est un extrait de son jeu de morale , publié à Londres, et très-rare en France , etc. , etc. Il mourut à Paris en 1818.

GAUTHIER (mademoiselle), comédienne, et puis religieuse aux sœurs carmelites de Lyon, naquit à Paris en 1692. Elle entra à la Comédie française en 1716, et ne manquait pas de talens dans son art. Mademoiselle Gauthier avait reçu une éducation soignée , avait de l'instruction, faisait d'assez bons vers , et peignait très-bien en miniature. On raconte qu'elle était d'une force extraordinaire. Le vigoureux comte de Saxe voulant s'essayer avec elle, put à peine lui faire plier le poignet. Elle vivait fêtée, applaudie et plongée dans une mer de délices (ainsi qu'elle le disait elle-même), lorsqu'elle en connut tout à coup l'instabilité, et s'en détacha pour ne plus penser qu'au salut de son âme. Un jour, qui était celui de son anniversaire, elle va entendre une messe. Elle entra dans l'église le cœur et l'esprit remplis des illusions mondaines, et en sortit désabusée et repentante. Mademoiselle Gauthier donne sa démission le jour après (en 1723); et, malgré les instances de ses camarades et de tous ceux qui voulaient la faire revenir de ce qu'ils se plaisaient à appeler une *manie* ou un *caprice*, elle persista dans la résolution qu'elle avait prise de se consacrer au cloître. Après avoir demeuré quelque temps dans une maison religieuse du Mâconnais, elle se rendit à Lyon, et, munie d'une lettre du respectable Languet, curé de Saint-Sulpice, elle se présenta à l'archevêque Villeroi, qui lui facilita les moyens d'entrer dans le couvent des carmelites. Les trois mois d'épreuves s'étant écoulés, elle prononça ses vœux le 20 janvier 1725, au milieu d'un concours prodigieux. L'archevêque assista lui-même à cette auguste cérémonie, et mademoiselle Gauthier prit le nom de sœur Augustine de la Miséricorde. Elle avait alors 32 ans. En se retirant du théâtre elle avait obtenu une pension de 1,000 francs, qu'elle employait en actes de bienfaisance. On assure que le pape Benoît XIII lui accorda un bref qui l'autorisait à paraître au parloir le visage découvert. On ignore encore les motifs de cette concession. Elle entretenait une pieuse correspondance avec la reine Marie Leczinska, qui, depuis sa conversion, l'honorait de sa bienveillance. La sœur Augustine de la Miséricorde vécut 32 ans dans son cloître dans l'exercice de toutes les vertus, et mourut en décembre 1781. Elle écrivit elle-même l'histoire de sa conversion, qui se trouve dans le 1er volume de la compilation intitulée : *Pièces intéressantes et peu connues*, publiées par Laplace.

GAUTIER DE SIBERT (N...), historien français, naquit à Tonnerre en Bourgogne vers 1740, vint de bonne heure à Paris, où il se livra entièrement à l'étude. Ses travaux lui méritèrent d'être associé en 1767 à l'académie des inscriptions et belles-lettres, dont il a enrichi *le Recueil* de plusieurs mémoires intéressans. On a encore de lui : I *Variations de la monarchie française dans son gouvernement politique, civil et militaire, ou Histoire du gouvernement de la France depuis Clovis jusqu'à la mort de Louis XIV*, Paris, 1765-1789, 4 vol. in-12. Cette histoire intéressante et écrite avec précision et clarté, manque cependant de critique, et l'auteur laisse ignorer les sources où il a puisé ses faits les plus essentiels. Gautier a cependant eu le soin d'y expliquer et commenter les Formules de Marculfe, les Capitulaires de Charlemagne, les institutions et les établissemens de St.-Louis. II *Vie des empereurs Tite, Antonin et Marc-Aurèle*, 1769, in-12. III *Histoire des ordres royaux, hospitaliers et militaires, de St.-Lazare de Jérusalem et de Notre-Dame de Mont-Carmel*, Liége et Bruxelles, 1775, in-4. Gautier de Sibert est mort à Tonnerre en 1798.

GAVIROL (Soliman ben), savant rabbin, naquit à Malaga vers l'an 1000, et demeura long-temps à Saragosse, où il composa la plupart de ses ouvrages; il en écrivit deux en arabe. Plusieurs auteurs classiques de cette nation font beaucoup d'éloges de ce rabbin et assurent qu'il était un prodige de savoir. Ces éloges de la part des écrivains mahométans envers un juif, semblent ne devoir pas être équivoques. Gavirol cultiva plus particulièrement la morale et la poésie. Dans la première de ces sciences on a de lui : *Correction des mœurs*, ouvrage com-

X.   26

posé, d'après les renseignemens les plus certains, en 1045, et qui est divisé en cinq sections, qui traitent des cinq sens, des vertus, des vices et de leurs rapports. *Choix de perles* est le titre de son second ouvrage sur la morale. Il a aussi composé en hébreu différens ouvrages et un grand nombre de poésies. Qui désirerait de plus amples détails sur Gavirol, peut les chercher dans le *Dict. hist. des aut. héb.*, par Rossi. Gavirol est mort en 1070.

GAZAIGNES (Jean-Antoine), chanoine de Saint-Benoît de Paris, né à Toulouse le 23 mai 1717, a composé et publié les *Annales de la société des soi-disant jésuites*, 5 gros vol. in-4, 1764 et années suivantes. Ce livre parut sous le nom emprunté d'*Emmanuel Robert de Philibert, ancien chanoine de l'église de Toulouse* [1]. C'est un recueil de tout ce qui s'est écrit d'injurieux contre les jésuites. On prétend qu'outre ces cinq volumes, Gazaignes en avait préparé trois autres qui n'étaient pas moins outrageans, mais qui n'ont point paru. Au reste il n'épargnait rien pour que sa diatribe fût complète. Il entreprit, dit-on, plusieurs voyages, et notamment celui de Vienne, dans l'espoir de se procurer de nouvelles anecdotes dans le sens de celles qu'il avait déjà recueillies. On trouve néanmoins dans cette compilation quelques renseignemens curieux sur ce célèbre institut. L'abbé Gazaignes mourut le 29 mars 1802. Quoiqu'il fût appelant, il avait désapprouvé la constitution civile du clergé.

GEDDES (Alexandre), Ecossais et prêtre catholique, naquit à Ruthwen dans le comté de Bamff en 1737.

Après de premières études faites dans sa patrie, il vint à Paris en 1758 au collége des Ecossais, fit sa théologie aux écoles de Navarre, et prit en Sorbonne des leçons d'hébreu de l'abbé Ladvocat. A ces études il en joignit d'autres. Il cultiva les lettres et la poésie latine, et apprit plusieurs langues vivantes, notamment le français, l'italien, l'espagnol et l'allemand. Il retourna dans sa patrie en 1764, et y fut ordonné prêtre à Dundée. Peu de temps après, le comte de Traquaire, seigneur catholique, le prit pour chapelain, place qu'il quitta pour retourner à Paris, où il passa quelque temps, après quoi il revint en Ecosse. En 1769 il fut préposé à la congrégation d'Auchinbalrig dans le comté de Bamff. Il s'y engagea imprudemment dans les sociétés où l'on parlait légèrement des matières de religion, et où l'on se permettait des plaisanteries sur plusieurs pratiques pieuses du catholicisme. Au lieu d'en témoigner du déplaisir et de les défendre comme son état l'y obligeait, ou au moins de se retirer de ces compagnies dangereuses, il en prit le ton, et ses conversations dans le public s'en ressentirent. Quelques fidèles en furent scandalisés; les supérieurs ecclésiastiques en ayant été instruits, M. Hay, son évêque, l'en avertit charitablement. La vanité de celui-ci en fut offensé; il reçut mal la leçon. Le mécontentement qu'il en eut, et des embarras dans ses affaires domestiques, le déterminèrent à quitter sa congrégation pour se rendre à Londres, où il imagina qu'il pourrait tirer parti de ses talens, et où il serait à portée de suivre un travail sur *l'Ecriture sainte*, que depuis long-temps il avait en vue. Il y exerça néanmoins pendant quelque temps les fonctions du ministère dans des chapelles ca-

---

1 Voyez *la France littéraire* de 1769, t. 1, pag. 363, et le *Dictionnaire des anonymes et pseudonymes*, t. 1, p. 29, et t. 4, p. 36.

tholiques ; mais il les cessa entièrement vers 1682. Il donna alors quelques ouvrages de littérature qui furent assez bien accueillis, et cependant il préparait les matériaux d'une *traduction de la Bible*. Il en publia le *prospectus* en 1786, et, dans deux lettres écrites en 1787, l'une à l'évêque Lowth, l'autre au docteur Priestley, il établit et démontra que la divinité de Jésus-Christ est un principe fondamental du christianisme. En 1788 une partie de son travail étant prête, il proposa pour sa Bible une souscription qui ne se remplit que lentement et ne fut pas nombreuse : parmi ceux qui souscrivirent les protestans dominaient. En 1792 le premier volume de cette traduction parut; il renfermait le *Pentateuque* et *Josué*. Dès qu'on en eut connaissance, il y eut contre le livre et l'auteur un soulèvement général. Les évêques de Rama, d'Acanthos et de Centurie, vicaires apostoliques en Angleterre, crurent devoir prémunir les fidèles contre les dangers de cette traduction et en défendirent l'usage. L'un d'eux, le docteur Douglas, vicaire apostolique à Londres, manda à Geddes de se rétracter, lui déclarant qu'il ne pouvait se dispenser de prononcer contre lui la suspense s'il ne se soumettait. Geddes lui répondit avec mépris qu'il ne s'embarrassait point de ses censures, et dans une *adresse au public* il tint le même langage. Son deuxième volume parut en 1797. Il renferme le reste des *Livres historiques*. L'auteur y est plus hardi encore ; il y combat l'inspiration *entière* de l'Ecriture sainte, y critique les écrivains sacrés, leur impute de rapporter des faits contraires à la raison, et décrédite leur autorité. D'aussi étranges assertions déplurent même aux protestans. Cette lutte

pénible et prolongée où l'amour-propre de Geddes, d'ailleurs fort irritable, eut beaucoup à souffrir, influa sur sa santé; elle se dérangea sensiblement. La perte qu'il fit de lord Petre, son principal protecteur, augmenta ses chagrins. Il souffrit pendant quelque temps, puis succomba dans d'excessives souffrances le 26 février 1802. Quelques-uns l'ont taxé d'incrédulité. Il n'y a dans sa conduite rien d'assez prononcé pour établir cette imputation; mais on ne peut le disculper d'avoir beaucoup trop abondé dans son sens, de s'être exprimé trop librement sur divers points de notre croyance, d'avoir mis trop d'orgueil dans ses rapports avec ses supérieurs, et une opiniâtreté insupportable à soutenir ses idées. M. Douglas défendit de célébrer publiquement la messe pour lui, sans doute à cause du scandale qu'il avait donné. Après sa mort, pour donner suite à sa traduction de la Bible, on a publié celle du *Psautier* jusqu'au psaume 118. On ne peut lui refuser du savoir, de la littérature et des connaissances bibliques assez étendues. Outre sa *traduction de la Bible*, demeurée incomplète, il a laissé : I *Select satyres of Horace*, Londres, 1779, in-4 : c'est un choix des satires d'Horace qu'il a mises en vers anglais et accommodées, dit-on, en grande partie aux mœurs du temps. II *Carmen seculare pro gallicâ gente tyrannidi aristocraticæ ereptâ*, 1792, in-4. III Le premier livre de l'*Iliade* rendu littéralement en vers anglais. C'était un essai qui ne réussit point et auquel il ne donna pas de suite. IV *L'Avocat du diable*, 1790, écrit satirique. V *Carmina secularia tria, pro tribus celeberrimis libertatis gallicæ, epochis*, 1793, in-4. VI *Vert-Vert*, mis en vers anglais,

1793, in-4. VII *La Bataille de B.* (Bangor), ou *le Triomphe de l'église*, poëme héroï-comique, 1797, in-8, en anglais. VIII *Bardomachia, poëma macaronico-latinum*, 1800, in-4. IX Divers *morceaux* dans des recueils périodiques. X Deux *élégies latines*, composées dans son lit, pendant la maladie dont il mourut, l'une sur la mort de lord Petre, l'autre *ad umbram Gilberti Wakefield*, etc. Il semble dans cette dernière pressentir sa fin prochaine.

GEHLER (Jean-Charles), naquit à Gorlitz en 1732. Il reçut en 1758 le degré de docteur en médecine à l'université de Leipsig, et y professa successivement la minéralogie, la botanique et la physiologie. Il a publié un grand nombre de *dissertations* sur les sciences naturelles, dont la première est intitulée : *De characteribus fossilium externis*, Leipsig, 1757, in-4. Il a donné en outre un *Recueil de plusieurs mémoires concernant l'art de l'accouchement* (en allemand), que C. G. a publié à Leipsig en 1798, 2 vol. in-8, et une traduction allemande de la *Chimie expérimentale et raisonnée*, par A. Baumé, 3 vol. in-8. Il est mort le 6 mai 1796.

GEMELLI-CARRERI (Jean-François), voyageur célèbre, naquit à Naples en 1651, d'une famille distinguée. Dévoré par la passion des voyages, à peine eut-il fini ses études et obtenu le degré de docteur en droit, qu'il quitta la maison paternelle, parcourut rapidement toute l'Europe, et ne s'arrêta qu'en Hongrie où il servait comme volontaire en 1687. Ce tour d'Europe lui fit naître le désir de faire celui du monde; désir qu'il mit bientôt à exécution. Il s'embarqua à Naples le 13 juin 1693, après s'être rendu à Redicana en Calabre, pour prendre

congé de son frère, ecclésiastique respectable qui chercha en vain à le dissuader de son projet. Gemelli, après avoir fait son testament, s'embarqua de nouveau, aborda à Messine, à Malte, d'où il passa à Alexandrie. Ayant remonté le Nil, il s'arrêta au Caire où il fut très-bien accueilli par Maillet, consul de France. Ayant vu toutes les antiquités de l'Egypte, il se rendit à Damiette, et arrivé en Palestine il visita les lieux saints. Il revint par mer à Alexandrie, d'où il passa à Smyrne et puis à Gallipoli en Romanie. En sortant de cette ville, il eut à traverser un pays inculte pour parvenir à Andrinople, alors résidence du grand-seigneur. Le 4 janvier 1694 il était à Constantinople, et il n'y avait que vingt-deux jours qu'il avait quitté Smyrne, où il retourna pour prendre ses effets, et, profitant d'une caravane, il put revoir la capitale de l'empire ottoman. Sa curiosité, parfois imprudente, faillit à lui coûter bien cher. Echappé à un danger imminent, il s'embarqua pour Trébisonde, traversa les montagnes de l'Arménie, la Géorgie, la Perse, et le 17 juillet il entra dans l'Indostan. Il n'oublia pas de visiter les ruines de Persépolis. Arrivé à Laar, il alla à Bender-Congo, et le 10 janvier 1695 il se trouvait à Daman. Incapable de repos, il s'empressa d'aller à Baçaïm, où le supérieur des jésuites ayant appris qu'il était avocat, chercha à le fixer dans ce pays par la promesse de lui procurer de riches cliens et un mariage sortable. Mais rien ne pouvant détourner notre voyageur de son projet de faire le tour du monde, il prit congé des PP. jésuites, visita les villes célèbres du nord de la côte du Malabar, et les énormes monumens de Kennevi, dans la fameuse île Salsette. Entraîné par une curiosité toujours croissante, malgré les obstacles qu'il avait à surmonter, il voulut voir la cour et le camp du grand-mogol, le fameux Aureng-Zeb. Etant parti de Goa avec un Canarin qui portait les provisions, et un Indou de Golconde qui lui servait d'interprète, il parvint enfin sur les bords de la Krischna. Le grand-mogol était campé à Galgala et faisait la guerre au roi de Visapour. Gemelli trouva dans l'armée de ce conquérant des militaires européens, et, par le moyen d'un chrétien d'Agra, il obtint une audience particulière d'Aureng-Zeb, qui lui fit un bon accueil et lui offrit du service dans ses troupes, que Gemelli, n'ayant pas fini son grand tour, se garda bien d'accepter. Ce monarque, au déclin de l'âge, conservait toute la vigueur et la présence d'esprit de l'âge viril. Il avait fait retentir de son nom toute l'Asie; cependant, près du tombeau, il n'était pas encore rassasié de conquêtes. Gemelli avait repris le chemin de Goa, quand il se vit tout à coup abandonné par son Canarin et son Indou. Sans perdre courage, il traversa seul une route infestée de brigands et arriva sans accidens à Goa, où il s'embarqua sur un navire portugais qui allait à la Chine, et le 4 août il aborda à Macao. Il s'habilla à la chinoise, et à l'aide d'un passe-port qu'il put se procurer, il alla à Canton, où il fut reçu avec bienveillance par les PP. franciscains. Ayant pris deux domestiques chinois, il se dirigea vers Nankin par la barque de poste que le vice-roi expédie tous les trois jours pour rendre compte à l'empereur de ce qui se passe dans sa province. Il fit son voyage par terre de Nankin à Pékin, où les missionnaires ne lui cachèrent pas leur surprise de ce qu'il voulût visiter une capitale dont l'entrée était défendue à tout européen. Il fut donc contraint de se loger dans la ville chinoise, le P. Grimaldi, supérieur provincial de la mission, n'ayant pas osé le recevoir dans la maison du collége sans la permission de l'empereur. Cependant ce même missionnaire lui obtint une audience particulière de l'empereur et lui procura un passe-port. Gemelli, après avoir visité la grande muraille, partit de Pékin le 23 novembre 1695. Le 9 avril de l'année suivante il arriva à Macao, et il était à Manille le 8 mai. Il y trouva un galion espagnol sur lequel il s'embarqua le 7 août 1696, et passa à Acapulco après un voyage long et dangereux. D'Acapulco, où il n'arriva que le 12 janvier 1697, il se rendit à Mexico; il y était le 11 mars. Il y fut bien reçu en sa qualité de Napolitain, c'est-à-dire de sujet du roi d'Espagne. Le vice-roi qui y commandait avait le titre de comte de Montezuma[1]. Gemelli, après une courte demeure, alla voir les mines de Pachuca, les pyramides de Tezeuco, et le 10 octobre se mit en marche pour la Vera-Cruz. De là il se rendit le 14 décembre à la Havane, et entra dans le port de Cadix le 4 juin 1698. Après avoir traversé l'Espagne, le midi de la France, il s'embarqua à Marseille, aborda à Gênes, passa à Milan, et arriva à Naples le 31 décembre, ayant employé cinq ans, cinq mois et vingt jours à faire le tour du monde; entreprise bien plus difficile à exécuter par terre que par mer. Gemelli s'occupa bien-

1 Quelques biographes se trompent en faisant ce vice-roi descendant de l'empereur Montezuma. Il était défendu, sous peine de mort, à ces mêmes descendans, résidant en Espagne, de se transporter en Amérique. Et le cabinet espagnol leur aurait encore moins donné aucune espèce de commandement, surtout dans les contrées dont ils étaient les maîtres légitimes.

tôt de réunir les matériaux de ses longues pérégrinations, et publia, peu de mois après son arrivée, son *Giro del mondo* (Tour du monde), Naples, 1699, 1700, 6 vol. in-12, avec fig.; réimprimé en 1708-1721, vol., où l'on a réuni l'autre ouvrage de Gemelli intitulé *Viaggi d'Europa* (Naples, 1701, 2 vol. in-8). Peu de livres de ce genre sont écrits avec plus d'ordre, de clarté, et renferment autant d'intérêt et d'exactitude. Plusieurs incrédules se sont élevés contre l'authenticité des voyages faits par Gemelli; mais outre ces descriptions locales qui supposent nécessairement un témoin oculaire, des hommes aussi éclairés que respectables, tels que l'abbé Clarigero, Prévost, Humbolt, etc., ont victorieusement défendu Gemelli. Cet intrépide voyageur passa le reste de ses jours dans le repos et au sein de sa famille, et mourut dans un âge assez avancé vers 1724.

GENISSIEUX (J. J. V.), né en Dauphiné vers 1738. Il était avocat à Grenoble lorsque la révolution éclata, et en devint bientôt un des prosélytes les plus ardens. Il ne s'y jeta pas, comme bien d'autres démagogues, par opinion, mais par le désir d'améliorer sa fortune. On le vit par conséquent proposer et appuyer les mesures les plus violentes pour affermir une liberté aussi funeste que chimérique, et prendre toujours la défense de concussionnaires et de fripons dont il partageait les rapines. Le département de l'Isère le nomma député à la convention nationale. Lors du procès de Louis XVI, il vota d'abord pour l'expulsion de toute la famille royale, et ensuite pour la *mort* de ce monarque. Il siégeait constamment parmi la *montagne*, où on le vit égaler en fureur les plus chauds

révolutionnaires. Employé dans les comités dits bien improprement de *salut public* ou de *sûreté générale*, il fit souvent des rapports en leur nom, poursuivit les nobles, les prêtres et les parens d'émigrés; proposa (le 26 mars 1793) de désarmer tous les *suspects;* il s'éleva (le 6 mai 1795) contre le décret qui rappelait les citoyens qui avaient émigré pendant le règne de la terreur. N'ayant plus rien à désirer du côté des richesses, il parut devenir plus modéré, et on l'entendit, non sans étonnement, parler (le 23 septembre) en faveur des prêtres déportés et de leurs familles. Il fit cependant interdire des emplois publics les parens des émigrés et les prêtres non constitutionnels. Après la journée du 13 vendémiaire (5 octobre 1795), il fit décréter la suspension provisoire des *mises en liberté.* Appelé au conseil des cinq-cents, il dénonça les compagnies royalistes connues sous les noms de *Jésus* et du *Soleil*, et demanda l'exclusion de leur chef J.-J. Aimé. Le 3 janvier le directoire le nomma ministre de la justice, place qu'il quitta le 3 avril. Ayant refusé l'emploi de consul à Barcelone, il accepta celui de substitut du commissaire auprès de la cour de cassation. Il présida l'assemblée électorale de Paris tenue en 1798 à l'Oratoire, et le 21 août fut nommé secrétaire au conseil des cinq-cents. Il appuya la motion tendante à mettre les journaux sous la surveillance de la police [1]. La confiscation des biens des déportés était un grand appât pour

[1] M. Benjamin Constant publia alors plusieurs brochures où il soutenait cette motion. Il n'en a cependant fait paraître aucune sur le même sujet dans le mois de mars 1818. Cette même motion serait-elle, à son avis, moins régulière sous un gouvernement légitime que sous un gouvernement intrus?

des gens comme Génissieux ; aussi il attaqua son collègue Rouchon, qui s'opposait à cette loi cruelle, rendue le 9 fructidor (4 septembre 1797) contre les déportés. Quelque temps après il fut nommé président de l'assemblée, et le 18 brumaire il se déclara hautement contre la révolution par laquelle Buonaparte obtint le titre de premier consul. Il fut arrêté à cette occasion, et relâché dans le même jour avec plusieurs de ses collègues. Génissieux est mort le 27 octobre 1804. Il était alors juge au tribunal d'appel de la Seine. Il vivait dans la plus grande abondance, fruit de ses travaux révolutionnaires.

GENNARO (Joseph-Aurèle de), savant avocat de Naples où il naquit en 1701. Il acquit les premiers élémens des sciences chez les jésuites, se livra ensuite à l'étude des lois, et reçut le bonnet en 1723. Il étudia avec un soin particulier les lois romaines ; et Alciat, Covarrubias, Cujas, Duaren, Gouvea et Brisson, étaient les commentateurs qu'il préférait. Doué d'une rare éloquence, lorsqu'il parlait au barreau, le public se portait en foule pour l'entendre. Le bruit de sa grande réputation parvint aux oreilles du ministre Tanucci, et le roi Charles III (depuis roi d'Espagne) lui conféra plusieurs places importantes qu'il remplit avec distinction. Il mourut dans une campagne près de Pouzzuol, le 8 septembre 1761, âgé de soixante ans. Il a laissé : 1 *Respublica jurisconsultorum*, Naples, 1731, in-4 ; ouvrage ingénieux où l'auteur suppose « que dans un endroit reculé de la Méditerranée il existe une île où tous les jurisconsultes se rendent après leur mort, et y fondent une république à l'instar de celle de Rome, partagée en trois ordres, les sénateurs, les

chevaliers et les plébéiens. Les premiers sont les anciens jurisconsultes depuis Sextus Papirius jusqu'à Modestin ; les seconds sont les jurisconsultes qui, depuis Modestin, ont existé à Rome, à Constantinople, à Beryte, et tous ceux en général qui ont exercé la jurisprudence avec un esprit cultivé. Les Accurse, les Bartole, et tous les auteurs qui ont mêlé à la science ou à l'éloquence oratoire de faux ornemens et un esprit de subtilité futile ou dangereux, forment la classe du peuple. Quand Gennaro est transporté dans cette île merveilleuse, il trouve qu'Ulpien et Papinien y remplissent la dignité de consuls, Cicéron celle de préteur, Caton et Truerius sont censeurs, Servius Tullius est président du sénat, etc. » Ce cadre imaginaire est la base sur laquelle Gennaro établit une critique éclairée sur tous les divers personnages qu'il met en mouvement, et chacun d'eux est à son tour l'objet de ses remontrances ou de ses éloges. Le style de cet ouvrage, qu'on lit avec plaisir, est pur et concis. Il eut un grand succès, et le savant Frédéric-Othon Menken en donna une édition dédiée à l'auteur lui-même, à Leipsig, 1733, in-8. Il a été traduit en français par l'abbé Dinouart, Paris, 1768, in-12. Mais on chercherait en vain dans cette traduction à reconnaître l'ouvrage original ; tout y est altéré, le sens, les expressions, et même le titre des livres. Outre cela le traducteur a cru pouvoir se permettre de mutiler et d'élaguer à son choix plusieurs endroits du même livre 1. Il *Delle viziose manie-*

1 L'abbé Dinouart n'est pas plus coupable que bien d'autres traducteurs français. Il faut convenir que nous avons ou l'amour-propre ou la manie de changer, de créer là où on ne doit s'occuper que de rendre avec clarté et élégance les pensées des autres écrivains. Il s'agit de faire

re, etc. *Des manières vicieuses qu'on emploie pour défendre les causes devant les tribunaux*, Naples, 1744, in-4, dédié au pape Benoît XIV. Ce livre, où Gennaro indique à ceux qui se destinent au barreau les études qu'il ont à entreprendre et les écueils qu'ils doivent éviter, a été traduit en français sous le titre de l'*Ami du Barreau*, par Ruyer-Duval, Orléans, 1787, in-12. III *Feriæ autumnales post reditum à republicâ jurisconsultorum*, Naples, 1752, in-8. On peut considérer cet ouvrage comme une suite de la *République des jurisconsultes*, Ceux-ci, revenus de leur île, passent les vacances à discuter le titre au Digeste : *De regulis juris*. IV *Oratio de jure fcodali*, Naples, 1753, in-4. V *Carmina latina*, ib., 1742, in-4. Tous les ouvrages de ce jurisconsulte poëte ont été publiés aux frais de l'avocat Dominique Torres, à Naples, en 1767, en 4 vol. in-4.

GENOVESI (Antoine), philosophe italien, naquit à Castiglione près de Salerne le 1er novembre 1712. Pour obéir à son père qui le destinait à l'état ecclésiastique, à peine eut-il sorti des premières études, qu'il entreprit celle des sciences sacrées. Pendant ce temps il donna tout lieu de croire que sa vocation ne l'appelait pas à cet état respectable. Au milieu de ses cours, épris d'une jeune personne, il allait l'épouser, lorsque son père s'en étant aperçu, le relégua dans un village, et le mit sous la direction d'un ecclésiastique. Ce ne fut pas

celui-ci, comme l'a prétendu le panégyriste de Genovesi [1], qui lui montra une nouvelle route pour acquérir une instruction plus agréable que celle que procurent les sciences théologiques. Dès l'âge de 20 ans, Genovesi savait plusieurs langues modernes. Séduit par les maximes du jour, il portait toujours dans sa poche un Locke ou un Leibnitz ; et il se montra dans la suite un des plus chauds partisans de Voltaire, son contemporain. Ces auteurs et ses dispositions naturelles ne pouvaient faire certainement de lui un bon prêtre. Quoiqu'il eût déjà reçu les premiers ordres, il osa jouer dans une comédie de société, où il choisit précisément le rôle de valet. L'archevêque de Conza l'en réprimanda sévèrement. Il quitta alors l'habit ecclésiastique, et, de retour à Castiglione, il trouva mariée celle qu'il avait choisie pour être sa femme. Dans un moment de colère, il reprit la soutane, et reçut les derniers ordres à Salerne en 1736. Pendant quelque temps il mena une vie assez régulière, ce qui lui mérita la protection de l'archevêque de cette ville, par le moyen duquel il obtint la chaire d'éloquence dans le séminaire de l'archevêché. Il n'y resta pas long-temps, et passa à Naples, où il étudia les lois, les langues anciennes et les mathématiques. Il n'abandonna pas pour cela ses auteurs favoris ; et en même temps qu'il étudiait sur saint Augustin et saint Thomas, il parcourait les ouvrages d'Helvétius et de d'Alembert. Cependant, quelles qu'aient été les opinions et la conduite de Genovesi, on ne saurait lui disputer une grande étendue de savoir,

connaître et le genre de talent d'un auteur étranger, et non pas d'en mettre du nôtre, qui n'est pas, bien souvent, à son avantage. Si l'ouvrage en mérite la peine on le traduit ; autrement on le quitte. En général, on peut rarement prononcer sur des ouvrages étrangers, si on veut les juger sur une traduction française.

[1] Jean-Marie Galanti, élève de Genovesi, et qui a écrit son éloge.

soit dans les sciences sacrées , soit dans les profanes. En 1741 on lui donna la chaire de théologie dans l'université de Naples. C'est tandis qu'il occupait cette place, qu'il publia : I les *Elémens métaphysiques*, Naples, 1744 et années suivantes. Ce livre, rempli de tous les principes qu'il avait puisés dans les philosophes ses favoris, lui causa beaucoup de désagrémens. Il s'attira encore des critiques non moins sévères par son autre ouvrage intitulé : II *Elementorum artis logico-criticæ, libri quinque*, ibid., 1745, in-8, écrit dans le même esprit que le précédent. Il trouva un protecteur, non dans l'archevêque de Tarente, grand-aumônier du roi, ainsi que l'avance l'auteur de son *Eloge*, mais dans le marquis de Tanucci, qui voulait faire servir Genovesi à ses projets contre la cour de Rome; et ce fut par insinuation de ce même Genovesi, agent du ministre, qu'on supprima à Naples la chaire des décrétales. Enhardi par une sorte d'impunité, il fit paraître ses III *Elémens de théologie*, Naples, 1751. Le cardinal Spinelli, archevêque de Naples, se déclara contre cet ouvrage, et le cardinal Valentini envoya au roi 14 propositions tirées des ouvrages du théologien philosophe. On lui interdit alors ses leçons de théologie, et il se livra à l'économie politique et à l'agriculture, pour lesquelles il avait un véritable talent. Pendant ce temps il occupa la chaire de philosophie morale; et il fonda ensuite, à ses frais, et avec l'autorisation du gouvernement, la première chaire d'économie politique qui eût existé en Italie. On y mit ces trois conditions: que les leçons fussent données en italien ; que Genovesi fût le premier professeur qui les don-

nât, et qu'après sa mort aucun prêtre, soit séculier, soit régulier, ne pût lui succéder. Ses cours furent ouverts le 5 novembre 1754. La science de l'économie politique avait déjà été conçue par Antonio Serra, qui l'avait fait connaître dans le royaume de Naples, dès l'an 1613. Broggia l'avait même appliquée, quelque temps après, à différentes branches de l'administration publique; mais ces essais étaient encore imparfaits pour produire une utilité réelle; et c'est à Genovesi que l'on est redevable de cet heureux résultat. Il n'omit aucun moyen pour l'obtenir; et pour répandre de plus en plus la nouvelle science, il publia ses IV *Leçons de commerce et d'économie civile*, Naples, 1757, 2 vol. in-8; et c'est dans cet objet qu'il fit traduire par son frère Pierre Genovesi les deux ouvrages suivans, qu'il enrichit de ses notes : *Histoire du commerce de la Grande-Bretagne*, 3 vol. in-8. *Cours d'agriculture*, par Cosimo Tronci, ibid. Indépendamment de ces ouvrages, il publia encore V *Meditazioni filosofiche*, sur la religion et sur la morale, 1758, in-8. Ces méditations se ressentent du philosophisme qui règne dans ses autres ouvrages relatifs à la religion ; VI et son livre de la *Logique pour les jeunes gens*, qu'il donna en 1766, n'en est pas entièrement exempt. Cet ouvrage, sous tous les rapports, est digne du talent de Genovesi; la concision, la clarté, l'abondance des matières renfermées dans un petit vol. in-8, en forment le principal mérite. VII *Lettres académiques*, sur l'utilité des sciences et des arts, contre J.-J. Rousseau. Ce philosophe, dans quelques-uns de ses écrits, et notamment dans le *Contrat social*, avait fait des efforts de raisonnement pour prouver l'inutilité des sciences, et précisément l'inutilité de celles qui apprennent à raisonner. Génovesi, quoiqu'il fût au nombre des admirateurs de Rousseau, né put souffrir patiemment ce blasphème, et publia l'ouvrage précédent pour prouver à son tour l'utilité des sciences et des arts. VIII La *Science des droits et des devoirs de l'homme*, 1767. Cet ouvrage est incomplet, l'auteur n'ayant pu l'achever à cause d'une maladie grave dont il souffrait depuis plusieurs mois. Il y succomba enfin le 22 septembre 1769; il avait alors 58 ans. Nous n'oserons pas dire, comme son panégyriste et ceux qui en ont suivi les traces, que ce savant, à l'instar de Pythagore dans la Grande-Grèce, ait été l'instituteur de tout le royaume de Naples. Beaucoup de gens remarquables l'avaient déjà précédé; et parmi ceux-ci on ne refusera pas une place à J.-Vincent Gravina (mort en 1718). Avec des connaissances encore plus étendues que Genovesi, il avait cependant de commun avec ce dernier, les erreurs d'un philosophisme qui commençait déjà à prendre un grand essor dans la république des lettres. Le même panégyriste et son imitateur, font l'honneur à Genovesi d'avoir réformé le royaume de Naples, qui, selon eux, « se trou- »vait presque rétrograde dans la »carrière philosophique, et ne pou- »vait marcher de pair avec les lu- »mières européennes. » Mais ces lumières étaient déjà malheureusement répandues, et le premier honneur on le doit à Gravina plutôt qu'à Genovesi. Celui-ci a le triste mérite d'avoir contribué à les propager; et sous ce rapport, nous ne savons déterminer quelle espèce d'éloge on puisse donner à ses travaux. Nous ne lui refusons pas ceux

dont il est digne, comme bon littérateur, comme savant économiste; mais nous regrettons en même temps qu'il ait professé des opinions si opposées à l'habit et au caractère dont il était revêtu; opinions qui ne rehaussent pas ses talens, et ne contribueront pas à sa gloire.

GENSONNÉ (Armand), naquit le 10 août 1758 à Bordeaux. Il y exerçait la profession d'avocat avec beaucoup de succès, lorsque la révolution vint répandre sur la France le deuil et la dévastation; il en adopta les principes, et fut membre du tribunal de cassation qu'on venait d'établir. Nommé depuis membre de la seconde assemblée nationale, il s'unit avec ses collègues Guadet, Vergniaud, Grangeneuve et Brissot, qui furent les chefs du parti dit de *la Gironde*, des *girondins* ou *brissotins*, parti qui était celui des véritables républicains, et qui, sans participer directement aux crimes de la commune de Paris, fut celui qui devint le plus funeste à la monarchie et finit par l'ébranler. On avait mis en vigueur la constitution civile du clergé, et Gensonné avait été envoyé dans les départemens de l'ouest pour voir quel était à ce sujet l'esprit des habitans. Le rapport que Gensonné en fit au corps législatif ne fut pas satisfaisant : on ne voulait pas reconnaître les prêtres sermentés. Devenu membre du comité diplomatique créé par la même assemblée législative, il commença ses persécutions contre la cour et les ministres, et notamment contre le ministre Delessart. Il proposa le décret d'accusation rendu à l'unanimité des voix le 1er janvier 1792, contre les princes frères du roi, le prince de Condé, le vicomte de Mirabeau et le marquis de Laqueille.

Pendant ce temps, malgré le rapport qu'il avait fait sur les départemens de l'ouest, il avait appuyé toutes les mesures qu'on exerça sur les prêtres insermentés et sur les nobles. Quand il eut appris que l'empereur d'Allemagne faisait quelques mouvemens, sans montrer cependant des intentions hostiles, il insista sur ce qu'on déclarât la guerre à ce souverain, et combattit Robespierre, qui s'opposa à cette motion. (*Voy.* ROBESPIERRE, *Suppl.*) C'est depuis ce moment que celui-ci commença à méditer la ruine du parti de la Gironde ; et les girondins, de leur côté, mettaient tout en usage pour se conserver la faveur populaire. La guerre contre l'Autriche avait été déclarée : Gensonné, Guadet et ses autres collègues employèrent tous leurs moyens pour tenir en agitation la multitude ; chaque jour les royalistes tramaient, à leur avis, un nouveau complot dans Paris ; les Autrichiens y avaient un comité secret pour opérer une contre-révolution. Gensonné s'engagea même à prouver l'existence de ce comité, et essaya, quoique en vain, de faire décréter d'accusation MM. de Montmorin et Bertrand de Molleville, attribuant tous les malheurs au roi et à ces ministres. Mais ces malheurs n'existaient que dans les pamphlets périodiques par lesquels on irritait le peuple, et dont Gensonné et ses collègues étaient ou les propriétaires ou les rédacteurs. Cependant les *jacobins* et leurs chefs, Robespierre et Danton, craignant que les *girondins* ne parvinssent à réaliser leur projet d'une *république fédérative*, ne cessaient de les harceler. Les girondins redoutant à leur tour des adversaires dont le parti était puissant, semblèrent vouloir s'approcher de la cour. Par le moyen d'un peintre nommé Boze, ils firent

parvenir au roi un mémoire rédigé par Gensonné ; mais soit que le prix qu'ils mettaient à leurs services fût excessif, soit que la cour n'eût en eux aucune confiance, leurs propositions furent rejetées. Les girondins alors se réunirent momentanément aux jacobins, afin de porter, d'un commun accord, le dernier coup à l'autorité royale. Peu avant, Gensonné avait vivement attaqué M. de la Fayette, qui demandait la punition des agresseurs de la journée du 20 juin ; ce crime resta impuni, et un autre plus grand encore fut commis le 10 août. On détruisit la monarchie française, et Louis XVI fut contraint de chercher un asile au milieu de ses ennemis. Les jacobins et les girondins avaient atteint leur but, et dès lors commença entre eux une guerre acharnée, dont ces derniers furent les victimes. Robespierre, Danton, Carrier, Fréron, etc., voulaient dominer seuls, et dominer par la terreur. Gensonné et ses collègues, devenus plus modérés après avoir précipité le roi du trône, se bornaient à désirer l'établissement de la république fédérative. Ils conservèrent encore quelque influence ; et ce fut Gensonné qui fit déterminer les attributions du conseil provisoire substitué au gouvernement du roi. Il fit déclarer toutes les municipalités de la France responsables de la sûreté des personnes et des propriétés ; mais les municipalités n'eurent garde de se soumettre à cette mesure. Le décret qui ordonnait à tout citoyen de porter avec lui une *carte de sûreté*, fut aussi demandé par Gensonné. Il combattit victorieusement ses adversaires, qui l'accusèrent d'avoir eu des intelligences avec la cour, et d'avoir participé aux sommes que celle-ci avait fait distribuer par le moyen du ministre Narbonne, et insista pour qu'on punît les crimes du 2 septembre, dont Danton, Tallien, et différens députés de Paris étaient les principaux auteurs; mais il ne fut pas écouté. Gensonné avait été réélu député à la convention; et peu de temps après on commença cet horrible procès qui mit le comble aux crimes de la France, et fit frémir toute l'Europe. Cependant les girondins, tout en voulant la république, ne désiraient pas la mort du roi; ils appuyèrent le moyen proposé par le député Salès, de l'*appel au peuple;* mais tous leurs efforts pour soustraire Louis XVI au coup fatal devinrent inutiles; et enfin, effrayés par les menaces des jacobins et de leurs satellites, ils votèrent pour *la mort* de ce monarque. Après cette funeste époque, Gensonné sembla s'intéresser au sort de la jeune princesse fille du roi, et du dauphin son frère; il demanda même que la municipalité fût responsable de leur sûreté. La lutte entre le parti de Robespierre et celui des girondins était au moment de sa crise. Ceux-ci, et notamment Gensonné, Vergniaud, Guadet, doués de talens remarquables, et dont le premier, surtout, s'exprimait avec une rare éloquence, dénonçaient chaque jour les auteurs des massacres de septembre. Gensonné, qui connaissait l'esprit de ses co-députés et celui de la populace qui encombrait les tribunes, assaisonnait souvent ses discours par des saillies piquantes, afin de se faire mieux écouter. Un jour, dans un discours vigoureux et pathétique, il détaillait les crimes qu'on avait commis, et du geste et de la voix il en désignait les auteurs ou les complices; un d'eux s'écria : « Mais ils ont » sauvé la patrie! —Oui, répliqua » Gensonné, comme les oies du Capitole. » Ce mot excita dans la salle un tumulte inexplicable : on criait, on hurlait, on menaçait, on applaudissait à la fois; mais ce mot, en irritant encore davantage le parti jacobin, parut décider du sort des députés de la Gironde. Ils résistèrent encore quelque temps; mais il leur fallut succomber. Gensonné se trouva compromis dans la correspondance avec le général Dumouriez, qui venait de fuir à l'étranger, et dans celle de Miosinski, officier supérieur de ce général. Pour échapper à l'orage, il demanda, le 19 avril 1793, la convocation des assemblées primaires, et on n'eut pas égard à sa demande. Les sections de Paris avaient été mises en mouvement par les jacobins. Dès le mois de mars celle du Bon-Conseil était venue à la barre demander la tête des girondins. Au commencement du mois d'avril, la section de la Halle-au-Blé sollicita l'expulsion de ces mêmes députés. Réal la conduisait et entraîna tout le corps de la Cité, qui vint à la barre faire la même demande. Enfin, le 31 mai arriva, et le 2 juin le parti de la Gironde fut frappé de proscription. Plusieurs députés se sauvèrent par la suite; d'autres furent arrêtés et conduits au Luxembourg : Gensonné fut de ce nombre; il avait été arrêté le 2 juin. Après quelques mois de détention, il fut traduit devant le tribunal révolutionnaire, et condamné à mort avec vingt-un de ses collègues. Il fut exécuté le 31 octobre 1793. C'est ainsi que finit ce parti, le premier fondateur de la république, et qui, moins exagéré, moins atroce que celui des jacobins, aurait pu, dans ses momens de puissance, établir, puisqu'il l'avait décidé, une constitution raisonnée, et sauver le trône et le monarque.

GEOFFROY (Julien-Louis),

littérateur et célèbre journaliste, naquit en 1743 à Rennes, où il fit ses premières études chez les jésuites, et vint les finir à Paris au collége de Louis le Grand. Ce collège était dirigé par ces mêmes religieux, qui, ayant remarqué les progrès du jeune Geoffroy, résolurent de se l'attacher, et le destinaient à remplir la chaire de belles-lettres. La suppression de la société fit évanouir ce projet, et Geoffroy n'ayant alors que vingt ans, passa à Montaigu, où il remplit l'emploi de *maître de quartier* ou *maître d'études*. Il le quitta quelques mois après pour suivre l'éducation des enfans d'un riche propriétaire appelé M. Boutin. Il allait souvent au spectacle avec la mère de ses élèves ; et c'est là qu'il contracta le goût pour ce genre de littérature. Il en voulut connaître plus particulièrement les règles, les approfondir, et y acquit des connaissances auxquelles dans la suite il dut en grande partie sa réputation littéraire. Il essaya même de faire une tragédie, le *Caton*; mais il y a une grande distance d'une instruction peu commune sur les préceptes de cet art difficile, à les appliquer en intéressant. Néanmoins sa pièce fut reçue par les comédiens du Théâtre-Français, juges assez équivoques, mais qui eurent le bon esprit de ne jamais la jouer. L'auteur cependant obtint ses *entrées*, et put ainsi voir et apprécier les chefs-d'œuvre de la scène française, et juger du mérite des acteurs. Ayant demandé à être agrégé à l'université de Paris, il fut admis au concours, et soutint cet examen avec honneur. Pendant trois ans consécutifs (depuis 1773), il reçut le premier prix de cette même université pour un discours latin qu'elle avait proposé pour sujet. Ces succès l'encoura-

gèrent à en tenter de plus éclatans. Il concourut à l'académie française pour l'éloge de Charles V ; mais ce fut Laharpe qui en remporta le prix. A cette même époque il avait été nommé professeur de rhétorique au collége de Navarre, d'où il passa bientôt en cette qualité à celui de Mazarin. Une occasion vint s'offrir à Geoffroy pour faire connaître le véritable genre de son talent. Le fameux Fréron venait de mourir (le 10 mars 1776), et on engagea Geoffroy à continuer son journal de *l'Année littéraire*. Il remplit cette tâche difficile avec succès, et débuta par un article sur le *Cours d'Etudes* de l'abbé Condillac. Il choisit pour sujet de sa critique le volume intitulé l'*Art d'écrire*, où l'auteur ne ménage pas assez Boileau ni d'autres célèbres écrivains, que le nouveau rédacteur vengea victorieusement. Il travailla pendant 15 ans à ce journal, où l'on remarquait des articles pleins d'érudition et de bon goût sur toutes les branches de la littérature. On lui doit aussi d'avoir, pour ainsi dire, ressuscité les anciens classiques, en rappelant les grands hommes qui ont brillé dans les beaux siècles d'Athènes et de Rome. Ces articles n'étaient pas faits dans le même esprit que ceux qu'il rédigeait dernièrement : ils étaient graves, profonds, judicieux; et il ne sacrifiait pas encore le talent d'autrui à une insulte grossière, à un bon mot, et à des sarcasmes amers; mais il faut aussi dire qu'à ces deux époques, les intérêts pour le rédacteur étaient bien différens. Geoffroy travailla aussi pendant plusieurs années au *Journal de Monsieur*, et avec un succès égal. Celui de l'*Année littéraire* exista encore deux ans après la révolution. On assure que Geoffroy n'en partagea pas les principes, et qu'il les combattit même dans ses écrits. Il publia ensuite, de concert avec l'abbé Royou, l'*Ami du Roi*, feuille périodique qui eut un succès prodigieux ; mais ce journal, mis en concurrence avec l'*Ami du Peuple*, l'*Orateur du Peuple*, etc., composé par les jacobins les plus démagogues, devait nécessairement succomber. Il fut défendu ; et le règne de la terreur étant arrivé, Geoffroy alla se cacher dans un hameau, où, habillé en paysan, et confondu avec eux, il gagnait sa vie en enseignant leurs enfans. De retour à Paris en 1799, il se plaça chez un maître de pension qui demeurait dans un quartier reculé. Il y avait un an qu'il remplissait ce modeste emploi, lorsqu'on vint lui proposer de se charger de la partie des spectacles dans le *Journal des Débats*. Alors il s'ouvrit pour lui une nouvelle carrière, dans laquelle il acquit presque autant de fortune que de célébrité. Il faut lui rendre la justice que dans le petit cadre dans lequel il était obligé de se renfermer, et malgré les matières isolées qu'il avait à traiter, ses articles, toujours agréables à lire, sont remplis d'une vaste érudition. Il saisissait toujours l'occasion où il pouvait rendre un juste hommage aux classiques anciens et modernes ; et à la tête des Virgiles et des Corneilles, on voit briller les noms de Fénélon et de Bossuet. Quoiqu'il pût sembler d'abord que ces deux noms, justement respectés, ne fussent pas placés convenablement dans un article entièrement profane, la manière dont Geoffroy en parlait n'ôtait rien de la dignité de leur caractère. Lorsqu'il s'avisait parfois d'être juste et impartial avec les autres écrivains, sa critique était exacte et profonde ; mais elle n'avait

plus ce mérite quand il écoutait la voix d'un bas intérêt ou d'une animosité qui lui était naturelle. Son style est correct, facile, concis, et ne manque ni de chaleur ni d'élégance ; mais quand la passion le dominait, ces qualités disparaissaient sous les injures grossières, les plaisanteries de mauvais goût ; et le littérateur éclairé prenait alors le ton du baladin et de l'homme né au milieu de la lie des halles. S'il eût seulement combattu le philosophisme en accablant Voltaire, tout homme bien pensant lui aurait su bon gré de ce noble dévouement ; mais refuser à Voltaire des talens, comme littérateur, et comme poëte, comme historien du siècle de Louis XIV, c'est combattre l'évidence et lutter contre l'opinion généralement établie. On ne terrasse pas toujours son adversaire par des calomnies, mais en l'attaquant dans ses faiblesses et dans ses erreurs. Geoffroy ne ménageait pas plus les écrivains qu'il connaissait à peine, ou qu'il ne connaissait que par de froides et inexactes traductions. Le Tasse, sous sa plume envenimée, n'a plus de grâce, de verve, de chaleur dans le style, plus de sublimité dans ses pensées et dans ses images ; et le premier épique moderne, le chantre de la *Jérusalem délivrée*, devient presque un *Chapelain* [1]. Dans ses derniers jours, on aurait dit que Geoffroy avait pris à tâche d'insulter et de calomnier les morts et les vivans. Fléau des jeunes talens, à peine venaient-ils de se faire connaître qu'il les accablait ; ou, pour mieux dire, le mérite d'autrui était comme

[1] Il ne faut plus s'étonner d'un jugement aussi bizarre, depuis qu'un auteur de nos jours, plus connu par la facilité de son style que par son savoir en littérature, a comparé un poëme indécent, enfanté par la plume de Voltaire, à la *Jérusalem délivrée* ; et le *Lutrin*, qui contient à peu près mille vers bien faits, mais mordans, au *Roland furieux* de l'Arioste.

un excitant pour la causticité de sa bile. Il y avait cependant un moyen de la calmer. Pour obtenir ses éloges, il fallait les acheter, et sa plume vénale se rendait au plus offrant. Malheur à celui qui aurait osé se dispenser de ce tribut tyranniquement imposé! ses succès même lui devenaient funestes. Il accablait de ce même despotisme les acteurs peu généreux; aussi eut-il à soutenir en plein théâtre une scène peu agréable que lui suscita un célèbre acteur qu'il avait amèrement critiqué [1]. Aussi la maison de Geoffroy était remplie de toute espèce d'offrandes, qui servaient à lui faire mener une vie douce et agréable, et à augmenter ses revenus. Mais ce bonheur fut un peu interrompu par un accident qu'il ne pouvait pas prévoir. Sa mordacité lui avait fait un grand nombre d'ennemis. Parmi ceux-ci, il s'en trouva qui voulurent lui prouver qu'il était bien plus facile de critiquer que de composer un ouvrage, et moins aisé de faire un livre médiocre qu'un excellent article de journal. On imprima sa pitoyable tragédie de *Caton*, on y mit le nom de Geoffroy, et on prétendit que c'était la même qu'il avait donnée au Théâtre-Français vers 1773. Il ne tenait qu'à lui de confondre par des faits les auteurs de cette maligne plaisanterie; mais il ne le fit pas, et la tragédie resta pour être la sienne. Certes elle ne parlait pas à son avantage, ni comme poëte, ni même comme un littérateur qui connût les premiers élémens de l'art dramatique. On dit qu'il en agit ainsi par *modération*: alors il avait mal choisi le moment pour donner l'exemple d'une vertu qui ne lui était certainement pas na-

turelle. Geoffroy prodigua pendant plusieurs années des éloges à Napoléon. L'Aristarque français, changé en un autre Ovide, se confondait ainsi parmi la foule de flatteurs qui assiégeaient la cour du nouvel Auguste. On dit encore qu'on le forçait à louer; mais celui qui, pour de l'argent, savait trouver du mérite là où il n'y en avait pas, pouvait bien adresser les éloges là d'où il pleuvait sur les flatteurs les grâces et les richesses. Après une assez longue carrière, Geoffroy mourut sans presque éprouver de maladie, le 26 février 1814. Ceux qui aimaient une critique plaisamment cruelle ont perdu beaucoup dans Geoffroy; et comme cette classe de lecteurs est toujours la plus nombreuse, c'est le *Journal des Débats* qui y a perdu encore davantage. Geoffroy est auteur d'une élégante traduction de Théocrite, publiée en 1801, in-8. *La Vie polémique de Voltaire*, qu'on lui attribuait, n'est que le *Tableau philosophique de l'esprit de Voltaire*, par l'abbé Sabatier de Castres. Ce fameux journaliste, sans avoir les talens de Fréron, possédait tous ceux qui constituent un excellent critique; mais il lui manqua pour être tel, de la modération, de la justice, et surtout un peu plus de désintéressement.

GEORGE XI, dernier roi de Géorgie, naquit vers 1725. A l'âge de 22 ans il fut nommé par son père, Héraclius II, gouverneur des provinces de Bortchalo et de Somkhethi, au midi de la Géorgie, et se signala dans les guerres contre les Persans, qui voulaient envahir ce royaume. A la mort du roi son père, arrivée le 11 janvier 1798, George monta sur le trône: il était alors dans un âge assez avancé. Il vit bien-

[1] L'acteur Talma eut l'imprudence d'aller insulter Geoffroy dans sa loge, et d'en venir même aux voies de fait.

tôt ses états disputés par de puissans ennemis. Les Lezghis entrèrent dans la Géorgie, et portèrent partout la dévastation; et quoique le prince Jean, fils puîné de George, les vainquît une fois, il ne put cependant les empêcher de continuer leurs brigandages. En même temps les Turcs pénétrèrent d'un autre côté dans la Géorgie; ils étaient commandés par le pacha de Kais. David, fils aîné de George, les battit, et s'empara de la forteresse de Kizil-Tchaktchak. La paix fut conclue; mais George avait encore deux grandes puissances à redouter, la Perse et la Russie. Agha-Mohammed-Khan lui envoya un ambassadeur, pour lui offrir sa protection, à condition qu'il lui donnerait pour otage son fils David. La Porte lui fit à peu près les mêmes propositions; mais il ne les accepta pas, de crainte de s'attirer la vengeance des Russes. Les Lezghis, sous les ordres d'Omar, kan d'Awar, faisaient toujours des incursions en Géorgie, et désolaient ce pays. George demanda des secours aux Russes; et Paul 1er lui envoya deux régimens qui, unis aux troupes géorgiennes, vainquirent les Lezghis sur les bords du fleuve Zori. George mourut en 1800; les Russes alors s'emparèrent de ses états, qui étaient depuis long-temps l'objet de leurs vues politiques. George laissa huit fils et cinq filles, qui perdirent tout droit à l'héritage de leur père. L'aîné, David, devenu simple particulier, sert dans les armées de l'empereur Alexandre, avec le grade de lieutenant-général.

GEORGE-CADOUDAL, chef de chouans, naquit dans le village de Breck, dans la basse Bretagne, et fut élevé dans le collége de Vannes. Il prit part à l'insurrection du Morbihan, en 1793, se mit à la tête de plusieurs villageois, et se fit remarquer, par sa force et son courage, dans l'armée vendéenne. Après la dispersion de celle-ci au Mans et à Savenay, il se retira dans son pays natal, avec Lemercier, de Châteauneuf, appelé *la Vendée*, qui était son ami, et son compagnon d'armes. Ils enrôlèrent un grand nombre de paysans et de matelots sans emploi, avec lesquels ils parcouraient le pays. Surpris dans une de ces courses par les républicains, Cadoudal fut mis en prison à Brest, d'où il s'évada avec ses compagnons, déguisés en matelots. Le Morbihan avait été déclaré pendant ce temps en état d'insurrection; et lorsque George y arriva, il n'obtint que le grade de chef de canton. Malgré la pacification de la Mabilais, en 1795, il reprit les armes, et combattit à Grand-Champ, où le comte de Silz fut tué. Il aspira au commandement, qui fut décerné au chevalier de Tinteniac. George et *la Vendée* s'étaient portés sur les côtes du nord, pour protéger l'expédition de Quiberon; mais après sa malheureuse réussite, les officiers émigrés congédièrent les chouans; leur chef, le chevalier de Tinteniac, était mort les armes à la main. George sut, par des marches habiles, éviter les poursuites de l'ennemi, et ramena les soldats dans le Morbihan. C'est alors qu'il se déclara chef de cette insurrection. Il écarta du commandement les nobles et les officiers émigrés; et craignant l'influence de la Puissaye (auquel on attribuait en grande partie le mauvais succès de Quiberon), il le fit arrêter par son ami *la Vendée*. Il paraît même qu'il voulait le faire fusiller; mais touché de la situation de ce chef, il lui rendit la liberté. Bientôt après, le général Hoche s'avança sur le Morbihan, et George fut contraint de licencier ses soldats, jusqu'à la retraite des républicains. Il employa ce temps à grossir son armée, qui devint aussi forte que celle de Charette, commandant dans la Vendée. Cependant il fut repoussé à l'attaque du bourg d'Elven, et complétement battu par le général Hoche. Il envoya alors M. Guillo [1], commandant subalterne, à la Puissaye, pour lui demander des secours, qui ne purent point arriver. Il demanda, dans le mois de mai 1796, une suspension d'armes ; mais le général Hoche exigea une entière soumission de sa part. Il feignit de céder, et donna ordre que ses troupes se tinssent cachées jusqu'à une occasion plus favorable. Mais tous les projets des royalistes de l'intérieur ayant échoué en septembre 1797, il fut forcé de poser les armes jusqu'en 1799, époque à laquelle il annonça aux royalistes du Maine et de la Bretagne une nouvelle insurrection. Il dépêcha son lieutenant *la Vendée* à Londres, pour conférer avec le gouvernement anglais et S. A. R. le comte d'Artois. Des chefs étant arrivés de Londres, il les rassembla au château de la Jonchère en conseil général, qui lui confirma le titre de commandant du Morbihan et des Côtes-du-Nord. Il s'empara alors de plusieurs bourgs, et eut des succès dans quelques combats partiels. La guerre civile recommençait avec ardeur dans le Maine, la basse Bretagne et la Normandie, quand la révolution du 18 brumaire (novembre 1799) mit la France sous l'autorité du gouvernement consulaire. George s'étant rendu aux conférences de Pouancé, chercha en vain à ranimer le courage des autres chefs de parti, résolus à écouter les propositions que leur faisait Buonaparte. Il resta seul en campagne contre un ennemi qui le menaçait continuellement. Enfin, après deux défaites consécutives à Grand-Champ et à Elven (les 25 et 26 janvier 1800), il fut contraint d'écouter lui-même des propositions de paix. Il obtint une conférence du général Brune, près de Theix. George s'obligea à licencier ses troupes, et à remettre ses fusils, son artillerie et toutes ses munitions de guerre. On signa un traité en dix articles, dans lesquels cependant George avait mis des conditions favorables aux Morbihanais, et consistant en plusieurs exemptions de taxes et d'impôts. Il lui fallut venir à Paris pour faire ratifier ces dernières conditions ; mais le gouvernement les éluda toujours par des prétextes évasifs. Il paraît qu'on chercha, mais sans succès, d'attirer George dans les armées républicaines, et qu'on lui offrit un grade supérieur. Après un mois de séjour dans la capitale, il partit pour l'Angleterre, où il fut bien accueilli par S. A. R. le comte d'Artois, dont il reçut, au nom du roi, le grade de lieutenant général et le cordon rouge. Encouragé par ces bienfaits, il voulut essayer si le sort des armes lui serait plus favorable qu'il ne l'avait été jusqu'alors. Le même prince lui conféra le grade de commandant général du Morbihan, d'Ille-et-Vilaine, des Côtes-du-Nord et du Finistère. George rentra en Bretagne, où il forma le projet de surprendre Belle-Île, et de s'emparer de Brest, d'après les plans de M. de Rivoire. Avec un zèle des plus actifs, mais malheureux dans presque toutes ses entreprises, celles-ci n'eurent pas non plus un résultat heu-

[1] M. Guillo est actuellement colonel de la légion départementale de la Mayenne. S. M. Louis XVIII lui accorda ce grade le 26 octobre 1815.

feux. Peu de temps après on l'accusa d'avoir été le principal auteur de la conspiration de la *machine infernale*, dirigée contre Buonaparte ; et que cette conspiration avait été organisée par les officiers de George, qu'il avait envoyés à cet effet à Paris. Il repassa alors en Angleterre, où il concerta avec Pichegru le moyen de renverser Buonaparte ; mais, attendu les difficultés de cette entreprise, George proposa d'attaquer le consul, même au milieu de ses gardes, et de lui donner la mort. Il envoya quelques-uns de ses officiers à Paris, et il débarqua lui-même, le 21 août 1803, au pied de la falaise de Belleville. Il se tint caché pendant six mois, attendant que Pichegru et Moreau lui donnassent le signal de mettre son projet à exécution. La lenteur et l'incertitude des chefs de ce complot, firent que la police parvint à le découvrir, en février 1804, par l'aveu de quelques conjurés. George se voyant observé, essaya de fuir dans un cabriolet. Il fut arrêté près du Luxembourg, après avoir tué deux agens de la police avec ses pistolets. On le conduisit à la préfecture, où, sans perdre de sa fermeté, il déclara qu'il était à la tête du complot formé pour détrôner Buonaparte, et pour défendre la cause des Bourbons. Il fit les mêmes déclarations devant le tribunal criminel, où il fut traduit avec un grand nombre de co-accusés. Pendant les débats, il eut un grand soin de ne compromettre aucun de ses compagnons d'infortune. Enfin, le 11 mai 1804, il fut condamné à mort avec onze de ses officiers, comme coupable d'avoir voulu attenter à la vie de Napoléon. On les mit tous au cachot dans les prisons de Bicêtre. Le lendemain on présenta à George un placet rédigé d'avance, en l'assurant que s'il consentait à le signer, il obtiendrait la vie, ainsi que ses officiers. George le prend avec calme ; et à peine eut-il lu ces mots, *à S. M. l'empereur des Français*, qu'il le rend au concierge ; et dit à ses compagnons d'infortune, *Mes camarades, faisons la prière*. C'était celle qu'ils récitaient tous les soirs. Sa fermeté ne l'abandonna pas dans ses derniers momens. Il fut exécuté avec ses officiers le 25 juin 1804. Une foule innombrable était accourue pour voir ce chef royaliste, qui, s'il n'avait pu rendre pour la cause des Bourbons des services aussi importans que l'avaient fait Charette et la Roche-Jacquelin, était au moins au nombre de ceux qui montrèrent le plus de zèle et de fermeté dans la défense de cette cause légitime. George Cadoudal périt à l'âge de 35 ans.

GEORGEL (Jean-François), ex-jésuite et grand vicaire du diocèse de Strasbourg, naquit le 29 janvier 1731 à Bruyères en Lorraine. Il fit ses études chez les jésuites, et entra dans leur société à l'âge de 13 ans. Il enseigna d'une manière distinguée pendant 18 ans la rhétorique et les mathématiques dans leur collège de Pont-à-Mousson, de Dijon et de Strasbourg. Tandis qu'il était dans cette dernière ville, il eut occasion de se faire connaître du prince Louis de Rohan, alors coadjuteur du prince-évêque son oncle. La suppression des jésuites ayant eu lieu quelque temps après en France, le prince Louis à qui le mérite du P. Georgel n'était point échappé, se l'attacha, et trouva bientôt qu'il méritait toute sa confiance. L'abbé Georgel y répondit par le plus entier dévouement. Il ne tarda pas à trouver l'occasion d'en donner des preuves, en même temps que de sa capacité, en composant un mémoire qui assurait à la maison de Rohan des prérogatives auxquelles elle mettait une grande importance. Le prince Louis ayant été nommé ambassadeur à Vienne, l'abbé Georgel l'y suivit avec le titre de secrétaire d'ambassade. Le prince et l'abbé arrivèrent à Vienne en janvier 1772. Jusqu'au moment où il fut question de cette ambassade, la diplomatie avait été étrangère à l'abbé Georgel; mais peu de temps lui suffit pour y acquérir des connaissances assez profondes. Il dirigea avec beaucoup d'habileté tout ce qui concernait la mission dont il était le principal ressort. Le prince ayant été obligé de se rendre à Paris, l'abbé Georgel demeura à Vienne en qualité de chargé d'affaires, et continua de servir son gouvernement avec autant de zèle que de succès. Il n'avait pas tenu à lui, à ce qu'il assure, que la cour de Versailles ne fût informée du projet de partage de la Pologne, assez à temps, pour qu'on pût prendre les mesures qu'on aurait crû convenables. Le prince Louis, de retour à Paris, quoique rappelé de son ambassade, se vit comblé de faveurs de la part de la cour. Il était devenu évêque de Strasbourg par la mort de son oncle. Il fut nommé grand-aumônier, cardinal, abbé de Saint-Wast, proviseur de Sorbonne, et administrateur de l'hôpital des Quinze-Vingts. L'abbé Georgel, en qualité de vicaire général de Strasbourg et de la grande aumônerie, eut à se mêler des détails de toutes ces administrations. Il vit avec peine les liaisons du cardinal avec Cagliostro et madame de la Motte. Le prince ne le consultant plus, il se tint à l'écart, et ne se présentait chez lui que quand

il avait à lui rendre compte de son travail pour les branches d'administration dont il était chargé. Mais lorsque l'affaire du *collier* éclata, et que le 15 août 1785 le cardinal eût été arrêté, il crut se devoir tout entier aux intérêts de son protecteur réduit à une situation si critique, et il retrouva tout son zèle. Averti à temps, il alla mettre ordre aux papiers du cardinal, et sut en soustraire ceux qui l'auraient compromis. Ce fut lui qui fit les démarches qu'exigeait cette fâcheuse affaire, qui rédigea les mémoires, en un mot qui contribua le plus à ce qu'eut de favorable l'arrêt rendu par le parlement. Quelques mois auparavant une lettre de cachet l'avait relégué à Mortagne, sans que pour cela il cessât de servir de tous ses moyens la cause qu'il avait entrepris de défendre. L'affaire étant jugée, l'abbé Georgel obtint la permission de se retirer dans sa ville natale. Le cardinal avait été exilé dans son diocèse. S'étant laissé prévenir contre l'abbé Georgel, malgré tous les services que celui-ci lui avait rendus, il n'exista presque plus de liaison entre eux. L'abbé Georgel s'arrangea pour vivre tranquillement au sein de sa famille; il commençait à y jouir de quelque repos, lorsque la révolution survint. Il fut déporté en Suisse, et alla chercher un asile à Fribourg, en Brisgaw. Ce fut dans le loisir de cette retraite qu'il commença à revoir et à mettre en ordre les notes où il avait consigné les divers événemens auxquels il avait pris part, et les observations qu'ils lui avaient suggérées; mais il fut interrompu dans cette occupation par la nécessité où il se trouva de faire en 1799 un voyage à Pétersbourg pour les intérêts de l'ordre de Malte. Revenu à Fribourg après une absence de onze mois, il y reprenait son travail, lorsqu'un changement dans le gouvernement français lui permit de rentrer dans sa patrie : il revint à Bruyères. A la publication du concordat, il fut nommé par M. l'évêque de Nancy provicaire pour le département des Vosges, fonction qu'il remplit à la satisfaction de son évêque et des autorités civiles. Il avait refusé un évêché. Cependant il travaillait à la rédaction de ses mémoires ; mais sa santé s'affaiblissait. Il prévit sa fin prochaine, et s'y prépara en chrétien pénétré de ses devoirs. Il mourut le 14 novembre 1813 dans sa 83ᵉ année. Les seules productions qu'on ait de lui sont : I *Mémoire sur les rangs et les honneurs de la cour*, ou *Mémoire de M. de Soubise*, Paris, le Breton, 1771, in-8. Un différend s'était élevé entre les ducs et pairs, et les trois maisons de Lorraine, de Rohan et de Bouillon, auxquelles les premiers disputaient la préséance. Dans un *écrit* anonyme (de M. Gibert), intitulé *Mémoire sur les rangs et les honneurs de la cour*, 1771, in-8, fait pour appuyer les prétentions des ducs et pairs, on attaquait nommément la maison de Rohan, et on lui contestait sa descendance de la maison souveraine de Bretagne. L'abbé Georgel prouva cette descendance de la manière la plus incontestable. II *Mémoires pour servir à l'histoire des événemens de la fin du 18ᵉ siècle, depuis 1760 jusqu'en 1806*, Paris, 1818, Eymery, 6 vol. in-8. Au moment où l'on écrit ceci, il n'en a encore paru que quatre. L'auteur y traite d'abord de la destruction des jésuites ; il parcourt ensuite les dernières années du règne de Louis XV, auxquelles se rattachent

le ministère du duc de Choiseul et celui du duc d'Aiguillon, ainsi que le renvoi de l'ancienne magistrature et la formation du parlement Maupeou. Il passe de là au règne de Louis XVI, donne le détail du fameux procès du *collier*, suit la révolution dans ses différentes phases, et enfin émet ses propres observations sur les causes, les progrès, les suites et la fin désastreuse de la révolution française. Les mémoires de l'abbé Georgel embrassent environ un demi-siècle, pendant lequel se sont passées des choses fort importantes, dont plusieurs sous ses yeux. Il avait beaucoup d'esprit, le sens droit, et l'habitude de voir. Il était par conséquent très en état de les apprécier et de les juger. Cependant le jugement qu'il en porte n'est pas toujours aussi impartial qu'il serait à désirer, et que peut-être lui-même le croyait. Il peint sous un jour odieux plusieurs personnages que ceux qui les ont connus, et la postérité peut-être, trouveront ne l'avoir pas mérité. Déjà son éditeur en convient[1]. Quand on est en même temps spectateur et acteur, il est bien difficile de se dépouiller de tout intérêt. L'abbé Georgel a écrit sous l'influence de celui qu'il portait à la maison de Rohan. Est-il bien sûr que ce sentiment ne lui ait pas fait quelquefois forcer la teinte des couleurs de quelques-uns de ses portraits ? Les personnes, par exemple, qui ont vu et pratiqué le baron de Breteuil, fort maltraité dans ces mémoires, et il en est qui vivent encore, auront peine à le reconnaître sous les traits que l'abbé Georgel lui prête. Ce seigneur, à un peu

1 *Voyez* la notice placée à la tête des *Mémoires*, page 30.

de brusquerie près, ne manquait assurément pas des nobles et grandes qualités qui rendent un homme de son rang estimable; et dans les divers ministères dont il a été chargé, son administration n'a été dépourvue ni d'habileté, ni d'honneur, ni d'utilité, ni de gloire. (*Voyez* Breteuil.) Les préventions de l'abbé Georgel atteignent même quelquefois les personnes les plus augustes, et il peint sous des couleurs peu favorables une princesse célèbre par son courage et ses malheurs. Les mémoires qu'il a laissés, quoique pleins d'intérêt et très-curieux, doivent donc être lus avec méfiance. Il dit, par exemple, qu'au conclave de 1769, les couronnes parurent porter quelque temps le cardinal Valenti ; il n'y avait point alors de cardinal du nom de Valenti.

GERALDINI (Alexandre), premier évêque de Saint-Domingue, naquit à Amélia, en Ombrie, en 1455, d'une famille distinguée. Il passa en Espagne en 1476, où il suivit d'abord la carrière des armes, et remplit plusieurs emplois honorables à la cour de Ferdinand et d'Isabelle. En 1472 il embrassa l'état ecclésiastique, et fut un de ceux qui, avec le cardinal de Mendoza, firent agréer par la reine de Castille le projet de Colomb sur la découverte du nouveau monde. On regardait ce projet comme une chimère d'après les anciens géographes et autres écrivains, qui affirmaient que le globe terrestre ne contenait aucune terre ni sur les côtes, ni au delà des Canaries. Le projet de Colomb ayant parfaitement réussi, la reine Isabelle nomma Géraldini évêque de l'île de Taïti, à laquelle on donna le nom de Saint-Domingue. Ce même prélat avait rempli déjà d'importantes missions auprès de

différentes cours, et occupé les évêchés de Volterre et de Monte-Corvino. Il arriva à Saint-Domingue en 1520, et s'occupa à y faire fleurir la religion; il fonda des églises et des séminaires, et mourut en avril 1525. On a de lui plusieurs traités de théologie, et un *Itinerarium ad regiones sub equinoctiali plagá constitutas Alexandri Geraldini, etc. ; opus antiquitates, ritus, mores et religiones populorum Ethiopiæ, Africæ, atlantici Oceani, indicarumque regionum complectens, etc. Nunc primùm edidit Onuphrius Geraldinus de Catenaris J. V. D, auctoris abnepos,* Rome, 1631, 1 vol. in-12. Cette relation, dédiée au pape Urbain VIII, contient seize livres où on trouve des notices intéressantes; mais il manque parfois d'exactitude, surtout dans les notices de l'intérieur de l'Afrique, qu'on ne connaissait guère du temps de Géraldini : tout ce qui a rapport aux Antilles présente des détails vrais et curieux. — Antoine GERALDINI, frère du précédent, a laissé : I *Eclogæ XII, de mysteriis vitæ J.-C.,* Salamanque, 1505, in-4. II *Pœnitentialis psalmodia,* 1486, in-4. Ces ouvrages sont en vers latins.

GÉRARD (Philippe-Louis), prêtre du diocèse de Paris, chanoine de Saint-Louis-du-Louvre, et non de Notre-Dame, comme le dit un dictionnaire biographique, naquit à Paris en 1737. Saisi, dans sa première enfance, par une mendiante dans une allée obscure, il n'échappa que par ses cris au danger de cet enlèvement. Il fit ses études au collége de Louis le Grand chez les jésuites. Au sortir du collége, livré à lui-même et sans guide, il tomba dans quelques écarts; il dut à l'abbé le Gros, doyen de Saint-Thomas-du-Louvre, d'être ramené à de meilleurs sentimens et à une conduite plus sage. Il résolut alors d'embrasser l'état ecclésiastique ; il entra au séminaire de Saint-Nicolas-du-Chardonnet, et y prit le sous-diaconat. Le Bailly de Fleury faisant le voyage de Malte, l'abbé Gérard l'accompagna et fut ordonné prêtre dans cette île. A son retour à Paris, il entra à la paroisse de St-Méry en qualité de vicaire, et s'y livra à la prédication et aux autres fonctions ecclésiastiques. Il fut ensuite pourvu d'un canonicat de St-Louis-du-Louvre, et dès lors écrivit des ouvrages religieux. L'assemblée du clergé de 1775 récompensa son zèle en lui faisant partager les encouragemens et les éloges qu'elle décerna à des écrivains qui avaient bien mérité de la religion. Lorsque la révolution survint il eut sa part des persécutions dont le clergé fut l'objet, et fut emprisonné. Les temps étant devenus moins fâcheux, il recouvra sa liberté et reprit ses travaux. Il mourut le 24 avril 1813. On a de lui : I *le Comte de Valmont*, roman moral qui parut d'abord en 3 v. in-12, puis en cinq ; et enfin en six y compris la *Théorie du bonheur*, qu'il y ajouta. Ce livre, qui a déjà eu quatorze éditions, respire, dit un critique, la vertu et les bonnes mœurs. II *Les Leçons de l'histoire*, ou *Lettres d'un père à son fils sur les faits intéressans de l'histoire universelle*, avec des cartes et des dissertations, 1786-1806, 11 vol. in-12. III *L'Esprit du christianisme, précédé d'un précis de ses preuves, et suivi d'un plan de conduite*, Paris, 1803, in-12. On trouve dans le même volume quelques *poésies chrétiennes et morales* du même auteur. IV Des *Mémoires sur sa vie*, suivis de mélanges en prose et en vers, Paris, 1810, in-12. V Des *Sermons*, Lyon, 1816, 4 vol. in-12.

Il a laissé inédits, un *Essai sur les vrais principes relativement à nos connaissances les plus importantes*, 3 vol., et des *études de la langue française, de la rhétorique et de la philosophie*, 3 vol., etc.

GERDIL (Hyacinthe-Sigismond), illustre et savant cardinal, de la congrégation de Saint-Paul, dite des *Barnabites*, naquit à Samoëns, en Savoie, diocèse de Genève, le 23 juin 1718. Ses parens, d'une condition honnête, un oncle surtout, mathématicien au service du duc de Savoie, ne négligèrent rien pour son éducation. Il fit ses premières études à Bonneville, et alla les achever à Thonon et à Annecy dans le collége des Barnabites, où il prit du goût pour cet institut. Il avait fait ses classes de la manière la plus brillante. Ses maîtres virent avec une extrême satisfaction un sujet si distingué souhaiter de demeurer parmi eux, et il fut accueilli comme une acquisition précieuse. Il obtint avec quelque peine le consentement de ses parens, et entra dans la congrégation en 1733, n'ayant pas encore 15 ans. Après son temps de probation, il alla à Bologne faire son cours de théologie. Quoiqu'il donnât des soins très-assidus à cette étude, elle n'occupa point tout son temps. Doué des plus heureuses dispositions, et infatigable au travail, il trouva le moyen de satisfaire son avidité d'acquérir du savoir. Il joignit à l'étude des saintes lettres celle des langues anciennes et modernes. Il apprit l'hébreu et le grec. Il s'exerça dans les langues latine, française et italienne avec tant de succès, qu'en peu de temps il parvint à les parler et à les écrire toutes trois avec une égale facilité. Il cultivait en même temps l'histoire et les sciences exactes, et bientôt des ouvrages sur ces différentes branches des connaissances humaines sortirent de sa plume, et révélèrent ses travaux et son talent à tout ce que Bologne renfermait de savans célèbres : aux *Zanotti*, aux *Manfredi*, aux *Guglielmi*, etc., dont, dès lors, il se concilia l'estime et les suffrages. Prosper Lambertini, ce prélat si distingué, pape depuis sous le nom de Benoît XIV, alors archevêque de Bologne, fut un des premiers à démêler dans le jeune barnabite les germes d'un mérite éminent. Il lui permit de venir le voir souvent ; il l'encouragea, l'employa même à la traduction de quelques morceaux sur les miracles qui devaient entrer dans son savant et bel ouvrage *de la béatification et de la canonisation des saints*, dont dès lors il était occupé. (*V*. BENOÎT XIV, *Dict*.) Gerdil néanmoins n'avait encore que 19 ans ; mais ses talens et son esprit étaient mûris, et ses études assez perfectionnées pour qu'il pût être utile à sa congrégation dans l'emploi de l'enseignement. Ses supérieurs l'envoyèrent à Macerata professer la philosophie dans l'université ; bientôt après, il passa à Casal de Montferrat, où, aux fonctions de professeur, il réunit celle de préfet du collége. Il soutint dans cette ville des thèses qu'il dédia à Victor-Amédée III. Il composa aussi, contre Locke, deux ouvrages de métaphysique, qui fixèrent l'attention des savans, et lui attirèrent celle de la cour de Turin. Elle désira d'acquérir pour son université un homme de ce mérite. Il fut appelé pour y occuper la chaire de philosophie, et quelques années après celle de théologie morale. Une autre marque de distinction y attendait le P. Gerdil. Frappé de la solidité de ses écrits en faveur de la religion, l'archevêque de Turin l'admit dans son conseil de conscience, tandis que

d'un autre côté son ordre le nommait provincial des colléges de Savoie et de Piémont. Il fut question de l'appeler à une place plus éminente encore. La congrégation ayant perdu le P. Bezozzi, son supérieur général, jetait les yeux sur le P. Gerdil ; mais Benoît XIV, qui n'avait point perdu de vue le jeune barnabite qu'il avait protégé autrefois, le désigna à Charles Emmanuel III comme la personne la plus capable d'élever le prince de Piémont son fils, qui parvint à la couronne sous le nom d'Emmanuel IV. Gerdil, venu à la cour, se donna tout entier à l'emploi important qu'on lui confiait. Il ne changea point son genre de vie ; il vécut dans le palais des rois comme s'il eût été dans son cloître. Voué à une retraite austère, et ne perdant pas un seul moment, au lieu de donner à quelques distractions le peu de temps que lui laissait l'éducation du prince, il l'employait à composer différens ouvrages utiles à la religion ou au progrès des sciences. Le roi de Sardaigne récompensa les services du P. Gerdil en le nommant à deux abbayes, celle de Saint-Michel de la Clusa et celle de Moleggio. L'humble religieux n'en vécut pas dans une plus grande aisance. Il en employa une partie des revenus à faire la dépense de l'éducation de ses neveux, et le reste en bonnes œuvres. Un prix plus noble l'attendait. Clément XIV, instruit de ses services et de son mérite, le réserva dans le consistoire tenu le 26 avril 1773, cardinal *in petto* sous la désignation la plus flatteuse, *notus orbi*, *vix notus urbi* ; elle caractérisait en même temps sa haute réputation et sa rare modestie. Clément XIV n'eut pas le temps d'achever cet acte de justice. Il était réservé à Pie VI d'effectuer ce que son prédécesseur avait voulu faire. Il appela à Rome le P.

Gerdil, le nomma consulteur du Saint-Office, le fit sacrer évêque de Dibbon, et le déclara cardinal le 27 juin 1777. Le 15 décembre suivant il le publia cardinal du titre de de *Sainte-Cécile*. Peu de temps après il fut nommé préfet de la propagande, protecteur des maronites, et en cette qualité il fut chargé de l'inspection et de la correction des livres orientaux. Le pape l'attacha à presque toutes les congrégations, et s'adressait à lui dans toutes les affaires importantes. Il était comme une lumière au milieu du sacré collége. L'avis qu'il y ouvrait servait communément de règle aux délibérations. Il inclinait toujours pour le parti le plus modéré, à moins que les principes n'en souffrissent. C'est dans ce sens et d'après ces vues qu'il opina dans l'affaire du concordat. Il était à Rome en 1798 lors de l'invasion des Français et de l'enlèvement du pape. Il se hâta de quitter cette ville livrée au désordre. La manière dont il usait de son revenu ne lui avait pas permis les épargnes. Il se trouva assez dénué, et obligé, pour subvenir aux frais de son voyage, de vendre ses livres. Deux prélats qui méritent d'être cités, le cardinal Lorenzana, archevêque de Tolède, et monseigneur Despuig, archevêque de Séville, depuis aussi cardinal, s'offrirent de la manière la plus généreuse et la plus honorable à venir à son secours. Il n'accepta que ce qu'exigeait le besoin du moment. Il vit en passant à Sienne l'infortuné Pie VI en proie lui-même au besoin. Il se rendit en Piémont, et se retira dans le séminaire de son abbaye de la Clusa, où souvent il manqua du nécessaire. Il dut à son défaut de moyens de n'être pas inquiété. Après la mort de Pie VI il se rendit à Venise pour le conclave où devait se faire la nouvelle élection. Dans les premiers scru-

tins un assez grand nombre de voix se réunirent en sa faveur. Son âge fort avancé fut peut-être le seul obstacle qui l'éloigna de la tiare. Pie VII ayant été élu, le cardinal Gerdil le suivit à Rome, et y reprit ses occupations. Il n'avait rien perdu ni de sa mémoire, ni de ses autres facultés intellectuelles, et on espérait de le conserver encore quelques années, lorsqu'en 1802 il fut attaqué d'une maladie grave ; il en mourut au bout de 25 jours, le 12 août de la même année, âgé de 84 ans et quelques mois. Il était de presque toutes les académies de l'Europe. Le pape assista à ses funérailles, et voulut lui-même faire l'absoute. Le P. Fontana, général des barnabites et aujourd'hui cardinal, prononça son oraison funèbre ; elle a été traduite de l'italien en français par l'abbé d'Hermivy d'Auribeau, et enrichie de notes curieuses. Une autre oraison funèbre fut prononcée à Macerata par le P. Grandi, barnabite, brochure in-4, Macerata, 1802 ; enfin son éloge composé par le même P. Fontana, sous le titre d'*Elogio letterario*, fut lu le 6 janvier 1804 dans l'assemblée de l'académie des Arcades, tenue exprès pour honorer sa mémoire. On y lut aussi diverses pièces de vers en son honneur; enfin le même P. Fontana lui composa l'épitaphe la plus honorable. Le cardinal Gerdil est auteur d'un grand nombre d'ouvrages qui, après avoir paru séparément, ont été recueillis par le P. Torelli dans une première édition de ses *œuvres complètes*, Bologne, de 1784 à 1791, 6 vol. in-4. Depuis, le P. Fontana, aidé du P. Scotti, en entreprit une nouvelle, dont les six premiers volumes parurent en 1806, et qui depuis s'est continuée. Voici une liste des principaux ouvrages que contiennent l'une et l'autre édition :

I *Introduction à l'étude de la religion avec la réfutation des philosophes anciens et modernes touchant l'Etre suprême, l'éternité*, etc. ; ouvrage dédié à Benoît XIV, et auquel applaudirent non-seulement les savans catholiques, mais encore plusieurs protestans de l'académie de Berlin. II *Exposition des caractères de la vraie religion*, traduite de l'italien en français par le P. de Livoy, barnabite, Paris, 1770, 1 vol. in-8. III *Dissertation sur l'origine du sens moral, sur l'existence de Dieu, l'immatérialité des substances intelligentes*, avec deux *Dissertations sur les études de la jeunesse.* IV *Projet pour l'établissement d'un séminaire*, avec un *Essai d'instruction théologique à son usage*, seize *Traités* de théologie et quatre *Dissertations sur la nécessité de la révélation.* Dans l'Essai, l'auteur réfute Bayle, le Système de la nature, les défenseurs de l'antiquité du monde, etc. Ces divers écrits forment les deux premiers volumes de l'édition de Bologne, et sont en langue italienne. Les 3ᵉ, 4ᵉ et 5ᵉ vol., et une partie du 6ᵉ, renferment les œuvres françaises. On y trouve : V un *Traité de l'immatérialité de l'âme contre Locke, et la Défense du P. Malebranche contre ce philosophe*, Turin, 1747 et 1748, 2 vol. in-4. Locke, dans son *Traité de l'entendement humain*, avance que sans le secours de la révélation on ne peut être assuré que Dieu n'a pas donné à la matière la faculté de penser, et prétend que cela n'est point au-dessus de sa puissance. Cette idée, qui favorisait les principes des nouveaux philosophes, avait été avidement saisie par eux, notamment par Voltaire. Les doutes du philosophe anglais sont réfutés solidement dans le traité du P. Gerdil. Il y prouve

que tout ce que dit Locke, touchant l'immatérialité de Dieu, peut également s'appliquer à l'âme. M. Burke a fait l'éloge de cet ouvrage. Un des caractères des écrits polémiques du P. Gerdil, est qu'ordinairement il puise dans les raisonnemens mêmes de ses adversaires les argumens par lesquels il les réfute ; et c'est ce qu'il fit en cette occasion. VI *Essai d'une démonstration mathématique contre l'existence éternelle de la matière et du mouvement*, etc., et des preuves que l'existence et l'ordre de l'univers ne peuvent être déterminés ni par les qualités primitives des corps, ni par les lois du mouvement. VII *Mémoires sur l'infini absolu considéré dans la grandeur et sur l'ordre dans le genre du vrai et du beau*, insérés dans le tome 5 des *Miscellanea taurinensia*, 1771. VIII *Essai sur les caractères distinctifs de l'homme et des animaux brutes*, où l'on prouve la spiritualité de l'âme par son intelligence. IX *Incompatibilité des principes de Descartes et de Spinosa.* X *Eclaircissement sur la notion et la divisibilité de l'étendue géométrique*, en réponse à M. Dupuis, Turin, 1741. XI *Réflexions sur un mémoire de M. Beguelin, concernant le principe de la raison suffisante, et la possibilité ou le système du hasard.* XII *Dissertation sur l'incompatibilité de l'attraction et de ses différentes lois avec les phénomènes, et sur les tuyaux capillaires*, Paris, 1754, 1 vol. in-12. Un premier travail sur cet objet avait été inséré dans le *Journ. des savans*, mai 1752. L'astronome Lalande y répondit dans le même journal. A la suite de la dissertation se trouve un *Mém. sur la cohésion.* XIII *Observations sur les époques de la nature, pour servir* de suite à l'examen des systèmes sur l'antiquité du monde, insérées dans l'Essai théologique. XIV *Traité des combats singuliers ou des duels*, Turin, 1759. Le P. Gerdil y rappelle que le métier des armes n'est pas moins sujet que les autres états aux règles de la morale et moins soumis pour des chrétiens aux préceptes de l'Evangile. Il montre l'absurdité, il fait sentir la férocité du prétendu point d'honneur, qui fait une loi de la vengeance. Il prouve enfin que tous les duels, même ceux autorisés autrefois pour cause publique ou particulière, et à plus forte raison ceux qui ont lieu entre particuliers, de leur autorité privée, choquent la raison, blessent la religion, n'ont rien de commun avec le véritable honneur, tendent à renverser l'édifice social. XV *Discours philosophiques sur l'homme considéré relativement à l'état de nature, à l'état de société et sous l'empire de la loi*, Turin, 1769, in-8, traduits en italien par le docteur Giudici, Lodi, 1782. XVI *De la nature et des effets du luxe, avec l'examen des raisonnemens de M. Melon, auteur de l'Essai politique sur le commerce en faveur du luxe*, Turin, 1768, in-8. Gerdil y analyse les raisonnemens des apologistes du luxe, entre autres de Montesquieu, et les réfute. Il montre que ces apologistes sont en contradiction avec eux-mêmes; il tire ses preuves des écrits qu'ils préconisent. XVII *Discours sur la divinité de la religion chrétienne*. XVIII *Réflexions sur la théorie et la pratique de l'éducation, contre les principes de J.-J. Rousseau*, Turin, 1765, in-8. Elles se trouvent dans la nouvelle édition sous le titre de l'*Anti-Emile*. Elles sont écrites avec modération et ménagement pour l'auteur; mais rien n'y manque pour la solidité. Elles ont été traduites en anglais; et la princesse héréditaire de Brunswick fit passer dans ses états plusieurs exemplaires de cette traduction, comme un antidote aux dangers de l'ouvrage. Rousseau lui-même ne put s'empêcher de reconnaître le mérite de cet écrit, et de dire que de tous ceux qu'on avait publiés contre lui, c'était le seul qu'il eût trouvé digne d'être médité. Il ajoutait néanmoins qu'il craignait que l'auteur des réflexions ne l'eût pas compris; et certes ce n'était pas le P. Gerdil qui manquait d'intelligence. XIX *Considérations sur l'empereur Julien*. C'est dans les auteurs païens que Gerdil puise pour apprécier le caractère de ce prince; et c'est d'après leurs témoignages qu'il prouve jusqu'à quel point sont exagérés les éloges que dans ces derniers temps lui ont prodigués quelques philosophes, sans doute à cause de sa haine pour le christianisme, qu'ils partagent avec lui. Tout ce morceau du P. Gerdil est plein d'une excellente critique. XX *Observations sur le 6e livre de l'histoire philosophique et politique du commerce dans les deux Indes, par l'abbé Raynal*. Gerdil écrivit ces observations rapidement, et à la lecture de ce 6e volume. Elles font regretter qu'il n'ait pas fait le même travail sur tout l'ouvrage. Quelques œuvres latines complètent le 6e volume; ce sont, XXI, une harangue sur ce sujet: *Virtutem politicam ad optimum statum, nonminùs regno quàm reipublicæ necessariam esse*. L'orateur y combat Montesquieu. XXII Une autre harangue, *De causis academicarum disputationum in theologiam moralem inductarum*. Elles furent prononcées en présence de la société royale de Turin, la première

en 1750 et l'autre en 1754. XXIII
*Disputatio de religionis virtutisque
politicæ conjunctione.* XXIV *Élementorum moralis prudentiæ specimen.* Tels sont les ouvrages compris dans les six premiers volumes
de l'édition de Bologne. Le cardinal
della Somaglia en fit imprimer un
7e à ses frais en forme de supplément
et sous ce titre: *Opuscula ad hierarchicam ecclesiæ constitutionem
spectantia,* imprimé à Parme, chez
Bodoni, en 1789, et réimprimé à
Venise, 1790, in-8. Il contient
XXV *Confutazione di due libelli
contro il breve* auctorem fidei *di
Pio VI, in cui si condanna il libro
di Eybel :* Quest-ce que le pape ?
Rome, 1789, 2 vol. in-8. XXVI *Apologia di detto breve,* Rome, 1791
et 1792, in-4. Eybel était professeur
de droit canon à Vienne du temps
de l'empereur Joseph, et pendant la
chaleur des réformes de ce prince. Il
attaque dans son libelle la puissance
papale, et parle avec peu de respect
du pontife. Le P. Gerdil réfute sa
doctrine en lui opposant les théologiens les plus attachés aux libertés
de l'église gallicane, tels que Gerson,
le P. Alexandre, Bossuet et Fleury.
XXVII *In commentarium à Justino
Febronio in suam retractationem
editum animadversiones,* Rome,
1792, in-4. Gerdil croyait avoir remarqué dans la rétractation de cet
évêque quelques tournures embarrassées, et y désirait des expressions
plus franches. Il montre en quoi
elle pèche, et c'est toujours de l'autorité des plus célèbres théologiens
français qu'il s'appuie. XXVIII *In
notas nonnullarum propositionum
synodi Pistoiensis,* Rome, 1795.
Ces remarques étaient de l'abbé
Feller. Elles tendaient à justifier sur
quelques points le synode de Pistoie.
Le P. Gerdil les réfuta. XXIX *Esa-*

me dei motivi dell'opposizione del
vescovo di Noli (Benoît Solari)
alla pubblicazione della bolla che
condanna le proposizioni estratte
dal sinodo di Pistoia,* Rome et
Venise, 1802, in-12. XXX *Des
Lettres pastorales* adressées aux
paroisses qui dépendaient de son
abbaye de la Clusa, et ses *Constitutions synodales.* XXXI *Précis d'un cours d'instruction sur
l'origine, les devoirs et l'exercice de la puissance souveraine,*
Turin, 1799, in-8. Il y en a deux
traductions italiennes, l'une, Rome,
1800; l'autre, Venise, 1802, in-8.
XXXII *Notes sur le poème de la
religion du cardinal de Bernis,*
Parme, Bodoni, 1795. A la mort du
cardinal Gerdil il restait en manuscrit dans ses portefeuilles : XXXIII
Osservazioni sopra una nuova lettera del vescovo di Noli. Elles furent
imprimées la même année, 1802, à
Venise. XXXIV *Confutazione dei
sistemi contrarj all'autorità della
chiesa circa il matrimonio.* XXXV
*Précis des devoirs des principaux
états de la société.* XXXVI *Instructions sur les différentes causes de
la grandeur et de la destruction des
états.* XXXVII *Avis sur la lecture
et le choix des bons livres.* XXXVIII
*Traité d'histoire naturelle contenant les règnes minéral, végétal et
animal.* XXXIX *Tractatus de primatu romani pontificis, de gratiâ,
de legibus, de actibus humanis, de
mutuo; dissertatio contrà Puffendorf de usurâ,* 5 vol. XL *Cursus
philosophiæ moralis.* Plusieurs de
ces ouvrages font déjà partie de la
nouvelle édition dont il y avait quinze
volumes il y a quelques années, et
sans doute les autres y entreront.
On ne doute point que le cardinal
Fontana n'achève cette œuvre, le
plus beau monument à élever à la-

gloire de son illustre confrère, pour laquelle il a déjà tant fait. On sait qu'il prépare une *Vie de Gerdil*. L'abbé d'Auribeau de son côté se propose de publier son *Esprit*. Au reste, les ouvrages de ce célèbre cardinal qui ont déjà paru sont plus que suffisans pour prouver l'immense variété de connaissances de leur auteur, la fécondité de son génie, et son infatigable amour pour les travaux utiles. Il fut, de notre temps, un des hommes qui marquèrent le plus dans les sciences, qui furent le plus utiles à la religion et à l'église, et firent le plus d'honneur au clergé. Sa vie entière fut consacrée à défendre l'une contre les déistes, à soutenir la doctrine de l'autre, et les jugemens du saint-siége contre les réfractaires; modèle d'ailleurs admirable de modération dans ses controverses, où, tout en maintenant avec fermeté les principes, non-seulement il ne blesse pas la charité, mais il ne laisse pas même échapper la moindre expression qui puisse offenser ceux qu'il réfute.

GESSI (François), célèbre peintre italien, naquit à Bologne en 1588. On l'appela *Guide second*, pour son talent à imiter la sagesse, la douceur et la dignité de ce fameux artiste, dont on confondait souvent les ouvrages avec ceux de son habile imitateur. Gessi a laissé un grand nombre de tableaux, qui ne sont cependant pas tous d'un égal mérite, notamment ceux qu'il exécutait avec vitesse et par besoin d'argent. Un de ses plus beaux ouvrages est une Vierge avec un enfant Jésus, aux pieds duquel sont prosternés quatre saints. On conserve ce tableau dans la galerie de Milan. Gessi est mort en 1648.

GHEZZI (Nicolas), jésuite italien, né à Domaso, sur le lac de Côme, en avril 1685; entra dans la compagnie de Jésus en 1705. Son goût le portant vers les sciences physiques, il les cultiva avec succès; heureux s'il n'eût point quitté cette carrière pour entrer dans une autre qui lui fit des ennemis, et où il ne trouva que des désagrémens. On agitait alors la question du *probabilisme*. Le P. Ghezzi se crut obligé de fournir son contingent pour la défense de la doctrine adoptée par plusieurs théologiens de son ordre. Il composa donc et publia un ouvrage intitulé *Essai de supplémens théologiques, moraux et critiques, nécessaires pour l'histoire du probabilisme et du rigorisme*, Lucques, 1745, 1 vol. in-8. De nombreux adversaires ne tardèrent point à s'élever contre l'ouvrage, et le P. Ghezzi se vit en butte à tous leurs traits. Il ne se tint point pour battu; un autre ouvrage vint à l'appui du premier, sous le titre de *Principes de la philosophie morale, comparés avec les principes de la religion catholique*, Milan, 1752, 2 vol. in-4, en forme de dialogues. Ghezzi y développe avec clarté et précision toute la doctrine du probabilisme, et s'y montre théologien savant et habile dialecticien. Il n'y est pas toujours mesuré dans ses expressions à l'égard des partisans de la doctrine opposée; et ce n'était pas le moyen de les calmer. Il avait éprouvé de la part de l'inquisition quelques difficultés pour la publication de ce livre: la protection du marquis de Pallavicini, lié avec le P. Ghezzi, les avait surmontées; mais il n'échappa point à la censure, et il fut mis à l'index. Il était même question de procéder à sa condamnation. Le P. Ghezzi trouva encore un ami puissant qui le tira de cette situation critique. Le crédit du cardinal Landi arrêta la procédure, et le P. Ghezzi en fut quitte pour signer une *déclaration* explicative de quelques propositions qu'on avait trouvées répréhensibles. Elle parut altérée dans le journal ecclésiastique du 20 novembre 1754, sans qu'on sache quel fut l'auteur de cette malveillance. Las de cette lutte, qui n'avait fait que troubler sa tranquillité, le P. Ghezzi reprit ses études physiques, et s'en tint là. On a de lui : *Traité sur l'origine des fontaines, et sur la manière d'adoucir l'eau de la mer*, 1742, in-8. Il mourut le 13 novembre 1766, d'un catarrhe, dont il fut pris pour s'être un peu trop découvert la tête ; il l'avait ordinairement garnie de plusieurs bonnets, desquels il augmentait ou diminuait le nombre, suivant la graduation du thermomètre : il était octogénaire.

GIANELLA (François), mathématicien, naquit à Milan le 13 janvier 1740. A l'âge de 16 ans il entra chez les jésuites, et fit ses études à Turin, au collège de cet ordre, et eut pour condisciple le célèbre Lagrange. Après la suppression de son ordre, il occupa à Pavie, et ensuite à Milan, les chaires de physique et de mathématiques, et mourut le 15 juillet 1810. On a de lui : I *Miscellanæa taurinensia*, 1769, contenant plusieurs mémoires fournis à l'académie de Turin (fondée en 1762), dont il était membre. II *De tensione funium*, Milan, 1775. III *De igne*, id., 1772. IV *Elementi d'algebra*, Pavie, 1778. V *Elementi di matematica*, id., 1781.

GIANNETTASIO (Nicolo Partenio), célèbre poëte latin moderne, naquit à Naples en 1648. Il prit l'habit de la société en 1663, remplit successivement dans plusieurs collèges de son ordre les chaires de belles-lettres, de philosophie, etc., et se distingua surtout par la facilité, la pureté et l'élégance de ses vers, qui le mirent au rang de premier classique parmi les poëtes latins modernes. Ses ouvrages lui produisirent des sommes considérables, qu'il destina à l'édification d'une église consacrée à la Vierge Marie, à laquelle il avait une grande dévotion. Dans le frontispice de cette église on lit encore cette inscription : *Matri Partheniæ vates Parthenius*. Le P. Giannettasio mourut à Massa, le 10 sept. 1715. Il a laissé : 1 *Nicolai Parthenii Giannettasii Neapolitani, societate Jesu, piscatoria et nautica*, Naples, 1685, in-12. Les églogues que ce livre contient sont au nombre de cinq, et le poëme didactique sur la navigation est divisé en huit livres. II *Halienticorum libri X*, 1689, in-8 ; poëme sur la pêche, qui fut suivi d'un autre poëme sur la guerre de mer, intitulé, III *Naumachicorum, libri V*, 1590 ; un autre sur la guerre de terre, IV *Bellicorum libri X*, 1697. V *Année savante*, contenant quatre poëmes ; savoir : *Estates surrenturæ ; Autumnus surrentinus ; Hiemes Penteolani, et Ver Herculanum*, publiés successivement en 1697, 1698 et 1704. V Une *Cosmographie*. VI Une *Géographie*. Tous ces ouvrages forment 12 volumes in-8, qui ont eu chacun un grand nombre d'éditions, et qui furent réunis et imprimés à Naples, 1715, 5 vol. in-4. On a encore de ce grand écrivain différens panégyriques, parmi lesquels on trouve celui du pape Innocent XII, et, VII *l'Histoire de Naples*, en latin, Naples, 1713, 3 vol. in-4. L'auteur a rectifié dans ce livre plusieurs erreurs qui se trouvent dans l'Histoire de Naples de Summonte, ouvrage bien infé-rieur à celui de Costanzo et des autres historiens qui ont écrit depuis sur le même sujet. Le P. Giannone a donné une édition des *Eglogues* et du *Poëme des jardins* du P. Ra-pin, des poésies latines de Sanne-zar et de Fracastor.

GIBBON (Edouard), historien anglais, naquit à Putney, le 27 avril 1737, d'une ancienne famille. Il fit ses études à Oxford; elles ne furent pas des plus brillantes; mais il aimait à s'appliquer, et dès l'âge de quinze ans il composa un ouvrage historique intitulé le *Siècle de Sé-sostris*, où l'auteur ne parle nulle-ment des exploits du monarque égyptien, et ne s'attache qu'à fixer l'époque à laquelle ce conquérant a existé. Gibbon eut assez d'impar-tialité pour lui-même, pour jeter au feu cet ouvrage, avant même de le finir. Né avec un caractère porté au scepticisme, il voulut connaître les fondemens de sa religion, et il lut, parmi plusieurs ouvrages, l'*Histoire des variations des églises protes-tantes*, par l'immortel Bossuet. Il se crut convaincu des erreurs du protestantisme, et alla à Londres, où il fit, le 8 juin, son abjuration aux pieds d'un prêtre catholique. Son père, pour le ramener à ses pre-miers principes, l'envoya à Lausanne chez M. Pavillard, ministre protes-tant. Il fit sa rétractation avec la même facilité qu'il avait fait son abju-ration; et, pour concilier la contra-riété de sa conduite, il dit dans ses *Mémoires*, et en parlant de son re-tour au protestantisme : « C'est alors » que je suspendis mes recherches » théologiques, me soumettant avec » une foi implicite aux dogmes et aux » mystères adoptés par le consente-» ment général des catholiques et des » protestans »; ce qui veut dire en

résumé qu'il ne s'attachait ni à l'une ni à l'autre croyance : il l'a bien prouvé dans son *Histoire de la dé-cadence et de la chute de l'empire romain*, dont nous parlerons dans la suite. Gibbon avait pour la reli-gion la même indifférence qu'il mon-tra dans les affections mondaines. Epris, ainsi qu'il le disait, de made-moiselle Curchod, depuis madame Necker, il était décidé à l'épouser; son père s'opposa à son mariage, et alors il écrivit une lettre à la demoi-selle, où, après quelques expres-sions d'usage, dans lesquelles il lui faisait part des ordres paternels, il finissait par ces mots : *C'est pour-quoi j'ai l'honneur d'être, made-moiselle, votre très-humble, etc., Edouard Gibbon.* Il parlait et écri-vait le français avec pureté et élé-gance, et le premier ouvrage qu'il pu-blia est écrit dans cette langue : il est intitulé, I *Essai sur l'étude de la littérature*, 1761, 1 vol. in-12. Il servit pendant quelque temps dans la milice du Hampshire, qu'il quitta bientôt pour se rendre à Paris (en 1753), où son ouvrage lui avait déjà préparé un accueil très-favo-rable. Il n'y resta cependant que trois mois, et, après avoir séjourné un an à Lausanne, il alla en Italie, et s'arrêta à Rome, qui avait été l'objet principal de son voyage. A ce qu'il affirme lui-même, ce fut un jour (le 15 octobre 1764), « tandis, » dit-il, que j'étais assis, en rêvant » au milieu des ruines du Capitole [1],

1 On serait curieux de savoir où Gibbon a pu voir ces ruines. Les deux fameux chevaux de Castor et Pollux, qu'on trouve au pied du Capitole, la superbe statue éques-tre de Marc-Aurèle qui est au milieu, le beau palais où siégent les sénateurs romains, et les deux galeries qui y aboutissent, remplies des chefs-d'œuvre des arts; tous ces monumens, qui occupent l'emplacement du Capitole pro-prement dit, ne sont certainement pas des ruines ni anciennes ni modernes. Il est possible que Gibbon se soit assis près du temple de

»que je me sentis frappé pour la
»première fois de l'idée d'écrire
»l'histoire de la décadence et de la
»chute de cette ville. » A son retour
dans l'Angleterre, la mort de son
père (1770) le laissa héritier d'une
fortune assez considérable. Quatre
ans après il entra au parlement, où
il ne se distingua ni comme orateur,
ni comme publiciste. Il fut ensuite
employé auprès de lord North,
ministre des affaires étrangères,
et se déclara contre les prétentions des Anglo-Américains, et
plus particulièrement contre Fox,
qui les soutenait. (*Voyez* Fox,
Supplém.) Suivant une note de ce
même Fox, écrite sur l'exemplaire
des œuvres de Gibbon, et dont il
était devenu propriétaire, son antagoniste affirma publiquement chez
Brook, « que l'Angleterre n'y avait
»rien à espérer, si l'on ne faisait
»couper six têtes dans le conseil
»d'état, et si on ne les étalait pour
»l'exemple en plein parlement. »
C'est la première et la seule occasion
où Gibbon eût perdu son indifférence et son sang-froid, et cela pour
proposer les mesures les plus violentes : heureusement qu'elles ne
furent pas adoptées. Quinze jours
après Gibbon obtint dans ce même
conseil la place de *lord of trade*, lord
du commerce. Son emploi finit en
1782, époque de la disgrâce de lord
North, qui entraîna la suppression
du bureau du commerce. Il s'occupa
alors exclusivement de son grand

Jupiter, entre l'étang des fameuses oies et les
décombres d'un édifice moderne, là précisément où finit le Capitole. Il est possible aussi
que, tourné vers la vaste plaine appelée *Campo-
Vaccino*, en y voyant le temple d'Antonin,
les restes de celui de la Paix, les demi-colomnes
rostrales, les murs délabrés des jardins de Lucullus, etc., dans l'exaltation de ses idées, il ait
pris tout cela pour des ruines appartenant au
Capitole. Alors pour consoler son esprit et ré-
créer ses yeux, il n'avait qu'à les reposer sur le
magnifique monument de l'arc de Titus.

ouvrage, l'*Histoire de la décadence
et de la chute de l'empire romain*.
Il en avait déjà publié le premier
volume en 1776, qui lui avait attiré
des critiques aussi justes que sévères.
Il le termina auprès de Lausanne,
dans la maison de campagne de son
ami, M. Deyverdun ; et dans ses
mémoires il rappelle cette circonstance, avec une véritable satisfaction d'amour-propre. « Ce fut le 27
»juin 1787, dit-il, entre onze heures
»et minuit, que j'écrivis la dernière
»ligne de ma dernière page, dans
»un pavillon de mon jardin. » Cet
ouvrage, composé de 6 volumes
in-4, et dont les 3 derniers parurent
en 1788, a été réimprimé à Londres,
1797, 12 vol. in-8 (c'est la meilleure
édition), et à Bâle, 1797, 14 vol.
in-8. Elle a été traduite en italien,
en espagnol, deux fois en allemand,
etc., et en français par Septchênes ;
et depuis, le 4e vol. l'a été par MM.
Demeunier, Boulard et Cantwel,
Paris, 1788, 1795, 1814, le tout 18
vol. in-8. C'est, comme nous l'a-
vons fait observer, au milieu des
ruines de l'ancienne capitale du monde que Gibbon avait imaginé d'en
écrire l'histoire. En détournant les
yeux de ces pompeuses ruines, il
ne fut pas saisi d'admiration à la vue
des monumens superbes élevés dans
les derniers siècles, et même de nos
jours, dans cette ville vraiment magnifique. Le somptueux palais, les
fontaines, chefs-d'œuvre de l'art ;
le Vatican, les temples, ces édifices
uniques et inimitables ; Saint-Paul
et Saint-Pierre ; tout ce qu'y a pro-
digué le génie, en peinture et sculpture, tout disparaissait devant lui :
il ne voyait que les ruines de Rome
centre du paganisme, et non Rome
capitale du monde chrétien. Les
grandeurs, le faste, les triomphes,
les crimes même, l'affreux despo-

tisme de l'ambition, avaient plus d'empire sur lui que l'aspect imposant d'une cité où régnaient la sûreté civile, le repos, et où avait fixé son siége la plus auguste des religions. C'est d'après ces principes qu'en parlant des critiques qu'avait essuyées son premier volume, il écrivait à lord Sheffield : « L'église primitive, dont j'ai parlé un peu familièrement, était une innovation, et j'étais attaché au paganisme. » Les XVᵉ et XVIᵉ chapitres de ce volume étaient une critique violente contre la religion révélée. Le premier de ces chapitres traite de l'établissement et des progrès du christianisme, des sentimens, des mœurs, du nombre et de la condition des premiers chrétiens ; il rappelle dans le second la conduite des empereurs romains envers eux, et assigne cinq causes des progrès du christianisme, au nombre desquelles il met l'intolérance des chrétiens et les miracles. Tout en attribuant à ceux-ci la conversion de l'univers, il nie ces miracles, comme philosophe ; et en même temps qu'il s'efforce de célébrer les conquérans les plus barbares et les plus farouches, il prend plaisir à rabaisser le courage héroïque des martyrs de la foi. Ces principes soulevèrent presque tout le clergé anglican. Le docteur Watson, depuis évêque de Landaff, les docteurs White, Chelsam, Whitaker, Priestley, sir David Dalrymple, M. Davis, etc., etc., combattirent Gibbon avec autant de zèle que de vigueur. L'historien publia alors une *défense* des articles qu'on attaquait ; mais elle ne prouva dans le fond que la justice de ces attaques. Il composa ses autres volumes dans ce même esprit, et s'attira les mêmes critiques. Les autres ouvrages de Gibbon ont été recueil-

lis par son ami, lord Sheffield, qui en a donné une nouvelle édition, avec le titre d'*OEuvres diverses de Gibbon*, avec ses *Mémoires*, Londres, 1814. On y trouve entre autres choses les *Extraits raisonnés de ses lectures*, un *Essai sur la monarchie des Mèdes, pour servir de supplément aux dissertations de MM. Fréret et de Bougainville*; un morceau sur la *navigation autour de l'Afrique*; des lettres, etc., etc. En 1783 Gibbon fit un second voyage à Paris, et alla ensuite s'établir à Lausanne, chez son ami, M. Deyverdun, d'où il partit pour l'Angleterre en 1791, soit pour y recueillir la riche succession d'une tante, soit pour échapper aux orages que la révolution française avait répandus sur le continent. Affligé depuis long-temps d'une maladie qui lui avait fait subir plusieurs opérations douloureuses, il y succomba enfin le 16 janvier 1794. Sans élévation dans l'âme, et sans principes fixes en morale, ni sur aucun des établissemens qui forment l'harmonie et l'ensemble de la société ; plus frappé de l'éclat des choses et des actions, que de leur mérite réel, et regardant le vice et la vertu presque avec la même indifférence, Gibbon transmit tous ces défauts dans ses ouvrages, et notamment dans son *Histoire de la décadence et de la chute de l'empire romain*; défauts qui n'ont pas échappé aux yeux des gens instruits. Sans but déterminé, sa marche est vacillante et incertaine, et on peut considérer son ouvrage plutôt comme une savante compilation de recherches intéressantes, que comme une histoire où se trouvent réunis, comme dans un vaste tableau, les faits d'une grande nation. N'ayant ni la majesté de Hume, ni la noble facilité de Robertson, son style, surtout dans les derniers volumes, est parfois trivial, obscur et ampoulé. Inférieur en mérite aux historiens ci-dessus cités, et à bien d'autres que nous avons rappelés dans le cours d'autres articles, Gibbon a cependant laissé dans son ouvrage un beau monument, qui fera toujours honneur, sinon à ses principes, au moins à son érudition et à ses talens.

GIBELIN (Esprit-Antoine), peintre, naquit à Aix en Provence le 17 août 1739. Il étudia à Rome, où il demeura dix ans. Ses principaux ouvrages sont : *Achille combattant le fleuve Scamandre*, qui remporta le prix à l'académie de Parme en 1769; la fresque représentant *Louis XVI au milieu des vertus royales*, peint dans l'amphithéâtre de l'Ecole de médecine; une figure colossale d'*Hygie* ou la Santé, et six figures qui représentent *l'Ostéologie*, *l'Angiologie*, etc.; d'autres fresques exécutées à l'Ecole militaire, dans l'église des Capucins de la Chaussée-d'Antin, etc. Gibelin a publié plusieurs discours et mémoires; on cite parmi les premiers son *Discours sur la nécessité de cultiver les arts d'imitation*, Versailles, an 8 (1799); et parmi ses mémoires, relatifs à quelques statues et bas-reliefs antiques, on remarque celui intitulé : *De l'origine et de la forme du bonnet de la liberté*, Paris, an 6 (1796), qui fait soupçonner que l'auteur, en s'amusant à faire des recherches sur le signe qui distinguait les révolutionnaires, n'en désapprouvait pas les principes.

GIBRAT (Jean - Baptiste), prêtre de la doctrine chrétienne, naquit aux Cabanes [1], près de Cordes,

diocèse de Tarbes, en 1722. Il était entré jeune dans cette congrégation, où il avait professé les belles-lettres avec succès. Il avait ensuite été chargé de la direction d'un séminaire. La révolution étant survenue, il en adopta les principes, et fut nommé par le département, principal du collège de Castelnaudary. La constitution du clergé ayant été décrétée, il y adhéra, et accepta, des nouvelles autorités, des fonctions ecclésiastiques. Malgré ce dévouement, il fut emprisonné et persécuté : il n'en continua pas moins de tenir au parti constitutionnel jusqu'à sa mort, arrivée à Castelnaudary, en décembre 1803, dans un âge avancé. Il est auteur de divers ouvrages, les uns *liturgiques*, d'autres propres aux premières études, et à l'usage des collèges; ce sont : I *Géographie ancienne et profane*, 1790, 4 vol. in-12. II *Géographie moderne*, qui eut sept éditions. III Un *nouveau Missel du diocèse de Tarbes*. IV *Rituel d'Aleth*. V Un *Missel* et un *Bréviaire* pour le même diocèse. VI Des *hymnes* pour les offices de l'église. VII Un *office* pour une fête perpétuelle, décrétée par le concile des constitutionnels, tenu à Paris, en mémoire du rétablissement du culte; fête qui ne fut jamais célébrée, et office par conséquent demeuré inutile.

GIGLI (Jérôme), fameux poëte dramatique, né à Sienne le 14 octobre 1660. Il fut membre des académies les plus célèbres d'Italie, professeur de littérature toscane dans sa ville natale. Il composa un grand nombre de drames en musique, ou opéras, la plupart tirés de sujets sacrés, comme ceux qui ont pour titre : *Sainte Geneviève*, *la Mère*

---

1 Suivant l'auteur des *Siècles littéraires*,

Gibrat serait né à Gaillac, diocèse d'Alby, le 23 novembre 1727.

des *Machabées*, le *Martyre de saint Adrien;* les *Epouses des cantiques*, etc. Sa versification est facile et harmonieuse. Il donna aussi une comédie, *Don Pilone,* qui est une imitation (et non une traduction comme on l'a prétendu) du *Tartufe* de Molière, ouvrage assez indigeste, et qui remplit un volume in-8. Cette pièce lui attira les critiques des littérateurs, et des réprimandes de la part des autorités. On est redevable à Gigli d'une édition complète des *OEuvres et des Lettres de sainte Catherine de Sienne.* Il mourut le 4 janvier 1722.

GILBERT (François-Hilaire), savant vétérinaire, naquit à Châtellerault en 1757. Il fut reçu membre de l'Institut dès la première formation de cette société. Déjà ses talens et ses recherches l'avaient fait connaître dans plusieurs académies savantes de l'Europe, dont cinq le gratifièrent d'une médaille chacune, et le nommèrent leur correspondant. En 1794 il fut chargé d'organiser et de diriger les établissemens agricoles de Sceaux, de Versailles et de Rambouillet. Après la destruction des deux premiers, il donna tous ses soins à celui de Rambouillet, destiné à l'éducation des mérinos. Parmi ses différens ouvrages on cite les deux suivans : I *Traité des prairies artificielles*, Paris, 1790-1800. II *Instruction sur les moyens les plus propres à assurer la propagation des bêtes à laine, de race d'Espagne, et la conservation de cette race dans toute sa pureté*, ibid., 1797, in-8. Envoyé par le gouvernement d'alors en Espagne, pour y faire l'acquisition de nouveaux mérinos, et après avoir conclu plusieurs marchés [1], se

voyant abandonné par ce même gouvernement, il tomba malade de chagrin, et mourut dans un village de la Castille le 8 septembre 1800.

GILIBERT (Jean-Emmanuel), célèbre médecin et naturaliste français, naquit à Lyon le 21 juin 1741. Il étudia la médecine à Montpellier, où il soutint avec honneur une thèse *sur la puissance de la nature pour la guérison des maladies.* Après avoir été reçu docteur, il exerçait la médecine à Chazay, petit village près de Lyon, lorsque le ministre de Pologne, par le conseil du fameux Haller, le choisit pour aller fonder une école de médecine à Grodno, où Gilibert établit un jardin botanique. Il suivit l'université lorsqu'elle fut transférée à Wilna, et y occupa les chaires d'histoire naturelle et de matière médicale. La rigueur du climat et les désagrémens qu'il eut à souffrir d'un ministre qui lui imputait sa disgrâce, lui firent quitter la Pologne. En 1783 il revint à Lyon, où il fut successivement nommé médecin de l'Hôtel-Dieu, médecin en chef des épidémies, professeur au collége de médecine, et membre de l'académie d'agriculture. En 1793 il fut élu pour remplir la place de maire de Lyon, et il eut l'imprudence de l'accepter. La probité, dans ces temps orageux, était poursuivie comme aurait dû l'être le crime; aussi Gilibert fut traîné dans un cachot. Peu après avoir obtenu sa liberté, il fut élu président de la commission départementale pendant le terrible siége de Lyon. A la reddition de cette ville, prévoyant les malheurs dont elle allait devenir le théâtre, il se livra au désespoir, et attenta, quoique en vain, deux fois à sa vie.

[1] Le gouvernement espagnol avait, à cette époque, fait des représentations au gouvernement français pour empêcher les trop fréquentes exportations des mérinos.

Contraint à prendre la fuite, Gilibert erra pendant dix-huit mois de route en route et de forêt en forêt. Enfin, les temps étant devenus plus tranquilles il retourna à Lyon, et fut nommé professeur d'histoire naturelle à l'école centrale; emploi dont il s'acquitta avec honneur. Depuis l'an 1810, Gilibert était tourmenté par des accès violens d'une goutte irrégulière qui le conduisit au tombeau le 2 septembre 1814. Nous citerons les principaux ouvrages de cet habile médecin : I *L'Anarchie médicinale*, ou *la médecine considérée comme nuisible à la société*, Neufchâtel, 1772, 3 v. in-12. Cet ouvrage, qui lui captiva l'amitié et l'estime de Haller, et dont ce savant médecin fait l'éloge dans ses *Bibliothèques anatomique et chirurgicale*, est particulièrement dirigé contre l'ignorance et le monopole des pharmaciens, des chirurgiens et des médecins. II *Flora lithuanica*, Grodno, 1781, 2 v. in-12. Gilibert donna une 3e édit. de l'ouvrage rédigé par Claret de la Tourette et François Rozier, qu'il augmenta d'un volume, et qui a pour titre : *Démonstrations élémentaires de botanique*, Lyon, 1789, 3 v. in-8. III Ses *Annotationes clinicæ*, etc., parurent en 1791, in-8, et furent traduites en allemand par Hebenstreil. IV *Le Médecin naturaliste*, ou *Observations de médecine et d'histoire naturelle*, Lyon et Paris, 1800, in-12, fig.; traduit en allemand, Nuremberg, 1807, in-8, fig. Dans ces deux derniers traités, Gilibert prouve la puissance médiatrice de la nature et les dangers de la polypharmacie. Il a laissé un fils digne héritier des talens de son père.

GIL-VICENTE, surnommé le *Plaute portugais*, naquit à Barcellos vers 1485. Il fut le créateur du théâtre portugais, et pour ainsi dire de celui de l'Europe, en le considérant comme devancier de Jodelle, Shakespeare, Lope de Vega, etc. Jusqu'à son temps, excepté la comédie espagnole de *Calixte et Mélibée*, on ne connaissait que des imitations de Plaute et de Térence, ou des farces irrégulières et insipides. Il était attaché à la cour de Jean III, devant laquelle il fit jouer la plupart de ses pièces, parmi lesquelles on distingue le *Juge de Beyra* et le *Fidalgo portugais*. Ses ouvrages, comprenant des comédies profanes et religieuses (*autos*), des *tragi-comédies*, ses *poésies diverses*, ses *poésies dévotes*, furent publiés par son fils avec le titre de *Compilaçâo*, recueil, Lisbonne; 1562, in-fol; 1586, in-4. Il mourut à Evora en 1557.

GIN (Pierre-Louis-Claude), magistrat et littérateur français, naquit à Paris en 1726. Il était, du côté de sa mère, arrière-petit-fils de Boileau, et fut successivement avocat, conseiller au parlement Maupeou, et remplit ensuite la même charge au grand-conseil jusqu'en 1791, époque de la suppression des cours souveraines. Gin se fit remarquer par son constant attachement aux principes religieux et à la cause des Bourbons. Il adressa, le 22 décembre 1792, à Barrère, un plaidoyer en faveur de Louis XVI (Bâle; 1795, in-8), qui le fit jeter avec sa famille dans les prisons de l'abbaye de Port-Royal, rue de la Bourbe. Il mit à profit sa captivité, qui dura onze mois, en apprenant l'anglais d'un autre prisonnier auquel il montrait la langue grecque. Quand il eut obtenu sa liberté en 1794, il fut contraint d'accepter la place de maire de Clamart-sous-Meu-

28.

don, où il possédait quelques biens. Un décret obligeant tous les fonctionnaires publics à prêter le serment *de haine à la royauté*, il ne s'y refusa pas seulement, mais il déclara que le gouvernement monarchique était le seul qui pouvait convenir à la France. Il vécut depuis dans la retraite jusqu'en 1799, et mourut à Paris le 19 novembre 1807, âgé de quatre-vingt-un ans. Outre une traduction de l'anglais du *Ministre de Wakefield*, 1797, in-8, on a de lui différens ouvrages, parmi lesquels on remarque celui de *la Religion par un homme du monde*, Paris, 1779, 4 v. in-8, reproduit avec le titre : *De la Religion du vrai philosophe*, etc., ibid., 1806, 4 v. in-4. Il contient, entre autres choses, une collection complète des systèmes des philosophes, de leurs sophismes et de leurs sarcasmes. Le P. Beauregard, citant cet ouvrage en 1780, dans son fameux sermon des philosophes, disait : « Ils le » connaissent ce livre ; ils n'y ont » pas répondu, ils n'y répondront » jamais.» Gin avait donné un *prospectus des OEuvres complètes d'Homère*, édition polyglotte en cinq langues (grec, latin, français, anglais, italien); mais la mort de l'auteur a empêché l'exécution de cette belle entreprise.

GINGUENÉ (Pierre-Louis), homme de lettres et ambassadeur à Turin pour la république française, naquit à Rennes en 1748. Sans fortune et avec quelques talens, il vint jeune à Paris, et fut d'abord précepteur dans une maison particulière. Lors de la révolution il en embrassa les principes. Il était en même temps lié avec Champfort (*voyez* ce nom, *Supplém.*), et rédigea avec lui la *Feuille villageoise*, destinée, comme bien d'autres, à répandre les maximes du jour. Cependant ce ne fut qu'au 9 thermidor que Ginguené commença à jouer un certain rôle sur la scène politique. Il fut alors nommé membre adjoint au *Comité d'instruction* établi près le ministre de l'intérieur. Bientôt après il fut seul chargé de cette partie, et s'en acquitta avec honneur. Quand on créa l'Institut de France, il fut reçu parmi les membres de cette société, et au bout de quelques mois on le choisit pour être ministre du gouvernement républicain auprès des villes anséatiques. Il refusa cette place, et accepta ensuite l'ambassade de Sardaigne. Arrivé à Turin, il eut plusieurs différens avec ce cabinet, soit à cause des difficultés qu'on lui opposa au sujet de recevoir sa femme à la cour, soit aussi pour l'affaire relative à l'application de l'amnistie accordée aux insurgés piémontais. Il put néanmoins conclure en juin 1798, l'arrangement qui livra la citadelle de Turin aux Français. Il paraîtrait cependant que Ginguené ne s'acquitta pas de sa mission à la satisfaction du directoire, puisqu'il fut bientôt remplacé par d'Eymar, et qu'il resta sans emploi jusqu'après le 18 brumaire. On raconte de lui, pendant son séjour à Turin, un trait qui ne fait l'éloge ni de son cœur ni de ses principes. Madame la comtesse d'Artois s'y était réfugiée ; et Ginguené, dit-on, fit placer sur la porte de l'hôtel de cette princesse un écriteau insultant, ou une estampe, où était dessinée la guillotine. Quelques-uns nient ce fait, assurant que Ginguené à cette époque n'était plus en Piémont. La révolution de brumaire 1799 le tira de l'oubli, et lui ouvrit la carrière du tribunat : il y débuta par un discours contre le projet relatif au mode de correspondance entre les premières autorités. Il se déclara l'année suivante (1800) contre celui concernant la création de tribunaux spéciaux. Ces discours et d'autres motifs le firent comprendre en 1802 dans le premier cinquième des tribuns éliminés; depuis lors il vécut loin des affaires, et se livra entièrement à la littérature. Il paraît cependant qu'ennuyé de ne plus avoir aucune représentation, il se mêla, lors du débarquement de Buonaparte à Cannes (en mars 1814), parmi ceux qui restaient du parti républicain; et au moment où Napoléon se trouvait placé entre ce parti et les royalistes, Ginguené lui adressa une lettre dans laquelle il s'engageait de lui rendre favorables un assez grand nombre de républicains, et demandait uniquement en récompense d'être nommé conseiller à l'université. Nous tenons ce fait d'une personne digne de foi, qui assure que cette lettre existe entre ses mains, comme celui auquel elle aurait dû être communiquée. Nous ne porterons aucun jugement sur les opinions et la conduite de Ginguené. Quelle qu'elle ait été pendant la révolution, nous croyons sincèrement qu'il n'en partagea pas les crimes. Ginguené passait pour être très-instruit dans la littérature italienne, et n'acquit cette vogue qu'à son retour de Piémont. Cependant on ignore qu'il l'ait cultivée avant cette époque; et il ne pouvait certainement y acquérir de bien grandes connaissances pendant son court séjour à Turin, où d'ailleurs il avait à s'occuper d'affaires plus graves. Quoi qu'il en soit, il a fourni beaucoup d'articles sur les divers littérateurs italiens dans la *Biographie universelle*, fort bien écrits, mais diffus, et on y remarque souvent de la prévention, une critique peu juste, ou des éloges exagérés pour des hommes déjà oubliés dans leur patrie. Cependant l'ouvrage qui a mieux fait connaître Ginguené est celui qu'il a composé sur cette même *littérature italienne*, dont il n'a publié que 6 vol., la mort l'ayant surpris au milieu de ce travail (au commencement de 1817). Les volumes 7, 8 et 9, dont le dernier comprend le 16ᵉ siècle, ont été revus et publiés en janvier 1819 par MM. Denoüe, Amaury Duval et Salfi. En parlant de cet ouvrage, nous avouerons bien volontiers qu'il est bien écrit; mais tout le fond est puisé dans Tiraboschi, Bettinelli, Lampillas, Dénina, etc., qui ont traité la même matière, et que Ginguené n'a fait que copier et compiler. Pas un aperçu nouveau, pas une critique qui n'appartiennent à quelqu'un des auteurs ci-dessus cités; et si parfois il présente son propre jugement, il n'est ni exact ni impartial : outre cela, l'ouvrage est, ainsi que ses articles biographiques, extrêmement diffus. Au moment qu'il rapporte des faits essentiels et intéressans, il distrait l'attention du lecteur par des puérilités aussi insipides que déplacées. Par exemple, en parlant de grands hommes du siècle de Léon X, au lieu de s'arrêter uniquement à nous faire connaître leur genre de talent et le degré de leur mérite, il emploie plusieurs pages pour nous offrir le tableau d'un assez long dîner, où le pontife, entouré de littérateurs, plusieurs d'entre eux ayant des mœurs assez équivoques, s'amuse à leur dire et à entendre des plaisanteries qui sont en opposition avec sa dignité, et que nous avons tout lieu de croire controuvées. Dans son jugement sur le Tasse, il s'écarte de ses modèles ; mais il n'a fait presque que servir l'opinion du fameux Geoffroy, qui ne connaissait le grand épique moderne que par des traductions informes. On assure que différens Italiens ont donné des éloges à l'ouvrage de Ginguené : la raison en est bien claire. Les Italiens instruits y trouvaient ce qu'ont dit de mieux leurs classiques du 18e siècle ; les ignorans n'étaient pas en état de le juger.

GIOVIO (Paul). *Voy.* JOVE, *Dict.*, tom. 5.

GIRARDET (Jean), peintre, naquit à Lunéville le 13 décembre 1709. A l'âge de 20 ans il essaya de quatre états, et avait été successivement abbé, légiste, soldat et peintre. Il se livra entièrement à ce dernier art, où il acquit de la réputation. Girardet exécuta la plupart de ses ouvrages en Lorraine, où il fut attaché au service de François III, et puis du roi Stanislas. Sa *descente de croix* passe pour son chef-d'œuvre. On la voyait dans une des églises de Nancy. Il est mort dans cette ville en 1778.

GIROULT (Etienne), avocat, naquit à Chérancé-le-Héron, près Villedieu, en 1756. Après avoir exercé pendant quelques années sa profession au parlement de Rennes, il vint à Paris, et, de retour dans sa patrie, il fut nommé aux assemblées électorales de la Manche : on doit à son influence la modération que montra cette députation à l'assemblée constituante, et le manifeste énergique qu'elle publia en 1791 contre la constitution. Il fut nommé en 1792 représentant du peuple ; mais il se déclara toujours en faveur de la cause de la monarchie. Ne pouvant empêcher la triste journée du 10 août, il fit tous ses

efforts pour en modérer les résultats. Giroult chercha vainement à sauver de la mort le vertueux Laporte, intendant de la liste civile, qui périt sur l'échafaud. Son attachement pour la royauté et ses partisans devait lui devenir funeste. Persécuté par les jacobins, il fut contraint de prendre la fuite. Frappé de proscription, il erra d'asile en asile, jusqu'à ce qu'étant rentré dans la Manche, il trouva ce département inondé du sang que le féroce Lecarpentier y faisait répandre. Giroult, pour échapper à sa fureur, se cacha dans le clocher de l'église de Mesnil-Garnier ; ayant été dénoncé par un scélérat nommé Robert, bientôt son asile fut entouré de nombreux détachemens. Il chercha alors à franchir un lieu inaccessible ; mais ayant mis le pied sur une solive pourie, il tomba d'une hauteur effrayante ; et fut traîné expirant dans une maison voisine, où il mourut peu d'heures après, le 10 décembre 1793.

GIRTANNER (Christophe), médecin, naquit à Saint-Gall le 7 décembre 1760. Il fut reçu docteur à l'université de Gottingue, fut conseiller du duc de Saxe-Cobourg, et voyagea en Allemagne, en Suisse, en France, en Angleterre, etc. Il a laissé plusieurs ouvrages en allemand sur la médecine, la chimie et la politique, dont les plus remarquables sont : I *Traité sur les maladies et l'éducation physique des enfans*, Gottingue, 1794, in-8, traduit en italien, et avec un article sur l'inoculation de la vaccine, Gènes, 1801 ; 2 vol. in-8. II *Exposition détaillée, littéraire et critique, du système de Brown*, Gottingue, 1797-98, 2 vol. in-8. III *Elémens de chimie antiphlogistique*, Gottingue, 1792, in-8, Il y proclame les travaux de Lavoisier, Guyton, Berthollet et

Fourcroy, auxquels il mêle parfois des idées singulières, comme celle où il prétend que l'air atmosphérique est un mélange de gaz oxigène et hydrogène; erreur rectifiée par Berthollet. IV *Nouvelles historiques et considérations politiques sur la révolution française*, Berlin, 1797, 13 v. in-8. V *Tableau de la vie domestique, du caractère et du gouvernement de Louis XVI, roi de France et de Navarre*, Gottingue, 1793, in-8, avec le portrait du roi. Cette histoire fait honneur au souvenir de ce malheureux monarque. Girtanner est mort le 17 mai 1800.

GIUSTINIANI (les). *Voyez* JUSTINIANS, *Dict.* , tom. 5.

GLEDITSCH (Jean-Théophile), célèbre botaniste, naquit à Leipsig le 5 février 1714, et a laissé un grand nombre d'ouvrages qui lui ont fait une réputation méritée. Nous nous bornerons à citer les suivans : I *Systema plantarum à staminum situ, secundum classes, ordines et genera, cum characteribus essentialibus*; Berlin, 1764, in-8. Gleditsch divise tout le règne végétal en huit classes. Les quatre premières renferment les plantes dont la fructification est visible à l'œil; les quatre dernières, celles où l'on ne peut la distinguer qu'à l'aide d'un microscope. II *Dissertations physico-botanico-économiques*, Halle, 1765-67, 3 vol. in-8, avec planches. III *Histoire complète, théorique et pratique des plantes employées dans la médecine et dans les arts d'après les principes historiques et philosophiques*, Berlin, 1777. Il n'en a paru qu'un volume in-8. Ces deux ouvrages sont en allemand. Ce botaniste est mort le 5 octobre 1786.

GLEIM (Jean-Guill.-Louis), célèbre poëte allemand, naquit à Erms-leben dans l'Halberstadt en 1719. Il étudia le droit à l'université de Halle, mais il se livra ensuite à la poésie, et fut contemporain de Gærtner, Schlegel, Cramer, Klopstock et Rabener. On a de lui : I *Recueil de chansons*, Zurich, 1745, in-8. II *Epîtres*, Berlin, 1746-60, in-8. Dans ces épîtres la prose est entremêlée de vers. III *Fables*; ibidem, 56-57-86, in-8. Outre plusieurs excellentes fables de l'invention de l'auteur, on en trouve d'autres imitées de Phèdre, la Fontaine, Gay, Moore, Samaniego, Camerarius, etc. IV *Sept petits poëmes* dans le genre d'Anacréon, ibid., 1764, in-8. V *Eloge de la vie champêtre*, ibid., 1764, in-12. VI *Poésies* dans le genre de Pétrarque, ibid., 1764, in-8. VII *Odes* imitées d'Horace, ibid., 1769, in-8. VIII *Poésies* de circonstances avant et après la mort de Louis XVI, Halberstadt, 1793, in-8. Ces poésies touchantes montrent la profonde douleur d'un étranger pour le meilleur des rois, et sa juste indignation contre ses meurtriers. Vers la fin de ses jours, Gleim perdit la vue; c'est alors qu'il composa l'ouvrage suivant, où il implore en vain le sommeil : IX *Poésies nocturnes dans le printemps et dans l'été*, 1802. Cet auteur a traité avec succès tous les genres de poésie. La facilité, le coloris, la chaleur, sont les qualités qui les distinguent. Gleim a su même donner dans les vers à la langue allemande, une grâce et une souplesse dont on ne la croyait pas susceptible. Il est mort à l'âge de 84 ans, le 18 janvier 1803.

GLOVER (Richard), célèbre poëte anglais, naquit à Londres en 1712. Il était fils d'un négociant, dont il suivit la profession, sans cependant négliger l'étude des lettres. Glover passait pour le meilleur helléniste de son temps, et puisa dans Homère ces beautés mâles et variées qu'on remarque dans ses ouvrages. Il était aussi considéré comme un habile publiciste. Il fut pendant quelques années le chef du parti de l'opposition ; mais il penchait un peu trop du côté du républicanisme. On a de lui : 1 *Newton* ; ce poëme que l'auteur consacra à l'âge de 16 ans à la mémoire de cet homme célèbre, imprimé à la tête de l'*Aperçu de la philosophie de Newton*, par le docteur Pemberton, 1728, in-4. II *Léonidas*, poëme en neuf chants, 1737, in-4 ; 1770, 2 vol. in-12, augmenté de trois chants, 1798, 2 volumes in-8, avec figures, 6e édition ; traduit en prose française (d'après la première édition), par J. Bertrand, la Haye, 1739, in-12. Ce poëme, rempli d'idées républicaines, dédié à lord Cobham, un des protecteurs de Glover, et principalement dirigé contre le ministère de sir Robert Walpole, eut, dans son commencement, un succès prodigieux. III *Hosier's ghost*, ou l'*Ombre de l'amiral Hosier et les progrès du commerce*, 1739. Cette ballade guerrière est encore d'une grande popularité. Il la composa pour exciter le peuple à faire déclarer la guerre contre l'Espagne, dont le grand tort était de ne pas vouloir se laisser écraser. IV *Athénaïde*, poëme en trente chants, écrit dans le même esprit que celui de Léonidas, 1788, 3 vol. in-12, et publié par mistriss Halsay après la mort de l'auteur arrivée le 25 novembre 1785. Il composa deux tragédies, *Boadicée* et *Médée*, qui n'eurent pas de succès. On a imprimé en 1814, in-8, ses *Mémoires*, qui comprennent depuis la *résignation de sir Walpole*, en 1742, jusqu'à la seconde *administration de lord Chatam* en 1757.

GODEGISILE, premier roi vandale, qui, à l'instigation de Stilicon, fit avec son armée une irruption dans les Gaules. Selon Procope, les Vandales, contraints par la famine, avaient quitté la Dacie et les environs du Palus-Méotides, leur ancienne demeure. Godegisile voulant passer le Rhin, fut vaincu par les Francs, et périt dans le combat en 406. Il eût pour successeur Gonderic ; et les Alains et les Suèves étant venus aussitôt au secours des Vandales, passèrent le Rhin dans la même année. Cet événement eut lieu dans la 12e année du règne de l'empereur Honorius.

GODESCARD (Jean-François), savant et laborieux ecclésiastique, né en 1728, à Rocquemont, diocèse de Rouen, fut secrétaire de l'archevêché de Paris, sous MM. de Beaumont et de Juigné, et mérita la confiance et l'estime de ces deux prélats. Il était pourvu du prieuré de Notre-Dame-de-Bon-Repos, près Versailles, et fut successivement chanoine de Saint-Louis-du-Louvre et de Saint-Honoré. Il aimait les livres et les lettres. L'aisance dont il jouissait lui avait permis de se former une bibliothèque nombreuse et choisie, dont il faisait un usage louable. Il avait appris l'anglais ; et la connaissance qu'il avait acquise de cette langue lui servit à faire passer dans la nôtre d'utiles ouvrages. Il était de l'académie des belles-lettres et arts de Rouen. Dépouillé de ses bénéfices à la révolution, et n'ayant plus d'autres ressources que son travail, il se consola avec sa bibliothèque, dont il eût pu tirer parti pour ses besoins, et que jamais il ne voulut vendre. Il vivait pauvrement, mais non sans dignité, au séminaire des

Anglais, rue des Postes, où il avait pris un petit appartement. Il y était, dans ses derniers jours, réduit à y corriger des épreuves pour un imprimeur. Au milieu de ces privations, plus pénibles encore à un âge avancé, il ne lui échappa aucune plainte. Il sut souffrir avec courage et résignation, et mourut à Paris, le 20 août 1800, justement regretté. On a de lui : I *Vies des Pères, des martyrs, et des principaux saints*, traduites de l'anglais, d'Alban Butler, avec l'abbé Marie, docteur de Sorbonne, Villefranche-de-Rouergue, 1763, et années suivantes, 12 vol. in-8; 2ᵉ édition; 1786, 12 vol. in-8; réimprim. à Versailles en 1811, 13 vol. in-8. Le 13ᵉ volume, qui contient divers traités sur les fêtes mobiles, les jeûnes, etc., est de M. Nagot, ancien directeur du séminaire de Saint-Sulpice. Les traducteurs ne s'astreignirent point à une version littérale, et firent divers changemens, et même des additions au travail de l'auteur anglais, et enrichirent l'ouvrage de notes savantes et curieuses, dont la plupart sont de l'abbé Marie. Ils suppléèrent aussi à l'omission de plusieurs saints français. II *H. Holden analysis fidei*, Paris, 1767, in-12, nouvelle édition, avec la vie de l'auteur, 1786, in-12. III *De controversiis fidei tractatus, per Adrianum et Petrum de Valemburg*, nouvelle édition, avec la *vie des auteurs*, ibid., 1768, in-12. IV *De la mort des persécuteurs, par Lactance, avec des notes historiques*, nouvelle traduction, Paris, 1797, in-8. V *Réflexions sur le duel*, opuscule traduit de l'anglais, publié après la mort du traducteur, par M. Boulard, Paris, 1801, in-8. VI *Essais historiques et critiques sur la suppression des monastères et autres*

établissemens pieux en Angleterre, traduits de l'anglais (de Dodd, dans son Histoire de l'église), 1791. VII *Eloges de l'abbé Bergier et de l'abbé Legros* (dans les Annales catholiques). VIII *Abrégé de la vie des Saints*, Paris, 1802, 4 vol. in-12, réimprimé à Lyon en 1815. C'est un extrait du grand ouvrage. L'abbé Godescard, en mourant, l'avait laissé au 18 juillet; l'abbé Bourdier Delpuits, ex-jésuite, l'acheva. On a trouvé de Godescard, en manuscrit, diverses traductions de l'anglais, savoir : de la *Vie du cardinal Polus*, par Philips; des *Fondemens de la religion chrétienne*, de Challoner; de *l'Histoire du sacrilège*, par Spelmans; et enfin une *Table alphabétique des mémoires de Trévoux*, jusqu'en 1740, etc.

GODET-DES-MARAIS (Paul), évêque de Chartres, et dès son jeune âge abbé commendataire d'Igny, au diocèse de Reims, était né en 1647, et fut élevé au séminaire de Saint-Sulpice à Paris, sous M. Tronson, dont par la suite il devint l'ami. (*Voyez* TRONSON, *Dictionnaire.*) Après avoir fait sa théologie en Sorbonne, et pris en 1677 le bonnet de docteur, il fut nommé supérieur du séminaire des Trente-Trois. Il était encore à la tête de cette maison, lorsque madame de Maintenon, ayant perdu l'abbé Gobelin, son directeur, jeta les yeux sur lui pour le remplacer. Elle avait eu occasion de le voir lorsqu'on fonda Saint-Cyr. Il avait été consulté sur les réglemens à faire pour cet établissement; et sous l'air simple et modeste de cet ecclésiastique, madame de Maintenon avait démêlé un grand fonds de piété et un judicieux discernement. Godet-des-Marais ne vit rien que de redoutable dans un emploi que d'autres eussent recherché avec empressement. Il fallut que M. Tronson, qui avait du crédit sur son esprit, vainquît sa répugnance. En 1690, le roi le nomma à l'évêché de Chartres. Il ne fut sacré que le 31 août 1692, à cause des différens qui existaient alors entre la cour de Rome et la France. Il se prêta sans aucune difficulté au partage de son diocèse pour l'érection de l'évêché de Blois, parce qu'il y vit l'avantage de ses diocésains. Il prit part à l'affaire du quiétisme, contribua à faire sortir de Saint-Cyr madame Guyon, et condamna, par une ordonnance du 21 novembre 1695, plusieurs propositions extraites des écrits de cette dame et de ceux du P. Lacombe, son directeur. Il chercha à amener à un désaveu Fénélon, dont il était l'ami. N'ayant pu y réussir, il signa, le 6 août 1697, avec le cardinal de Noailles et Bossuet, une *déclaration* sur le livre des *Maximes des Saints*, laquelle fut envoyée à Rome, et dressa une *instruction pastorale* contre ce livre, pour son diocèse; mais lorsqu'après la décision du saint-siége Fénélon se fut soumis, Godet-des-Marais lui écrivit une lettre de félicitation, et lui témoigna le désir de renouer les liens de leur ancienne amitié. Un écrivain [1], sous la forme du doute, il est vrai, tend à faire entrevoir que dans sa conduite à l'égard de Fénélon, l'évêque de Chartres aurait pu céder à la jalousie que pouvait lui inspirer « le mérite brillant de Fénélon et sa faveur auprès de la dame puissante dont ils partageaient la direction. » Rien, dans le caractère de Godet-des-Marais, n'appuie cette idée. Il se déclara contre le jansénisme, condamna le *cas de con-*

science, et désapprouva la conduite du cardinal de Noailles; mais naturellement modéré et ennemi des voies de rigueur, il sut toujours tempérer son zèle par la douceur et les sentimens d'une charité affectueuse. Il fonda quatre séminaires et plusieurs écoles. S'il jouit de quelque crédit près de madame de Maintenon, il ne l'employa que pour le bien, et jamais pour son propre avantage ou celui de sa famille. Content de son sort et sans ambition, il refusa, dit-on, une place dans le conseil du roi, et la nomination de ce prince pour un chapeau de cardinal. Un homme qui ne louait guère et qui blâmait beaucoup, le duc de Saint-Simon, connu par sa causticité, parle ainsi de Godet-des-Marais : « Ses mœurs, sa doctrine, sa piété, ses devoirs épiscopaux, tout était irréprochable; il ne faisait à Paris que des voyages courts et rares, logeait à Saint-Sulpice, et se montrait encore plus rarement à la cour. Il était fort savant, avait de l'esprit, de la douceur, de la fermeté, de la finesse, dont il ne se servait guère : son désintéressement, sa rare probité étaient son seul lustre. » Sa charité envers les pauvres n'avait d'autres bornes que celles de ses moyens. Y ayant eu une disette l'année qui suivit sa nomination à l'épiscopat, il abandonna tous ses revenus pour le soulagement des indigens de son diocèse. Il mourut le 26 septembre 1709.

GODWIN (Marie Wolstonecraft), dame auteur, aussi célèbre par ses talens que par l'exaltation de ses idées, naquit à Londres en 1759. Après avoir tenu une école, elle entra comme institutrice chez le vicomte de Kinsborough, lord lieutenant d'Irlande. Mistriss Godwin avait déjà fait des voyages en Europe, et, ainsi que plusieurs

1 L'auteur de la vie de madame de Maintenon, à la tête du Recueil de ses lettres, Paris, Léopold Collin, 1806.

dames littérateurs, elle visait à la plus haute célébrité. Son enthousiasme pour la révolution française paraît à découvert dans son ouvrage intitulé : I *Défense des droits de l'homme*, et dans une *Lettre à Edmond Burke*, où elle s'efforce de combattre ce profond publiciste qui venait de publier ses *Réflexions sur la révolution française*, 1790, in-8. Son livre, qui a pour titre : II *Défense des droits des femmes*, 1792, est consacré à prouver que c'est à tort qu'elles ne reçoivent pas la même éducation que les hommes. Mistriss Godwin vint en France en 1792, se lia avec les principaux chefs des girondins, qu'elle vit périr ensuite sur l'échafaud. Peu de temps après elle se maria à un Anglais, démagogue révolutionnaire, auteur du roman de *Caleb Williams*, et mourut d'un accouchement le 10 septembre 1797. On a encore de cet auteur : III *Histoire originale de la vie réelle*, à l'usage des enfans. IV *Le Lecteur féminin*. V *Lettres écrites pendant un court séjour en Suède, en Norwége, en Danemarck*, 1796, in-8. VI *The Wrongs of woman*, traduit par Ducos, avec le titre original de *Maria*, ou le *Malheur d'être femme*, 1798, in-12. La vie et les mémoires de mistriss Godwin ont été traduits en français, 1802, 1 volume in-12. D'après l'assertion de son mari, mistriss Godwin n'avait aucune religion ; aussi il paraît qu'elle mourut dans des sentimens d'une incrédulité complète.

GOEDART (Jean), naturaliste hollandais, naquit à Middelbourg en 1620 ; il a laissé : *Métamorphoses naturelles*, ou *Histoire des insectes*, Amsterdam, 1700, 3 vol. in-12. On y trouve 150 espèces de chenilles et autres insectes. Cet ouvrage, écrit dans l'original en hollandais, en 1662, fut traduit en français et en latin, et accompagné de 150 planches coloriées; en 1662-1667 Lister le traduisit en anglais, et en donna une nouvelle édition latine à Londres en 1685, in-8. Goedart est mort en 1668.

GOES (Damian de), célèbre historiographe portugais, naquit à Alanquer en 1501, d'une famille distinguée. Il fut attaché à la cour du roi dom Manuel, et puis à son successeur Jean II, qui le nomma historiographe du royaume, et lui conféra les emplois les plus importans. Il parcourut l'Europe, et mérita la bienveillance de plusieurs souverains, et notamment celle du pape Paul III. Goes était profondément versé dans le grec, le latin, l'arabe, l'éthiopien, et plusieurs langues modernes, jouait de divers instrumens, et avait des talens poétiques. Il mourut en 1560. Parmi ses nombreux ouvrages, on remarque : I *Legatio magni Indorum imperatoris Presbyteri Joannis, ad Emmanuelem, Lusitaniæ regem, anno 1513; Item de Indorum fide, ceremoniis, religione*, etc.; Louvain, 1532, in-8. II *Fides, religio, moresque Æthiopum sub imperio pietosi Joannis, etc., quem vulgò Presbyterum Joannem vocant*, Paris, 1541, in-8 ; Anvers, 1611, in-12. Cet ouvrage est dédié au pape Paul III, et n'est qu'une suite du précédent. III *Deploratio lappianæ gentis*, Genève, 1520, in-12; Paris, 1541, in-12. IV *De rebus et imperio Lusitanorum*, Louvain, 1554, in-4. La clarté, la correction et l'exactitude sont les qualités qui distinguent cet historien.

GOETZ *ou* GOEZ (André), philologue allemand, naquit à Nuremberg en 1698, et est auteur des ouvrages suivans : I *Introductio in geographiam antiquam in X tab. geog.*, Nuremberg, 1729, in-8. II *Antiquités romaines* (en allemand), ibid., 1730, in-8, fig. III *Brevis historia de vitâ, fatis ac morte Euphrosinæ virginis Alexandrinæ*, ibid., 1753, in-4. Il cultiva la poésie latine, et donna plusieurs éditions estimées d'auteurs latins.

GOIFFON (Joseph), astronome, naquit dans le Bugers vers 1690, embrassa l'état ecclésiastique, fut principal du collége de Thossey en Dombes, et puis aumônier du duc du Maine. Il a laissé, *Harmonie des deux sphères céleste et terrestre*, ou *Correspondance des étoiles aux parties de la terre*, Paris, 1731-1732, in-12. Cet ouvrage a mérité les éloges du savant Lalande. Goiffon est mort en 1751.

GOLDSMITH (Olivier), célèbre écrivain anglais, né à Pallas, dans le comté de Longford en Irlande, en 1728. Fils d'un pauvre ministre, il dut sa première éducation à un ancien militaire qui était assez instruit. Dès l'âge de huit ans Olivier faisait des vers qu'on trouvait passables. A quinze ans il fut reçu à l'université de Dublin. Compris dans une sédition formée par les écoliers pour délivrer les prisonniers de Newgate, il dut son pardon à l'aveu sincère qu'il fit de sa faute. Il aimait beaucoup à voyager, et après quelques excursions qu'il fit dans l'Angleterre, il revint à Dublin. Le jeune Olivier avait d'abord étudié pour entrer dans le commerce et ensuite dans l'église. Il changea encore d'avis, et résolut de se faire médecin. Il alla donc, en 1752, à l'université d'Edimbourg. S'étant rendu caution pour un de ses camarades, et se trouvant in-

solvable, il fut obligé de quitter l'Ecosse, et passa à Leyde, où il suivit le cours d'anatomie d'Albinus et les leçons de chimie de Goubius. Goldsmith aimait le jeu avec passion, et était prodigue de son argent; aussi il se trouvait presque toujours dans l'embarras. Il jouait assez bien de la flûte; et lorsqu'il quitta Leyde, ce fut par ce seul moyen qu'il pourvut à sa subsistance pendant ses voyages en Flandre, dans le midi de la France, la Suisse, etc. De bons paysans aidaient le voyageur musicien de tous les secours qui étaient en leur pouvoir. A Genève il entra comme gouverneur chez un jeune Anglais, avec lequel il parcourut l'Italie. Il le quitta à Marseille. Pendant ce dernier voyage, Goldsmith reçut à Padoue le degré de docteur en médecine. De retour en Angleterre en 1756, il fut tour à tour sous-instituteur d'une école de Pecham, médecin à Londres, correcteur d'épreuves chez Samuel Richardson, et auteur. Connu favorablement par ses ouvrages, il devint un des premiers membres du fameux club littéraire. Les libraires se disputaient les productions de Goldsmith. D'une modestie très-rare chez les auteurs de toutes les nations, il força un libraire à reprendre cent guinées, somme que celui-ci lui avait donnée gratuitement pour son poëme du *Village abandonné* : il avait trouvé ce prix trop fort, en considérant le peu d'étendue de l'ouvrage. Le débit qu'il eut surpassa les espérances du libraire et de l'auteur. Goldsmith était très-lié avec le fameux moraliste, le docteur Johnson. Il mourut d'une fièvre nerveuse le 4 avril 1774, lorsqu'il était à peine âgé de 45 ans. On lui éleva un monument en marbre dans l'abbaye de Westminster, avec une inscription latine composée par le docteur Johnson. Comme Goldsmith était d'une générosité extrême, il ne mourut pas riche et ne vécut guère dans l'opulence. Ses *OEuvres poétiques et dramatiques* ont été imprimées à Londres, 1786, 2 vol. in-12. Parmi les dernières on distingue ces deux comédies, *The good natured Man*, l'Homme bon (1768), et *The Mistakes of a night*, les méprises d'une nuit (1773). Ses *OEuvres mêlées* furent imprimées à Edimbourg, 1792; Londres, 1802, 4 vol. in-8. Plusieurs des ouvrages de Goldsmith ont été traduits en français, tels que : I *Histoire de la Grèce*, par Aubin, Paris, 1802, 2 vol. in-8, fig. II *Histoire romaine*, par M. V. D., ibid., 1803, 2 vol. in-8. III *Abrégé de l'histoire romaine*, par Musses Pathay, ibid., 1801, in-12. IV *Abrégé de l'histoire grecque*, id., ib., 1802, in-12. V *Le Citoyen du monde*, par Poivre, 1763, 3 vol. in-12. VI *Le Vicaire de Wakefield* a été traduit pour la sixième fois par Aignan, 1803, 1 vol. in-12. VII *Lettres sur l'Histoire d'Angleterre*, par madame Brissot, avec le titre de *Lettres philosophiques et politiques*, etc., 1786, 2 vol. in-8. VIII *Contes Moraux de Goldsmith*, 1805, in-8. IX *Le retour du Philosophe*, ou *le Village abandonné*, paraphrasé par le chevalier de Rudlidge, 1772, in-8. Ce même ouvrage a été plusieurs fois traduit en français, tant en prose qu'en vers. Goldsmith avait un talent aussi varié qu'original. On admire en lui, et comme historien et comme romancier, la pureté, la précision, l'élégance de sa prose. La beauté des images, la vérité du sentiment, la facilité et l'harmonie, forment le

mérite de ses vers. On doit remarquer dans cet auteur d'autres qualités non moins essentielles, c'est qu'il respecte toujours les mœurs et la religion.

GOLIKOF (Iwan), négociant et historien russe, naquit à Kursk vers 1750. On a de lui un ouvrage intitulé: *Les actions de Pierre le Grand, le sage réformateur de la Russie*, etc., Moscou, 1788, 12 vol. in-8, auxquels on a ajouté 16 vol., ibid., 1790-1797. C'est une des productions sur ce sujet les plus exactes que l'on connaisse. Golikof est mort vers 1814.

GONZALEZ DE BERCÉO (Jean), le plus ancien poëte espagnol dont on connaisse le nom, naquit à Avila en Castille l'an 1196. Les ouvrages de Bercéo sont cependant postérieurs au poëme du *Cid* qui parut en 1128, vingt-sept ans avant que l'on connût en France le roman *de Brut* (ou des rois bretons), écrit en langue d'oil en 1155, et qui précéda les premières poésies des troubadours siciliens. Bercéo était religieux dans le monastère de Saint-Millan, ordre de Saint-Benoît. Il a laissé trois poëmes : *la Vie de saint Dominique de Salos, et la Vie de saint Millan; la Bataille de Simancas*, gagnée sur les Maures en 938. On trouve ces poëmes dans la *Coleccion de poesias castellanas anteriores al siglo XV*, par Sanchez, Madrid, 1775-82-90, 4 vol. in-8. Bercéo mourut vers 1266.

GORDON (André), bénédictin écossais, naquit à Cofforach, dans le comté d'Angus, en 1712. Il était issu de l'illustre famille des ducs de Gordon, voyagea en Autriche, en Italie et en France, et prit l'habit religieux à Ratisbonne en 1735. On a de lui : I *Prog. de studii philosophici dignitate et utilitate*, Erfurt, 1737, in-4. II *De concordandis mensuris*, ibid., 1742, in-4. III *Phenomena electricitatis exposita*, ibid., 1744, in-8. IV *Physicæ experimentalis elementa*, ibid., 1751-52, 2 vol. in-8, etc. Gordon était correspondant de l'académie des sciences de Paris, et mourut le 20 août 1751.

GORDON (Guillaume), historien et ministre protestant, naquit à Itchin, dans le comté de Hereford, en 1729. Il passa en Amérique en 1770, et fut témoin des événemens de la guerre appelée de l'indépendance, dont il a tracé le récit dans son *Histoire de l'origine, des progrès et de l'indépendance des États-Unis d'Amérique*, etc., Londres, 1788, 4 vol. in-8. C'est une suite de lettres écrites d'un style aride et obscur, mais qui renferment des notions intéressantes. Cet ouvrage a perdu de son mérite depuis qu'a paru celui de M. Botta, intitulé: *Historia della guerra dell' indipendenza dell' America*, Paris, 1810, traduit de l'italien en français par M. de Sevelinges, ibid., 1812-13, 4 vol. in-8.

GORDON (George), naquit à Londres le 19 décembre 1750. On lui donnait le titre de lord, comme fils puîné du duc de Gordon. Le bourg de Ludgarshall dans le Wiltshire, le nomma au parlement, où il se fit remarquer par la violence de son caractère et surtout par sa haine contre les catholiques. La dissidence de ses opinions faisait dire qu'il y avait trois partis dans le parlement: le ministère, l'opposition et lord George Gordon. Le décret de 1778 avait un peu adouci les lois rigoureuses contre les catholiques. Les protestans en murmurèrent et formèrent des associations dans toute l'étendue du royaume. Lord Gordon se mit à la tête de celle de Lon-

dres; enflamma les esprits, et fut le promoteur (le 29 mai 1780) des nombreux rassemblemens qui eurent lieu à St.-George's Field, et dans les Moorfields. Cent mille forcenés, conduits par lord Gordon et criant *point de papistes! mort au papisme!* se portèrent au parlement pour exiger la révocation du décret. Ils commirent mille violences, insultèrent et maltraitèrent plusieurs membres du parlement, pillèrent les chapelles catholiques, forcèrent et incendièrent les prisons; et dans leur troisième émeute, devenus maîtres de Londres, ils allaient piller la banque lorsque la force armée, qui accourut de tous les points, ne dissipa qu'avec peine cette multitude furieuse. Lord Gordon fut arrêté: son procès commença le 5 février 1781; il fut défendu par lord Erskine, et le jury l'acquitta sur ce qu'il n'avait pas assemblé la foule dans de mauvaises intentions. Il ne continua pas moins à défendre la cause des protestans. Ayant refusé de paraître comme témoin devant la cour ecclésiastique, il fut excommunié par l'archevêque de Cantorbéry. Il publia en même temps (1788) un pamphlet contre la reine de France et contre l'ambassadeur de ce pays. Traduit devant la cour de justice, il refusa, en prêtant serment, de baiser le livre des Evangiles. Il fut condamné, mais il trouva moyen de s'enfuir en Hollande, d'où il fut chassé par les bourgmestres d'Amsterdam. Ayant débarqué à Harwick, il passa à Birmingham, et là il embrassa la religion juive. Arrêté de nouveau le 7 décembre, il fut enfermé à Newgate. Au mois de juillet 1789, il réclama l'intervention de l'assemblée nationale de France; mais elle ne fut pas acceptée. Lord Gordon, condamné à rester en prison cinq ans et dix mois, se résigna au sort qu'il avait mérité et consacra son temps à l'étude. Il mourût le 1ᵉʳ novembre 1793. Ceux qui voulaient l'excuser affirmaient qu'il était sujet à des accès de délire ou de démence.

GORSAS (Antoine-Joseph) naquit à Limoges en 1752, et fut maître de pension à Versailles. Partisan déclaré de la révolution, il fut le provocateur de la révolte des 5 et 6 octobre 1789. Il rédigeait alors un journal intitulé le *Courrier de Versailles*, et c'est ce journal qui le premier rendit un compte bien inexact du repas où l'on prétendait que les gardes du corps avaient pris la cocarde blanche. Gorsas, et par ses discours et par ses écrits, eut part aux malheureuses journées du 20 juin et du 10 août. Cependant, lorsqu'il fut député à l'assemblée nationale en 1792, il y montra des opinions plus modérées. Dans le procès de Louis XVI, il vota pour la détention et l'appel au peuple. Il se lia avec le ministre Roland et les *girondins*, et se déclara ainsi contre le parti de la montagne et la commune. Ennemi de Marat, il lui écrivit une lettre dérisoire, publiée dans son journal, qui irrita contre lui tous les jacobins; et le 8 mars 1792, une foule d'hommes armés s'introduisirent dans sa maison, et brisèrent ses presses et ses meubles. Il fut successivement accusé le 10 mars et le 14 mai 1793 par la section de Bon-Conseil et par le fameux Chaumette. Les accusations portaient « que Gorsas avait varié dans ses principes révolutionnaires; » et pour en convaincre le public, ses diverses opinions furent affichées sur deux colonnes avec ce double titre: *le Gorsas d'autrefois et le Gorsas d'aujourd'hui*. Le 31 mai il fut entraîné dans la chute des *girondins*. Il se réfugia à Évreux et ensuite à Caen. Mis hors de la loi le 28 juillet, il eut l'imprudence de venir à Paris et de se montrer au Palais-Royal dans un cabinet de lecture. Arrêté et traduit devant le tribunal révolutionnaire, il fut condamné à mort et exécuté le 7 octobre 1793. Il est auteur d'un pamphlet intitulé *l'Ane promeneur, ou Cratès promené par son âne*, 1786, in-8.

GOTTER (Frédéric-Guillaume), célèbre poëte allemand, naquit à Gotha le 3 septembre 1746. Il remplit plusieurs emplois honorables, et, à l'instar de Jérusalem et de Goëthe, il s'appliqua à suivre la brillante carrière qu'avaient ouverte Klopstock, Gleim, Kleist, Lessing et Wieland. Il a laissé différens ouvrages, parmi lesquels nous citerons les suivans: I *Poésies*, Gotha, 1787, 1788, 2 vol. in-8. Le second volume contient trois tragédies de Voltaire, l'*OEdipe, Mérope, Alzire*, fort bien traduites en allemand, etc. II *Operas comiques*, Leipsig (1 seul vol.), 1778-79, in-8. III *Drames*, Leipsig, 1795, in-8. Parmi ces drames on en trouve un intitulé *Esther*, en six actes, et une comédie en trois actes, *la Tante*, qui est d'un fort bon comique. III *OEuvres posthumes*, Gotha, 1802, in-8. On y trouve *Marianne*, imitation de la *Mélanie* de Laharpe; le *Château poétique*, comédie en cinq actes; et une *Cantate* où il exprime les adieux de la princesse Marie-Thérèse (MADAME, duchesse d'Angoulême) à la France, en 1796. Gotter avait de la facilité et beaucoup d'imagination: il mourut le 18 mars 1797. Il entretint une correspondance suivie avec Gessner et Lavater.

GOUAZ (Yves le), graveur de l'académie des sciences, naquit à Brest en 1742, fut élève de Jacques Aliamer, et a laissé une collection de 60 vues de différens ports de France et des colonies françaises des Antilles, exécutées d'après les dessins de Nicolas Ozanne. Il a également gravé des sujets de marine d'après Vernet et autres. Jeanne-Marie son épouse, et Françoise-Marie Ozanne sa belle-sœur ont gravé aussi différens sujets d'après Vernet. Le Gouaz est mort à Paris en janvier 1816.

GOUDIN (Mathieu-Bernard), magistrat, mathématicien et astronome, naquit à Paris le 14 janvier 1734, et occupa différentes places à la cour des aides, au grand-conseil et au parlement, places dont il fut privé par suite de la révolution. Camarade de collège avec Dionis du Séjour (*voyez* DIONIS, *Supplém.*), après la mort de ce savant mathématicien, avec qui il était lié d'une amitié intime, il se retira dans son château de Torcy en Brie, et il y mourut vers 1805, ayant alors 71 ans. On a de lui et en commun avec Dionis, le *Traité des courbes algébriques*, les *Recherches sur la gnomonique*, etc., et le *Traité des propriétés communes à toutes les courbes*, suivi d'un *mémoire des éclipses du soleil.* Ce dernier mémoire, qui est entièrement de Goudin, avait déjà paru en 1761 et fut réimprimé en 1788 et 1799. L'auteur y détermine les circonstances de la grande éclipse de 1747. Les ouvrages de Goudin ont été publiés sous le titre d'*OEuvres de Goudin*, Paris, 1799, in-4.

GOUGES (Marie-Olympe de), dame auteur, naquit à Montauban en 1735. Ses parens l'amenèrent en 1754 à Paris, où elle épousa un M. Aubry, qui la laissa bientôt veuve. Madame de Gouges embrassa avec enthousiasme les principes de la révolution, dans laquelle elle admirait, parmi les gens les plus remarquables, le duc d'Orléans et Mirabeau. Elle eut aussi le chétif honneur d'instituer les sociétés populaires des femmes ; sociétés qui, en exaltant leur imagination naturellement ardente, les porta à égaler en cruauté les hommes les plus féroces. Pour rendre justice à la vérité, madame de Gouges ne partagea point et n'excusa pas leurs crimes. Son délire révolutionnaire finit à l'époque du procès de Louis XVI. Elle se déclara alors en faveur de cet infortuné monarque, et se prononça ensuite contre le système de *la terreur.* Pour en témoigner toute l'indignation qu'il devait inspirer, elle publia sa brochure intitulée *les Trois urnes*, ou *le Salut de la patrie* (Paris, 1793). Malgré la liberté de la presse, elle fut arrêtée, condamnée à mort, et exécutée le 4 novembre de cette même année. Madame de Gouges montra beaucoup de résignation et de fermeté dans ses derniers momens. Outre plusieurs opuscules relatifs à la révolution, elle a laissé : 1 l'*Homme généreux*, drame en cinq actes et en prose, 1786. II *Le Mariage de Chérubin*, comédie, 1785. III *Molière chez Ninon*, ou *le Siècle des grands hommes*, en prose, en cinq actes, 1787. IV *L'Esclavage des nègres*, ou *l'Heureux naufrage*, en trois actes, jouée en 1789. V *Les Vivandières*, ou *l'Entrée de Dumouriez à Bruxelles*, en quatre actes, 1792. VI *Olympe de Gouges*, *défenseur officieux de Louis Capet*, *au président de la convention nationale*, 1792, in-8, etc., etc. Ce dernier ouvrage, qui commença à lui attirer la haine des jacobins, est écrit avec chaleur et éloquence.

GOUGH (Richard), antiquaire anglais, surnommé le Campden du 18ᵉ siècle, naquit à Londres en

1735. Il était si studieux qu'à l'âge de 12 ans il avait traduit du français en anglais une *Histoire de la Bible*, imprimée en 1747, in-fol. Il publia peu de temps après une autre traduction des *Mœurs des Israélites*, par l'abbé de Fleury. Devenu maître d'une fortune immense, il ne l'employa qu'à soulager les malheureux, et dans les fréquens voyages qu'il entreprit dans les trois royaumes pour faire des recherches sur les antiquités. Nous citerons ses principaux ouvrages. I *Anecdotes de la topographie britannique*, 1768, in-4; 1780, 2 vol. in-4. II *Monumens funèbres de la Grande-Bretagne, appliqués à éclaircir l'histoire des familles, des mœurs, des usages et des arts*, 1786-96-99, 3 vol. in-fol.', avec une introduction. Cet ouvrage a maintenant établi la réputation de l'auteur. III *Notice d'un superbe missel*, orné de miniatures, fait vers l'an 1429, et qui fut présenté à Henri VI par la duchesse de Bedfort, Londres, 1794, in-4, fig. IV. *Médailles des Séléucides, rois de Syrie*, etc., *avec des mémoires historiques sur chaque règne*, 1804, in-4, avec 24 planches gravées par le célèbre Bartolozzi. Gough se fit remarquer autant par ses talens que par la sagesse de ses principes; et lors de la révolution française, il se prononça hautement contre tous les démagogues de son pays.

GOUJON (J.-N.-C.), naquit à Bourg-en-Bresse en 1766. Il adopta les principes de la révolution; mais il n'y figura qu'après la journée du 9 thermidor (28 juillet 1794). Il avait obtenu l'année auparavant l'administration du département de Seine-et-Oise, et fut bientôt après député suppléant à la convention, où il fut élu un des membres de la commission appelée des *subsistances*. Le comité de salut public l'avait nommé au ministère de l'intérieur et puis à celui des affaires étrangères; il eut le bon sens de les refuser. Au commencement de cette même année 1793, il fut envoyé à l'armée de la Moselle. A son retour à Paris, Robespierre et sa faction avaient succombé aux efforts du parti dominant, qui poursuivait sans relâche les membres de l'ancien comité de salut public. Ce qu'il y avait de plus extraordinaire dans ces temps de désordre, c'est que les principaux accusateurs demandaient à grands cris la punition des crimes auxquels ils avaient participé eux-mêmes. Goujon eut la maladresse de se déclarer pour les accusés, c'est-à-dire qu'au moment où on commença à terrasser le jacobinisme il se prononça pour les jacobins; il défendit la mémoire du farouche Marat et des *patriotes* qu'on ne reconnaissait plus que sous la dénomination de *terroristes*. Il s'opposa à ce qu'on rappelât ceux qui restaient des députés de la Gironde, que les décrets du parti *montagnard* avaient proscrits après la révolution du 31 mai. Paris se trouvait à cette époque (1795) dans la plus terrible situation. On manquait absolument de pain; et les jacobins allaient choisir ce moment de détresse pour recommencer les brigandages et les assassinats. Ils avaient déjà organisé une insurrection, dont les suites auraient été des plus funestes. La populace des faubourgs, conduite par Goujon et autres chefs, avec des piques et des canons, marcha sur la convention, qui, de son côté, ayant montré cette fois-ci du zèle pour le salut public, avait pour sa défense les bourgeois et toutes les personnes honnêtes. Les jacobins furent vaincus et leurs chefs proscrits le 20 mai 1795; de ce nombre était Goujon. Transféré avec ses compli-

X.

au château du Taureau, il fut bientôt après ramené à Paris et traduit devant une commission militaire qui le condamna à mort. Ayant entendu son arrêt, il déposa avec un sang-froid imperturbable son portrait sur le bureau, et pria qu'on le fît parvenir à sa femme. Pendant qu'il descendait l'escalier qui conduisait à sa prison, il se donna plusieurs coups de poignard dont il expira quelques momens après. Présageant la punition qui l'attendait, il avait composé pendant sa détention son hymne de mort que Lays, acteur de l'Opéra, mit en musique. Ses autres ouvrages, tels que *Discours sur l'influence de la morale des gouvernemens sur celle des peuples*; *Damon et Pythias*, ou *les Vertus de la liberté*, drame en trois actes et en prose; sa *Défense*, etc., ont été recueillis par Tissot fils aîné, et insérés dans les *Souvenirs de la journée du 1er prairial an III (1795)*, Paris, an 8 (1800).

GOULIN (Jean), médecin, naquit à Reims le 10 février 1728. Il fit ses études à Paris au collège de Navarre, et eut pour maître le savant Batteux, alors professeur d'éloquence. Né sans fortune, il fut contraint, au sortir du collége, d'accepter une place de répétiteur chez un maître de pension. Il vendit ensuite sa bibliothèque pour continuer ses études, et fut enfin reçu docteur en médecine. Le malheur le poursuivant toujours, il accepta en 1756 une éducation particulière qu'on lui avait procurée; donna des leçons de latin, et concourut à la révision d'un ouvrage important. Cela ne l'empêcha pas de vendre encore sa nouvelle bibliothèque, composée de 3,600 volumes, pour s'assurer dans sa vieillesse une pension de 600 livres. Enfin en 1795 il obtint la place de professeur d'histoire de la médecine dans l'école de

Paris. Il avait alors près de soixante-dix ans. Il ne donna que trois cours, la mort l'ayant surpris le 28 juin 1796. Ses principaux ouvrages sont: I *Annales typographiques* pendant les années 1760, 1761, 1762, avec Roux et Darcet. II *Table et Dictionnaire de matière médicale*, 1770 à 1773. III *Abrégé du Dictionnaire de l'académie française*, 1771, 2 vol. in-8. IV *Mémoires littéraires, critiques, philologiques, biographiques et bibliographiques, pour servir à l'histoire ancienne et moderne de la médecine*, 1775 et 1776, 2 vol. in-4. V *État de la médecine, chirurgie et pharmacie en Europe et principalement en France*, pour l'année 1777, de concert avec Horne et de la Servolle, etc. Goulin a laissé des manuscrits très-intéressans contenant des extraits grecs, latins, arabes, etc. Il était un écrivain aussi instruit que laborieux.

GOUPIL DE PRÉFELN (N.) naquit vers 1730 à Alençon, où il était juge lorsque la révolution éclata. Député aux états généraux de 1789, il s'y montra, ainsi que dans les autres assemblées qui se succédèrent, d'un caractère violent et tenant tour à tour à différens partis, mais toujours attaché à la monarchie tant qu'elle put exister. Le 3 septembre 1789 il vota pour que le *veto* qu'on devait accorder au roi fût absolu, et dit à cette occasion: « Nous n'avons pas été envoyés pour faire une nouvelle constitution, mais pour affermir l'ancienne. » Lors des rassemblemens au Palais-Royal, foyer de tous les désordres, Goupil demanda qu'on prît des mesures pour arrêter les factieux, indiqua Mirabeau comme leur chef. « Vous délibérez, dit-il, et Catilina est aux portes de Rome, il menace le sénat. » Cependant quelque temps après il dénonça M. de Fondeville, quoique celui-ci fût un antagoniste de Mirabeau, et qu'il demandât à l'assemblée la punition des auteurs des journées des 5 et 6 octobre. Goupil fut ensuite membre de plusieurs comités, et président de celui des recherches qui servit de modèle à ceux appelés de *salut public*, de *sûreté générale*, et qui donna enfin lieu à l'affreux tribunal révolutionnaire. Goupil vota pour la constitution civile du clergé, pour la suppression de la noblesse, et après le voyage du roi à Varennes, il demanda le licenciement de ses gardes, en même temps qu'il insista avec courage pour que sa personne fût inviolable, et il s'opposa à ce qu'on le mît en jugement. En 1795 il fut nommé au conseil des cinq-cents par le département de l'Orne, et fit placer dans la salle le buste de Montesquieu. Par une de ces contradictions qui formaient le caractère de ce vieillard, après s'être opposé à quelques mesures violentes, il fit décréter le 6 mai 1796 le séquestre des biens des pères et mères des émigrés. « Cette loi est dure, dit-»il, mais indispensable ; d'autant »mieux que Fabius, augure romain, »nous apprend que ce qui se fait »pour le salut de la république se »fait toujours sous de bons auspices.» Il attaqua quelque temps après le triumvirat du directoire, et il parla avec tant de fermeté qu'il fut arrêté le 18 fructidor, et mis dans la liste des émigrés. On l'en raya bientôt, et on lui rendit sa liberté. Rentré dans l'assemblée, il fut, en 1800, nommé juge au tribunal de cassation, et mourut à Paris dans un âge avancé, le 18 février 1801.

GOURCY (N. de), vicaire général de Bordeaux, vivait vers le milieu du 18e siècle, et s'est fait une réputation par deux de ses ouvrages couronnés à l'académie des inscriptions et belles-lettres, ainsi que par d'autres ouvrages composés pour la défense de la religion. Il fut un des ecclésiastiques auxquels l'assemblée du clergé de 1775 décerna des éloges et des encouragemens, à cause de leur zèle ; il était de l'académie de Nancy. On a de lui : I *Eloge de René Descartes*, 1765, in-8 ; il avait été composé pour le prix de l'académie française. Thomas, l'un de ceux qui concouraient, le remporta ; mais l'académie mentionna honorablement celui de l'abbé de Gourcy, et le fit imprimer. II *Histoire philosophique et politique de la doctrine et des lois de Lycurgue*, Nancy, 1768, in-8. III *Quel fut l'état des personnes en France sous la première et la deuxième race de nos rois*, 1769, in-12 ; 2e édition, 1779, in-12. Ce sont ces deux derniers ouvrages qui furent couronnés par l'académie des inscriptions. IV *Rousseau (J.-B.) vengé, ou Observations sur la critique qu'en a faite M. de Laharpe, et en général sur les critiques qu'on fait des grands écrivains*, Paris, 1772, in-12. V *Essai sur le bonheur*, 1777, in-12. VI *L'Apologétique et les prescriptions de Tertullien*, nouvelle édition, avec la traduction et des remarques, 1780, in-4. Cette traduction est estimée. VII *Suite des anciens apologistes de la religion chrétienne, traduits et analysés*; ouvrage demandé par l'assemblée du clergé, in-8. VIII *Des droits et des devoirs des citoyens dans les circonstances présentes, avec un jugement impartial sur l'ouvrage de Mably*. Tous ces ouvrages prouvent dans l'auteur de l'instruction, un jugement sain, de l'attachement aux bons principes, et du zèle pour leur maintien. Les biographes ne disent point quand mourut l'abbé de Gourcy.

GOURJU (Pierre), oratorien, né à Morestel en Dauphiné, l'an 1762, entra à l'Oratoire à quinze ans, et fut admis à dix-sept ; il commença par être préfet des classes à Lyon ; on l'envoya ensuite professer à Effiat en Auvergne, et dans d'autres colléges de l'Oratoire. Il revint à Lyon enseigner la philosophie et la physique, et resta dans cette ville jusqu'en 1792, que l'on supprima les congrégations enseignantes. Il fut obligé de se cacher pendant la persécution qui accompagna les orages révolutionnaires. Lorsque les temps devinrent plus calmes, il reprit la carrière de l'enseignement, et donnait chez lui des leçons de physique, de mathématiques et de littérature. A la création de l'université dite *impériale*, il fut nommé professeur de philosophie et doyen de la faculté des lettres à l'académie de Lyon. Il mourut le 5 avril 1814, à 52 ans ; on a de lui : *la Philosophie du dix-huitième siècle, dévoilée par elle-même*, ouvrage adressé aux pères de famille et aux instituteurs chrétiens, suivi d'observations sur les notes dont Voltaire et Condorcet ont accompagné les pensées de Pascal, Lyon, 1816, 2 vol. in-8. Ce livre, où l'auteur attaque l'impiété, fait honneur à son zèle et à ses principes ; le morceau surtout qu'il a mis à la tête des réflexions sur les pensées de Pascal, est digne d'éloges, et doit lui concilier l'estime des amis de la religion et d'une saine morale.

GOUTTES (Jean-Louis), curé d'Argilliers, dans le diocèse de Béziers, et député à l'assemblée constituante, était né à Tulle en 1740. S'étant engagé jeune dans un régiment de dragons, il y servit plusieurs années, après quoi il reprit le cours de ses études, et entra dans l'état ecclésiastique. Il occupait la cure d'Argilliers en 1789, lors de la convocation des états généraux. Il y fut nommé député ; dès le commencement, il se rangea du côté du tiers ; et s'attacha à se rendre populaire en parlant en faveur du peuple, proposant des projets de réforme, et déclamant contre les richesses du clergé, qu'il disait avoir dégradé l'état ecclésiastique et affaibli l'amour de la religion. Il se joignit à ceux qui proposèrent la vente des biens de l'église, voulant néanmoins que les curés fussent dotés en biens fonds ; ce que, malgré sa complaisance à abandonner les intérêts de son corps, il n'obtint point. Il parla en faveur de l'adoption d'un papier-monnaie avec cours forcé, vota la constitution civile du clergé, et favorisa en général toutes les innovations. Elu évêque constitutionnel du département de Saône-et-Loire, il fut sacré par l'ancien évêque d'Autun, qui avait donné sa démission. Si l'ambition de l'abbé Gouttes fut satisfaite par cette élévation, par la suite il en paya cher l'avantage. Lui qui avait contribué au renversement de la royauté, fut dénoncé comme royaliste ; il le fut aussi comme fanatique, parce qu'il continuait d'exercer ses fonctions ecclésiastiques. C'en était beaucoup plus qu'il n'en fallait pour assurer sa perte. Le comité de salut public le fit arrêter et transférer à la Conciergerie de Paris, sans même lui donner le temps de se munir des choses les plus nécessaires. On le laissa languir pendant quelque temps dans cette prison, manquant de tout et en proie aux horreurs de la misère. Traduit enfin au tribunal révolutionnaire, il y fut condamné, et périt sur l'échafaud le 26 mars 1794, à l'âge de 54 ans. On a de lui : I *Exposé de la constitution civile du clergé, par les évêques députés à l'assemblée nationale,* 1790 ; in-8 ; c'est Gouttes qui rédigea cette pièce. II *Discours sur la vente des biens du clergé,* prononcé le 12 avril 1790, in-8. III *Discours sur l'établissement d'un papier-monnaie,* prononcé le 15 avril 1790, in-8. IV *Théorie de l'intérêt de l'argent,* tirée des principes du droit naturel, de la théologie et de la politique, contre l'abus de l'imputation d'usure, 1780, in-12 ; 1782, in-12. Ce sont les principes établis par M. Turgot, dans un mémoire présenté au conseil d'état, relativement à un procès criminel intenté en 1769 par des débiteurs infidèles à leurs créanciers pour cause d'usure ; Turgot demandait que l'affaire fût évoquée au conseil, et que les procédures contre les prêteurs fussent abolies, avec défense d'en intenter de pareilles. Il proposait en même temps de rédiger une déclaration qui fixât la jurisprudence sur l'usage du prêt à intérêt dans le commerce. Le procès fut évoqué ; les procédures contre les prêteurs furent abolies ; mais il n'y eut point de déclaration. *Voyez* Œuvres de Turgot, t. 5, pag. 262.

GOZZI (Gaspard), célèbre littérateur italien, naquit à Venise en 1713. Il a laissé différens ouvrages qui font honneur à sa critique et à son savoir. Les plus remarquables sont : I *Lettere famigliari,* Venise, 1755-1756, 2 v. in-8. II *Opere in versi e in prosa del conte Gasparo Gorzi,* ibid., 1759, 6 v. in-8. III *Mondo morale,* ibid., 1760 ; 3 v. in-8. C'est un ouvrage rempli d'une philosophie religieuse, et digne de la plume et des sentimens de l'auteur. Il mourut en 1799.

GOZZI (le comte Charles), frère du précédent, et un des écrivains les plus féconds de l'Italie, naquit à Venise en janvier 1720. Lors de l'émulation qui s'établit entre Goldoni, réformateur du théâtre italien, et l'abbé Chiari, poëte comique, et romancier (*voyez* CHIARI, *Supplément*), Gozzi prit à tâche de critiquer leur style et leurs productions, en suivant une voie tout opposée. Goldoni ne visait dans ses pièces qu'à corriger les mœurs en ridiculisant le vice. Chiari s'attachait principalement à la versification, et Gozzi prit pour but dans ses comédies le merveilleux et même l'extravagant. Il en tirait les sujets des contes de fées qu'il mettait en scène sous le nom de *Fiabe* (comédies-féeries), et parmi lesquelles on cite *l'Amour des trois oranges, le Corbeau, la Dame serpent, le Monstre bleu,* dont on a fait *Zémire et Azor, le Roi des génies,* etc. Toutes ces pièces sont de trois ou cinq actes, les unes en prose et les autres en vers. Malgré la futilité du sujet, on y remarque des scènes très-comiques, parfois touchantes, un style facile et élégant, et le fond est souvent d'une morale assez pure. Gozzi a aussi imité plusieurs comédies de l'espagnol, comme *Elvire, reine de Navarre ; le Secret public, la Fille de l'air,* de Calderon ; *les deux Frères ennemis, la Princesse philosophe,* de Moreto, qui avait déjà fourni à Molière le sujet pour sa princesse d'Elide, etc. Il traduisit du français *le Fayel,* d'Arnaud ; le *comte d'Essex,* de Thomas Corneille ; et *Gustave Vasa,* de Piron. Il donna aussi une excellente traduction de l'*Art poétique* de Boileau, avec des notes où il rappelle les différens passages tirés d'Horace. Ses ouvrages furent imprimés à Venise en 1773, 8 v. in–8. Les cinq premiers volumes contiennent son théâtre, où l'on trouve trois tragi-comédies. Les autres volumes renferment trois poëmes : *l'Astrazione Marfisa bizarra*, *le Rapt des vierges castillanes*, la *Tartana*, satire, etc. Il publia les *Mémoires* de sa vie à Venise, 1798, et il mourut vers 1804. Gozzi occupe un rang distingué dans la littérature italienne. Lors des troubles de l'Italie, causés par l'invasion des Français, il ne prit aucune part aux affaires, et se montra toujours ami de l'ordre établi, et contraire aux vœux des innovateurs.

GRACE (Thomas), sous-secrétaire de l'académie des inscriptions et censeur royal, naquit en 1714. La révolution vint le priver de ses places, lorsqu'il était dans un âge assez avancé. Il perdit la vue presque dans le même temps, et le gouvernement d'alors, aux instances des amis de ce vieillard infortuné, lui accorda une pension à titre d'ancien censeur. Il mourut le 29 décembre 1799; il avait quatre-vingt-cinq ans. Il a laissé, outre plusieurs ouvrages sur l'agriculture, *Tableaux historiques et chronologiques de l'histoire ancienne et du moyen âge, des principaux pays de l'Asie, de l'Afrique et de l'Europe, avec un précis de la mythologie grecque expliquée d'après Hésiode*, et un *Tableau des principes généraux de la langue française*, 1789, in-8. Il a été le principal rédacteur de la *Gazette d'agriculture, commerce, arts et finance*, 1770 et années suiv., 7 vol. in-4. On lui doit les tomes 2 et 3 des *Tables des Mémoires de l'académie des inscriptions*.

GRANDIDIER (Philippe-André), savant historien et chanoine du grand chœur de Strasbourg, naquit dans cette ville le 9 novembre 1752. Ses parens y occupaient des emplois honorables. Un goût particulier le portait vers les recherches historiques, et dès son plus jeune âge il avait déjà formé quelques recueils à son usage. Il fut encouragé par le prince Louis, cardinal de Rohan, et évêque de Strasbourg, qui lui donna la tonsure et l'occupa dans les archives du chapitre et de l'archevêché. Il se mit à parcourir les chartres et les autres monumens avec une ardeur extrême. Cette carrière ne fut pas pour lui sans épines. Quelques ouvrages qu'il publia blessèrent des intérêts; on écrivit contre lui, et on chercha à répandre des doutes injurieux sur sa personne et ses sentimens religieux. De flatteuses marques d'estime que lui témoignaient d'illustres personnages, et entre autres le pape Pie VI, auraient dû lui faire mépriser ces attaques clandestines; cependant il s'en affecta au point d'en tomber malade et de regretter d'avoir choisi ce genre d'études. Sa santé s'étant rétablie, il les reprit avec une ardeur nouvelle, mais qui lui fut funeste. L'excès de travail l'épuisa, et il mourut, d'une maladie inflammatoire, à l'abbaye de Lucelle, le 2 octobre 1787, n'ayant que 34 ans. Pendant une vie aussi courte, il a publié : I. *l'Histoire de l'évêché et des évêques de Strasbourg*, Strasbourg, tom. 1, 1777, tom. 2, 1778, in-4. Il devait y en avoir 8 vol.; les 2 premiers seuls ont paru. II *Essais historiques et topographiques sur l'église cathédrale de Strasbourg*, ibid., 1782, in-8. III *Histoire ecclésiastique, militaire, civile et littéraire de la province d'Alsace*, ibid., 1787, in-4. Il n'y a que le premier volume qui ait paru. IV

Vues pittoresques de l'Alsace, gravées par Walter, et accompagnées d'un texte historique, ibid., 1785, in-4, 7 livraisons. V *Notice sur la vie et les ouvrages d'Ottfrid*, poëte allemand du 9ᵉ siècle, insérée dans la Bibliothèque du Nord, 1778. VI *Mémoires pour servir à l'histoire des poëtes du 13ᵉ siècle*, connus sous le nom *Minnesingern*. VII Un grand nombre de *Dissertations* sur des sujets curieux ou intéressans, dans les journaux de France et d'Allemagne, entre autres une *Notice sur Sébastien Brandt*, dans le *Journal des Savans*, décembre 1780, in-12, pag. 2436. Il a fourni à l'abbé Godescard des matériaux pour ses *Vies des Pères*, etc. (*voy.* GODESCARD), et a été un des principaux collaborateurs du recueil intitulé *Germania sacra*. Il a laissé manuscrits des *Mémoires sur l'origine et les progrès de la lèpre*; un *Bréviaire à l'usage du diocèse de Strasbourg*, et un *Nécrologe des hommes illustres et savans alsaciens*. M. Grappin, chanoine de Besançon, a publié son *Eloge historique*, Strasbourg, 1783, in-8. Il était de 21 académies, avait le titre d'historiographe de France, et avait été pourvu de plusieurs bénéfices.

GRANDMENIL (Jean - Baptiste Fauchard de), comédien français, naquit à Paris en 1737. Il était fils de Pierre Fauchard, chirurgien. Destiné au barreau, il fut reçu avocat au parlement de Paris en 1762, et se fit remarquer dans la défense de plusieurs causes. Ayant attaqué trop ouvertement le parlement Maupeou, il éprouva divers désagrémens; qui, joints à quelques discussions d'intérêts qu'il eut avec sa famille, le déterminèrent à quitter la France. Il s'abandonna alors à son penchant pour l'état de comédien, s'engagea à Bruxelles avec sa femme, et parut ensuite sur plusieurs théâtres de province. En 1790 il revint à Paris, et entra au Théâtre français, où il fut applaudi dans les rôles à manteau. En 1806 il fut nommé professeur de déclamation au Conservatoire. Il devint dans la même année membre de la quatrième classe de l'Institut. A la réorganisation de ce corps, le roi le nomma membre de l'Académie royale des beaux-arts. Lors des événemens de 1815, sa terre patrimoniale de Grandménil fut remplie de troupes étrangères qui y causèrent des dégâts considérables. Il en conçut tant de chagrin qu'il en mourut le 24 mai 1816, âgé de 79 ans.

GRANELLI (Charles), jésuite italien et célèbre numismate, né au commencement du 18ᵉ siècle, et était entré jeune dans la société. Il y enseigna les belles-lettres avec réputation, et fut appelé à Vienne en Autriche pour y professer l'histoire. Ses liaisons avec le savant P. Frœlich, son confrère, dirigèrent son goût vers les médailles, et son titre de confesseur de l'impératrice Guillelmine-Amélie lui procura la facilité de faire faire des fouilles qui furent très-utiles à leurs recherches. Ils se virent en possession d'un grand nombre de médailles nouvelles, qui leur fournirent le sujet de savantes dissertations. On a du P. Granelli: I *Appendicula ad numos coloniarum, per A. Vaillantium editos, è cimelio Vindobonensi cujusdam è soc. Jesu.* II *Appendicula ad numos Augustorum et Cæsarium, ab urbibus græcè loquentibus cusos, quos A. Vaillantius collegerat, concinnata è cimelio cujusdam è soc. Jesu.* (*Voyez* FRŒLICH.) III *Topographia Germa-*

niæ Austriacæ, livre estimé et qui eut plusieurs éditions; la plus complète est celle de Vienne, 1759. Le P. Granelli mourut à Vienne en 1740.

GRANELLI (Jean), jésuite et prédicateur célèbre, né à Gènes en 1703, prêcha avec beaucoup d'éclat dans la plupart des villes d'Italie, professa l'Ecriture sainte, et fut bibliothécaire et théologien de Léopold III. On a de lui en italien: I. *Leçons morales, historiques et critiques sur les livres de Moïse, sur Josué*, les *Juges*, les *Rois*, Parme, 1766. II Des *Sermons* pour le carême, et des *Panégyriques*, aussi en italien, Modène, 1771, 2 v. in-4. III *Discours et Poésies* en italien, parmi lesquelles se trouvent quatre *Tragédies*, qui ont été imprimées à part, 1772, in-4. Bettinelli, son confrère, a composé son éloge. Il mourut le 3 mars 1770.

GRANGENEUVE (Jacques-Antoine) naquit à Bordeaux en 1750. Il était substitut du procureur du roi de cette ville, et collègue de Gensonné, Guadet et Vergniaud. (*Voy.* ces noms au *Suppl.*) Il fut député à l'assemblée législative, et puis à la convention. Ainsi que presque tous les *girondins*, il avait fait serment d'établir une république sur les débris de la monarchie. Grangeneuve se fit remarquer bien plus par sa démagogie et ses opinions extravagantes que par ses talens. Il demanda, de concert avec Couthon, que l'assemblée, dans ses rapports avec le roi, supprimât le titre de *Majesté*. Il persécuta ensuite tous les membres de la famille royale, les ministres, les prêtres, les émigrés, tous ceux enfin qui avaient des opinions sages ou modérées. Il se déclara le défenseur du brigand d'Avignon, Jourdan, appelé *Coupe-tête*, et des soldats suisses

du régiment de Châteauvieux, condamnés aux galères comme rebelles. Grangeneuve fut le premier qui osa paraître en public avec le bonnet rouge, et il se présenta à l'assemblée couvert de ce signe, funeste à tous les honnêtes gens. Il fut d'abord reçu par des huées; mais le bonnet rouge devint bientôt si populaire, que le général Dumouriez le substitua dans le club à son casque militaire. Plein d'audace et de timidité (qualités qui vont souvent ensemble), il insulta son collègue Jouaneau, et il en reçut des coups de bâton et des soufflets, sans oser faire la moindre résistance. Il se borna à s'en plaindre à l'assemblée, qui envoya Jouaneau à l'Abbaye, d'où il sortit quelques jours après. Afin de soulever le peuple contre la cour, il imagina, avec Chabot et Bazire, ses intimes amis, de se faire assassiner, pour attribuer ensuite ce crime à cette même cour dont ils avaient juré la ruine. Ce projet patriotique, discuté chez la fameuse madame Roland, femme du ministre, n'eut pas de résultat, aucun des trois patriotes n'ayant pu se déterminer à faire un tel sacrifice à la *digne cause* qu'ils avaient embrassée. Grangeneuve fut un des principaux moteurs des terribles événemens du 10 août; mais sa timidité naturelle l'empêcha de paraître parmi les agresseurs. Cette timidité et les scènes qui venaient de se passer, firent sur lui une telle impression, qu'on le vit passer tout à coup de l'exagération la plus exaltée, au plus tranquille modérantisme. Lors du procès de Louis XVI, il ne vota pas, comme ses collègues, la mort de ce prince, et il demanda la détention jusqu'à la paix. Compris dans la proscription contre les *girondins*, après le 31 mai 1793, il se réfugia à Bordeaux, où il fut arrêté, et périt sur l'échafaud le 21 septembre de la même année. Il avait alors 43 ans.

GRASSET DE St.-SAUVEUR (Jacques), vice-consul de France en Hongrie et dans les Echelles du Levant, naquit à Montréal en Canada le 16 avril 1757. Il cultiva les lettres avec succès, et a laissé : I. *Costumes civils actuels de tous les peuples connus* (avec Silv. Maréchal), 1784 et suiv., 4 vol. in-4, avec 305 planches. II *Tableaux cosmographiques de l'Europe, l'Asie, l'Afrique et l'Amérique*, 1787, in-4. III *Encyclopédie des voyages*, 1795-96, 5 vol. in-4, avec 32 planches. IV *Voyages pittoresques dans les quatre parties du monde*, 1806, in-4. V *Muséum de la jeunesse*, 1812, in-4. VI *Plantes usuelles, indigènes et exotiques* (avec M. J. Roques), 1807, 2 vol. in-4. Grasset était venu à Paris vers 1809 ; il y mourut le 3 mai 1810.

GRAVINA (Charles, duc de), amiral espagnol, naquit à Naples en avril 1747. On l'a cru assez généralement fils naturel de Charles III, et il le suivit en Espagne quand ce monarque vint en occuper le trône en 1759. Gravina entra dans la marine royale en 1773, et fit ses premières armes contre les corsaires algériens, sous les ordres de Barcelo, le Jean-Bart de l'Espagne. Il fut ensuite des expéditions des amiraux Cordova et Mazaredo, et se distingua plus particulièrement à Roses, place forte en Catalogne, que les républicains français assiégeaient en 1793. Gravina ayant fait débarquer l'artillerie de trois frégates qu'il commandait, et d'où il observait les opérations de l'ennemi, fit construire des batteries sur le rivage, et, par un feu continuel et bien dirigé, força les Français à se retirer avec

une perte considérable. Il sauva par cette action dix mille hommes à l'Espagne, et obtint dans la même année le grade d'amiral. Dans la malheureuse alliance de la France avec l'Espagne, on réunit les deux flottes pour les opposer à celle des Anglais. La flotte espagnole était commandée par Gravina, la flotte française par Villeneuve : elles se trouvaient en 1805 dans le port de Cadix, lorsqu'elles reçurent l'ordre d'aller attaquer les Anglais, qui, sous les ordres de l'amiral Nelson, étaient avec leurs vaisseaux à peu de distance de ce port. Le 21 novembre, pendant un temps des plus orageux, dans la saison la plus critique pour les marins, et malgré les représentations de Gravina, les escadres combinées sortirent de Cadix, et rencontrèrent l'ennemi vis-à-vis du cap Trafalgar. On se battit de part et d'autre avec un égal courage. Les Espagnols conservaient encore leur ligne, lorsque Villeneuve, par une manœuvre inconcevable, abandonna sa ligne, et baissa le pavillon à la vue de deux frégates anglaises qui venaient l'attaquer. Tout fut alors confusion et désordre ; l'escadre anglaise pénétra au milieu de la ligne, et rien ne put résister à son impétuosité ; les vaisseaux ennemis furent très-maltraités ; mais les Espagnols eurent presque toute leur marine détruite. Villeneuve fut fait prisonnier ; les amiraux Nelson et Gravina furent tous les deux blessés au bras d'une balle de mousquet : le premier mourut des suites de l'amputation, et le second, peut-être faute de cette opération, le 11 janvier 1806. Gravina était décoré de presque tous les ordres d'Espagne ; il venait rarement à la cour, où on le recevait avec une distinction conforme à la naissance qu'on lui attribuait ; il était considéré en Europe comme un marin instruit et un excellent amiral. (*Voyez* VILLE-NEUVE, *Supplément.*)

GRÉGOIRE 1er (Saint-), premier patriarche d'Arménie, surnommé *Lauzavoritch*, c'est-à-dire l'*Illuminateur*, parce qu'au commencement du 4e siècle, il répandit la lumière de l'évangile dans l'Arménie, était issu de la race royale des *Arsacides* de Perse. Son père se nommait Anag, et était au service d'Ardeschir, roi sassanide, à qui Kosrov 1er, roi d'Arménie, faisait la guerre pour rétablir sa famille sur le trône de Perse. Ardeschir ayant donné ordre à Anag de le défaire, par quelque moyen, de son ennemi, celui-ci se transporta en Arménie comme fugitif et disgracié, s'insinua dans la confiance de Kosrov, et l'empoisonna. Les Arméniens ne laissèrent point ce crime impuni : ils firent périr Anag et toute sa famille, à l'exception de Grégoire ; encore enfant, que sa nourrice parvint à sauver. Elle l'emmena à Césarée de Cappadoce, et étant chrétienne, elle l'éleva dans sa religion. Lorsqu'il fut en âge, elle le maria à une chrétienne nommée Marie : il en eut deux fils, Verthanès et Arysdaghès. Après trois ans de mariage, il se sépara de sa femme de son consentement, et prit les ordres. Ayant appris que Tyridate, fils et successeur de Kosrov, était à Rome à la cour de Dioclétien, où il était venu chercher du secours pour recouvrer son trône, il alla le trouver, s'attacha à son service, et le suivit en Arménie, où ce prince retournait à la tête d'une puissante armée romaine. En 286, Tyridate étant entré dans l'Arménie en vainqueur, voulut offrir dans la ville d'Ani, aujourd'hui Gamackh, un sacrifice à la déesse Anahid, pour la remercier de ses premiers succès.

Grégoire, chargé de présenter l'offrande, s'y refusa, déclarant qu'il était chrétien, et que sa religion s'y opposait. Tyridate, irrité et ennemi des chrétiens, le fit tourmenter, pour l'obliger de renoncer à sa foi, et ayant ensuite appris qu'il était fils de l'assassin de son père, il le fit jeter dans un puits qui n'avait point d'eau, où il demeura quatorze ans, nourri par les soins d'une femme pieuse. En l'année 301, la sœur de Tyridate, qui avait embrassé la religion chrétienne, voyant son frère tourmenté de plusieurs maladies cruelles, l'engagea à faire retirer Grégoire du puits, lui faisant entendre que par les prières de ce prêtre il pourrait obtenir sa guérison. Tyridate écouta ce conseil, et Grégoire le guérit. Le saint prêcha en même temps l'Évangile avec tant de force et d'onction, qu'il convertit non – seulement Tyridate, mais encore tout son peuple. Alors il retourna à Césarée, où il se fit sacrer évêque. Revenu en Arménie, il abattit toutes les idoles, détruisit leurs temples, élevant à la place des églises, et baptisa le roi. Il établit sa résidence archiépiscopale à Valar-Sabad, fonda des sièges archiépiscopaux, des écoles qu'il munit de bibliothèques, des hôpitaux, sacra des évêques, ordonna des prêtres, et organisa une hiérarchie. En 312, il fit venir son fils Arysdaghès, et le sacra évêque de Diospont et d'une partie de l'Arménie majeure. Si l'on en croit les Arméniens, saint Grégoire, vers le même temps, accompagna à Rome le roi Tyridate, qui s'y rendait pour complimenter Constantin sur sa conversion, et il y vit le pape Sylvestre. Ce qu'il y a de plus certain, c'est qu'en 325 il fut appelé au concile de Nicée, et que n'ayant pu y aller, il envoya à sa place son fils Arysdaghès, qui rapporta en Arménie les actes du concile, dont les décrets y furent mis à exécution. Depuis plusieurs années, saint Grégoire méditait un projet de retraite; il l'exécuta vers l'an 331, en se démettant de son archevêché en faveur d'Arysdaghès. Pour lui, il se retira dans une caverne de la Haute-Arménie, où il se livra entièrement à la prière et à la contemplation; il y mourut au bout de quelques années. Un pieux ermite ayant trouvé son corps, le fit transporter dans la ville de Thortan, où il fut inhumé, et où il devint un objet de vénération. On cite de saint Grégoire *illuminateur* des homélies; mais on les croit composées, ainsi qu'une vie de ce saint patriarche, attribuée quelquefois à saint Chrysostôme. *Voyez* ARYSDAGHÈS.

GRETRY (André-Ernest-Modeste), célèbre compositeur de musique, naquit à Liége le 11 février 1741. Il apprit les premiers élémens de son art dans la collégiale de Saint-Denis de cette même ville. A l'âge de dix-huit ans, il passa à Rome, où il se perfectionna sous la direction du fameux maître Casali; c'est là qu'il prit goût pour la musique italienne, qu'il transporta en France, où déjà Gluk, Sacchini et Piccini l'avaient fait admirer. Grétry, d'après ce que l'on remarque dans ses compositions, suivit le genre d'Anfossi dans le chant, et, dans la partie instrumentale, il adopta celui de Guglielmi. Son maître, pour encourager ses talens, le présenta aux directeurs du théâtre d'*Aliberti*, qui le chargèrent de mettre en musique un intermède en deux actes, intitulé *le Vendemmiatrici* (les Vendangeuses), joué dans le carnaval de 1765, qui obtint du succès, et mérita les éloges du célèbre Piccini. Après un séjour de huit ans en Italie, il passa à Genève, où il composa un opéra (*Isabelle et Gertrude*) qui fut très-applaudi. Encouragé par Voltaire, qu'il voyait souvent à Ferney, il vint à Paris en 1769; il y passa plusieurs années sans trouver un moyen de faire connaître son talent, lorsque Marmontel consentit enfin à lui confier sa pièce du *Huron*, qui obtint un succès prodigieux. La musique de Grétry fut généralement goûtée, et, depuis cette époque, il eut comme à sa disposition les directeurs et les acteurs de l'Académie royale, et surtout ceux de l'Opéra-Comique; les poëtes se le disputaient pour mettre leurs pièces en musique, et la vogue de Grétry fut telle, que les noms des compositeurs les plus célèbres s'éclipsaient devant le sien. Il avait deux grands moyens pour réussir : un talent distingué dans son art, et une grande opinion de lui-même. Cette dernière qualité, très-essentielle à Paris, ne contribua pas peu au succès de ses ouvrages. « Je crois, dit-» il dans son livre intitulé *la Vérité*, » ma musique la plus vraie de toutes » les compositions dramatiques; elle » dit juste les paroles suivant leur » déclamation morale; je n'ai pas » exalté les têtes par un superlatif » tragique, mais j'ai relevé l'accent » de *la vérité*, que j'ai enfoncé plus » avant dans le cœur des hommes. » On l'accusa souvent de faire des fautes contre les règles, qui sont cependant fondées sur la *vérité*; il répondait alors : « Je sais que j'en fais » quelquefois; mais je veux les fai-» re. » Paesiello, Guglielmi, Cimarosa, s'ils en faisaient parfois, donnaient des raisons plus plausibles. En parlant de la musique de l'*Ami de la maison* : « N'est-ce pas vrai, » vrai, disait-il avec complaisance, » on dirait que c'est Marmontel

» qui a fait la musique, et que j'ai » fait le poëme ? » Cependant Marmontel, qui avait été l'origine de sa fortune, méritait qu'il en parlât avec plus de modération. Grétry a composé plus de vingt opéras, parmi lesquels on remarque *le Tableau parlant*, *Zémire et Azor*, *la Fausse magie*, *la Caravane*, *Richard Cœur-de-Lion*, etc., etc., qui tous se distinguent par l'expression du chant et la variété des modulations. Grétry est auteur des *Mémoires ou Essais sur la musique*, Paris, 1789 - 1797, in-8. Dans sa vieillesse, il crut pouvoir devenir tout à coup littérateur et politique, et fit imprimer un ouvrage qui a pour titre : *la Vérité*, ou *ce que nous fûmes, ce que nous sommes, ce que nous devrions être*, Paris, 1801, 3 vol. in-8; ce livre, rempli d'une obscure métaphysique ramassée en des lectures indigestes, ne parle pas à l'avantage ni des talens littéraires, ni des principes de l'auteur. Peu d'hommes ont obtenu plus de considération de leur vivant. Un de ses panégyristes (le comte de Livry) fit placer dans le vestibule de l'Opéra-Comique le buste de Grétry, qui ne pouvait entrer dans ce théâtre sans passer devant sa statue; monument bien flatteur pour son amour-propre. Il mourut à Montmorency le 24 septembre 1813. Ses obsèques furent magnifiques; tous les arts s'empressèrent à l'envi pour consacrer la mémoire de ce compositeur; on aurait dit, vu le cortége, la pompe qui accompagnait son cadavre, et l'affliction qui paraissait sur plusieurs visages, que l'on venait de perdre un bon roi, un sage législateur, ou un ami de la religion et des hommes. Cependant, quelques-uns auraient trouvé extraordinaire qu'on eût rendu ces mêmes honneurs à Bossuet,

à Fénélon, à Massillon, ou à Corneille, à Racine et à Molière.

GRILLET (Jean-Louis), historien et chanoine de la Roche en Savoie, où il naquit le 16 décemb. 1756. On a de lui plusieurs ouvrages dont le plus important est son *Dictionnaire historique, littéraire et statistique des départemens du Mont-Blanc et du Léman, contenant l'histoire ancienne et moderne de la Savoie et des personnes qui s'y sont distinguées par des actions dignes de mémoire, dans les sciences*, etc., Chambéry, 1807, 3 vol. in-8. Il fut recteur du collége de Carouges [1], où, par un excès de tolérance religieuse, il admettait pêle-mêle les catholiques, les protestans, les juifs; et l'on croit qu'il n'aurait pas même refusé des athées et des idolâtres. Il mourut le 11 mars 1812.

GRIMM (Frédéric - Melchior., baron de), critique allemand, naquit à Ratisbonne le 26 décembre 1723. Ses parens, quoique pauvres, lui donnèrent une bonne éducation; il fit ses études avec éclat, et au sortir du collége, il composa une tragédie, *Banise*, qui, malgré les critiques qu'elle essuya, ne manquait pas de mérite du côté du plan et du style. Forcé de chercher une occupation, il accepta l'emploi de gouverneur des enfans du comté de Schomberg, qui l'amena à Paris. Grimm, philosophe lui-même, se lia bientôt avec Rousseau : ce fut le goût pour la musique qui rapprocha ces deux hommes, dont les caractères étaient si différens : Rousseau, de son côté, lui fit faire la connaissance de d'Alembert, du baron d'Holbach, et de Diderot, dont Grimm se montre dans ses écrits admirateur jusqu'à l'enthousiasme; il ne l'est pas de même

---

[1] Ville frontière de la république de Genève, à laquelle on vient de la réunir en 1816.

avec les autres philosophes, qu'il juge avec plus d'impartialité. Il se brouilla ensuite avec Rousseau, c'est pourquoi le Genevois, dans ses Confessions, peint Grimm comme un homme faux, dur, égoïste et ingrat. Quelque vérité qu'il y ait dans ces expressions, il faut toujours se méfier du caractère sombre et ombrageux de leur auteur. Pendant ce temps, Grimm était devenu lecteur du duc de Saxe-Gotha, et ensuite secrétaire du comte de Frièse. Au moyen des riches appointemens qu'il avait de cette place, il put se livrer à son goût pour la dépense : admis dans la plus haute société, il se fit remarquer autant par son esprit que par l'élégance de ses manières ; son principal but était de plaire aux femmes, comme étant celles qui, à Paris surtout, assurent tous les succès. Dans cet objet, il soignait sa toilette et sa personne d'une manière qui devenait ridicule pour un homme, et encore davantage pour un homme instruit ; il employait les eaux les plus exquises pour laver son visage, et il en remplissait les inégalités avec du blanc de céruse ; ce qui le faisait appeler par ses amis *Tyran-le-Blanc*. Quelque assidu qu'il fût à faire sa cour aux dames, il ne négligeait cependant pas de cultiver l'amitié des philosophes. Le comte de Frièse étant mort, Grimm allait retomber dans un état non loin de l'indigence, lorsque le duc d'Orléans le prit pour secrétaire de ses commandemens. C'était alors l'usage, parmi les princes, d'avoir à Paris un correspondant qui les instruisait des progrès de la littérature française ; par malheur on choisissait toujours ces correspondans dans la classe des nouveaux philosophes. Grimm devint celui de la princesse de Saxe-Gotha, et bientôt après il fut en même temps en relation avec l'impératrice de Russie, la reine de Suède, le roi de Pologne, le duc de Deux-Ponts, la princesse héréditaire de Hesse-Darmstadt, et la princesse de Nassau-Saarbruck. Il paraît certain que dans ces correspondances il était aidé par Diderot. Le duc de Saxe le nomma, en 1776, son envoyé à la cour de France, lui conféra le titre de baron, tandis que plusieurs autres souverains l'honorèrent de la décoration de différens ordres. Grimm, malgré tout son philosophisme, ne vit qu'avec frayeur la révolution qui s'avançait à grands pas ; il quitta Paris, et se retira à la cour de Gotha. En 1795, l'impératrice de Russie le nomma son ministre plénipotentiaire près le cercle de Basse-Saxe. Une maladie qui le priva d'un œil l'obligea de quitter les affaires ; il revint à Gotha, où il mourut le 16 décembre 1807, ayant plus de quatre-vingt-cinq ans. On connaît de Grimm : I *Lettres à l'auteur du Mercure, sur la littérature allemande*. II *Le petit prophète Bohemischbroda*, 1773. III *Du poëme lyrique*, article inséré dans l'Encyclopédie, et qu'on regarde comme un traité complet sur ce genre de poésie. IV *Lettres à Frédéric, roi de Prusse*, où l'auteur n'est pas assez courtisan ; mais l'ouvrage qui assure la réputation de Grimm, est celui imprimé après sa mort, et qui a pour titre : V *Correspondance littéraire, philosophique, critique*, adressée à un souverain d'Allemagne, par Grimm et Diderot, Paris, 1812, 1813, 16 vol. in-8 ; elle comprend l'histoire de la littérature française depuis 1753 jusqu'à 1790 ; dans cette correspondance, Grimm se montre extrêmement partial pour cette philosophie, dont le principal but était de renverser la religion ; et en rendant compte de l'union qui règne entre les philosophes, il dit : *Notre sainte église philosophique, la cohorte philosophique, les fidèles, les vénérables........ les frères........* Il appelle Voltaire le *patriarche de Ferney*, et d'Argental est *un de ses grands vicaires; le vendredi est le jour ordinaire du bureau philosophique chez madame Necker*, etc. Malgré sa prédilection pour les philosophes, il ne manque pas pour cela de critiquer plusieurs des écrits du patriarche de Ferney; il va jusqu'à l'appeler *pantalon*, en y joignant néanmoins l'épithète de *sublime*; on l'entend blâmer le *persiflage* des uns, le *rabâchage* des autres. Grimm assujettit à la même critique Helvétius, Raynal, Rousseau, et l'auteur du Système de la Nature. Dans l'intervalle de vingt années, il semble revenir un peu de ses opinions philosophiques; en 1754, il tâche de démontrer les bienfaits de la philosophie, et attaque ses détracteurs; en 1774, il ne paraît pas persuadé *que ce soit une chose désirable d'être d'un siècle de philosophes.* En général, Grimm juge avec assez de bonne foi. Dans le tome 4, an 1777, il s'exprime ainsi : *On ne peut se dissimuler que la philosophie et les philosophes n'aient perdu beaucoup dans l'opinion publique depuis quelque temps, soit que ces messieurs aient compromis, dans plusieurs circonstances, leur protection et leur dignité, soit qu'ils se soient avilis eux-mêmes par des intrigues et des querelles scandaleuses... Ce qui peut avoir nui plus sérieusement encore à la considération de nos philosophes, c'est la publication du Système de la Nature, sans compter que cet ouvrage a révolté le plus grand nombre des lecteurs... Il paraît évident qu'il a gâté à tout jamais le métier de philosophe; c'est un charlatan qui dit* son secret... *D'ailleurs, cet excès d'audace a donné à toute la secte un caractère dont beaucoup d'honnêtes gens craignent de porter l'affiche*, etc. [1]. On doit sans doute s'étonner d'entendre ce langage d'un ami de Diderot, et surtout d'un philosophe; et dans ce cas on serait bien embarrassé de fixer la secte à laquelle Grimm appartenait, puisqu'il ne balance pas à mettre tous les philosophes dans une même catégorie, et qu'il honore du nom de charlatans ceux-là même qu'il avait encensés, et dont en quelque sorte il faisait partie. Nous ne pouvons que lui savoir bon gré d'une franchise dont on trouverait peu d'exemples; du reste, sa correspondance offre des aperçus neufs; elle annonce du goût et de la finesse; son style est vigoureux, correct et animé d'une saine critique quand il parle des matières qui sont de son ressort. Mais quand il veut parler de l'origine du christianisme, ou qu'il combat la liberté de l'homme, il se plonge dans des idées systématiques ou abstraites qui laissent tout à savoir, et qui sont souvent en contradiction avec les faits que nous offre l'histoire.

GRIVEL (Guillaume), littérateur, naquit le 16 janvier 1735 à Uzerche dans le Limousin; il exerça la profession d'avocat à Bordeaux, et vint à Paris vers 1788, fut professeur de législation, et a laissé les ouvrages suivans : I *l'Ami des jeunes gens*, Lille, 1764 – 66, 2 vol. in-12. II *Nouvelle bibliothèque d'histoire, de littérature et de critique*, tirée des *Ana*, ibid., 1763, 2 vol. in-12. III *Théorie de l'éducation*, Paris, 1776 - 84, 3 vol. in-12, trad. en allemand, Breslau, 1777, in-8. IV *Principes de politique, de finances, d'agriculture, de législation, et autres branches d'administration*, ibid., 1789, 2 vol. in-8. V *Analyse synoptique du cours de législation*, etc., 1802, in-8. Cet écrivain, dont Laharpe fait des éloges, mourut à Paris le 17 octobre 1810.

GROUVEL (Philippe-Antoine), naquit à Paris en 1758. Après avoir étudié les lois, il entra chez un notaire, qui le renvoya lorsqu'il apprit qu'il faisait des vers pour l'Almanach des Muses. Il remplaça Champfort dans sa qualité de secrétaire auprès de M. le prince de Condé, et eut du succès à la cour de Chantilly, où il fit jouer son petit opéra des *Prunes*, qui appartenait presque en entier à son ami Després. On vanta si fort cette bagatelle, que la reine la fit jouer deux fois à Versailles dans ses petits appartemens. La protection d'un prince du sang et les faveurs de la cour n'empêchèrent pas Grouvel, comme un grand nombre d'ingrats, de se jeter dans la révolution. Il était encore au service du prince de Condé, quand il fit paraître une brochure de *circonstance*: on lui donna sa démission; et c'est ce qu'il demandait. Depuis lors, il n'eut plus de contrainte, et se confondit parmi les démagogues du club de 1789. Après le 10 août 1792, il fut nommé secrétaire du conseil exécutif provisoire. C'est dans cette qualité qu'il accompagna le ministre de la justice au Temple, le 20 janvier 1793, et lut à Louis XVI le décret de la convention qui le condamnait à mort. Il ne put remplir sans remords cette odieuse mission; aussi sa figure était pâle, et sa voix faible et tremblante. Il occupa ensuite différens emplois, et fut ministre de France en Danemarck, en 1793 et en 1796. Quatre ans après il entra au corps législatif, et y fut réélu en 1802. Grouvel mourut à Varennes le 30 septembre 1806. Il était correspondant de l'Institut. En 1785, il avait donné une comédie, l'*Epreuve délicate*, jouée aux Français, mais qui n'eut qu'une seule représentation. Il est aussi auteur d'une ode, le *Duc de Brunswick*, et de plusieurs écrits révolutionnaires, tels que la *Satire universelle, prospectus dédié à toutes les puissances de l'Europe*, 1788, in-8 (avec Cérutti): il publia cette brochure au palais Bourbon. Il a donné une édition des lettres de madame de Sévigné, et une autre des *Œuvres de Louis XIV*. Un journal le maltraita si fort, à l'occasion de ce dernier ouvrage, en rappelant sa mission au Temple, qu'il en tomba malade; et on croit que le chagrin abrégea ses jours.

GUADET (Marguerite-Elie), un des chefs et des orateurs les plus fameux du parti de la Gironde, naquit à Saint-Emilion, en 1758. Il était avocat à Bordeaux, et, jeune encore, il jouissait d'une grande réputation, lorsqu'il fut nommé, en 1791, député à l'assemblée législative. Avant de partir de Bordeaux, Guadet et ses autres collègues avaient juré la ruine de la monarchie, et l'établissement d'une république. A leur arrivée à Paris, le club fameux qui portait le titre de *Société des amis de la constitution* était presque dissous; et après les événemens du Champ-de-Mars, il s'était partagé en deux, nommés des *Jacobins* et des *Feuillans*, du nom du local où ils tenaient leurs sessions. Les *girondins*, qui avaient besoin d'agens secondaires pour exécuter leurs projets, eurent recours aux clubistes, comme les plus exercés dans la lutte révolutionnaire. Guadet et ses amis choisirent les *jacobins;* les autres préférèrent la société des *feuillans;* mais le mauvais esprit qui animait ces deux clubs étant uniforme, chacun d'eux les amenait au même but. Cependant ce furent ces mêmes clubistes qui, deux ans après, proscrivirent les girondins, et les conduisirent à l'échafaud. Le cri qui rétentissait parmi tous les sectaires était dirigé contre le trône, cri que Guadet n'oubliait pas de répéter à l'assemblée législative. Un M. de G., député de la Gironde, demanda, le 28 octobre 1791, qu'on enjoignît, par une proclamation, à Monsieur, frère du roi (qui avait émigré), de rentrer dans le royaume, dans le délai de deux mois, sous peine d'être privé de ses droits. Guadet appuya cette motion; et quelques jours après il proposa « que si les Français réunis sur les bords du Rhin n'étaient pas rentrés dans le royaume au 1er janvier 1792, ils fussent poursuivis comme conspirateurs, et leurs biens séquestrés au profit de la nation. » Sur la nouvelle d'un congrès des puissances de l'Europe contre la France, il fit décréter que tout Français et règnicole qui y prendrait part, ou qui viserait à détruire la constitution, fût puni de mort, comme *coupable de lèse-nation.* Le 3 mai il fit rendre un décret contre l'abbé Royou, rédacteur du journal de *l'Ami du roi.* Guadet et ses amis ne se ralentirent pas dans la marche qu'ils avaient entreprise, et adoptèrent ou proposèrent les mesures les plus violentes jusqu'au mois de juillet 1792. Il appuya la pétition des soldats révoltés du régiment suisse de Châteauvieux. Il plaida la cause des brigands d'Avignon, qui éurent ensuite tant de part aux mas-

sacres de septembre, et appela leurs crimes *une erreur de bons citoyens.* On le soupçonna avec assez de justice d'être un des promoteurs du rassemblement séditieux qui pénétra dans le château des Tuileries le 20 juin 1792. (*Voy.* LOUIS XVI, *Sup.*) La faction des jacobins, et celle particulièrement de Danton, étaient devenues redoutables; ce dernier avait des projets bien différens. Cependant les girondins commencèrent à la craindre; ils entrèrent alors en négociation avec la cour, qui, dans ces circonstances critiques, aurait peut-être dû momentanément tout accorder; leurs propositions ne furent pas écoutées, et ils s'abandonnèrent de nouveau au torrent qui les entraînait. Aussi on entendit Guadet demander que cette populace armée, qui allait souiller le palais de ses maîtres, et mettre en danger les jours du roi et de la reine, fût admise aux honneurs de la séance, et qu'elle défilât dans la salle. Tous les cœurs n'étaient pas encore corrompus, et l'administration du département destitua le maire Péthion, qui ne s'était pas opposé aux désordres du 20 juin, ou plutôt parce qu'il les avait favorisés. Guadet entra alors en des fureurs extraordinaires, tonna contre la cour, les ministres et le département, et, aidé des siens, il obtint la réinstallation du maire. Il ne se montra pas moins violent contre le général la Fayette, qui, au nom de son armée, avait demandé la punition des coupables, et lui dit, dans un discours des plus véhémens, que *cette demande, libellée dans le style de Cromwél ou de César, ne pouvait être du fils aîné de la liberté.* Il voulut exiger, quand la Fayette se présenta lui-même à la barre, qu'on interpellât le ministre de la guerre, pour savoir s'il avait accordé un congé à ce général, pour quitter son armée en présence de l'ennemi; mais cette proposition fut presque unanimement rejetée. La journée du 10 août arriva, et la royauté fut anéantie. Les girondins, qui l'avaient préparée, n'y prirent cependant aucune part directe; et les honneurs en sont entièrement dus à Danton et à son parti. La prépondérance que prit alors cet homme farouche alarma de nouveau les girondins; et plusieurs d'entre eux, pour attendre un moment plus favorable à l'établissement de leur république fédérative, demandèrent qu'on nommât un gouverneur au prince royal. Cette proposition ne fut pas adoptée. Les girondins, n'ayant pu réussir à faire reconnaître le prince royal, qu'ils se flattaient de diriger selon leurs vues, firent tous leurs efforts pour se mettre à la tête du gouvernement; mais les factions contraires leur en disputèrent vivement le pouvoir. Il faut cependant rendre aux girondins la justice qu'ils n'eurent aucune complicité dans les proscriptions qui suivirent le 10 août, ni dans les massacres du 2 septembre : Guadet protégea même plusieurs de ces proscrits; mais ni lui ni les siens n'étaient assez puissans pour lutter contre la commune de Paris, alors dirigée par l'affreux Danton. Nommé député à la convention, Guadet y développa des talens dignes d'une meilleure cause. Il choisit avec adresse le moment où il vit l'indignation publique se manifester contre les crimes de septembre : il en demanda la punition, en même temps qu'il attaquait avec vigueur la faction d'Orléans. Celles de Danton et de Robespierre s'acharnaient davantage contre les girondins, en proportion que ceux-ci tâchaient d'avoir plus d'influence.

Un prêtre apostat, Châles, prétendit qu'on avait trouvé le nom de Guadet dans l'armoire de fer du château des Tuileries; et alors toutes les factions contraires se réunirent pour le dénoncer. Robespierre fut un des plus violens accusateurs des girondins, et notamment de Guadet, qui attaqua et terrassa souvent cette idole de la populace, et l'accusa à son tour, ainsi que Danton, d'être tous les deux les chefs d'une faction qui ne voulait que la rapine et le sang. Les girondins crurent gagner la faveur de la multitude et déjouer les factions, en proposant les mesures les plus violentes. Ils firent prononcer l'arrêt de mort contre tous ceux qui rappelleraient les Bourbons : ils n'oublièrent pas de faire aussi décréter l'arrestation du duc d'Orléans. Ils voulaient l'envoyer à Bordeaux; mais les jacobins le firent partir pour Marseille, où ils avaient leurs plus chauds partisans. Dans le mémorable procès de Louis XVI, Guadet sembla sentir des remords, et chercha avec ses collègues, Gensonné et Vergniaud, de soustraire Louis XVI au coup fatal qui le menaçait; mais, effrayés par les menaces des jacobins, ils votèrent enfin la mort de ce monarque. Guadet vint cependant le lendemain demander qu'on mît un sursis à l'exécution, et il fut appuyé de presque tous les girondins; mais leurs tentatives furent vaines, et fournirent contre eux de nouvelles armes à leurs ennemis. Guadet lutta encore quelque temps avec un courage héroïque contre tous les puissans adversaires de son parti; mais ceux-ci redoublaient toujours leurs attaques. Deux sections vinrent à la barre demander la déchéance des girondins. Réal, agent de Danton, fit ensuite la même demande au nom de toutes les

X.

sections réunies, qui avaient envoyé leurs pétitionnaires. Guadet demeura encore vainqueur. Les deux factions firent sonner le tocsin le 31 mai 1793, et l'insurrection devint générale. C'était précisément le même moyen dont s'étaient servis les girondins contre le roi, le 20 juin 1792. Une foule armée, conduite par Henriot (*voy.* ce nom, *Supp.*), entoura la convention; et l'on ne vit pas sans surprise un savant, nommé Hassenfratz, se présenter à la barre, à la tête des plus factieux. Guadet monta à la tribune, harangua la convention et le peuple, et son parti triompha. Jamais il ne s'était montré plus éloquent; mais ce fut là sa dernière victoire. Le lendemain et le 2 juin l'insurrection devint plus terrible, et les girondins succombèrent. On en arrêta plusieurs, et les absens furent mis hors la loi. Guadet et quelques-uns de ses amis avaient pu s'enfuir et se réfugier dans le Calvados. Ils parvinrent à intéresser en leur faveur les habitans, et même le général Wimphen, qui commandait dans ce département. On avait déjà organisé une armée qui devait marcher sur Paris; mais les girondins persistant toujours dans leurs idées républicaines, et ces habitans étant pour la plupart royalistes, ils se virent bientôt abandonnés. Guadet s'enfuit alors à Bordeaux, où les agens des deux factions s'étaient ressaisis du pouvoir. Il se cacha à Libourne, chez son vieux père; mais ayant été découvert, il fut arrêté et jugé à mort. Arrivé au lieu de son supplice, il voulait haranguer le peuple, mais un roulement subit dès tambours vint étouffer sa voix. Il fut exécuté le 17 juillet 1794. Son malheureux père et sa tante, l'un âgé de soixante-dix ans et l'autre de soixante-cinq, périrent quelque

temps après sur l'échafaud, ainsi que son frère cadet, qui était adjudant-général à l'armée de la Moselle.

GUÉNÉE (Antoine), chanoine d'Amiens, et abbé commendataire de l'Oroy, diocèse de Bourges, naquit à Etampes en 1717 de parens peu fortunés. Il fit ses études à Paris avec assez de succès pour mériter d'être agrégé à l'université. Cette qualité donnait droit à une chaire. Il obtint au collège du Plessis celle de rhétorique, qui avait été occupée par Rollin. Il prit ce célèbre maître pour modèle, et s'appliqua comme lui à inspirer à ses élèves, avec le goût des lettres, le respect pour la religion et l'amour de la vertu. Après avoir professé 20 ans, il obtint le titre d'*émérite* avec la pension y attachée, et profita de son loisir pour faire une étude approfondie de la religion, à la défense de laquelle il se proposait de consacrer son temps. Il possédait le grec, langue enseignée dans l'université. Il avait appris l'hébreu; il voulut savoir quelques langues modernes, utiles à son but, et s'appliqua à l'allemand, à l'anglais et à l'italien. Il fit même quelques voyages dans les pays où ces langues se parlent, pour s'y perfectionner. Le fruit qu'il en retira fut de pouvoir traduire en français plusieurs bons ouvrages écrits dans ces langues, et de se mettre en état de réfuter ceux où la religion avait été attaquée. Quelque retirée que fût la vie que menait l'abbé Guénée, tout entier à ses études, il était impossible que son mérite et ses travaux n'attirassent pas sur lui les yeux de la partie éclairée du public. Le vertueux M. de la Motte, évêque d'Amiens, lui donna un canonicat de sa cathédrale; le cardinal de la Roche-Aymon, grand aumônier de France, l'attacha à la chapelle de Versailles ; les assemblées du clergé de 1775 et de 1780 mentionnèrent honorablement ses services, et en 1778, l'académie des inscriptions et belles-lettres le reçut au nombre de ses associés, à la place du célèbre le Beau, dont il avait pris des leçons. C'est aussi à peu près vers ce temps que l'abbé Marie, son ami, ayant été nommé sous-précepteur des enfans de M. le comte d'Artois, désira et obtint que l'abbé Guénée partageât avec lui les soins de cette éducation. Appelé ainsi à la cour, il y vécut dans une profonde retraite, ne se mêlant d'aucune affaire, ne s'y occupant que de ses devoirs, et employant le peu de momens libres qu'il avait à des écrits utiles. Il fut nommé en 1785 à l'abbaye de l'Oroy. La révolution survenue quelques années après, la lui enleva et le sépara de ses élèves. Il se retira près de Fontainebleau dans un domaine qu'il avait acquis, et qu'il essaya d'exploiter. Ses essais n'ayant point été heureux, il alla s'établir à Fontainebleau. Soit qu'il le dût à son âge et à son mérite, ou peut-être à l'obscurité dans laquelle il vivait, il ne paraît pas qu'il ait été inquiété pendant les orages révolutionnaires, quoique le château de Fontainebleau fût converti en une prison où était entassé un grand nombre de prêtres. Il y eut un chagrin cuisant, causé par la mort tragique de son ami l'abbé Marie. Il ne trouva plus dès lors de consolations que dans la résignation religieuse, et l'espérance d'un avenir où l'homme juste trouvera la récompense du bien qu'il aura fait, et le dédommagement des maux qu'il aura endurés. C'est dans ces sentimens pieux que l'abbé Guénée mourut le 27 novembre 1803, âgé de 86 ans. Il a laissé : I *la Religion chré-*tienne *démontrée par la conversion et l'apostolat de saint Paul,* Paris, 1754, un vol. in-12 ; traduit de l'anglais de lord Littleton, avec deux discours *sur l'excellence intrinsèque de l'Ecriture,* trad. de l'anglais de Seed. II *Observations sur l'histoire et sur les preuves de la résurrection de Jésus-Christ,* trad. de l'anglais du chevalier West, contre Woolston, Paris, 1757, I vol. in-12. III *Les Quakers à leur frère Voltaire,* Paris, 1768, in-8. IV Une édition de l'écrit de Sherlock contre Woolston, intitulé : *Les Témoins de la résurrection de Jésus-Christ, examinés suivant les règles du barreau,* traduit par le Moine. V *Lettres de quelques Juifs portugais, allemands et polonais à M. de Voltaire,* 1769, I vol. in-8, et depuis porté à 4 vol. ; 7 à 8 éditions ; ouvrage justement célèbre, et dont le succès fut complet. Une fine critique, des raisons solides, jointes à des plaisanteries piquantes et délicates, des complimens même assez flatteurs, dont l'ironie était tellement ménagée qu'il était impossible qu'on s'en fâchât, forment le caractère de ce livre, auquel Voltaire lui-même, tout vaincu et moqué qu'il y était, ne put s'empêcher de rendre justice. Aussi écrivait-il à son ami d'Alembert, « que le secrétaire juif n'était pas sans esprit et sans connaissances, mais.... qu'il mordait jusqu'au sang, en faisant semblant de baiser la main. » Le titre d'associé à l'académie des inscriptions exigeait quelques tributs de la part de l'abbé Guénée. Il les paya ; mais ce fut en même temps un hommage rendu à la religion, et la réfutation de quelques assertions hardies et sans preuves. Voltaire et quelques autres écrivains, en considérant l'état actuel

dé stérilité de la Palestine, prétendaient infirmer la véracité des livres
saints, où elle est représentée comme
une terre fertile et abondante. L'abbé Guénée lut à l'académie quatre
mémoires sur la Judée. Il prouve
dans le premier, que jusqu'à Adrien
elle était regardée comme une terre
dont on pouvait dire, selon l'expression des livres saints, qu'il y
*coulait des ruisseaux de lait et de
miel* [1]. Observant ensuite que Dieu
n'avait pas promis aux juifs que la
Palestine conserverait sa fertilité,
même quand elle ne leur appartien-
drait plus, il montre dans les trois
autres mémoires que c'est à la conquête d'Omar et au mauvais gouver-
vernement des Turcs qu'il faut attribuer le changement déplorable
qui s'est opéré dans cette contrée;
et que par conséquent les raisonnemens qu'on prétend tirer de la stérilité actuelle ne sont appuyés sur
aucune base solide. Concluons avec
un critique, « qu'on ne peut refuser à l'abbé Guénée une grande érudition, une profonde connaissance
de l'histoire ancienne en général,
et de celle des Hébreux en particu-
culier, une logique vive et pressante, de la justesse dans les idées,
de la netteté dans le style; » et ce
qui vaut mieux que tout cela, le
mérite d'avoir fait de son temps et
de ses talens un emploi digne de
l'état qu'il avait embrassé.

GUÉNIN (Marc-Claude), l'un
des auteurs des *Nouvelles ecclésiastiques*, connu aussi sous le nom
de *l'abbé de Saint - Marc*, naquit à Tarbes en 1730. Il fut élevé, sous l'épiscopat de M. de Caylus, au séminaire d'Auxerre, et
imbu des principes que ce prélat
favorisait dans son diocèse, re-
fuge ouvert alors aux *appelans*, et

[1] Nombres, XIII, 28.

à tous ceux qui ne voulaient point
recevoir les décisions de Rome sur
les affaires du jansénisme. A la mort
de M. de Caylus, Guénin alla joindre en Hollande ceux qui, soutenant les mêmes opinions, s'y étaient
réfugiés. Il acheva près d'eux ses
études. Il paraît qu'il y fit des progrès, et qu'on fut assez content de
son affection à la cause commune,
pour le charger de rédiger les
Nouvelles ecclésiastiques. On connaît l'esprit de cette feuille : il ne
changea point sous la plume de l'abbé
de Saint - Marc, nom qu'il affecta
depuis de porter. La feuille ne devint ni plus modérée, ni de meilleure
foi, ni plus respectueuse pour le
saint-siége et les autres autorités ecclésiastiques. Guénin avait pour collaborateurs Larrière et Hautefage.
Les colonnes du parti, Maultrot,
Gourlin, l'abbé Mey, revoyaient et
soignaient les articles de théologie,
sur lesquels Guénin n'était pas fort.
L'imprimerie était établie à Paris,
rue Copeau. Guénin fut le rédacteur des *Nouvelles* jusqu'en 1793.
Quoiqu'on y eût soutenu et défendu
la constitution civile du clergé, qu'on
y déclamât sans cesse contre le pape
et les évêques, ce qui était fort à
l'ordre du jour, et qu'on y eût constamment favorisé les innovations
religieuses et politiques, on crut
néanmoins prudent, quand la convention ne voulut plus de culte,
et que la terreur s'établit, de cesser
d'imprimer cette feuille dans la capitale. Guénin discontinua donc d'y
travailler; mais l'abbé Mouton la fit
aussitôt reparaître à Utrecht sous le
même format et dans le même sens.
Il la rédigea jusqu'à sa mort, arrivée
en 1803. Depuis lors elle n'a plus
paru. Guénin, lorsque la terreur fut
passée, s'attacha aux *Annales de la
Religion* qui s'imprimaient chez Des-

bois de Rochefort, ancien curé de Saint-André-des-Arcs, et évêque constitutionnel. Ce journal, suivant à peu près les mêmes erremens que les *Nouvelles*, devait convenir à ses opinions et à ses habitudes. Il mourut le 12 avril 1807. On n'est point sûr qu'il fût dans les ordres; on croit qu'il avait reçu le sous-diaconat. (*Voyez* DESBOIS; *voy.* aussi GOURLIN, Dict.; MAULTROT, MEY, MOUTON, *Suppl.*)

GUÉRIN DU ROCHER (Pierre), jésuite, né en Normandie, près de Falaise, en 1731, resta dans la société jusqu'à sa suppression. Il était savant dans les langues orientales, et avait fait une étude de l'Ecriture sainte et des historiens qui ont écrit sur les premiers temps. Il crut entrevoir de l'analogie entre leurs récits et la Bible. Il lui sembla que ce qu'ils racontaient n'était qu'une image défigurée de l'Ecriture sainte, et que les personnages qu'ils mettaient en scène avaient, avec ceux des saints livres, un rapport qu'il était impossible de méconnaître, quand on l'examinait de près. L'histoire de l'Egypte et des Egyptiens, par exemple, telle qu'on la trouve dans Hérodote, Manethon, Eratosthène, Diodore de Sicile, lui paraissait offrir un rapprochement si visible avec celle des Hébreux, qu'il croyait impossible qu'il échappât aux yeux les moins exercés, quand on en fait la comparaison. La conséquence qu'il en tirait, c'est que les prêtres égyptiens ont eu connaissance des livres des Hébreux, et que c'est sur ce canevas qu'ils ont fabriqué leurs annales et l'histoire de leurs nombreuses dynasties, ou suite de rois, dont les noms altérés, il est vrai, peuvent pourtant se reconnaître dans les historiens sacrés. Guérin du Ro-

cher a trouvé des adversaires. Laharpe, de Guignes, Anquetil, l'abbé Duvoisin, combattirent son système. L'abbé Bonnaud et Louis Chapelle, ancien professeur de philosophie, le défendirent; le premier par un livre intitulé *Hérodote, historien du peuple hébreu sans le savoir;* et l'autre, par son *Histoire véritable des temps fabuleux, confirmée par les critiques qu'on en a faites.* Le livre de Guérin du Rocher parut sous le titre d'*Histoire véritable des temps fabuleux,* 1777, 3 vol. in-8. Ce n'est que le commencement d'un grand ouvrage qui devait avoir 12 vol. Guérin du Rocher ne l'acheva point et se livra tout entier à la direction des consciences. Il fut massacré au séminaire de Saint-Firmin, dans les désastreuses journées de septembre 1792. Avec lui et de la même manière périt Robert-François Guérin, son frère aîné, aussi jésuite, et qui avait travaillé dans les missions d'Orient, d'où il avait rapporté des mémoires qu'il se proposait de publier. On dit que Pierre Guérin du Rocher eut part à *la Connaissance des Temps* de 1771.

GUFFROY (Alexandre-Benoît-Joseph) naquit en 1740 à Arras, où il exerçait la profession d'avocat. En 1787 il fut député à Paris par les états d'Artois. Il embrassa la révolution avec enthousiasme, et dès son commencement il chercha à attirer sur lui les regards du public par plusieurs brochures incendiaires. En 1790 il fut nommé juge de paix d'Arras, et en septembre 1792 député du Pas-de-Calais à la convention. Il rédigeait le journal intitulé *Rougiff* (anagramme de Guffroy), ou *le Franc en vedette,* une de ces feuilles périodiques qui, dans ces temps calamiteux, contribuèrent le plus à échauffer les esprits. Celle de Guffroy était remplie des expressions les plus violentes contre la cour et ses partisans. Il y disait entre autres choses : « Abattons les » nobles ; tant pis pour les bons s'il » y en a ; que la guillotine soit en » permanence dans toute la républi- » que; la France aura assez de cinq » millions d'habitans. » Peu avant le procès de Louis XVI il publia un pamphlet où il disait que « le bon- » heur du peuple tenait au supplice » de ce monarque. » Dans le vote qu'il émit dans le plus affreux des procès, il s'exprimait en ces termes : « La vie de Louis est une longue » chaîne de crimes ; la nation et la » loi me font un devoir de voter » pour *la mort* et contre *le sursis*. » Devenu membre du comité de sûreté générale en septembre 1793, il fit placer le buste de Descartes au Pan- théon, et, ce qui doit paraître extraordinaire dans un tel homme, il demanda le même honneur pour les restes de Fénélon. Il se déclara, le 17 février 1794, le défenseur de Chaudot (*voyez* ce nom, *Supplé- ment*), et sollicita sa délivrance. Il paraît que les exploits révolution- naires de Guffroy eurent un terme à cette époque. Son journal chan- gea tout à coup de ton et d'esprit. L'apostat Châles le dénonça au club des jacobins comme infecté *du poison aristocratique*. On l'accusa ensuite d'avoir des intelligences se- crètes avec le marquis de Travanet, et de protéger le nommé Dumier, serrurier de Louis XVI. Robes- pierre le chassa du club des jaco- bins : aussi Guffroy fut un de ceux qui travaillèrent le plus à la chute de ce terroriste. Après sa mort il se rangea du parti de ses ennemis, appelés *thermidoriens*, du mois (9 thermidor) où Robespierre et les

siens avaient succombé. Il prit alors à tâche de dénoncer tous ses collè- gues, et notamment Lebon, jadis son élève et son ami. (*Voyez* LEBON, *Supplément.*) Enfin il fut lui-même accusé par Gouchery, membre du conseil des cinq-cents, comme ayant causé la mort de Rou geville et fait arrêter son fils, dont il était débiteur. Cette accusation, jointe au mépris qu'il s'était attiré de toutes les factions, devait le conduire au supplice : cependant elle n'eut pas de suite ; et Guffroy put, après la session, se retirer tranquillement dans sa patrie. Peu avant le 18 brumaire il revint à Paris, et il fut nommé chef-adjoint au ministère de la justice. Il mourut en 1800, âgé de soixante ans. Il a publié plusieurs écrits révolution- naires, tels que : I *Lettre en ré- ponse aux observations sommaires de M. l'abbé Sieyes sur les biens ecclésiastiques*, 1789, in-8. II *Discours sur ce que la nation doit faire du ci-devant roi*, 1792, in-8. III *Le Tocsin sur la per- manence de la garde nationale*, etc., *sur l'emploi des biens de l'é- glise en acquit des dettes de la na- tion*, 1789, in-8. D'après les titres de ces ouvrages, on peut connaître l'esprit dans lequel ils étaient ré- digés.

GUICHARD (Jean-François), littérateur, naquit à Chartrette, près de Melun, le 5 mai 1731. On a de lui plusieurs poésies, quelques *Opéras*, un *Recueil d'épigrammes* contre le journaliste Geoffroy, une *Ode sur la paix*, 1748, et ses *Fa- bles*, *Contes* et autres poésies, avec plusieurs morceaux de prose, 1803, 2 v. in-12, etc. La licence qui règne dans ces contes fait disparaître en quelque sorte le mérite de la versification, qui est agréable et facile. Guichard mourut dans son pays en 1811.

GUIGNES (Joseph de), savant orientaliste, naquit à Pontoise le 19 octobre 1721. Il était cousin de M. Levaillant, professeur à l'université, qui le plaça auprès du célèbre Fourmont ; et après la mort de ce savant, en 1745, il le remplaça à la Bibliothèque royale dans l'emploi de secrétaire interprète des langues orientales. Jeune encore, Guignes obtint une pension du roi, et peu de temps après il publia son mémoire sur l'*Origine des Huns et des Turcs* (1748), qui lui mérita la place de censeur royal ; il fut agrégé à la société royale de Londres, et ensuite à celle des belles-lettres. Il devint en 1769 gardé des antiques du Louvre, occupa pendant quelque temps la chaire de syriaque à l'université, et fut nommé en 1773 pensionnaire de l'académie des belles-lettres, et en 1785 du comité pour la publication des *notices des manuscrits*. Il était à cette même époque rédacteur du *Journal des Savans*. La révolution le priva de ses traitemens ; mais, fidèle à ses principes, il ne brigua et même il n'accepta aucune place. Il mourut à Paris le 19 mars 1800. On a de ce savant différens ouvrages, dont voici les plus remarquables : I *Histoire générale des Huns, des Turcs, des Mogols et des autres Tartares occidentaux, avant et depuis J.-C. jusqu'à présent* ; précédée d'une *Introduction contenant des tables historiques et chronologiques des princes qui ont régné dans l'Asie*, Paris, 1756 et 1758, 5 vol. in-4. Cette histoire a été traduite en allemand. II *Mémoire dans lequel on prouve que les Chinois sont une colonie égyptienne*, Paris, 1759 et 1760, in-12. Ce mémoire, où l'au-

teur fonde ses preuves sur la ressemblance des caractères chinois avec les lettres phéniciennes, fut vivement attaqué par Paw, et par Deshauterayes, condisciple de l'auteur ; et on n'a considéré depuis le système de Guignes que comme le rêve ingénieux d'un homme d'esprit. Guignes a laissé une *Vie de Fourmont*, Paris, 1747 ; in-4 ; plusieurs *Mémoires savans* consignés dans les *Notices des écrits* de l'académie, etc. On lui doit une édition corrigée du *Chou-King* (1770, in-4), livre sacré des Chinois, traduit par le P. Gaubil, et une autre édition de l'*Art militaire des Chinois* (1771).

GUILLARD (Nicolas-François), auteur dramatique, né à Chartres en 1752. Il vint jeune à Paris, où l'abbé Barthélemi le présenta au duc et à la duchesse de Choiseul. La marquise de Turpin l'admit dans une société littéraire qu'elle avait fondée, et qu'elle appelait la Table ronde, où se réunissaient Favart, Voisenon, Boufflers et autres littérateurs alors en vogue. Guillard conserva toujours de bons principes, et mourut le 26 décembre 1814, assisté dans ses derniers momens par M. de Lubersac, ancien évêque de Chartres, et de M. l'abbé Frayssinous. Il s'était consacré au genre tragi-lyrique, et ses opéras eurent beaucoup de succès, notamment *Iphigénie en Tauride*, *Electre*, *Olympie*, *les Horaces* ; et surtout *OEdipe à Colonne*, représenté en 1787. On trouve parmi ses autres opéras *Louis IX en Egypte* (1790) : ceux qui n'aiment pas à voir figurer les saints sur un théâtre pourraient bien critiquer Guillard de l'avoir placé à l'Opéra.

GUILLEMARDET (Ferdinand-Pierre-Marie-Dorothée) naquit en Bourgogne vers 1746. Il était médecin à Autun à l'époque de la révolution, dont il adopta les principes. Après avoir été employé dans l'administration de Saône-et-Loire, il fut nommé député à la convention, où il se rangea du côté des *montagnards*. Il en partagea les fureurs, et vota *la mort* de Louis XVI. Ce crime affreux ayant été consommé, il changea tout à coup de système. Il poursuivit Robespierre et les terroristes, et prit parti parmi les *thermidoriens*. Guillemardet fut envoyé avec les instructions de Fauché dans les départemens de Saône-et-Loire, de l'Yonne et de la Nièvre. Il trouva dans ce dernier département que tous les factieux qui composaient le comité révolutionnaire, dans le délire de leur jacobinisme, avaient changé leurs noms de baptême en des noms grecs ou romains. Guillemardet les fit tous rassembler sous un prétexte spécieux, et leur demanda leurs noms et leurs prénoms. Ayant entendu que l'un s'appelait Caton, l'autre Brutus, ou Timoléon, ou Scævola, etc., « Gendarmes, dit-il, en vertu » de la loi du . . . . . , arrêtez tous » ces étrangers-là. » Et ils furent en effet arrêtés par la force armée qui accompagnait Guillemardet. La convention étant dissoute, il suivit le parti du directoire, attaqua les membres du nouveau tiers, et plus particulièrement les généraux Pichegru et Wilmot. Il contribua puissamment à la révolution du 18 fructidor, et en récompense de ses services il fut nommé en 1798 ambassadeur en Espagne, où il joua un rôle peu convenable à sa dignité diplomatique. Il passait sa vie entre les femmes et les excès de la table. Buonaparte le rappela, et, lors de l'établissement des préfectures, il

lui accorda celle de la Charente-Inférieure, d'où il alla en 1806, avec la même place, au département de l'Allier. Une passion honteuse le déshonora; et un duel, qui en fut la conséquence, compléta le scandale. Objet du mépris de tous les habitans qu'il gouvernait, il devint fou, et mourut en 1807.

GUYTON DE MORVEAU (Louis-Bernard), chimiste, naquit à Dijon le 4 janvier 1737 ; destiné au barreau, il n'avait pas atteint sa dix-huitième année, qu'on lui accorda des dispenses d'âge, et il fut pourvu de la charge d'avocat général au parlement de Dijon ; charge qu'il remplit avec honneur. Il avait un goût décidé pour la chimie, et pour mieux se perfectionner dans cette étude, il avait appris plusieurs langues modernes. En 1774, il parvint à obtenir des états de Bourgogne la fondation d'une chaire de chimie, qu'il occupa lui-même pendant treize ans. Guyton de Morveau traduisit et fit connaître en France divers ouvrages de Bergmann, de Scheele et de Black, et se mit en correspondance avec les plus érudits parmi les chimistes étrangers. L'ouverture d'un caveau (en 1773) dans la cathédrale de Dijon produisit un typhus mortel qui ne put être dissipé que par l'acide muriatique oxigéné; cet événement donna lieu à la précieuse découverte, faite par Guyton, du pouvoir des fumigations acides contre les miasmes contagieux; l'année suivante, on désinfecta les prisons de cette ville par le même procédé, qui empêcha dans la suite les progrès de l'épidémie apportée par les armées de 1813 et de 1814. Quelques désagrémens qu'il eut de la part du parlement de Dijon le déterminèrent à se démettre de sa charge en 1782. Né avec un caractère doux, et ayant toujours montré des bons principes, on s'étonna de voir Guyton de Morvau embrasser avec une espèce de délire les principes de la révolution. En 1791 il fut nommé par son département député à l'assemblée nationale, et soit dans cette assemblée comme à la convention, il se rangea du parti des démagogues, et appuya toujours les mesures les plus violentes; il mit le comble à ses torts, d'ailleurs très-graves, en votant pour la mort de l'infortuné Louis XVI. En 1794, il fut nommé commissaire auprès de l'armée du Nord; c'est là qu'il tâcha de perfectionner les ballons aérostatiques pour reconnaître les positions et les mouvemens de l'ennemi; il monta lui-même sur un de ces ballons, qui, pour la première fois, furent de quelque utilité à la bataille de Fleurus. De retour à Paris, il contribua à l'établissement de l'école polytechnique, où il occupa une chaire pendant onze ans, et il fut ensuite administrateur de la Monnaie, où il eut part au nouveau système monétaire; quelque temps après, il reçut le titre de baron et la croix de la Légion-d'Honneur. Guyton était chancelier de l'académie de Dijon: ses talens dans la chimie le firent agréger à la société royale de Londres et à l'Institut de France, lors de son institution, en 1796. Au retour des Bourbons, il perdit sa place d'administrateur; mais la clémence royale l'en dédommagea par une pension. Il mourut le 16 janvier 1816, à l'âge de soixante-dix-neuf ans. Il a laissé un grand nombre d'ouvrages dont les principaux sont: I *Elémens de chimie théorique et pratique* (avec Maret et Durande), Dijon, 1776, 1777, 3 vol. in-12, traduit en allemand et en espagnol. II *Dictionnaire de chimie*, 1786, 1 vol., etc. On remarque dans ce dictionnaire l'article *acide*, qui passe pour un chef-d'œuvre. III *Vie privée d'un prince célèbre*, ou *Détails des loisirs du prince Henri de Prusse*, 1784, in-8 et in-18, etc.

H.

HACHETTE (Jeanne), naquit à Beauvais vers l'an 1447, et se rendit célèbre à l'occasion où Charles, duc de Bourgogne, dit *le Téméraire*, vint assiéger cette ville. Elle encouragea les habitans à rester fidèles à leur souverain légitime et à faire une vigoureuse résistance. Jeanne, accompagnée d'autres femmes intrépides, monta à la brèche, et après différens exploits, arracha l'étendart des mains d'un soldat bourguignon, et le porta à l'église des Jacobins, où il existe encore. Ses concitoyens, animés par son exemple, repoussèrent les ennemis, et obtinrent sur eux une victoire complète. Louis XI, en récompense de ce service important, accorda aux femmes de Beauvais, par des lettres patentes datées d'Amboise 1473, le droit de précéder les hommes dans la procession et à l'offrande le jour de Sainte-Agadrème, patronne de la ville. Aucun historien n'est d'accord sur le véritable nom de la principale héroïne de Beauvais; et ce n'est que par une ancienne tradition qu'on lui a conservé le nom de Jeanne Hachette.

HACQUET (Balthazar), naturaliste, naquit au Conquet en Bretagne en 1740, et passa, jeune encore, dans les états autrichiens, et fut successivement professeur de chirurgie au lycée de Laybach en Carniole, secrétaire perpétuel de la société impériale d'agriculture et des arts de cette ville, professeur d'histoire naturelle (en 1788) à l'université de Lamberg, et membre du conseil des 'mines à Vienne. Il mourut dans cette ville le 10 janvier 1815, et a laissé les ouvrages suivans : I *Voyage physico ▓▓▓litique dans les Alpes dinaire▓▓▓, juliennes, carniennes, rhétiques et noriques*, etc., fait de 1784 à 1786, Nuremberg, 1791, 2 v. in-8. II *Nouveau voyage physico-politique fait en 1788 et 1789 dans les monts Carpathes, Daces ou septentrionaux*, Nuremberg, 1790-91-94-96, 4 v. in-8. III *Voyage minéralogique et botanique du mont Terglon en Carniole au mont Glockneren, dans le Tyrol, fait en 1779 et 1781*, Vienne, 1784. On a aussi de Hacquet une *Octographia Corniolica*, etc., qui a eu quatre éditions (de 1778 à 1789, 4 v. in-4, avec cartes et fig.), et plusieurs mémoires intéressans.

HAEBERLIN (François-Dominique), publiciste et historien allemand, naquit à Grimnelfingen, près d'Ulm, le 31 janvier 1720, fut professeur d'histoire et de droit à Helmstadt, professeur et bibliothécaire dans cette université, et conseiller intime de justice. Il mourut le 20 avril 1787. Il a laissé beaucoup d'ouvrages dont nous citerons les principaux : I *De familiâ augustâ Wilhelmi Conquestoris, regis Angliæ, diplomatibus et optimis scriptoribus innixâ*, Gottingue, 1745, in-4. II *De Austrægis*

generatim necnon de jure Austrægarum S. R. J. liberæ civitatis, Ulmanæ speciatim, Helmstadt, 1759, in-4. III *Analecta medii ævi ad illustranda jura, et res germanicas, edidit, præfatus est, et notulas aspersit*, Nuremberg et Leipsig, 1764, in-8. IV *Histoire moderne de l'empire d'Allemagne depuis le commencement de la guerre de Smalkalden jusqu'à nos jours*, Halle, 1775-1791, 21 v. in-8. Il est à regretter que cet excellent ouvrage n'ait pas encore trouvé de continuateur. Peu d'historiens ont réuni comme Hæberlin une exacte précision à l'érudition la plus profonde et la plus étendue.

HAMILTON (sir William), savant écossais, naquit d'une famille distinguée près d'Edimbourg en 1730. Il dut sa fortune à un mariage avantageux, contracté en 1755, qui le mit en état de figurer d'une manière digne de sa naissance. En 1764 il fut nommé ambassadeur à la cour de Naples. Doué d'une grande instruction, il employa tous les loisirs que lui laissait sa place à protéger les arts et à observer les phénomènes les plus intéressans de la nature ; et c'est à ses observations que l'on doit les ouvrages que nous indiquerons plus bas. Sa société à Naples était formée des savans et des artistes les plus distingués, dont il encourageait les travaux. Il avait une amitié toute particulière pour Duclos et Morghen, célèbre graveur, qu'il admettait souvent à sa table. Son cabinet était un des plus curieux de l'Europe ; mais il n'oubliait pas ses intérêts tout en accordant sa protection aux arts ; et ils devenaient pour lui un objet de spéculation. Il avait en cela le même système que plusieurs grands seigneurs de l'Angleterre, qui spéculent assez volontiers non-seulement sur les chevaux, mais aussi sur les monumens antiques, en les déplaçant même d'où ils étaient plus dignement admirés. On ne peut cependant accuser lord Hamilton de cette espèce de vandalisme; il ne voulait que tirer un profit réel de ses recherches et de son goût pour les chefs d'œuvre du génie. Aussi un ambassadeur français à la cour de Naples disait : « Cet Anglais s'affiche pour protéger les arts, et ce » sont les arts qui le protégent, car » ils l'enrichissent. » Le trait suivant prouvera combien cette observation était juste. Il avait fait peindre sa seconde femme par madame Lebrun, et il avait payé ce portrait 100 guinées. Un amateur lui en offrit deux cents de gain, et il le vendit sans balancer. Peu d'années après il céda l'original à l'amiral Nelson. Parmi les belles acquisitions que fit lord Hamilton, il faut citer une superbe collection de vases grecs, qu'il acheta en 1765 de la maison Porcinari à Naples, et dont l'artiste Hancarville a donné les dessins dans un ouvrage publié sous les auspices du roi d'Angleterre, et qui a pour titre : *Antiquités étrusques grecques et romaines*, tirées du cabinet de M. Hamilton (en anglais et en français), 1766, 2 vol. in-fol., que M. David a reproduit avec le texte français seulement, Paris, 1787, 5 vol. in-4, réimprimé en deux langues à Florence, 1801-1808, 4 vol. in-fol. Sir Hamilton fut reçu en 1766 membre de la société royale d'Angleterre, et en 1772 il fut fait chevalier du Bain. Trois ans après il perdit sa fille unique, et en 1782 sa première épouse, qui était l'exemple de toutes les vertus. Après vingt ans d'absence il fit un voyage en Angleterre en 1784, pour empêcher, dit-on, son neveu M. Greville d'é-

pouser une femme dont les mœurs la rendaient indigne de cette alliance. Le mariage n'eut pas lieu; mais cette même femme (Miss Harte) étant dans la suite venue à Naples, sut tellement plaire à sir Hamilton qu'il se dégrada jusqu'à en faire son épouse. (*Voyez*, l'article suivant.) En 1791 il fut nommé conseiller privé. Lorsque les Français envahirent le royaume de Naples (1798), il suivit Ferdinand VII à Palerme, où il ne joua qu'un rôle secondaire. Rappelé en 1800 par son gouvernement, il mourut à Londres le 6 avril 1803. Sa seconde femme l'avait ruiné; aussi il ne put lui laisser que les débris d'une grande fortune, consistant en 700 livres sterl. de rente. On a de lui : I *Observations sur le mont Vésuve, sur le mont Etna et autres volcans*, avec des planches, Londres, 1772, in-8. II *Campi phlegræi*, Naples, 1776, 2 v. in-fol. Les dessins, accompagnés d'explications en anglais et en français, offrent les sites les plus intéressans de la campagne de Naples.

HAMILTON (Emma Lyon ou Harte, *lady*), femme célèbre par son inconduite et ses intrigues, naquit dans le comté de Chester en 1760. Elle était fille d'une pauvre domestique : celle-ci, forcée de quitter le comté de Chester, alla chercher un asile dans la principauté de Galles, qui était son pays natal. Parvenue à l'âge de treize ans, Emma entra, comme gouvernante d'enfans, chez un M. Thomas, beau-frère du célèbre graveur Boydell. Trois ans après elle partit pour Londres, et entra au service d'un mercier du marché de Saint-James. C'est là qu'une dame du bon ton la prit pour sa femme de chambre. Dans l'oisiveté que donne cet emploi, elle se livra à la lecture desromans et des pièces de théâtre, fréquenta les spectacles, et se forma ainsi au rôle qu'elle joua quelques années après. Miss Harte avait surtout du talent pour la déclamation, talent qui devint pour elle un moyen efficace de séduction. Cependant sa vie dissipée et ses goûts ne convenant pas trop à sa maîtresse, elle reçut son congé et se vit obligée d'accepter l'humble place de servante dans une taverne fréquentée par des acteurs, des musiciens, et autres gens d'une sphère plus basse. Si l'on en croit à ce qu'on lit dans ses *Mémoires*, elle demeura sage dans ce lieu de prostitution ; mais elle ne tarda pas à entrer dans la carrière du vice, et finit par oublier toute pudeur. Un jeune homme de ses parens, et marin, avait été mis en prison ; l'ayant appris elle court demander sa grâce à sir John Willet Payne, alors capitaine, et puis amiral. Emma était belle : elle plaît, obtient la grâce demandée, et devient en même temps la maîtresse de sir John. Celui-ci lui donna des instituteurs, et en peu de temps Emma acquit beaucoup d'instruction, et n'en devint que plus dangereuse. Après quelques années d'une union scandaleuse, sir John, selon un usage assez commun en Angleterre, la céda à un chevalier Feathertonaugh, qui la quitta au bout de peu de mois. Sans appui et sans ressources, Emma parcourut les rues de la capitale, et s'abandonna à tous les excès, conséquence souvent inévitable d'une première faute. Emma n'était pas encore arrivée à son dernier degré d'avilissement. Un charlatan fameux, appelé le docteur Graham, connu dans toute l'Angleterre par son lit élastique ou d'*Apollon*, et par sa *Mégalantropogénésie*, vit Emma, s'en

empara, et la montra sur ses tréteaux, recouverte à peine d'un léger voile, sous le nom d'*Hygiée*, déesse de la santé. Un foule immense vint apporter ses tributs au charlatan et à son enseigne. Les artistes de tous les genres s'empressèrent de peindre, de graver, de sculpter la nouvelle divinité mythologique. Parmi les peintres se trouva le célèbre Romney, qui, après avoir reproduit Emma en Vénus, en Cléopâtre, en Phrynée, en devint éperdument amoureux. Il n'eut pas long-temps à compter sur la fidélité de son modèle : Emma avait fait une conquête qui flattait plus sa vanité, celle de M. Charles Greville, de la famille des Warwich, homme d'esprit et d'une instruction peu commune. Cependant ces qualités ne lui servirent guère pour se défendre de la séduction d'Emma ; et sa passion l'aveugla à un tel point, que sans l'intermission de son oncle il aurait épousé celle qui était naguère le suppôt scandaleux d'un charlatan ruiné. Ayant perdu toutes ses places, il envoya Emma à Naples pour solliciter de son oncle sir William Hamilton, soit des secours, soit son consentement à ce mariage. Elle arriva à Naples en 1789, se présenta à sir William, et tous les deux oublièrent en même temps, l'un le mépris que lui avait inspiré cette femme, et celle-ci les sacrifices qu'avait faits pour elle M. Greville. Les principaux articles de cette nouvelle liaison furent que le neveu céderait à son oncle tous les droits qu'il avait sur Emma, tandis que l'oncle paierait les dettes de son neveu. Emma fit alors tous ses efforts pour regagner l'estime publique. Les gens de lettres et les artistes qui fréquentaient la maison de sir Hamilton lui firent une cour assidue, et répandirent ses éloges. Peu à peu la noblesse commença à la visiter. Son esprit, l'élégance de ses manières, et les égards surtout qu'on avait pour un ambassadeur, la mirent en état de paraître dans la haute société. Habile dans l'art de plaire, elle se présentait toujours sous des costumes différens, qu'elle se plaisait à imiter des nations les plus éloignées ou de la plus haute antiquité. Tantôt elle était une bayadère de l'Indostan, tantôt une almé de l'Egypte, tantôt une Aspasie, une Didon ou une Hélène. Emma brillait dans la danse; et les bonnes mœurs lui reprocheront, entre autres choses, d'avoir été l'inventeur de la danse plus que voluptueuse du *Schall*, qu'on voit souvent sur nos théâtres. Sir Hamilton, plus épris que jamais de cette femme, dont il avait naguère rejeté l'alliance, se détermina à en faire son épouse. Il passa à cet effet en Angleterre, et, après son mariage, conclu en avril 1791, il retourna à Naples. La vogue qu'Emma y avait obtenue inspira à la reine Marie-Caroline le désir de la connaître; et lorsqu'elle eut appris que Miss Harte était devenue lady Hamilton, elle ne balança plus à l'appeler à sa cour, et lui accorda bientôt toute sa confiance. On vit alors la déesse *Hygiée* du docteur Graham, non-seulement admise dans la plus intime société et à la table d'une souveraine, mais partager souvent son lit, tandis qu'on soumettait à ses conseils les affaires les plus graves de l'état. Dans ces entrefaites arriva à Naples le célèbre Nelson, alors capitaine du vaisseau l'*Agamemnon*. A peine il se présenta chez l'ambassadeur anglais, que celui-ci, ainsi que son épouse, conçurent pour lui la plus vive

amitié. Sir William porta ce sentiment à un tel degré, que, malgré l'amour qu'il témoignait toujours pour sa femme, il fit semblant de ne point s'apercevoir de leur union plus qu'amicale; il sembla plutôt y consentir. La révolution française avait ébranlé toute l'Europe. L'Espagne, placée entre l'Angleterre qui pouvait ruiner son commerce, et la France qui exigeait de pénibles sacrifices tout en recherchant son amitié, était celle de toutes les puissances qui avait le plus à craindre et à souffrir. Charles IV, dans ces critiques circonstances, avait écrit à son frère le roi de Naples une lettre confidentielle, où il se plaignait de quelques procédés de l'Angleterre à son égard. Ferdinand VI fit part de cette lettre à la reine, et la reine la communiqua à lady Hamilton, qui la fit connaître aussitôt au cabinet de Saint-James. Cela suffit pour que les Anglais, sans autre déclaration de guerre, attaquassent sur mer les Espagnols, justement étonnés de cette agression en pleine paix. Et la confidence de Marie-Caroline, que nous ne caractériserons d'aucun nom, coûta à l'Espagne deux frégates, quatre millions de dollars qu'elles portaient, et cinq cents hommes tués ou blessés. Sur ces entrefaites, l'expédition d'Egypte attirait les regards de l'Europe; et tandis que Nelson était auprès de lady Hamilton, Buonaparte s'emparait de Malte. Se détachant enfin du charme qui le retenait, après avoir en vain cherché la flotte française d'Alexandrette et d'Alexandrie, Nelson la rencontra dans la rade d'Aboukir. Il la battit complétement. L'entrée de cet amiral à Naples fut un véritable triomphe; toute la cour, la noblesse et le peuple s'étaient portés en foule sur le port pour recevoir le vainqueur. Lady Hamilton, qui les avait tous précédés, était à ses côtés, et semblait vouloir en partager la gloire. Sir William Hamilton se trouvait auprès de la famille royale, et serra dans ses bras son ami et son épouse. Pendant plusieurs jours il y eut dans la capitale les fêtes les plus brillantes, où l'on vit souvent la reine au milieu de Nelson, de son amie et d'Acton. Les réjouissances publiques, dont les Napolitains ne se rassasiaient jamais, duraient encore, lorsqu'on apprit que les Français étaient presque aux portes de la capitale. On pourrait dire qu'ils y entrèrent comme jadis Cyrus dans la tumultueuse Babylone. Le peuple voulant s'opposer au départ de la famille royale, elle s'embarqua pendant la nuit dans le vaisseau amiral de Nelson, qui la conduisit à Palerme le 24 décembre 1798. L'ambassadeur anglais et son épouse étaient de ce voyage. La république cisalpine venait d'être créée, au moment où les Français furent contraints d'évacuer presque toute l'Italie par les efforts réunis des Russes et des Autrichiens. De retour à Naples, la cour punit les sujets rébelles, avec justice sans doute, mais peut-être avec trop de rigueur. Les exécutions se multiplièrent. Lady Hamilton y eut, dit-on, une grande part : elle avait à venger des injures personnelles. On l'accuse avec assez de fondement du genre de mort qu'on donna au prince Caraccioli, ancien officier de marine, et qui avait rendu des services importans à la nouvelle république italienne. Lady Hamilton ne l'avait jamais aimé; il n'était pas du nombre de ses admirateurs, et n'avait pas approuvé son intimité avec la reine. Ce vieillard, pris sur mer et les

armes à la main, fut pendu à la grande vergue d'une frégate. L'amiral Nelson signa sa condamnation, et lady Hamilton eut le sang-froid d'assister, jusqu'à la fin, à cet affreux spectacle. Caraccioli méritait la mort; mais le déshonneur n'aurait pas dû lui venir de la part de son ennemie. Après ces exécutions les fêtes recommencèrent; et lady Hamilton partageait son temps entre la reine, Nelson et les affaires diplomatiques. Depuis son mariage l'ambassadeur n'en avait que la représentation, et ne s'occupait guère que de nouvelles acquisitions pour son cabinet, ou, pour mieux dire, de son trafic sur les objets relatifs aux arts. Tout à coup, on en ignore la raison, le ministre et l'amiral furent rappelés en Angleterre. Les liaisons qui existaient entre le dernier, marié à une femme estimable, et lady Hamilton, furent hautement blâmées : Sir William fut critiqué et son épouse méprisée. Si un ridicule usage établi dans une certaine classe, permet en Angleterre de vendre sa propre femme, on n'en respecte pas moins les liens du mariage; ce respect est presque toujours la sauvegarde des mœurs. Lady Hamilton, du vivant de son mari, eut une fille de l'amiral, à laquelle on donna le nom de miss Nelson. Devenue veuve en 1803, elle se retira avec sa fille à Merton-Place, maison que Nelson avait achetée pour elle. Après la mort glorieuse de cet amiral, arrivée en 1805 à la bataille de Trafalgar, lady Hamilton, à l'âge de 36 ans, s'abandonna à tous les désordres qui avaient signalé la vie de la jeune Emma. Ses dissipations dérangèrent ce qui lui restait de fortune. Elle quitta l'Angleterre (en 1810), emmenant miss Nelson, et vint s'établir dans une ferme à quelques lieues de Calais. C'est là qu'elle mourut, presque abandonnée de tout le monde, le 16 janvier 1815. Il paraît que ses liaisons avec la reine de Naples avaient tout-à-fait cessé; cette princesse aura enfin appris à la connaître. Lady Hamilton ne manquait pas d'instruction, avait beaucoup d'esprit, connaissait parfaitement le langage des cours, le faible des personnes qu'elle voulait captiver, et possédait au plus haut degré l'art de l'intrigue et de la séduction. On a publié en anglais les *Mémoires de lady Nelson*, 1 v. in-8, dont on a fait un extrait en français (ayant à la tête le portrait de cette dame), Paris, 1816, in-8.

HARTIG (François-de-Paule-Antoine, comte de), écrivain allemand, naquit à Prague en 1758, fut ministre plénipotentiaire de l'empereur d'Autriche à la cour de Dresde, où il demeura de 1787 jusqu'en 1790, et mourut le 1er mai 1797, seulement âgé de trente-neuf ans. On a de lui : I *Essai sur les avantages que retirent les femmes de la culture des sciences et des arts*, Prague, 1775, in-8. Nous ne savons pas assez si ces avantages, du côté des femmes, ne sont pas aux dépens d'autres bien plus réels, ceux qui résultent de l'accomplissement de leurs devoirs domestiques. II *Observations historiques sur le perfectionnement et la décadence de l'agriculture chez les différens peuples* (en allemand), Prague et Vienne, 1786, in-8, traduites en français par Leroy de Lozembrune, Vienne, 1790, in-8. III *Lettres sur la France, l'Angleterre et l'Italie*, Genève, 1785, in-8. IV *Mélanges de vers et de prose*, Paris, 1788, in-8. Dans ces trois derniers ouvrages l'auteur se fait

remarquer par la justesse de ses observations, par la beauté du style, et par l'élégance et la facilité dans ses vers.

HAUTEVILLE (Nicolas), docteur en théologie de la faculté de Paris, qu'on croit né en Auvergne, et qui écrivait au 17e siècle, est auteur de plusieurs ouvrages qui font honneur à son érudition et à ses connaissances dans les sciences ecclésiastiques. On a de lui : I *Explication du Traité de S. Thomas, des attributs de Dieu, pour former l'idée d'un chrétien savant et spirituel*. II *L'Art de bien discourir, suivi de l'Esprit de Raymond Lulle*, Paris, 1666, 1 vol. in-12, divisé en deux parties, dont la première est employée à donner des leçons aux orateurs de la chaire et du barreau, et la seconde offre une *Vie de Raymond Lulle, avec l'apologie de sa doctrine et la liste de ses ouvrages*. III *L'Art de prêcher, ou l'idée du parfait prédicateur*, Paris, 1683, in-12. IV *L'Examen des esprits, ou les Entretiens de Philon et de Polyalte, où sont examinées les opinions les plus curieuses des philosophes et des beaux esprits*, Paris, 1666, in-4; 1672, in-12. V *L'Histoire royale, ou les plus belles et les plus curieuses questions de la Genèse, en forme de lettres*, Paris, 1667, in-4. VI *Les Caractères ou les peintures de la vie et de la douceur du B. François de Sales*, Lyon, 1661, in-8. Cet ouvrage est mêlé de prose et de vers, et présente le portrait de la vie intérieure et extérieure du saint. VII *Actions de saint François de Sales, ou les plus beaux traits de sa vie*, en neuf panégyriques, Paris, 1768, in-8. VIII *Origine de la maison de Sales*, etc., Paris, 1669, in-4;

réimprimée à Clermont ; sous le titre d'*Histoire de la maison de Sales*, 1669, in-4. IX *Théologie angélique*, 1658, dédiée à l'évêque de Genève. Ce prélat attira l'abbé Hauteville dans son diocèse, et lui donna un canonicat de sa cathédrale, ce qui fixa cet ecclésiastique en Savoie ; il y mourut en 1660. Il était fort attaché à la doctrine de saint Thomas ; il l'avait bien étudiée, et possédait parfaitement les ouvrages de ce saint docteur.

HAUTPOUL-SALETTE (Jean – Joseph d'), général français, naquit au château de Salette en Languedoc en 1754. Au commencement de la révolution il était lieutenant dans le régiment de ce nom. Il n'émigra pas comme ses camarades. Devenu colonel du 6ᵉ régiment de chasseurs à cheval, ses soldats s'opposèrent à sa destitution ; un décret de la convention avait expulsé tous les nobles des armées. Il se trouva à la bataille de Fleurus (1794), et bientôt après il fut nommé général de brigade. Hautpoul-Salette servit sous Lefèvre à l'armée de Sambre-et-Meuse. Le général Jourdan lui attribua la perte de la bataille de Stockach, et le suspendit de ses fonctions. Remis en activité, il continua ses services sur les bords du Rhin sous les ordres du général Hoche, et sous Moreau, au passage du Danube. Il commandait la cavalerie en 1803 et 1804 au camp de Boulogne ; et il servit sous Murat dans la campagne d'Autriche en 1805. Il se distingua à la bataille d'Austerlitz, où, de concert avec le général Nansouty, il avait le commandement de 12 régimens de cavalerie. Après cette campagne, Buonaparte le fit sénateur, lui accorda le grand cordon de la Légion-d'Honneur et une pension de 20,000 liv.

Dans la guerre contre la Prusse il contribua à la victoire d'Iéna : à celle d'Eylau (1807) il reçut un coup de biscaïen au moment que, pour la troisième fois, il chargeait les ennemis. Il ne survécut que de cinq jours à sa blessure. Le vainqueur ordonna que des canons pris sur les Prussiens fussent employés à la fonte d'une statue qui devait représenter Hautpoul dans son uniforme de cuirassier. M. Bergasse a composé son *Éloge historique*, Paris, 1807, in-8. Ce général, ainsi que Murat, avait plus de valeur que de talens militaires.

HAVESTADT (Bernard), jésuite allemand, né à Cologne vers 1715, après avoir fait des missions dans l'évêché de Munster, obtint de ses supérieurs la permission en 1746 de se consacrer à celle du Chili. Il se rendit à Amsterdam, d'où il s'embarqua pour Lisbonne. De là une traversée de deux mois le conduisit à Rio-Janeiro. Il n'avait pas encore fait ses derniers vœux. Il les prononça le 2 février 1748 dans le collége de son institut de Buenos-Ayres. Après cette cérémonie, il partit pour Saint-Yago, capitale du Chili, où il arriva en traversant les Andes ; voyage long et pénible, qu'il ne put effectuer qu'en plus de cinquante jours. Il n'était point encore au terme de ses courses. On l'envoya à la Conception, sur le bord de la mer du Sud. Il demeura vingt ans dans ces contrées lointaines, et les parcourut dans un espace de plusieurs milliers de lieues. Les jésuites ayant été bannis de tous les états espagnols, le P. Havestadt et ses confrères furent arrêtés le 29 juin 1768, et conduits à Lima. On leur enleva tous leurs papiers, et on les fit partir de nuit de cette ville, et embarquer sur un bâtiment qui fit naufrage. Après d'autres périls inséparables d'un aussi long voyage, le P. Havestadt arriva en Europe, parcourut une partie de l'Italie, et revint en Allemagne. Il y fit imprimer un livre intitulé : *Chilidugu, sive res chilenses, vel descriptio statús tùm naturalis, tùm civilis, cum moralis regni populique chilensis, inserta suis locis, perfectæ ad chilensem linguam manudutioni D. O. M. multis ac miris modis, juvante operá, sumptibus periculisque Bernardi Havestadt*, Munster, 1777, 2 vol. in-12, avec une carte. On y trouve une grammaire du Chili, une traduction en chilien de l'*Indiculus universalis* du P. Pomey, un catéchisme en prose et en vers, avec les prières de l'église, un vocabulaire indien avec l'explication latine, un autre vocabulaire latin, avec l'interprétation chilienne, des cantiques, avec leur musique pour accompagnement sur l'orgue, et enfin l'itinéraire d'une course faite par le P. Havestadt, en 1751 et 1752, chez les indigènes du Chili. Quelque considérable que paraisse cette matière, le livre n'offre point une description suffisante ni satisfaisante du Chili; et la carte de l'excursion n'enrichit que très-médiocrement la géographie. Le P. Havestadt avait aussi augmenté le *Vocabulaire chilien et espagnol* du P. Louis Baldivia. Il finit sa vie dans sa famille.

HAWARDEN (Edouard), prêtre catholique anglais, du comté de Lancastre, fut élevé au collège anglais de Douay, et y fit ses études d'une manière brillante. Appelé ensuite à y professer les humanités, la philosophie et la théologie, il s'acquitta de ces divers emplois d'une manière qui répondit à ses premiers succès. Retourné ensuite en Angleterre, il alla exercer le ministère dans le nord de ce pays, et le fit en prêtre instruit et en missionnaire zélé. Il revint à Londres, où il se fixa, et où son temps était partagé entre l'exercice des fonctions ecclésiastiques et la composition de différens ouvrages qui prouvent également son érudition, les progrès qu'il avait faits dans les belles-lettres, et son désir d'être utile à la religion. On a de lui : I la. *Charité et la Vérité*. Il s'attache à y prouver qu'on ne blesse pas la charité, en soutenant qu'il n'y a point de salut hors le sein de l'église catholique. II *Fondemens de la foi catholique*. Il y démontre l'inaltérable orthodoxie de cette église. III *La véritable Eglise de Jésus-Christ, prouvée par le concours des témoignages de l'Ecriture sainte et de la tradition primitive*, 3 parties contre Lesley. IV *Réponse au docteur Clarke et à M. Whiston, touchant la divinité du fils de Dieu et celle du Saint-Esprit*, suivie de l'exposition de la doctrine des trois premiers siècles sur cette matière. V *Entretiens sur la religion entre un ministre de l'église anglicane et un laïque, habitant de la campagne*. L'auteur y traite les points qui sont controversés entre l'église romaine et l'église anglicane. VI La *Règle de la foi exposée suivant une méthode neuve et facile*. VII Un *Cours de théologie*, resté manuscrit au collége anglais de Douay. VIII Un *Traité de l'usure*, aussi inédit. Hawarden mourut à Londres le 23 avril 1735.

HAYDN (Joseph), célèbre compositeur de musique, naquit dans le village de Rohron (sur les frontières d'Autriche et de Hongrie) le 31 mars 1731. Fils d'un pauvre charron, il prit du goût pour la musique en entendant son père jouer sur une vieille harpe quelques airs nationaux. Le maître d'école de Haimbourg, frappé des dispositions du jeune Joseph, le prit chez lui, et lui enseigna les premiers élémens de cet art. Reiter, maître de chapelle à la cour, et de la métropole de Saint-Etienne de Vienne, étant venu rendre une visite au doyen de Haimbourg, vit Haydn, qui lui plut, et il le fit entrer comme enfant de chœur dans la maîtrise de Saint-Etienne. Haydn y fit de tels progrès, qu'à l'âge de dix ans il composait des morceaux à six et à huit voix. Quand la mue de la sienne fut arrivée, on le congédia un peu inhumainement de la cathédrale de Vienne, et il s'accommoda alors chez une demoiselle Martinez, qui était liée avec le célèbre Métastase, et à laquelle il enseignait le chant et le clavecin. Il demeurait dans une chambre placée au-dessus du poëte italien, qui, d'après l'assertion de deux témoins véridiques [1], l'aida de sa bourse et de ses conseils. C'est sous cet habile maître qu'Haydn apprit la langue italienne. Mademoiselle Martinez ayant quitté Vienne, Haydn se retira au faubourg dit Leopoldstadt, où il se logea chez un perruquier. Epris d'une de ses filles, il l'épousa, et acquit en elle une compagne dont l'humeur difficile empoisonna sa vie. Réduit jusqu'alors au gain très-modique de dix-sept kreutzers (quinze sous) par jour, qu'il retirait en jouant de l'orgue ou en chantant dans les églises, il eut le bonheur de faire la connaissance du fameux compositeur italien Porpora, qui le présenta au prince Antoine d'Esterhazy, ama-

teur passionné de musique. Il entra ensuite comme maître de chapelle auprès de son successeur le prince Nicolas. C'est dans cette place, où Haydn passa trente années, qu'il composa les chefs-d'œuvre qui ont si justement établi sa réputation. Il fit en 1790 et 1794 deux voyages en Angleterre, où l'on payait ses ouvrages au poids de l'or. Dans ses derniers jours il se retira à Guinpendorf, d'où il ne sortit que pour aller à Vienne entendre son fameux *Oratorio de la création*, exécuté par trois cents musiciens. L'impression qu'il en ressentit fut telle, qu'on fut contraint de l'emmener avant la fin du concert, et il mourut deux mois après, le 31 mai 1809. Haydn a composé sur tous les genres de musique. Parmi les nombreux ouvrages qu'il a laissés, on compte 118 symphonies, plus de 500 pièces pour différens instrumens, 42 duo italiens, 20 opéras (*la Canterina, la Pescatrice, la vera Costanza, Armida, Acide e Galatea, Orfeo, etc., etc.*), 15 messes, un *Stabat* et 20 autres morceaux pour l'église, où l'on distingue *les sept dernières paroles de Jésus-Christ*; 3 oratorio, *le Retour de Tobie, la Création, les Saisons*. C'est surtout dans la musique sacrée que Haydn a surpassé les compositeurs les plus célèbres, si l'on en excepte le *Sacrifice d'Abraham* de Cimarosa, *Debora e Sisara* de Guglielmi, et le *Miserere* de Mozart. Rien de plus pur que sa composition, de plus mélodieux que son chant, de plus harmonieux et de plus savant que sa partie instrumentale. Il aima toujours les bonnes mœurs et la religion; avec un rare talent, on ne lui reconnut pas d'orgueil; et il avait cette douceur, cette affabilité qui accompagnent toujours le véritable

---

1 Les frères Boccherini: l'un célèbre compositeur de musique instrumentale, l'autre poëte, et qui étaient à Vienne à cette même époque.

mérite. Quelqu'un lui ayant demandé son avis sur Mozart, « Je ne suis »pas en état de juger, répondit-il; »tout ce que je sais, c'est que Mozart »est incontestablement le premier »compositeur du monde.» Ayant été sollicité de composer quelque pièce de musique pour le couronnement de Léopold II, au moment où Mozart alla donner à Prague sa *Clemenza di Tito*, «Non, répondit-il, où Mozart pa»raît, Haydn ne doit pas se montrer.»

HEATCOTE (Ralph), ecclésiastique et magistrat anglais, fut à la fois juge de paix et vicaire. Il naquit dans le comté de Leicester, en 1721, et a laissé les ouvrages suivans : I *Historia astronomiæ, sive de ortu et progressu astronomiæ*, Cambridge, 1746, in-8. II *Esquisse de la philosophie de lord Bolingbroke*, 1775. III *L'Usage de la raison établi en matière de religion*, 1775, etc., etc. On lui attribue aussi une lettre à l'honorable *Horace Walpole, touchant la querelle entre M. Hume et Rousseau*, 1767. Il paraît que Heatcote était un peu infecté de philosophisme; il mourut le 28 mai 1795.

HEBERT (François-Louis), eudiste, et supérieur général de sa congrégation, occupait cette place au commencement de la révolution, et dans les temps fâcheux, surtout pour les ecclésiastiques, qu'elle ne tarda pas d'amener. On eut bientôt à gémir sur la défection d'une partie du clergé. Le P. Hébert fut dans ces circonstances orageuses un modèle de courage et de fidélité à la double cause de l'autel et du trône. L'abbé Poupart, curé de Saint - Eustache et confesseur du roi, ayant prêté le serment, Louis XVI le remplaça par le P. Hébert, à qui il confia la direction de sa conscience. Ce poste alors était fort dangereux; le P.

Hébert ne fut pas effrayé des périls qu'il courait. Il a été question d'un vœu fait au commencement de l'année 1792, et d'une prière pour demander à Dieu de jeter un regard de pitié sur la France. On croit que le projet en fut concerté entre le roi et le P. Hébert. Celui-ci ne perdait aucune occasion de faire passer des consolations dans le cœur de son royal pénitent. Il ne le quitta point dans la nuit du 9 au 10 août. Il savait que lui-même était menacé; il prit les précautions que lui conseillait la prudence, moins pour se soustraire au danger, que pour éviter à ses concitoyens un crime de plus. Il fut dénoncé et conduit au couvent des Carmes, converti en prison, et qui bientôt devait l'être en une affreuse boucherie. Il y fut égorgé l'un des premiers, quelques jours après (le 2 septembre 1792); et plusieurs eudistes y grossirent le nombre des victimes. Les vertus et le profond savoir du P. Hébert lui avaient valu une grande considération dans le clergé.

HEBERT (Jacques-René), connu dans la révolution sous le nom de Père Duchêne, naquit à Alençon vers 1755. Il dut son odieuse célébrité à un journal incendiaire qu'il publia dès le commencement de nos troubles. Il vint fort jeune à Paris, où il vécut plusieurs mois d'escroqueries, et fut ensuite contrôleur de billets dans un petit théâtre, et enfin domestique. Renvoyé de ces deux places pour des vols, il se trouvait sans aucune ressource, lorsque la révolution vint offrir une vaste carrière à ses vices et à ses principes corrompus. On distribuait à cette époque dans les rues de Paris un journal en style populaire, rédigé par M. Lemaire, et intitulé *le Père Duchêne*. Cette

31.

feuille, écrite pour les classes vulgaires, leur présentait la constitution nouvelle sous des rapports avantageux, et les invitait à suivre la révolution dans ce qu'elle avait de plus raisonnable. Des sentimens aussi modérés ne pouvaient être goûtés des jacobins, et ils attaquèrent ce journal : les constitutionnels en prirent la défense, en publiant un journal-affiche, intitulé *le Chant du coq*, rédigé par Esmenard (*voy.* ce nom, *Supplém.*) : alors les républicains imaginèrent de leur côté un autre journal-affiche, *la Sentinelle*, et opposèrent au *Père Duchéne* de Lemaire, un nouveau *Père Duchéne* dont Hébert était le rédacteur. Il remplit cette feuille exécrable, pendant plusieurs mois, d'injures les plus grossières contre le roi, la reine, les princes et toute la cour ; et il s'efforça de corrompre les mœurs, en se permettant les plus horribles blasphèmes contre la religion, et en propageant un absurde athéisme. Par malheur son journal produisait sur le peuple l'effet qu'il s'était promis, et dès lors le culte et ses ministres devinrent pour ce même peuple un objet de haine ou de dérision. Le *Père Duchéne* de Lemaire fut enfin proscrit, tandis que celui d'Hébert était copieusement répandu dans les rues, dans les halles, et jusque dans les mauvais lieux dont il imitait si bien le langage. On l'envoyait par ballots à l'armée, afin de corrompre les soldats qui restaient encore attachés à la monarchie [1]. Hébert s'était d'abord attaché à Danton, dont il se sépara dans la suite. Quoique celui-

ci et les jacobins se servissent de la plume d'Hébert pour ameuter la populace, leur système n'était pas en tout conforme à celui qu'Hébert avait embrassé. Il voulait un gouvernement dont la base fût l'athéisme, gouvernement qui n'entrait pas dans les principes politiques de Robespierre ni de Danton ; aussi Hébert, après le 10 août, devint le chef d'un quatrième parti d'anarchistes. A cette époque il avait été élu membre de la commune, et peu de temps après il devint procureur-syndic. Il n'est cependant pas assez avéré qu'il ait eu part, ainsi qu'on l'a prétendu, aux massacres de septembre et à l'assassinat de la princesse de Lamballe. Mais il fut en revanche un des plus ardens persécuteurs des illustres prisonniers du Temple. Son acharnement contre la reine n'avait pas de bornes. Ce fut lui qui imagina d'accuser cette mère infortunée de crimes qui révoltent la raison et la nature. Il fut aussi au nombre des commissaires municipaux chargés d'interroger les augustes enfans de Louis XVI. Après leur avoir fait subir un infâme interrogatoire, ils abusèrent tellement du jeune âge du malheureux Dauphin (Louis XVII); qu'ils lui firent signer un écrit contre la reine, sa mère, rempli de calomnies si atroces, que le tribunal révolutionnaire refusa de le lire à son audience. Mais l'affreux Fouquier-Tainville ne manqua pas de le considérer comme ayant la force d'un procès verbal, et il l'inséra dans son acte d'accusation, qu'Hébert appuya comme témoin. Robespierre lui-même en fut indigné : il était à table quand on lui en apporta la nouvelle, et il s'écria en brisant une assiette : « Ce n'était donc pas assez pour ce » scélérat d'en avoir fait une Messa- » line ; il fallait qu'il en fît encore

---

[1] Dans ce journal on représentait Hébert comme un homme fort, d'une haute taille, vêtu malproprement, et ayant d'épaisses moustaches. Il était, au contraire, petit, maigre, d'une jolie figure et d'une mise toujours élégante.

»une Agrippine. » Hébert, bien avant la révolution du 31 mai, à laquelle il avait eu une grande part, s'était séparé de la cause de Danton et de Robespierre. De concert avec le maire Pache et plusieurs membres de la commune, il avait établi une association des jacobins les plus forcenés, parmi lesquels figuraient Chaumette et le Prussien Cloots. Cette association, composée presque uniquement d'athées, avait pour but d'assassiner et les conventionnels et les républicains (les girondins), et les jacobins eux-mêmes qui ne partageaient pas leurs principes. Un des membres dévoila le complot à une des sections de Paris, appelée *de la Fidélité*, qui le dénonça à la convention. Cette assemblée forma sur-le-champ une commission de douze membres, et se mit à la poursuite des conspirateurs. Hébert fut arrêté : aussitôt que la commune l'eut appris, elle déclara son conseil en permanence. La populace de toutes les sections, conduite par ses chefs, se présenta à la barre de la convention, dénonça la commission des douze, demanda la mise en liberté du patriote Hébert; et la convention céda plus à la peur qu'à la justice. Hébert rentré dans ses fonctions, et victorieux, trouva moyen de faire dissoudre la commission des douze; plusieurs de ses membres furent proscrits, d'autres périrent dans la suite sur l'échafaud. Barrère, qui était de la commission, sut se sauver, en se jetant dans le parti qu'il détestait le plus, celui de Marat. Depuis cette époque, tous les chefs de parti regardaient Hébert avec une espèce de crainte. Quand celui-ci eut appris la sortie de Robespierre contre ses procédés envers la reine et l'enfant royal, il crut de son côté avoir entendu un arrêt de mort. Il

mit alors tout en œuvre pour fortifier sa faction, et crut y parvenir en amoncelant crimes sur crimes. De concert avec Chaumette et Ronsin, chef de l'armée révolutionnaire, il donna le mouvement à cette horde d'athées qui renversa les autels, profana les tombeaux, et remplaça les cultes établis par les absurdes et sacriléges fêtes de *la Raison.* (*Voyez* CHAUMETTE, *Suppl.*) En même temps Hébert, soutenu par sa faction monstrueuse [1], se mit en possession du club et de la tribune des Cordeliers : c'était celle d'où partaient tous les mouvemens populaires. Pour les exciter de nouveau, il s'érigea en accusateur de Danton, de Robespierre, et de tous ceux qu'il prétendait avoir violé les *Droits de l'homme.* Il fit couvrir la pancarte qui renfermait ces droits, et couvrit d'un voile noir la statue de la Liberté. Robespierre et Danton, effrayés de tant d'audace, oublièrent pour un instant leur inimitié secrète, et firent cause commune pour abattre le colosse qui menaçait de les écraser. Ils parvinrent à déjouer tous les projets de leur adversaire, et Hébert fut arrêté avec plusieurs de sa faction. Cette fois-ci la populace l'abandonna à son sort. Cet homme qui s'était rendu redoutable à un Danton et à un Robespierre, qui avait insulté dans son journal, avec une dérision féroce, aux victimes de l'anarchie et des différens partis, se montra pusillanime dans sa prison et devant le tribunal révolutionnaire, où il tomba plusieurs fois en défaillance. Il fut traîné au supplice, à demi-mourant, au milieu des huées d'une populace immense, qui se plai-

---

1 Les chefs de cette faction étaient, outre Hébert et Ronsin, Vincent, Momoro, Manuel, Pereyra, Cloots, Dubuisson, Proly et onze autres.

sait à lui rappeler les propos qu'il avait tenus dans de semblables occasions. Il fut exécuté le 24 mars 1794 : il avait alors 35 ans. Hébert, qu'aucun respect n'aurait su arrêter, s'était marié à une ex-religieuse, qui périt sur l'échafaud quelques jours après lui. Il a laissé, indépendamment de son journal : I *Vie privée de l'abbé Maury*, 1790, in-8. II *Petit carême de l'abbé Maury*, ou *Sermons prêchés dans l'assemblée des enragés*, 12 numéros, in-8, et autres pamphlets. Il n'avait aucune espèce d'instruction, mais il parlait avec assez de facilité.

HEDOUIN (Jean - Baptiste), chanoine régulier de l'abbaye de Prémontré, et prieur-curé de Rhétonvilliers, né à Reims en 1749, y fit ses premières études avec succès. Il s'appliqua ensuite aux mathématiques, et, après en avoir bien appris les élémens, il vint à Paris pour s'y perfectionner sous d'habiles maîtres. Il aimait l'étude et la vie tranquille qui permet de s'y livrer; il songea à entrer dans un corps religieux où il pourrait trouver ce double avantage. Il se présenta à Sainte-Geneviève, et prit l'habit de la congrégation. Il le quitta pour celui de Prémontré. Il fit profession dans cet ordre en 1774. Ses supérieurs l'envoyèrent au collége de Paris faire sa théologie. Il cultivait en même temps les lettres. L'*Histoire philosophique* de Raynal faisait bruit alors. Il lui prit envie d'en faire l'extrait sous le titre d'*Esprit de Raynal*. Il montra cet ouvrage à son prieur, qui l'improuva, et lui conseilla de supprimer un travail qui ne convenait pas à son état. Il n'en tint compte. Ce ne fut cependant que quelques années après que cet ouvrage parut sans nom d'auteur. M. le garde des sceaux ayant ordonné des recherches sur ce li-vre, Hédouin, dans son embarras, pria un de ses parens nommé Hédouin de Pons – Ludon, capitaine d'infanterie, et alors détenu au château de Ham pour quelque étourderie, de prendre encore celle-là sur son compte. Pons-Ludon s'y prêta volontiers. Il écrivit au censeur de police Pidausat de Mairobert qu'on n'eût à faire aucune recherche sur l'*Esprit de Raynal*, parce qu'il en était l'auteur. On le crut sur sa parole, et c'est sur cette déclaration que les *Mémoires secrets* attribuèrent cet ouvrage à Hédouin de Pons-Ludon. Le jeune chanoine régulier, au reste, ne fit que cette faute, et la répara par une excellente conduite. Nommé professeur d'éloquence dans sa propre abbaye, il s'y dévoua avec zèle à l'enseignement de ses jeunes confrères, et mérita l'estime de ses supérieurs. Nommé vers 1785 au prieuré-curé de Rhétonvilliers, il en remplit les fonctions jusqu'à la promulgation de la constitution civile du clergé ; et ses paroissiens avaient en lui tant de confiance, qu'ils voulurent qu'en même temps il fût leur maire. Il mourut en octobre 1792, à l'âge de 43 ans. On a de lui : I *Esprit et génie de Raynal*, Paris, 1777, in-8; Londres (Paris, Casin), 1782, in - 18; Genève, Jean Léonard, 1782, in-8. Ce ne fut qu'après la mort d'Hédouin qu'on sut que l'*Esprit de Raynal* était de lui, son parent lui ayant gardé le secret jusqu'alors. II *Principes de l'éloquence sacrée, mêlés d'exemples puisés principalement dans l'Écriture sainte, dans les saints Pères, et dans les plus célèbres orateurs chrétiens*, à l'usage des cours d'étude établis dans l'ordre de Prémontré, Soissons, 1787, in - 12. L'évêque de Nantes (M. Duvoisin) s'était muni de quelques exemplaires de cet ouvrage pour son séminaire, et en faisait assez de cas pour témoigner le désir qu'on le réimprimât, et qu'on le mît entre les mains des aspirans à l'état ecclésiastique. III *Fragmens historiques et critiques sur la révolution;* ils sont restés inédits. Voyez *Dictionnaire des anonymes*, n° 1835, et le t. 4, pag. 223. Voyez aussi *Mémoires secrets*, 16 juin 1777.

HEDWIG (Jean), médecin allemand et professeur de botanique, naquit à Cronstadt en Transylvanie en 1730. On a de lui plusieurs ouvrages, dont voici les plus remarquables : I *Epistola de præcipitantiæ in addiscendâ medicinâ noxis*, Leipsig, 1755, in-4. II *Fundamentum historiæ naturalis muscorum frondosorum*, ibid., 1782-83, 2 parties, in-4, fig. III *Theoria generationis et fructificationis plantarum criptogamicarum Linnæi.* L'académie de Pétersbourg couronna et publia ce mémoire en 1785 (in-4); Leipsig, 1798, in-4, avec 42 planches color. IV *Stirpes cryptogamicæ*, Leipsig, 1785-1795, 4 vol. in-fol., en latin et en allemand, etc. Il mourut le 7 février 1799.

HEINZE (Jean-Michel), philologue allemand, recteur de l'école de Saint-Michel à Lunébourg, naquit à Lagensalza en Saxe l'an 1717, et a laissé : I *Programma, quid præstet eloquentiæ germanicæ candidatus studium latinæ.* II *Stricturæ nasonianæ*, ibid., 1772-73, in-4. III *Syntagma opusculorum scholasticorum varii argumenti*, Gottingue, 1788, in-4. IV *Sur la possibilité d'adapter à la langue française la forme des vers grecs et latins*, 1786, in-4. Il a traduit en allemand les quatre livres des *Discours de Socrate*, par Xénophon; le

Criton de Platon, etc. Heinze est mort le 6 octobre 1790.

HELD (Willebold), abbé de Roth en Souabe, ordre de Prémontré, et en cette qualité prélat immédiat de l'Empire, naquit à Erolzeim le 6 septembre 1724. Placé dès ses plus jeunes années dans le collège de Roth, il en embrassa l'institut, et y fit profession à l'âge de 20 ans. Après avoir achevé dans sa maison ses cours de philosophie et de théologie, il fut envoyé à l'université de Dilingen, pour y étudier en droit et y prendre des degrés. Il revint ensuite à Roth où il enseigna avec applaudissement pendant plusieurs années, et remplit divers emplois. Il n'était pas seulement théologien profond et canoniste distingué, il avait aussi cultivé les belles-lettres et savait plusieurs langues modernes. L'abbé de Roth, Benoît Stadelhofer étant mort en 1760, Held, d'un commun consentement, fut élu pour le remplacer. Il mourut le 30 octobre 1789, fort regretté. Il est auteur des ouvrages suivans : I *Nemesis, norbertina, seu modus corrigendi canonicos regulàres præmontratenses*, Ausbourg, 1757, in-8. II *Jurisprudentia universalis, ex juribus canonico civili, romano, germanico tàm publico quàm privato, feudali et criminali collecta*, libri V, 1768-1773; ouvrage profond et plein d'érudition. III *Droits et prérogatives des prélatures immédiates de l'Empire*, Kempten, 1782-1785, sans nom d'auteur. Les principes y établis, et les conséquences qui en sont déduites, obtinrent l'approbation générale. IV Divers *ouvrages* en langue allemande. On doit aussi à ses soins l'édition d'un ouvrage plein de recherches, fruit des veilles de l'abbé Stadelhofer, son prédécesseur, qu'il fit im-

primer à ses frais , et qui a pour ti-
tre : *Historia imperialis ac exempti collegii Rhotensis in Sueviâ ex monumentis domesticis et externis , potissimam partem ineditis , eruta ,* Ausbourg , 1 vol. in-4. Voy. *Historich litterarishes handlung* , Leipsig , 1797.

HELME (mistriss Elisabeth) , née en Angleterre vers 1750 , a écrit quelques romans moraux et plusieurs ouvrages d'éducation. Parmi ses romans on cite : I *Louise ou la Chaumière dans le marais* , 1801 , 7ᵉ édit. , trad. en français , 1787 , 1 vol. in-12. II *Madelaine ou la Pénitente de Godston* , roman historique , 3 vol. in-12. III *Saint-Clair des îles, ou les Exilés à l'île de Baira* , tradition écossaise , 1804 , 4 vol. , trad. en français par madame de Montolieu , 1809 , 4 vol. in-12. Ses autres ouvrages sont : IV *Abrégé des Vies de Plutarque* , 1794 , in-8. V *Promenades instructives dans Londres et dans les villages adjacens* , 1798 , 2 vol. in-18 ; 1800 , 1 vol. in-12. VI *Instruction maternelle , ou Conversations de famille sur des sujets moraux et intéressans* , 1802 , 2 vol. in-18 ; 1810 , in-12 , 3ᵉ édit. VII *Histoire d'Angleterre racontée par un père à ses enfans.* , 1803 , 3 v. in-12. VIII *Les Temps modernes, ou le Siècle où nous vivons* , 1815 , 3 vol. in-12. IX *Histoire d'Ecosse* , 1806 , 2 vol. in-12. Tous les ouvrages de mistriss Helm ont eu du succès. Le style en est simple et correct, ils contiennent des principes sages. Cette dame auteur est morte à Londres vers 1810.

HENIN (Thomas-Philippe de) , *Voyez* ALSACE (cardinal d').

HENKE (Henri-Philippe-Conrad), célèbre théologien de la confession d'Ausbourg , naquit en 1752 à Hehlen dans le duché de Brunswick. Son père, aumônier de la garnison , étant mort à Helmstadt , Henke y resta orphelin à l'âge de 10 ou 12 ans , et fut élevé dans les écoles de cette ville. Il ne paraît pas qu'il ait eu dans ses premières études des succès remarquables. On ne parla de lui que lorsque Schirach l'eut associé à la rédaction de son journal latin. Bientôt il eut une chaire de théologie ; fut nommé abbé du couvent de Kœnigslutter et vice-président du consistoire d'Helmstadt. Sa réputation, quoique tardive , fut telle , qu'il était regardé comme un des plus savans théologiens allemands du 18ᵉ siècle. On a de lui : I une *Histoire de l'église* , en 5 vol. in-12, qui eut plusieurs éditions, et dont il composa un abrégé qu'il ne termina point ; il fut achevé par le savant J. S. Vatel , qui le fit imprimer en 1810, in-8. II *Lineamenta institutionum fidei christianæ* , Helmstadt, 1793-1795, in-8. Il s'y élève dans la préface contre ce qu'il appelle la *christolâtrie* ou *l'adoration de J.-C.* , qu'il qualifie de supers-titieuse ; et contre la *bibliolâtrie* ou *vénération exagérée* pour la lecture de l'Ecriture sainte ; comme s'il pouvait y avoir de l'exagération dans le respect dû à un livre inspiré , et qui est la règle de notre foi. Il veut aussi qu'on écarte de la théologie chrétienne toute doctrine étrangère aux théories de religion rationnelle accréditées dans les écoles philosophiques. Ainsi la raison dans ce système est le guide de la foi ; et comme cette raison est celle d'un chacun , on sent quelle divergence il y aura dans ce qu'on doit croire. On a reproché à Henke de conserver des revenus ecclésiastiques, conférés sous la condition de fidélité aux dogmes de la confession d'Aus-

bourg, en attaquant ces mêmes dogmes, et en se séparant de ceux qui
les professent. Il a été rédacteur
principal de quelques recueils périodiques, tels que le *Musée pour la
science de la religion; l'Exégèse et
l'Histoire ecclésiastique*, Helmstadt, 1793-1801; les *Archives de
l'Histoire ecclésiastique des derniers temps*, Weimar, 1794-1799;
Annales de la religion, 1800-
1802; *Eusebia*, Helmstadt, 1796,
1800.. Il est mort le 2 mai 1809
à la suite d'un voyage fait à
Paris, comme député des états de
Brunswick. Il avait une grande connaissance des langues anciennes, et
entendait fort bien la critique. Il a
lui-même écrit sa vie. Elle est insérée dans le *Magasin pour les ministres de l'Evangile*, par J. R. G.
Beyer, tom. 10, pag. 106-112.

HENRI DE BOURGOGNE,
surnommé *le Grand*, naquit vers
l'an 955, fut le premier duc qui
gouverna en propriété cette province. Elle avait jadis été un royaume
fondé par les Bourguignons entrés
dans la Gaule l'an 413. Les fils de
Clovis le conquirent, et il fut partagé en duché de Bourgogne, pro-
prement dit, et en comté de Bourgogne; l'un et l'autre furent réunis
sous l'empire de Charlemagne et sous
celui de différens souverains jusqu'à
Henri le Grand, qui était le vingt-
deuxième duc auquel son frère Hugues Capet, devenu roi de France,
le céda en toute propriété l'an 987.
La Chronique de Saint-Bénigne fait
l'éloge des mœurs et de la piété de
Henri, et il y est peint comme un
prince ne s'occupant que de corriger
les abus, de maintenir les lois, et à
rendre ses peuples heureux. C'est à
ces qualités, sans doute, que Henri
dut le surnom de Grand. Il mourut
dans son château de Pouillé-sur-

Saône l'an 1002. Il n'eut pas d'enfans de son mariage avec Gerberge,
veuve d'Adalbert, roi des Lombards. Il adopta Otto-Guillaume, fils
de cette princesse, né du premier
mariage, et qui fut son successeur
au duché de Bourgogne. Le roi Robert le lui disputa, et s'en empara
après une guerre de dix-huit ans.
Otto-Guillaume obtint ensuite de
son vainqueur la Bourgogne supérieure avec le titre de comte de Dijon.

HENRI, ou FRÉDÉRIC-HENRI-
LOUIS, prince de Prusse, troisième
fils de Frédéric Guillaume Ier, naquit à Berlin le 18 janvier 1726. Il
fut élevé sous les yeux du roi son
père, qui l'aimait de préférence à ses
deux autres fils. Le prince Henri,
dès l'âge le plus tendre, se livra
avec passion à l'étude de la guerre,
pour laquelle son frère aîné, depuis
Frédéric II, montrait le plus grand
éloignement. C'est en 1742 qu'il fit
sa première campagne, en qualité de
colonel; et se distingua à la bataille
de Czaslau. Dans la guerre de 1744,
il servit sous les ordres du roi son
frère, défendit Tabor, repoussa les
attaques de Nadasty, et se couvrit
de gloire à la bataille de Hohen-
Friedberg. Pendant la guerre de
sept ans, entreprise en 1756, il se
montra général intrépide, profond
tacticien, eut des avantages sur le général Daun et sur le duc de Deux-
Ponts. Avec des forces bien infé-
rieures, il sut tenir en échec les nombreuses armées des ennemis, et eut
une grande part aux victoires de
Frédéric II, dont il sauva en plusieurs occasions l'armée, par des
secours amenés à propos, et par de
savantes manœuvres. Il eut cependant
différens démêlés avec ce même
frère qu'il avait si bien servi. Le
prince Henri était néanmoins celui
de ses deux frères pour lequel Fré-

déric avait quelque amitié. Il l'admettait à sa société particulière, formée par les gens de lettres qu'il avait attirés à sa cour. Il l'avait marié, en 1752, avec une princesse de Hesse-Cassel; et à l'occasion de ce mariage, il lui avait cédé le château de Reinsberg, et fait bâtir un palais à Berlin. Dans son *Histoire* de la guerre de sept ans, il en parle avec beaucoup d'éloges, le cite comme un grand homme de guerre, et fait remarquer ses talens et son courage à la bataille de Freiberg, que Henri gagna sur les Impériaux commandés par le prince de Stolberg. En effet, depuis cette victoire mémorable, qui contribua à la paix signée en janvier de la même année, Frédéric eut pour son frère toutes sortes d'égards. Il l'employa dans plusieurs missions importantes, soit auprès de la cour de Russie, soit auprès de celle de Versailles, où il fut reçu avec les distinctions les plus honorables. Peu de temps après Frédéric II mourut. Quelques désagrémens que Henri reçut du roi son neveu le déterminèrent à passer en France en 1788, où il avait obtenu un si bon accueil ; mais la révolution l'en chassa bientôt. Il désapprouva la lenteur des mesures que le roi de Prusse prenait dans cette importante occasion. Le mauvais succès de ses armées, battues par les Français, le rapprochèrent de son oncle, et il le chargea des négociations qui amenèrent la paix de Bâle. Aimé et respecté par son successeur Frédéric-Guillaume III, le prince Henri mourut le 3 août 1802, âgé de 76 ans. Plusieurs auteurs allemands ont écrit la vie de ce prince. Il en existe une en français qui porte le titre de *Vie privée, politique et militaire du prince Henri de Prusse*, Paris, 1809, in-8.

HENRIOT (François), brigand révolutionnaire, naquit de parens inconnus, à Nanterre, en 1761 ; il était domestique dans son village ; et étant venu à Paris, il suivit le même état ; mais tous ses maîtres se voyaient forcés de le chasser, ou pour son infidélité, ou pour d'autres fautes encore plus graves. Il servit en dernier lieu un procureur au parlement, dont la coupable indulgence le sauva de la punition que ses crimes méritaient, et laissa ainsi à la société un monstre qui en fut la honte et l'effroi. Un des premiers exploits des révolutionnaires, avant-coureur de tous les autres excès, fut d'aller mettre le feu aux barrières le 13 juillet 1789. Henriot y avait obtenu un emploi de commis ; et au lieu de les défendre, il se réunit aux factieux avec plusieurs de ses camarades, et jouit comme eux d'une blâmable impunité. Il se mit dès lors sous les ordres des chefs les plus furieux, et prit une part très-active à toutes les insurrections qui eurent lieu dans la capitale. Jusqu'au 10 août 1792, il ne fut qu'un agent subalterne ; mais après cette malheureuse époque, il se mit à la tête des hommes les plus sanguinaires, et il eut l'odieux avantage de les surpasser tous en cruauté. Sa faction se rangea au parti de Danton et de Robespierre ; et il soutint ce dernier par tous les crimes dont il était capable. Il dirigea les massacres des 2 et 3 septembre, et plus particulièrement ceux qu'on exécuta sur les prêtres innocens renfermés dans l'église des Carmes. C'est Henriot qui, dans la section du Jardin du Roi, alors nommée des Sans-Culottes, délivra sur la caisse de la commune les mandats pour le paiement des assassins des ecclésiastiques qu'on avait entassés dans le séminaire de St-Firmin.

La formule de ces mandats dit assez quelle était l'âme du bourreau qui les dictait. « Je demande, disait-il, qu'il » soit délivré des mandats pour les » sommes dé.... aux citoyens.... qui, » dans la journée du 2 septembre, » ont travaillé au décès des prêtres de » Saint-Firmin. » Il demanda et obtint les honneurs funèbres pour un de ses dignes émules, le polonais Lazouski, qui avait figuré dans le 10 août, et était un des assassins des prisonniers d'Orléans, massacrés à Versailles. La férocité d'Henriot peut seule être comparée à celle de Jourdan, le brigand d'Avignon. Carrier (*voyez ce nom, Supplém.*) était traité par lui d'homme timide et de modéré. Lorsque celui-ci eut envoyé à Paris les quatre-vingt-quatorze Nantais, qui s'étaient cependant battus contre les Vendéens, et qu'il n'avait pas osé faire fusiller, Henriot entra en fureur, se déchaîna contre Carrier, comme n'étant pas, disait-il, à la *hauteur des circonstances*. Ces prisonniers, du fond de leur prison, purent enfin prouver qu'ils avaient été bons patriotes, et obtinrent leur liberté. Devenu par ses forfaits un homme important parmi les révolutionnaires, Henriot fut nommé chef de la force armée, et puis commandant de la garde nationale, composée dans sa majorité des gens les plus méprisables. Tous les efforts des ennemis des *girondins* n'ayant pu les renverser par l'éloquence de Guadet et Gensonné (*voyez ces noms, Supplément*), Henriot se chargea à lui seul de cette entreprise difficile. Il se transporta le 31 mai, au point du jour, et accompagné de brigands qui formaient son état-major, sur le terre-plein du Pont-Neuf, et fit tirer, en signe d'alarme, une grosse pièce d'artillerie qu'on y

ayait placée. En peu de temps tous les rassemblemens armés se formèrent sur la place de Grève ; Henriot se met à leur tête, fait entourer le lieu des séances de la convention. Les *montagnards* alors, secondés par les furieux qui remplissaient les tribunes, recommencèrent leurs attaques contre les *girondins*. L'assemblée, précédée de son président, sort de salle, et cherche à calmer la multitude. « Le peuple ne s'est pas » levé, dit Henriot, pour entendre » des phrases ; il veut des victimes... » Allons, canonniers, à vos pièces !» La convention, effrayée de cette audace, rentra dans la salle, et signa la proscription de vingt-deux de ses membres, appartenant au parti de la Gironde. La commune, pour récompenser les services d'Henriot, le fit nommer commandant en activité de la garde nationale, malgré plusieurs voix qui s'opposèrent à cette élection. Henriot fut le principal meneur des assassinats qui se commirent pendant le règne de la terreur. Agent zélé de Robespierre, il l'aida à proscrire Danton, Hébert, et ses autres ennemis. Le jour même (9 thermidor) où ce règne affreux allait finir par la chute de Robespierre, Henriot conduisit à l'échafaud quarante à cinquante personnes, en se frayant un passage au milieu du peuple qui, rassasié de sang, voulut en vain s'opposer à cette nouvelle exécution. Quand il eut appris l'arrestation de son protecteur et de son ami, il parcourait les rues en criant : *Aux armes! Vive Robespierre!* Il voulait exciter le peuple à une insurrection, mais personne ne l'écoutait plus. Il fut lui-même arrêté par cinq gendarmes, qui le conduisirent aux comités de la convention. Il fut délivré par Coffinhal, un des présidens du tribunal révolutionnaire, qui trouva le moyen de s'approcher de lui et de couper les cordes qui le liaient. Henriot s'étant évadé, sauta sur un cheval que le hasard lui fit trouver, et rencontrant une compagnie de canonniers, il leur ordonna de pointer leurs pièces contre la convention. Les canonniers obéirent; mais les voyant peu disposés à faire feu, il resta un instant dans l'incertitude. Tous les efforts qu'avait faits de son côté Fleuriot (*voy.* ce nom, *Supp.*) pour sauver Robespierre, ayant échoué, le parti vainqueur, devenu plus puissant, vint attaquer Henriot. Il s'enfuit avec ses canonniers, et se réfugia à la maison commune, où se trouvait Robespierre. Confus, frappé d'épouvante, à demi-saisi par le vin, il ne sut rien faire d'utile pour son parti. Il chancelait sur son cheval, et balbutiait des paroles qui n'avaient ni suite ni sens. Coffinhal indigné le saisit au milieu du corps et le jeta dans l'égout de l'hôtel de ville. On le ramassa; sa condamnation fut prononcée, et le lendemain, 28 juillet 1794, il fut exécuté avec Robespierre. Il avait alors trente-trois ans.

HENRIQUEZ (Henri), jésuite portugais, un des premiers compagnons de saint Ignace, né à Villaviciosa, dans l'Allentejo, diocèse d'Evora, vers l'an 1520, entra dans la société en 1545, à l'âge de vingt-cinq ans. Il était déjà diacre; il vendit son patrimoine et en donna le prix aux pauvres. Ayant été ordonné prêtre, il se rendit aux Indes, pour travailler aux missions. A peine fut-il arrivé, que saint François-Xavier l'envoya sur la côte de la Pescherie, pour y annoncer la foi. Il exerça ce ministère à Tutucurin, ville populeuse des Indes, et dans beaucoup d'autres

villes de ces contrées, pendant l'espace de 53 ans, avec tant de succès, qu'il mérita le titre d'*apôtre* de la presqu'île. Il avait appris le langage du pays si bien et si promptement, que dès les premières années, nonseulement il était en état de prêcher, mais encore d'entrer en dispute avec les bracmanes, et de leur démontrer la vanité et la fausseté de leur religion. En 1553, la ville qu'il habitait ayant été assiégée et prise, le P. Henriquez tomba entre les mains des vainqueurs, qui le mirent aux fers dans l'espérance d'en tirer une rançon, et exercèrent à son égard des cruautés inouïes pendant trois mois que dura sa captivité. Il bâtit plusieurs églises et deux hôpitaux, et mourut plein de mérite et de bonnes œuvres l'an 1600, âgé de 80 ans. Il fut porté à Tutucurin pour y être inhumé. Sa mémoire y resta longtemps en bénédiction, et on accourait en foule à son tombeau pour y réclamer son intercession. Il a laissé les ouvrages suivans, en langue malabare: I une *Grammaire* et un *Vocabulaire*. Le P. Henriquez avait fait une longue étude des dialectes des différentes contrées qu'il avait parcourues; et personne n'était plus en état que lui d'en faciliter la connaissance par des livres élémentaires. II Un *Catéchisme* ou *exposé de la doctrine chrétienne*. III Une *Vie de Jésus-Christ, de la sainte Vierge et de plusieurs saints*, dont un exemplaire est précieusement conservé dans la bibliothèque du Vatican. IV Une *Méthode de la langue malabare*, dans laquelle l'auteur a fait entrer tout ce qu'il est nécessaire que sache un nouveau chrétien. V *Contra fabulas ethnicorum pro defensione divinæ legis*. On conçoit à peine comment, dépourvu de livres, ce Père a composé un ouvrage aussi plein d'érudition. VI Deux *Lettres* concernant les Indes : la 1ʳᵉ de l'an 1548, et l'autre de 1565. Elles ont été insérées dans le recueil italien de lettres sur ces contrées, imprimé à Venise en 1565.

HENRY (David), écrivain écossais, naquit près d'Aberdeen en 1710, et vint très-jeune à Londres, où il fut un des rédacteurs du journal intitulé *Gentleman's magasine* (le Magasin des gentilshommes). Il a en outre laissé : I *Le parfait Fermier anglais*, ou *Système pratique d'agriculture*, 1779, 4ᵉ édition. II *Tableau historique de tous les voyages autour du monde*, 1774, 4 vol. in-4. Il y ajouta depuis 2 volumes, qui renferment les voyages du capitaine Cook, etc. Henry mourut le 5 juin 1792.

HENSLER (Philippe-Gabriel), médecin habile, naquit à Oldensworth le 11 décembre 1733. Il fut premier médecin du roi de Danemarck, et contribua à la propagation de l'inoculation de la petite-vérole. On a de lui : I *Tentaminum et observationum de morbo varioloso satura*, Gottingue, 1762, in-4. II *Lettres sur l'inoculation*, *dédiées au parlement de Paris*, Altona, 1765-1766, 2 volum. in-8. III *Indication des principaux secours dans le cas de mort apparente*, ibid., 1770-1780, in-8. IV *Sur des établissemens pour les malades*, Hambourg, 1785, in-4. Il mourut le 31 décembre 1805.

HERAULT DE SÉCHELLES (Marie-Jean) naquit à Paris, d'une famille distinguée, en 1760. Il se consacra au barreau, et à l'âge de vingt ans il se distingua dans deux fameux procès où il s'agissait, dans le premier, de la défense d'un précepteur contre l'ingratitude de son élève, et dans le second, de celle

d'une mère abandonnée au malheur par une fille dénaturée. Une foule immense venait admirer le jeune magistrat, dont le noble maintien et la figure prévenaient en sa faveur. La duchesse de Polignac, sa proche parente, le présenta à la reine, qui le prit sous sa protection ; et à la première place vacante, Hérault devint avocat général au parlement. Mais, ainsi que l'apprit l'expériense, il dut sa réputation à des circonstances heureuses, plutôt qu'à un mérite réel. Un jeune homme de son âge, et qui avait toutes les qualités qui forment un magistrat instruit et sage, vint effacer cette réputation éphémère ; c'était M. Dambray, qui d'avocat de la cour des aides était devenu membre du parlement. Hérault, naturellement léger, vain et ambitieux, ne céda qu'avec indignation à l'ascendant et au mérite de ce puissant adversaire ; et il crut follement venger son amour-propre en oubliant et sa naissance et les bienfaits de la reine, et en se jetant dans la révolution. Le jour de la prise de la Bastille (14 juillet 1789), il prit les armes avec les autres factieux. Hérault était alors commissaire du roi près le tribunal de cassation ; et le parlement de Paris le nomma à l'assemblée législative. Il se rangea d'abord du parti des *feuillans*, puis de celui de la *Gironde*, et, cherchant toujours à s'élever, il finit par devenir un des *jacobins* les plus subalternes. Il attaqua avec acharnement le roi, la cour, les ministres, les prêtres et les émigrés ; il prit part aux événemens du 10 août, et se déclara contre le juge de paix Larivière, qui avait poursuivi Chabot et Bazire, qui étaient parmi les principaux auteurs de cette funeste journée. Hérault de Séchelles ne manqua pas de l'attribuer aux royalistes, et réclama contre eux un tribunal spécial, qui fut en effet établi le 17 de ce même mois d'août. Le 1er septembre il obtint enfin le fauteuil de président, qu'il avait honteusement brigué : il l'occupait dans la nuit du 2, et au lieu de chercher des moyens efficaces pour faire cesser les massacres qui eurent lieu ce jour et le suivant, il entendait le récit de ces horreurs sans montrer la moindre émotion. Réélu à la convention, il devint président de cette assemblée le 2 novembre. Il céda cette place à M. Grégoire, pour aller remplir une mission à Mont-Blanc, dont le véritable but était d'entamer des négociations avec les puissances coalisées. Peu avant de partir il avait obtenu les suffrages des jacobins pour la mairie de Paris. Hérault ne pouvant pendant son absence prendre une part assez directe au procès de Louis XVI, se borna à écrire à ses partisans, pour les irriter contre cet infortuné monarque ; et de concert avec ses collègues, Jagot et Simond, il adressa à la convention une lettre, dans laquelle ils déclaraient que Louis Capet devait être condamné comme *parjure*. Nous ne nous arrêterons pas sur l'absurdité de cette indigne accusation. De retour dans la capitale, après la catastrophe du 21 janvier 1793, il fit cause commune avec les jacobins les plus forcenés. Il contribua puissamment avec Robespierre, Danton, Henriot, Fleuriot, etc., à la révolution du 31 mai. Il haïssait les girondins, et surtout Vergniaud, Guadet, Gensonné, (*voyez* ces noms, *Suppl.*), moins par esprit de parti, que par jalousie de talens. C'était pour n'avoir pu les égaler qu'il s'était jeté dans la faction jacobine. Il fut adjoint au comité, dit assez improprement de *salut public*, et chargé de rédiger la nouvelle constitution de 1793. Les députés de tous les départemens furent réunis pour accepter cette constitution, dont presque tous ignoraient le contenu. On célébra une fête à cette occasion, et pour comble d'impudence et de barbarie, on choisit le 10 août, anniversaire de la chute du trône. Cette fête était aussi ridicule que toutes celles qu'on célébrait dans ces temps de vertige général. Hérault fut nommé, à cette même époque, président de la convention. En cette qualité il se rendit sur l'emplacement de la Bastille. On avait élevé sur ses ruines une statue colossale représentant la *Nature*; deux jets d'eau sortaient de sa poitrine. Hérault en remplit une coupe, et tenant embrassé le doyen de tous les députés (ex-moine du couvent des jacobins de la rue Saint-Jacques), tous les deux burent dans la même coupe. Hérault fit précéder cette risible cérémonie par un discours emphatique, digne et de la circonstance et de l'orateur. Le doyen des députés était un vieillard ignorant, grossier et sale ; tandis que Hérault était jeune, spirituel, et le plus élégant de tous les magistrats de la capitale. Il reçut les honneurs de cette fête bizarre, et il en était comme enivré : mais Robespierre en devint jaloux ; et dès lors il jura sa perte. Choisi pour membre du comité de salut public, il proposa les mesures les plus violentes et entre autres celle du désarmement des suspects, l'annulation de leurs passe-ports, la faculté de les arrêter, et la défense de leur rendre la liberté. Au mois de septembre 1793, il fut envoyé dans le Haut-Rhin, où il établit un tribunal révolutionnaire, pour mettre, disait-il, *le pays à la raison*. Il écrivait en même temps au comité de salut public : « J'ai semé quelques guillotines sur » ma route ; et je vois que cela pro- » duit déjà un excellent effet. » Hérault était arrivé, comme bien d'autres, au comble de sa gloire révolutionnaire, et, comme bien d'autres aussi, il devait retourner au point d'où il était parti, pour recevoir sur l'échafaud une juste récompense. Des accusations commencèrent à s'accumuler sur lui : on le désignait comme ex-noble, comme ayant des liaisons avec les *suspects*, etc. Il fut défendu par Couthon ; et à son retour dans la capitale il se présenta à la convention en habit de sans-culotte, monta à la tribune, et termina un long discours à peu près par ces paroles : « Le hasard m'a jeté dans » une caste que le Pelletier et moi » nous n'avons pas cessé de mépriser » et de combattre ; mais si ma nais- » sance est un crime qui me reste à » expier, je prie l'assemblée d'agréer » ma démission de membre du comité » de salut public. » Sa démission ne fut pas acceptée. Robespierre cependant n'était pas un homme à perdre de vue ceux qui lui avaient donné de l'ombrage : il avait signalé sa victime, et il lui fallait l'immoler. Après l'avoir tenu pendant deux mois encore dans les incertitudes les plus cruelles, il le fit arrêter, et on l'enferma, le 19 mars 1794, dans les prisons du Luxembourg, sur de nouvelles accusations aussi vagues que les premières. Robespierre avait eu l'adresse de le compliquer dans le procès de Danton qu'il était parvenu à renverser. L'âme insensible d'Hérault était incapable de remords : il regardait le crime et la vertu avec la même indifférence ; mais depuis long-temps il n'optait que pour le premier. Pendant le règne de la terreur, et au milieu du deuil de toute la France, il s'occupa toujours de galanterie, de poésies légères, et à faire sa cour à l'épouse de son confrère Camille Desmoulins. A peine fut-il dans sa prison, qu'il reprit son humeur enjouée, et dégagé des affaires, il se livra entièrement à la littérature, en préparant pour l'impression un ouvrage de la morale la plus relâchée, intitulé *Théorie de l'ambition*. Il fut traduit devant le tribunal révolutionnaire, avec Camille Desmoulins, Danton, et autres accusés ; et ainsi que ceux-ci, il répondit aux questions qu'on lui adressait par des sarcasmes et des plaisanteries aussi indécentes qu'irréligieuses. Il entendit son arrêt de mort sans se troubler, et conserva son sang-froid jusqu'à ses derniers momens. Lorsqu'il allait monter à l'échafaud, il s'approcha de Danton, et voulut l'embrasser : « Montez donc, lui dit » cet homme toujours féroce, nos » têtes auront le temps de se baiser » dans le panier. » Hérault de Séchelles fut décapité avec Danton et les autres coaccusés, le 5 avril 1794. Ainsi finit un homme qui peut-être n'était pas né méchant, mais à qui le relâchement des mœurs, l'impiété et l'ambition frayèrent l'abîme où il se jeta lui-même, et que, par comble d'aveuglement, il envisagea sans remords. Parmi plusieurs écrits très-superficiels qu'a laissés Hérault de Séchelles, nous citerons : I *Eloge de Suger*, *abbé de Saint-Denis*, 1779, in-8. II *Visite à Buffon* (1785), ou *Voyage à Montbar* (1802). III *Détails sur la société d'Otten*, 1790, in-8. IV *Théorie de l'ambition*, que quelques littérateurs attribuent à Antoine Lasalle ; ouvrage rempli de maximes absurdes, criminelles, rendues dans un style pédantesque, obscur, et dont le matérialisme forme la base principale , publié pour la première fois par M. Jean-Baptiste Salgues , Paris , 1802 , in-8 , avec des notes de l'éditeur. V *Rapport sur la constitution de 1793* , etc. , publié dans la même année , dans le livre qui a pour titre , *Constitution du peuple français*.

HERBERSTEIN (Charles , comte d') , évêque de Laybach , dans la Carniole, fauteur complaisant et ardent promoteur des réformes ecclésiastiques de Joseph II , dans ses états héréditaires, naquit en 1722, et fut élevé à l'épiscopat en 1773. Tant que vécut Marie-Thérèse, princesse religieuse , on n'entendit point parler de lui ; mais dès que l'empereur Joseph eut succédé à sa mère, soit que des vues d'innovations lui eussent été suggérées par ceux qui l'entouraient, soit qu'il les eût puisées dans ses lectures , ou recueillies dans le cours de ses voyages , ou enfin que l'activité de son caractère lui fit un besoin du changement , ce jeune prince, doué d'ailleurs d'excellentes qualités , songea à mettre à exécution ses plans d'innovations , et trouva dans l'évêque de Laybach et quelques autres prélats des coopérateurs aussi condescendans qu'empressés. Cet évêque se hâta d'approuver les livres des théologiens et des canonistes, où se trouvait établie une doctrine propre à favoriser les projets du souverain , et à changer l'enseignement religieux en Allemagne. Il s'appliqua à justifier tous les édits de Joseph ; ils étaient nombreux , se succédaient avec une grande rapidité , et n'étaient pas toujours d'accord [1];

mais tous tendaient à changer la discipline de l'église catholique en matière très-importante. Le gouvernement établissait des séminaires qu'il soustrayait à la surveillance des évêques , et où il forçait les maisons religieuses d'envoyer leurs jeunes profès. Il y ⬛⬛ la matière et le mode des études, empiétait sur les droits épiscopaux, réformait et cassait les jugemens des évêques , faisait sortir des religieux de leur cloître , et de sa propre autorité les rendait au siècle. L'évêque de Laybach approuvait tout cela ; il était impossible que cette conduite de la part d'un prélat, n'éprouvât point une grande improbation dans des provinces encore fort religieuses. L'empereur en fut informé et s'empressa de faire connaître qu'il ne partageait pas ce sentiment. Par un décret en date du 27 novembre 1781 , il déclara que l'évêque de Laybach avait agi conformément à ses intentions ; il approuva son zèle, et le donna pour exemple aux autres évêques. Le comte d'Herberstein encouragé par ces éloges, s'efforça de les mériter encore davantage : il adressa en 1782 au clergé et aux fidèles de son diocèse, une instruction pastorale , dans laquelle il établissait et réglait (soi-disant d'après la tradition de l'église) les droits du prince, des évêques et du pape, enflant beaucoup ceux du premier, et diminuant à proportion les prérogatives du saint-siége , sans doute mis avec quelque dessein au dernier rang. Il y exaltait les nouvelles réformes, déprimait les ordres religieux, applaudissait à leur sécularisation et à la suppression des monastères, taxant d'inutilité

---

1 L'auteur de cet article eut en 1784 l'occasion de passer quelques jours chez M. Leprince, évêque de Bâle à Porentruy. Ce prélat le mena dans une grande salle garnie de tablettes toutes couvertes de cartons qu'il lui dit remplis d'édits et d'ordonnances de l'empereur, dont on tourmentait journellement l'administration diocésaine , et que souvent on avait peine à concilier.

ces établissemens, s'étonnant qu'on crût à un état de perfection supérieur à celui de l'observation des préceptes de l'Evangile; comme si les livres saints ne parlaient point de *conseils* auxquels ils exhortent, et comme s'il était pardonnable à un évêque d'ignorer qu'en suivant ces conseils un grand nombre de saints et de savans personnages ont, par leurs vertus et leurs doctes écrits, illustré et servi l'église. Cette doctrine, bien plus propre à fourvoyer le troupeau qu'à l'instruire, causa un scandale général. Elle fut blâmée des collègues de l'évêque de Laybach, à l'exception d'un petit nombre qui captaient la faveur du prince par leurs complaisances. Les bons catholiques en gémirent, et le pape Pie VI en fut très-mécontent. Il le témoigna à l'évêque dans le voyage que sa sainteté fit à Vienne en 1782; mais ni le souverain ne cessa de protéger et de louer l'évêque qui servait si bien ses projets, ni l'évêque ne discontinua de mériter les bonnes grâces du prince, par une coopération soutenue à l'exécution de ses desseins. Soit que Joseph voulût lui donner une marque de plus de sa bienveillance, soit que son amour du changement le portât à désirer une nouvelle circonscription de diocèses dans ses états, l'empereur s'adressa au pape pour le prier d'ériger en métropole le siége de Laybach. Pie VI, sans lui refuser l'objet de sa demande, ne crut pas néanmoins devoir se prêter pour le moment à une mesure qui, en élevant le comte d'Herberstein au rang d'archevêque, semblait faire rejaillir de la part du saint-siége une apparence de faveur sur un prélat dont on avait sujet de se plaindre. Pie VI s'en expliqua dans un bref du 7 janvier 1787, adressé à Joseph II. Le

prince insista, et l'évêque fit passer à Rome un mémoire apologétique; mais déjà attaqué d'une hydropisie de poitrine, il fut, avant que la négociation se terminât, frappé d'un coup d'apoplexie, dont il mourut le 7 octobre 1787 [1]. La gazette de la cour fit un grand éloge de sa personne et de son zèle. Il avait publié en 1786 une *Version* du nouveau Testament en langue vulgaire, en l'adoptant pour son diocèse. On ne pense pas qu'elle soit de lui; et elle ne fut pas généralement approuvée. Il avait contribué à l'introduction, dans les contrées autrichiennes, des écrits des *appelans*, et d'autres ouvrages favorables aux nouvelles réformes. Il eut du moins le mérite de faire à sa mort les pauvres ses héritiers, concurremment avec l'école normale de Laybach.

HERBIN (Auguste), orientaliste, naquit à Paris le 13 mars 1783. A l'âge de 20 ans il publia une grammaire arabe sous ce titre : *Développemens des principes de la langue arabe moderne*, etc., avec un essai de *Calligraphie orientale*, Paris, 1803, un vol. in-4, avec onze planches: Il *Notice sur Hatiz*, suivie d'une imitation en vers de quelques odes de ce fameux poëte, Paris, 1806, petite broch. in-12, que l'auteur ne distribua qu'à ses amis. Il a laissé manuscrits plusieurs ouvrages importans, en ce qui concerne les langues orientales. Herbin mourut à l'âge de 23 ans, le 30 décembre 1806; sa perte fut déplorée par ses amis et par les savans qui aimaient en lui ses talens précoces et la bonté de son caractère.

1 Le *Dictionnaire universel de géographie* (Desray, 1806) dit que Laybach fut érigé en archevêché en 1805. Il parle sans doute de la demande qu'en fit alors l'empereur. Mais les bulles de Rome ne furent expédiées qu'après la mort du comte d'Herberstein.

X.

HERBST (Jean-Frédéric-Guillaume), naturaliste allemand, naquit à Petershagen, dans le Minden, en 1743, fut membre de plusieurs sociétés savantes, et, comme ministre protestant, il se distingua dans la prédication. On a de lui différens écrits sur les insectes, les écrevisses, etc., tels que : I *Introduction succincte à la connaissance des insectes,* Berlin et Stralsund, 1784, 1787, 3 vol. in-8, avec 144 grav. color. II *Essai d'une histoire naturelle des écrevisses et des crabes,* Zurich et Berlin, 1782, 1784, 3 vol. in-fol., avec grav. color. III *Système naturel des papillons,* Berlin, 1783, 1795, 7 vol. in-8, avec 180 grav. enlum., etc. Il est mort le 5 novembre 1807.

HERLUISON (Pierre-Grégoire), né à Troyes le 4 novembre 1759, embrassa l'état ecclésiastique, et, après avoir fait ses études avec succès, devint professeur à l'école militaire de Brienne, dirigée alors par des minimes. Cette école ayant été supprimée à la révolution, Herluison fut bibliothécaire de l'école centrale de l'Aude, et ensuite de la ville de Troyes, puis membre et président de la société littéraire de cette ville. Il y lut quelques ouvrages de sa composition, entre autres des *Dissertations sur le charlatanisme, la routine,* etc.; un *Eloge de Grosley,* un autre *du célèbre Pierre Pithou,* ses compatriotes; un *Discours sur la bonne et la mauvaise humeur,* etc., « pièces plus remarquables, dit-on, par la sagesse des vues et par la correction, que par l'élégance, l'esprit et l'harmonie du style. » Quoiqu'il fût d'une santé fort délicate, il se chargea du classement de la bibliothèque de l'Aube, besogne assez pénible. Cette bibliothèque devait être composée au

moins de 70,000 volumes, résultat de trois bibliothèques célèbres ; savoir, celle des frères Pithou qu'ils avaient laissée à l'Oratoire de Troyes, de Jacques Hennequin, chanoine de Troyes, qui la légua aux cordeliers de la même ville, à condition qu'elle serait publique, et enfin de la magnifique collection du président Bouhier, achetée chèrement par le dernier abbé de Clairvaux, qui n'eut pas même la consolation de la voir en place chez lui, le magnifique local qu'il lui destinait n'étant point encore achevé lorsqu'on la lui enleva, et qu'il fut obligé de quitter son abbaye. Herluison mourut à Saint-Martin-ès-Vignes, près Troyes, le 19 janvier 1811. Il avait au commencement de la révolution adopté les idées nouvelles ; les crimes et les folies qui ne tardèrent pas à avoir lieu le rappelèrent à des sentimens plus sains. On a de lui : I *la Théologie réconciliée avec le patriotisme,* Troyes, 1790, 1 vol. in-12; 2ᵉ édition, Paris, Leclère, 2 vol. in-12. Il cherchait à y établir, d'après les Pères, le droit des nations de se choisir le gouvernement qui leur convient, ou, ce qui revient au même, la *souveraineté du peuple.* Cet ouvrage donna lieu à Maultrot de publier un écrit intitulé : *Lettre d'un homme de loi à M***, réconciliateur de la théologie et du patriotisme.* Ce légiste, dans un autre ouvrage intitulé *Origine et étendue de la puissance royale,* 1789 et 1790, soutient que tous les droits résident dans le peuple, dont les rois ne sont que les délégués. On sait aujourd'hui quels tristes résultats ont eus ces principes. II *Le Fanatisme du libertinage confondu, ou Lettres sur le célibat des ministres de l'église,* 1 vol. in-8. III *Cours développé de rhétorique,* resté manuscrit. IV Un *Traité sur la religion*, publié après la mort de l'auteur, par M. Boulage, sous ce titre : *De la religion révélée, ou de la nécessité des caractères et de l'authenticité de la révélation*, 1813, in-8. Il fut appelé à prononcer un discours public sur la journée du 9 thermidor. Il y rappelle ses concitoyens aux vrais principes de la morale, de la politique et de la religion, beaucoup trop oubliés à ces malheureuses époques. C'était un homme doux, laborieux et modeste. Il y a aussi d'Herluison quelques poésies latines, insérées dans l'*Anthologia poetica* de Thévenot, Paris, 1811, 2 vol. in-8. Elles sont médiocres, et, dit-on, au-dessous de sa prose.

HERMANN (Jean), célèbre naturaliste, naquit à Barr, près de Strasbourg, en 1738. Il était élève du chimiste Spielman, et occupa successivement dans cette même ville les chaires de médecine, de philosophie, de botanique, de chimie, et de matière médicale. Il fit en 1763 un voyage à Paris, où il se lia avec les principaux savans. On a de lui un grand nombre de *Mémoires* sur les dents des animaux, sur leurs affinités, sur le renard volant d'Aristote, ou grand écureuil volant de Buffon ; sur le phatagin d'Élien, ou le pangolin de Buffon, sur les vertus médicales de certains reptiles, sur le scinque, comme *sur les insectes qui dévorent les livres*, qui fut couronné à Gottingue en 1773 ; *sur les insectes sans ailes*, couronné en 1770, à Paris, par la société des sciences naturelles, et imprimé par les soins de M. Hammer, avec le titre de *Mémoire aptérologique*, 1804, 1 vol. in-fol. On a encore d'Hermann un ouvrage sur les rapports des animaux, qui est la suite

d'une thèse qu'il avait soutenue, et intitulé *Tabula affinitatum animalium uberiore commentario illustrata*, etc., Strasbourg, 1783, in-4. Il mourut le 4 octobre 1800. Parmi plusieurs épigrammes qu'il fit contre la révolution française, on cite la suivante :

Quis nobis nunc esse neget saturnia regna?
Nonne vorat gnatos Gallia dura suos?

HÉRON (Robert), littérateur écossais, naquit vers 1745. Sa pauvreté l'obligea dès l'âge de onze ans de gagner son existence en faisant répéter les leçons de ses condisciples à l'université d'Edimbourg. Encouragé par les bienfaits du docteur Blair, il put continuer ses études. Ses ouvrages l'ayant fait connaître avantageusement, les offres d'un libraire le déterminèrent de passer à Londres en 1799. Il travailla à différens journaux, où il excellait dans la partie politique, et il fut en 1804 employé à la rédaction d'un journal français, et en 1805 à celle du *British Neptune*. Il eut à souffrir des contrariétés à cause d'une *lettre à W. Wilberforce* (1806), où il faisait l'apologie de la traite des nègres. Malgré le produit de ses ouvrages et de son emploi de rédacteur, Héron se trouvait presque toujours dans la misère. Mis en prison pour dettes, il adoucit sa captivité en composant un petit ouvrage intitulé *Comfort of life* (Consolations de la vie), 1806, qui eut deux éditions en moins de trois semaines. Un travail assidu avait miné sa santé. Il tomba dangereusement malade, et de sa prison il écrivit aux directeurs du *Fonds littéraire* une lettre touchante, où il exposait sa situation, et que M. Israeli inséra dans ses *Calamities of authors*. Héron fut transporté dans un hôpi-

32.

tal de fiévreux , où il mourut le 15 avril suivant. Outre les ouvrages déjà cités , on a de cet auteur : I *Observations faites pendant un voyage en Écosse* , 1793 , 2 vol. in-8 ; 1799 , id. On trouve dans ce livre des vues saines sur l'éducation , un style naturel , et de bons principes de morale. II *Histoire générale d'Ecosse depuis les temps les plus reculés jusqu'en* 1748 , 6 vol. , de 1794 à 1799. Il a traduit du français les *Contes arabes* , 1792 , 4 vol. in-8 ; *la Chimie de Fourcroy ; la Philosophie chimique* , Londres , 1800 , in-8 ; *Lettres de Savary sur la Grèce* , etc.

HERRENSCHWAUD (Jean-Frédéric) , médecin , naquit à Morat vers 1735. Il exerça sa profession à Londres , en Allemagne , et mourut à Berne en 1796. Il a laissé *Médecine domestique* , Berne , 1788 , 1 vol. in-4.

HERTZBERG (Ewald-Frédéric, comte d') , célèbre ministre prussien , naquit à Lottin en Poméranie , en 1725 , d'une famille pauvre , mais illustre. Il étudia à Stettin , et à l'âge de dix-sept ans il composa en latin une *Histoire généalogique des premiers empereurs d'Autriche*. Frédéric II ayant distingué les talens d'Hertzberg , le nomma secrétaire au ministère des relations extérieures , et il fut attaché en cette qualité à l'ambassade prussienne auprès de la cour de Vienne. Quelque temps après il fut nommé conseiller de légation. Son intelligence et ses travaux l'appelèrent enfin au ministère des affaires étrangères. Frédéric l'honorait de sa confiance , et ne dédaignait pas ses conseils , lors même qu'il s'agissait de former ses plans de campagne. Lors du partage de la Pologne , tout en faisant valoir les droits de son souverain , fondés

sur la séparation faite en 1466 des provinces de la Prusse occidentale , il n'approuva jamais ce partage ; et quand les puissances intéressées se disposaient à en faire un nouveau , il écrivit à Frédéric-Guillaume II une lettre (juillet 1794) dans laquelle il s'exprimait en ces termes : « Le titre dont les trois puis— »sances se servent pour partager »la Pologne est si odieux et si »décrié , qu'il fera toujours un tort »infini à la réputation des trois »souverains , et que leurs noms en »seront à jamais flétris dans l'his- »toire ; et j'avoue que je ne com- »prends pas comment le concilier »avec leur religion et leur con- »science. » Il contribua par ses efforts à apaiser , en 1784 , les troubles des Pays - Bas , et c'est sa profonde politique qui donna lieu en 1790 au congrès de Reichenbach , où l'on s'égara pour n'avoir pas suivi ses conseils. L'année suivante il demanda sa démission qui ne lui fut accordée qu'en partie. Il éleva par souscription en Poméranie (1793) une statue en marbre à Frédéric II , et dans cette occasion il prononça son éloge. Ce ministre mourut le 27 mai 1795 , âgé de soixante-neuf ans : il avait servi la Prusse pendant plus d'un demi-siècle. On a différens ouvrages de ce grand publiciste ; on en a publié une partie en français , sous le titre d'*OEuvres politiques* , etc. , Paris , 1785 , 3 vol. in-8. Son *Mémoire sur la population primitive de la Marche de Brandebourg* fut couronné par l'académie de Berlin qui l'admit parmi ses membres. Dans l'espace de huit jours il composa un mémoire en latin , en allemand et en français , extrait de quarante volumes , contenant une correspondance du cabinet de Dresde (de 1746 à 1746) , que Frédéric II avait su se procurer. Ce mémoire, où le comte d'Hertzberg relevait les torts et les desseins hostiles de la cour de Dresde et d'Autriche contre la Prusse, fut euvoyé à Vienne ; on en répandit 210,000 exemplaires en un jour.

HERVIEUDELABOISSIÈRE (Simon). *Voyez* LA BOISSIÈRE.

HERVILLY (Louis-Charles, comte d'), naquit à Paris en 1755, et suivit la carrière des armes. Il se signala en 1789 par sa courageuse résistance contre les révolutionnaires qui voulaient s'emparer du drapeau de son régiment de Rohan-Soubise. En 1790 il fut nommé colonel de la garde constitutionnelle de Louis XVI ; il partagea avec le maréchal de Mouchy les dangers de la journée du 10 août, accompagna le roi à l'assemblée, et ce fut lui qui apporta aux Suisses l'ordre de cesser leur feu. Lors de l'emprisonnement de la famille royale il passa en Angleterre, et, devenu commandant d'une division d'émigrés, il débarqua en Bretagne, près de Carnac, le 27 juin 1795, s'empara de ce village et puis du fort Penthièvre, dont il détermina la garnison à se ranger sous ses drapeaux ; mais la mésintelligence s'étant établie entre le comte d'Hervilly et M. de la Puisaye, autre commandant de l'expédition de Bretagne, d'Hervilly fut contraint de rentrer dans la presqu'île de Quiberon, que le général Hoche, qui occupait les hauteurs de Sainte-Barbe, bloqua aussitôt. Un convoi de mille hommes, commandés par M. de Sombreuil, étant arrivé, d'Hervilly s'opposa, dit-on, à leur descente : on l'accusa, dans la suite, d'avoir voulu se procurer à lui seul l'honneur de cette expédition. D'autres racontent ce fait de la manière suivante. On de-

vait attaquer l'ennemi ; M. de Vauban qui, avec sa division, avait débarqué dans un des ports de Quiberon, devait prendre les républicains par derrière, soutenu par M. de la Puisaye. Mais les signaux qu'on avait établis furent ou mal compris ou mal donnés ; et d'Hervilly eut à soutenir seul l'attaque des républicains. Ses troupes furent défaites, et lui blessé mortellement. On le transporta à bord d'une frégate anglaise. Il mourut à Londres le 14 novembre 1795. Plein de zèle pour la cause qu'il défendait, on peut néanmoins lui reprocher beaucoup d'imprudence et de présomption. C'était, à Quiberon, le premier fait d'armes où il se trouvait.

HESS (Louis), peintre en paysage, naquit à Zurich en 1760, se perfectionna à Rome et dans son art. Il a laissé de nombreux tableaux, répandus en Suisse, en Allemagne, en France, en Angleterre, qui sont uniques dans leur genre. Le goût, la vérité du dessin, le coloris, l'harmonie des sites, sont les qualités qui les distinguent. Il mourut dans sa patrie en 1800 ; il était fils d'un boucher, et avait exercé l'état de son père.

HIGDEN (Raoul), moine bénédictin et historien anglais, naquit dans le comté de Chester vers 1300, et y mourut en 1363, presque centenaire. Il a laissé l'ouvrage suivant : *Radulphi Higdeni Polichronici libri* VII, *etc.*, *in latinum conversi à Johanne Trevisâ, et editi curâ Gulielmi Caxtoris*, 1482, in-fol.

HINCKELMANN (Abraham), théologien protestant, né en 1652 à Doebeln en Misnie. Après de premières études faites avec distinction, il vint les continuer à Freyberg et à Wittemberg. A peine les avait-il terminées, qu'il fut chargé de la direction de l'école de Gardleben. Trois ans après il alla occuper le même poste à Lubeck , et demeura 11 ans dans cette ville. Il venait d'être pourvu de la cure de Saint-Nicolas de Hambourg, lorsque le landgrave de Hesse - Darmstadt , instruit et charmé de son mérite, voulut l'attacher à sa personne ; il le fit son prédicateur ordinaire, et lui donna la surintendance des églises de ses états, avec le titre de professeur honoraire de l'académie de Giessen. En 1688 il retourna à Hambourg, où il prit la direction de l'église de Sainte-Catherine. C'est dans cette ville qu'il éprouva des chagrins peu mérités. Horbius , ministre de Hambourg, ayant embrassé les opinions d'Antoinette Bourignon et de Poiret, disciple de cette fille exaltée (*v.* BOURIGNON et POIRET, *Dict.*), publia un ouvrage mystique de celui-ci , que quelques ministres protestans approuvèrent, et que d'autres condamnèrent. Il en résulta des disputes fort vives. Hinckelmann n'ayant point voulu y entrer, se vit en butte aux deux partis, et devint de la part des uns et des autres l'objet d'injures et d'écrits insultans. Il n'eut pas la force de se mettre au-dessus d'outrages qui n'étaient dignes que de mépris. Il fut frappé d'apoplexie en lisant un de ces pamphlets , et mourut peu de jours après , le 11 février 1695, n'étant âgé que de 43 ans. Il s'était appliqué avec un soin particulier à l'étude des langues orientales , et surtout de l'arabe. Il laissa une bibliothèque nombreuse et très - riche dans ce genre de littérature ; elle fut vendue publiquement. On a de lui : I une *édition* du *Koran ;* qui est généralement regardée comme la première qu'on ait publiée en arabe. On parle néanmoins d'une

édition en langue originale , donnée à Venise vers 1510 ou plutôt 1509 , par Paganini de Brescia , brûlée par ordre du pape , et dont quelques exemplaires ont échappé à cette mesure. II *Traduction* allemande de l'*Apologétique et du livre de la patience de Tertullien.* III *Des considérations chrétiennes sur la purification par le sang du Christ.* IV. Des *Sermons* et quelques écrits contre Jacques Boehm , enthousiaste et homme à extase. (*Voyez* BOEHM , *Dict.*) V Des *Dissertations théologiques* , en latin et en allemand. Presque tous ces ouvrages ont été traduits en suédois. VI Un *Catalogue des écrivains botanistes arabes* , et un *Lexicon coranicum ;* restés manuscrits; ce dernier n'était pas même achevé , la mort imprévue d'Hinckelmann ne lui ayant pas permis d'y mettre la dernière main.

HIRT (Jean - Frédéric), docteur et professeur de théologie à Wittemberg , né en 1719 à Apolda en Thuringe , occupe un rang distingué parmi les littérateurs allemands. Il avait des connaissances très-étendues en théologie , en critique sacrée, et dans les langues orientales. Il eut des places importantes auxquelles il fut appelé par son mérite, et qu'il remplit avec distinction. Il était en 1748 co-recteur du collége de Weimar, en 1758 professeur extraordinaire de philosophie dans l'université d'Iéna. Il y professa ensuite la théologie , et en 1761 il en devint surintendant. En 1775 il retourna à Wittemberg, où il exerça les mêmes fonctions jusqu'à sa mort, arrivée dans cette ville le 29 juillet 1783. Il était extrêmement laborieux , et a laissé un grand nombre d'ouvrages , dont les bibliographes allemands donnent une nomenclature exacte , et qui prouvent sa profonde érudition. On cite comme les principaux : I *Commentarius de coronis apud Hebræos, nuptialibus*, Iéna, 1748, in-4. II *Commentarius de chaldaïsmo biblico*, ibid. , 1751 , in - 4. III *Biblia hebræa analytica*, ibid. , 1753 et 1769. IV *Biblia analytica, pars chaldaïca*, ibid., 1754. V *De imperatorum ante Constantinum Magnum ergà christianos, favore*, 1758, in-4. VI *Institutiones arabicæ linguæ*, etc., ibid., 1770. VII *Syntagma observationum philologico-criticarum ad linguam sacram novi Testamenti pertinentium*, 1771 , in-8. VIII *Orientalische und exegetische bibliot.*, huit cahiers, 1772. IX *Anthologia arabica , complexum variorum textuum arabicorum, selectorum partim ineditorum, sistens*, 1774, in-8. Ouvrage destiné à faciliter aux commençans l'étude de la langue arabe, mais qui répond médiocrement à l'intention de l'auteur. X *Wittenbergische orientalische und exegetische bibliotheck*, 1776, etc.

HOCHE (Lazare), général français, naquit à Montreuil, près de Versailles, le 24 février 1768, d'un garde du chenil de Louis XV. Palefrenier surnuméraire aux écuries du roi à l'âge de 14 ans , il vécut ensuite des secours d'une tante fruitière à Versailles. Il aimait beaucoup les livres et l'art militaire, et à 16 ans il entra aux gardes françaises, où il se battit en 1788 avec un caporal : il reçut dans ce duel une blessure au visage, dont il porta la cicatrice toute sa vie. Il fut l'année suivante du nombre des gardes françaises révoltés, qui s'unirent au peuple mis en insurrection par les factieux. Entré dans la garde de la capitale, il suivit pas à pas la révolution, et son avancement fut rapide. Dans cet intervalle il étudia avec ardeur l'art militaire. En 1792 il était adjudant-général, et défendit Dunkerque contre le duc d'York. Ce service lui valut le grade de général de brigade, et il obtint bientôt celui de général de division. Hoche s'empara de Furnes ; mais il fut battu devant Nieuport. A l'âge de 24 ans il était général en chef de l'armée de la Moselle qu'on opposait aux Prussiens. Repoussé d'abord jusqu'à la Sarre, il put enfin, aidé par le général Pichegru, chasser les Autrichiens de l'Alsace. Il prit alors un ton brusque et même insolent avec ceux qui l'avaient élevé, ne perdant jamais l'occasion de déprimer Pichegru , son rival de gloire, ce qui déplut infiniment au proconsul Saint-Just qui le protégeait. Les comités eux-mêmes, irrités du ton de leur général, le firent arrêter et conduire à la prison des Carmes. Il avait déjà éveillé de l'ombrage, et sans la révolution du 9 thermidor (27 juillet 1794), il aurait péri sur l'échafaud. Cette leçon le rendit plus prudent dans la suite ; et il choisit cette devise : *Des choses et non des mots*. Ayant recouvré sa liberté , il obtint le commandement d'une des trois armées destinées contre les royalistes. Il remplaça alors le système des retranchemens par celui des campemens, qui étaient souvent emportés par les Vendéens. Les généraux étaient alors entravés dans leurs opérations par des commissaires ignorans, envoyés par la république pour les surveiller. Hoche eut avec eux plusieurs différens. Il se récria contre la première pacification avec la Vendée ; mais la guerre recommença bientôt avec plus d'acharnement. Hoche marcha vers Quiberon , déconcerta les plans des royalistes, prit d'assaut le fort de Penthièvre, battit d'Hervilly (*voy*. ce nom, *Supp*.) ; et repoussa Puisaye et Sombreuil jusqu'aux bords de la mer. Ce fut le triste résultat de cette malheureuse expédition, manquée en partie par la mésintelligence des chefs, et en partie faute des secours qu'on leur avait promis. Il voulait s'opposer au rembarquement de M. de Sombreuil ; mais les autres généraux furent d'un avis contraire. Il prit cependant la défense des prisonniers, représenta à la convention combien il serait inhumain de détruire six à sept mille familles ; mais il ne fut pas écouté, et on massacra tous les prisonniers. Il remit alors le commandement du Morbihan au général Lemoine, et se dirigea avec ses troupes vers Saint-Malo. Quelque temps après il fut envoyé contre Charette. (*Voy*. ce nom, *Suppl*.) Le directoire qui venait de succéder à la convention, lui confia au mois de décembre les trois armées de l'ouest, auxquelles on donna le nom de l'armée de l'Océan. Hoche adopta la même tactique que les Vendéens, et ne les attaquait que par des colonnes mobiles et par pelotons. Il était alors le seul général français qui eût un pouvoir illimité. Il mit malheureusement tout en usage pour faire triompher la cause qu'il avait embrassée ; talens, adresse, quelquefois même de la modération. On se plaignait cependant de sa lenteur ; et il fut sur le point d'être rappelé. Hoche avait un redoutable rival à combattre, l'intrépide Charette. Il parvint à l'isoler de Stofflet. (*Voy*. ce nom, *Suppl*.) Celui-ci ayant repris les armes, il le fit fusiller. Charette, après la plus opiniâtre résistance, ne voulant accéder à aucune condition, subit le même sort. Vain-

queur de toute la rive gauche de la Loire, il passa cette rivière avec 15,000 hommes, et eut le même succès dans l'Anjou, le Maine, la Bretagne et la Normandie. A Rennes il manqua périr par le poison et par le poignard. On prétend qu'il prit soin lui-même de la famille de son assassin, nommé Guillemot. Son expédition en Irlande n'eut pas d'heureux succès ; Pitt, qui l'avait ignorée, dit à cette occasion que le général qui en avait conçu l'idée, s'était *mis sous la protection des tempêtes*. Hoche, nommé en 1799 commandant en chef de l'armée de Sambre-et-Meuse, forte de 80,000 hommes, passa le Rhin, vainquit le général Werneck à Newied, à Ukerath, à Altenkirchen et à Diedorff ; s'empara de Wetzlar, et ne s'arrêta qu'à Giessen, où il apprit l'armistice conclu entre le prince Charles et Buonaparte. Cette guerre terminée, une autre plus terrible s'engagea entre le directoire et les conseils. Hoche se rangea du parti du premier, et dit avec la jactance de ces temps, où tout annonçait l'exaltation : « Je vaincrai les ennemis de la république ; et quand » j'aurai sauvé ma patrie, je briserai » mon épée. » Ayant fait marcher quelques troupes sur Paris, le général Willot demanda sa mise en accusation. Hoche, qui prétendait n'avoir agi que par ordre du directoire, demanda à son tour d'être mis en jugement. Mais d'un caractère fier, et ayant une grande influence sur les troupes, il y avait long-temps qu'il portait ombrage et à Buonaparte et au directoire. Le premier parvint à l'écarter, et à faire donner à Augereau la mission de renverser les conseils ; et le directoire le fit empoisonner à Wetzlar, où il mourut le 15 septembre

1797. Se sentant dévoré par le poison, il disait : « Suis-je donc vêtu » de la robe de Nessus... ? » On fit pour lui deux pompes funéraires, l'une vers le Rhin, et l'autre à Paris. On transporta son cadavre de Wetzlar à Coblentz, et il fut déposé à Pétersberg à côté de celui du général Marceau. Son convoi reçut partout des honneurs distingués par les généraux autrichiens. Le directoire, par une hypocrisie républicaine, lui fit les obsèques les plus magnifiques au Champ–de–Mars. Rousselin a écrit *la Vie de Hoche*, publiée à Paris en 1798, 2 vol. in-12. Le style en est ampoulé et extrêmement diffus. Ce général avait beaucoup de bravoure, et des talens militaires. Malgré son affectation de républicanisme, il fut soupçonné, non sans quelque raison, d'avoir voulu s'emparer du gouvernement. Cela servirait à expliquer la jalousie qu'il inspirait à Buonaparte et au directoire.

HODIERNA ou plutôt ADIERNA (Jean Bapt.), archiprêtre de Palma et célèbre astronome, naquit à Raguse, en Sicile, en 1597, et mourut en 1660. Parmi ses ouvrages sur l'astronomie, on cite : 1 *Universæ facultatis directorium physico-theoricum opus astronomicum, in quo de promissorum, ad significatores progressionibus physicæ agitur*, Palerme, 1629, in-4. II *De systemate orbis cometici, deque admirandis cœli characteribus*, ibid., 1656, in-4, etc.

HOFFER (André), chef des insurgés tyroliens, naquit à Passeyer, en 1765, où il tenait une auberge et commerçait en blé, vin et bétail. A la paix de Presbourg, on avait cédé le Tyrol à la Bavière, dont les Tyroliens ne pouvaient souffrir le joug. Quand la guerre se ralluma en 1809,

ils chassèrent les Bavarois. La forme athlétique de Hoffer, ses richesses, le firent choisir pour chef de l'insurrection, qu'il n'aida cependant que de son argent et de ses conseils. La paix ayant été conclue à Vienne, les Tyroliens, qui restaient toujours au roi de Bavière, d'après l'indult que Buonaparte leur accordait, déposèrent les armes ; mais il mit à prix la tête de leur chef. Celui-ci se réfugia dans une caverne, placée sur un pic presque inaccessible. C'est là où il fut arrêté par les émissaires de Napoléon. Il fut conduit à Mantoue. Condamné à être fusillé, il reçut la mort avec courage et avec des sentimens religieux. Pendant sa vie on le révérait comme un saint, après sa mort on l'appela martyr. Les Tyroliens se proposaient d'élever un tombeau et une pyramide à sa mémoire, et de bâtir un hôpital à la place qu'occupait la caverne.

HOME (John), écrivain écossais, naquit dans le comté de Roxbourg en 1724. Il embrassa l'état ecclésiastique et publia plusieurs tragédies, comme *Duglas* (imitation de la *Mérope* de Maffei) ; *Agis*, le *Siége d'Aquilée*, *Alonzo*, etc., qui lui attirèrent de sévères réprimandes de la part des puritains. Il est aussi auteur d'une *Histoire de la rébellion de 1745-1746*, in-4, publiée en 1802, ornée du portrait du prince Charles-Edouard Stuart. Il contribua, avec Robertson et Blair, aux frais du voyage de Macpherson dans les montagnes de l'Ecosse, où celui-ci allait pour y recueillir les poésies d'Ossian. Macpherson lui témoigna sa reconnaissance en lui laissant à sa mort 2,000 liv. sterl. Home mourut en 1808.

HOMPESCH (Ferdinand de), dernier grand maître de l'ordre de Malte, et le premier allemand qui ait été investi de cette dignité. Il naquit à Dusseldorff le 9 novembre 1744, et fut pendant vingt-cinq ans ministre de la cour de Vienne auprès de son ordre. Hompesch succéda en 1797 au grand maître Rohan. D'un caractère faible et timide, il laissait toutes les affaires entre les mains des plus intrigans, tandis que les maximes révolutionnaires de la France avaient pénétré déjà dans son île, et avaient trouvé de nombreux prosélytes. Des émissaires de la république avaient tramé un complot formé par plusieurs chevaliers rebelles, à la tête desquels était le commandeur Bosredon. Au moment où l'escadre française, commandée par Buonaparte, parut devant l'île, Bosredon, sommé par le grand maître de la défendre, répondit : « Mes vœux sont de combattre les »Turcs, et non pas les chrétiens. » Le grand maître le fit arrêter ; mais une sédition avait été préparée d'avance, et on fut contraint de lui rendre la liberté. Il alla alors rendre visite à Buonaparte, avec lequel il signa une capitulation honteuse. Le grand maître s'y soumit. Il n'y avait que vingt quatre heures que l'escadre française était arrivée, et déjà l'île était au pouvoir de Buonaparte. Celui-ci sembla fort offensé de ce que le grand maître ne lui eût pas rendu visite. Hompesch s'en excusa par une lettre indigne et de sa naissance et du rang qu'il occupait. Toutes les armes et les signes de l'ordre furent effacés. On renversa le buste de l'illustre la Valette qui avait gouverné l'ordre avec tant d'honneur. Le grand maître fut embarqué dans une galère et conduit à Trieste. On lui avait payé cent mille écus pour prix de son argenterie. Il devait recevoir la même somme pour son revenu de chaque année ; mais on manqua à cet engagement. Buonaparte se promenant un jour sur les remparts de la Valette, dont il admirait les fortifications, un de ses aides de camp lui dit : « Nous avons été bien heureux »qu'il se soit trouvé du monde dans »cette ville pour nous en ouvrir »les portes. » Hompesch, arrivé à Trieste, déchira les traités, protesta contre la force ; mais l'île de Malte était déjà devenue un objet de trafic. Reprise sur les Français, elle fut enfin cédée à Paul 1er. Ainsi le boulevart du catholicisme passa au pouvoir d'un monarque du rit grec. Pressé par ses créanciers, Hompesch fit un voyage de Vienne à Montpellier, en 1802, pour réclamer près de deux millions qui lui étaient dus, et il ne put obtenir que le modique à-compte de 15 à vingt mille francs. Il mourut peu de temps après, en novembre 1803.

HOOD (Samuel), amiral anglais, naquit à Butleigh dans le Sommerset en 1735. Il servit sous l'amiral Holmes dans la guerre de sept ans, et le 13 février il s'empara de la frégate française la *Bellone*. En 1780 il fut nommé baronnet et amiral, et dans la guerre d'Amérique il battit l'escadre du comte de Grasse (février 1782). Il commandait en second sous sir Brydges, depuis lord Rodney, au combat du 14 avril, où le comte de Grasse fut fait prisonnier. Créé pair d'Irlande, et ensuite lord de l'amirauté, il fut envoyé en 1790 dans la Méditerranée. Aidé par les royalistes du midi, soutenu des escadres espagnole et napolitaine, il s'empara de Toulon. Les généraux Doppet et Dugommier, secondés par Buonaparte, alors officier d'artillerie, l'obligèrent à quitter ce port. Un grand nombre de royalistes émigrèrent à cette occasion : ils se réfugièrent sur les vaisseaux anglais. Hood, avant de partir, ordonna à sir Sydney Smith, alors simple volontaire, de brûler tous les vaisseaux français qu'on ne pouvait pas emmener; ce qui fut exécuté avec la même exactitude qu'on mit quelques années après à Copenhague à détruire la marine danoise. Hood bloqua le port de Gènes, d'où il se retira bientôt, et fit voile vers l'île de Corse. Il s'en empara à la seconde attaque; mais cette île fut presque aussitôt reprise par les Français. L'amiral s'étant retiré en Angleterre, y mourut en 1816.

HOPKINGS (David), chirurgien anglais dans la compagnie de Bengale, intendant général des forêts de Teck dans l'île de Java, naquit vers 1750, et mourut à Samarang en 1816. Il est auteur d'un ouvrage assez bizarre et au-dessous de toute critique, intitulé : *Dangers que l'Inde anglaise peut avoir à craindre de l'invasion et des établissemens des missions françaises*, 1809, in-8. Hopkings prenait sans doute de paisibles ecclésiastiques pour des usurpateurs qu'on décore du nom de conquérans.

HOUARD (David), avocat, naquit à Dieppe en 1725. On a de lui : I *Anciennes lois des Français conservées dans les coutumes anglaises*, recueillies par Littleton, 1766, Rouen, 1779, 2 v. in-4. II *Traité sur les coutumes anglo-normandes*, publiées en Angleterre depuis le onzième jusqu'au quatorzième siècle, avec des remarques, etc., 1776-81, 4 v. in-4. Houard mourut à Abbeville en 1802.

HOUCHARD (Jean-Nicolas), général français, naquit à Forbach en 1741. Il servit avec distinction dans la guerre de sept ans, et ensuite contre les Corses révoltés. De simple soldat il était parvenu au grade de lieutenant-colonel, et avait été gratifié de la croix de Saint-Louis lorsque la révolution éclata. Il en fut un des plus chauds partisans, et on l'éleva bientôt au grade de colonel. Employé d'abord sous Custine en 1792, il devint dans la même année lieutenant-général, et le remplaça dans le commandement des armées de la Moselle, du Nord et des Ardennes. La victoire qu'il remporta à Hondtschoot le 9 septembre 1793, obligea les Anglais à lever le siège de Dunkerque, et sauva la république d'une invasion de la part des alliés. Mais les commissaires patriotes qui présidaient aux armées, croyant qu'il était aussi facile d'envelopper les ennemis et de les détruire, que d'égorger des prêtres et des royalistes, accusèrent Houchard de n'avoir pas suivi leurs instructions, d'après lesquelles toute l'armée anglaise devait tomber au pouvoir des Français. Le général fut arrêté, conduit à Paris, jugé par le tribunal révolutionnaire, et condamné à mort le 17 novembre 1793. C'est ainsi que recevaient souvent la récompense des plus grands services ceux qui avaient trahi leurs sermens. Son fils a publié une *Notice historique et justificative sur la vie militaire du général Houchard*, Strasbourg, 1809.

HOUEL (J. P. L.), peintre de paysage, naquit à Rouen en 1735, parcourut l'Italie, et a laissé un grand ouvrage en 4 volumes in-fol., comprenant 264 planches coloriées représentant différens sites, et éclaircies par le texte sur les observations et recherches qu'il avait faites dans ses diverses courses. Cet ouvrage, en 4 vol. in-fol., parut de 1782 à 1788. Il en a donné aussi un extrait avec le titre de *Voyage pittoresque* de Sicile, de Malte et de Lepair. Houel est mort le 14 novembre 1813. Il était membre agréé de l'académie de peinture.

HOWARD (John), philanthrope anglais, naquit à Hackney en 1726. Il voyagea dans toute l'Europe pour visiter les prisons et les hôpitaux des villes principales, afin de proposer aux souverains des moyens d'amélioration. Sa bonté s'étendait jusque sur les animaux : aussi il avait destiné un vaste terrain pour ses chevaux invalides, où ils trouvaient de la nourriture et des écuries pour s'abriter. Sans mettre aucun doute sur la bonhomie de ses intentions, il faut cependant avouer que ce sentiment était devenu en lui une manie : il semblait s'affliger presque autant d'un malheur arrivé au plus chétif animal qu'à un être de son espèce. Il aimait de préférence les alimens les plus grossiers ; avant de s'habiller, il faisait tremper dans l'eau sa chemise et ses habits, opération qu'il faisait subir à un linge épais dans lequel il s'enveloppait avant de se mettre au lit. Quelles que fussent ses singularités, on lui sera toujours redevable des ouvrages qu'il a écrits pour le soulagement de l'humanité souffrante, et dont les principaux sont : I. État des prisons en Angleterre et dans le pays de Galles, avec des observations préliminaires, et un tableau de quelques prisons étrangères, 1777, in-4, traduit en français, 1788, 2 vol. in-8. II Supplément à l'ouvrage précédent, avec le récit des voyages de l'auteur en Italie, 1780, augmenté dans l'édition de 1784. III Histoire des principaux lazarets de l'Europe, etc., avec des observations nouvelles sur quelques prisons et hôpitaux étrangers, et des remarques addition-

nelles sur celles de la Grande Bretagne et de l'Irlande, 1789, trad. en français par T. P. Bertin, 1801, in-8. On y a joint le Traité de Méad sur la peste. IV Nouveau code de lois pénales du grand duc de Toscane (Léopold II), 1789. Howard est mort le 20 janvier 1790, à la suite d'une fièvre maligne qu'il avait prise en visitant un malade. Il était d'un caractère brusque, mais son cœur était sensible et généreux. Il était lié avec le célèbre Burke, et avec John Aikin. Le premier a prononcé son éloge, et le second a publié un Tableau du caractère et des services publics de J. Howard, 1791, in-8, traduit en français par Boulard, avec le titre de Vie de Howard, Paris, 1796, in-12.

HUEL (Joseph-Nicolas), prêtre du diocèse de Toul, curé et doyen de Rouceux, près de Neufchâteau en Lorraine, naquit le 17 juin 1690 à Mattaincourt, près de Mirecourt, et fut nommé à la cure de Rouceux le 8 janvier 1726. Il avait été lié avec l'abbé de Saint-Pierre, lorsqu'il faisait ses études théologiques à Paris, et avait pris de lui le goût des projets. Il en forma un grand nombre, dont quelques-uns étaient assez utiles. Il en était sans cesse occupé. Il a composé plusieurs volumes de ses vues, qui sont restés manuscrits entre les mains de sa sœur, religieuse à Montmartre. C'est lui qui fit rendre les arrêts du 4 septembre 1741 et du 11 septembre 1742, par lesquels il est ordonné que les grandes routes de la Lorraine et du Barrois seront plantées de noyers, châtaigniers, ormes, frênes, à trois toises de distance d'un arbre à l'autre. Il voulut lui-même donner l'exemple, en faisant une plantation de noyers sur la route de Neufchâteau à Nancy. Le produit de ces arbres devait être employé à la dotation d'une école de filles dans la paroisse de Rouceux. Huel, en 1762, présenta au conseil du roi Stanislas le projet d'un canal de communication entre la Méditerranée et l'Océan germanique, dont le point de contre-pente devait se trouver à Monthureu-le-Sec, entre Mirecourt et Darney. On assure que l'exécution en était très-praticable. Non-seulement Huel répandait avec profusion ses mémoires en France, il les faisait encore passer dans les cours étrangères ; et la réputation d'homme de bien dont il jouissait ne se bornait point à son pays. Le duc de Wurtemberg, lorsqu'il venait à Paris, se détournait de sa route pour venir visiter le modeste presbytère de Rouceux. Huel, en sa qualité de doyen, porta souvent la parole dans les synodes diocésains. Frappé de l'incertitude des signes de la mort, et effrayé du danger des enterremens précipités, il fit arrêter dans une de ces assemblées, « que les curés n'enterreraient aucun de leurs paroissiens qu'il n'eût demeuré deux nuits entières sur un lit, le visage découvert, les mains et le reste du corps libres, etc. » Cette sage délibération, et le discours par lequel le curé Huel l'avait provoquée, ont été insérés dans le journal de Nancy, 1781, supplément, n° 6. On a d'Huel, *Essai sur les moyens de rendre les religieuses utiles, en supprimant leurs dots*, Neufchâteau, 1750, petit in-8, sans nom d'auteur. Cet ouvrage, le seul qu'il ait fait imprimer [1], composé dans d'excellentes intentions, fut accueilli favorablement d'une partie du public, mais il excita l'animadversion de la cour souveraine de Nancy, qui le supprima. L'imprimeur fut décrété ; Huel se nomma, et offrit de faire à son ouvrage les changemens qui seraient jugés nécessaires. On ignore ce qui causa cet orage : ce ne peut être ni le projet d'abolir les dots qui ont toujours été réprouvées par l'église, ni celui de rendre toutes les religieuses utiles, qui n'a en lui rien de condamnable. On ne peut justifier la sévérité de la cour souveraine, qu'en supposant que le livre contenait quelque chose de répréhensible, que le curé pourtant offrait de supprimer. Le procureur général s'opposa à la réimpression, même avec ces changemens. Huel mourut dans sa cure le 3 septembre 1769. C'était un homme d'esprit, instruit, très-ardent, et vivement épris de la passion du bien public.

HUERTA (Vincent-Garcia de la), poëte espagnol, naquit à Zafra en Estramadure, le 24 janvier 1729. Il se déclara le chef du parti qui défendait la gloire des anciens classiques espagnols contre don Ignace de Luzan, qui était à la tête du parti des innovateurs, c'est-à-dire de ceux qui voulaient introduire l'école française dans le théâtre et dans la poésie espagnole. La Huerta prétendait qu'on pouvait suivre les anciens auteurs sans tomber dans leurs défauts, et le prouva en publiant deux excellens ouvrages, son églogue des *pêcheurs* (1760), son poëme de *Jupiter conservateur*, lue à la distribution des prix, et sa tragédie de *Rachel*. Elle occupe une place distinguée parmi les tragédies régulières que possède la littérature espagnole, comme l'*Ataulphe*, *Vir-*

---

1 Le *Dictionnaire des anonymes*, tom. 4, pag. 232, lui attribue un *Essai sur la crainte de la mort*, in-12. Il ne cite ni la date ni le lieu de l'impression. Les détails de cet article sont dus à M. François de Neufchâteau.

ginie [1], *Numance*, et celles des auteurs encore vivans, *Cienfuegos*, *Moratin*, *Quintana*, etc. La *Rachel* eut un succès prodigieux, et fut traduite en italien, en anglais et en allemand. La Huerta fut nommé bibliothécaire royal en 1759, et membre de l'académie espagnole en 1762. Ses autres ouvrages sont : I *Bibliothèque militaire espagnole*, Madrid, 1760, in-8. II *OEuvres poétiques*, ib., 1778, 2 vol. III *Théâtre espagnol*, ib., 1785, 1788, 16 vol. in-4 ou in-8. Il a réuni dans ce recueil les pièces régulières de l'ancien théâtre de sa nation. Dans sa préface il s'élève contre Voltaire, Signorelli, Linguet, etc., qui ont critiqué ce théâtre peut-être sans assez connaître la langue espagnole, et toujours avec trop de rigueur. Huerta a traduit la *Zaïre* de Voltaire ; il est mort à Madrid en 1797.

HUGON ou HUGUES (Herman), jésuite flamand, naquit à Bruxelles en 1588, et entra au noviciat de la société à Tournay en 1605. Il commença par enseigner les humanités à Anvers ; il fut ensuite préfet des classes à Bruxelles pendant 7 ans, et chargé de la direction d'une congrégation à laquelle étaient associés des personnages d'un haut rang. Il s'était concilié l'estime des grands par ses vertus et son savoir. Le duc d'Ascot, dont il était le confesseur, voulut qu'il l'accompagnât dans un voyage qu'il fit en Espagne. Il avait la confiance du cardinal de la Cuëña et du fameux marquis Spinola, dont il dirigeait la conscience. Il périt victime de son zèle et de sa charité, à l'armée espagnole. Il s'y était déclaré une ma-

ladie épidémique extrêmement dangereuse. Le père Hugon avait assisté à l'article de la mort le prince de Chimay qui en avait été attaqué, et rendait les mêmes services aux simples soldats entassés dans un hôpital. Il fut lui-même atteint de ce mal mortel. On le transporta à Rheinsberg, où il expira le 11 septembre 1629 âgé de 41 ans. Ses nombreuses occupations ne l'avaient point empêché d'écrire beaucoup. On a de lui : I *De primâ scribendi origine et universæ rei litterariæ antiquitate*, Anvers, 1617, in-8, réimprimé à Leyde avec des notes. II *De verâ fide capessendâ*, contre Balthazar Meisner, luthérien et professeur de théologie à Wittemberg. III *Pia desideria emblematis, elegiis et affectibus SS. Patrum illustrata*, Anvers, 1624, in-8 ; plusieurs éditions. Ils ont été traduits en flamand et en français. IV *Histoire du siége de Breda sous le commandement d'Ambroise Spinola*, Anvers, 1626 et 1629, in-fol., fig. ; composée en latin, et traduite en français, en espagnol et en anglais. V *De militiâ equestri antiquâ et novâ*, Anvers, 1630, in-fol., fig. ; traité savant et curieux. Le P. Hugon a traduit de l'italien en latin, VI la *Vie du P. Charles Spinola*, mort au Japon pour la foi, et celle de *Jean Berkman*, tous deux jésuites, Anvers, 1630, in-8. Il travaillait à une histoire de Bruxelles et à un ouvrage contre les athées.

HUGON (Pierre), jésuite suisse, né à Lucerne vers 1587, entra dans la société en 1606 âgé de 19 ans. Après avoir enseigné dans différens colléges, il se livra à la prédication, et continua cet utile et pieux exercice pendant 36 ans. Envoyé supérieur à Amberg dans le Haut-Palatinat, il y contribua beaucoup à la propaga-

---

1 « Ces deux tragédies, dit M. Bouterwek dans son ouvrage sur la littérature espagnole, ont le mérite d'un style pur et correct, et d'un naturel que les pièces de Corneille et de Racine n'ont pas toujours. »

tion de la religion catholique. Revenu dans sa patrie, il fut recteur du collége de Fribourg, et y mourut à la suite d'un catarrhe le 19 décembre 1651. Il a laissé une *Vie* latine de Nicolas van der Flue (*Nicolai de Rupe*), ermite célèbre par une abstinence de 27 ans, Fribourg, 1636, in-12, réimpr. avec des notes par les bollandistes, dans les *Acta sanctorum*, tom. 3, pag. 298, pour le mois de mars. II *Apologie de la Religion catholique romaine*, en allemand, Fribourg, 1651. III *Manuel des catholiques*, en allemand, Ingolstadt, etc.

HUGUES DE FOSSES (le Bienheureux), en latin *Hugo Fossensis*, parce qu'il était de Fosses, bourg et abbaye autrefois du pays de Liége, maintenant du comté de Namur, était né de parens nobles, à la fin du 11e siècle, et fut le 1er abbé général de Prémontré, saint Norbert n'ayant jamais pris ce titre. Il avait été élevé et formé à la piété et aux lettres dans le monastère de Fosses. Etant entré dans l'état ecclésiastique, et ayant été promu à la prêtrise, il devint chapelain de Burchard, évêque de Cambray et chanoine de cette église. Saint Norbert, qui parcourait le Cambresis et les pays voisins en missionnaire, apprit en passant à Valenciennes que Burchard s'y trouvait. Ils s'étaient vus à la cour de l'empereur et avaient été liés. Norbert crut devoir une visite au prélat, et fut introduit près de lui par Hugues, comme un simple prêtre, qui portait même les livrées de la pauvreté. Reconnu et reçu par Burchard en présence de Hugues avec des marques de vénération, celui-ci eut la curiosité, lorsque Norbert fut sorti, de savoir qui était cet ecclésiastique qui, sous un vêtement si humble, obtenait un accueil si respectueux. « C'est, lui dit Burchard, Norbert, parent de l'empereur, naguère son favori, comblé alors de biens et de richesses, qu'il a quittés pour se vouer à Dieu; autrefois courtisan envié, aujourd'hui modèle d'humilité, de pénitence et de zèle. C'est à son refus que je dois mon évêché. » Hugues fut si touché de ce grand exemple, qu'il alla trouver le saint, et lui demanda la permission de le suivre et de s'associer à ses travaux apostoliques. Devenu disciple de Norbert, Hugues ne le quitta plus; il fut l'un et le premier des douze chanoines qui embrassèrent l'institut de Prémontré en 1120. C'est lui sur qui Norbert, appelé à l'archevêché de Magdebourg, jeta les yeux pour lui succéder à Prémontré. Hugues, en 1228, se trouva à la tête de la nouvelle colonie, et elle prospéra tellement sous son gouvernement, qu'avant de mourir, il vit à son chapitre général plus de 100 abbés. Il assista en 1145 à une assemblée tenue à Chartres pour la croisade de Louis le Jeune. L'évêché de cette ville étant vacant, lui fut offert. Il le refusa. Il mourut en odeur de sainteté en 1161, et non en 1164, comme le dit le P. le Paige, et fut inhumé dans l'église de Prémontré. Etant question dans le chapitre général de 1660 de procéder à sa canonisation, sa dépouille mortelle fut exhumée; ce projet différé, sans jamais avoir été abandonné, n'a point eu son exécution. Hugues de Fosses est auteur des ouvrages suivans : I Les *Premières Constitutions de l'ordre de Prémontré*, approuvées par Innocent II, Célestin II et Eugène III. II Une *Vie de saint Norbert*, que Surius et les bollandistes ont insérée dans leur *Recueil*. III